Ohne die Griechen, ohne die Umformung griechischen Geistes durch die Römer, wäre in Europa keine Tragödie, keine Komödie entstanden. Die europäische Literatur sähe ohne diese prägende Kraft anders aus. Erst durch die Griechen ist die Literatur etwas für den Menschen Verfügbares geworden. Sie haben die Gattungen Epos, Lyrik, Drama, Elegie, Lied, Tragödie, Komödie aus bestimmten volkstümlichen Vorformen in Kult und Brauchtum kunstmäßig und reflektiert entwickelt, und zwar in der vom 8. bis zum 5. Jahrhundert reichenden Abfolge, zunächst das Epos, dann die verschiedenen Erscheinungsformen der Lyrik und schließlich das Drama.

Griechische Dichtung aller Gattungen ist stets an konkrete, eine Gemeinschaft von Bürgern betreffende institutionelle Gegebenheiten, wie etwa Feste, Symposien, gebunden gewesen. Anders die erst sekundär entwickelte Prosa, die von vornherein auf dauerhaftere Wirkung angelegt war. Das Griechische Lesebuch will in seiner Auswahl einen Eindruck von der Vielfalt der griechischen Literatur liefern. Von Homer über Hesiod, Sappho, Aischylos, Sophokles, Euripides, Aristophanes bis hin zu Platon, Aristoteles, Theophrast, Epikur, Plutarch und Lukian werden Beispiele vorgeführt.

insel taschenbuch 995
Griechisches Lesebuch

Griechisches Lesebuch

HERAUSGEGEBEN
VON HELLMUT FLASHAR
INSEL VERLAG

Umschlagabbildung:
Weißgrundige Lekythos, um 440 v. Chr.
Antikensammlungen, München
Aufnahme: C. H. Krüger-Moessner

insel taschenbuch 995
Erste Auflage 1987
© dieser Ausgabe Insel Verlag Frankfurt am Main 1987
Alle Rechte vorbehalten
Quellenhinweise zu dieser Ausgabe am Schluß des Bandes
Vertrieb durch den Suhrkamp Taschenbuch Verlag
Umschlag nach Entwürfen von Willy Fleckhaus
Satz: IBV Satz- und Datentechnik GmbH, Berlin
Druck: Ebner Ulm · Printed in Germany

1 2 3 4 5 6 – 92 91 90 89 88 87

INHALT

Homer, Ilias. Vierundzwanzigster Gesang 9

Homer, Odyssee. Neunter und Elfter Gesang 45

Hesiod, Werke und Tage 83

Sappho, Gebet an Aphrodite 91

Pindar, I. Pythische Ode 93

Aischylos, Agamemnon 99

Sophokles, König Ödipus 145

Euripides, Troerinnen 209

Aristophanes, Vögel 259

Hippokrates, Der Eid 355

Hippokrates, Die Umwelt 358

Herodot, Historien Buch II 389

Thukydides, Der Peloponnesische Krieg 429

    Das Methodenkapitel 429

    Die Reden des Perikles 430

    Die Pestschilderung 450

    Die Pathographie 455

    Der Melierdialog 459

Xenophon, Memorabilien 467

Platon, Das Gastmahl 473

Aristoteles, Nikomachische Ethik 543

Aristoteles, Meteorologie 573

Theophrast, Charaktere 611

    Der Redselige 611

    Der Gerüchtemacher 612

    Der Flegel 613

    Der Widerliche 614

Epikur, Brief an Menoikeus 615

Pseudo-Longinos, Vom Erhabenen 621

Dion Chrysosthomos, Knechtschaft und Freiheit 625

Plutarch, Aus dem Leben Alexanders und Caesars 633

Lukian, Wahre Geschichten 653
Nachwort 665
Quellennachweis 675

HOMER
ILIAS

ca. 720 v. Chr.

24. GESANG

Patroklos, der Gefährte Achills, ist durch Hektors Hand gefallen. Achill hat in zorniger Rache Hektor getötet und schleift den Leichnam jeden Morgen um das Grab des Patroklos. Doch dann greift Apoll ein; die Götter erbarmen sich, Achill übergibt den Leichnam Hektors an dessen Vater Priamos. Versöhnender Abschluß.

Aufgelöst war die Versammlung, und die Männer zerstreuten
                              sich ein jeder,
Um zu den schnellen Schiffen zu gehen, und sie gedachten,
                              sich am Mahl
Und am süßen Schlaf zu ergötzen. Aber Achilleus
Weinte, seines Gefährten gedenkend, und nicht ergriff ihn
Der Schlaf, der Allbezwinger, sondern er wandte sich hin
                              und her,
Sich sehnend nach des Patroklos Manneskraft und tapferem
                              Ungestüm;
Und wie viele Kämpfe er mit ihm abgewickelt und Leiden
                              erduldet,
Durchmessend die Kriege der Männer und die schmerzlichen
                              Wogen.
Dessen eingedenk vergoß er reichliche Tränen,
Bald auf den Seiten liegend und bald wieder auf dem
                              Rücken,
Bald auf dem Angesicht. Dann aber stand er aufrecht auf

Und streifte irrend umher am Strand des Meeres, und keine
Morgenröte
Entging ihm, wenn sie erschien über der Salzflut und den
Ufern,
Sondern hatte er angeschirrt an den Wagen die schnellen
Pferde
Und den Hektor zum Schleifen hinten an den Wagen
gebunden
Und ihn dreimal gezogen um das Mal des Menoitios-Sohns,
des toten,
So ruhte er wieder in der Hütte, ließ diesen aber
Im Staub, vornüber hingestreckt. Doch ihm hielt Apollon
Alle Entstellung ab von der Haut, sich des Mannes
erbarmend,
Selbst noch des Toten, und umhüllte ihn ganz mit der Aigis,
Der goldenen, daß er ihn nicht abschinde beim Schleifen.
    So mißhandelte dieser den göttlichen Hektor im Zorn.
Über den aber erbarmten sich die seligen Götter, als sie es
sahen,
Und trieben, daß er ihn stehle, den gutspähenden Argostöter.
Da gefiel es den anderen allen, aber niemals der Here
Noch dem Poseidon noch auch der helläugigen Jungfrau,
Sondern so wie zuerst blieb ihnen verhaßt die heilige Ilios
Und Priamos und das Volk, wegen des Alexandros
Verblendung,
Der die Göttinnen kränkte, als sie zu ihm ins Gehöft
gekommen,
Die aber pries, die ihm die leidige Wollust brachte.
    Als aber seitdem die zwölfte Morgenröte heraufkam,
Damals nun sprach unter den Unsterblichen Phoibos
Apollon:
»Hart seid ihr Götter! verderblich! Hat euch denn niemals
Hektor Schenkel verbrannt von Rindern und makellosen
Ziegen?
Und jetzt brachtet ihr es nicht über euch, ihn auch nur als
Toten zu retten

Seiner Gattin, daß sie ihn sieht, und der Mutter und seinem
                    Sohn
Und dem Vater Priamos und den Männern des Volks, die
                    ihn schnell
Im Feuer verbrennen und ihm Totengaben geben würden.
Doch dem heillosen Achilleus, Götter, wollt ihr beistehen,
Dem nicht die Sinne gebührlich sind, noch auch das Denken
Biegsam ist in der Brust, und wie ein Löwe weiß er Wildes,
Der, seiner großen Kraft und dem mannhaften Mute
                    nachgebend,
Ausgeht nach den Schafen der Sterblichen, sich ein Mahl zu
                    holen:
So hat Achilleus das Erbarmen verloren, und es fehlt ihm die
                    Scheu,
Die den Männern großen Schaden bringt wie auch Nutzen.
Hat mancher doch wohl einen anderen, noch Näherstehenden,
                    verloren,
Den Bruder vom gleichen Mutterleib oder auch den Sohn;
Aber wahrhaftig! hat er ihn beweint und bejammert, so läßt
                    er ab,
Denn einen duldsamen Mut haben die Moiren den Menschen
                    gegeben.
Der aber, nachdem er dem göttlichen Hektor sein Herz
                    geraubt hat,
Bindet ihn an das Gespann, und um das Grabmal seines
                    Gefährten
Schleift er ihn – nicht, wahrhaftig, sich selbst zum Schöneren
                    oder Besseren!
Daß nur, so tüchtig er ist, nicht wir es ihm verargen!
Denn die stumme Erde mißhandelt er mit seinem Zürnen.«
    Da wurde zornig und sagte zu ihm die weißarmige Here:
»Gelten könnte auch dieses dein Wort, Silberbogner!
Wenn ihr gleiche Ehre ansetzen wolltet für Achilleus und für
                    Hektor.
Hektor war sterblich und hat an der Brust eines Weibes
                    gesogen;

Aber Achilleus ist einer Göttin Sohn, welche ich selber
Genährt habe und aufgezogen und einem Mann gegeben als
                                                    Gattin:
Peleus, der über die Maßen im Herzen lieb war den
                                            Unsterblichen.
Und alle nahmt ihr, Götter, teil an der Hochzeit, und du hast
                                            unter ihnen
Gespeist, die Leier führend, du Freund der Schlechten!
                                        Treuloser immer!«
    Da antwortete und sagte zu ihr der Wolkensammler Zeus:
»Here! verzürne dich doch nicht ganz mit den Göttern!
Denn nicht wird einerlei Ehre sein! Aber auch Hektor
War den Göttern der liebste der Sterblichen, die in Ilios sind.
So auch mir, da er es nicht fehlen ließ an gefälligen Gaben.
Denn nicht mangelte es je meinem Altar an gebührender
                                                    Speise,
Weihguß und Fettdampf, denn das empfangen wir zur
                                            Ehrengabe.
Aber wahrhaftig! zu stehlen den kühnen Hektor, das lassen
                                            wir lieber!
Nie kann es geschehen, verborgen vor Achilleus; denn
                                                    immer
Steht ihm die Mutter zur Seite, die Nächte wie auch am
                                                    Tage.
Doch wenn einer der Götter die Thetis zu mir riefe,
Damit ich ihr sage ein dichtes Wort: daß Achilleus
Gaben von Priamos erhalten soll und den Hektor losgeben.«
    So sprach er. Und es erhob sich Iris, die sturmfüßige, um
                                            es auszurichten.
Und mitten zwischen Samos und Imbros, der felsigen,
Sprang sie hinab in das dunkle Meer, und es stöhnte dazu die
                                                    See.
Sie aber fuhr einer Bleikugel gleich in die Tiefe,
Die auf dem Horn eines Herdenrindes aufgesetzt hinabgeht,
Um rohfressenden Fischen den Tod zu bringen.

Und sie fand in der gewölbten Höhle Thetis, und um sie
versammelt
Saßen die anderen Göttinnen des Meeres, sie aber in ihrer
Mitte
Beweinte das Schicksal ihres untadligen Sohns, der ihr
umkommen sollte
In der starkschalligen Troja, fern der Heimat.
Und es trat dich heran und sagte zu ihr die fußschnelle Iris:
»Erhebe dich, Thetis! Zeus ruft dich, der unvergängliche
Gedanken weiß!«
Da antwortete ihr die Göttin, die silberfüßige Thetis:
»Was befiehlt er mir das, der große Gott? Ich scheue es,
Mich zu mischen unter die Unsterblichen, habe ich doch
Kümmernisse maßlose im Mute!
Doch gehe ich, und nicht vergeblich soll das Wort sein, was
er auch sagt.«
So sprach sie und ergriff einen Umhang, die Hehre unter
den Göttinnen,
Einen schwarzblauen; kein schwärzeres Gewand gab es als
dieses.
Und sie schritt hin und ging, und die windfüßige schnelle
Iris
Ging voran, und um sie wich zur Seite die Meereswoge.
Und sie stiegen heraus auf das Ufer und schwangen sich in
den Himmel
Und fanden den weitumblickenden Kroniden, und um ihn
saßen die anderen
Alle versammelt, die seligen Götter, die immer seienden.
Und sie setzte sich neben Zeus, den Vater, und Platz machte
ihr Athene.
Und Here legte ihr einen goldenen schönen Becher in die
Hand
Und erfreute sie mit Worten, und Thetis trank und reichte
ihn zurück.
Und ihnen begann die Reden der Vater der Männer und der
Götter:

»Gekommen bist du zum Olympos, Göttin Thetis! wenn
auch bekümmert,
Die du Trauer, maßlose, hast im Innern: ich weiß es auch
selber.
Doch auch so will ich sagen, weswegen ich dich herberufen.
Neun Tage schon hat sich Streit erhoben unter den
Unsterblichen
Um den Leichnam des Hektor und um Achilleus, den
Städtezerstörer,
Und ihn zu stehlen, treiben sie an den gutspähenden
Argostöter.
Ich aber will diesen Ruhm dem Achilleus zuteilen,
Um deine Ehrfurcht und Freundschaft mir auch künftig zu
bewahren.
Gehe sehr schnell ins Heer und trage deinem Sohn dieses auf:
Sage ihm, erbittert seien die Götter, aber ich sei vor allen
Den Unsterblichen zornig, daß er mit rasenden Sinnen
Den Hektor behält bei den geschweiften Schiffen und nicht
gelöst hat;
Ob er wohl irgend mich fürchtet und den Hektor losgibt.
Aber ich will zu Priamos, dem großherzigen, die Iris
schicken,
Daß er auslöse seinen Sohn und gehe zu den Schiffen der
Achaier
Und Gaben dem Achilleus bringe, die ihm den Mut
erwärmen mögen.«
So sprach er, und nicht ungehorsam war die Göttin, die
silberfüßige Thetis.
Und sie schritt hin und schwang sich von den Häuptern des
Olympos
Und kam zur Lagerhütte ihres Sohnes. Dort fand sie ihn,
Häufig stöhnend, und seine Gefährten waren um ihn
Eifrig beschäftigt und richteten das Frühmahl.
Und sie hatten ein Schaf, ein wolliges, großes, in der Hütte
geschlachtet.

ILIAS · 24. GESANG 15

Sie aber setzte sich dicht neben ihn, die hehre Mutter,
Streichelte ihn mit der Hand, sprach das Wort und benannte
es heraus:
»Mein Kind! Wie lange willst du mit Wehklagen und
Betrübnis
Dein Herz verzehren und gedenkst weder der Speise
Noch des Lagers? Und ist es doch gut, sich mit einer Frau in
Liebe
Zu vereinigen! Denn nicht lange wirst du mir leben, sondern
Schon nahe steht bei dir der Tod und das übermächtige
Schicksal.
Aber vernimm mich schnell: von Zeus bin ich dir ein Bote.
Erbittert sind über dich, sagt er, die Götter, und er selbst ist
vor allen
Den Unsterblichen zornig, daß du mit rasenden Sinnen
Den Hektor behältst bei den geschweiften Schiffen und nicht
gelöst hast.
Doch auf! löse ihn denn und nimm an die Lösung für den
Leichnam!«
Da antwortete und sagte zu ihr der fußschnelle Achilleus:
»So sei es! Wer die Lösung bringt, der nehme mit auch den
Toten,
Wenn es denn mit entschiedenem Mut der Olympier selbst
befiehlt!«
So redeten diese im Sammelplatz der Schiffe, Mutter und
Sohn,
Viele geflügelte Worte miteinander. –
Iris aber trieb der Kronide zur heiligen Ilios:
»Eil dich und geh, schnelle Iris! Verlasse den Sitz des Olympos
Und bringe Botschaft dem Priamos, dem großherzigen, nach
Ilios,
Daß er auslöse seinen Sohn und gehe zu den Schiffen der
Achaier
Und Gaben dem Achilleus bringe, die ihm den Mut
erwärmen mögen,

Er allein, und kein anderer Mann der Troer gehe mit ihm.
Ein Herold mag ihn begleiten, ein älterer, der ihm lenke
Die Maultiere und den gutberäderten Wagen, und auch den
Toten
Zurückbringe zur Stadt, den der göttliche Achilleus getötet.
Und nicht soll ihn irgend im Sinn der Tod noch eine Furcht
bekümmern,
Denn einen solchen Geleiter geben wir ihm mit: den
Argostöter,
Der ihn führen wird, bis er ihn hingebracht hat zu Achilleus.
Hat er ihn aber hineingeführt in die Hütte des Achilleus,
Wird der selbst ihn nicht töten und auch davon abhalten alle
anderen.
Denn er ist weder unverständig, noch unbedacht, noch
frevelmütig,
Sondern sehr sorgsam wird er den Mann, den Schutz-
suchenden, schonen.«
So sprach er. Und Iris erhob sich, die sturmfüßige, um es
auszurichten.
Und sie kam in das Haus des Priamos und traf dort Geschrei
und Totenklage.
Da saßen die Söhne um den Vater drinnen im Hofe
Und befleckten mit Tränen die Gewänder, und er in der
Mitte,
Der Alte, fest eingeschlagen in den Mantel, verhüllt,
Und rings war viel Kot an Haupt und Nacken des Alten,
Den er, sich wälzend, auf sich gehäuft mit seinen Händen.
Und die Töchter klagten in den Häusern und die Schwieger-
töchter,
Derer gedenkend, die da schon viele und edle
Dalagen, unter den Händen der Argeier des Lebens beraubt.
Und sie trat zu Priamos, die Botin des Zeus, und sagte zu
ihm
Mit leiser Stimme – ihm aber ergriff ein Zittern die
Glieder –:

ILIAS · 24. GESANG · 17

»Fasse Mut, Dardanide Priamos, im Sinn und fürchte dich
nicht!
Denn nicht, um dir Böses zu verkünden, bin ich hierher
gekommen,
Sondern habe Gutes im Sinn. Von Zeus bin ich dir ein Bote,
Der sich von fern her groß um dich sorgt und sich deiner
erbarmt.
Auslösen heißt er dich, der Olympier, den göttlichen Hektor
Und Gaben dem Achilleus bringen, die seinen Mut erwärmen
mögen,
Du allein, und kein anderer Mann der Troer gehe mit dir.
Ein Herold mag dich begleiten, ein älterer, daß er lenke
Die Maultiere und den gutberäderten Wagen und auch den
Toten
Zurückbringe zur Stadt, den der göttliche Achilleus getötet.
Und nicht soll dich irgend im Sinn der Tod noch eine Furcht
bekümmern,
Denn ein solcher Geleiter wird mit dir gehen: der
Argostöter,
Der dich führen wird, bis er dich hingebracht hat zu
Achilleus.
Hat er dich aber hineingeführt in die Hütte des Achilleus,
Wird der selbst dich nicht töten und auch davon abhalten alle
anderen.
Denn er ist weder unverständig, noch unbedacht, noch
frevelmütig,
Sondern sehr sorgsam wird er den Mann, den Schutz-
suchenden, schonen.«
So sprach sie und ging hinweg, die fußschnelle Iris.
Aber der befahl den Söhnen, den gutberäderten Maultier-
wagen
Bereitzumachen und den Wagenkorb darauf anzubinden.
Selbst aber stieg er in die Kammer hinab, die duftende,
Aus Zedernholz, die hochüberdachte, die viele Schmuck-
stücke aufnahm,

Und rief die Gattin Hekabe herein und begann:
»Unglückliche! Es kam mir von Zeus her ein olympischer
Bote,
Daß ich auslösen soll meinen Sohn und gehen zu den
Schiffen der Achaier
Und Gaben dem Achilleus bringen, die ihm den Mut
erwärmen mögen.
Doch auf! sage mir dieses: wie scheint dir das zu sein in
deinem Sinn?
Denn schrecklich treibt mich selbst die Kraft und der Mut,
Dort hinzugehen zu den Schiffen in das breite Heer der
Achaier.«
So sprach er. Da schrie hell auf die Frau und erwiderte mit
der Rede:
»O mir! wohin ist dir der Verstand gekommen, für den du
doch früher
Gerühmt warst bei den Menschen, den Fremden wie über die
du gebietest?
Wie willst du zu den Schiffen der Achaier gehen, allein,
Unter die Augen des Mannes, der dir viele und edle
Söhne erschlug? Von Eisen muß dir das Herz sein!
Denn wenn er dich fassen wird und vor sich sehen mit den
Augen,
Der rohfressende und treulose Mann: nicht wird er sich
deiner erbarmen,
Und dich nicht scheuen. Darum laß ihn uns jetzt von ferne
beweinen,
Hier in der Halle sitzend! Ihm aber hat es wohl so das
gewaltige Schicksal
Bei der Geburt zugesponnen mit dem Faden, als ich selbst
ihn geboren,
Daß er sättigen sollte schnellfüßige Hunde, fern von seinen
Eltern,
Bei dem gewaltigen Mann – dem könnte ich mich in die
Leber

Einbeißen mitten hinein, sie zu essen: dann würde Vergeltung
geschehen
Für meinen Sohn! Denn er hat ihn nicht als einen Schlechten
getötet,
Nein, für die Troer und tiefgebauschten Troerfrauen
Stand er ein, und dachte nicht an Flucht noch an ein
Entweichen.«
Da sagte wieder zu ihr der greise Priamos, der gottgleiche:
»Halte mich nicht zurück, der ich gehen will! und sei mir
nicht selber
Ein Unheilsvogel in den Hallen! Du wirst mich nicht
bereden.
Denn hätte es mir ein anderer von den Erdenmenschen
geraten,
Die da Seher sind, Opferschauer, oder auch Priester,
Trug würden wir es nennen und uns lieber davon abwenden.
Nun aber, denn ich selber hörte den Gott und sah ihm ins
Angesicht,
Werde ich gehen, und es soll nicht vergeblich das Wort sein.
Wenn aber
Mein Teil ist, daß ich sterbe bei den Schiffen der
erzgewandten Achaier:
Ich will es! Mag mich denn auf der Stelle töten Achilleus,
Meinen Sohn in den Armen haltend, wenn ich gestillt die
Lust an der Klage!«
Sprach es, und von den Truhen tat er auf die schönen
Deckel.
Dort nahm er heraus zwölf überaus schöne Gewänder,
Zwölf einfach gewebte Mäntel und ebenso viele Decken,
Ebenso viele Leintücher, weiße, und dazu ebenso viele
Röcke,
Und brachte von Gold abgewogen zehn ganze Pfunde.
Und nahm zwei blinkende Dreifüße heraus und vier Kessel
Und den Becher, den überaus schönen, den ihm thrakische
Männer gegeben,

Als er kam als Gesandter, ein großes Besitzstück. Und nicht
einmal den
Sparte er auf in den Hallen, der Greis, denn vor allem wollte
er im Mute
Auslösen den eigenen Sohn. Und die Troer alle miteinander
Jagte er aus der Vorhalle und schalt sie mit schmähenden
Worten:
»Fort mit euch, Taugenichtse! ihr Schandvolk! Habt denn
nicht ihr auch
Totenklage im Haus, daß ihr kommt, mich zu bekümmern?
Genügt es euch nicht, daß mir der Kronide Zeus hat
Schmerzen gegeben,
Den Sohn zu verlieren, den besten? Aber auch ihr werdet es
erkennen!
Denn viel leichter wird es nun sein für die Achaier,
Euch, da er tot ist, hinzumorden. Ich aber wollte lieber,
Ehe ich geplündert die Stadt und niedergerissen
Sehe mit den Augen, eingehen in das Haus des Hades!«
Sprach es und eilte mit dem Stab durch die Männer, die
aber gingen hinaus
Vor dem eifernden Greis. Und er rief seinen Söhnen zu,
Scheltend den Helenos und Paris und den göttlichen Agathon
Und Pammon und Antiphonos und den guten Rufer Polites
Und Deïphobos und Hippothoos und den erlauchten Dios.
Diesen neun befahl der Greis mit Zuruf:
»Eilt euch mir, schlechte Kinder! ihr Kümmerlinge! Wenn
ihr doch alle
Statt Hektors erschlagen wäret bei den schnellen Schiffen!
O mir, ich ganz Unseliger! Da erzeugte ich Söhne, die
Besten
In der breiten Troja. Von denen, sage ich, ist keiner geblieben:
Mestor, der gottgleiche, und Troïlos, der Kämpfer zu
Wagen,
Und Hektor, der ein Gott war unter den Männern, und nicht
schien er

Eines sterblichen Mannes Sohn zu sein, sondern eines Gottes.
Die hat Ares vernichtet, doch das Schandvolk alles ist
                                    geblieben:
Schwindler und Tänzer, die Besten im Reigengestampfe!
Räuber von Lämmern und Ziegen im eigenen Volke!
Wollt ihr mir nicht den Wagen rüsten schleunigst?
Und tut dies alles hinein, damit wir den Weg durchmessen!«
    So sprach er, und die, in Furcht vor dem Zuruf des Vaters,
Trugen heraus den gutberäderten Maultierwagen,
Den schönen, neugefügten, und banden den Wagenkorb
                                    darauf an.
Und hoben vom Pflock herab das Joch für die Maultiere,
Von Buchsbaum, mit einem Knauf, gut mit Ösen versehen.
Und brachten das Jochband heraus mit dem Joch: neun Ellen
                                    lang.
Das Joch aber setzten sie gut auf die gutgeglättete Deichsel,
Vorn an der Spitze, und warfen den Jochring auf den
                                    Deichselnagel.
Dreimal banden sie das Jochband beiderseits um den Knauf,
                                    und banden
Es dann nacheinander unten fest und bogen das Ende
                                    darunter.
Und sie luden, aus der Kammer gebracht, auf den
                                    gutgeglätteten Wagen
Die unendliche Lösung für Hektors Haupt, und die Maultiere
Spannten sie an, die starkhufigen, im Geschirr arbeitenden,
Die dem Priamos einst die Myser gegeben als prangende
                                    Gaben,
Und führten für Priamos unter das Joch die Pferde, die der
                                    Alte
Für sich selber hielt und pflegte an der gutgeglätteten Krippe.
    So ließen die beiden anspannen in dem hohen Hause,
Der Herold und Priamos, die kluge Gedanken im Sinn
                                    hatten.
Da kam nahe heran zu ihnen Hekabe, bedrückten Mutes,

Und trug Wein in der Hand, honigsinnigen, in der rechten,
In einem goldenen Becher, daß sie spendeten, ehe sie gingen.
Und sie trat vor die Pferde, sprach das Wort und benannte es
heraus:
»Da! spende Zeus, dem Vater, und bete, wieder nach
Hause zu kommen
Von den feindlichen Männern, da dich denn einmal der Mut
Zu den Schiffen treibt – gewiß, ich wollte es nicht!
Aber du bete denn zu dem schwarzwolkigen Kronion,
Dem vom Ida, der auf ganz Troja niederblickt,
Und bitte um einen Vogel, den schnellen Boten, der ihm
selbst
Der liebste ist von den Vögeln und dessen Kraft die größte
ist,
Zur Rechten, daß, wenn du ihn selbst mit Augen hast wahr-
genommen,
Du darauf vertrauend zu den Schiffen gehst der roßschnellen
Danaer.
Gibt dir aber nicht seinen Boten der weitumblickende Zeus,
Nicht möchte ich dir dann raten und dich ermuntern,
Zu den Schiffen der Achaier zu gehen, so sehr begierig du
bist.«
Da antwortete und sagte zu ihr Priamos, der gottgleiche:
»Frau! nicht will ich dir, wenn du dies verlangst,
widerstreben.
Denn gut ist es, zu Zeus die Hände zu erheben, ob er sich
erbarme.«
Sprach es, und die dienende Schaffnerin trieb der Alte,
Ihm Wasser über die Hände zu gießen, lauteres; und es trat
zu ihm
Die Dienerin, ein Handwasserbecken und eine Kanne in den
Händen haltend.
Und als er sich gewaschen hatte, nahm er den Becher von
seiner Gattin,
Betete dann, in die Mitte der Umzäunung getreten, und
spendete den Wein,

ILIAS · 24. GESANG

Zum Himmel aufblickend, und begann und sagte das Wort:
»Zeus, Vater! der du vom Ida herrschst, Ruhmvollster!
Größter!
Gib, daß ich zu Achilleus komme als Freund und
erbarmenswürdig!
Und sende mir einen Vogel, den schnellen Boten, der dir
selbst
Der liebste ist von den Vögeln und dessen Kraft die größte
ist,
Zur Rechten, daß, wenn ich selbst ihn mit Augen
wahrgenommen,
Ich darauf vertrauend zu den Schiffen gehe der roßschnellen
Danaer!«
So sprach er und betete, und ihn hörte der ratsinnende
Zeus.
Und sogleich schickte er einen Adler, den gültigsten unter
den Vögeln,
Den dunklen Jäger, den sie auch den Gefleckten nennen.
Und so breit die Tür eines hoch überdachten Gemachs
gefügt ist
Von einem reichen Mann, gut mit Riegeln versehen:
So breit waren beiderseits seine Flügel, und er erschien ihnen
Zur Rechten fliegend über die Stadt. Doch sie, wie sie es
sahen,
Freuten sich, und allen wurde im Innern der Mut erwärmt.
Und in Eile bestieg der Alte den geglätteten Wagen
Und lenkte hinaus aus dem Vortor und der starkdröhnenden
Halle.
Voraus zogen die Maultiere den vierrädrigen Wagen,
Die Idaios, der kluggesonnene, lenkte; hinterdrein aber kamen
Die Pferde, die der Alte nachfolgend mit der Geißel antrieb,
Rasch durch die Stadt, und die Seinen alle gingen mit ihm,
Vielfach jammernd, so als ob er zum Tode ginge.
Doch als sie nun die Stadt hinunter kamen und zur Ebene
gelangten,

Gingen diese zurück nach Ilios, die Söhne und Schwieger-
söhne.
Aber die beiden entgingen nicht dem weitumblickenden
Zeus,
Wie sie in der Ebene erschienen, und als er sie sah, erbarmte
Er sich des Alten und sprach schnell zu seinem Sohn
Hermeias:
»Hermeias! Dir zumal ist es ja am liebsten,
Einem Mann Gefährte zu sein, und du erhörst, wen immer
du willst:
Eile dich und geh und führe zu den hohlen Schiffen der
Achaier
Den Priamos so, daß niemand ihn sieht noch ihn bemerkt
Von den anderen Danaern, bis er zu dem Sohn des Peleus
gelangt.«
So sprach er, und nicht ungehorsam war der Geleiter, der
Argostöter.
Sogleich band er sich dann unter die Füße die schönen
Sohlen,
Die ambrosischen, goldenen, die ihn über das Feuchte trugen
Wie über die grenzenlose Erde, zusammen mit dem Wehen
des Windes,
Und faßte den Stab, mit dem er die Augen der Männer
bezaubert,
Von welchen er es will, und auch die Schlafenden wieder
aufweckt.
Diesen in Händen flog der starke Argostöter,
Und schnell kam er nach Troja und zum Hellespontos
Und schritt hin und ging, einem fürstlichen Jüngling
gleichend,
Einem im ersten Bart, dem am anmutigsten die Jugend ist.
Doch als diese nun am großen Grabmal des Ilos
vorbeigefahren,
Hielten sie die Maultiere an und die Pferde, daß sie tranken,
Im Fluß, denn schon kam auch das Dunkel über die Erde.

Und der Herold sah und gewahrte ganz in der Nähe
Hermeias, und er sprach zu Priamos und begann:
»Habe acht, Dardanide! Eines achtsamen Geistes bedarf es!
Einen Mann sehe ich, und gleich, meine ich, werden wir in
                          Stücke gerissen!
Aber auf denn! laß uns fliehen mit den Pferden, oder ihn
                          alsdann
Bei den Knien fassen und anflehen, ob er sich erbarme.«
    So sprach er. Und dem Alten wurde der Sinn verstört, und
                          er fürchtete sich schrecklich,
Und aufrecht standen ihm die Haare an den biegsamen
                          Gliedern,
Und er stand erstarrt. Da kam er selbst heran, der
                          Gedeihenbringer,
Ergriff die Hand des Alten und fragte und sagte zu ihm:
»Wohin, Vater! lenkst du so die Pferde und die Maultiere
Durch die ambrosische Nacht, wenn die anderen Sterblichen
                          schlafen?
Und nicht fürchtest du die Kampfmut atmenden Achaier,
Die dir bösgesonnen und feindlich hier in der Nähe sind?
Sähe dich einer von denen, wie du durch die schnelle Nacht,
                          die schwarze,
So viele Schätze führst, wie wäre dir dann wohl der Sinn?
Selbst bist du nicht so jung – und ein Greis ist dieser dein
                          Begleiter! –
Um einen Mann abzuwehren, wenn einer als erster
                          beschwerlich wird.
Aber ich will dir nichts Böses tun und auch einen anderen
Von dir abhalten: meinem eigenen Vater gleichst du mir!«
    Ihm antwortete darauf der greise Priamos, der gottgleiche:
»Ja, das ist wohl so, liebes Kind, wie du redest!
Doch noch hat auch über mich einer der Götter die Hand
                          gehalten,
Der mir einen solchen Wanderer entgegen geschickt hat,
Einen glückverheißenden, so wie du staunenswert bist an
                          Gestalt und Aussehen

Und verständig an Geist, und von glücklichen Eltern
                          stammst du!«
    Da sagte wieder zu ihm der Geleiter, der Argostöter:
»Ja wirklich! dies alles hast du, Alter, nach Gebühr gesprochen.
Doch auf! sage mir dieses und berichte es mir zuverlässig:
Führst du irgendwohin Kleinode aus, viele und edle,
Zu Männern in der Fremde, damit dir diese wenigstens
                          erhalten bleiben?
Oder verlaßt ihr alle bereits die heilige Ilios
In Furcht? Denn ein solcher Mann, der beste, ist
                          umgekommen:
Dein Sohn. Denn nie stand er nach in der Schlacht den
                          Achaiern.«
    Da antwortete ihm der greise Priamos, der gottgleiche:
»Und wer bist du, Bester? und von welchen Eltern stammst
                          du?
Wie sprichst du mir schön von dem Schicksal meines
                          unseligen Sohnes!«
    Da sagte wieder zu ihm der Geleiter, der Argostöter:
»Du prüfst mich, Alter, und fragst nach dem göttlichen
                          Hektor!
Den habe ich sehr oft in der Schlacht, der männerehrenden,
Mit den Augen gesehen; auch als er gegen die Schiffe lenkte
Und die Argeier tötete, sie mordend mit dem scharfen Erz.
Wir aber standen und staunten, denn nicht ließ Achilleus
Uns kämpfen, im Groll gegen den Sohn des Atreus.
Denn dessen Gefolgsmann bin ich, und uns führte dasselbe
                          Schiff, das gutgebaute.
Von den Myrmidonen bin ich, und der Vater ist mir
                          Polyktor.
Reich ist er und ein alter Mann, so wie auch du,
Und sechs Söhne sind ihm, und ich bin ihm der siebente.
Unter denen traf ich es beim Losewerfen, hierher zu folgen.
Jetzt aber kam ich von den Schiffen zur Ebene, denn in der
                          Frühe

ILIAS · 24. GESANG   27

Werden um die Stadt eine Schlacht bereiten die hell-
                              blickenden Achaier.
Denn unwillig sind sie, dazusitzen, und nicht mehr können
Die Drängenden vom Kampf zurückhalten die Könige der
                                        Achaier.«
   Da antwortete ihm der greise Priamos, der gottgleiche:
»Wenn du denn wirklich ein Gefolgsmann des Peleus-Sohns
                                        Achilleus
Bist: auf denn! berichte mir die ganze Wahrheit:
Ist noch bei den Schiffen mein Sohn, oder hat ihn Achilleus
Schon seinen Hunden, gliedweise zerschnitten,
                              vorgeworfen?«
   Da sagte wieder zu ihm der Geleiter, der Argostöter:
»Alter! noch nicht haben ihn die Hunde gefressen und nicht
                              die Vögel,
Sondern noch liegt jener bei dem Schiff des Achilleus
Ganz so in der Hütte. Und die zwölfte Morgenröte ist es
                              ihm,
Daß er liegt, und nicht fault ihm die Haut, und nicht die
                              Maden
Essen ihn, die ja die aresgetöteten Männer verzehren.
Ja! und um das Grabmal seines eigenen Gefährten
Schleift er ihn unbekümmert, wenn das göttliche Frühlicht
                              erscheint,
Und entstellt ihn doch nicht. Du stauntest, wenn du selbst
                              hinzukämst,
Wie er taufrisch daliegt und rings abgewaschen das Blut
Und nirgends befleckt, und die Wunden alle haben sich
                              geschlossen,
So viele man ihm schlug, denn viele stießen in ihn das Erz.
So sind dir die seligen Götter besorgt um den tapferen Sohn,
Selbst noch um den Leichnam, denn über die Maßen war er
                              ihnen lieb im Herzen.«
   So sprach er. Da freute sich der Alte und antwortete mit
                              der Rede:

»Kind! ja, gut ist es, auch geziemende Gaben zu geben
Den Unsterblichen! Denn niemals hat mein Sohn – wenn er
denn je war! –
Vergessen in den Hallen die Götter, die den Olympos haben.
Darum gedenken sie es ihm auch selbst in dem Schicksal des
Todes.
Doch auf denn! nimm von mir diesen schönen Becher
Und bewahre mich selbst und geleite mich mit den Göttern,
Bis ich zur Lagerhütte des Peleus-Sohns gelange!«
    Da sagte wieder zu ihm der Geleiter, der Argostöter:
»Du prüfst mich, Alter, den Jüngeren! Doch wirst du mich
nicht bereden,
Der du mich heißt, geheim vor Achilleus von dir Gaben zu
nehmen.
Vor dem fürchte ich mich und scheue mich über die Maßen
im Herzen,
Ihn zu berauben, daß mir nicht hernach ein Übel geschieht.
Dir aber will ich Geleiter sein, und sei es in das berühmte
Argos,
Dich sorgsam im schnellen Schiff oder auch zu Fuß
begleitend,
Und keiner würde, den Geleiter geringschätzend, mit dir
kämpfen!«
    Sprach es und sprang auf den Wagen und das Gespann, der
Gedeihenbringer,
Und faßte rasch die Geißel und die Zügel mit den Händen
Und hauchte den Pferden und Maultieren gute Kraft ein.
Doch als sie zu den Türmen bei den Schiffen und dem
Graben gelangten,
Da waren die Wächter eben bemüht um das Nachtmahl.
Und über sie goß einen Schlaf der Geleiter, der Argostöter,
Sie alle, und öffnete sogleich die Tore und stieß zurück die
Riegel
Und führte Priamos hinein und die prangenden Gaben auf
dem Wagen.

Doch als sie nun zur Lagerhütte des Peliden gelangten,
Der hohen, die die Myrmidonen gebaut hatten für den Herrn,
Balken der Tanne schneidend, und darüber hatten sie gedeckt
Wolliges Schilfrohr, das sie abgemäht hatten vom
Wiesenland;
Und hatten ihm ringsher einen großen Hof gemacht, dem
Herrn,
Mit dichten Pfählen, und die Tür hielt ein einziger
Querbalken
Von Tannenholz; den pflegten vorzuschieben drei Achaier
Und drei wieder zu öffnen, den großen Riegel der Türen,
Von den anderen: Achilleus aber schob ihn vor auch allein.
Ja, damals öffnete ihn Hermeias, der Gedeihenbringer, für
den Alten
Und führte hinein die rühmlichen Gaben für den fuß-
schnellen Peleus-Sohn.
Und er stieg von dem Gespann auf die Erde und begann:
»Alter! wahrhaftig, ich, ein unsterblicher Gott, bin
gekommen:
Hermeias, denn dir hat der Vater mich zum Geleiter
gegeben.
Doch wahrhaftig! ich gehe wieder zurück und will nicht dem
Achilleus
Vor die Augen treten. Es wäre ja zu verargen,
Daß ein unsterblicher Gott so mit Sterblichen offen freund
ist.
Du aber geh hinein und fasse die Knie des Peleus-Sohns
Und flehe ihn an bei dem Vater und der Mutter, der
schönhaarigen,
Und seinem Kind, damit du ihm den Mut bewegst.«
So sprach er und schritt hinweg zum großen Olympos,
Hermeias. Priamos aber sprang von dem Gespann zu Boden
Und ließ den Idaios dort, und der blieb und hielt die Pferde
Und die Maultiere. Der Greis aber ging gerade auf das Haus
zu,

Wo Achilleus saß, der zeusgeliebte, und fand ihn drinnen,
Und seine Gefährten saßen abseits. Nur die beiden,
Der Heros Automedon und Alkimos, der Sproß des Ares,
Mühten sich bei ihm. Und eben hatte er das Mahl geendet,
Essend und trinkend, auch stand der Tisch noch bei ihm.
Und ihnen unbemerkt kam Priamos herein, der große, und
herangetreten
Faßte er mit den Händen des Achilleus Knie und küßte die
Hände,
Die furchtbaren, männermordenden, die ihm getötet hatten
viele Söhne.
Und wie einen Mann ergriffen hat dichte Beirrung, der in
der Heimat
Einen Mann getötet hat und gelangte in den Gau von
anderen,
Zu dem Haus eines reichen Mannes, und ein Staunen erfaßt,
die ihn sehen:
So staunte Achilleus, als er Priamos sah, den gottgleichen,
Und es staunten auch die anderen und blickten einander an.
Und zu ihm sprach flehend Priamos die Rede:
»Gedenke deines Vaters, den Göttern gleicher Achilleus!
Der so alt ist wie ich, an der verderblichen Schwelle des
Alters.
Auch ihn bedrängen wohl die Umwohnenden rings um ihn
her,
Und keiner ist, der Fluch und Verderben von ihm abwehrt.
Aber wahrhaftig! der, wenn er von dir hört, daß du lebst,
Freut sich im Mute und hofft darauf alle Tage,
Zu sehen den eigenen Sohn, wiederkehrend von Troja.
Ich aber bin ganz unglückselig. Da zeugte ich Söhne, die
Besten
In der breiten Troja: von denen, sage ich, ist keiner
geblieben.
Fünfzig hatte ich, als die Söhne der Achaier kamen;
Neunzehn waren mir von dem gleichen Mutterleib,

Die anderen aber gebaren mir in den Hallen die Frauen.
Von denen hat den meisten die Knie gelöst der stürmende
Ares.
Doch der mir einzig war und beschützte die Stadt und die
Männer,
Den hast du unlängst getötet, sich wehrend um die väterliche
Erde:
Hektor. Um seinetwillen komme ich jetzt zu den Schiffen
der Achaier,
Ihn von dir loszukaufen, und bringe unermeßliche Lösung.
Aber scheue die Götter, Achilleus! und erbarme dich meiner,
Gedenkend deines Vaters! Doch bin ich noch erbarmens-
würdiger
Und habe gewagt, was noch nicht ein anderer Sterblicher auf
Erden:
Die Hand nach dem Mund des Mannes, des Sohnesmörders,
emporzustrecken!«
So sprach er und erregte ihm die Lust nach der Klage um
den Vater,
Und er faßte seine Hand und stieß sanft den Alten von sich.
Und die beiden dachten: der eine an Hektor, den
männermordenden,
Und weinte häufig, zusammengekauert vor den Füßen des
Achilleus,
Aber Achilleus weinte um seinen Vater, und ein andermal
wieder
Um Patroklos, und ein Stöhnen erhob sich von ihnen durch
das Haus.
Doch als sich an der Klage ergötzt hatte der göttliche
Achilleus,
Und ihm das Verlangen gegangen war aus der Brust und aus
den Gliedern,
Erhob er sich sogleich vom Stuhl und hob den Alten auf an
der Hand,
Sich erbarmend des grauen Hauptes und des grauen Kinns,

Und begann und sagte zu ihm die geflügelten Worte:
»Ah, Armer! ja, schon viel Schlimmes hast du ausgehalten
in deinem Mute!
Wie hast du es gewagt, zu den Schiffen der Achaier zu
kommen, allein,
Unter die Augen des Mannes, der dir viele und edle
Söhne erschlug? Von Eisen muß dir das Herz sein!
Aber komm! setze dich auf den Stuhl, und die Schmerzen
wollen wir gleichwohl
Ruhen lassen im Mut, so bekümmert wir sind,
Ist doch nichts ausgerichtet mit der schaurigen Klage.
Denn so haben es zugesponnen die Götter den elenden
Sterblichen,
Daß sie leben in Kummer, selbst aber sind sie unbekümmert.
Denn zwei Fässer sind aufgestellt auf der Schwelle des Zeus
Mit Gaben, wie er sie gibt: schlimmen, und das andere mit
guten.
Wem Zeus sie nun gemischt gibt, der donnerfrohe,
Der begegnet bald Schlimmem und bald auch Gutem.
Wem er aber von den traurigen gibt, den bringt er zu
Schanden,
Und ihn treibt schlimmer Heißhunger über die göttliche
Erde,
Und er kommt und geht, nicht vor Göttern geehrt noch
Menschen.
So haben auch dem Peleus die Götter prangende Gaben
gegeben
Von Geburt an, denn vor allen Menschen war er
ausgezeichnet
An Fülle und Reichtum und herrschte über die Myrmidonen,
Und sie machten ihm, dem Sterblichen, eine Göttin zur
Lagergefährtin.
Aber dazu gab auch ihm der Gott Schlimmes: daß ihm von
Söhnen
Kein Geschlecht in den Hallen erwuchs, die herrschen würden.

Nur einen Sohn erzeugte er, der frühzeitig stirbt. Und ich
                              sorge
Nicht für ihn, den Alternden, denn weit entfernt von der
                              Heimat
Sitze ich in Troja und mache dir Kummer und deinen
                              Söhnen.
Auch du, Alter! bist ehedem, wie wir hören, glücklich
                              gewesen.
Alles, was Lesbos, des Makar Sitz, nach oben hin einschließt
Und Phrygien darüber und der grenzenlose Hellespontos,
Vor diesen warst du, sagen sie, Alter! an Reichtum und
                              Söhnen ausgezeichnet.
Doch seitdem dir dieses Leid die Himmlischen brachten,
Sind um die Stadt dir immer Schlachten und Männermorde.
Halte an dich und jammere nicht endlos in deinem Mute!
Richtest du doch nichts aus, um den tüchtigen Sohn
                              bekümmert,
Und wirst ihn nicht aufstehen lassen, sondern eher noch
                              anderes Unheil leiden!«
    Ihm antwortete darauf der greise Priamos, der gottgleiche:
»Setze mich noch nicht auf den Stuhl, Zeusgenährter! solange
                              Hektor
Liegt in der Hütte unversorgt. Sondern gib ihn mir eiligst
Los, daß ich ihn mit Augen sehe! Und du nimm die Lösung,
Die viele, die wir dir bringen: mögest du sie genießen und
                              kommen
In dein väterliches Land, da du mich zuerst verschont hast,
Daß ich selber lebe und sehe das Licht der Sonne!«
    Da sah ihn von unten herauf an und sagte zu ihm der
                              fußschnelle Achilleus:
»Reize mich jetzt nicht mehr, Alter! Ich gedenke auch selber,
Dir den Hektor loszugeben: von Zeus her kam mir als Bote
Die Mutter, die mich gebar, die Tochter des Meeresalten.
Und ich erkenne auch von dir, Priamos, im Sinn, und nicht
                              entgeht es mir,

Daß einer der Götter dich geführt zu den schnellen Schiffen
der Achaier.
Denn nicht wagte es ein Sterblicher, und wäre er noch so
jugendkräftig,
Ins Lager zu kommen: nicht wäre er den Wachen entgangen,
und auch den Riegel
Hätte er nicht leicht hinweggewuchtet von unseren Türen!
Darum errege mir jetzt nicht noch mehr den Mut in
Schmerzen!
Daß ich nicht, Alter, auch dich selbst nicht in der Hütte
verschone,
Bist du auch ein Schutzsuchender, und frevle gegen des Zeus
Gebote!«
So sprach er. Da fürchtete sich der Greis und gehorchte
dem Wort.
Und der Pelide sprang, einem Löwen gleich, hinaus aus dem
Hause,
Nicht allein, zusammen mit ihm gingen zwei Gefolgsleute,
Der Heros Automedon und Alkimos, die am meisten
Achilleus
Ehrte von den Gefährten nach Patroklos, dem toten.
Die lösten damals aus dem Joch die Pferde und Maultiere
Und führten den Herold hinein, den Rufer des Alten,
Und setzten ihn auf einen Sessel; und aus dem gutgeglätteten
Wagen
Nahmen sie die unermeßliche Lösung für Hektors Haupt.
Doch ließen sie zwei Leintücher zurück und einen
gutgewebten Rock,
Daß er den Toten eingehüllt übergäbe, ihn nach Hause zu
bringen.
Und Mägde rief er heraus und befahl, ihn zu waschen und
rings zu salben,
Beiseite getragen, daß Priamos den Sohn nicht sähe,
Daß er nicht, bekümmert im Herzen, den Zorn nicht
zurückhielte,

ILIAS · 24. GESANG

Wenn er den Sohn sähe, und dem Achilleus sein Herz
erregte,
Und der ihn tötete und frevelte gegen des Zeus Gebote.
Als ihn nun aber die Mägde gewaschen hatten und gesalbt
mit Öl,
Warfen sie um ihn ein schönes Leintuch und einen Rock,
Und selbst hob Achilleus ihn auf und legte ihn auf das Lager,
Und mit ihm hoben ihn die Gefährten auf den gutgeglätteten
Wagen.
Und dann jammerte er und rief beim Namen seinen
Gefährten:
»Sei mir, Patroklos, nicht unwillig, wenn du erfährst,
Selbst in dem Haus des Hades, daß ich den göttlichen Hektor
losgab
Seinem Vater, da er mir nicht ungeziemende Lösung gegeben.
Dir aber teile ich auch von dem zu, soviel es sich gebührt.«
Sprach es und ging wieder in die Hütte, der göttliche
Achilleus,
Und setzte sich auf den vielverzierten Stuhl, von dem er
aufgestanden,
An der anderen Wand, und sagte zu Priamos die Rede:
»Nun ist der Sohn dir gelöst, Alter! wie du gefordert,
Und liegt auf dem Lager, und mit dem erscheinenden
Frühlicht
Wirst du ihn selber sehen, ihn heimführend. Jetzt aber
gedenken wir des Nachtmahls!
Denn auch die schönhaarige Niobe gedachte der Speise,
Der doch zwölf Kinder in den Hallen zugrunde gingen,
Sechs Töchter und sechs Söhne in Jugendkraft.
Die Söhne hat Apollon getötet mit dem silbernen Bogen,
Zürnend der Niobe, doch die Töchter Artemis, die
Pfeilschüttende,
Weil sie sich der Leto gleichgestellt, der schönwangigen.
Sie sagte, nur zwei habe diese geboren, sie selber aber gebar
viele;

Doch die beiden, obschon nur zwei, haben sie alle vernichtet.
Neun Tage lagen sie im Blut, und da war keiner,
Sie zu begraben; die Männer hatte zu Steinen gemacht
                                    Kronion,
Am zehnten aber begruben sie die Götter, die Uranionen.
Doch sie gedachte der Speise, als sie müde war, Tränen zu
                                    vergießen.
Jetzt aber wohl in den Felsen, auf einsamen Bergen,
Auf dem Sipylos, wo sie sagen, daß der Göttinnen Lager
                                    sind,
Der Nymphen, die da um den Acheloïos schwärmten,
Dort verkocht sie, obschon zu Stein geworden, die Leiden
                                    von den Göttern. –
Doch auf denn! gedenken auch wir beide, göttlicher Alter!
Der Speise. Dann magst du wieder deinen Sohn beklagen,
Wenn du ihn einholst nach Ilios. Und ein Vielbeweinter wird
                                    er dir sein!«
Sprachs und sprang auf, der schnelle Achilleus, und ein
                                    weißes Schaf
Schlachtete er, und die Gefährten zogen es ab und besorgten
                                    es gut nach der Ordnung
Und zerstückelten es kundig und spießten es auf die
                                    Bratspieße
Und brieten es sorgsam und zogen alles herunter.
Und Automedon nahm Brot und verteilte es auf dem Tisch
In schönen Körben, und das Fleisch verteilte Achilleus.
Und sie streckten die Hände aus nach den bereiten
                                    vorgesetzten Speisen.
Doch als sie das Verlangen nach Trank und Speise vertrieben
                                    hatten,
Ja, da staunte der Dardanide Priamos über Achilleus,
Wie groß und wie schön er war: den Göttern glich er von
                                    Angesicht.
Aber über den Dardaniden Priamos staunte Achilleus,
Als er sah sein edles Gesicht und seine Rede hörte.

ILIAS · 24. GESANG   37

Aber als sie sich ergötzt hatten, aufeinander blickend,
Da sagte als erster zu ihm der greise Priamos, der
                                        gottgleiche:
    »Gib mir jetzt schnellstens ein Lager, Zeusgenährter! daß
                                        wir nun auch
Uns zur Ruhe begeben und an dem Schlaf, dem süßen,
                                        ergötzen!
Denn noch nicht haben sich die Augen geschlossen unter
                                        meinen Lidern,
Seitdem unter deinen Händen mein Sohn verloren hat sein
                                        Leben,
Sondern immer stöhne ich und verkoche zehntausend
                                        Kümmernisse,
In der Umzäunung des Hofes mich wälzend im Kot.
Jetzt nun habe ich auch Brot genossen und funkelnden Wein
Die Kehle hinabgeschickt; zuvor hatte ich nichts genossen.«
    Sprach es, und Achilleus befahl den Gefährten und den
                                        Mägden,
Betten in der Vorhalle aufzustellen und schöne Polster,
Purpurne, darauf zu werfen und darüber Decken zu breiten
Und Mäntel hineinzulegen, wollene, um sie über sich zu
                                        ziehen.
Und sie gingen aus der Halle, Fackeln in den Händen
                                        haltend,
Und breiteten schnell zwei Lager hin, geschäftig.
Da sagte scherzend zu ihm der fußschnelle Achilleus:
    »Draußen lege dich nieder, mein Alter! daß nicht einer der
                                        Archaier
Hier hinzukommt, ein Mann aus dem Rat, so wie sie sich
                                        immer
Zu mir setzen, um Ratschlüsse zu beraten, wie es der Brauch
                                        ist.
Sähe dich einer von denen in der schnellen Nacht, der
                                        schwarzen,
Sogleich würde er es dem Agamemnon ansagen, dem Hirten
                                        der Völker,

Und es wird einen Aufschub für die Lösung des Toten
geben.
Doch auf! sage mir dieses und berichte es mir zuverlässig:
Wie viele Tage gedenkst du, den göttlichen Hektor zu
bestatten?
Daß ich selber solange warte und das Volk zurückhalte.«
Ihm antwortete darauf der greise Priamos, der gottgleiche:
»Willst du wirklich, daß ich die Bestattung dem göttlichen
Hektor vollende,
Würdest du, wenn du es so machtest, Achilleus, mir Erfreu-
liches erweisen.
Du weißt ja, wie wir eingeschlossen sind in der Stadt, und
weit her ist das Holz
Zu holen aus dem Gebirge, und sehr in Furcht sind die
Troer.
Neun Tage möchten wir ihm in den Hallen die Totenklage
halten
Und ihn am zehnten bestatten, und das Volk soll das
Totenmahl nehmen;
Am elften aber würden wir den Grabhügel über ihm
errichten.
Doch am zwölften kämpfen wir wieder, wenn es denn sein
muß!«
Da sagte wieder zu ihm der fußstarke göttliche Achilleus:
»Sein soll dir auch dieses, Greis Priamos! wie du es forderst.
Aufhalten will ich den Kampf so lange Zeit, wie du es
verlangt hast.«
So sprach er und faßte die Hand des Alten am
Handgelenk,
Die rechte, daß er sich nicht irgend fürchte im Mute. –
Diese nun legten sich im Vorhaus des Hauses dort zur Ruhe,
Der Herold und Priamos, die kluge Gedanken im Sinn
hatten.
Aber Achilleus schlief im Innern der gutgezimmerten Hütte,
Und bei ihm lag Briseïs, die schönwangige.

ILIAS · 24. GESANG

Da schliefen die anderen Götter und die pferdegerüsteten
Männer
Die ganze Nacht hindurch, vom weichen Schlaf bezwungen.
Doch Hermeias, den Gedeihenbringer, ergriff nicht der
Schlaf:
Er bewegte in seinem Mute, wie er Priamos, den König,
Aus den Schiffen hinausgeleite, unbemerkt von den heiligen
Torhütern.
Und er trat ihm zu Häupten und sagte zu ihm die Rede:
»Alter! ja, denkst du an gar nichts Schlimmes, so wie du
noch schläfst
Unter feindlichen Männern, da dich verschont hat Achilleus?
Auch jetzt hast du deinen Sohn ausgelöst und hast vieles
gegeben;
Aber für dich, den Lebenden, würden auch dreimal soviel
Lösung
Die Söhne geben, die dir hinten zurückgeblieben sind, wenn
Agamemnon
Dich erkennt, der Atreus-Sohn, und dich erkennen alle
Achaier.«
So sprach er, da fürchtete sich der Greis und ließ aufstehen
den Herold.
Und ihnen spannte Hermeias die Pferde an und die
Maultiere,
Und schnell lenkte er selbst sie durchs Heer, und es erkannte
sie keiner.
Doch als sie nun zur Furt gelangten des gutströmenden
Flusses,
Xanthos, des wirbelnden, den Zeus, der Unsterbliche, zeugte,
Da ging Hermeias hinweg zum großen Olympos.
Und Eos im Safrangewand verbreitete sich über die ganze
Erde,
Und sie lenkten zur Stadt die Pferde unter Wehklagen und
Stöhnen,
Und die Maultiere führten den Leichnam. Und kein anderer

Erkannte sie früher von den Männern und schöngegürteten
Frauen;
Aber Kassandra, gleichend der goldenen Aphrodite,
Nach Pergamos hinaufgestiegen, bemerkte ihren Vater,
Wie er auf dem Wagen stand, und den Herold, den
Stadtdurchrufer,
Und sah *den* im Maultierwagen liegend auf dem Lager.
Da schrie sie hell auf und rief durch die ganze Stadt:
»Kommt und seht, ihr Troer und Troerfrauen, den Hektor!
Wenn ihr euch je auch über den Lebenden gefreut habt, daß
er heimkehrte
Aus der Schlacht, denn eine große Freude war er der Stadt
und dem ganzen Volk.«
So sprach sie, und kein Mann blieb dort zurück in der
Stadt
Und keine Frau, denn über alle war unerträgliche Trauer
gekommen.
Und nahe den Toren begegneten sie ihm, wie er den
Leichnam brachte.
Und als erste rauften seine Gattin wie auch die hehre Mutter
Um ihn ihr Haar, zu dem gutberäderten Wagen stürzend,
Ihn am Haupt ergreifend, und weinend umstand sie die
Menge.
Und da hätten sie nun den ganzen Tag bis zur untergehenden
Sonne
den Hektor, Tränen vergießend, bejammert vor den Toren,
Hätte nicht vom Wagen der Alte unter dem Volk gesprochen:
»Gebt mir Raum, mit den Maultieren durchzukommen, und
sodann
Ersättigt euch am Weinen, sobald ich ihn in das Haus
gebracht!«
So sprach er, und die traten auseinander und gaben Raum
dem Wagen.
Als sie ihn aber hineingeführt in die berühmten Häuser, da
legten

ILIAS · 24. GESANG

Sie ihn auf eine gutdurchzogene Bettstatt und bestellten
Sänger dazu
Als Vorsänger für die Klagelieder, und die sangen klagend
Den stöhnenden Gesang, und dazu stöhnten die Frauen.
Und ihnen begann Andromache, die weißarmige, die
Totenklage,
Das Haupt Hektors, des männermordenden, in den Händen
haltend:
»Mann! Jung hast du verloren dein Leben und läßt mich als
Witwe
In den Hallen zurück! Und der Sohn ist so ganz klein noch,
Den wir erzeugten, du und ich, wir Unseligen; und nicht,
meine ich,
Kommt er zur Jugendreife, denn vorher wird diese Stadt
vom Gipfel herab
Vernichtet werden: denn wahrhaftig! du bist umgekommen,
ihr Hüter, der du sie selber
Schütztest und bewahrtest die sorglichen Frauen und kleinen
Kinder.
Die werden dir nun bald fortgebracht in den gewölbten
Schiffen,
Und ich unter ihnen! Du aber, Kind! wirst entweder mir
selber
Dorthin folgen, wo du schmachvolle Werke verrichten mußt,
Dich mühend für einen unmilden Herrn, oder einer der
Achaier
Ergreift dich am Arm und wirft dich vom Turm zu
traurigem Verderben,
Zürnend, weil ihm wohl Hektor einen Bruder getötet
Oder den Vater oder auch den Sohn, da ja sehr viele der
Achaier
Unter Hektors Händen mit den Zähnen die unendliche Erde
faßten.
Denn unmilde war dein Vater in dem traurigen Kampf,
Darum bejammern ihn auch die Männer des Volkes durch
die Stadt.

Und unsagbare Klage hast du den Eltern und Trauer bereitet,
Hektor! Doch mir werden am meisten bleiben traurige
Schmerzen.
Denn nicht hast du mir sterbend vom Lager die Hände
gereicht
Und mir gesagt ein dichtes Wort, an das ich immer
Denken könnte die Nächte und Tage, Tränen vergießend!«
So sprach sie weinend, und dazu stöhnten die Frauen.
Und ihnen begann wieder Hekabe die dichte Klage:
»Hektor! du meinem Herzen weit liebster von allen Söhnen!
Ja, solange du mir lebtest, warst du lieb den Göttern,
Doch die sorgten für dich auch selbst im Schicksal des
Todes.
Denn andere von meinen Söhnen hat der fußschnelle
Achilleus
Verkauft, wenn er einen fing, über das Meer, das
unfruchtbare,
Nach Samos und nach Imbros und in das dunstige Lemnos.
Dich aber, als er dir das Leben genommen mit dem lang-
schneidigen Erz,
Hat er vielfach geschleift um das Grabmal seines Gefährten
Patroklos, den du erschlugst! aber aufstehen ließ er ihn auch
so nicht!
Jetzt aber liegst du mir taufrisch und wie eben gestorben
In den Hallen, einem gleichend, den der Silberbogner
Apollon
Mit seinen sanften Geschossen überkommen und getötet
hat.«
So sprach sie weinend und erregte unendliche Klage.
Und ihnen begann dann als dritte Helena die Totenklage:
»Hektor, du meinem Herzen weit liebster von allen
Schwägern!
Ja, mein Gatte ist Alexandros, der gottgleiche,
Der mich führte nach Troja – wäre ich doch vorher
umgekommen!

Denn schon ist jetzt mir dieses das zwanzigste Jahr,
Seit ich von dort fortging und verlassen habe meine Heimat.
Aber nie habe ich von dir gehört ein böses Wort oder ein
                                        schnödes,
Sondern wenn auch ein anderer mich in den Hallen schmähte
Von den Schwagern oder Mannesschwestern und gutgewan-
                                        deten Schwagersfrauen
Oder die Schwiegermutter – der Schwiegervater ist immer
                                        wie ein Vater mild! –,
So hast du ihm zugeredet mit Worten und ihn
                                        zurückgehalten
Mit deiner Sanftmut und deinen sanften Worten.
So beweine ich dich zugleich und mich Unselige,
                                        bekümmerten Herzens.
Denn kein anderer ist mir mehr in der breiten Troja
Mild und freundlich, sondern sie alle schaudern vor mir.«
    So sprach sie weinend, und dazu stöhnte das zahllose
                                        Volk. –
Da sagte zu den Männern der greise Priamos die Rede:
»Schafft nun, ihr Troer! Holz zur Stadt und fürchtet nicht im
                                        Mute
Einen dichten Hinterhalt der Argeier! Denn wahrhaftig!
                                        Achilleus
Hat es mir so zugesagt, als er mich entließ von den
                                        schwarzen Schiffen,
Er werde uns vorher keinen Schaden tun, bevor die zwölfte
                                        Morgenröte komme.«
    So sprach er. Da schirrten sie die Rinder und Maultiere an
                                        die Wagen,
Und schnell dann waren sie vor der Stadt versammelt.
Neun Tage lang führten sie unsäglich viel Holz heran.
Doch als nun die zehnte erschien, die den Sterblichen
                                        leuchtende Eos,
Damals trugen sie denn hinaus den kühnen Hektor, Tränen
                                        vergießend,

Und legten zuoberst auf den Scheiterhaufen den Toten und
warfen hinein das Feuer.
Als aber die frühgeborene erschien, die rosenfingrige Eos,
Da versammelte sich das Volk um den Scheiterhaufen des
ruhmvollen Hektor.
Und als sie sich nun versammelt hatten und alle beieinander
waren,
Da löschten sie zuerst den Scheiterhaufen mit funkelndem
Wein,
Den ganzen, soweit sich erstreckte die Kraft des Feuers; dann
aber
Sammelten die weißen Gebeine die Brüder und die
Gefährten,
Jammernd, und reichlich floß die Träne von den Wangen.
Und aufgenommen, legten sie diese in einen goldenen
Kasten,
Sie umhüllend mit purpurnen Gewändern, weichen,
Und setzten schnell sie bei in einer hohlen Gruft und
überdeckten diese
Oben mit dichten Steinen, großen, und schütteten schnell
Das Grabmal auf. Und rings saßen Späher überall,
Daß nicht zuvor heranstürmten die gutgeschienten Achaier.
Und als sie aufgeschüttet hatten das Grabmal, gingen sie
wieder.
Aber dann speisten sie, gut versammelt, das herrliche
Totenmahl
In den Häusern des Priamos, des zeusgenährten Königs.
So besorgten diese die Bestattung Hektors, des
Pferdebändigers.

HOMER
ODYSSEE

ca. 700 v. Chr.

9. GESANG

Odysseus erzählt bei den Phäaken von seinen Abenteuern.

Da erwiderte und sagte zu ihm der vielkluge Odysseus:
»Alkinoos, Herrscher! Ausgezeichneter vor allen Männern
des Volkes! Ja, das ist wahrlich schön, einen solchen Sänger zu
hören, wie dieser ist: den Göttern an Stimme vergleichbar. Denn
es gibt, so sage ich, keine lieblichere Erfüllung, als wenn Froh-
sinn im ganzen Volke herrscht und Schmausende durch die Häuser hin auf den Sänger hören, in Reihen sitzend, und daneben die
Tische sind voll von Brot und Fleisch, und es schöpft den Wein
der Weinschenk aus dem Mischkrug und bringt ihn herbei und
füllt ihn in die Becher: das scheint mir das Schönste zu sein in
meinem Sinne. Doch dir hat sich dein Mut darauf gewendet, daß
du nach meinen Kümmernissen fragst, den seufzerreichen, damit ich noch mehr jammere und stöhne. Was soll ich dir alsdann
zuerst und was zu allerletzt erzählen? Denn Kümmernisse haben
mir die Götter, die Söhne des Himmels, viele gegeben! Doch
jetzt will ich zuerst meinen Namen nennen, damit auch ihr ihn
wißt und ich alsdann, entronnen vor dem erbarmungslosen
Tage, euch Gastfreund bin, und wenn ich auch fernab die Häuser
bewohne.
Ich bin Odysseus, Laertes' Sohn, der ich mit meinen allfälti-
gen Listen die Menschen beschäftige, und es reicht die Kunde

von mir bis zum Himmel. Ich wohne aber auf Ithaka, der gut sichtbaren, und ein Berg ist auf ihr, Neritos, der blätterschüttelnde, stark ins Auge fallend. Ringsum aber liegen Inseln viele, gar dicht beieinander: Dulichion und Same und die bewaldete Zakynthos. Sie selber aber liegt niedrig ganz zu oberst in dem Salzmeer, nach dem Dunkel hin, die anderen von ihr weg nach Morgen und zur Sonne. Rauh ist sie, aber gut, um Männer aufzunähren. Kann ich für mein Teil, als das eigene Land, doch sonst nichts Süßeres erblicken. Zwar suchte mich Kalypso dort, die hehre unter den Göttinnen, in den gewölbten Höhlen festzuhalten, begehrend, daß ich ihr Gatte wäre, und ebenso wollte mich Kirke zurückhalten in den Hallen, die von Aia her, die listige, begehrend, daß ich ihr Gatte wäre, doch konnten sie mir niemals den Mut in der Brust bereden. So ist nichts süßer, als das eigene Vaterland und die Eltern, und wenn einer auch weit weg in einem anderen Land ein fettes Haus bewohnt, fern von den Eltern. Doch auf! so will ich dir auch meine Heimfahrt berichten, die an Kümmernissen reiche, die Zeus über mich gebracht hat, als ich vom Troerlande fortging.

Von Ilion her trug mich der Wind und brachte mich zu den Kikonen, nach Ismaros. Dort zerstörte ich die Stadt und vernichtete die Männer. Und als wir aus der Stadt die Weiber und viele Güter genommen hatten, verteilten wir sie unter uns, so daß mir keiner des gleichen Anteils verlustig ginge. Da trieb ich zwar, wahrhaftig! dazu, daß wir eilenden Fußes abzögen, doch sie, die großen Toren, folgten nicht. Da wurde viel Wein getrunken, und viele Schafe schlachteten sie an dem Gestade und schleppfüßige, krummgehörnte Rinder. Indessen aber riefen die entkommenen Kikonen nach den Kikonen, die ihre Nachbarn waren und zugleich zahlreicher und stärker das feste Land bewohnten, kundig, von Gespannen mit Männern zu kämpfen und, wo es Not tat, auch zu Fuß. Da kamen sie, so viel, wie Blätter und Blüten im Frühling entstehen, im Morgengrauen. Da trat ein böses Geschick des Zeus an uns heran, die zu Schrecklichem bestimmten, damit wir viele Schmerzen litten. Und sie stellten sich auf

ODYSSEE · 9. GESANG   47

und kämpften den Kampf bei den schnellen Schiffen und warfen
einander mit den erzgefügten Speeren. Solange Morgen war und
der heilige Tag sich mehrte, solange hielten wir stand und er-
wehrten uns ihrer, so überlegen sie auch waren. Als aber die
Sonne hinüberging zu der Stunde, da man die Rinder ausspannt,
da überwältigten die Kikonen die Achaier und brachten sie zum
Wanken. Und sechs gutgeschiente Gefährten von jedem Schiff
gingen zugrunde, wir andern aber entkamen dem Tod und dem
Verhängnis.

Und wir fuhren von dort weiter, betrübten Herzens, froh dem
Tod entronnen, verlustig lieber Gefährten. Doch liefen mir die
beiderseits geschweiften Schiffe nicht weiter, ehe man nicht einen jeden von den armen Gefährten dreimal gerufen hatte, die
gestorben waren in dem Felde, erschlagen von den Kikonen.
Und es erregte gegen die Schiffe einen Nordwind der Wolken-
sammler Zeus mit einem Sturmwind, einem ungeheuren, und
verhüllte mit Wolken Land zugleich und Meer, und herein vom
Himmel her brach Nacht. Da trieben die Schiffe mit herabge-
drücktem Bug dahin, und es zerriß ihnen die Segel dreifach und
vierfach die Gewalt des Windes. Da zogen wir diese in die Schiffe
ein, in Furcht vor dem Verderben, und ruderten die Schiffe eilig
voran zum festen Lande hin. Da lagen wir zwei Nächte und zwei
Tage, immer in einem fort, und verzehrten unseren Mut zugleich in Ermattung und in Schmerzen. Als aber nun den dritten
Tag die flechtenschöne Eos vollendet hatte, da setzten wir die
Mastbäume und zogen die weißen Segel auf und saßen da, und
die Schiffe lenkten der Wind und die Steuerleute. Und nun wäre
ich wohl unversehrt ins väterliche Land gekommen, doch trieb
die Woge und die Strömung mich ab, als ich Maleia umrunden
wollte, und auch der Nordwind, und verschlug mich vorbei an
Kythera.

Von da wurde ich neun Tage von bösen Winden über das
fischreiche Meer getragen, jedoch am zehnten liefen wir an im
Lande der Lotophagen, die pflanzliche Nahrung essen. Dort stiegen wir auf das feste Land und schöpften uns Wasser, und alsbald

nahmen die Gefährten das Mahl bei den schnellen Schiffen. Doch als sie Speise und Trank genossen hatten, da schickte ich die Gefährten aus, um hinzugehen und zu erkunden, welches die Männer seien, die in dem Lande das Brot äßen, und wählte zwei Männer aus und gab ihnen einen dritten mit als Herold. Die aber gingen alsbald dahin und mischten sich unter die Lotophagenmänner. Und es sannen die Lotophagen gegen unsere Gefährten kein Verderben, sondern gaben ihnen zu essen von dem Lotos: und wer von ihnen aß die honigsüße Frucht des Lotos, der wollte nicht mehr zurück Meldung bringen noch heimkehren, sondern an Ort und Stelle wollten sie unter den Lotophagenmännern den Lotos rupfen und bleiben und der Heimkehr vergessen. Diese führte ich weinend mit Gewalt zu den Schiffen und zog sie in den gewölbten Schiffen unter die Deckbalken und band sie. Aber die andern geschätzten Gefährten trieb ich, daß sie sich eilen und die schnellen Schiffe besteigen sollten, damit keiner auf irgendeine Weise von dem Lotos äße und der Heimkehr vergäße. Und sie stiegen alsbald ein und setzten sich auf die Ruderbänke, und als sie sich der Reihe nach gesetzt, schlugen sie die graue Salzflut mit den Riemen.

Von dort fuhren wir weiter, betrübten Herzens, und kamen zum Lande der Kyklopen, der übergewaltigen, gesetzlosen, die, sich auf die Götter verlassend, die unsterblichen, weder Gewächse pflanzen mit den Händen, noch pflügen, sondern das wächst alles ungesät und ungepflügt: Weizen und Gerste und Reben, die einen Wein von großen Trauben tragen, und der Regen des Zeus mehrt es ihnen. Und sie haben weder ratspflegende Versammlungen noch auch Gesetze, sondern bewohnen die Häupter der hohen Berge in gewölbten Höhlen, und ein jeder setzt die Satzungen fest für seine Kinder und seine Weiber, und sie kümmern sich nicht umeinander.

Alsdann erstreckt sich da querab vom Hafen eine flache Insel, weder nah am Land der Kyklopen noch weit ab, eine bewaldete, und darauf leben unendliche wilde Ziegen. Denn kein Pfad der Menschen vertreibt sie, noch betreten die Insel Jäger, die im

ODYSSEE · 9. GESANG

Walde Schmerzen leiden, wenn sie die Häupter der Berge durch-
streifen. Weder von Herden ist sie eingenommen noch von
Ackerbau, sondern unbesät und unbepflügt alle Tage ist sie von
Menschen leer und nährt nur meckernde Ziegen. Denn den
Kyklopen sind keine Schiffe zu Gebote mit mennigfarbenen
Wangen, und auch keine Zimmermänner von Schiffen sind unter ihnen, die wohlverdeckte Schiffe bauen könnten, die da jegli-
ches ausrichten, zu den Städten der Menschen fahrend, so wie
vielfach die Männer auf Schiffen zueinander das Meer durchque-
ren. Diese hätten ihnen wohl auch die Insel zu einer gutbebauten
machen können; denn sie ist gar nicht schlecht, und sie würde alles tragen nach der Jahreszeit. Denn auf ihr sind Wiesen an den
Gestaden der grauen Salzflut, feuchte, weiche: da könnten recht
wohl unvergängliche Reben sein. Und ebenes Ackerland ist darauf: dort könnte man recht wohl eine tiefe Saat jeweils zu den
Zeiten der Ernte schneiden, denn sehr fett ist der Boden darunter. Und auf ihr ist ein Hafen, gut anzulaufen, wo kein Haltetau
nötig ist und auch nicht nötig, Ankersteine auszuwerfen noch
Hecktaue anzubinden, sondern man braucht nur aufzulaufen
und eine Zeit zu warten, bis der Mut der Schiffer sie treibt und
die Winde heranwehen. Doch am Kopf des Hafens fließt helles
Wasser, eine Quelle, hervor aus einer Grotte, und Pappeln wachsen darum. Dort liefen wir an – und es ging ein Gott vor uns her –
während der dunklen Nacht, und da zeigte sich nichts, das man
sehen konnte. Denn ein tiefer Nebel war um die Schiffe, und
auch der Mond schien nicht vom Himmel, sondern hielt sich
verborgen in Wolken. Da sah keiner die Insel vor sich mit den
Augen, und auch keine großen, ans trockene Land rollenden
Wogen sahen wir, bis die gutverdeckten Schiffe aufliefen. Und
als die Schiffe aufgelaufen waren, zogen wir alle Segel ein und
stiegen auch selber aus an den Strand des Meeres. Dort schliefen
wir und erwarteten das göttliche Frühlicht.

Als aber die frühgeborene erschien, die rosenfingrige Eos, sahen wir staunend die Insel und schweiften auf ihr umher. Und
Nymphen, die Töchter des Zeus, des Aigishalters, trieben berg-

bewohnende Ziegen auf, damit die Gefährten die Mahlzeit nehmen könnten. Alsbald holten wir uns krumme Bögen und
langschäftige Wurfspieße von den Schiffen, und in drei Gruppen
geordnet schossen wir, und schnell gab ein Gott uns eine er-
wünschte Jagd. Zwölf Schiffe folgten mir, und auf jedes fielen
neun Ziegen, zehn aber wählten sie aus für mich allein. So saßen
wir da den ganzen Tag bis zur untergehenden Sonne und
schmausten unendliches Fleisch und süßen Wein. Denn noch
war den Schiffen der rote Wein nicht ausgegangen, sondern
drinnen vorhanden, denn vielen hatten wir, jeder einzelne, in unsere Krüge eingefüllt, als wir die heilige Stadt der Kikonen eingenommen hatten. Und wir schauten hinüber zum Land der nahen Kyklopen und nahmen den Rauch von ihnen wahr und den
Laut von Schafen und von Ziegen. Als die Sonne unterging und
das Dunkel heraufkam, da schliefen wir am Ufer des Meeres. Als
aber die frühgeborene erschien, die rosenfingrige Eos, da setzte
ich eine Versammlung an und sprach unter ihnen allen:

»Ihr andern bleibt jetzt hier, mir geschätzte Gefährten! Ich
aber will mit meinem Schiff und meinen eigenen Gefährten hingehen und diese Männer erkunden, wer sie sind: ob sie Unbän-
dige sind und Wilde und nicht Gerechte, oder gastfreundlich und
einen Sinn haben, der die Götter scheut.«

So sprach ich und stieg auf das Schiff und hieß die Gefährten
auch selber einsteigen und die Hecktaue lösen. Die aber stiegen
alsbald ein und setzten sich auf die Ruderbänke. Und als sie sich
der Reihe nach gesetzt, schlugen sie die graue Salzflut mit den
Riemen.

Doch als wir nun zu dem Platz gekommen waren, dem nahen,
da sahen wir am äußersten Rande eine Höhle nah dem Meere,
eine hohe, mit Lorbeerbäumen überdachte. Dort pflegte viel
Kleinvieh, Schafe und auch Ziegen, die Nacht zu verbringen.
Und herum war eine Hofmauer hoch erbaut mit eingegrabenen
Steinen und großen Fichtenstämmen und hochbelaubten Ei-
chen. Da pflegte der Mann zu nächtigen, der ungeheure, der
ganz allein das Vieh, fernab, zu weiden pflegte, und nicht mit an-

deren verkehrte er, sondern hielt sich abseits und hegte Gesetzlo-
ses in seinem Sinne. War er doch auch geschaffen als ein Wunder,
ein ungeheures, und glich nicht einem brotessenden Manne,
sondern einer bewaldeten Felsenkuppe von hohen Bergen, die
sichtbar ist für sich allein, entfernt von andern. Da befahl ich den
anderen geschätzten Gefährten, daß sie an dem Orte bei dem
Schiffe bleiben und das Schiff bewachen sollten. Ich aber las von
den Gefährten die zwölf besten aus und schritt dahin. Und einen
Ziegenschlauch nahm ich mit voll schwarzen Weines, süßen,
den mir Maron gegeben hatte, des Euanthes Sohn, der Priester
des Apollon, der Ismaros schützend umwandelt, weil wir ihn be-
schirmt hatten mit seinem Sohne und seinem Weibe, in Scheu,
denn er wohnte in dem baumreichen Hain des Phoibos Apollon.
Der gab mir glänzende Gaben: gab mir sieben Pfunde gutbear-
beiteten Goldes und gab mir einen Mischkrug ganz aus Silber
und sodann einen Wein, den er einfüllte in zwölf Krüge im
ganzen, süß, ungemischt, einen göttlichen Trank; und es wußte
keiner von ihm unter den Knechten und Mägden im Hause, sondern nur er selbst und seine Gattin und die eine Beschließerin allein. Und wenn sie ihn trinken wollten, den honigsüßen roten
Wein, so füllte er einen Becher auf zwanzig Maße Wasser und
goß ein, und ein süßer Duft duftete von dem Mischkrug auf, ein
göttlicher: da wäre dir, dich zu enthalten, nicht lieb gewesen!
Von diesem füllte ich einen großen Schlauch und nahm ihn mit
und dazu auch Speisen in einem Korbe. Denn es ahnte mir sogleich der mannhafte Mut, daß ich an einen Mann kommen
würde, angetan mit großer Stärke, einen wilden, der weder
Recht noch Satzungen gehörig kannte.

Und schnell gelangten wir zu der Höhle. Jedoch wir fanden
ihn nicht drinnen, sondern er weidete auf der Weide sein fettes
Vieh. Und wir gingen in die Höhle und betrachteten jedes Einzelne. Da strotzten Darren von Käse, und Pferche waren gedrängt voll von Lämmern und Zicklein. Und abgesondert voneinander waren sie, jegliche für sich, eingesperrt: an ihrem Orte
die ersten Würfe, an ihrem Orte die mittleren und an ihrem Ort

hinwieder die Spätlinge. Und es troffen von Molken alle Gefäße, Kübel und Eimer: Gefertigtes, wohinein er melkte. Da flehten mich die Gefährten an mit Worten, daß wir zuerst von den Käsen nehmen und wieder gehen, dann aber geschwind die Zicklein und die Lämmer aus den Pferchen hinaus zu dem schnellen Schiffe treiben und fahren sollten auf die salzige See. Jedoch ich ließ mich nicht bereden – und es wäre doch viel besser gewesen! –, damit ich den Mann selber sähe und ob er mir Gastgeschenke gäbe. Doch sollte er, als er erschien, für die Gefährten nicht liebreich werden. Da zündeten wir ein Feuer an und opferten und nahmen selbst auch von den Käsen und aßen und warteten auf ihn, drinnen sitzend, bis er herankam, eintreibend. Und er trug eine gewaltige Last trockenen Holzes, damit es ihm für das Nachtmahl dienlich wäre, warf es hinein in die Höhle und machte ein Getöse. Wir aber stürzten vor Furcht hinweg in das Innerste der Höhle. Doch er trieb das fette Vieh in die weite Höhle, alles Stück für Stück, soviel er melken wollte, das männliche aber ließ er vor der Türe, die Widder und die Böcke, draußen in dem tiefen Hofe. Und setzte alsbald einen großen Türstein davor, den er hoch aufhob, einen gewaltigen. Den hätten nicht zweiundzwanzig Wagen, tüchtige, vierrädrige, wegwuchten können von dem Boden: einen so großen schroffen Stein setzte er vor die Türe. Und er setzte sich nieder und begann, die Schafe und die meckernden Ziegen zu melken, alles nach Gebühr, und legte einer jeden ihr Junges unter. Und alsbald ließ er die Hälfte von der weißen Milch gerinnen und stellte sie ab, nachdem er sie in geflochtenen Körben gesammelt hatte. Die andere Hälfte aber stellte er in Gefäßen auf, damit er davon nehmen und trinken könnte und sie ihm für das Nachtmahl dienlich wäre. Doch als er nun geschäftig seine Arbeiten verrichtet hatte, da zündete er ein Feuer an und erblickte uns und fragte uns:

»Fremde, wer seid ihr; von woher kommt ihr die feuchten Pfade gefahren? eines Geschäftes wegen? oder schweift ihr nur so hin wie Seeräuber über die Salzflut, die da umherschweifen und ihr Leben daran setzen, indem sie Anderen Böses bringen?«

ODYSSEE · 9. GESANG

So sprach er. Aber uns zerbrach das liebe Herz, in Furcht vor seiner rauhen Stimme wie vor ihm selber, dem ungeheueren. Aber auch so erwiderte ich und sagte zu ihm mit Worten:

»Wir sind zu dir von Troja her, Achaier, verschlagen von allfachen Winden, über die große Meerestiefe, während wir heimwärts strebten, anderen Weges, andere Pfade hergekommen – so hat es Zeus wohl beschließen wollen –, und Volk des Atreus-Sohnes Agamemnon rühmen wir uns zu sein, von dem jetzt die größte Kunde unter dem Himmel ist, denn eine so große Stadt hat er zerstört und viele Männer des Volks vernichtet. Wir aber, da wir hierher gelangt sind, kommen schutzsuchend zu deinen Knien, ob du wohl gastliche Bewirtung reichen oder auch sonst eine Gabe geben mögest, wie sie unter Gastfreunden Brauch ist. So scheue denn, Bester, die Götter! Schutzsuchende sind wir dir. Ist Zeus der Rächer doch der Schutzsuchenden und der Fremden, der Gastliche, der mit den Gästen ist, denen Scheu gebührt.«

So sprach ich. Und er erwiderte mir alsbald mit ungerührtem Mute:

»Kindisch bist du, Fremder, oder von weit hergekommen, der du mich die Götter fürchten oder scheuen heißest. Denn die Kyklopen kümmern sich nicht um Zeus, den Aigishalter, noch auch um die seligen Götter, da wir wahrhaftig viel stärker sind. Auch ich würde aus Scheu vor der Feindschaft des Zeus weder dich noch deine Gefährten schonen, wenn mich der Mut nicht dazu treibt. Aber sage mir: wohin hast du, als du kamst, dein gutgebautes Schiff gelenkt? irgend an ein entlegenes Gestade oder hier in die Nähe? daß ich es weiß.«

So sprach er und suchte mich auszuhorchen. Doch entging es mir nicht, der ich viel erfahren hatte, sondern, es ihm zurückgebend, sagte ich zu ihm mit listigen Worten:

»Das Schiff hat mir Poseidon, der Erderschütterer, zerschlagen, es gegen die Felsen werfend an den äußersten Enden eures Landes, nachdem er es an eine Klippe herangetragen: der Wind trieb es vom Meere her. Ich aber entkam mit diesen hier dem jähen Verderben.«

So sprach ich. Doch er erwiderte mir nichts mit ungerührtem
Mute, sondern sprang auf und streckte nach den Gefährten die
Hände aus und packte zwei auf einmal und schlug sie wie junge
Hunde gegen die Erde. Da floß das Gehirn aus auf den Boden
und benetzte die Erde, und nachdem er sie Glied für Glied zerschnitten, bereitete er sie sich zum Nachtmahl und aß sie wie ein
bergernährter Löwe und ließ nichts übrig, nicht Eingeweide
noch Fleisch noch markerfüllte Knochen. Wir aber weinten und
erhoben zu Zeus die Hände, als wir die gräßlichen Werke sahen,
und Ohnmacht hielt unseren Mut befangen. Doch als sich der
Kyklop den großen Wanst gefüllt mit dem Fraß von Menschenfleisch und dazu ungemischte Milch getrunken, lag er in der
Höhle drinnen, hingestreckt, unter den Schafen. Da gedachte ich
in meinem großherzigen Mute, an ihn heranzutreten und, das
scharfe Schwert gezogen von der Hüfte, es ihm in die Brust zu
stoßen, da wo das Zwerchfell die Leber umschlossen hält, nachdem ich die Stelle mit der Hand ertastet. Doch eine andere Re-
gung hielt mich. Denn auch wir wären dort in jähem Verderben
umgekommen: vermochten wir doch nicht, von den hohen Türen den gewaltigen Stein mit den Händen hinwegzustoßen, den
er vorgesetzt. So warteten wir da seufzend auf das göttliche
Frühlicht.

Doch als die frühgeborene erschien, die rosenfingrige Eos, da
zündete er ein Feuer an und begann, das herrliche Vieh zu melken, alles nach Gebühr, und legte einer jeden ihr Junges unter.
Doch als er nun geschäftig seine Arbeiten verrichtet hatte, da
packte er wieder zwei auf einmal und bereitete sie sich zum
Mahle. Und als er die Mahlzeit gehalten hatte, trieb er das fette
Vieh aus der Höhle, nachdem er leicht den großen Türstein weggenommen. Doch setzte er ihn dann wieder vor, wie wenn man
den Deckel auf einen Köcher setzt, und trieb sein fettes Vieh mit
vielem Pfeifen bergwärts, der Kyklop.

Ich aber blieb zurück, tief über Schlimmem sinnend, ob ich es
ihn könnte irgend büßen lassen und mir Athene Ruhm verleihe.
Und dies schien mir in meinem Sinne der beste Rat: Da lag von

dem Kyklopen ein großer Knüttel bei dem Pferch, grün, von Olivenholz: den hatte er geschnitten, um ihn zu tragen, wenn er getrocknet wäre. Den schätzten wir, als wir ihn betrachteten, so groß wie den Mastbaum eines zwanzigrudrigen schwarzen Schiffes, eines breiten Lastschiffs, das die große Tiefe überquert: so groß war er an Länge, so groß an Dicke anzuschauen. Zu dem trat ich heran und schlug von ihm ein Stück, so groß wie eine Klafter, ab und legte es den Gefährten hin und befahl ihnen, es abzuschaben, und die machten es glatt. Ich aber trat heran und spitzte es oben zu und nahm es und brannte es alsbald hart am flammenden Feuer, und verwahrte es gut, unter dem Mist verborgen, der hoch aufgehäuft war durch die Höhle hin, genugsam viel. Jedoch den anderen befahl ich, über sich das Los zu werfen, wer das Wagnis unternehmen sollte, mit mir zusammen den Pfahl aufzunehmen und ihm in das Auge zu bohren, wenn der süße Schlaf über ihn kam. Da fiel das Los eben auf die, die ich mir selber gewünscht hätte auszuwählen: vier, und ich zählte mich unter ihnen als der fünfte.

Des Abends aber kam er und trieb die schönhaarigen Schafe ein. Und trieb sogleich das fette Vieh in die weite Höhle, alles, Stück für Stück, und ließ nichts draußen in dem tiefen Hofe – ob er nun etwas ahnte oder auch ein Gott ihn so getrieben hatte. Dann hob er den großen Türstein in die Höhe und setzte ihn davor, nachdem er ihn hoch aufgehoben, und setzte sich nieder und begann die Schafe und die meckernden Ziegen zu melken, alles nach Gebühr, und legte einer jeden ihr Junges unter. Doch als er geschäftig seine Arbeiten verrichtet hatte, da packte er wieder zwei auf einmal und bereitete sie sich zum Nachtmahl. Da trat ich dicht vor den Kyklopen und sagte zu ihm, einen Napf voll schwarzen Weines in den Händen haltend:

»Da, Kyklop! trinke den Wein, nachdem du das Menschenfleisch gegessen, damit du siehst, welch einen Trank da unser Schiff verwahrt gehalten! Dir habe ich ihn gebracht zur Spende, ob du dich meiner erbarmen und mich nach Hause senden mögest. Doch du rasest nicht mehr erträglich. Schrecklicher! wie wird ein anderer noch späterhin zu dir gelangen wollen von den vielen Menschen! da du nicht nach Gebühr gehandelt.«

So sprach ich. Und er empfing ihn und trank ihn aus und freute sich gewaltig, den süßen Trank zu trinken, und forderte von mir wieder zum zweitenmale:

»Gib mir noch einmal gütig und sage mir deinen Namen, jetzt auf der Stelle, daß ich dir ein Gastgeschenk gebe, an dem du dich freuen wirst! Denn auch den Kyklopen trägt die nahrungge-bende Ackerscholle einen Wein von großen Trauben, und der Regen des Zeus mehrt ihn ihnen. Aber dies ist ein Ausfluß von Ambrosia und Nektar!«

So sprach er. Und ich reichte ihm noch einmal den funkelnden Wein. Dreimal brachte und gab ich ihm, und dreimal trank er ihn aus im Unverstande. Doch als der Wein dem Kyklopen die Sinne umfangen hatte, da sagte ich zu ihm mit schmeichelnden Wor-ten:

»Kyklop! du fragst nach meinem berühmten Namen. Nun denn! so will ich ihn dir sagen! Du aber gib mir das Gastge-schenk, so wie du es versprochen hast! *Niemand* ist mein Name, und *Niemand* rufen mich Vater und Mutter und all die anderen Gefährten.«

So sprach ich. Der aber erwiderte mir alsbald mit ungerühr-tem Mute:

»Den Niemand werde ich als letzten verspeisen unter seinen Gefährten, die anderen zuvor: das soll dein Gastgeschenk sein!«

Sprach es und lehnte sich zurück und fiel hintenüber, und lag alsdann, den feisten Hals zur Seite geneigt, und der Schlaf ergriff ihn, der Allbezwinger. Und aus seinem Schlunde brach Wein hervor und Brocken von Menschenfleisch, und er erbrach sich, weinbeschwert. Da stieß ich den Pfahl unter die Asche, die viele, bis er sich erhitzte, und sprach mit Worten allen Gefährten Mut zu, daß keinen die Furcht befiele und er entwiche. Doch als sich nun der Ölbaumpfahl schon bald im Feuer entzünden wollte, so grün er war, und fürchterlich durch und durch zu glühen anfing, da trug ich ihn aus dem Feuer heran, und um ihn stellten sich die

ODYSSEE · 9. GESANG

Gefährten, und große Kühnheit hauchte uns der Daimon ein. Sie ergriffen den Ölbaumpfahl, den an der Spitze geschärften, und stemmten ihn in das Auge, aber ich stemmte mich von oben her auf ihn und drehte. Wie wenn ein Mann einen Schiffsbalken anbohrt mit dem Bohrer, und die andern fassen zu auf beiden Seiten und wirbeln ihn unten herum mit dem Riemen, er aber läuft beharrlich fort und fort: so faßten wir den feuergespitzten Pfahl und drehten ihn in seinem Auge, und Blut quoll um ihn herum, den heißen. Und alle Wimpern rings und Brauen versengte ihm die Glut des Augapfels, der brannte, und es prasselten im Feuer seine Wurzeln. Und wie ein Mann, ein Schmied, eine große Axt oder ein Schlichtbeil in kaltes Wasser eintaucht, um es, das gewaltig zischende, zu frischen – das ist dann wieder die Kraft des Eisens –: so zischte sein Auge rings um den Olivenpfahl. Und schrecklich brüllte er laut auf, und es erscholl ringsum der Felsen, wir aber stoben vor Furcht davon. Er aber riß sich den Pfahl aus dem Auge, den mit vielem Blut besudelten, und warf ihn alsbald von sich, wild mit den Händen um sich fahrend, und rief laut nach den Kyklopen, die in der Runde um ihn her in Höhlen zwischen den windigen Kuppen wohnten. Die kamen, als sie seinen Ruf gehört, herbei, der eine von hier-, der andere von dorther, und stellten sich um die Höhle und fragten, was ihn bekümmere:

»Was hat dich, Polyphem! so Großes betroffen, daß du so gerufen durch die Nacht, die ambrosische, und hast uns schlaflos gemacht? Es treibt doch keiner der Sterblichen dir gegen den Willen die Schafe fort? oder es erschlägt dich selbst doch keiner mit List oder auch mit Gewalt?«

Da sagte hinwieder aus der Höhle zu ihnen der starke Polyphemos:

»Freunde! Niemand erschlägt mich mit List und nicht mit Gewalt!«

Da erwiderten sie und sprachen die geflügelten Worte:

»Wenn dir denn niemand Gewalt antut, und du allein bist: nun! einer Krankheit von dem großen Zeus her ist auf keine

Weise zu entrinnen. Da bete du nur zu deinem Vater, dem Herrn Poseidon.«

So sprachen sie und gingen davon. Mir aber lachte mein liebes Herz, wie sie mein Name getäuscht hatte und der untadelige Einfall.

Der Kyklop aber, stöhnend und sich in stechenden Schmerzen windend, nahm, mit den Händen tastend, den Stein von den Türen und setzte sich selbst in die Türen, beide Arme ausgebreitet: ob er vielleicht einen ergriffe, wenn er mit den Schafen zur Tür hinausschritte, denn er wähnte wohl in seinem Sinne, daß ich derart töricht wäre. Doch ich überlegte, wie es am weit besten geschehen möchte, daß ich für die Gefährten und für mich selber eine Lösung von dem Tode fände. Und alle Listen und Anschläge wob ich, wie nur, wenn es um das Leben geht – denn es war ein großes Übel nahe –, und dieses schien mir in dem Gemüte der beste Rat: Da waren männliche Schafe, wohlgenährte, mit dicker Wolle, schön und groß, und hatten ein veilchendunkles Vlies. Diese schloß ich in aller Stille zusammen mit gutgedrehten Weidenruten, auf denen der Kyklop zu schlafen pflegte, der ungeheure, der nur gesetzlose Dinge wußte, indem ich immer drei zusammennahm: der in der Mitte trug den Mann, die beiden anderen aber gingen zu beiden Seiten und deckten die Gefährten. Drei Hammel trugen je einen Mann. Ich selber aber – denn da war ein Schafbock, der bei weitem beste von allen Schafen – griff diesem in den Rücken, wälzte mich unter den wolligen Bauch und lag so, und, mit den Händen in das ungeheure Geflock verwickelt, hielt ich mich unablässig mit ausdauerndem Mut. So warteten wir da seufzend auf das göttliche Frühlicht. Doch als die frühgeborene erschien, die rosenfingrige Eos, da trieb er alsbald die männlichen Schafe aus zur Weide, die weiblichen aber blökten ungemolken rings in den Pferchen, denn ihre Euter waren straff gespannt. Ihr Herr jedoch, von bösen Schmerzen aufgerieben, befühlte die Rücken von allen Schafen, so wie sie aufrecht dastanden. Das aber gewahrte der Törichte nicht, wie sie ihm unter die Brust der Schafe mit den wolligen

Vliesen gebunden waren. Als letzter schritt unter dem Vieh der Schafbock durch die Tür hinaus, beengt von der Wolle und von mir, der ich Vielfältiges bedachte. Da betastete ihn der starke Polyphemos und sagte zu ihm:

»Lieber Widder! was läufst du mir so als letzter von den Schafen durch die Höhle? Sonst bleibst du nicht zurück hinter der Herde, sondern weidest als weit erster die zarten Blumen des Grases, weit ausschreitend, kommst als der erste zu den Strömungen der Flüsse und strebst als erster in den Stall des Abends wieder heimzukehren; jetzt aber bist du der allerletzte. Gewiß vermißt du das Auge deines Herrn, den der böse Mann ganz blind gemacht hat mit den erbärmlichen Gefährten, nachdem er mir den Sinn mit Wein bezwungen: der Niemand, der, so sage ich, noch nicht entronnen ist vor dem Verderben. Wenn du doch gleich mir denken und Sprache zu mir gewinnen könntest, daß du sagtest, wo jener sich meiner Kraft entzieht: dann würde das Gehirn ihm hierhin und dorthin durch die Höhle spritzen, wenn er auf den Boden geschmettert würde, und es würde mein Herz erleichtert werden von den Übeln, die dieser Garnichts mir bereitet hat: der Niemand!«

So sprach er und ließ den Widder von sich zur Tür hinausgehen. Doch als wir von der Höhle und dem Hofe ein kleines Stück hinweggekommen waren, da löste ich zuerst mich von dem Schafbock und löste auch die Gefährten darunter los. Und eilig trieben wir die Schafe, die streckfüßigen, dick von Fett, uns vielfach umwendend, dahin, bis daß wir zu dem Schiff gelangten. Und wir erschienen unseren Gefährten willkommen, die wir dem Tod entronnen waren, die andern aber beklagten sie mit Stöhnen. Allein, ich ließ es nicht zu und winkte einem jeden mit den Augenbrauen, daß er nicht weinen sollte, sondern befahl, schnell die schönhaarigen Schafe, die vielen, in das Schiff zu werfen und auf das salzige Wasser hinauszufahren. Und sie stiegen alsbald ein und setzten sich auf die Ruderbänke, und als sie sich der Reihe nach gesetzt, schlugen sie die graue Salzflut mit den Riemen. Doch als das Schiff soweit entfernt war, wieweit ein

Rufender reicht mit der Stimme, da rief ich den Kyklopen an mit höhnenden Worten:

»Kyklop! nicht eines kraftlosen Mannes Gefährten hast du in der gewölbten Höhle verzehren sollen mit überlegener Gewalttat! So sollten freilich deine schlimmen Werke über dich kommen, Schrecklicher! da du die Gäste nicht gescheut hast in deinem Haus, daß du sie äßest. Darum hat es dich Zeus wie auch die anderen Götter büßen lassen.«

So sprach ich. Doch der ergrimmte darauf noch mehr im Herzen, riß ab die Kuppe von einem großen Berge, schleuderte sie, und nieder schlug sie vorn vor dem Schiff mit dem dunklen Bug. Da wallte das Meer auf unter dem herniederfahrenden Felsen, und zurück zum Lande trug es die rückbrandende Woge, die Flutwelle aus dem Meer, und versetzte es, daß es an das trockene Land gelangte. Ich aber ergriff mit den Händen eine gar lange Stange, stieß es querab und trieb die Gefährten und hieß sie sich in die Riemen legen, damit wir dem Unheil entrinnen könnten, indem ich ihnen mit dem Kopf zunickte. Sie aber fielen nach vorne aus und ruderten. Doch als wir über die Salzflut fahrend nun doppelt so weit abgekommen, da wollte ich den Kyklopen anreden. Jedoch die Gefährten um mich her suchten, der eine hier, der andere dort, mich mit schmeichelnden Worten zurückzuhalten:

»Schrecklicher! warum willst du den wilden Mann reizen, der schon jetzt, sein Geschoß auf das Meer hin werfend, das Schiff zum festen Land zurückgetrieben, und wir meinten schon, daß wir dort verderben würden. Doch hört er erst, wie irgendeiner einen Laut ertönen läßt oder redet, so wird er auch schon unsere Köpfe und die Balken des Schiffs zerschmettert haben, mit einem scharfkantigen Blocke werfend, denn so weit schleudert er!«

So sprachen sie. Doch beredeten sie nicht meinen großherzigen Mut, sondern zurückgewendet sprach ich zu ihm noch einmal mit ergrimmtem Mute:

»Kyklop! wofern dich einer der sterblichen Menschen befragen wird nach deines Auges unwürdiger Blendung, so sage, daß Odysseus, der Städtezerstörer, dich blind gemacht hat, der Sohn des Laertes, der auf Ithaka die Häuser hat.«

So sprach ich. Er aber brüllte auf und erwiderte mir mit der Rede:

»Nein doch! ereilen mich wahrhaftig doch altgesagte Göttersprüche! War hier am Orte einst ein Seher-Mann, tüchtig und groß: Telemos, Sohn des Eurymos, der ausgezeichnet war in Wahrsagung und wahrgesagt hat den Kyklopen bis ins Alter. Der sagte mir, daß dieses alles sich künftighin erfüllen würde: daß ich von des Odysseus Händen verlustig gehen würde des Gesichts. Doch habe ich immer angenommen, es werde herkommen ein Mann, ein großer und schöner, angetan mit großer Stärke. Jetzt aber ist es ein Geringer und Nichtiger und Schwächlicher, der mich am Auge blind gemacht hat, nachdem er mich mit Wein bezwungen. Doch auf! hierher, Odysseus! daß ich dir Bewirtung vorsetze und den ruhmvollen Erderschütterer bewege, dir ein Heimgeleit zu geben. Denn dessen Sohn bin ich, und mein Vater rühmt er sich zu sein. Er wird auch, wenn er will, mich heilen, und keiner sonst, weder von den seligen Göttern noch von den sterblichen Menschen!«

So sprach er. Aber ich antwortete und sagte zu ihm:

»Wenn ich dich doch so gewiß der Seele und des Lebens verlustig machen und in das Haus des Hades schicken könnte, wie nie dein Auge heilen wird auch nicht der Erderschütterer!«

So sprach ich. Der aber betete sogleich zu dem Herrn Poseidon, die Arme zu dem bestirnten Himmel streckend:

»Höre, Poseidon! Erdbeweger, mit der schwarzen Mähne! Bin ich wahrhaftig dein und rühmst du dich, daß du mein Vater bist: gib, daß Odysseus, der Städtezerstörer, nicht heimgelange, des Laertes Sohn, der auf Ithaka die Häuser hat! Doch ist sein Teil, daß er die Seinen sieht und in sein wohlgebautes Haus und in sein väterliches Land gelangt: spät komme er heim auf schlimme Weise, nachdem er verloren alle die Gefährten, auf einem fremden Schiff, und finde Leiden in seinem Hause!«

So sprach er und betete, und ihn hörte der mit der schwarzen Mähne. Doch er erhob von neuem einen viel größeren Stein, warf ihn, nachdem er ihn herumgewirbelt, und legte eine unermeßliche Kraft hinein. Und nieder fuhr er um ein kleines hinter dem schwarzbugigen Schiff, und wenig fehlte, daß er das Ende des Steuerruders getroffen hätte. Da wallte das Meer auf unter dem hemiederfahrenden Felsen, doch voran trug es die Woge und versetzte es, daß es an das trockene Land gelangte.

Doch als wir nun zu der Insel kamen, wo die andern gutgedeckten Schiffe alle miteinander geblieben waren und rings die Gefährten jammernd saßen und uns beständig erwarteten, da ließen wir, dorthin gekommen, das Schiff auflaufen auf dem Sande und stiegen auch selber aus an den Strand des Meeres und nahmen die Schafe des Kyklopen aus dem gewölbten Schiff und verteilten sie unter uns, so daß mir keiner des gleichen Anteils verlustig ginge. Den Schafbock aber gaben mir allein die gutgeschienten Gefährten als Sondergabe von den verteilten Schafen. Den opferte ich an dem Gestade dem Zeus, dem schwarzwolkigen, dem Kronos-Sohn, der über alle Herr ist, und verbrannte ihm die Schenkel. Der aber achtete des Opfers nicht, sondern sann darauf, wie alle gutgedeckten Schiffe und die mir geschätzten Gefährten zugrunde gingen. So saßen wir da den ganzen Tag bis zur untergehenden Sonne und schmausten unendliches Fleisch und süßen Wein. Als aber die Sonne untergegangen war und das Dunkel heraufkam, da schliefen wir an dem Strand des Meeres. Als aber die frühgeborene erschien, die rosenfingrige Eos, da trieb ich die Gefährten und befahl ihnen, selber einzusteigen und die Hecktaue zu lösen. Und sie stiegen alsbald ein und setzten sich auf die Ruderbänke, und als sie sich der Reihe nach gesetzt, schlugen sie die graue Salzflut mit den Riemen. Und wir fuhren von dort weiter, betrübten Herzens, froh dem Tod entronnen, verlustig lieber Gefährten.

11. GESANG

Odysseus berichtet in seiner Erzählung von den Abenteuern, wie er in die Unterwelt hinabgestiegen ist, die Toten gesehen und die Seele des Sehers Teiresias über sein weiteres Schicksal befragt hat.

Als wir nun aber zu dem Schiff und dem Meer hinuntergekommen waren, da zogen wir zu allererst das Schiff in die göttliche Salzflut und legten Mastbaum und Segel in das schwarze Schiff hinein und nahmen die Schafe und führten sie hinein und stiegen auch selber hinauf, bekümmert, quellende Tränen vergießend. Und es schickte uns hinter dem schwarzbugigen Schiffe her einen günstigen Fahrwind, der das Segel füllte, als guten Gefährten Kirke, die flechtenschöne, die furchtbare Göttin, begabt mit Sprache. Und nachdem wir uns mit jeglichem Gerät zu schaffen gemacht hatten auf dem Schiffe, saßen wir, und dieses lenkte der Wind und der Steuermann. Und den ganzen Tag waren seine Segel gespannt, während es das Meer durchquerte. Und die Sonne ging unter, und überschattet wurden alle Straßen. Und das Schiff kam zu den Grenzen des tiefströmenden Okeanos, wo Gau und Stadt der Kimmerischen Männer ist. In Dunst und Wolken sind sie eingehüllt, und niemals blickt der leuchtende Helios auf sie herab mit seinen Strahlen, weder wenn er zum gestirnten Himmel aufsteigt, noch wenn er sich vom Himmel her wieder zurück zur Erde wendet, sondern böse Nacht ist über die armen Sterblichen gebreitet.

Dort angekommen, ließen wir das Schiff auflaufen, schafften die Schafe heraus und gingen selbst hinwieder die Strömung des Okeanos entlang, bis wir zu dem Platze hingelangten, den Kirke gewiesen hatte. Da hielten Perimedes und Eurylochos die Opfertiere fest. Ich aber zog das scharfe Schwert von der Hüfte und grub eine Grube, eine Elle lang hierhin und dorthin, und um sie goß ich den Weihguß für alle Toten: zuerst von Honiggemisch, hernach von süßem Weine, zum dritten hinwieder von Wasser, und streute darüber weiße Gerste. Und gelobte, vielfach zu den kraftlosen Häuptern der Toten flehend, daß ich, nach Ithaka gekommen, ein unfruchtbares Rind, das nur immer das beste wäre, darbringen würde in den Hallen und einen Scheiterhaufen anfüllen mit edlen Dingen, und daß ich dem Teiresias gesondert einen Schafbock opfern würde, ihm allein, einen ganz schwarzen, der hervorsticht unter unseren Schafen. Doch als ich die Völker der Toten mit Gelübden und Gebeten angefleht, ergriff ich die Schafe und durchschnitt ihnen den Hals über der Grube, und es strömte das schwarzwolkige Blut. Da versammelten sich von unten aus dem Erebos die Seelen der dahingestorbenen Toten: junge Frauen und junge Männer, Greise, die viel erduldet hatten, und noch kindliche Mädchen mit jungem Gram im Herzen, und viele, verwundet von erzbeschlagenen Lanzen: Männer, im Kriege gefallen, mit blutverkrusteten Rüstungen. Die kamen und gingen um die Grube, viele, der eine von hier-, der andere von dorther, mit unaussprechlichem Geschrei, und mich ergriff die blasse Furcht. Da trieb ich alsdann die Gefährten und hieß sie, daß sie die Schafe, die schon geschlachtet mit dem erbarmungslosen Erz am Boden lagen, abhäuten und verbrennen und dabei zu den Göttern beten sollten: dem starken Hades und der schrecklichen Persephoneia. Doch selbst zog ich das scharfe Schwert von der Hüfte und saß hin und ließ die kraftlosen Häupter der Toten nicht dem Blute näher kommen, bis ich den Teiresias befragt.

Da kam als erste die Seele des Elpenor, meines Gefährten, denn er war noch nicht begraben unter der weiträumigen Erde. Denn wir hatten seinen Leib in der Halle der Kirke zurückgelassen, unbeweint und unbestattet, da andere Mühsal drängte. Als ich ihn sah, kamen mir die Tränen, und ich erbarmte mich in dem Gemüte, und begann und sagte zu ihm die geflügelten Worte:

»Elpenor! wie bist du hinab in das dunstige Dunkel gekommen? Bist du eher zu Fuß da als ich mit dem schwarzen Schiffe?«

ODYSSEE · 11. GESANG

So sprach ich, der aber seufzte und erwiderte mir mit der Rede:

»Zeusentsproßter Laertes-Sohn, reich an Erfindungen, Odysseus! Ins Unheil hat mich die schlimme Schickung des Daimon gestürzt und der übermäßige Wein. Da hatte ich mich auf Kirkes Halle niedergelegt und nicht daran gedacht, zurückzugehen und hinten die breite Treppe hinabzusteigen, sondern bin gerade vor mir vom Dach gestürzt, und es ward mir der Hals herausgebrochen aus den Wirbeln, die Seele aber ging hinab zum Hades. Jetzt aber flehe ich dich an bei jenen hinten in der Heimat, die nicht hier sind: bei deinem Weibe und dem Vater, der dich ernährt hat, als du klein warst, und bei Telemachos, den du als einzigen Sohn in den Hallen zurückgelassen – denn ich weiß, du wirst von hier, wenn du aus dem Haus des Hades hinweggegangen, das gutgebaute Schiff zur Insel Aia lenken –: dort heiße ich dich, Herr! daß du alsdann meiner gedenken mögest: daß du nicht dahingehst und mich unbestattet, unbeweint dahinten zurückläßt und dich von mir wendest, daß ich dir nicht Ursache für den Zorn der Götter werde. Sondern verbrenne mich mit den Waffen, so viele ich habe, und schütte mir ein Mal auf an dem Gestade des grauen Meeres – eines unseligen Mannes Mal, auch für die Künftigen zu erfahren. Dieses erfülle mir und befestige auf dem Grabhügel das Ruder, mit dem ich auch im Leben gerudert habe unter meinen Gefährten.«

So sprach er, und ich erwiderte und sagte zu ihm:

»Dies werde ich dir, Unseliger! vollenden und werde es verrichten.«

So saßen wir beide und tauschten miteinander traurige Reden: ich diesseits, das Schwert über das Blut haltend, von drüben herüber aber sprach das Schattenbild des Gefährten Vieles.

Und es kam die Seele meiner Mutter herauf, der dahingestorbenen: die Tochter des großherzigen Autolykos, Antikleia, die ich lebend verlassen hatte, als ich in die heilige Ilion ging. Als ich sie sah, kamen mir die Tränen, und ich erbarmte mich in dem Gemüte. Allein, auch so ließ ich sie nicht, so dicht bekümmert ich auch war, dem Blute näher kommen, ehe ich den Teiresias befragt.

Und es kam herauf die Seele des Teiresias von Theben, ein goldenes Szepter haltend, und er erkannte mich und sagte zu mir:

»Zeusentsproßter Laertes-Sohn, reich an Erfindungen, Odysseus! Warum, Unseliger, hast du nun wieder das Licht der Sonne verlassen und bist gekommen, daß du die Toten siehst und den unlieblichen Ort? Doch weiche von der Grube und halte das scharfe Schwert hinweg, damit ich von dem Blute trinke und dir Unfehlbares verkünde.«

So sprach er. Ich aber wich zurück und steckte das Schwert, beschlagen mit Silbernägeln, in die Scheide. Doch er, als er das schwarze Blut getrunken hatte, da sprach er mit Worten zu mir, der untadelige Seher:

»Nach der Heimkehr verlangt dich, der honigsüßen, strahlender Odysseus! Aber diese wird dir ein Gott beschwerlich machen! Denn nicht wirst du verborgen bleiben dem Erderschütterer, denke ich, der gegen dich in dem Gemüt einen Groll gefaßt hat, darüber zürnend, daß du ihm den eigenen Sohn geblendet. Doch mögt ihr auch so noch, wenn auch Schlimmes leidend, heimwärts gelangen, wenn du deinem Mut und dem der Gefährten Einhalt tun wolltest, sobald du mit dem gutgebauten Schiff, dem veilchenfarbenen Meer entronnen, die Insel Thrinakia anläufst und ihr die weidenden Rinder und die feisten Schafe des Helios findet, der alles sieht und alles hört. Wenn du diese unversehrt läßt und auf deine Heimfahrt bedacht bist, dann mögt ihr, wenn auch Schlimmes leidend, wohl noch nach Ithaka gelangen. Doch wenn du sie verletzen solltest, dann sage ich dir für dein Schiff und für die Gefährten Verderben an. Und wenn du selbst wohl auch entrinnen möchtest, wirst du spät heimkehren, auf schlimme Weise, nachdem du verloren alle die Gefährten, auf einem fremden Schiff, und wirst in deinem Hause Leiden finden: gewalttätige Männer, die dir das Lebensgut verzehren, während sie um die gottgleiche Gemahlin freien und Brautgeschenke ge-

ben. Allein, wahrhaftig! diese wirst du für die Gewalttaten büßen lassen, sobald du heimgekommen! Doch hast du die Freier in
deinen Hallen mit dem scharfen Erz getötet, sei es mit List, sei es
offenkundig, so sollst du ein handliches Ruder nehmen und alsdann hingehen, bis du zu solchen Männern kommst, die nichts
von dem Meere wissen noch mit Salz gemischte Speise essen.
Diese kennen auch nicht Schiffe mit purpurnen Wangen noch
handliche Ruder, die für die Schiffe die Flügel sind. Doch will ich
dir ein Zeichen sagen, ein gar deutliches, und es wird dir nicht
entgehen: sobald dir ein anderer Wanderer begegnet und sagt,
daß du auf der glänzenden Schulter einen Hachelverderber hast
(dies aber ist: Worfschaufel), so hefte du alsdann das handliche
Ruder in die Erde und bringe dem Herrn Poseidon richtige Opfer dar: Schafbock und Stier und einen die Schweine bespringen-
den Eber, und gehe alsdann hinweg nach Hause und opfere heilige Hundertopfer den unsterblichen Göttern, die den breiten
Himmel innehaben, allen miteinander nach der Reihe. Und es
wird ein Tod dir außerhalb des Meeres kommen, ein so ganz ge-
linder, der dich töten wird, entkräftet in einem von Salben glänzenden Alter, und es werden um dich die Männer des Volkes ge-
segnet sein. Dieses verkündige ich dir unfehlbar.«

So sprach er. Und ich erwiderte ihm und sagte zu ihm:

»Teiresias! dies haben die Götter wohl selber so gesponnen!
Doch auf! sage mir dieses und berichte es mir zuverlässig: dort
sehe ich die Seele meiner Mutter, der dahingestorbenen, und sie
sitzt schweigend bei dem Blut und vermag nicht, ihrem Sohn ins
Antlitz zu schauen und ihn anzureden. Sprich, Herr! wie könnte
sie mich wohl erkennen, der ich am Leben bin?«

So sprach ich, und er antwortete mir alsbald und sagte zu mir:

»Leicht kann ich dir die Rede sagen und in den Sinn legen.
Wen du von den dahingestorbenen Toten dem Blute näherkom-
men läßt, der wird dir Untrügliches sagen; doch wem du es ver-
wehrst, der wird dir nach hinten zurückgehen.«

Als sie so gesprochen, schritt die Seele des Herrn Teiresias in
das Haus des Hades, nachdem sie die Göttersprüche verkündet

hatte. Ich aber blieb am Orte dort beständig, bis die Mutter herankam und das Blut, das schwarzwolkige, trank. Und alsbald erkannte sie mich und sprach jammernd zu mir die geflügelten
Worte:

»Mein Kind! wie bist du als ein Lebender in das dunstige Dun-
kel hinabgekommen? Schwer ist es für Lebende, diese Dinge
hier zu sehen! Bist du von Troja jetzt mit deinem Schiff und den
Gefährten hierher gelangt, nachdem du lange Zeit umhergeirrt?
Und kamst noch nicht nach Ithaka und hast in den Hallen dein
Weib gesehen?«

So sprach sie, und ich antwortete und sagte zu ihr:

»Meine Mutter! die Not hat mich in den Hades hinabgeführt,
daß ich die Seele befrage des Teiresias von Theben. Denn noch
bin ich nicht in die Nähe des Achaierlandes gekommen und habe
noch nicht unser Land betreten, sondern irre immerfort umher
in Trübsal, seitdem ich zuerst dem göttlichen Agamemnon in
das rossegute Ilion gefolgt bin, damit ich mit den Troern
kämpfte. Aber auf! sage mir dieses und berichte es mir zuverlässig: welch ein Geschick des starkschmerzenden Todes hat dich
bezwungen? eine langwierige Krankheit? oder ist mit ihren sanften Geschossen die pfeilschüttende Artemis über dich gekommen und hat dich getötet? Und sage mir von dem Vater und dem
Sohn, den ich zurückließ: ob noch mein Königsamt bei ihnen
liegt oder es schon ein anderer der Männer hat und sie sagen: ich
kehre nicht mehr heim? Und sage mir Rat und Sinn meines ehelichen Weibes: ob sie noch bei dem Sohne ausharrt und alles un-
verrückt bewahrt, oder ob sie schon einer zur Frau genommen,
der von den Achaiern der beste ist?«

So sprach ich, und sie antwortete alsbald, die hehre Mutter:

»Gewiß harrt jene aus in deinen Hallen mit ausdauerndem
Mute, und jammervoll schwinden ihr die Nächte und die Tage
immer dahin, der Tränen Vergießenden. Dein schönes Amt jedoch hat noch keiner, sondern in Ruhe verwaltet Telemachos
das Königsgut und schmaust die gebührenden Schmäuse, wie sie
zu halten einem rechtsprechenden Manne zukommt, denn alle

ODYSSEE · 11. GESANG 69

rufen ihn dazu. Dein Vater aber bleibt draußen auf dem Land
und kommt nicht in die Stadt herab, und hat als Lager nicht Bett
und Decken und schimmernde Tücher, sondern schläft im Winter im Hause, wo die Knechte schlafen, in dem Staub beim Feuer
und ist mit schlechten Kleidern angetan am Leibe. Doch wenn
der Sommer kommt und die üppige Zeit der Ernte, dann sind
ihm überall am Hang des weintragenden Gartens von gefallenen
Blättern Lager am Boden aufgeschüttet. Da liegt er bekümmert
und mehrt gewaltig das Leid in seinem Herzen, deine Heimkehr
ersehnend: hart kam über ihn das Alter. So bin auch ich zugrunde gegangen und dem Schicksal gefolgt. Weder kam über
mich in den Hallen die gutspähende Pfeilschütterin mit ihren
sanften Geschossen und hat mich getötet, noch hat eine Krankheit mich befallen, wie sie mit böser Abzehrung zumeist die Lebenskraft aus den Gliedern nimmt, sondern die Sehnsucht nach
dir, und deine klugen Gedanken, strahlender Odysseus! und
deine Sanftmut haben mir den honigsüßen Lebensmut geraubt.«
   So sprach sie. Ich aber, schwankend in dem Herzen, wollte die
Seele meiner Mutter, der dahingestorbenen, ergreifen. Und
dreimal schickte ich mich an, und es befahl mir der Mut, sie zu
ergreifen. Dreimal jedoch entflog mir jene aus den Armen, einem Schatten gleich oder auch einem Traume. Mir aber wurde
jedesmal das Leid noch schärfer in dem Herzen. Und ich begann
und sagte zu ihr die geflügelten Worte:
   »Meine Mutter! warum bleibst du mir nicht, wenn ich dich zu
ergreifen trachte, damit wir uns auch im Hades, unsre Arme um
einander geworfen, beide ergötzen mögen an der schauervollen
Klage? Oder hat mir die erlauchte Persephoneia nur ein Schattenbild in dir geschickt, damit ich noch mehr jammere und stöhne?«
   So sprach ich, sie aber erwiderte alsbald, die hehre Mutter:
   »O mir! mein Kind! Unseliger vor allen Männern! Nicht
täuscht dich Persephoneia, des Zeus Tochter! Sondern dieses ist
die Weise der Sterblichen, wenn einer gestorben ist! Denn nicht
mehr halten dann die Sehnen das Fleisch zusammen und die

Knochen, sondern diese bezwingt die starke Kraft des brennenden Feuers, sobald einmal der Lebensmut die weißen Knochen
verlassen hat, die Seele aber fliegt umher, davongeflogen wie ein
Traum. Du aber strebe schnellstens hin zum Licht und wisse dieses alles, auf daß du es auch künftig deinem Weibe sagest.«

So sprachen wir beide mit Worten zueinander.

Und es kamen die Frauen – denn es trieb sie die erlauchte Persephoneia –, soviele der Helden Weiber und Töchter waren.
Und sie versammelten sich um das schwarze Blut in Scharen. Ich
aber überlegte, wie ich eine jede befragen möchte, und es schien
mir dieses in meinem Sinne der beste Rat: ich zog das langschnei-
dige Schwert von der starken Hüfte und ließ sie nicht alle zugleich das schwarze Blut trinken. Doch kamen sie einzeln nacheinander heran, und jede nannte ihr Geschlecht, und ich fragte
alle.

Ja, da sah ich als erste Tyro, die edelgebürtige. Die sagte, daß
sie ein Sproß des untadeligen Salmoneus sei und sagte, daß sie die
Gattin des Kretheus sei, des Sohns des Aiolos. Die hatte Liebe zu
einem Strom gefaßt: dem göttlichen Enipeus, der als der weit
schönste von den Strömen über die Erde zieht, und sie kam oftmals zu den schönen Fluten des Enipeus. Dessen Gestalt nahm
der Erdbeweger, der Erderschütterer an und legte sich in den
Mündungen des wirbelnden Stromes zu ihr und rings blieb stehen die purpurne Woge, einem Berge gleichend, gewölbt, und
verbarg den Gott und die sterbliche Frau. Und er löste ihr den
jungfräulichen Gürtel und goß einen Schlaf herab. Doch als der
Gott die Werke der Liebe vollendet hatte, legte er seine Hand fest
in die ihre und sprach das Wort und benannte es heraus:

›Freue dich, Frau! der Liebe! und ist ein Jahr herumgegangen,
wirst du glänzende Kinder gebären. Denn nicht fruchtlos sind
die Lager der Unsterblichen. Du aber sollst sie pflegen und auf-
erziehen. Jetzt aber gehe zu dem Haus und halte an dich und sage
nicht den Namen! Doch bin ich dir Poseidon, der Erderschütterer.‹

So sprach er und tauchte unter das wogende Meer. Sie aber

ODYSSEE · 11. GESANG 71

wurde schwanger und gebar den Pelias und den Neleus, die zu starken Dienern des großen Zeus wurden beide. Pelias wohnte in der weiträumigen Iolkos, der Herdenreiche, der andere aber in der sandigen Pylos. Die anderen Söhne aber gebar sie dem Kretheus, die Königin unter den Frauen: den Aison und den Pheres und den von Pferden kämpfenden Amythaon.

Nach dieser sah ich Antiope, des Asopos Tochter: die rühmte sich, daß sie sogar in den Armen des Zeus geruht. Und sie gebar zwei Söhne, den Amphion und den Zethos, die als erste den Sitz der siebentorigen Thebe gegründet und mit Mauern umgeben haben, da sie die weiträumige Thebe nicht unummauert bewohnen mochten, und waren sie auch beide stark.

Nach ihr sah ich Alkmene, die Gattin des Amphitryon, die den Herakles gebar, den kühn ausdauernden, löwenmutigen, nachdem sie sich in den Armen des großen Zeus mit diesem vereinigt hatte; und Megara, die Tochter des hochgemuten Kreon, die der Sohn des Amphitryon zur Frau gehabt, der an Kraft stets unaufreibbare.

Und die Mutter des Ödipus sah ich, die schöne Epikaste, die in dem Unverstande ihres Sinnes ein ungeheuerliches Werk getan, da sie sich dem eigenen Sohn vermählte. Der hatte seinen Vater getötet und sie zur Frau genommen. Und alsbald machten es die Götter den Menschen ruchbar. Doch jener herrschte, Schmerzen leidend, nach der Götter verderblichen Ratschlüssen in der gar lieblichen Thebe weiter über die Kadmeer. Sie aber ging in das Haus des Hades, des übergewaltigen Pförtners, nachdem sie sich steil von dem hohen Dach herab eine Schlinge gebunden, von ihrem Kummer überwältigt. Ihm aber ließ sie gar viele Schmerzen zurück, soviele nur der Mutter Rachegeister vollenden mögen.

Und Chloris sah ich, die gar schöne, die einst Neleus wegen ihrer Schönheit zur Frau genommen, nachdem er zehntausend Brautgeschenke dargereicht: die jüngste Tochter des Amphion, des Sohnes des Iasos, der voreinst in Orchomenos, dem Minyeïschen, mit Kraft gebot. Sie aber war Königin von Pylos und gebar ihm glänzende Kinder: den Nestor und den Chromios und Periklymenos, den stolzen, und nach diesen gebar sie die starke Pero, ein Wunder den Sterblichen, um die alle freiten, die in der Runde siedelten. Doch wollte sie Neleus keinem geben, der nicht die krummgehörnten, breitstirnigen Rinder, die der Gewalt des Iphikles gehörten, aus Phylake herbeitriebe, die beschwerlichen. Diese versprach allein der untadelige Seher Melampus fortzutreiben. Jedoch es fesselten ihn des Gottes schwere Schickung und schmerzliche Bande und die Rinderhirten auf dem Feld. Doch als nun die Monde und die Tage des sich wieder umwendenden Jahres vollendet waren und es kamen herauf die Frühlingszeiten, da löste ihn die Gewalt des Iphikles, nachdem er ihm alle Göttersprüche verkündet hatte, und es vollendete sich der Rat des Zeus.

Und Leda sah ich, die Lagergefährtin des Tyndareos, die zwei starksinnige Söhne von Tyndareos geboren: Kastor, den Rossebändiger, und den mit der Faust tüchtigen Polydeukes. Diese nahm die getreidetreibende Erde beide lebend in sich auf. Sie haben auch unter der Erde Ehre von Zeus empfangen, und einen Tag um den anderen sind sie einmal am Leben, einmal wieder tot, und haben Ehre erlangt gleich Göttern.

Nach dieser sah ich Iphimedeia, die Lagergefährtin des Aloeus. Die sagte, daß sie sich mit Poseidon vereinigt hatte, und sie gebar zwei Söhne, doch waren sie beide kurzlebig: den göttergleichen Otos und den weitberühmten Ephialtes. Die nährte die nahrunggebende Ackerscholle als die größten und die weit schönsten nach dem berühmten Orion. Denn mit neun Jahren waren sie schon neun Ellen groß an Breite und wurden an Größe neun Klafter hoch. Die drohten sogar den Unsterblichen, das Getümmel des vieltobenden Kriegs auf den Olymp zu tragen, und strebten, den Ossa auf den Olymp zu setzen und auf den Ossa den blätterschüttelnden Pelion, damit der Himmel ersteigbar wäre, und hätten es vollbracht, wenn sie zum Maß der Jugendreife gekommen wären. Doch es vernichtete sie beide der Sohn des Zeus, den die schönhaarige Leto geboren hatte, ehe der

ODYSSEE · 11. GESANG 73

Bartflaum ihnen unter den Schläfen erblühte und die Wangen mit schönblühender Wolle dicht bedeckte.

Und Phaidra und Prokris sah ich und die schöne Ariadne, die Tochter des bösgesonnenen Minos, die voreinst Theseus von Kreta her zum Hügel Athens, des heiligen, führen wollte, doch hatte er keinen Gewinn davon. Denn vorher tötete sie Artemis auf der umströmten Diё auf des Dionysos Zeugnisse hin.

Und Maira und Klymene sah ich und die verhaßte Eriphyle, die teures Gold annahm für den eigenen Mann.

Indessen, nicht alle kann ich verkünden oder nennen: wie viele Frauen und Töchter der Heroen ich sah – die unsterbliche Nacht würde zuvor dahingehen! Doch ist es auch Zeit zu schlafen, sei es, daß ich auf das schnelle Schiff zu den Gefährten gehe, oder auch hier. Das Geleit möge den Göttern und euch am Herzen liegen!«

So sprach er. Die aber waren alle stumm in Schweigen und waren von Bezauberung gefangen rings in den schattigen Hallen. Und es begann die weißarmige Arete unter ihnen die Reden:

»Phaiaken! wie scheint euch dieser Mann zu sein an Aussehen und Größe und richtigen Sinnen in dem Innern? Mein Gast ist er, doch hat hier jeder Anteil an der Herrschaft. Darum beeilt euch nicht, ihn fortzuschicken, und verkürzt dem Bedürftigen so nicht die Geschenke! Denn viele Besitztümer liegen euch in den Hallen nach der Götter Willen.«

Da sprach unter ihnen der alte Heros Echeneos, der früher geboren war als die Phaiakenmänner:

»Freunde! nicht gegen unsere Absicht oder Meinung redet die umsichtige Königin! darum folgt ihr! Jedoch bei Alkinoos hier steht Werk und Wort!«

Da antwortete ihm hinwieder Alkinoos und begann:

»So soll es denn so gelten, dieses Wort! so wahr ich lebe und über die ruderliebenden Phaiaken herrsche! Der Gast aber dulde es, so sehr ihn nach der Heimkehr verlangt, daß er gleichwohl bis morgen bleibe, bis ich ihm die ganze Beschenkung vollendet habe! Das Heimgeleit wird die Sache der Männer sein, aller, und am meisten meine, dem die Gewalt in dem Volke ist.«

Da antwortete und sagte zu ihm der vielkluge Odysseus: »Alkinoos, Herrscher, Ausgezeichneter vor allen Männern des Volkes! Und wenn ihr mich selbst bis übers Jahr bleiben hießet und wolltet das Geleit betreiben und glänzende Gaben geben, so würde ich auch dieses wollen! Auch wäre es viel vorteilhafter, wenn ich mit vollerer Hand in das eigene Vaterland gelangte: ehrwürdiger und lieber wäre ich dann allen Männern, die mich nach Ithaka heimgekehrt erblicken würden.«

Da antwortete ihm hinwieder Alkinoos und begann: »Odysseus! so wie wir dich vor uns sehen, halten wir nicht dafür, daß du ein Lügner und Betrüger bist, wie derlei viele dicht gesät die schwarze Erde weidet: Menschen, die Lügen zubereiten, woher man es sich nicht versieht. Dir aber ist Gestalt der Worte gegeben, und es lebt in dir ein rechter Sinn, und deine Geschichte hast du wie ein Sänger mit kundigem Verstand erzählt: die Kümmernisse von allen Argeiern und von dir selbst, die traurigen. Doch auf! sage mir auch dieses und berichte es mir zuverlässig: ob du irgendwelche von den gottgleichen Gefährten gesehen hast, die mit dir zusammen nach Ilion zogen und dort dem Schicksal folgten. Sehr lang ist diese Nacht, unendlich, und noch ist nicht die Zeit, zu schlafen in der Halle, sondern erzähle mir die wunderbaren Werke! Auch bis zum göttlichen Frühlicht hielte ich wohl aus, wenn du bereit wärst in der Halle, mir deine Kümmernisse zu erzählen.«

Da antwortete der vielkluge Odysseus und sagte zu ihm: »Alkinoos, Herrscher, Ausgezeichneter vor allen Männern des Volkes! Eine Zeit ist für viele Erzählungen, eine Zeit aber auch für den Schlaf. Doch wenn dich noch verlangt zu hören, so will ich es dir nicht verweigern, daß ich dir auch noch Anderes, Erbarmungswürdigeres als dies erzähle, die Kümmernisse meiner Gefährten, die hinterdrein zugrunde gingen: die zwar dem seufzerreichen Kampfgeschrei der Troer entronnen sind, bei der Heimkehr aber wegen des schlechten Weibes zugrunde gingen. –

ODYSSEE · 11. GESANG

Als aber die reine Persephoneia die Seelen der weiblicheren Frauen zerstreut hatte hierhin und dorthin, da kam die Seele des Atreus-Sohnes Agamemnon herauf, bekümmert, und um ihn waren die anderen Seelen versammelt, die mit ihm in dem Haus des Aigisthos gestorben waren und ihrem Schicksal folgten. Und jener erkannte mich sofort, als er mich mit den Augen sah, und weinte hell auf, quellende Tränen vergießend, und breitete gegen mich die Arme aus und trachtete nach mir zu greifen. Jedoch ihm war nicht mehr die Kraft noch auch die Stärke geblieben, wie sie zuvor war in den gebogenen Gliedern. Da kamen mir, wie ich ihn sah, die Tränen, und ich erbarmte mich in dem Gemüte und begann und sprach zu ihm die geflügelten Worte:

»Erhabenster Sohn des Atreus, Herr der Männer, Agamemnon! Welch ein Geschick des stark schmerzenden Todes hat dich bezwungen? hat dich Poseidon in den Schiffen bezwungen, nachdem er ein arges Blasen schlimmer Winde erregte? oder haben dir feindliche Männer auf dem festen Lande Schaden getan, während du Rinder und schöne Herden von Schafen abzuschneiden suchtest oder auch kämpftest um eine Stadt und um die Weiber?«

So sprach ich. Er aber antwortete mir alsbald und sagte zu mir:

»Zeusentsproßter Laertes-Sohn, reich an Erfindungen, Odysseus! Weder hat mich Poseidon in den Schiffen bezwungen, nachdem er ein arges Blasen schlimmer Winde erregte, noch haben mir feindliche Männer auf dem festen Lande Schaden getan, sondern es hat Aigisthos mir den Tod und den Untergang bereitet und mich erschlagen mit dem verfluchten Weibe, nachdem er mich in sein Haus gerufen und mich mit einem Mahl bewirtet, wie jemand ein Rind erschlägt an der Krippe. So starb ich eines elendigsten Todes, und um mich wurden die anderen Gefährten getötet unaufhörlich, wie weißzahnige Schweine, die in dem Hause eines reichen, großmögenden Mannes bei einer Hochzeit oder einem Schmaus auf eigenen Beitrag oder einem blühenden Fest getötet werden. Du warst schon bei dem Mord von vielen Männern zugegen, die im Einzelkampf und in der starken Feld-

schlacht getötet wurden, jedoch hättest du dieses gesehen, es
hätte dich mehr als alles in dem Mut gejammert: wie wir rings
um den Mischkrug und die vollen Tische in der Halle lagen, und
der ganze Boden rauchte von Blut, und am erbärmlichsten hörte
ich die Stimme der Tochter des Priamos Kassandra, die die argli-
stige Klytaimnestra über mir erschlug, und auf der Erde erhob
ich die Hände und griff ihr noch sterbend in das Schwert. Doch
sie, die Hundsäugige, wandte sich ab und gewann es nicht einmal über sich, mir, während ich in den Hades ging, mit den Händen die Augen zuzudrücken und den Mund zu schließen. So ist
nichts Schrecklicheres sonst noch Hündischeres als ein Weib, das
auf solche Werke verfällt in ihrem Sinne! so wie auch jene das un-
würdige Werk ersonnen, daß sie dem ehelichen Gatten Mord
schuf. Und hatte ich, wahrhaftig! doch gemeint, daß ich den
Kindern und meinen Knechten willkommen nach Hause kehren
würde. Doch sie, die vor allen arggesonnene, hat über sich selber
wie auch über die künftig kommenden weiblicheren Frauen
Schande ausgegossen, selbst wenn eine rechtschaffen wäre.«

So sprach er, doch ich erwiderte und sagte zu ihm:

»Nein! hat das Geschlecht des Atreus der weit umblickende
Zeus wahrhaftig doch über die Maßen von Anfang an mit Haß
verfolgt durch Weiberränke! Da sind wegen der Helena in Mengen *wir* dahingegangen, und *dir* hat Klytaimnestra den bösen
Anschlag bereitet, während du ferne warst!«

So sprach ich, und er erwiderte alsbald und sagte zu mir:

»Darum solltest auch du jetzt niemals gar zu vertraulich sein
mit deinem Weibe, noch ihr die ganze Rede kundtun, so gut du
sie weißt, sondern nur das eine sage ihr, das andere bleibe ihr verborgen! Jedoch, Odysseus! dir wird nicht von deinem Weibe
Mord geschehen, denn gar zu einsichtsvoll ist sie und weiß zu
gut die Gedanken in ihrem Sinne: die Tochter des Ikarios, die
umsichtige Penelopeia! Ja, da verließen wir sie als junge Frau, als
wir in den Krieg gingen, und es lag ein Sohn ihr an der Brust, ein
kleiner, der jetzt wohl unter der Zahl der Männer sitzt, der
Glückliche: ihn wird sein Vater sehen, wenn er heimkommt,

ODYSSEE · II. GESANG

und jener sich an den Vater schmiegen, wie es der Brauch ist. Doch meine Gattin ließ mich nicht einmal mich an dem Sohne sättigen mit den Augen, sondern hat mich zuvor gar selbst getötet. – Doch noch ein anderes will ich dir sagen, du aber nimm es auf in deinen Sinn: lege mit deinem Schiff nicht offenkundig in deinem väterlichen Lande an! Denn es ist kein Verlaß mehr auf die Frauen! – Doch auf! sage mir dieses und berichte es mir zuverlässig: ob in Orchomenos oder in der sandigen Pylos oder vielleicht bei Menelaos in der breiten Sparta. Denn noch ist er auf Erden nicht gestorben, der göttliche Orestes.«

So sprach er, und ich antwortete und sagte zu ihm:

»Atreus-Sohn! was fragst du mich dieses? ich weiß nicht, ob er lebt, oder schon gestorben, und übel ist es, leer daherzureden!«

So standen wir beide und tauschten traurige Reden miteinander, bekümmert, quellende Tränen vergießend. Und es kam die Seele des Peleus-Sohnes Achilleus herauf und des Patroklos und des untadeligen Antilochos und des Aias, der an Aussehen und Gestalt der beste war unter den anderen Danaern nach dem untadeligen Sohn des Peleus. Und es erkannte mich die Seele des schnellfüßigen Aiakiden und sprach wehklagend die geflügelten Worte:

»Zeusentsproßter Laertes-Sohn, reich an Erfindungen, Odysseus! Schrecklicher! was wirst du wohl für ein noch größeres Werk ersinnen in dem Herzen! Wie vermochtest du es, in den Hades hinabzusteigen, wo die Toten wohnen, die sinnberaubten, die Schatten der müde gewordenen Sterblichen?«

So sprach er, und ich antwortete und sagte zu ihm:

»Achilleus, Sohn des Peleus, weit bester unter den Achaiern! Wegen eines Begehrens an Teiresias bin ich gekommen, ob er mir wohl seinen Rat ansagte, wie ich zu der felsigen Ithaka gelangen möchte. Denn noch bin ich nicht in die Nähe des Achaier-Lands gekommen und habe unser Land noch nicht betreten, sondern habe nur immer Schlimmes. Aber glückseliger als du, Achilleus, war kein Mann vormals und wird künftig keiner werden! Denn vordem haben wir Achaier dich im Leben geehrt gleich Göttern, jetzt aber, wo du hier bist, herrschest du groß unter den Toten! Darum sei auch im Tode nicht betrübt, Achilleus!«

So sprach ich, und er antwortete alsbald und sagte zu mir: »Suche mich nicht über den Tod zu trösten, strahlender Odysseus! wollte ich doch lieber als Ackerknecht Lohndienste bei einem anderen, einem Manne ohne Landlos leisten, der nicht viel Lebensgut besitzt, als über alle dahingeschwundenen Toten Herr sein! – Doch auf! sage mir ein Wort von meinem erlauchten Sohne: zog er mit in den Krieg, daß er ein Vorkämpfer sei, oder auch nicht? Und sage mir von dem untadeligen Peleus, wofern du es erfahren hast: hat er sein Amt noch unter den vielen Myrmidonen, oder mißachten sie ihn in Hellas und in Phthia, weil ihn das Alter an Händen und Füßen niederdrückt? Wenn ich doch unter den Strahlen der Sonne ein Helfer wäre, dergestalt, wie ich einst im breiten Troerlande das beste Volk getötet habe, während ich den Argeiern beistand – wenn ich dergestalt auch nur für ein Kleines in das Haus des Vaters kommen würde: ich würde machen, daß sich vor meiner Kraft und meinen unnahbaren Händen mancher von denen entsetzen sollte, die jenem Gewalt antun und ihn verdrängen aus seiner Ehre!«

So sprach er, und ich antwortete und sagte zu ihm: »Wahrlich! von dem untadeligen Peleus habe ich nichts erfahren. Doch von Neoptolemos, deinem eigenen Sohn, will ich dir die ganze Wahrheit erzählen, so wie du mich heißest. Denn ich habe ihn selber auf dem hohlen, ebenmäßigen Schiff von Skyros zu den gutgeschienten Achaiern gebracht. Wenn wir, wahrhaftig! vor der Burg von Troja Rat pflogen, immer sprach er dann als erster und verfehlte nicht die Reden: wir beide nur, der gottgleiche Nestor und ich, waren ihm überlegen. Doch wenn wir nun in dem Feld der Troer mit dem Erze kämpften, blieb er niemals in der Menge der Männer und im Haufen, sondern sprang immer weit voraus und blieb hinter keinem zurück in seinem Drange. Viele Männer hat er in dem grausigen Kampf getötet. Alle kann ich nicht künden noch benennen, wieviel Volks er ge-

ODYSSEE · 11. GESANG

tötet, während er den Argeiern beistand, nur: wie er den Tele-
phos-Sohn mit dem Erz zu Boden streckte, den Heros Eurypy-
los, und viele Gefährten, Keteier, um ihn her der Weiberge-
schenke wegen erschlagen wurden. Der war der Schönste, den
ich nach dem göttlichen Memnon gesehen. Doch als wir in das
Pferd gestiegen, das Epeios gefertigt hatte, die Besten der Argeier, und mir war alles aufgetragen: den festen Schlupfwinkel
zu öffnen oder ihn zu schließen: da wischten sich die anderen
Führer und Berater der Danaer die Tränen, und einem jeden zitterten die Glieder, ihn aber sah ich niemals mit den Augen: weder wie ihm die schöne Haut erblaßte noch daß er Tränen von
den Wangen wischte, sondern er flehte mich gar vielfach an, daß
ich ihn aus dem Pferde ließe, und faßte nach dem Griff des
Schwertes und nach der erzbeschlagenen Lanze und sann den
Troern schlimme Dinge. Doch als wir nun die steile Stadt des
Priamos vernichtet hatten, da stieg er mit seinem Anteil an der
Beute und einer guten Ehrengabe unversehrt auf das Schiff und
war weder von dem scharfen Erz getroffen noch auch verletzt im
Nahkampf, wie dergleichen im Kriege viel geschieht, denn ohne
Unterschied rast Ares.« So sprach ich. Da ging die Seele des
schnellfüßigen Aiakiden weit ausschreitend die Asphodelos-
wiese hinab, erfreut, daß ich ihm von dem Sohne gesagt, daß er
ein Ausgezeichneter gewesen.

Aber die anderen Seelen der hingestorbenen Toten standen
bekümmert und erzählten eine jede von ihren Kümmernissen.
Allein die Seele des Aias, des Sohnes des Telamon, stand abseits
und grollte um des Sieges willen, den ich über ihn errungen
hatte, als ich bei den Schiffen Recht einholte wegen der Waffen
des Achilleus. Gesetzt hatte sie die hehre Mutter, und die Töchter der Troer und Pallas Athene waren Richter. Hätte ich doch
nicht gesiegt um solchen Preis! Denn es barg die Erde ein solches
Haupt um ihretwillen: Aias, der überlegen ebenso an Aussehen,
wie überlegen auch an Werken vor den anderen Danaern geschaffen war, nach dem untadeligen Peleus-Sohne! Den sprach
ich an mit sanften Worten:

»Aias! Sohn des untadeligen Telamon! Willst du mir nicht –
auch nicht im Tode – den Zorn vergessen um der Waffen willen,
der unseligen, die die Götter den Argeiern zum Unheil werden
ließen? Warst du ihnen doch ein solcher Turm! und bist zugrunde gegangen, und es leiden wir Achaier um dich fort und
fort wie um des Achilleus Haupt, des Peleus-Sohnes, nachdem
du dahingeschwunden! Doch ist daran kein anderer schuld, sondern Zeus hat das Heer der streitbaren Danaer über die Maßen
mit Haß verfolgt und über dich dies Teil gebracht. Doch auf!
hierher, Herr! daß du ein Wort und die Rede von uns hören mögest. Bezwinge den Zorn und den mannhaften Mut!«

So sprach ich. Er aber gab mir keine Antwort, sondern ging
den anderen Seelen der verstorbenen Toten nach in den Erebos.
Da hätte er wohl dennoch zu mir gesprochen, obwohl er zürnte,
oder ich zu ihm, jedoch es wollte der Mut in meiner Brust die
Seelen der anderen Verstorbenen sehen.

Da sah ich, wahrhaftig! Minos, den strahlenden Sohn des
Zeus: wie er ein goldenes Szepter hielt und saß und den Toten
Satzungen erteilte. Die aber, im Kreise um ihn her, holten
Rechtsweisungen bei dem Herrscher ein, sitzend wie stehend in
dem weittorigen Haus des Hades.

Und nach ihm gewahrte ich Orion, den ungeheueren: wie er
wilde Tiere zusammentrieb auf der Asphodeloswiese, die er
selbst auf einsamen Bergen getötet hatte, und er hielt eine Keule
in den Händen, ganz von Erz, unzerbrechlich immer.

Und Tityos sah ich, den Sohn der stark prangenden Erde, auf
dem Boden liegend. Und er lag über neun Hufen hin, und es saßen neben ihm zu beiden Seiten zwei Geier und fraßen an seiner
Leber, in das Bauchfell tauchend, und er konnte sie nicht abweh-
ren mit den Händen. Denn Leto hatte er fortschleppen wollen,
des Zeus prangende Lagergefährtin als sie nach Pytho durch Pa-
nopeus mit den schönen Reigenplätzen ging.

Und weiter sah ich den Tantalos in harten Schmerzen, stehend
in einem See, der aber schlug ihm bis ans Kinn. Und er gebärdete
sich, als ob ihn dürste, und konnte ihn doch nicht erreichen, um

zu trinken. Denn so oft der Alte sich bückte und zu trinken strebte, so oft verschwand das Wasser, zurückgeschlürft, und um seine Füße wurde die schwarze Erde sichtbar, und es legte sie ein Daimon trocken. Und hochbelaubte Bäume gossen ihm Frucht über das Haupt herab: Birnen, Granaten und Apfelbäume mit glänzenden Früchten, und Feigen, süße, und Oliven in vollem Saft. Doch so oft der Greis sich aufrichtete, um sie mit den Händen zu ergreifen, riß sie ein Wind zu den schattigen Wolken.

Und weiter sah ich den Sisyphos in gewaltigen Schmerzen: wie er mit beiden Armen einen Felsblock, einen ungeheueren, befördern wollte. Ja, und mit Händen und Füßen stemmend, stieß er den Block hinauf auf einen Hügel. Doch wenn er ihn über die Kuppe werfen wollte, so drehte ihn das Übergewicht zurück: von neuem rollte dann der Block, der schamlose, ins Feld hinab. Er aber stieß ihn immer wieder zurück, sich anspannend, und es rann der Schweiß ihm von den Gliedern, und der Staub erhob sich über sein Haupt hinaus.

Nach diesem gewahrte ich die Gewalt des Herakles, nur seinen Schatten, er selber aber ergötzt sich unter den unsterblichen Göttern an Festlichkeiten und hat Hebe mit den schönen Fesseln, die Tochter des großen Zeus und der Hera mit dem goldenen Schuh. Um ihn war ein Geschrei der Toten, so wie von Vögeln, rings flüchtenden. Er aber, der schwarzen Nacht gleich, hielt den nackten Bogen und einen Pfeil auf der Sehne, furchtbar umherschauend, und glich einem, der immer schießen wollte. Und grausig lief ihm als Wehrgehenk um seine Brust ein goldenes Tragband, auf welchem herrlichen Werke gebildet waren: Bären und Wildschweine und freudig blickende Löwen, und Schlachten und Kämpfe und Morde und Tötungen von Männern. Schwerlich wird der, der dieses Tragband in seine Kunst hat aufgenommen, nachdem er es mit Kunst vollbracht, ein anderes vollbringen können. Und alsbald erkannte er mich, als er mich mit den Augen gesehen hatte, und sprach wehklagend zu mir die geflügelten Worte:

»Zeusentsproßter Laertes-Sohn, reich an Erfindungen, Odys-

seus! Ah! Armer! schleppst auch du ein böses Verhängnis mit
dir, wie ich es unter den Strahlen der Sonne getragen habe? Der
Sohn des Zeus zwar, des Kronos-Sohnes, war ich und hatte doch
Trübsal, unermeßliche. Denn dienstbar war ich einem gar viel
geringeren Mann, und der trug mir schwere Kämpfe auf und
schickte mich voreinst hierher, daß ich den Höllenhund holen
sollte: er meinte, daß kein anderer Kampf schwerer für mich als
dieser wäre. Den habe ich hinaufgeschafft und aus dem Hades
geführt, und Hermes geleitete mich und die helläugige Athene.«
    Als er so gesprochen hatte, schritt er wieder hinein in das Haus
des Hades. Ich aber wartete dort beständig, ob noch einer käme
von den Heroenmännern, die vormals zugrunde gegangen waren, und hätte wohl auch noch die früheren Männer gesehen, die
ich wollte: den Theseus und den Peirithoos, der Götter stark
prangende Kinder. Doch kamen in Scharen zuvor die Völker der
Toten, zehntausende, mit unsäglichem Geschrei heran, und
mich ergriff die blasse Furcht, es möchte mir die erlauchte Persephoneia das Haupt der Gorgo, der schrecklichen, der ungeheueren, aus dem Hades schicken. Da ging ich alsbald zum Schiff und
befahl den Gefährten, daß sie selbst hinaufsteigen und die Hecktaue lösen sollten. Und sie stiegen schnell hinein und setzten sich
auf die Ruderbänke. Und das Schiff trug die Woge mit der Strömung den Okeanosstrom hinab, zuerst mit Ruderarbeit, dann
war schöner Fahrwind.

HESIOD
WERKE UND TAGE

ca. 700 v. Chr.

V 212-381

Hesiod gibt seinem Bruder Perses Ratschläge.

Perses, hör auf das Recht, nicht nähre vermessene Untat!
Schlimm ist vermessene Untat beim Niederen, doch auch der
                                        Edle,
Leicht erträgt er sie nicht, sie drückt ihn als lastende Bürde,
Ist er in Schaden gestürzt. Der andere Weg geht sich besser,
Hin zum Rechten. Das Recht besiegt ja vermessenen
                                        Hochmut,
Wenn das Ende kommt. Auch ein Dummkopf wird sehend
                                        im Leide.
Horkos, der Hüter des Eids, verfolgt jede Biegung des
                                        Rechtes,
Wenn der Stromlauf des Rechts sich krümmt nach der Hab-
                                        gier der Männer,
Die das Gesetz sich biegen zurecht und fällen das Urteil.
Dike jedoch geht weinend durch Städte und Länder der
                                        Völker,
Schwebt in luftigem Kleid und bringt den Menschen
                                        Verderben,
Die sie jagten hinaus und nicht gerade verteilten.
Die aber jedem sein Recht, dem Fremden und Heimischen,
                                        geben

Ganz und gerad und sich nirgends vom Pfad des Rechten
entfernen,
Denen gedeiht die Stadt, die Menschen blühen darinnen,
Friede liegt über dem Land und nährt die Jugend, und
niemals
Drückenden Krieg verhängt über sie der Weitblick Kronions.
Auch kein Hunger verfolgt gerade richtende Männer,
Schaden bleibt ihnen fern, nur Glück erblüht ihren Werken.
Reiche Nahrung trägt ihnen die Erde, die Eiche am
Berghang
Oben trägt sie die Früchte und weiter unten die Bienen.
Unter der Last ihrer flockigen Wolle schwanken die Schafe.
Und die Frauen gebären den Vätern ähnliche Kinder.
Dauernd blühn und gedeihn sie im Glück, und niemals auf
Schiffen
Fahren sie fort, und Frucht trägt üppig der spendende Acker.
Den Vermessenen aber, die schändlichen Werken sich
widmen,
Strenges Gericht verhängt über sie der Weitblick Kronions.
Oft auch bekam die ganze Stadt den Frevler zu spüren,
Wenn er Verbrechen beging und gräßliche Taten verübte.
Denen schickte mächtiges Leid vom Himmel Kronion:
Hungersnot kam und Seuchentod kam, und es sterben die
Völker,
Und die Frauen gebären nicht mehr, es verderben die Häuser
Nach dem Ratschluß des Zeus, des Olympiers. Andere Male
Hat er ihr Heer, das breite, und hat die Mauer vernichtet,
Oder die Schiffe im Meer raubt ihnen zur Strafe Kronion.
O ihr großen Herren, gedenket im Herzen auch selber
Solchen Gerichts! Denn nah sind unter den Menschen die
Götter,
Um zu schauen, wer alles auf krummen Wegen des Rechtes
Aufreibt einer den andern, die Vorsicht der Götter
mißachtend.
Dreißigtausend ja sind es auf reichlich nährender Erde,

Wächter des Zeus, unsterbliche, über die sterblichen
                                        Menschen.
Diese wachen über das Recht und vermessene Taten,
Wenn in luftigem Kleid sie alle Länder durchschweben,
Und eine Jungfrau ist Dike, Kronions leibliche Tochter,
Hoch in Ehren und Ruhm bei den Göttern auf dem
                                        Olympos.
Wenn sie nun einer verletzt, mit krummen Worten sie
                                        schmähend,
Setzt sie sich nieder sogleich beim Vater, bei Zeus dem
                                        Kroniden,
Sagt ihm der rechtlosen Menschen Gesinnung, damit dann
   das ganze Volk abbüße die Frevel der Herren, die leidigen
                                        Sinnes
Anderswohin verbiegen das Recht unter krummem Gerede.
Achtsam, ihr Herren, begeht die geraden Pfade des Rechtes,
Und die krummen, ihr gabengierigen, schlagt aus dem Sinn
                                        euch!
Selbst bereitet sich Schlimmes, wer anderen Schlimmes
                                        bereitet,
Und der schlimme Rat ist dem, der geraten, am
                                        schlimmsten.
Alles erblickt das Auge des Zeus und alles bemerkt es,
Jetzt auch dies, wenn es will, gewahrt es ohne Verhüllung:
Welche Art von Recht die Stadt hier im Innern beherbergt.
Jetzt ich selber sogar möchte nicht unter Menschen gerecht
                                        sein,
Noch mein eigener Sohn; denn wehe dem Mann, der gerecht
                                        ist,
Wenn das größere Recht dem Ungerechteren zukommt.
Dies aber läßt, so hoff ich, Zeus auf die Dauer nicht hingehn.
Perses, du aber laß dir davon das Herz nun bewegen:
Höre du jetzt auf das Recht und schlag die Gewalt aus dem
                                        Sinn dir!
Denn ein solches Gesetz erteilt den Menschen Kronion:

Fische zwar sollten und wildes Getier und gefiederte Vögel
Fressen einer den andern, weil unter ihnen kein Recht ist.
Aber den Menschen gab er das Recht bei weitem als bestes
Gut. Wenn nämlich ein Mann gewillt ist, das Rechte zu
sagen,
Das er erkennt, so verleiht ihm gedeihlichen Segen Kronion.
Wenn aber einer als Zeuge, nachdem er den Meineid
geschworen,
Absichtlich lügt und verletzt das Recht in heilloser Blindheit,
Dessen Geschlecht versinkt für alle Zeiten ins Dunkel,
Aber des Eidestreuen Geschlecht gedeiht in der Zukunft.
Dir aber sag ich und meine es gut, o törichter Perses:
Schau, das Schlechte, du kannst es auch haufenweise
gewinnen,
Leicht; denn glatt ist der Weg und immer liegt es so nahe!
Doch vor das Gutsein haben den Schweiß die unsterblichen
Götter
Dir gesetzt, und lang ist und steil der Pfad, der hinaufführt,
Und auch rauh zu Beginn, doch wenn er die Höhe erreicht
hat,
Leicht ist das Gutsein dann, so schwierig es immer auch sein
mag.
Der vor allen ist gut, der selber alles erkannt hat
Wohlüberlegt, was später und bis zum Ende am besten.
Aber auch jener ist edel, der gutem Rate vertraut hat.
Wer aber weder selbständig denkt noch anderen zuhört,
Um sich ihr Wort zu eigen zu machen, den nenne ich
unnütz.
Aber du, sei eingedenk immer meiner Ermahnung:
Arbeite, hochgeborener Perses, damit dich der Hunger
Hasse, doch liebe Demeter, die Göttin mit herrlichem
Kranze,
Und die Erhabene dir mit Nahrung fülle die Scheuer!
Hunger ist ja doch immer des Arbeitsscheuen Begleiter.
Und ihm zürnen die Götter und Männer, der ohne Arbeit

Lebt, er gleicht ja an Art den stummelschwänzigen
                                        Drohnen,
Die, der Arbeit abhold, den Ertrag der fleißigen Bienen
Auffressen; du aber gern verrichte maßvolle Arbeit,
Daß dir die Zeiten des Jahres mit Nahrung füllen die
                                        Scheuern.
Arbeit macht ja die Männer so reich an Herden und Habe,
Auch macht die Arbeit sie viel lieber unsterblichen Göttern.
Wirst auch lieber den Sterblichen sein, sie hassen den Faulen.
Arbeit ist nimmermehr Schande, doch Scheu vor der Arbeit
                                        ist Schande.
Wenn du arbeitest, rasch wird der Arbeitsscheue dir neiden
Deinen Reichtum. Dem Reichtum folgt Gutsein und Ehre.
Einem gesegneten Mann, wie du einer warst, frommt die
                                        Arbeit,
Wenn du das törichte Herz von fremden Besitztümern
                                        wendest
Hin zur Arbeit und sorgst für dein Leben, wie ich dir sage.
Ängstliche Scham ist nicht gut, wenn den dürftigen Mann sie
                                        begleitet,
Scham ja wohnt bei glückloser Armut, doch Kühnheit beim
                                        Glücke,
Scham, die zu großem Schaden den Männern gereicht wie
                                        zum Nutzen.
Nicht die geraubte Habe gedeiht, nein, göttergegebne.
Wer sich mit der Gewalt seiner Hände Reichtum verschafft
                                        hat
Oder ihn auch mit der Zunge erbeutet, wie solches ja
                                        vielfach
Vorkommt, wenn die Gewinnsucht den Sinn der Menschen
                                        verblendet
Ganz und gar und wenn Scham von Unverschämtheit
                                        verdrängt wird:
Leicht einen solchen verdunkeln die Götter und lassen das
                                        Haus ihm

Schwinden, und kurze Zeit nur hält ihm sein Reichtum die
Treue.
Ebenso wer einen Schützling und wer einen Fremdling
mißhandelt
Und wer das Ehebett besteigt des leiblichen Bruders,
Um wider alle Gebühr sich heimlich dort zu vergehen,
Wer sich ohne Bedenken an Waisenkindern versündigt,
Wer seinen alten Vater an schlimmer Schwelle des Alters
Schmäht und schilt und fährt ihn an mit drückenden Worten,
Glaub mir, diesem zürnt Zeus, er selbst, und geht es zu
Ende,
Legt er für rechtlose Taten ihm auf eine drückende Buße.
Du aber halte das törichte Herz aus all dem heraußen
Und den unsterblichen Göttern vollbringe Opfer nach
Kräften,
Makellose. Dazu verbrenne auch glänzende Schenkel.
Dann wieder mach sie dir gnädig durch heilige Güsse und
Weihrauch,
Wenn du zur Ruhe dich legst und wenn das heilige Licht
kommt,
Daß sie ein gnädiges Herz und gnädigen Sinn dir bewahren
Und du das Erbe anderer kaufst, nicht das deine ein andrer.
Wer dich liebt, den lade zum Mahl, und lasse den Hader.
Doch wer nahe dir wohnt, den lade am meisten zum Mahle.
Denn wenn unverhofft ein Unglück im Dorf dir begegnet,
Gurtlos kommen die Nachbarn, die Vettern gürten sich erst
noch.
Böser Nachbar ist Fluch, ein großer Vorteil der gute.
Ehre wird dem zuteil, dem ein edler Nachbar zuteil wird.
Nicht verendet ein Rind, wenn nur der Nachbar nicht
schlecht ist.
Gut laß dir messen vom Nachbarn und gut auch gib es ihm
wieder
In demselben Maß, und wenn du vermagst, auch noch besser,
Daß du in mageren Zeiten auch später das Nötige findest.

Suche nicht schlechten Gewinn, denn schlechter Gewinn ist
                                        Verlust gleich.
Liebe den, der dich liebt, und geh zu dem, der zu dir geht.
Wer dir gibt, dem gib, und nichts gib dem, der dir nichts
                                        gibt.
Gebern gibt man immer, doch Nichtsgebern gibt einer
                                        nimmer.
Geben ist gut, Raub schlecht, er bringt dir die Gabe des
                                        Todes.
Gibt einer nämlich gern – und ein solcher gibt dann auch
                                        reichlich –,
Freut ihn die eigene Gabe und bringt seinem Herzen
                                        Erquickung.
Wer aber selber sich nimmt, von Unverschämtheit geleitet,
Ist es ein Kleines auch nur, bereitet Kummer dem Herzen.
Wenn du ein Kleines auch nur zu einem Kleinen hinzufügst
Und dies häufig tust, wird bald aus dem Kleinen ein Großes.
Wer das Vorhandene mehrt, verdrängt den brennenden
                                        Hunger,
Und der Vorrat, den einer im Hause bewahrt, hat keinen
                                        gereut noch.
Besser ist es zu Hause; denn vor der Türe droht Schaden.
Nimmst du dir vom Vorhandenen, – gut! Doch kränkt es
                                        das Herz dir,
Wenn du Nichtvorhandnes begehrst, das laß dir gesagt sein!
Sättige dich am beginnenden Krug und auch an der Neige,
Mittendrin spare; denn jämmerlich ist es, den Bodensatz
                                        sparen.
Einem befreundeten Manne genüge bedungene Löhnung.
Lachst du auch über den leiblichen Bruder, laß Zeugen dabei
                                        sein!
Zutraun bringt genauso wie Mißtraun den Männern
                                        Verderben.
Nicht soll ein Weib, das den Steiß sich schmückt, den Sinn
                                        dir berücken,

Wenn sie mit schmeichelndem Wortschwall in deiner Hütte
dich aufspürt;
Denn wer dem Weibe vertraut, vertraut auch Betrügern und
Dieben.
Nur ein einziger Sohn soll gezeugt sein, das Haus seines
Vaters
Dann zu hüten; so wächst ja der Reichtum in den Gemächern.
Alt soll er sterben und selbst einen anderen Sohn hinterlassen.
Leicht gewährt auch mehreren Zeus unsäglichen Segen.
Mehrere mehren die Sorge, doch ist auch größer der
Zuwachs.
Du aber, wenn nach Reichtum das Herz sich sehnt in der
Brust dir,
Handle und arbeite so und wirke Werke auf Werke!

SAPPHO

ca. 600 v. Chr.

GEBET AN APHRODITE

Mit diesem Gedicht begann die alexandrinische Buchausgabe der Werke Sapphos.

Auf buntem Thron, Unsterbliche, Aphrodite,
Zeus' Tochter, Listenspinnerin, ich flehe zu dir:
Lähm' mir mit Trübsinn nicht und Überdrüssen
Herrin, den Mut,

Sondern komm hierher, wenn schon früher jemals
Du meine Stimme fern vernehmend
mich hörtest und des Vaters Haus verließest
Und kamst,

Den goldenen Wagen angeschirrt: dich zogen schöne
Schnelle Sperlinge über die schwarze Erde,
Dicht mit den Flügeln wirbelnd, vom Himmel mitten
Hin durch den Äther,

Und langten an sogleich, du aber, Selige, lächelnd
Mit dem unsterblichen Antlitz, fragtest,
Was mir denn wieder zugestoßen, was ich
Wieder denn riefe

Und was ich am meisten wünschte, das mir werde,
Rasenden Herzens. ›Welche soll Peitho wieder
In deine Liebe führen? Welche, Sappho,
Tut dir ein Leid an?

Denn flieht sie, soll sie bald verfolgen!
Nimmt Gaben sie nicht: nun denn, sie soll geben!
Und liebt sie nicht: bald wird sie lieben
Auch wider Willen!‹

Komm zu mir jetzt auch! Löse mich von schweren Gedanken,
                                        und was alles zu erfüllen
Mein Herz begehrt, erfülle! Sei du selber
Die Kampfgenossin!

PINDAR
I. PYTHISCHE ODE

470 v. Chr.

Pindars Siegeslied für den Tyrannen Hieron von Syrakus, dessen Gespann in Delphi beim Wagenrennen gesiegt hat. Das Chorlied ist zugleich als Beitrag zu den Gründungsfeiern der sizilischen Stadt Aitna gedacht.

Hieron dem Aitnaier –
dem Sieger mit dem Wagen

Goldene Leier, Apollons und der dunkelgelockten Musen
gemeinsames Eigentum! Auf dich hört der Tanz, der
   Heiterkeit Anfang,
und deinen Winken folgen die Sänger,
wenn du die ersten Töne des reigenführenden Vorspiels
   anhebst mit schwingenden Saiten.
Selbst dem Speerwerfer Blitz löschest du aus das
   unaufhörliche Feuer,
und es schläft auf dem Stab des Zeus der Adler, den
   schnellen Flügel auf beiden Seiten niedersenkend,

der Herrscher der Vögel, denn du hast eine dunkelnde Wolke
ihm über das gerundete Haupt, ein süßes Gefängnis der
   Wimpern, gegossen, und schlummernd
hebt er den feuchten Rücken, von deinen
Schlägen befangen.
Denn auch der gewaltige Ares läßt einmal beiseite
die rauhe Kraft der Speere und erquickt das Herz

durch Schlaf. Deine Pfeile bestricken auch der Götter Sinne
nach des Letoïden Weisheit und der tiefgegürteten Musen.

Alles aber, was Zeus nicht liebt, das entsetzt sich, wenn es
den Ruf
des Pieriden hört, auf Erden und im unbezähmbaren Meer,
auch der im schrecklichen Tartaros liegt, der Götter Feind,
Typhos der Hundertköpfige. Der wuchs einst auf
in der kilikischen vielgenannten Höhle. Nun aber drücken
ihm
die meerumzäunten Hügel über Kyme
und Sizilien die zottige Brust, und die Säule des Himmels
hält ihn fest: der schneeige Aitna, das ganze Jahr
scharfen Schnees Amme.

Aus dessen Schlünden erbrechen sich des unnahbaren Feuers
heiligste Quellen. Die Flüsse gießen an den Tagen aus einen
brennenden Strom von
Rauch. Aber in den Nächten trägt Felsen
die purpurne Lohe im Wälzen zur tiefen Meeresfläche mit
Krachen.
Jenes Tier sendet des Hephaistos gewaltigste Bäche
empor: ein Zeichen wunderbar zu sehen, ein Wunder auch
von den Dortseienden zu hören ist es,

wie er an des Aitna schwarzbelaubten Gipfeln gefesselt ist
und am Boden und sein Bett ihm den ganzen angelehnten
Rücken scheuert und stachelt.
Dir, o Zeus, dir sei mir vergönnt zu gefallen,
der du Herr bist auf diesem Gebirge, des früchtereichen
Landes Stirn,
nach dem heißt die benachbarte Stadt, die ihr ruhmreicher
Gründer geehrt hat:

I. PYTHISCHE ODE

denn in der pythischen Rennbahn hat der Herold sie genannt
   beim Ausrufen Hierons, als er herrlich gesiegt hatte

mit dem Gespann. Seefahrenden Männern ist die erste
   Freude,
daß ihnen im Anfang der Fahrt komme ein günstiger Wind.
   Denn es ist Aussicht,
daß sie dann auch am Ende eine bessere Rückkehr haben.
   Dieser Spruch
bringt bei solchen Erfolgen die Hoffnung,
künftig werde sie sein durch Kränze und Rosse berühmt
und bei sangesfrohen Mahlen genannt.
Lykier und Herrscher auf Delos,
Phoibos, der du des Parnassos Quelle Kastalia liebst:
wolle dieses in deinem Herzen
und bevölkere mit rechten Männern das Land.

Denn von den Göttern sind alle Kräfte für die menschlichen
   Taten
und wachsen Weise und Armgewaltige und Beredte.
Wo ich jenen Mann
zu preisen gewillt, denke ich
nicht gleichsam den erzwangigen Speer zu werfen, daß es
   ausschließt vom Wettkampf, schwingend mit der Hand,
sondern mit weitem Wurf zu übertreffen die Gegner.
Möchte weit werfend die ganze Zeit Glück so und das Geben
   der Güter lenken, doch ein Vergessen der Mühen gewähren!

Wahrlich, sie wird ihn dann erinnern, in was für Schlachten
   des Krieges
mit ausdauernder Seele er bestand, als sie durch der Götter
   Hände Ehre fanden,
wie sie keiner der Hellenen pflückt,
des Reichtums stolze Krönung. Jetzt freilich zog er,
des Philoktetes Weise

folgend, zu Feld, aus Not umwedelt ihn als Freund
selbst mancher gar große Mann. Sie sagen, es seien, um von
    Lemnos den von der Wunde Gefolterten zu holen, gekommen

göttergleiche Helden, ihn, des Poias Sohn, den Bogenschützen,
der des Priamos Stadt zerstört und geendet hat die Mühen
    der Danaer.
Mit krankem Leib ging er, doch es war Schicksal.
So möge auch für Hieron ein Gott Aufrichter sein
für die herankommende Zeit und dem, was er begehrt,
    Erfüllung geben.
Muse, folge mir, auch bei des Deinomenes Haus zu singen
den Lohn der Viergespanne! Keine fremde Freude ist ihm der
    Sieg des Vaters.
Wohlan, darnach für Aitnas König
wollen wir erfinden einen erfreulichen Hymnos!

Ihm, dem Hieron jene Stadt mit der göttlich geordneten
    Freiheit
vor allem hyllischer Richtschnur gegründet hat. Denn es
    wollen des Pamphilos
und der Herakliden Enkel, die
unter den Hängen des Taygetos wohnen, immer bleiben in
    den Satzungen des Aigimios, die Dorer.
Sie haben Amyklai bekommen, glückgesegnet,
von dem Pindos stürmend, und wurden so der
    schimmelreitenden Tyndariden hochberühmte Nachbarn,
    der Ruhm ihrer Lanze erblühte.

Zeus Vollender, gib, daß immer ein solches Schicksal an des
    Amenas Wasser
den Bürgern und Königen feststelle das wahre Wort der
    Menschen!
Mit dir wird wohl der Mann, der Führer ist –
und indem er seinen Sohn anweist –, das Volk ehrend es
    lenken zu zusammenklingender Ruhe.

I. PYTHISCHE ODE

Ich flehe, nicke Gewährung, Kronion, daß in friedsamem
   Haus der Phönizier und der Tyrsener Kriegsgeschrei sich
   halte, da sie gesehen ihrer Schiffe stöhnende Schmach vor
   Kyme,

was sie alles, durch der Syrakuser Fürsten bezwungen,
   gelitten,
der von den schnellfahrenden Schiffen ihnen ins Meer warf
   die junge Mannschaft
und Hellas aus schwerer Knechtschaft gezogen hat. Ich werde
von Salamis mir der Athener Dank
zum Lohn gewinnen, in Sparta den für die Kämpfe vor dem
   Kithairon,
in denen die Meder sich mühen mußten mit ihren krummen
   Bogen,
nachdem ich am wohlumwässerten Ufer des Himeras
den Söhnen des Deinomenes einen Hymnos gedichtet habe,
den sie erhielten ob ihrer Taten,
weil die feindlichen Männer da litten.

Sprichst du das Rechte zur rechten Zeit, vieler Dinge Spitzen
   zusammenspannend
in Kürze, so folgt geringerer Tadel der Menschen, denn
   lästiges Übermaß stumpft ab
die regen Erwartungen.
Bei den Leuten lastet heimlich auf den Seelen am meisten das
   Hören von fremdem Ruhm.
Aber dennoch – denn besser als Mitleid ist der Neid –
laß nicht beiseite das Schöne! Lenke mit gerechtem Steuer
das Volk, stähle am lügenlosen Amboß die Zunge.
Wenn auch nur ein Geringes daneben stiebt, als Großes
   verbreitet es sich
von dir. Du bist Walter über vieles. Viele Zeugen sind für
   beides glaubwürdig.

Wenn du in edler Stimmung verharrst
und es liebst, stets angenehmen Leumund zu hören, so werde
    nicht allzu matt in der Freigebigkeit,
spanne wie ein Steuermann
das Segel aus, daß es wehe! Laß dich nicht täuschen, mein
    Freund, durch beschämende Vorteile. Nach dem Tod der
    Hall des Ruhms

zeigt allein abgeschiedener Männer Wandel
den Erzählern und Sängern. Nie vergeht des Kroisos
    huldvolle Güte.
Aber der in ehernem Stier Menschen verbrannte grausamen
    Sinnes,
den Phalaris, hält überall nieder feindliche Rede.
Ihn nimmt nicht die Leier unter dem Dach auf in die zarte
    Gemeinschaft mit dem Schwatzen der Knaben.
Gutfahren ist der erste der Kampfpreise.
Gutes über sich hören ist das zweite Los. Welcher Mann aber
    beides trifft und nimmt,
hat den höchsten Kranz empfangen.

AISCHYLOS
AGAMEMNON

458 v. Chr.

Der Agamemnon ist das erste Stück der einzigen voll erhaltenen Trilo-
gie (Fortsetzung: Choephoren und Eumeniden).

Personen: WÄCHTER · CHOR ARGIVISCHER GREISE · KLYTAIMNESTRA ·
HEROLD · AGAMEMNON · KASSANDRA · AIGISTHOS

Vor dem Palast der Atriden zu Argos. In der Mitte des Hintergrunds die
königliche Pforte, zu der wenige flache Stufen führen. Zu beiden Seiten
reichen niedrigere Flügelgebäude bis in den Vordergrund. In dem so be-
grenzten Vorhof Altäre und Götterbilder. – Ende der Nacht. Auf dem
flachen Dach des linken Flügels die zusammengekauerte Gestalt des
Wächters.

Erste Szene

WÄCHTER
    Gebt, Götter, doch ein Ende dieser Mühn,
    Die, wie ein Hund auf Atreus Dach gelagert,
    Ich nun in jahrelanger Wacht ertrug,
    Die reisigen Sterne lernend und beschauend,
    Die uns den Sommer bringen, die den Winter:
    Glänzende Herrscher, luftige, strahlende,
    Und ihren Aufgang und den Untergang.

So späh auch diese Nacht ich nach dem Schein
Des Feuers aus, das Kunde uns von Troja
Und Siegesbotschaft bringe, nach Geheiß
Und Hoffnung der männischen Königin.
– Hüt' ich mein nachtumschauert Lager so,
Das naß von Tau, von Träumen nie besucht
(Denn statt des Schlummers steht die Furcht bei mir
Es möchten schläfrig mir die Lider sinken),
Und singe oder trällere mir ein Lied,
Den Schlaf mit Gegenzauber zu belisten,
So kommt mir Weinen nur und schweres Seufzen
Um dieses Haus, das einst sehr wohl bestellt.
Er richtet sich etwas auf und späht aufmerksamer nach den fernen
Bergen.
Käm' doch, zur Zeit jetzt aus dem Dunkel brechend,
Mühsale endigend, die frohe Flamme! –
Triumph! Jo! Jo!
Willkommen o Nachtleuchte! Jungen Tag
Erweckst du uns und Reigentänze viele
In Argos um des unerhörten Glücks.
Er eilt in die Bühne hinab und quer über den Hof zur Türe des Frau-
ensaals im rechten Seitenflügel.
Dem Weibe Agamemnons ruf' ich's zu,
Daß sie, vom Lager springend, Freudenschreie
Entgegenjauchze diesem Fackelstrahl
(Da die Stadt Ilion gefallen ist
Wie der leuchtende Bote uns verkündet).
Selbst will zuvörderst ich im Reigen tanzen:
Denn meiner Herrschaft Schicksal wandte ich
Mit diesem Glückswurf einer Feuerwache.
Werd' es mir, Gott, des heimgekehrten Herrn
Geliebte Hand in dieser Hand zu drücken –
Mehr sag' ich nicht. Der Mund ist mir versiegelt.
Ja hätten Mauern Stimme, sagten die's
Am deutlichsten. Es mag mich leicht verstehen

AGAMEMNON · ZWEITE SZENE 101

Wer darum weiß. Den andern bin ich stumm.
Er verschwindet in der Tür. Es wird langsam Tag. Chor argivischer
Greise von rechts.

Zweite Szene
Chor. Später Klytaimnestra.

CHORFÜHRER

Vor zehen Jahren erhoben den Heereszug
Um Helena die beiden gewaltigen
Herren des Zwillingsthrons und Zepters,
Racheschnaubend, mit tausend Schiffen,

ERSTER GREIS

Des Atreus Söhne. So wie ein Geierpaar,
Dem man die Brut aus felsigem Nest geraubt,
Schreiend am Himmel kreist mit schweren,
Grimmigen, tönenden Flügelschlägen:

ZWEITER GREIS

Und einer wohl der oberen Götter hört,
Apollon oder der berghütende Pan,
Zeus selber hört den Schrei und schickt dem
Frevler hinab die späte Erinys.

DER ERSTE

So sandte Zeus die rächenden Könige,
Das Gastrecht sühnend, gegen den Räuber aus,
Brechende Knie und Lanzensplittern,
Mord und Ringen und Kampf erregend

DER ZWEITE

Dem Danaervolke und auch dem Troischen Herr.
Wir aber schleppen hier unser zermürbtes Fleisch
Ruhmlos am Stecken, zittrigem Laube gleich
Und um nichts tüchtiger als Kinder:
Im Tag umwandelnd ein Traumbild.
Während des vorigen sind Klytaimnestras Dienerinnen mit Krügen

und Opferkörben in feierlichem Aufzug aus dem Frauengemach ge-
treten, haben die Spenden bereitet, die Altäre geschmückt und die
Feuer entzündet. Bei den letzten Worten des Chors erscheint die Kö-
nigin selbst auf der Schwelle des Frauengemachs und wendet sich den
Altären zu.

CHORFÜHRER

Doch sag' uns, Königin, Tochter des Tyndaros,
Was, Klytaimnestra, ist dir zum Heil geschehn,
Welch neue Botschaft heißt dich gläubig
Rings die festlichen Opfer bereiten?

ERSTER GREIS

Für alle Götter ja, himmlische, untere,
Die Stadtbeschirmer und für die Hüter der Flur
Seh ich entzündete Altäre
Zucken die Flammen durch Wohlgerüche

ZWEITER GREIS

Genährt und gesänftigt mit dem heiligen Öl.
– Nun steh uns Rede, wo es dir billig scheint.
Verscheuch' und nimm uns quälender Zweifel Last,
Die schon im Leuchten deiner Opfer
Zu hellerer Hoffnung sich lichten.
Klytaimnestra antwortet mit einer abwehrenden Gebärde und fährt
schweigend in der Opferhandlung fort.

CHOR

Zeus! Zeus!
Wer er auch immer sei,
Welcher Ruf ihm genehm,
Betend nenn ich ihn so.
Wie ich ihn suche,
Wie ich ihn fasse,
Er nur sich selber vergleichbar.

Wo sind die Mächtigen hin,
Kampfeswütig und stolz?
Kaum daß man weiß, daß sie waren.

AGAMEMNON · ZWEITE SZENE

Und der ihnen gefolgt,
Fand seinen Sieger er nicht?
Zeus besinge im Liede,
Sieh, und unendliche Weisheit ist dein.

Der den Sterblichen Pfade wies
Alles Gedankens, der das Leiden
Hat zur Lehre gesetzt.
Oft vor die schlummernde Seele
Treten die Schatten Erinnrung und Qual:
Mancher lernt, der nicht zu lernen dachte.
Preist der Himmlischen Vorsicht denn,
Die das heilige Steuer halten.

So der ältere König dort,
Der achaischen Schiffe Führer,
Schmähte den Seher nicht,
Beugte sich dem stürzenden Schicksal,
Da die darbende Flotte
Fahrtlos hungernd gen Chalkis lag,
Tatlos die Völker
An den strudelreichen Örtern von Aulis.

Wehten die Winde vom Strymon her,
Hemmende, dörrende, hafenstürmende,
Siechten die Männer,
Barsten die Schiffe,
Rissen die Taue,
Schmolz die Blüte
Des Heeres im Harren dahin.
Doch als des bitteren Sturmes
Bittrere Linderung
Kalchas den Fürsten genannt,
Artemis Groll und Gebot,

Siehe, da stießen sie schmerzlich die Zepter zur Erde,
Atreus Söhne und hielten die Tränen nicht.

Sprach der ältere Herrscher so:
Schwer ist's gegen das Schicksal zu stehen,
Schwerer noch,
Ein leibeigenes Kind zu schlachten,
Zier des häuslichen Herds.
Vaterhände am Altar besudeln
Mit jungfräulich'm Blut,
– Wo ist größeres Übel –
Oder die Schiffe verraten?
Oder die Bünde brechen?
Windstillende Opfer, Tochtermord
Heischen sie laut. Doch wehrt es
Themis selber. Und nun helfe mir Gott.

Doch wie er einmal dem Joch der Not sich gebogen,
Treibt er sein Herz in frevelnden Umschlag,
Unheilvoll, unrein
Sinnt er die schändliche Tat.
Denn zum Frevel treibt ja der übelratende
Irrwahn den Menschen,
Hat er erst einmal gefehlt.
Opfern die Tochter will er mit eigener Hand,
Rachefahrt um ein Weib zu befördern,
Schiffen zur Lösung.

Ihrer Bitten nicht, kindlichen Klagen nicht,
Nicht des jungfräulichen Alters
Achteten die Kriegrischen da.
Heißt der Vater nach dem Gebet die Diener,
Wie ein Opfertier sie, vornübergebogen,
Auf den Altar heben, gewänderumweht.
Heißt den Mund ihr, den schöngebildeten,

Ängstlich verschließen,
Fürchtend, es möchte ihr letztes Wort noch dem eignen
Hause ein Fluch sein.

Lag sie gezügelt, lautlos und stumm,
Fielen die safranfarbnen Gewande,
Sendet sie jedem der Opfrer noch
Mitleidflehender Blicke Geschosse,
Schön sie, wie Maler die Schönheit gebildet,
Stumm wie ein Bild:
Sie die dereinst doch im heimischen Männersaal
Oftmals sang an den prächtigen Tischen,
Rein des Vaters dreimalgeweihtes, erhabnes
Schicksal berühmend.

Was geschah, sah ich nicht, sag' ich nicht an.
Fruchtlos nicht blieben des Priesters Werke.
Dike jedoch wägt Leidenden zu
Tiefres Erkennen. Und künftges Geschehn
Wird sich entschleiern, ob froh wir's,
Ob wir's mit Seufzen erwarten:
Kommen wird es, erfüllt mit dem steigenden Strahl.
Heilende Lösung sei's, wie auch dein Flehn gewiß,
Fürstin, die du alleiniger Hort jetzt bist
Apias Erde.

CHORFÜHRER
Ehrfürchtig nah' ich, Klytaimnestra, deiner
Fürstlichen Macht, da Huldigung gebührt
Dem Weib des Herrschers, dessen Thron verwaist ist.
Sag' an, ob du, schon sichern Glücks gewiß,
Ob nur in froher Hoffnung Opfer zündest.
Und schweigst du, sei dein Schweigen selbst geehrt.

KLYTAIMNESTRA
Mit froher Botschaft, sagt ein alter Spruch,
Steigt aus dem Schoß der Nacht die Morgenröte.

So schickt euch an, das große Glück zu hören,
Größer als alles Hoffen: Ilion fiel.

CHORFÜHRER
Dein Wort, zu unerhört, erfaßt ich nicht.

KLYTAIMNESTRA
Ilion ist unser. Sprach ich deutlicher?

ERSTER GREIS
Freude durchschauert mich. Sieh meine Tränen.

KLYTAIMNESTRA
Für deine Treue zeugt dein feuchter Blick.

ZWEITER GREIS
Doch hast du sichres Zeugnis solcher Dinge?

KLYTAIMNESTRA
Gewiß. Es sei, die Gottheit trüge selbst.

DRITTER GREIS
Vielleicht ehrst gläubig du ein Traumgesicht?

KLYTAIMNESTRA
Nie traut ich meinen Sinnen, wenn ich schlief.

VIERTER GREIS
Erregte dich ein schweifendes Gerücht?

KLYTAIMNESTRA
Gibst du mir die Vernunft von einem Kinde?

FÜNFTER GREIS
Doch wann geschah der Stadt Erstürmung dann?

KLYTAIMNESTRA
In der Nacht, die den heutigen Tag gebar.

SECHSTER GREIS
Und wer tat dir so rasche Botenreise?

KLYTAIMNESTRA
Hephaistos selbst. Vom Ida brach der Glanz,
Von Wart' zu Warte neue Glut erweckend:
Auf Lemnos flammt das Hermesvorgebirge.
Von ihm empfängt die ungeheure Fackel
Des Zeus Berg, Athos. Weithin übers Meer,
Daß Lust am fremden zitternden Geleuchte

Die Fische nach des Meeres Rücken treibt,
Strahlt seine Fichte, golden, eine Sonne,
Den Botenstrahl dem Berg Makiston zu.
Dort schläft der Späher nicht, und ohne Zaudern
Schickt über des Euripos Strömung er
Den Wächtern auf Messapion das Zeichen.
Die haben längst zur Antwort dürre Heide
Türmend geschichtet, und schon loht der Stoß.
Die rüstige Flamme läuft, um nichts verdunkelt,
Wie Mondschein über die asopische
Ebne den Zacken des Kithäron zu,
Aufs neue neue Flammenpost entfachend.
Die Hüter weigern nicht ihr das Geleit,
Entsenden mächtiger sie, als sie gekommen.
Nun stürzt sie über den Gorgopis-See
Zum Aigiplankton, herrisch weitre Zehrung
Zur Reise heischend, ohne Aufenthalt.
Der Wächter läßt anschürend die gewaltge
Prasselnde Säule aus dem Holzstoß schießen
Über die Wasser des Saronischen Meers.
Von da entstürmt, von da zuletzt gekommen
Zum Arachnaion, unsrer nächsten Warte,
Erreichte sie das Dach der Königsburg,
Echte Urtochter jener Idaflamme.
– Solches die Ordnung meines Fackellaufs,
Von Flamm' auf Flamme folgend, schön erfüllt.
Und Siegerin die erste wie die letzte.
Dies sei zum Pfand und Zeichen euch der Botschaft,
Die unser Herr aus Troja mir gesandt.

CHORFÜHRER

Den Göttern sei hernach der Dank gebracht.
Doch deine Kunde, fremd und wunderbar,
Wünsch' wieder ich und noch einmal zu hören.

KLYTAIMNESTRA

Achaier hausen heut in Ilion.

Wild Schreien, dünkt mich, gellt jetzt durch die Stadt.
Wie Öl und Essig, ewig feindlich sich,
In ein Gefäß gerührt doch nie sich mischen,
So tönt wohl dort der Sieger und Besiegten
Vermengt Geschrei, im Schicksal tief getrennt:
Die einen über Leichen hingestreckt
Erschlagener Verwandten, greiser Väter,
Kinder, die, ach, aus nicht mehr freiem Mund
Verstört der toten Lieben Los bejammern.
Die andern, nüchtern nach durchkämpfter Nacht,
Treibt Hunger durch die Stadt, nach Mahlen lüstern,
Wie sie der Zufall bietet. Ohne Wahl
Liegen sie jetzt in der Besiegten Häusern,
Erlöst von Frost und Kot und Tau des langen
Feldlagers, ohne ausgestellte Wachen
Und ohne Furcht des Feinds und sorgenlos.
– Wofern sie nur die stadtbeschirmenden
Gottheiten ehren des erkämpften Landes,
Hoff' ich, erliegt der Sieger nicht dem Sieg.
Hüte das Heer vor der Begierde sich,
Das Heilige aus Gewinnsucht zu betasten.
Denn Not ist ihm der Götter Schutz zum zweiten
Umlauf der Doppelbahn: zur Wiederkehr.
Mit versteckter Bedeutung.
Und kehren heim sie ohne Göttergroll,
Wie leicht geschieht's, daß Blut Erschlagener
Erwacht und dräut – wenn sonst kein Unheil kam.
Mit verändertem Ausdruck.
Es spricht zu euch ein Weib mit Weiberworten.
Bedenkts nicht weiter. Sei das Ende gut.
*Sie wendet sich wieder der Opferhandlung zu und tritt während der
folgenden Verse des Chors in den Palast zurück.*
CHOR
Allwaltender Zeus! und o freundliche Nacht,
Uns Erwerberin herrlichsten Ruhmes,

Die um Ilions Türme das Fangnetz warf,
Daß keiner den haschenden Maschen,
Kein Mann und kein Knabe, entschlüpft,
In der großen Knechtschaft Garn
Und gemeinem Schicksal gefangen.

Dich verehren wir, Zeus, gewaltiger Hort
Des Gastrechts du, der solches vollführt,
Der seit lang schon den Bogen gespannt hielt
Aufs Haupt des Verführers, der Atreus Haus
Und gastlichen Tisch
Durch des Weibs Entführung geschändet.

Was ließ sie den Bürgern: Schilde hämmern,
Speere schärfen, Schiffe bemannen.
Was brachte sie Ilion als Morgengabe:
Tod. Und so durchschritt sie die Tore
Leichten Fußes mit der entsetzlichen Last.

Klagten die Seher des Hauses da:
Wehe dir Haus, Haus! Wehe den Fürsten!
Wehe dir Bett und der Buhlschaft Spuren,
Schweigen zornlos, Schweigen voll Schmach!
Weichster aller verlassenen Männer:
Sehnsuchtverzehrt nach der Fernen, herrscht er,
Bald nur ein Schatten noch, bleich im Palast,
Schön gemeißelter Bilder
Anmut vermeidend.
Da sein Lager verlassen steht,
Floh Aphrodite.

Zur Kümmernis zeigen Traumbilder sich dann
Und Schemen ihm zu trügender Freude.
Ja, eitel wähnt er, das Glück zu schaun:
Es zerrinnt ihm unter den Händen das Bild,

Und nie besucht es zum zweitenmale
Auf Flügeln die Pfade des Traums.

So ist im Haus und am Herde das eine Leid,
Da ist ein andres viel schwerer als dies:
Allen, die ausgezogen von Hellas,
Starrt aus dem Haus der Zurückgebliebenen
Duldende Trauer nach.
Vieles nagt an der Verlassenen Herzen:
Wohl weiß jeder, was er dahingegeben,
Doch was zurückkehrt
Jeglichem Hause, das ist nur des Kriegers
Rüstung und Asche.

Grimmer Wechsler der Wahlstatt: Ares,
Der im Speerkampf die Wage hält!
Von dem Troischen Blachfeld
Wägt er den Lieben der Heimat zu
Schwere tränenbefeuchtete Asche:
Der Helden Staub
In schöngeordnete Krüge füllend.

Da rühmen sie wehklagend des einen
Kampfesmut, des anderen männlichen Tod
Um das fremde Weib. Und verstecktes Murren,
Neidvoller Verdruß
Umschleicht die herrischen Atreussöhne.
– Sie aber, die Jugendschönen,
Wohnen in ihren Gräbern dort
Unter Ilions Mauern,
Fremd in besiegter Erde, die ihre Sieger bedeckt.

Dritte Szene
Chor. Wächter. Später der Herold.

WÄCHTER

Wie zu Anfang auf dem Dach erscheinend.
Bald wird nun offenbar, ob die beredten
Leuchten der Nacht und Fackelwechselschein
Die Wahrheit brachten, oder ob ihr Licht
Falsch wie ein Traumbild unsern Sinn berückte.
Dort seh ich einen Herold vom Gestade nahn
Ölzweigbekränzt. Der aufgewühlte Staub,
Des Kotes dürrer Bruder, ist mir Bürge,
Daß der mit Menschenstimme zu uns redet
Und nicht mit Bergesbrand und Feuerrauch,
Entweder mehr uns noch zur Freude treibend
Oder – doch dieses Oder sei uns fern.
Der Herold Talthybios kommt atemlos und staubbedeckt von links.
Er eilt, ohne den Chor zu beachten, auf die Altäre des Hauses zu,
sinkt in die Knie und küßt den Boden.

HEROLD

O Heimat, Argos, meiner Väter Land!
So kehr' ich heim im Strahl des zehnten Jahrs,
Da manche Hoffnung brach, der einen froh:
Der ich schon lang verzagt, in deiner Erde
Dereinst bestattet und gestillt zu sein.
Sei, Erde, mir gegrüßt, gegrüßt du, Sonne,
Du, Zeus, des Landes Herr und, Pythier, du,
Des Bogen uns hinfort nicht mehr bedräue,
Da Feinschaft uns genug vor Ilion ward.
Sei wieder Heiler uns und Retter jetzt,
Herrscher Apollon! Auch die andern alle,
Die Marktbeschirmer, ruf' ich an und dich,
Hermes, den Boten, aller Boten Hort,
Und euch Heroen, die geleitenden:
Empfanget gnädig, die der Speer verschont!

Heil euch, der Könige Wohnungen, traute Dächer,
Ihr heiligen Sitze und besonnten Steine
Der Götter; wollt, wenn je, euch freundlich zeigen
Bei eures Königs später Wiederkehr.
Ja wie ein Licht erscheint er euch zur Nacht,
Euch und dem Volk von Argos: Agamemnon.
Empfangt ihn wohl, wie ihm Empfang gebührt,
Der Ilion umgrub mit des Rächers Zeus
Gewaltigem Karst, daß brach die Ebene liegt
Und jeder Keim vertilgt und jeder Same.
Der Troja unter solches Joch gebeugt,
Naht euch, ehrwürdig, glückgesegnet, mächtig
Und aller Menschen würdigster zu nennen
In dieser Zeit. Denn Paris nicht noch Troja
Kann größrer Tat als Strafe sich berühmen:
Schuldig erkannt des Raubs und der Entführung,
Verloren alles mit der Beute sie,
Und ward der königliche Stamm vernichtet,
Zwiefach gebüßt der Priamiden Schuld.

CHOR

Heil dir und Freude! Herold der Hellenen.

HEROLD

Ja Freude! Will's ein Gott jetzt, sterb' ich gern.

CHOR

Hat dich der Heimat Sehnsucht so gequält?

HEROLD

Ihr seht es jetzt an meinen Freudentränen.

CHOR

So litt das Heer am gleichen süßen Weh?

HEROLD

Wie meint ihr das? Sagt es mir deutlicher.

CHOR

Liebend Verlangen nach den Liebenden.

HEROLD

Habt ihr uns denn, wie wir das Land ersehnt?

CHOR
So daß wir oft im dumpfen Herzen seufzten.

HEROLD
Woher befiel zu Haus euch solche Not?

CHOR
Lang lernten Schweigen wir als letztes Mittel.

HEROLD
Wart ihr bedrückt, derweil der König fern war?

CHOR
Wie du gesagt: Wir stürben gern und willig.

HEROLD
Ja Preis dem Ausgang! Freilich fügt' im Lauf
Der überlangen Zeit sich manches günstig,
Andres ungünstiger. Wer, als die Götter
Allein, erfreut sich ungetrübten Glücks.
Von Ruderdienst und Wachen könnt ich reden,
Sparsamer Landung, kargem Schlaf – ja welche
Stunde von welchem Tag blieb unbeseufzt.
Doch auf dem Festland ward uns ärgres noch.
Das Lager hatten wir hart an den Mauern
Des Feinds, vom Himmel nieder und herauf
Aus feuchtem Grund vom Tau verfolgt, die Kleider
Zerfault, zerfetzt, das Haar voll Ungeziefer.
Soll ich vom Winter sagen, mit erfrornen
Vögeln und Sturm und Schnee vom Ida her?
Von Sommerschwüle, wenn das starre Meer
Mittäglich, wellenlos, in Schlaf gesunken?
Wozu noch klagen, wo doch alle Not
Vorüber ist. Vorüber auch den Toten,
Die des Erwachens Sorge ledig sind
(Und wahrlich Grund sich des zu freuen haben).
Doch wozu denk' ich der Erschlagenen,
Was soll mir, der ich lebe, alter Jammer?
Wahrlich, mich dünkt, es ist zum Jubel Grund.
Uns, die wir wiederkehrten mit dem Heere,

Wiegt schwer die Heimkehr, und das Leid wiegt leicht,
Die rühmend wir zur Sonne sprechen dürfen,
Weit hergezogen über Meer und Land:
»Aus Trojas Beute weiht das Heer von Argos
Den Göttern diese Stücke, in den Tempeln
Von Hellas aufgehängt als Kriegstrophäen.«
Wer solches hört, wird unsre Stadt verehren
Und die Heerführer und des Gottes Huld,
Der dies vollführt. Und hier bin ich am Ende.

Klytaimnestra ist während der letzten Worte auf der Schwelle des
Palasts erschienen. Der Herold sieht und begrüßt sie. Sie tritt auf die
oberste Stufe der Treppe.

Vierte Szene
Klytaimnestra. Herold. Chor.

KLYTAIMNESTRA

Gejauchzt vor Freude hab' ich lange schon
Beim Strahl des ersten nächtigen Gesandten
Von der Stadt Troja Fall und Untergang.
Da sprach wohl mancher spottend: Um ein Feuer
Glaubt sie, daß Ilion gefallen sei,
Nach Weiberart mit Hoffnungen sich blähend.
So schien ich vielen eine Schwärmerin.
Dennoch gebot ich Opfer. Und auf meinen,
Des Weibes Ruf stieg ringsum durch die Stadt
Heiliges Jauchzen an der Götter Sitzen
Und Brand und Weihrauch frommer Opferer.
– Nun brauchst du weitres mir nicht kundzutun.
Bald kann von meinem Herrn ich alles hören.
Jetzt sorg' ich nur, ihm würdigen Empfang
Und Willkomm zu bereiten, denn was gäb' es
Süßer für eine Frau als jenen Tag,
Wo sie dem Mann, den Götter aus der Schlacht

Ihr heimgeführt, des Hauses Türe öffnet.
Sag' dieses meinem Herrn: Er möge eilen
Zur Stadt, die ihn ersehnt. Sag', es erwarte
Ein frommes Weib ihn, wie er es verlassen,
Ein Wachthund, allen feindlich, ihm nur treu.
Und sonst in allem gleich. Sag' ihm, ihr Siegel
Sei ihm nach langen Jahren unversehrt.
Sie tritt in den Palast zurück. Der Herold ab.

CHOR

Wer hat so bedeutungschweren Namen,
Helena, dir verhängt,
Wenn der nicht, der, uns verborgen,
Das Geschehende vorsieht
Und die Zunge der Menschen lenkt.
Helena, die uns, heerumstritten,
Tausend Helden zur Hel gesandt
Und Fürsten und Städte und Schiffe,
Seit von dem bräutlichen
Purpurlager sie floh,
Mit Riesenschwingen des Westwinds fahrend,
Und hinter ihr her auf schwanker Fährte
Der Schwarm schildtragender Jäger gejagt,
Den Kiel nach dem Strand des blätterbeschatteten
Simois treibend
Zu unendlichem Bluten und Ringen.

So kam sie hin zur Feste von Ilion,
Wie Meeresstille lächelnd und spiegelklar,
Ein köstlich geschmücktes Bild des Reichtums,
Den Augen ein tödlich Geschoß,
Eine siegende Herrin der Liebe.
Doch war der Brautfahrt bitteres Ende
Ihr auszurichten verhängt,
Da zu Zwiespalt und Hader
Der rächende Gastgott

Sie selber geleitet in Priamos Haus,
Hochzeitlich bekränzte Erinys.
Von grauer Vorzeit ward überliefert uns
Uralter Spruch: Das zum Himmel getürmte
Glück eines Menschen zeugt selbst sich Erben und Sohn:
Doch die Kinder des Glücks
Heißen Jammer und Elend mit Namen.
Anders denk ich: Die Tat des Bösen
Zeugt neue Sprossen
Vom selben Stamm.
Doch des Gerechten Haus
Ist ewig segenbeschattet.

Dike strahlt auch in rauchgeschwärzten
Hütten der Not, die Gerechten segnend,
Doch von den goldenen Stühlen hebt sie sich weg,
Wo die Hand befleckt ist, und dreht die Blicke
Zum frommen Herde, verachtend den Schein
Unlauteren Reichtums, welchen die Menge preist,
Und ein jedes zum Ziele geleitend.
Von links der Wagen des Königs. Darauf Agamemnon mit Kassan-
dra. Er macht am äußersten Ende der Bühne halt.

Fünfte Szene
Agamemnon. Kassandra. Chor. Später Klytaimnestra.

CHORFÜHRER
Heil, König und Herr und troischer Sieger,
Atreus Geschlecht!
Wie begrüß ich dich wohl, wie ehr ich dich recht,
Nicht mit tönendem Wort und bescheidner auch nicht,
Als Stunde und Augenblick fordert.
ERSTER GREIS
Als den großen Heerzug du rüstetest

Um des Weibes willen (ich hehl es dir nicht),
Erschienst auf gefährlichen Bahnen du mir
Und unbesonnener Steurer am Tag,
Da die Männer zu stärken du Opfer getan,
Zum Tod sie der Heimat entführend.

ZWEITER GREIS
Nun hast du's vollbracht, und wir freun uns des Endes,
Weiter nicht richtend, freudig, doch ernst.
Später erkenne dein forschendes Auge,
Wer Treue gehalten, wer Treue brach,
Deine Stadt und dein Volk dir bewahrend.
Erst ziemt mir, Argos und die heimischen
Gottheiten fromm zu grüßen, die uns Helfer
Zur Heimkehr waren und uns Recht verschafft
An Priamos. Vor ihnen sprach kein Redner
Den Handel durch: sie legten Schlacht auf Schlacht
Als Stimmstein uns in Trojas blutige Urne,
Einmütig richtend. Kranke Hoffnung nur
Saß an der Gegner Stimmgefäß, das leer blieb.
– Rauch kündet weither, wo einst Troja stand.
Fluchwinde wehn. Kaltende Aschen blasen
Des alten Reichtums fetten Qualm empor.
– Den Göttern ewige Huldigung zu weihen,
Ist uns Gebühr, da so den Übermut
Des Raubs vergalt und um ein einzig Weib
Die ganze Stadt zertrat das Tier von Argos,
Des Rosses Frucht, die schildbewehrte Schar,
Zum Sturm geduckt bei der Plejaden Sinken:
Die dann den Wall ersprang, ein wilder Leu,
Am warmen Blut der Fürsten satt sich leckend.
Den Göttern dies als Erstlingsgruß. – Was sonst
Die Stadt und Tempel angeht, wollen bald wir
Im offnen Rat erwägen, was gesund,
Zu weitrer Dauer und Bestand befestend,
Doch wo es Arzt und Arzenei bedarf,

Werden mit Brand und Schnitt wohlwollend wir
Des Übels Wucherung zu hemmen streben.
– Eingehend nun zum Haus und heiligen Herd,
Heb' ich die Hand den Göttern, die zur Ausfahrt
Mich leiteten und jetzt zurückgeführt.
Nike, Geleiterin! Sei mir ferner treu.

Wie er sich anschickt vom Wagen zu steigen, tritt Klytaimnestra aus
dem Palast. Sie steht einen Augenblick stumm und unbeweglich.
Dann spricht sie zum Chor gewandt.

KLYTAIMNESTRA

Bürger von Argos ihr und Älteste!
Wenn ich vor euch nicht schamhaft bin, von Liebe
Und Zärtlichkeit zu reden, so bedenkt:
Die Zeit bricht Scheu und Rücksicht. Sagen will ich,
Was Trübsal ich am eignen Leib erfahren,
Derweil mein Herr vor Ilion verzog.
Traurig ists ja für eine treue Frau,
Einsam und ohne Mann im Haus zu bleiben
Und fort und fort verfolgt von Unglücksboten:
Kommt einer, ist auch schon ein andrer da,
Mit schlimm und schlimmrem Ruf das Haus erfüllend.
Und hätt' so viele Wunden mein Gemahl,
Als man mir Kunde zugebracht, empfangen,
Wär er durchlöchert wie ein Fischernetz.
Wär er so oft gefallen, als Gerüchte
Ihn totgesagt, so könnte er, ein neuer
Geryon, dreier Gräber sich berühmen,
In jedem Leibe einzeln umgebracht.
Um solcher Schreckgerüchte haben oft sie
Den Hals mir aus der Schlinge lösen müssen,
Die ich, den Tod ersehnend, mir geknüpft.
Drum steht dein Sohn nicht hier, wie sichs wohl ziemte,
Deiner und meiner Liebe Unterpfand,
Orestes. Du verwundre dich des nicht.
Ihn hält bei sich im Haus dein treuer Blutsfreund,

Strophios, der Phoker, der mir doppelte
Gefahr entgegenhielt: Die deine erstlich
Vor Ilion, und dann, es möchte Volkswut
Den Rat der Alten überwältigen
(Wie ja der Mensch gern auf Gefallne tritt).
Gemäß der Wahrheit nenn' ich diese Gründe.
– Mir aber sind der Tränen strömende
Quellen versiegt und blieb kein Tropfen mehr.
Es schmerzten mich die spätgeschloßnen Augen
Vom Weinen und den ewig unfruchtbaren
Nachtwachen um dein Feuer. Aus dem Schlaf
Störte mich schon das Summen einer Mücke,
Die ich im Traum mehr deiner Leiden sah,
Als meines Schlummers Zeit umfassen konnte.
All dies bestand ich, treuer Wachthund dir.
Jetzt grüß ich frohen Mutes dich, des Schiffes
Rettendes Seil, des hohen Daches Pfeiler,
Wie eines greisen Vaters einzig Kind,
Ein Land, erschienen den verzweifelten
Seefahrern, wie ein blauer Tag im Winter,
Dürstendem Wanderer der ersehnte Quell.
Ja solchen Willkomm acht ich deiner würdig.
Sie tritt die Stufen herab und tut ein paar Schritte auf ihn zu.
Fern sei der Neid der Himmlischen. Genugsam
Ward Leid uns schon beschieden. Teures Haupt,
Steig aus dem Wagen. Doch mir soll dein Fuß
Den Staub nicht rühren, Herr und Held von Ilion.
– Was säumt ihr Mägde, da es euer ist,
Auf ebnen Weg die Teppiche zu schütten? –
Nun kleidet sich in Purpur dir der Pfad
Ins unerhoffte Haus. Und Dike leitet.

AGAMEMNON

Tochter der Leda, meines Hauses Hütrin!
Nach meinem Fernsein maßest du die Rede
Und maßest lang. Bedenke doch, daß Lob

Aus fremdem Mund nur ein erwünscht Geschenk ist.
Und wolle nicht zu Weibereitelkeiten
Mich locken! Denk', ich bin doch kein Barbar,
Dem man am Boden Huldigungen stammelt.
Und ruf mit deinem Purpur nicht den Neid
Auf mich herab. So ehrt man Götter nur.
Wie könnt, ein Sterblicher, ich ohne Scheu
Den Fuß auf diese Prachtgewebe setzen?
Als Menschen ehre mich und nicht als Gott.
Höher als deine buntgewebten Decken
Stellt mich mein Ruhm. Fern sein von Übermut
Ist schönste Göttergabe, und zu preisen,
Wer seine Tage still beschließen darf.
Wo solches mir gelänge, wär ich glücklich.

KLYTAIMNESTRA
Sag' alles, aber folge meinem Wunsch.

AGAMEMNON
Wisse, ich ändre meinen Willen nicht.

KLYTAIMNESTRA
Hast du's gelobt und fürchtest nun die Götter?

AGAMEMNON
Wenn etwas, ist mein Weigern hier Vernunft.

KLYTAIMNESTRA
Was tät' wohl Priamos nach solchem Sieg?

AGAMEMNON
Er wandelte vielleicht auf Purpurdecken.

KLYTAIMNESTRA
Was willst dann du der Menschen Tadel scheun?

AGAMEMNON
Der Vielen Stimme ist am Ende mächtig.

KLYTAIMNESTRA
Wer unbeneidet, ist der neidenswert?

AGAMEMNON
Streit anzuheben steht dem Weibe schlecht.

KLYTAIMNESTRA

Doch steht's dem Sieger, einmal nachzugeben.

AGAMEMNON

Begehrst du solchen Sieg in unsrem Streit?

KLYTAIMNESTRA

Du hast die Macht. Sei willig der Besiegte.

AGAMEMNON

Wenn du denn willst, so laß die Sohle mir
Ablösen, meines Fußes treue Sklavin.
Und schreit' ich dann hinein auf Purpurtüchern
Treffe kein böser Blick von oben mich!
Ja Scheu erfüllt mich, mit dem Fuß zu schänden
Den Reichtum golderkaufter Teppiche.
– Davon genug. Empfange freundlich nun
Die Fremde hier, die mit mir kam. Die Milden
Sieht auch die Gottheit milden Auges an.
Und keiner ging freiwillig je ins Joch.
Diese, von vielen Schätzen auserlesen,
Ward mir vom Heer geschenkt und folgte mir.
Er steigt vom Wagen.
Wohlan ich will mich deinen Worten beugen
Und schreite über Purpur zum Palast.
Geht auf die Pforte des Palastes zu.

KLYTAIMNESTRA

Noch ist das Weltmeer. Wer erschöpft es je?
Es nährt noch vielen Saft des Purpurs uns,
Stets neuen, viel Gewande drinn' zu färben.
Dein Haus, o Herr, hat Überfluß daran.
Dank sei den Göttern! Mangel lernt es nie.
Viel dieser Decken hätt' ich zu zertreten
Gerne gelobt, wo mir ein Götterspruch
Als deines Hauptes Lösung dies befohlen.
Sie reicht ihm die Hände.
Wo Wurzel ist, rankt sich das Laub ums Haus,
Schatten hinbreitend vor dem heißen Hundsstern.

So du, zum heimatlichen Herd gekehrt,
Bedeutest Sommerwärme mir im Winter,
Und wiederum zur Zeit, wenn Zeus den Wein
In herben Beeren kocht, wird kühl das Haus sein:
Da ja sein Herr und Haupt zurückgekehrt.

Sie stehen jetzt beide im Portal. Sie läßt Agamemnon vorausgehen
und hält einen Augenblick inne.

Zeus, Zeus! Vollender! Gib die lang erflehte
Vollendung jetzt. Ja denke der Vollendung.

Beide treten in den Palast.

CHOR

Woher doch, daß fort und fort
Dies Schreckbild, das keiner rief, keiner bat,
Mit Tönen des Grauns die ahnende Seele umflattert.
Und woher, daß mein zagend Herz
Die Schatten nicht abtun mag
Wie böse Träume, daß neue Zuversicht einzieht –
Und schwanden doch Jahre, seit Tauwerk und Kiel
Im aulischen Sande tatenlos morschten,
Bis endlich der Griechen gelöstes Heer
Die Schiffe bestieg.

Und ward ich doch selber jetzt
Mit eignen Augen der glücklichen Heimkehr Zeuge.
Was klingt mir noch immer aus Tiefen des Herzens
Saitenscheues,
Selbstgezeugtes erinysches Lied?
Woher Mut und Hoffnung entsunken?
Nicht irrt meine Seele und wird nicht umsonst
In bangen prophetischen Wirbeln getrieben. –
Noch fleh ich, es möchte dies alles, ein Schein
Und Trugbild, ins Nichts zerfließen.

Wo zu üppig Gesundheit erblüht,
Droht Verderben, denn Wand an Wand schon

Wohnt ihr der Nachbar, zehrende Seuche,
Und fährt zu glücklich des Menschen Geschick,
Droht dem Schiff die verborgene Klippe.
Wo wägende Sorge dann
Einen Teil der lastenden Schätze
Weise ins Meer versenkt,
Sinkt nicht das ganze Haus,
Wenn auch von Leid besucht,
Geht nicht das Fahrzeug zugrunde.
Spendet doch Zeus uns reichliche Gift aus dem jährigen
Schoße der Flur,
Des Hungers Nöte verscheuchend.

Doch wo zur Erde verströmt das dunkle
Blut der Ermordeten, welche Beschwörung
Ruft es zurück?
Hat doch den Meister und Arzt,
Der die Toten erweckt,
Des Gottes Vorsicht vernichtet. –
Stünde nicht götterverhängt,
Göttlich geordnet,
Schicksal Schicksal umgrenzend da
Auf das gerichtete Maß,
Hielte mein Herz die drängenden Worte
Nimmermehr auf.
Bange pocht es im Stillen jetzt,
Schwermutbrütend, der Hoffnung bar,
Aus der brennenden Seele
Das erlösende Wort zu finden.
Klytaimnestra kommt aus dem Palast zurück und geht auf
Kassandra zu.

Sechste Szene
Klytaimnestra. Kassandra. Chor.

KLYTAIMNESTRA

So komm auch du jetzt. Dich, Kassandra, mein' ich.
Zeus meint es gut mit dir, daß du im Haus
Teilnehmen darfst am Opfer mit den andern
Mägden und nahe stehn am Brandaltar.
So komm herab vom Wagen, laß den Hochmut.
Man sagt ja, auch Alkmenes Sohn ertrug es,
Verkauft zu sein und Sklavenbrot zu essen.
Und wem dies Los verhängt in einem Hause
Von altem Reichtum, der mag glücklich sein.
Denn die seit kurzem erst in Wohlstand kamen,
Sind hart und grausam gegen ihr Gesinde.
Bei uns wird dir, was recht und billig ist.
Kassandra schweigt.

CHOR

Dir gilt das wahre Wort, das sie gesagt.
Da du verstrickt im Netz, verschlägt es wenig,
Ob du dich sträubst, ob du ihr willig folgst.

KLYTAIMNESTRA

Wenn sie nicht nur Barbarenlaute kennt
(Die man nicht mehr versteht als Schwalbenzwitschern),
So überredet sie gewiß mein Wort.

CHOR

Folg' ihr. Das beste rät sie, was zu raten.
Gehorch ihr und verlaß den Wagensitz.
Kassandra schweigt.

KLYTAIMNESTRA

Ich habe keine Zeit, hier außen weiter
Zu säumen. Drinn' im Haus am Hochaltar
Stehn schon die Lämmer uns zur Opferung,
Die wir schon lang nicht mehr dies Glück erhofften.
Wenn dein unkundig Ohr mich nicht versteht,

AGAMEMNON · SIEBENTE SZENE

Heb' mir zum Zeichen wenigstens die Hand!
Kassandra steht unbewegt.

CHOR

Ein Wortausleger wär der Fremden not.
Scheu ist sie wie ein frischgefangen Wild.

KLYTAIMNESTRA

Ja rasend ist sie, schnödem Trotz gehorchend,
Und frischgefangen freilich, gleich der ganzen
Heimischen Stadt, trägt sie noch nicht die Zügel,
Bis sie den Starrsinn blutig ausgespien. –
Ich will mit weitrem Wort mich nicht entehren.
Tritt in den Palast.

CHORFÜHRER

Geh, Unglückselige, steig' herab vom Wagen,
Versuch, dem Zwang gebeugt, das neue Joch.
Pause. Kassandra steht zum erstenmal auf und erblickt in dem Vor-
hof das Bild des wegegeleitenden Apollon.

Siebente Szene
Kassandra. Chor.

KASSANDRA

O Gott du. O Schicksal du. Oh.
Apollon! Apollon!

ERSTER GREIS

Was schreist so graunvoll du zu Loxias?
Er ist der Gott doch nicht der Traurigen.

KASSANDRA

O Gott du. O Schicksal du. Oh.
Apollon! Apollon!

ZWEITER GREIS

Nochmals entweiht ihr Schrei den reinen Gott,
Dem doch nicht ansteht, Jammernden zu helfen.

KASSANDRA

Apollon! Apollon!
Wegegott! Wehegott mir:
Zum zweitenmal, daß du mich ganz vernichtest!

DRITTER GREIS

Ist's nicht, als prophezeit sie eignes Unglück?
Der Geist des Gotts ist ihr ins Joch gefolgt.

KASSANDRA

Apollon! Apollon!
Wegegott! Wehegott mir:
Zu welchem Haus hast du mich nun gebracht!

VIERTER GREIS

Zum Hause der Atriden, wenn du dieses
Noch nicht gehört. Und dies ist wahrlich so.

KASSANDRA

Ha. Ha.
Ja gottverhaßtes Haus. Wissende Höhle
Des Brüderblutes, der tödlichen Stricke.
Mordhaus. Von Schaum und Geifer glänzt der Flur.

ERSTER GREIS

Scharfwitternd scheint die Fremde wie ein Schweißhund.
Sie spürt nach Mord. Und Mord wird sie entdecken.

KASSANDRA

Ha. Ha.
Sind das nicht sichre Zeichen. Seht die Kleinen,
Wimmernd im Blute! Die man geschlachtet,
Die man gebraten, die der Vater aß.

ZWEITER GREIS

Wir kennen deinen Ruf als Seherin.
Hör auf. Hier ist der Ort nicht für Propheten.

KASSANDRA

Wehe euch. Wehe. Was sinnt sie nun aus?
Was für neuen entsetzlichen Jammer,
Und finstres Unheil brütet sie dem Haus?
Den Freunden heillos unerträglich Weh.
Und keine Hilfe mehr.

DRITTER GREIS

Was sie jetzt wahrsagt, kann ich nicht verstehen.
Das frühre wohl. Spricht doch das Land davon.

KASSANDRA

Weh Unselige! Führst du's nun aus?
Lockst den Gemahl, der dein Lager teilte,
Zum erquickenden Bad – wer spräch' es zu Ende.
Und doch ist's bald getan. Schon recken Hände,
Reckt sich die Mörderhand.

VIERTER GREIS

Noch kann ich nicht verstehen. Aus dunkeln Rätseln
Verstrickt sie uns in Sprüche, dunkler noch.

KASSANDRA

O Grauen, graunvoll! Was zeigt sich dort!
Garn und höllische Netze.
Und dort, das Beil, ihr Bettgenoß und Helfer
Zum Mord. Und da, des Hauses alt Gespenst
Frohlockt zum gräßlichen Opfer.

CHOR

Dunkel ins Herz zurück tritt mir das Blut,
Stockend, wie dem gefallenen Kämpfer
Mit des versinkenden Lebens Scheinen.
Und rasch und nah der Tod.

KASSANDRA

Wehe. Seht doch! Haltet den Stier!
Weg von der Kuh!
In Tüchern fängt sie falsch den Schwarzgehörnten.
Er stürzt. Er stürzt ins Wasser hin der Wanne.
So versteht ihr den Trug nun des Bads?

CHOR

Kam von den Sehern je Kunde des Heils
Sterblichen Menschen? Von Angst nur und Not
Reden die dunkeln Orakel und wecken
Uns Furcht vor ihrem Spruch.

KASSANDRA

O mein, der Armen, schmerzliches Jammerlos!
Das eigne Leid nun schütt' ich in Klagen hin:
Da mein nichts anderes harrt als mitzusterben,
Wozu hast du mich, Gott, hierhergebracht?

CHOR

Was für ein Wahn verwirrt, was für ein Gott
Treibt dich zu jammern
In dumpfem Leidlied um dein Geschick?
Wie die bräunliche Nachtigall, klagenfroh,
Itys, Itys rufend, ihr gramumblühtes
Leben beklagt.

KASSANDRA

O Los der Sängrin, schmetternde Nachtigall!
In leichte Federn hüllten die Götter dich.
Süß rinnt dein Leben hin in süßer Klage.
Mein harrt der Schlag von doppelschneidigem Beil.

CHOR

Von wannen strömt doch, von welchem Gott,
Wahn dir und Qual,
Daß du mit gräßlichen Lauten
Schreckgesang in hochstimmigen Tönen dröhnst?
Und von wannen ward Kunde des göttlichen Pfads dir,
Prophetische Kunst?

KASSANDRA

O Paris Hochzeit, Fluch aller Lieben du!
Weh des Skamandros heimische Wasser ihr:
An euren Ufern wuchs ich vor Zeiten wohl
Fröhlich empor.
Jetzt sing ich meine Sprüche am Kokytos
Und Acherontischen Gestaden bald.

CHOR

Was sprichst du weiter durchbohrende Worte noch.
Selber ein Kind ja müßt es verstehn.
Mir blutet die Seele vom mördrischen Biß

Deines gräßlichen Jammers um gräßlich Geschick,
Schaurig dem Ohr zu vernehmen.

KASSANDRA

O Nöte, Nöte, der so zertretnen Stadt!
Des Vaters stadtbeschirmende Opfer all
An tausendhäuptig weidender Rinderschar,
Die nicht gefrommt,
Da unsre Stadt doch litt, was sie erlitten.
Und ich – bald klebt mein heißes Blut am Stein.

CHOR

In gleichen Tönen redest du fort.
Ein schlimmer Dämon drängt dich und treibt
Zum Liede der Trauer, zum Liede des Tods.
Und dunkel das Geschick.

KASSANDRA

Wohlan, nun soll mein Spruch nicht mehr verhüllt
Aus Schleiern schauen wie die keusche Braut.
Nein klar und hell, ein kühner Morgensturm,
Soll er der Sonne Strahl entgegenbrausen,
Daß Gischt und Schaum von noch viel herbem Weh
Zum Lichte brande. Nichts von Rätseln mehr.
Doch ihr bezeugt mir, daß unfehlbar ich
Die Spur der alten Frevel ausgewittert.
Denn nimmer weicht aus diesem Haus ein Chor
Eintönigen Mißtons (denn sein Lied ist Fluch),
Und voll und trunken, mehr und mehr berauscht
Vom Menschenblute, schwärmt er im Palast,
Nicht zu verbannen: Der Erinyen Sippe.
Da sitzen sie am Herd und singen sie
Die graue Urschuld und verfluchen wechselnd
Den Schänder, der des Bruders Bett betrat.
Sagt, fehl ich, oder traf ich's? Bin ich eine
Falsche Wahrsagrin, schwärmend Bettelweib?
Verschwört euch doch, daß niemals ihr zuvor
Von dieses Hauses Schuld und Fluch vernommen.

CHOR
    Könnt' solchen Eid nach Wahrheit ich beschwören,
    Was frommt' es uns? Doch wunderbar, daß du,
    Fern überm Meer geboren, fremden Landes
    Schicksale nennst, als hättest du sie erlebt.

KASSANDRA
    Apollo hat die Gabe mir verliehen.

CHOR
    Aus Liebe wohl zu dir, der Sterblichen?

KASSANDRA
    Einst hätte dies Geständnis mich beschämt.

CHOR
    Raum ist im Glücke nur für Zartgefühl.

KASSANDRA
    Er drang und drängte, Glut und Liebe atmend.

CHOR
    Und du gewährtest ihm die letzte Gunst?

KASSANDRA
    Versprach dem Gott sie und betrog ihn dann.

CHOR
    Doch schon mit seiner Seherkunst begabt?

KASSANDRA
    Schon hat ich Ilions Untergang verkündet.

CHOR
    Und wie entgingst dem Zorn des Gottes du?

KASSANDRA
    Mir glaubte niemand mehr seit jener Zeit.

CHOR
    Wir glauben nur zu sehr an deine Sprüche.

KASSANDRA
    Gott. Gott.
    Schon dreht mich wieder der Begeisterung Wut
    In fürchterlichen Wirbeln. Weh mir. Wehe!
    Seht ihr, dort kauern auf dem Hause sie,
    Die Kleinen, seht, wie fahle Traumgebilde,

Die Kinder, die des Vaters Bruder schlug,
Ihr eignes Fleisch zum grausen Mahl in Händen,
Gekrös und Leber – fürchterliche Last –
Zur Schau gestellt, davon der Vater aß.
Für die sinnt Rache jetzt dem heimgekehrten
Krieger ein feiger Löwe, der zu Haus
Sich auf dem Lager wälzte. Weh mir. Wehe!
Und er, der Heerfürst, Ilions Zertrümmrer,
Er kennt der geilen Hündin Zunge nicht,
Die wedelnd ihm die Hand geleckt und lächelnd
Und tückisch, wie das Schicksal, ihn verdirbt.
Welch gräßlich Unterfangen: Seinen Gatten
Erschlägt das Weib. Wie nenn das Untier ich?
Heiß ich sie Natter, heiß ich Skylla sie,
Die in den Klippen haust, Verderb den Schiffern,
Ja Höllenmutter, unbarmherzigen Mord
Den Liebsten schnaubend. Hat sie nicht gejauchzt
Grad wie ein Krieger bei des Kampfes Wende?
Ihr nahmt's für frohen Heimkehrjubel nur.
Ihr glaubt mir nicht. Was ändert's. Das Verhängnis
Schreitet heran. Bald werdet jammernd ihr
Nur allzuwahr die Prophezeiung heißen.

CHORFÜHRER

Thyestes Mahl von eigner Kinder Fleisch
Verstand ich und erschauerte, entsetzt,
Die Wahrheit ohne Hüllen zu vernehmen.
Zu allem andern fehlt der Schlüssel mir.

KASSANDRA

Des Agamemnon Tod verkünd ich euch.

CHORFÜHRER

Verhüt es Gott. Unselige, welch ein Wort.

KASSANDRA

Ein Wort, das auch kein Gott verhüten wird.

ERSTER GREIS

Wenn es erfüllt. Doch nie wird sichs erfüllen.

KASSANDRA

Ihr denkt an Beten. Drinn' denkt man an Mord.

ZWEITER GREIS

Durch wessen Hand soll solche Tat geschehn?

KASSANDRA

So habt ihr meine Sprüche nicht verstanden?

DRITTER GREIS

Die Tat verstand ich wohl, doch nicht den Täter.

KASSANDRA

Und dennoch red ich der Hellenen Sprache.

VIERTER GREIS

Wie die Orakel, die doch dunkel sind.

KASSANDRA

Ah. Ah. Wie Feuer brennts. Das Fieber faßt mich.
Weh. Weh, Apollon. Wehe dir und mir.
Da ist die Löwin, die vom Wolfe sich
Beschlafen ließ, derweil der Löwe fern war.
Sie bringt mich Arme um. In ihren Trank
Wird, Hexe sie, auch meinen Tod verrühren.
Sie wetzt dem Mann das Schwert und wird noch prahlen,
Dies sei der Lohn, weil er mich hergebracht.
– Was trag ich noch zum Hohn mir diese Dinge:
Den Stab, die Priesterbinden um die Stirn?
Ich will euch, eh das Ende naht, zertreten.
Fort, weg von mir! Und dies mein letztes Wünschen:
Seid einer andern noch zu Schmuck und Fluch!
Seht her. Apollon selbst tut von mir ab
Das priesterliche Kleid. Er sah ja lange
In diesem Schmuck von Freunden und von Feinden
Einmütig mich verlästert und gehöhnt,
Wahnsinnige gescholten, Bettlerin,
Und arm, verfolgt und hungernd – ich ertrug es.
Jetzt hat der Seher mich, die Sehende
Dem tödlichen Geschicke zugeführt.
Statt heimischen Altars wird mir der Block,

Darauf als Opfer ich geschlachtet werde.
Doch sterbe ich fürwahr nicht ungesühnt:
Es wird, Vergelter auch für mich, erscheinen
Der Muttertöter, der den Vater rächt.
Der heimatferne Flüchtling naht und wird
Des Hauses Frevel bis zum höchsten führen.
Schon gilt der Götter großer Eid. Es ruft ihn
Des toten Vaters ausgereckter Arm.
– Wozu mein weichlich Jammern, da ich doch
Mit angeschaut, wie Ilion geschehen,
Was ihm geschah, und wie der Veste Volk
Ganz ausgerottet ward, nach Götterratschluß!
*Sie steigt jetzt erst vom Wagen und macht einige Schritte gegen den
Palast zu.*
So geh auch ich dem Tode zu. Ich grüße
Dies Tor, das mir das Tor zur Unterwelt.
Nun fleh ich nur um einen guten Schlag,
Daß ohne Zuckung ich im leichten Flusse
Des Lebensbluts das Auge schließen mag.

CHORFÜHRER
O Weib, so unglückselig du als weise!
Du sprachst genug. Doch wenn so ganz gewiß
Dein Los du kennst, was schreitest wie ein Schlachttier
Ergeben du dem Opfersteine zu?

KASSANDRA
Was hälf Entrinnen, wo die Zeit vollendet.

CHORFÜHRER
Und doch gewinnt, wer eben Zeit gewinnt.

KASSANDRA
Der Tag ist da. Es wär umsonst zu fliehen.

ERSTER GREIS
Dein Mut gerade ists, der dich verdirbt.

KASSANDRA
Des Menschen letzter Trost: ein mutig Sterben.

ZWEITER GREIS
Dies ist die Sprache nicht der Glücklichen.

*Kassandra geht die Stufen zum Palasttor hinauf. Sie hält einen
Augenblick inne.*

KASSANDRA

Weh Vater. Weh, um dich und deine Kinder.

Sie tritt wie von einem plötzlichen Grauen erfaßt von der Türe weg.

ERSTER GREIS

Wovor erschrickst du so und weichst zurück?

KASSANDRA

Ha.

ZWEITER GREIS

Was schreist du so vor Graun und Abscheu auf?

KASSANDRA

Die Halle atmet Mord und Blutgeruch.

DRITTER GREIS

Das ist der Opferduft von den Altären.

KASSANDRA

Ein Odem wie von Gräbern weht mich an.

VIERTER GREIS

Nennst du der Fürstin syrischen Weihrauch so?

KASSANDRA

Es sei. Ich gehe, drin mich auszujammern
Um meinen Herrn und mich. Seis denn getan.
Wendet sich nochmals um.
Ja Freunde!
Nicht beb ich, wie im Laub der Vogel bebt:
Aus Furcht. Ich sterbe. Doch ihr, denkt an mich,
Wenn jenes Weib um mich, das Weib, verröchelt
Und für den Mann ein Mann, der Mörder, sinkt.
Dies sei mein Teil am Gastrecht nach dem Tode.

ERSTER GREIS

Mich schmerzt, Unselige, dein Seherlos.

KASSANDRA

Noch einen Spruch und letzte Totenklage
Heb ich mir an. Beim Abendscheidestrahl
Fleh ich, die Götter mögen, Rächer mir,

Den feigen Schlächtern diesen Mord vergelten,
An einer Sklavin allzuleicht verübt.
O Menschenschicksal! Menschenglück: ein Schatten
Reicht dich zu trüben. Menschenqual: ein Schwamm
Löscht dich wie Schrift auf einer Tafel aus.
Und dies scheint mir weit schmerzlicher denn alles.
Sie tritt in den Palast.

Achte Szene

CHOR

Ward einer jemals am Glücke satt
Der sterblichen Menschen? Wies einer es je
Von der Schwelle des reichen Palastes und rief:
Nicht herein hier, Glück! Nicht herein hier!
Dem gaben die Götter, Ilion zu stürmen,
Priamos Stadt,
Dem schenkten sie gnädig gesegnete Heimkehr.
Und wenn der das Blut der Väter nun büßt,
Mit Tod den Toten die Sühne bezahlt,
Vergossenen Bluts Vergeltung,
Wo leugnet noch einer des Dämons Neid,
Der solches Schicksal vernommen?

STIMME DES AGAMEMNON

aus dem Innern des Palasts.

Sie mordet mich. Ah. Ah. Zu Tod getroffen.

CHORFÜHRER

Seid still. Es schrie jemand, zum Tod verwundet.

STIMME DES AGAMEMNON

halb erstickt.

Mord, Mord! Nun gibt sie mir den zweiten Streich.

ERSTER GREIS

Dem Jammern nach ist alles schon vorüber.

ZWEITER GREIS
Sag jeder rasch, was wir am besten tun.

ERSTER GREIS
Am besten ists, wir schreien's durch die Stadt
Und rufen alle Bürger hier zusammen.

ZWEITER GREIS
Nein, stürmen wir die Tore und erweisen
Die frische Tat am noch gezückten Schwert.

DRITTER GREIS
Gewiß. Das nächste ist, wir müssen rasch
Und schleunig handeln. Nur nicht zaudern jetzt.

VIERTER GREIS
Wie klar: Dies ist der erste Schritt, das Banner
Der Tyrannei in Argos zu erheben.

FÜNFTER GREIS
Schon säumt ihr. Die da drin sind tätig jetzt
Und treten unser Zaudern dann mit Füßen.

SECHSTER GREIS
Ich weiß nicht was ich raten soll. Wer handelt,
Muß auch zuvor erwägen, was er tut.

SIEBENTER GREIS
Bedenken wirs. Denn ist der König tot,
So werden wir mit Worten ihn nicht wecken.

ACHTER GREIS
So sollen feig wir unser Dasein schleppen
Und herrschen lassen, die das Haus geschändet?

NEUNTER GREIS
Nein. Unerträglich. Lieber sterben wir.
Besser als solche Herrschaft ist der Tod.

ZEHNTER GREIS
Sind das Beweise: Stöhnen und ein Schrei,
Daß ihr schon ruft, der König sei erschlagen?

ELFTER GREIS
Eh wir uns so erregen, prüfen wir.
Vermutung ist noch lange nicht Gewißheit.

AGAMEMNON · NEUNTE SZENE 137

ZWÖLFTER GREIS

Dem stimm ich bei. Zuerst ist uns Gebühr,
Zu schauen, wie es um den Fürsten stehe.

Wie sie sich anschicken in den Palast zu dringen, werden die Torflü-
gel weit geöffnet. Auf der Schwelle erscheint Klytaimnestra, das Beil
in der Hand. Im Innern erblickt man die Wanne, das Tuch, den toten
König und die Leiche der Seherin.

Neunte Szene
Klytaimnestra. Chor.

KLYTAIMNESTRA

Von vielem neulich zeitgemäß gesprochnen
Sag ohne Scham ich jetzt das Gegenteil.
Wie kann man Feinden, die sich Freunde nannten,
Zur Antwort ihrer Feindschaft hoch genug
Für jeden Sprung das Netz des Todes spannen!
Der Kampf war wohl und lang vorausbedacht,
So kam auch Sieg zu der gesetzten Zeit.
Hier schlug ich ihn. Hier steh ich, und ich leugne
Die Tat nicht ab. Und hört, wie sie geschah:
Ein faltig weit Gewand, fast wie ein Netz,
Werf ich ihm um – verhängnisvolles Prunkkleid –,
Daß er den Schlag nicht fliehn noch wehren kann.
Dann treff' ich zweimal ihn, und zweimal stöhnt er
Und streckt die Glieder. Wie er niederliegt,
Geb ich den dritten Schlag ihm noch und weih ihn
Dem unterirdischen Zeus zum Gastgeschenk.
So liegt er da und röchelt und bespritzt
Mit scharfem Blutschaum, den er von sich schnaubt,
Und dunkeln Schauern mich des roten Taus,
Nicht minder mir ersehnt, als linder Regen
Dem Saatfeld, wenn der Keim im Boden schwillt.
– Dies nun ist so. Freut euch ihr Greise deß,

Wenn ihr euch freuen könnt. Mich laßt frohlocken!
Wärs Sitte, einem Toten Freudenopfer
Zu weihn, hier wär es Recht, ja zweimal Recht,
Da er, der uns den Kelch mit vielem Fluch
Zum Rand gefüllt, ihn selber leeren mußte.

CHOR

Wir staunen über deine freche Zunge
Die an des Mannes Leiche sich so rühmt.

KLYTAIMNESTRA

Verflucht mich als ein leicht verschüchtert Weib.
Wohlan, ich sprach es aus mit festem Herzen,
Auf daß ihrs wißt. Und Tadel oder Lob
Verschlägt mir wenig: Dieser, Agamemnon,
Der mir vermählt, starb hier von meiner Hand
In rechtlicher Vollstreckung. Dies ist so.

CHOR

Welch entsetzliches Gift, o Weib,
Lieh dir der Erdschoß!
Hast aus dem Schaum du des Meeres geschöpft,
Daß solcher Wut du verfielst und der Menschen Fluch,
Schändend du, mordend du? Flieh aus der Stadt, verbannt,
Haß und Greuel den Bürgern!

KLYTAIMNESTRA

Nun sprecht ihr da von Stadtverbannung mir
Und öffentlichem Haß und Fluch des Landes.
Und gegen den hier wißt ihr keine Schuld,
Der leichten Sinns, als wärs nur grad ein Lamm
Aus seinen tausendköpfigen wolligen Herden,
Das eigne Kind, die Frucht von meinen Wehn,
Hinschlachtete für Wind und gutes Wetter?
Möchtet ihr den nicht aus dem Land verbannen,
Zum Lohn der Untat? Wie gestrenge Richter
Seid ihr gerade mir! Ich sage euch
– Und drohen kann ich auch, so gut wie ihr –:
Erst überwindet mich, und dann befehlt!

Doch wenn es umgekehrt ein Gott verhängte,
Lernt ihr gewiß mir noch Besonnenheit.

CHOR

Wie du dich brüstest,
Weib, mit Worten des Übermuts:
Von dem vergossenen Blut rast noch dein Geist,
Über den Brauen noch glänzen dir Tropfen Bluts,
Unbereut, ungesühnt. Einst aller Freunde bar,
Büßest du Schlag noch mit Schlag.

KLYTAIMNESTRA

Ich denke, Furcht soll diesem Haus nicht nahen,
So lang mir noch des Herdes Flamme schürt
Aigisthos, mir wie bisher wohlgesinnt,
Und kein geringer Schild für meinen Mut.
Vernimm denn meinen feierlichen Schwur
Bei allen Rächern meines Kindes, Dike,
Ate, Erinys, denen dieser fiel –:
Sie hebt das Tuch von der Leiche.
Da liegt er, dieses toten Weibes Schänder,
Der Chryseiden Buhlgesell vor Troja.
Da liegt auch die gefangne Seherin.
Seht! Seine Kebse, das Prophetenweib,
Die, treue Bettgenossin, selbst das Schiffsdeck
Mit ihm geteilt – bei Gott, nicht ungestraft.
Da liegt sie, die nach Schwanenart zuletzt
Noch eine Totenklage sich gesungen,
Sein Liebchen, das er selbst mir zugeführt,
Ein üppig Beigericht zu meiner Lust.

ERSTER HALBCHOR

Weh uns, käm doch der Tod
Schmerzlos und rasch und ersparend
Schleppenden Siechtums Last.

ZWEITER HALBCHOR

Brächt uns unendlichen Schlaf,
Ewigen, da dieser Stadt

Treuester Hüter im Staub liegt,
Der die Kriegsnot trug um des Weibes willen
Und vom Weib das Leben verlor.

KLYTAIMNESTRA

Nicht wünschet das Los euch des Todes herab,
Durch solches gebeugt.
Und wollet die Schuld nicht auf Helena häufen,
Als habe allein sie die Seelen verderbt
Der vielen achaischen Männer, dem Land
Unsagbaren Jammer bereitend.

CHOR

tritt um die Leiche des Königs.
Mein König und Herr, wie wein ich um dich!
Aus liebendem Herzen wie sag ich die Klagen!
In Fäden und Netzen
Der häßlichen Spinne liegst du verstrickt,
Gräßlich erschlagen.

ERSTER HALBCHOR

Oh Erde, decktest du Erde mich,
Eh diesen ich sehn muß, im silbergetriebnen
Sarge gebahrt.

ZWEITER HALBCHOR

Wer bringt zu Grab ihn und wer beklagt ihn!
Willst du es tun, Weib, die ihn erwürgt hat?
Willst du den Toten jetzt mit Jammern ehren,
Mit falschem Liebeswerke die grausen
Taten beschönend?

KLYTAIMNESTRA

Ich hab ihn gefällt. Ich hab ihn erschlagen.
Ich werd ihn begraben. Was gehts dich an?
Jammern freilich wird keiner um ihn.
Nur Iphigeneia, sein Töchterchen, wird,
Froh wie sichs ziemt,
Den Vater begrüßen an der strömenden Furt
Des Acheron, um den Hals die kindlichen
Arme ihm schlingend.

CHOR

Weh. Weh.
Wie wein ich um dich, mein König und Herr!
Aus liebendem Herzen wie sag ich die Klagen!
In Fäden und Netzen
Der häßlichen Spinne liegst du verstrickt,
Gräßlich erschlagen.
Aigisthos mit bewaffnetem Gefolge von rechts.

Zehnte Szene
Aigisthos. Chor. Klytaimnestra.

AIGISTHOS

O holder Lichtglanz du des Rachetags!
Nun freilich glaub ichs, daß die Götter droben
Hochher der Menschen Schuld und Greuel schaun,
Da ich von der Erinyen Kleid verhangen
Den Mann da liegen sehe, mir zur Lust
Die väterlichen Missetaten büßend.
Denn sein Erzeuger, Atreus, damals Fürst
In Argos, trieb Thyestes, meinen Vater,
Der doch sein Bruder war, von Haus und Land
Aus Eifersucht um Macht und Königtum.
Als später, heimgekehrt, am Hausaltar
Schutz suchte der unselige Thyestes,
Ward ihm erspart, mit seinem Blut der Heimat
Boden zu färben. Aber dieses Manns
Verruchter Vater bot mehr eifrig ihm
Als freundlich Gastschaft, wie zum Heimkehrfest
Das Fleisch der eignen Kinder ihm bereitend.
Die Füßchen nämlich und gezackten Hände
Verbarg er unter andrem Fleisch verteilt,
Das weniger kenntlich. Und der ißt davon,
Arglos, zum Fluche einem ganzen Stamm.

Dann, wie er das Entsetzliche erkannt,
Schlägt er zu Boden hin und würgt den Mord
Mit Heulen von sich, Pelops Haus und den
Entweihten Tisch mit schwerem Fluch verfluchend.
Drum seht ihr diesen Mann jetzt hingestreckt
Und mich als seines Mords gerechten Werker.
Denn er verjagt' mich, da ich noch in Windeln
Getragen ward, des Vaters dreizehnt Kind.
Erwachsen, hat mich Dike heimgeführt,
Und ich hab ihn ereilt, aus sichrer Ferne
Des ganzen Anschlags Knoten für ihn schürzend.
Nun sterb ich gerne, da ich diesen hier
Gefangen seh in der Vergeltung Stricken.

CHORFÜHRER

Verächtlich ist Hochmut bei schlechter Tat.
Doch wenn du zugibst, daß du ihn gemeuchelt
Und ausgeheckt den jammervollen Mord,
So, mein ich, wirst du schwer im Volksgericht
Dir Fluch und Steinigung vom Haupte wehren.

AIGISTHOS

Nun drohst du, unten tief beim Ruder hockend,
Mir, der am Steuer doch das Schiff regiert.
Ihr alle sollt mir spüren, wie es tut,
Im späten Alter noch Vernunft zu lernen.
Ja, auch für euer Greisentum sind Hunger
Und Ketten auserlesene Wunderärzte.
Seid ihr denn sehend blind? Ich sag euch: löcket
Gegen den Stachel nicht. Es reut euch sonst!

ERSTER GREIS

zu Klytaimnestra.

Und du, Weib, die du heimgekehrten Streitern
Auflauerst, deines Ehbetts Schänderin,
Hast dir den Mann, den Feldherrn uns erschlagen!

AIGISTHOS

Auch diese Worte werden dir noch Heulen

AGAMEMNON · ZEHNTE SZENE

Eintragen. Denn von Orpheus bist du völlig
Das Gegenteil. Er riß mit Lied und Worten
Die Menschen hin. Du wirst von deinem Bellen
Selbst fortgerissen. Doch bald zähm ich dich.

ZWEITER GREIS
Du also willst nun Herr in Argos sein!
Und warst zu feig, du, der den Mord gestiftet,
Mit deiner eignen Hand den Schlag zu tun.

AIGISTHOS
Das Trugwerk kam von selbst dem Weibe zu.
Ich war als alter Feind ihm ja verdächtig.
Mit seinen Schätzen aber herrsch ich wohl
Über euch alle. Wer mir nicht gehorcht,
Den will so schwer ich zäumen wie ein wild
Und ungebärdig Füllen, und der Hunger,
Mit Dunkelheit vereint, macht bald ihn weich.

ERSTER GREIS
Warum hast du Feigherziger den Fürsten
Nicht selbst erschlagen, sondern dieses Weib,
Des Landes Aussatz und der Götter Greul,
Mußt ihn dir töten? Doch Orestes lebt
Und kehrt dereinst mit göttlichem Geleit,
Ein schauerlicher Rächer euch erscheinend.

AIGISTHOS
Von dem Bekenntnis schau jetzt gleich die Frucht.
Auf denn, ihr Lanzenträger, tut das Werk!

CHORFÜHRER
Ihr Freunde auf und fest das Schwert gefaßt.

AIGISTHOS
Das meine schwing ich, furchtlos vor dem Tod.

ZWEITER GREIS
Wohl nennst den Tod du. Nun entscheide Schicksal.
*Sie dringen auf Aigisthos ein, den sein Gefolge umringt hat. Kly-
taimnestra tritt zwischen die Kämpfenden.*

KLYTAIMNESTRA

Liebster, bereit uns neue Übel nicht!
Was schon an Leid geschah, ist reiche Ernte.
Genug des Jammers nun, genug des Bluts.
Geht denn, ihr Greise, heim zu eurem Herd,
Eh Unheil folgt. Heißt wohl, was hier geschehn.
Wär dies der Übel letztes, trüg ichs willig!

AIGISTHOS

So sollen die hier straflos freche Worte,
Dem Schicksal trotzend, mir entgegenspein?

KLYTAIMNESTRA

zum Chor.

Der Klugheit fehltet ihr und eurem Herrn!

ERSTER GREIS

Kroch man in Argos vor dem Feigling je?

AIGISTHOS

von Klytaimnestra zurückgedrängt.

Ich werd euch später noch zu packen wissen.

ZWEITER GREIS

Nicht wenn Orestes in die Heimat kehrt.

AIGISTHOS

Hoffnung, ich weiß, ist der Verbannten Speise.

DRITTER GREIS

Ja schalte, prasse, schände! Noch ist's Zeit.

AIGISTHOS

schon unter der Palasttür.

Merkts euch, die Torheit zahl ich schwer euch heim.

VIERTER GREIS

Blähe dich auf: ein Hahn bei seiner Henne!

KLYTAIMNESTRA

zu Aigisthos.

Hör nicht ihr töricht Bellen. Ich und du
Werden vereint fortan dies Haus bestellen.
Sie führt ihn ins Innere des Palasts.

SOPHOKLES
KÖNIG ÖDIPUS

ca. 427 v. Chr.

Personen: ÖDIPUS · PRIESTER · KREON · TEIRESIAS · IOKASTE · MANN
VON KORINTH · HIRTE · DIENER · CHOR der Ältesten von Theben · EIN
ÄLTESTER als Führer des Chors · Die beiden Töchter des Ödipus

Prolog

*In Theben vor dem Haus des Königs. Dort ein Altar des Apollon. Es ist
früher Morgen. – Von der Seite ein Zug von Kindern, Männern, Greisen. Sie halten mit weißen Binden umwundene Öl- und Lorbeerzweige
in den Händen, legen einige auf den Altar und setzen sich mit gebeugten
Häuptern an ihm nieder. Aus dem Hause Ödipus.*

ÖDIPUS
Kinder! Kadmos', des alten, neu Geschlecht!
Was sitzt ihr flehend mir in dieser Stellung,
Mit dem Gezweig des Schutzbedürftigen bekränzt?
Auch ist die Stadt von Weihrauch angefüllt,
Von Sühngesängen und von Weheruf.
Dies hielt ich nicht für recht, von Boten, Kinder,
Von andren nur zu hören, und kam selbst hierher:
Vor allen der Berühmte, Ödipus, genannt. –
Doch, Alter! sage – denn du bist der Rechte,
Für diese da zu sprechen –: was ist mit euch?
Fürchtet oder begehrt ihr etwas? Wollt
Ich Hilfe schaffen doch für alles! Fühllos wär ich,

Hätt ich Erbarmen nicht mit solchem Flehen.

PRIESTER

Nun, Herrscher meines Landes, Ödipus!
Du siehst, wie wir von jedem Alter hier
An deinen Stufen sitzen: *diese* noch
Nicht stark, um weit zu fliegen, *die* beschwert
Vom Alter: Priester – ich des Zeus – und *die* erwählt
Aus Jünglingen. Das andre Volk, bekränzt mit Zweigen,
Sitzt an den Märkten und der Pallas beiden
Tempeln und des Ismenos wahrsagender Glut.
Die Stadt, wie du auch selber siehst, schwankt schon zu sehr
Im Wogengang und kann nicht mehr erheben
Das Haupt vom Grund des blutigen Gewogs:
Hinsterbend mit den fruchtbergenden Kelchen
Des Lands, hinsterbend mit den Herden
Weidender Rinder und Geburten,
Fruchtlosen, von den Frauen; und herein
Schwer fuhr der feuertragende, der Gott, und jagt –
Die Pest, die grimmigste – die Stadt, wodurch
Sich leert das Haus des Kadmos und der schwarze
Hades an Wehgeschrei und Grabgesängen reich wird. –
Nun achten wir dich zwar nicht Göttern gleich,
Ich noch auch diese Kinder, daß wir dir am Herde sitzen,
Doch für der Männer Ersten in des Lebens
Zufällen wie im Umgang mit den höhern Mächten.
Du kamst und löstest Kadmos' Stadt vom Zins,
Den wir der strengen Sängerin, der Sphinx, gebracht,
Und das, obwohl von uns dir weiter keine Kunde
Noch Unterweisung wurde: nur durch Zutun Gottes –
So sagt und glaubt man – habest du das Leben
Uns aufgerichtet. – Drum auch jetzt,
O Haupt vor allen stärkstes du des Ödipus!
Flehen wir alle diese zu dir hingewendet:
Find einen Schutz uns, ob du ihn von einem
Der Götter, eine Stimme hörend, ob

Du ihn von irgendeinem Manne weißt.
Seh ich doch, wie auch der erteilte Rat
Für den Erfahrenen sich erst belebt. –
Komm, Bester du der Sterblichen! richt wieder auf
Die Stadt! Komm, sieh dich vor: es nennt dich heut
Dies Land den Retter, deines frühren Eifers wegen.
Daß es von deiner Herrschaft niemals heißen möge:
Wir standen auf durch sie und fielen wieder.
Errichte neu die Stadt auf sicherem Grund!
Mit Vögeln, welche glücklich flogen, brachtest
Du uns das Heil auch damals: sei auch jetzt der Gleiche!
Denn willst du herrschen über dieses Land,
So wie du die Gewalt hast: schöner dann,
Mit Männern statt im leeren Land
Gewaltig sein! Nichts ist die Burg, das Schiff,
Verlassen: wenn nicht Männer drinnen mit dir wohnen!

ÖDIPUS

Kinder, erbarmungswürdige! Bekannt,
Nicht unbekannt ist mir, was ihr begehrt,
Daß ihr hierher gekommen. Denn ich weiß es wohl:
Krank seid ihr alle, aber krankt ihr auch – wie ich
Ist keines unter euch, das gleichermaßen krankte.
Denn euer Schmerz geht je nur auf den Einen
Für sich allein und keinen andern. Meine Seele
Klagt um die Stadt und mich und dich zugleich.
Drum weckt ihr mich auch nicht vom Schlaf, in dem ich
                                                    schlief,
Nein, wißt: schon viel hab ich geweint und viele Wege
Gegangen bin ich in den Umtrieben der Sorge.
Was ich jedoch, gut Umschau haltend, einzig
Als Heilung habe finden können, das
Hab ich ins Werk gesetzt: Menoikeus' Sohn,
Kreon, den eignen Schwager, sandte ich
Nach Pytho zu des Phoibos Häusern, nachzufragen,
Was ich verrichten oder was ich sprechen muß,

Um diese Stadt zu retten. Und bereits
Macht mich der Tag, gemessen an der Zeit,
Besorgt, was er nur tun mag? Unwahrscheinlich lang
Bleibt er schon aus, weit über seine Zeit.
Doch kommt er, wär ich schlecht, wenn ich alsdann
Nicht alles täte, was auch offenbaren mag der Gott.

PRIESTER

Allein, aufs schönste fügt sich das! Du sprachst, und gerade
Zeigen mir diese: Kreon schreitet dort heran!

ÖDIPUS

O Herr! Apollon! käm er doch mit irgendeiner
Rettenden Fügung, leuchtend wie mit Segensblick!

PRIESTER

Nun, er muß Gutes bringen! Denn sonst käm er nicht,
Das Haupt so reich bekränzt mit früchteschwerem Lorbeer.

ÖDIPUS

Gleich werden wir es wissen! Nah ist er genug,
Zu hören! –

ruft

Herr! mein Schwager! des Menoikeus Sohn!
Welch einen Spruch des Gottes bringst du uns?

KREON

Guten! Denn auch das Schwere, sag ich, wenn es glückt,
Daß gut es ausgeht: auf das Ganze ist's ein Glück.

ÖDIPUS

Wie aber *ist* das Wort? Nicht zuversichtlich
Noch auch besorgt bin ich soweit nach deiner Rede.

KREON

Willst du es, während die dabeistehn, hören?
Ich bin bereit zu reden, oder auch... hineinzugehn!

ÖDIPUS

Vor *allen* rede! Trag ich doch um diese
Leid, schwerer selbst als um mein eigen Leben.

KREON

So sag ich, was ich von dem Gott gehört!

Weisung erteilt uns Phoibos klar, der Herr:
Man soll des Lands Befleckung, als auf diesem Grund
Genährt, vertreiben, statt unheilbar fortzunähren.

ÖDIPUS

Durch welche Reinigung? welches ist die Art des Falls?

KREON

Durch Ächtung oder Tod gesühnt mit Tod! – Es rufe
Dies Blut das Wetter auf die Stadt herab!

ÖDIPUS

Von welchem Mann bekundet er dies Schicksal?

KREON

Es war bei uns, o Herr, einst Laios König
In diesem Lande, ehe du die Stadt gelenkt...

ÖDIPUS

Ich weiß es wohl, vom Hören, denn ich sah ihn nie.

KREON

Der starb. Und nun befiehlt der Gott uns klar: die Mörder,
Wer sie auch sei'n, zu strafen mit der Hand.

ÖDIPUS

Doch wo zu Lande sind sie? wo sie finden:
Die Spur, die schwer erkennbare, der alten Schuld?

KREON

In diesem Lande, sagt er. Aber suchen muß man,
Dann fängt man. Was man hingehn läßt, entflieht.

ÖDIPUS

War es im Hause oder auf den Feldern? war es
In andrem Land, daß Laios fiel durch diesen Mord?

KREON

Den Gott zu fragen, wie er sagte, zog er aus,
Und kehrte nicht mehr heim, nachdem er aufgebrochen.

ÖDIPUS

Und auch kein Bote, auch kein Wegbegleiter
Sah es, von dem man Kunde ziehn und nutzen konnte?

KREON

Sie starben, bis auf einen, der in Schrecken

Entflohn war und von dem, was er gesehen hatte,
Nichts bis auf Eins mit Wissen sagen konnte.

ÖDIPUS

Was war das? Eins kann vieles zu erfahren geben,
Wenn wir nur einen kleinen Anhalt
Für unsre Mutmaßungen fassen können.

KREON

Räuber, sprach er, erschlugen ihn, die auf sie trafen,
Nicht nur mit Einer Kraft, nein, vielen Händen!

ÖDIPUS

Wie wär ein Räuber – wenn man's nicht mit Geld
Betrieb von *hier*! – zu solcher Tollkühnheit geschritten?

KREON

Das war die Meinung! Doch, da Laios umgekommen,
Stand keiner auf als Rächer in den Übeln.

ÖDIPUS

Welch Übel stand im Weg, da so die Herrschaft
Gefallen war, und hinderte, dies aufzuspüren?

KREON

Die Sphinx mit ihrem scheckigen Gesang:
Die brachte uns dazu, auf das vor unsern Füßen
Zu schaun und gehn zu lassen, was im Dunkeln lag.

ÖDIPUS

Nun denn! Von Grund auf werde *ich* es abermals
Aufklären! Recht hat Phoibos, recht hast du
Für den Gestorbenen diese Sorge aufgewandt!
Und also sollt ihr, wie mir's zukommt, auch in mir
Den Kampfgenossen sehn, der diesem Land
Die Sühne schaffen wird wie auch dem Gott.
Nicht fernen Anverwandten nur zuliebe,
Selbst von mir selbst werd ich zerstreuen diesen Flecken!
Denn wer's auch war, der jenen schlug: er will vielleicht
Auch mich mit solcher Hand es büßen lassen!
Steh ich dem Toten also bei, nütz ich mir selbst.
Doch, Kinder, schnell! steht von den Stufen auf

KÖNIG ÖDIPUS · ERSTER AUFTRITT

Und nehmt mit euch hinweg dies Bittgezweig!
Ein anderer berufe Kadmos' Volk hierher!
Denn alles will ich tun! Entweder glücklich
Erweisen wir uns mit dem Gott, oder wir stürzen!

PRIESTER

Ihr Kinder! steh'n wir auf! Denn darum kamen
Wir her, was dieser Mann uns nun von selbst verheißt.
Mag Phoibos aber, der gesandt hat diese Sprüche,
Als Retter kommen und der Krankheit Arzt!

Erster Auftritt

Einzugslied

CHOR

O du des Zeus hold redende Stimme!
Wer bist du, die von der goldreichen
Pytho zur glänzenden Thebe gekommen? –
Ausgespannt bin ich, im furchtsamen Sinn vor Ängsten
                                    bebend,
Nothelfer! Delischer Paian! heilig vor dir bangend:
Welch eine – sei es eine neue, sei es
Eine mit umlaufenden Zeiten wieder
Heraufgekommene Schuld wirst du an mir vollenden?
Sage es mir! o Kind der goldenen, der Hoffnung,
Unsterbliche Stimme!

Zuerst dich rufend, Tochter des Zeus! Unsterbliche! Athene!
Und die Landesschirmerin, die Schwester
Artemis, die den gerundeten, des Marktes Stuhl, die
                                    Ruhmreiche, besitzt,
Und Phoibos, den Ferntreffer – ioh!
Ihr drei Todwehrenden, erscheint mir!
Wenn ihr denn jemals auch in früherem Verderben,

Das sich erhoben über die Stadt,
Aus dem Lande hinausgeschafft die Flamme des Leidens:
kommt auch jetzt!
O weh! denn zahllos trag ich Leiden.
Mir krankt die ganze Heerschar, und zur Hand
Kein Schwert des Denkens, womit man sich wehre.
Denn was entkeimt dem herrlichen Land,
Wächst nicht, und nicht mit Geburten
Aus wehevollen Mühsalen erstehn die Weiber.
Doch einen über den andern kannst du sehen
Gleich wohlgeflügelten Vögeln, gewaltiger
Als unaufhaltsames Feuer sich erheben
Dem Ufer zu des abendlichen Gottes.

An diesen, zahllos, geht die Stadt zugrunde,
Und unbarmherzig liegen ihre Söhne
Am Boden, todverbreitend, unbetrauert.
Darunter Frauen und dabei ergraute Mütter
An dem Gestade der Altäre, hier und dort,
In bitteren Mühsalen Schutz erflehend,
Erheben das Wehgeschrei dazu,
Und der Paian glänzt und Weheruf, einfallend.
Davor, o goldene Tochter des Zeus!
Send holdblickende Abwehr!

Und Ares laß, den gierigen, der
Jetzt – statt im Erz der Schilde –
Mich brennt, anrückend von Wehgeschrei umgeben,
Zurückeilenden Laufs den Rücken kehren
Dem Vaterlande, von gutem Wind
Befördert in die große Kammer Amphitrites
Oder den unwirtlichen Hafen,
Die Thrakische Woge! –
Denn am Ende, wenn etwas die Nacht entläßt,
Kommt der Tag darüber her! –

Diesen, o du, der die Gewalten
Der feuertragenden Wetterstrahle lenkt:
O Zeus! Vater! vernicht unter deinem Blitz!
Lykeios! Herr! und deine Geschosse auch
Von der goldgeflochtenen Sehne, wollt ich,
Die unbezwungnen, würden ausgeteilt:
Schützende Helfer! und die zündenden,
Der Artemis Lichtglänze, mit denen sie
Durch Lykische Berge schweift,
Und den mit dem goldenen Stirnband ruf ich,
Benannt nach diesem Lande,
Den Weinäugigen, Bakchos, den Gepriesenen,
Der Mänaden Gefährten,
Daß er komme, brennend,
Bewehrt mit glanzblickender Fackel,
Über ihn, der ehrlos unter Göttern ist, den Gott!

Ödipus ist indessen aus dem Haus gekommen.
ÖDIPUS
Du betest. Aber das, worum du betest –
Wolltest du *meine* Worte hören und
Sie annehmen und Beistand für die Krankheit leisten:
Du fändest Abwehr und Erleichterung von den Übeln.
Ich spreche sie, weil fremd ich dieser Sache,
Fremd bin der Tat. Denn nicht von weither würde
Ich selber spüren, fehlte mir nicht jedes Zeichen.
So aber – da ich erst seit spätrer Zeit
Zu euch als Bürger unter Bürgern zähle –
Geb ich euch allem Volk des Kadmos dieses kund. –
Wer irgend unter euch von Laios,
Labdakos' Sohn, gewisse Kenntnis hat,
Durch welchen Menschen er zu Tod gebracht,
Den heiß ich alles anzuzeigen mir.
Und fürchtet er sich, die Beschuldigung
Gegen sich selber selbst aus sich hervorzuholen:

Ihm widerfährt sonst Unliebsames nichts,
Nur: aus dem Lande geht er, ungeschädigt.
Kennt aber jemand einen andern – auch
Aus einem andern Lande – als den Täter:
Er schweige nicht! Denn die Belohnung
Erfüll ich, und der Dank soll noch hinzugelegt sein! –
Hingegen, wenn ihr schweigt, wenn irgendeiner
Aus Furcht für einen Nächsten oder für sich selbst
Wegschiebt dies mein Gebot: was ich alsdann
Tun werde, dieses sollt ihr von mir hören. –
Den Mann verruf ich, ihn, wer er auch sei:
Daß hier zu Lande, wo ich Macht und Thron besitze,
Keiner ihn aufnehme noch zu ihm rede,
Noch in Gebeten zu den Göttern oder Opfern
Mit ihm Gemeinschaft halte, noch Handwasser reiche:
Stoßen vom Hause solln ihn alle! denn es ist
Dieser uns die Befleckung, wie des Gottes Spruch,
Der Pythische, soeben aufgewiesen mir. –
Ich also will auf solche Weise für den Gott
Wie für den toten Mann zum Kampfgenossen werden.
Ihm aber wünsche ich, der es getan,
Sei er, der Unbekannte, Einer nur, sei er
Mit mehreren im Bund: daß schlimm der Schlimme
Aufreibe sein von allem ausgeschlossenes Leben!
Und wünsche weiter: wär in meinen Häusern
Herdgenoß er geworden, und ich wüßte drum,
Daß mir geschehe, wie ich jenen eben hab geflucht! –
Doch euch befehl ich, dieses alles zu erfüllen
Für mich und für den Gott und dieses Land,
Das fruchtlos so und götterlos verdirbt.
Denn wär die Sache auch *nicht* gottgetrieben,
So unrein durftet ihr's nicht hingehn lassen,
Da euer bester Mann und König fiel:
Vielmehr, ihr mußtet nachforschen! Doch jetzt,
Da mir es zugefallen, daß ich habe

Die Herrschaft, welche jener hatte einst,
Und habe Bett und Weib zu gleicher Saat,
Und an gemeinschaftlichen Kindern uns –
Wenn ihm nicht wär verunglückt das Geschlecht –
Gemeinsam auch Ein Stamm erwachsen wäre;
Doch nun sprang auf sein Haupt das Schicksal nieder –:
Deswegen werd ich dieses wie für meinen Vater
Durchkämpfen und auf alles gehn,
Suchend, den Täter dieses Mords zu fassen
Für ihn, den Sohn des Labdakos, Sohn Polydors,
Des ehmals Kadmos, des Agenor einst! –
Und welche dieses nicht tun, denen wünsch ich:
Die Götter mögen weder einen Acker ihnen
Aufgehen lassen irgend von dem Land
Noch von den Frauen Kinder: in der Schickung jetzt
Solln sie vergehn und einer grimmigeren noch als dieser! –
Mit uns, den anderen Kadmeern aber,
Die daran wir Gefallen finden, sei
Die Kampfgenossin Dike, seien
Alle zum Guten immerdar die Götter!
Schweigen
Es spricht zögernd der Älteste.

ÄLTESTER

So wie du mich mit Fluch gebunden, Herr, so red ich.
Ich bin der Mörder nicht und kann den Mörder
Nicht zeigen. Jene Frage – nun, an dem,
Der sie gesandt hat, Phoibos, war es, das zu sagen,
Wer's auch gewesen, der die Tat getan.

ÖDIPUS

Du sagst, was recht ist! Aber Götter zwingen,
Wo sie nicht wollen, das vermag auch nicht Ein Mensch.

ÄLTESTER

Dann wüßte ich ein Zweites wohl zu sagen!

ÖDIPUS

Ein Drittes auch! versäume nicht, es vorzubringen!

ÄLTESTER

Ich weiß, es sieht soviel fast wie Apollon,
Der Herr, der Herr Teiresias. Von dem kanns einer,
Der diesem nachforscht, Herr, am sichersten erfahren.

ÖDIPUS

Auch dieses hab ich nicht versäumt, in Werk zu setzen!
Ich sandte nach ihm, auf des Kreon Rat, zwei Boten.
Daß er nicht hier ist, wundert mich schon längst.

ÄLTESTER

Das andre dann sind taube, alte Reden!

ÖDIPUS

Und welche das? ich seh auf jedes Wort!

ÄLTESTER

Man sagt, er fiel durch irgendwelche Wandrer.

ÖDIPUS

Ich hört es auch. Doch der's gesehn hat, den sieht keiner!

ÄLTESTER

Jedoch, hat er nur eine Spur von Furcht und hört
Er diese deine Flüche, hält er dem nicht stand!

ÖDIPUS

Wer nicht die Tat scheut, den schreckt auch kein Wort!

ÄLTESTER

Doch einer ist, der überführt ihn! Diese bringen
Den göttlichen, den Seher, schon herbei,
Dem Wahrheit unter Menschen eingeboren ist allein.

*Teiresias erscheint, von einem Knaben geführt und zwei Männern
begleitet.*

ÖDIPUS

O der du alles fassest, Teiresias!
Sagbares, Unsagbares, Himmlisches
Und auf der Erde Wandelndes! Wenn du die Stadt
Auch nicht erblickst, so weißt du doch, wie sehr
Von Krankheit sie befallen ist, davor in dir
Wir einzig den Beschützer, Herr! und Retter finden.
Denn Phoibos – wenn du's nicht schon hörtest von den

Boten –

Entbot auf unsre Botschaft uns, daß Lösung
Einzig von dieser Krankheit kommen werde,
Wenn wir des Laios Mörder recht erkannt
Und dann sie entweder getötet oder
Als Landesflüchtige vertrieben hätten.
Du nun verweigre nicht der Vögel Spruch
Noch was du sonst an Wegen weißt der Seherkunst!
Hilf du dir selber und der Stadt, hilf mir!
Hilf ab all der Befleckung durch den Toten!
In deinen Händen sind wir. Und daß helfe
Der Mann, soviel er hat und kann, ist schönste Müh!

TEIRESIAS

Weh wehe! Klarsehn: furchtbar, wo es doch
Nicht nützt dem Sehenden! Das wußt ich wohl,
Und ich vergaß es! Sonst wär ich nicht hergekommen!

ÖDIPUS

Was ist? wie mutlos tratest du herein?

TEIRESIAS

Laß mich nach Haus! Am leichtesten trägst du
Dein Teil und ich das *meine*, wenn du auf mich hörst.

ÖDIPUS

Das war nicht recht gesprochen noch als Freund
Der Stadt, die dich genährt: ihr deinen Spruch verweigern!

TEIRESIAS

Seh ich doch, wie auch dir dein Wort nicht recht
Vom Munde geht! – Daß dieses nicht auch mir geschehe –
Will gehen.

ÖDIPUS

Nein! bei den Göttern! wenn du klarsiehst, kehr nicht um!
Wir alle flehen auf den Knien zu dir!

TEIRESIAS

Ihr alle *seht* auch nicht! Doch ich – nein, nie
Enthüll ich meine – nicht zu sagen: deine Übel!

ÖDIPUS

Was sagst du? du weißt es, aber sagst es nicht?

Willst uns preisgeben und die Stadt zugrunde richten?

TEIRESIAS

Ich will mir selbst und dir nicht weh tun! Warum dringst
Du drauf vergebens? Du erfährst es nicht von mir!

ÖDIPUS

Wirst, Schlechtester der Schlechten du – denn eines Steins
Natur selbst brächtest du in Wallung! – endlich reden?
Zeigst du so unerweicht dich? kommt man nicht mit dir zum
Ende?

TEIRESIAS

Du tadelst *meine* Art, doch *sie*, die *dir* beiwohnt,
Mit Fingerzeig auf das Haus
die hast du nicht erkannt, und schiltst auf mich?

ÖDIPUS

Wer sollte nicht erzürnen, solche Reden
Zu hören, womit du jetzt diese Stadt verhöhnst!

TEIRESIAS

Es kommt von selbst, auch wenn ich es mit Schweigen decke!

ÖDIPUS

So hast du, was da kommt, mir auch zu sagen!

TEIRESIAS

Nichts weiter sag ich! und so wüte, wenn
Du willst, im Zorn, und sei's dem wildesten!

ÖDIPUS

Jawohl! und auslassen auch werd ich nichts –
Bin ich im Zorn einmal – was mir da klar wird! Merk, mir
                                                    scheint,
Du hast sie mitgepflanzt, die Tat, wie auch verübt –
Mit Händen nicht gemordet! – aber wärst du sehend,
Die Tat auch: *dir*, sag' ich, gehöre sie allein!

TEIRESIAS

Wirklich? – Ich fordere dich auf, bei dem Gebot,
Das du verkündigt hast, zu bleiben und
Von diesem heutigen Tage an nicht diese
Hier anzureden noch auch mich, weil du

KÖNIG ÖDIPUS · ERSTER AUFTRITT

Es bist: von diesem Land der unreine Beflecker!

ÖDIPUS
So schamlos rührst du auf dies Wort? Und wo
Vermeinst du noch, nach diesem zu entrinnen?

TEIRESIAS
Ich bin entronnen!
Das Wahre nähre ich, und das ist stark!

ÖDIPUS
Von wem belehrt? doch nicht von deiner Kunst?

TEIRESIAS
Von dir! du zwangst mich gegen meinen Willen zu reden!

ÖDIPUS
Welch Wort? sag es noch einmal, daß ich's besser fasse!

TEIRESIAS
Verstandest du's nicht, eh ich weiter rede?

ÖDIPUS
Nicht, um zu sagen: ich begriff's. Noch einmal sprich!

TEIRESIAS
Des Mannes Mörder, sag ich, den du suchst, bist du!

ÖDIPUS
Nicht dir zur Freude kränkst du mich ein zweites Mal!

TEIRESIAS
Sag ich noch mehr, daß du noch mehr erzürnst?

ÖDIPUS
Soviel du willst! ins Leere ist's geredet!

TEIRESIAS
Verborgen, sag ich, lebst du mit den Nächsten
Aufs Schändlichste vereint und siehst nicht, wo du stehst im
Üblen!

ÖDIPUS
Meinst du, du könntest frohgemut so weiter reden?

TEIRESIAS
Sofern noch eine Kraft der Wahrheit ist!

ÖDIPUS
Sie ist! nur nicht in dir! In dir ist diese nicht!

Denn blind bist du an Ohren, an Verstand und Augen!

TEIRESIAS

Und du unselig! der du das an mir verhöhnst,
Womit dich keiner hier gar bald nicht wieder höhnt!

ÖDIPUS

Aus einer einzigen Nacht nur nährst du dich! nie kannst
Du mir noch irgendeinem, der das Licht sieht, schaden!

TEIRESIAS

Es ist dein Los auch nicht, durch mich zu fallen!
Apollon reicht, dem daran liegt, das durchzuführen!

ÖDIPUS

Sind das des Kreon oder deine Erfindungen?

TEIRESIAS

Kreon ist dir keine Schade, sondern du dir selbst!

ÖDIPUS

O Reichtum, Herrschgewalt und Können, über Können
Hinausragend im eiferreichen Leben!
Welch großer Neid wird nicht bei euch gehegt!
Wenn dieser Herrschaft wegen, die die Stadt
Als Gabe, unbegehrt, mir in die Hände legte:
Wenn deretwegen Kreon, der Getreue,
Der Freund von Anbeginn, mich insgeheim
Beschleicht und auszustoßen trachtet, und
Solch einen Zauberer und Ränkespinner vorschickt,
Den listigen Bettelpriester, der für den Gewinn
Sehend allein ist, in der Kunst geboren blind!
Denn komm! sag an: wo hast du dich als Seher
Bewährt? Was hast du, als die Sprüchespinnerin
Hier war, die hündische, nicht irgend etwas
Gesagt, um diese Bürger auszulösen?
Freilich, das Rätsel auszudeuten, war nicht Sache
Des ersten Besten! hier galt's Seherkunst:
Die du, wie sich gezeigt, von keinen Vögeln
Noch von der Götter einem als Erkenntnis hast.
Ich kam daher, der nichts wissende Ödipus,

KÖNIG ÖDIPUS · ERSTER AUFTRITT 161

Und machte stumm sie, weil ich's traf mit meinem Witz,
Von Vögeln nicht belehrt! Und den versuchst
Du auszustoßen, denkst zunächst dem Thron,
Dem Kreontinischen, zu stehn? – In Tränen, denk ich,
Wirst du und er, der dieses angezettelt,
Den ›Unreinen vertreiben‹! Säh ich nicht,
Daß du ein alter Mann bist: leidend solltest
Du es erfahren, wo hinaus du denkst!

ÄLTESTER

Uns scheinen, wenn wir sie vergleichen, seine Reden
Im Zorn gesagt, doch, Ödipus! die deinen auch.
Dergleichen braucht es nicht! Wie wir den Spruch
Des Gotts am besten lösen, darauf seht!

TEIRESIAS

Bist du der Herrscher auch, so muß doch Gleichheit
Bestehn, zumindest um mit Gleichem zu erwidern!
Dazu hab ich auch Macht! Denn dir nicht leb ich
Irgend als Knecht, sondern dem Loxias,
Und werde darum auch nicht unter Kreon
Als Schutzherrn eingeschrieben stehen! –
Ich sage dir, weil du auch meine Blindheit höhntest:
Du schaust umher und siehst nicht, wo du stehst im Üblen,
Nicht, wo du wohnst, und nicht, mit wem du lebst –
Weißt du, von wem du bist? –, und im Verborgnen
Bist du ein Feind den Deinigen da unten
Und oben auf der Erd, und doppelt treffend
Wird von der Mutter und von deinem Vater her
Dich treiben einst aus diesem Land
Mit fürchterlichem Schritt der Eltern Fluch:
Jetzt richtig blickend, aber dann – nur Dunkel!
In deinen Schrei wird welches Ufer nicht,
Welcher Kithairon nicht einstimmen bald,
Wenn du gewahr die Ehe wirst, die hafenlose,
In die im Haus du eingelaufen bist mit guter Fahrt!
Der andern Übel Menge auch gewahrst du nicht,

Die dich gleichstellt mit dir und deinen Kindern! –
Darum bewirf du Kreon nur und meinen Mund
Mit Schmutz! Denn keiner lebt der Sterblichen, der
                                                    schlimmer
Als du wird aufgerieben werden je!

ÖDIPUS

Ist's auszuhalten, das von dem zu hören?
In dein Verderben! schnell! Wirst du nicht wieder
Zurück dich wenden, weg von diesem Haus, und gehn?

TEIRESIAS

Ich wäre nicht gekommen, wenn nicht *du* mich riefst!

ÖDIPUS

Ich wußte wahrlich nicht, daß Närrisches
Du schwätzen würdest! Denn sonst hätt es gute Weile
Gehabt, daß ich zu meinen Häusern dich bestellt!

TEIRESIAS

So sind wir einmal: wie du's ansiehst: närrisch!
Den Eltern, die dich zeugten, schien ich bei Verstand.

ÖDIPUS

Den Eltern, welchen? – Bleibe! Wer hat mich
Hervorgebracht der Sterblichen?

TEIRESIAS

Der heutige Tag
Wird dich hervorbringen und dich vernichten!

ÖDIPUS

Wie alles du zu rätselhaft und dunkel sagst!

TEIRESIAS

Bist du der Beste nicht, um das herauszufinden?

ÖDIPUS

Verhöhne das, worin du mich wirst groß befinden!

TEIRESIAS

Doch hat dich freilich dieses Glück vernichtet!

ÖDIPUS

Doch hab ich diese Stadt gerettet, acht ich's nicht!

TEIRESIAS

Nun denn, so geh ich! und du, Knabe, führ mich fort!

ÖDIPUS

Führ er dich fort! denn hier bist du im Weg,
Lästig! Hebst du dich weg, so peinigst du nicht mehr!

TEIRESIAS

Ich werde gehn, sobald ich *das* gesagt,
Um dessentwillen ich gekommen! Nicht aus Furcht
Vor deinem Angesicht, denn nirgend wirst du mich
vernichten! –
Ich sag dir aber, dieser Mann, den lang
Du suchst, drohend und ausrufend den Mord
An Laios: dieser Mann ist hier! Ein Fremder,
So sagt man, Zugewanderter, doch dann
Wird vollbürtig, Thebaner! er zu Tage treten
Und sich nicht freun der Wendung! Blind
Statt sehend, Bettler anstatt reich: ins fremde Land,
Vortastend mit dem Stabe, wird er wandern!
Es wird zu Tage treten: mit den eignen Kindern
Lebt er zusammen, der gleiche Mann:
Bruder und Vater, von dem Weib,
Dem er entsprossen, Sohn und Gatte, und des Vaters
Ehegenoß und Mörder! – Und nun geh hinein!
Denke darüber nach, und fassest du mich, daß
Ich unwahr sprach, so sage man hinfort, daß ich
Verstand nicht habe in der Seherkunst!
Der Seher geht. Ödipus ins Haus.

CHOR

Wer ist's, von dem der weissagende,
Der Delphische gesprochen, der Felsen, daß er
Des Unsagbaren Unsagbares
Vollbracht mit blutigen Händen? –
Zeit für ihn, daß er kräftiger
Als stürmische Rosse
Zur Flucht den Fuß bewege!

Denn in Waffen springt auf ihn herein
Mit Feuer und Wetterstrahlen
Zeus' Sohn, und die furchtbaren kommen mit,
Die unentrinnbaren Keren.

Denn es strahlte, jüngst erschienen vom beschneiten
Parnaß, ein Ruf, daß nach dem unbekannten Mann ein jeder
spüre.
Denn er irrt umher unter wildem Gehölz,
Hinan die Höhlen und die Klippen
Gleich einem Stier,
Elend mit elendem Fuß, verlassen,
Suchend, den Sprüchen zu entrinnen
Des Nabels in der Erdmitte, aber allzeit
Lebendig fliegen sie um ihn.

Furchtbares zwar, Furchtbares
Stört auf der weise Vogelschauer,
Weder zu glauben noch abzuweisen,
Und was ich sagen soll, weiß ich nicht.
Ich fliege auf in Ängsten, sehe weder
Was jetzt ist, noch das Kommende.
Denn was den Labdakiden und
Dem Sohn des Polybos miteinander
Für Streit bestanden, davon habe
Ich weder vormals noch auch heut erfahren,
Daß ich daher mit Prüfung prüfend
Anginge gegen den Ruf im Volk
Des Ödipus: den Labdakiden
Ein Rächer der verborgenen Tode.
Zwar, Zeus und Apollon sind einsichtsvoll
Und in Dingen der Sterblichen wissend.
Daß aber unter Männern
Ein Seher mehr soll gelten als ich,
Ist nicht ein wahres Urteil.

KÖNIG ÖDIPUS · ZWEITER AUFTRITT 165

Mit Klugheit mag Klugheit
Überholen ein Mann.
Doch niemals werd ich für mein Teil –
Eh ich gesehen ein grades Wort! –
Wenn man ihn beschuldigt, beistimmen!
Vor aller Augen kam auf ihn
Einst die geflügelte Jungfrau,
Und weise ward er erfunden und hold
Der Stadt in der Prüfung. Darum wird,
Nach meinem Sinn,
Er nie für schuldig befunden werden eines Schlimmen.

Zweiter Auftritt

KREON
Ihr Männer! Bürger! Schlimmer Dinge, hör ich,
Beschuldigt mich der Herrscher Ödipus,
Und bin gekommen: ich ertrag es nicht!
Denn wenn er meint, daß jetzt in dieser Not
Von mir in Worten oder Werken
Ihm etwas angetan sei, das zu Schaden bringt,
So habe ich nach einem langwährenden Leben
Mit diesem Ruf, wahrhaftig, kein Verlangen!
Nicht einfach nur stellt sich für mich der Schaden
Von dem Gerede: auf das Größte geht es,
Wenn ich ein Schurke in der Stadt, ein Schurke
Vor dir und vor den Freunden heißen soll!
ÄLTESTER
Wohl kam's zu diesem Vorwurf, doch vielleicht
Mehr aus dem Zwang des Zornes als des Geistes Meinung.
KREON
Das Wort jedoch, es *fiel*, daß *meinem* Rate
Folgend der Seher seine Sprüche fälschlich sprach?
ÄLTESTER
Laut wurde das, doch weiß ich nicht, in welchem Sinn.

KREON

    Und graden Auges und aus gradem Geiste

    Erhob man diesen Vorwurf gegen mich?

ÄLTESTER

    Ich weiß nicht. Was die Herren tun, ich seh es nicht.

    Doch kommt er eben selbst dort aus dem Haus.

ÖDIPUS

    Ah du! – Wie kommst du her? Hast du so frech

    Ein Angesicht, mir vor das Haus zu kommen?

    Du Mörder *dieses Mannes* offenbar

    Zeigt auf sich

    Und klarer Räuber meiner Herrschaft!

    Sprich! bei den Göttern! Welche Feigheit oder Torheit

    Hast du an mir gesehen, daß du das

    Zu tun gedacht? Daß ich die Tat nicht merkte,

    Diese mit List von dir heranschleichende, oder

    Sie merkte, aber mich nicht wehrte? – Ist nicht töricht

    Dein Unterfangen, ohne Volk und Freunde

    Die Königsherrschaft zu erjagen – was

    Allein durch Volk und Geld erobert wird?

KREON

    Weißt du, was tun? Auf das Gesagte gib

    Auch mir Gehör! Dann richte, wenn du selbst vernommen.

ÖDIPUS

    Im Reden bist du stark. Doch hör ich schlecht –

    Bei dir! den ich als meinen Feind und mir gefährlich hab

                                            erfunden.

KREON

    Grad dieses hör jetzt erst von mir, wie ich es sage!

ÖDIPUS

    Grad dieses sag mir nicht: du wärst nicht schlecht!

KREON

    Wenn du vermeinst, es sei der Eigensinn,

    Bar der Vernunft, ein Gut, denkst du nicht recht!

ÖDIPUS

Wenn du vermeinst, du könntest an dem Anverwandten
Schlimm handeln ungestraft, so denkst du schlecht!

KREON

Ich stimm dir bei: du sprichst, was recht ist. Aber sage:
Was, meinst du, ist dir Schlimmes denn geschehn?

ÖDIPUS

Rietst oder rietst du nicht: notwendig sei es,
Nach dem erhabnen Seher jemanden zu schicken?

KREON

Und steh noch jetzt zu diesem meinem Rat!

ÖDIPUS

Wie lange Zeit nun ist es schon, daß Laios –

KREON

Was denn getan hat? ich verstehe nicht –

ÖDIPUS

Unbemerkt fiel durch tödliche Gewalt?

KREON

Lang und weither bemessen sich die Zeiten!

ÖDIPUS

War damals dieser Seher schon am Werk?

KREON

Weise nicht minder und gleich hoch geehrt.

ÖDIPUS

Hat je er mich erwähnt in jener Zeit?

KREON

Nicht jedenfalls, wenn ich dabeigestanden.

ÖDIPUS

Doch keine Fahndung um den Toten unternahmt ihr?

KREON

Wir unternahmen sie! wie nicht? Doch hörten nicht –

ÖDIPUS

Was hat das damals dieser Weise nicht gesagt?

KREON

Ich weiß nicht! und wo ich nicht klarseh, schweig ich lieber!

ÖDIPUS
Doch soviel weißt und kannst du sagen, sehr klar sehend –
KREON
Nun, was? Wenn ich es weiß, so leugn' ich nicht!
ÖDIPUS
Daß, wäre er mit dir nicht übereingekommen,
Er nie des Laios Untergang *mein* Werk genannt!
KREON
Sagt er das, weißt du's selbst! – Doch nun will ich
Dich ebenso befragen, wie auch du mich jetzt!
ÖDIPUS
Frag zu! Als Mörder wird man mich nicht fangen!
KREON
Nun! du hast meine Schwester doch zur Frau?
ÖDIPUS
Nicht zu bestreiten ist, wonach du fragst!
KREON
Du herrschst mit ihr im Lande gleich zu gleich?
ÖDIPUS
Was sie auch wolle: alles wird von mir besorgt.
KREON
Steh *ich* euch beiden nun nicht gleich als Dritter?
ÖDIPUS
Und hierin eben zeigst du dich als falscher Freund!
KREON
Nicht so! wenn du dir Rechnung ablegst, so wie ich.
Bedenke erstens dieses! Meinst du, daß ein Mensch
In Angst zu herrschen vorzieht, wenn er ruhig schlafen
Und doch die gleichen Machtvollkommenheiten haben kann?
Ich selber jedenfalls bin für mein Teil
Nicht so geschaffen, daß es mich verlangte,
Herrscher zu *sein*, statt herrscherlich zu *handeln*.
Und so ein jeder, der vernünftig denkt.
Jetzt hab ich alles ohne Furcht von dir.
Herrschte ich selber, müßt ich vieles ungern tun!

Da sollte mir, die Königswürde zu besitzen,
Süßer als Macht und Herrschaft ohne Sorge sein?
Noch bin ich so verwirrt nicht, mir das Schöne
Anders zu wünschen als vereinigt mit Gewinn.
Jetzt bin ich gern gesehn bei allen, jetzt grüßt mich jeder,
Jetzt rufen, die dich nötig haben, mich heraus,
Denn der Erfolg hängt daran für sie ganz allein.
Wie sollte ich das lassen und nach jenem greifen?
Kein Sinn kann schlecht sein, welcher richtig denkt.
Nein, ich bin nicht zum Liebhaber von dieser Denkart
Geschaffen noch auch möcht ich mich mit einem andern,
Der's täte, dessen unterfangen je!
Und den Beweis dafür? Einmal: geh hin nach Pytho
Und frage, ob ich dir das Prophezeite
Nicht klar berichtet. Dann, zum anderen:
Wenn du mich fassest, daß ich mit dem Zeichendeuter
Irgend gemeinsam Rat gepflogen: nicht mit *einer*
Stimme bringst du mich dann zu Tod, nein doppelter:
Der deinen wie der meinigen dazu! –
Doch einseitig, aus unbestimmter Meinung,
Beschuldige mich nicht! So ungerecht
Es ist, den Schlechten ohne Grund für wacker
Zu achten, so den Wackeren für schlecht.
Denn einen edlen Freund verwerfen, gilt für mich
Gleichviel, als täte man es an dem eignen Leben,
Das man am meisten liebt. Doch das erkennst
Du mit der Zeit erst zuverlässig.
Die Zeit allein erweist den rechten Mann.
Den schlechten magst du auch an *einem* Tag erkennen.

ÄLTESTER

Herr! er sprach gut für jeden, der sich vorsieht,
Daß er nicht fällt. Wer schnell denkt, geht nicht sicher.

ÖDIPUS

Wenn einer, der den Anschlag plant im stillen,
Schnell vorgeht, muß ich schnell dagegen planen.

Sitz ich in Ruh und warte, wird sein Spiel
Gemacht sein, und das meine ist verloren!

KREON

Was also wünschst du? aus dem Land mich auszutreiben?

ÖDIPUS

Nein! sterben sollst du, nicht verbannt sein nur: das will ich!

KREON

Du redest unnachgiebig? willst nicht Glauben schenken?

ÖDIPUS

Ein Beispiel gibst du erst, welch Ding der Neid ist!

KREON

Ich sehe, du bist nicht bei Sinnen!

ÖDIPUS

Für mich schon!

KREON

Doch gleicherweise solltest du's für mich!

ÖDIPUS

Nein, du bist schlecht!

KREON

Jedoch wenn du nichts einsiehst?

ÖDIPUS

Muß geherrscht doch sein!

KREON

Nicht, wenn man schlecht herrscht!

ÖDIPUS

Hör es! o Stadt! Stadt!

KREON

Auch ich hab Anteil an der Stadt, nicht du allein!

ÄLTESTER

Hört auf, ihr Herrn! Denn eben recht seh ich
Euch dort Iokaste aus den Häusern kommen.
Mit ihr beendet gütlich den entstandenen Streit!

IOKASTE

Was habt ihr, Unglückselige! diesen Aufruhr
Der Zungen blind erhoben und schämt euch nicht,

Da so das Land krankt, eigne Übel aufzurühren!
Geh du ins Haus! und, Kreon, du geh heim!
Bauscht nicht ein nichtig Ärgernis ins Große auf!

KREON

O Schwester, Furchtbares will Ödipus,
Dein Gatte, an mir tun, eins von zwei Übeln:
Mich aus dem Vaterlande stoßen oder töten!

ÖDIPUS

Ja allerdings! denn ich ergriff ihn, Frau,
Wie er schlimm an mir handelte mit schlimmen Künsten!

KREON

Nicht wohlergehen soll es mir, sondern verflucht
Will ich zugrunde gehn, wenn ich dir irgend etwas
Getan, wie du mir schuld gibst, daß ich es getan!

IOKASTE

O bei den Göttern! glaube dieses, Ödipus!
Zumeist aus Scheu vor diesem Götter-Eide,
Sodann vor mir und diesen auch, die bei dir stehn!

Kommos

CHOR

Gib nach, Herr! wolle es!
Besinne dich! Ich fleh dich an!

ÖDIPUS

Worin, willst du, soll ich dir weichen?

CHOR

Ihn, der zuvor nicht unklug war
Und jetzt im Eide groß ist: achte ihn!

ÖDIPUS

Weißt du, was du verlangst?

CHOR

Ich weiß es.

ÖDIPUS

Sprich! was meinst du?

CHOR

Du darfst den Freund, der sich verschwor,
Auf das Ungewisse von Worten hin
Niemals ehrlos verklagen!

ÖDIPUS

Verstehe wohl! wenn du das forderst, forderst
Du *mein* Verderben oder *meine* Flucht aus diesem Land!

CHOR

Nicht! bei dem Gott, der allen Göttern
Vorangeht, Helios! Denn gottverlassen, freundlos
Will ich das letzte Verderben leiden,
Wenn solchen Gedanken ich habe!
Doch wie das Land, unheilvoll, zugrunde geht,
Frißt an der Seele mir, und wie an Übel Übel
Sich heften, an die alten die von euch.

ÖDIPUS

So gehe er! und muß ich auch unfehlbar sterben,
Ehrlos verstoßen aus dem Lande mit Gewalt!
Denn dein, nicht sein Mund rührt mich: dein
                                        erbarmungsvoller,
Er, wo er immer sei, bleibt mir verhaßt!

KREON

Voll Haß, ersichtlich, gibst du nach, doch schwer
Kommt es dich an, sobald du ausgezürnt. Derlei Naturen
Tragen – mit Recht! – am schmerzhaftesten an sich selbst!

ÖDIPUS

Läßt du mich nicht und gehst?

KREON

Ich gehe! Von dir verkannt, vor diesen aber recht!
Geht.

CHOR

Frau! was zögerst du und bringst
Diesen nicht ins Haus hinein?

IOKASTE

Erst muß ich wissen, was geschah?

KÖNIG ÖDIPUS · ZWEITER AUFTRITT 173

CHOR

Ein Argwohn, grundlos, kam herauf
Aus Worten, doch es sticht auch
Das Unberechtigte.

IOKASTE

Von ihnen beiden?

CHOR

Ja!

IOKASTE

Und welches war das Wort?

CHOR

Genug, scheint mir, genug, da so
Das Land leidet, daß es dort,
Wo es geendet, bleibe!

ÖDIPUS

Siehst du, wohin du kamst, du wohlmeinender Mann,
Daß du das Herz mir schlaff und stumpf zu machen suchtest?

CHOR

Herr! sagt' ich's doch nicht einmal nur!
Wisse! von Sinnen, unzugänglich
Für klare Besinnung stünd ich da,
Wenn ich von dir mich trennte!
Der einzig du mein liebes Land,
Das irre trieb in Mühsalen,
Recht wieder vor den Wind gebracht!
Steuere gut jetzt wieder!

Ende des Kommos

IOKASTE

Erkläre, bei den Göttern, Herr, auch mir,
Weswegen du nur solchen Groll gefaßt!

ÖDIPUS

Ich will's! denn dich, Frau, acht ich mehr als diese.
Des Kreon wegen! was er gegen mich da plant.

IOKASTE

Sprich! wenn du klar ihm schuld kannst geben an dem Streit!

ÖDIPUS

Mörder des Laios, sagt er, sei *ich* gewesen!

IOKASTE

Aus eigner Kenntnis? oder hörte er's von einem andern?

ÖDIPUS

Den Seher schickt er vor, den schurkischen! Denn er,
Für sein Teil, hält den Mund in allem frei!

IOKASTE

Dann sprich dich los von dem, wovon du redest,
Und hör auf mich und lerne, daß es dir
Kein sterblich Wesen gibt, das Seherkunst besäße.
Ich geb dir dafür bündige Beweise.
Ein Wahrspruch kam dem Laios einst – ich sage
Nicht, von Apollon selbst, doch seinen Dienern –,
Daß ihn das Schicksal treffen werde, von dem Sohn
Zu sterben, welcher mir und ihm geboren würde.
Und dann erschlagen, wie die Rede geht,
Ihn fremde Männer, Räuber einst
An einer Scheide dreier Wagenwege.
Und über der Geburt des Knaben gingen
Drei Tage nicht dahin, da schnürte jener
Ihm die Gelenke beider Füße ein
Und ließ ihn – von den Händen anderer –
Ins unzugängliche Gebirge werfen.
Und da hat Phoibos ihm denn nicht erfüllt,
Daß er zum Mörder an dem Vater würde,
Noch Laios jenes Schreckliche, wovor
Er sich gefürchtet: daß er von dem Sohn stürbe!
So haben das die Sehersprüche vorbestimmt!
Kehr du dich nicht daran! denn wo der Gott
Ein Ding verfolgt, das nottut: leicht führt er es selbst ans
Licht!

ÖDIPUS

Wie faßt, da ich dich eben höre, Frau!

Verwirrung mir die Seele und Aufruhr das Denken!

IOKASTE

Von welcher Sorge aufgeschreckt sagst du das?

ÖDIPUS

Mir schien, ich hörte dies von dir: daß Laios
Erschlagen sei an einer Scheide dreier Wagenwege?

IOKASTE

So ging die Rede und hat noch nicht aufgehört.

ÖDIPUS

Und wo war dieser Platz, wo dies geschah?

IOKASTE

Phokis nennt sich das Land. Ein Scheideweg
Führt dort von Delphi und von Daulia zusammen.

ÖDIPUS

Und welche Zeit ist über dem vergangen?

IOKASTE

Kurz, ehe du dich hier zu Lande im Besitz
Der Herrschaft zeigtest, gab man es der Stadt bekannt.

ÖDIPUS

O Zeus! was hast du über mich zu tun beschlossen?

IOKASTE

Was ist dir daran, Ödipus, bedenklich?

ÖDIPUS

Frag mich noch nicht! Doch, dieser Laios, sage:
Welche Gestalt er hatte, welches Alter!

IOKASTE

Groß. Eben blütenweiß das Haupt umflaumt.
Im Aussehn stand er deinem nicht sehr fern.

ÖDIPUS

O mir! ich Armer! Es scheint, in böse Flüche
Hab ich mich eben selbst gestürzt und wußt es nicht!

IOKASTE

Wie sprichst du! mir ist bang, dich anzusehn, Herr!

ÖDIPUS

Entsetzlich mutlos bin ich: sehend könnte

Der Seher sein! Doch machst du's klarer, wenn du eins noch
sagst!

IOKASTE

Wirklich! mir bangt, doch was du fragst, ich sag es!

ÖDIPUS

Zog er des Weges schwach begleitet oder
Mit vielem Kriegsvolk, als ein Oberherr?

IOKASTE

Fünf waren's insgesamt, darunter war
Ein Herold. Und *ein* Wagen nur, der Laios trug.

ÖDIPUS

Aï! aï! dies ist nun offenbar! – Wer war es denn,
Der diese Dinge euch gesagt hat, Frau?

IOKASTE

Ein Diener, der entkommen war allein.

ÖDIPUS

Ist er vielleicht noch jetzt im Haus zugegen?

IOKASTE

O nein, denn seit er von dort kam und sah,
Daß du die Herrschaft hattest und daß Laios umgekommen,
Ergriff er meine Hand und flehte sehr,
Ihn auf die Felder, zu den Viehweiden zu schicken,
So weit wie möglich aus den Augen dieser Stadt.
So schickt' ich ihn. Er war es wert, für einen Sklaven,
Auch größre Gunst als diese zu empfangen.

ÖDIPUS

Wie könnte er uns eiligst wieder hier sein?

IOKASTE

Es kann geschehn. Doch wozu wünschst du das?

ÖDIPUS

Ich fürchte, ich – o Frau! nur allzu viel
Hab ich gesagt bereits, weswegen ich ihn sehn will!

IOKASTE

Nun, er soll kommen! Doch bin wert auch ich
Zu hören wohl, was in dir lastet, Herr!

ÖDIPUS

Es sei dir nicht verwehrt, da ich so weit
In meinen Ahnungen gekommen bin.
Zu welchem Größeren auch könnt ich sprechen
Als dir, da ich durch solches Schicksal gehe! –
Mein Vater war Polybos von Korinth,
Die Mutter Merope aus dem Dorischen.
Ich ward geachtet als der größte Mann
Unter den Bürgern dort, bis mir ein Zufall
Folgender Art begegnete – zwar wert,
Sich zu verwundern, doch nicht meines Eifers wert. –
Ein Mann, beim Mahle, übervoll von Trunkenheit,
Ruft mir beim Weine zu: untergeschoben
Sei ich dem Vater. Und ich, schwer betroffen,
Hielt kaum mich diesen Tag zurück. Den andern
Ging ich zur Mutter und zum Vater hin
Und drang in sie, und sie verdachten schwer
Den Schimpf dem Menschen, dem das Wort entfuhr.
Und ich, was jene beiden anbetraf,
War froh. Doch gleichwohl stach's mich immer,
Denn in der Stille kam es viel herum.
Und heimlich vor der Mutter und dem Vater
Wandr' ich nach Pytho, und da schickte Phoibos
Mich dessen, worum ich gekommen, ungewürdigt
Hinaus, doch andre, unglückselige
Und grausige und schaudervolle Dinge tat er kund
Und sprach: daß ich der Mutter mich vermischen müßte
Und ein Geschlecht, den Menschen unerträglich
Zu schaun, vor Augen stellen würde und
Mörder sein dessen, welcher mich gepflanzt, des Vaters.
Und ich, als ich dies angehört, beschloß –
Das Land Korinth hinfort nur an den Sternen messend –
Hinweg an einen Ort zu gehen, wo ich niemals
Die Schanddinge der bösen mir
Gewordnen Sprüche sich erfüllen sähe! –

Auf meiner Wandrung nun erreich ich jene Gegend,
Wo, wie du sagtest, dieser Herrscher umgekommen.
Und – Frau, ich werde dir die Wahrheit sagen! –
Als ich, des Weges ziehend, jenem Dreiweg
Nah war, da kamen mir ein Herold und,
Auf einem Pferdewagen aufgestiegen,
Ein Mann entgegen, wie du ihn beschreibst.
Und aus dem Wege wollten mich der Vormann
Und er, der Alte, mit Gewalt vertreiben,
Und ich versetzte dem, der mich wegdrängte,
Dem Treiber, einen Hieb im Ärger. Und der Alte,
Wie er es sieht, hat acht, wie ich vorbeigeh,
Und von dem Wagen mitten übers Haupt
Fuhr er herab mir mit dem Doppelstachel.
Nun! nicht mit Gleichem büßte er es, sondern, kurz!
Vom Stab aus dieser meiner Hand getroffen, rollt
Er rücklings mitten aus dem Wagen augenblicklich,
Und ich erschlage allesamt. – Wenn nun der Fremde,
Jener! mit Laios irgendwie verwandtschaftlich
Zu tun hat, wer wär unglückseliger als *dieser Mann*
Und welcher Mann mehr gottverhaßt als ich?
Den unter Fremden oder Bürgern keiner
Aufnehmen darf im Haus, ansprechen keiner
Und den man von den Häusern stoßen muß, und dieses –
Kein andrer war's als ich, der diese Flüche
Mir zugefügt hat selber, und das Bett des Toten,
In meinen beiden Armen schänd ich es,
Durch die er umgekommen! Bin ich nicht schlecht?
Nicht unrein ganz? Wenn ich muß flüchten
Und darf als Flüchtling nicht die Meinen sehn,
Die Vatererde nicht betreten, oder
In Ehe muß ich mit der Mutter
Zusammengejocht sein und den Vater töten:
Polybos, der erzeugt und auferzogen mich? –
Wenn einer dies von einem wilden Daimon her erklärte:

Spräch er nicht über *diesen Mann* das rechte Wort?
Nein nicht, nein nicht, o reine Heiligkeit der Götter,
Mag diesen Tag ich sehen! lieber gehe
Ich spurlos von den Sterblichen hinweg,
Eh daß ich sehe, wie ein solcher Flecken
Des Mißgeschicks auf mich gekommen ist!

ÄLTESTER

Uns, Herr! ist dies beängstigend! Doch bis du
Den Mann befragt hast, der dabei war, habe Hoffnung!

ÖDIPUS

Ja! diese Hoffnung bleibt mir noch allein:
Den Mann, den Hirten abzuwarten!

IOKASTE

Und welchen Trost verspricht dir sein Erscheinen?

ÖDIPUS

Ich will dir's sagen. Findet sich, daß er das Gleiche
Aussagt wie du: entronnen wär ich dem Verhängnis!

IOKASTE

Was hast du so Gewichtiges von mir gehört?

ÖDIPUS

Von Räubern, sagtest du, hab er gesprochen,
Daß sie ihn umgebracht. Wenn er noch jetzt
Die gleiche Zahl nennt, bin nicht ich der Mörder.
Denn Einer kann soviel nicht sein wie Viele.
Spricht er von Einem Manne, der allein ging:
Eindeutig fällt dann diese Tat auf mich.

IOKASTE

Allein so lautete die Rede, sei gewiß!
Unmöglich für ihn, dieses wieder umzuwerfen!
Die Stadt hat es gehört, nicht ich allein!
Und wich er auch von seiner früheren Rede
In manchem ab: nie wird er, Herr! den Mord
An Laios als recht und grad erweisen,
Von welchem Loxias doch klar gesagt,
Daß er von meinem Sohne sterben müsse.

Doch jener Unglückselige hat ihn nie
Erschlagen, nein, ist selber vorher umgekommen!
Drum werd ich eines Seherspruches wegen
In Zukunft weder da- noch dorthin blicken!

ÖDIPUS

Recht denkst du. Aber gleichwohl! schicke jemand
Nach jenem Mann, und unterlaß es nicht!

IOKASTE

Ich schicke gleich! Doch gehen wir hinein!
Mag ich doch nichts tun, was nicht lieb dir ist!
Sie gehen in das Haus.

CHOR

O wäre mit mir Moira, daß ich trüge
Die heilige Reinheit in Worten und Werken allen,
Darüber Gesetze bestehn, hochwandelnde,
Im himmlischen Äther geborene, denen der Olympos
Vater allein ist, und nicht hat sie
Die sterbliche Natur von Menschen
Hervorgebracht und nicht, daß jemals
Vergessen sie einschläfert. Groß ist
In ihnen Gott und altert nicht.

Unmaß pflanzt den Tyrannen, Unmaß,
Wenn sich's mit vielem überfüllt hat, eitel,
Was an der Zeit nicht ist und nicht zuträglich:
Zum höchsten Grat hinaufgestiegen,
Stürmt aufwärts bis in die abgeschnittene, die Not,
Wo ihm der Fuß unbrauchbar zum Gebrauch. –
Doch das zum Guten ist der Stadt, das Ringen:
Daß niemals es der Gott auflöse, bet ich.
Gott werd ich niemals aufhören,
Als den, der sich vor mich stellt, zu behalten.

Wenn aber einer überheblich
Mit Händen oder Wort einhergeht,

Vor Dike furchtlos und nicht
Der Daimonen Sitze scheuend –
Ihn greife sich ein schlimmes Schicksal
Des unseligen Prangens wegen! –,
Wenn er den Gewinn nicht recht gewinnt
Noch sich von Unheiligem fernhält
Oder das Unantastbare antastet in leerem Treiben –
Wer wird in diesem endlich noch, ein Mann,
Hinreichen, um der wilden Wünsche
Geschosse von der Seele abzuwehren! –:
Wenn, wahrlich, solche Handlungen in Ehre stehen:
Was soll ich Reigen führen?

Nicht mehr zum unantastbaren
Geh ich: der Erde Nabel, anbetend,
Und nicht zu dem Tempel in Abai
Und nicht nach Olympia:
Wenn diese Dinge nicht, mit Händen
Gewiesen, recht sein werden allen Sterblichen! –
Doch Waltender! wenn recht du so genannt bist:
Zeus! Allbeherrscher! laß es dir nicht
Verborgen sein und deiner allzeit unsterblichen Herrschaft!
Als welkten Laios' alte Göttersprüche,
Streicht man sie schon!
Und nirgends ist Apollon in den Opfern sichtbar.
Hin geht das Göttliche.

Dritter Auftritt
Aus dem Haus Iokaste mit Dienerinnen,
die Opfergeräte tragen.

IOKASTE

Herren des Landes! der Gedanke kam mir,
Zu treten vor der Götter Tempel, diese

Zweige in Händen und dies Räucherwerk.
Denn allzu hoch wallt Ödipus der Mut
In Qualen aller Art, und nicht wie einer,
Der bei Besinnung ist, beurteilt er
Das Neue nach dem Alten, nein, verfällt
Jedem, der redet, wenn er Schrecken redet. –
wendet sich dem Altar zu
Weil ich mit Zuspruch nun zum Guten nichts mehr tun kann,
Bin ich zu dir, o Lykischer Apollon!
Gekommen – denn uns hier der Nächste bist du! –
Flehend mit diesen Bittgeschenken, ob du
Uns irgend Lösung, reinigende, schüfest.
Denn allen bangt uns jetzt, ihn, wie im Schiff
Den Steuermann, von Schreck verstört zu sehen.
Noch während sie opfert, kommt der Mann von Korinth.

MANN VON KORINTH

Könnt ich von euch, ihr Herrn! erfahren, wo
Das Haus des Herrschers ist, des Ödipus?
Am besten sagt: wo ist er? wenn ihr's wißt!

ÄLTESTER

Dies ist das Haus, und er ist drinnen, Fremder!
Und dort die Frau die Mutter – seiner Kinder.

MANN VON KORINTH

Sie lebe glücklich und mit Glücklichen fortan,
Wenn jenes Mannes vollgültig Gemahl sie ist!

IOKASTE

So du auch, Fremder! denn du bist es wert,
Des guten Wortes wegen. Aber sage,
Mit welchem Wunsche kamst du und was willst du melden?

MANN VON KORINTH

Gutes dem Haus und deinem Gatten, Frau!

IOKASTE

Was ist dies? und von wem bist du gekommen?

MANN VON KORINTH

Von Korinth! und das Wort, das ich gleich sagen werde,

KÖNIG ÖDIPUS · DRITTER AUFTRITT 183

Wird dich erfreun – wie nicht? –, doch wohl betrüben auch.

IOKASTE

Was ist's? wie hat es solche doppelte Gewalt?

MANN VON KORINTH

Zum Herrscher wollen ihn des Isthmos-Landes
Die Einwohner bestellen, hieß es dort.

IOKASTE

Wie? hat der alte Polybos nicht mehr die Macht?

MANN VON KORINTH

Nein, nicht! da ihn der Tod im Grabe hält!

IOKASTE

Wie sagtest du? gestorben ist Polybos?

MANN VON KORINTH

Wenn ich nicht
Die Wahrheit sag, verdiene ich zu sterben!

IOKASTE

O Mädchen! wirst du laufen nicht und das geschwind
Dem Herren sagen? – O ihr Wahrsprüche der Götter!
Wo seid ihr? – Diesen Mann hat Ödipus
Gemieden lang in Angst, daß er ihn töte!
Und jetzt stirbt der von ungefähr und nicht durch ihn!

ÖDIPUS

kommt

O liebstes, meines Weibes, Iokaste, Haupt:
Was riefest du mich hierher aus den Häusern?

IOKASTE

Hör diesen Mann! und sieh, wenn du gehört:
Die hohen – wo sie hingekommen sind, des Gottes Sprüche!

ÖDIPUS

Wer ist der Mann? was hat er mir zu sagen?

IOKASTE

Ist von Korinth! und meldet dir, dein Vater
Polybos sei nicht mehr, nein er sei tot!

ÖDIPUS

Was sagst du, Fremder? zeige es mir selber an!

MANN VON KORINTH
Wenn ich erst dies genau vermelden soll,
So sei gewiß, er ist im Tod dahingegangen!
ÖDIPUS
Durch Ränke? oder einer Krankheit Anfall?
MANN VON KORINTH
Ein kleiner Anlaß streckt die alten Leiber hin!
ÖDIPUS
An Krankheit schwand der Arme, wie es scheint, dahin.
MANN VON KORINTH
Und nach dem Maß der wahrlich langen Zeit!
ÖDIPUS
Oh! oh! – Wie soll da einer, Frau! noch schaun
Auf Pythos Seherherd oder die oben
Schreienden Vögel, deren Weisung nach
Ich meinen Vater töten sollte! Aber der, gestorben,
Liegt zugedeckt unter der Erde nun, und ich –
Dieser hier! – nicht gerührt an eine Lanze...! –
Wenn er vielleicht nicht in der Sehnsucht
Nach mir dahingeschwunden...? – Ja, auf diese Art,
Freilich, mag er gestorben sein durch mich!
Doch jedenfalls die gegenwärtigen
Hat er mit sich hinweggenommen, die Göttersprüche,
Und liegt im Hades: Polybos, und sie sind gleich nichts!
IOKASTE
Hab ich dir dies nicht längst vorher gesagt?
ÖDIPUS
Du sagtest es! Ich aber war von Angst beirrt.
IOKASTE
Nimm nun von diesem dir nichts mehr zu Herzen!
ÖDIPUS
Und wie soll mir nicht vor dem Bett der Mutter bangen?
IOKASTE
Was fürchtet sich der Mensch! wo über ihn
Der Zufall herrscht und sichere Voraussicht

Für nichts besteht! Dahinzuleben, ist das Beste,
So wie nur einer kann! – Du aber habe
Der Ehe mit der Mutter wegen keine Furcht!
So mancher von den Sterblichen hat schon im Traume
Gelegen bei der Mutter! Doch wer solche Dinge
Für nichts nimmt, trägt am leichtesten das Leben!

ÖDIPUS

Schön wär all das von dir gesagt – wenn nicht die Mutter
Am Leben wäre! Aber da sie lebt,
Ist hohe Not, so schön du sprichst, zu fürchten!

IOKASTE

Ein großer Trost ist doch des Vaters Grab!

ÖDIPUS

Ein großer, wohl! Doch daß sie lebt, ist meine Furcht!

MANN VON KORINTH

Vor was für einer Frau denn fürchtet ihr euch?

ÖDIPUS

Vor Merope, Alter! mit der Polybos gelebt!

MANN VON KORINTH

Was ist an ihr, das euch in Furcht versetzt?

ÖDIPUS

Ein gottgesandtes Wort, ein furchtbares, o Fremder!

MANN VON KORINTH

Ist es zu sagen? oder darf's kein anderer wissen?

ÖDIPUS

Gar wohl! Gesagt hat über mich einst Loxias,
Vermischen müßte ich mich mit der Mutter und
Das väterliche Blut mit meinen Händen fassen.
Deswegen hauste ich die ganze Zeit
Fern von Korinth. Zu meinem Glück! Jedoch
Der Eltern Augen sehen, ist das Süßeste!

MANN VON KORINTH

Bliebst du in dieser Furcht der Stadt dort fern?

ÖDIPUS

Und um des Vaters Mörder nicht zu werden, Alter!

MANN VON KORINTH
Was hab ich, Herr, dich dann von dieser Furcht,
Da ich doch kam, weil ich dir wohl will, nicht befreit?

ÖDIPUS
Wahrlich! du hättest würdigen Dank von mir empfangen!

MANN VON KORINTH
Und kam ich, wahrlich, doch zu allermeist,
Um, wenn du heimgekehrt, es gut zu haben!

ÖDIPUS
Nie komm ich mit den Eltern mehr zusammen!

MANN VON KORINTH
O Sohn! schön zeigt sich da: du weißt nicht, was du tust!

ÖDIPUS
Wie, Alter? bei den Göttern, belehre mich!

MANN VON KORINTH
Wenn ihretwegen du dich scheust, nach Haus zu kommen!

ÖDIPUS
In Furcht, daß Phoibos an mir recht behält!

MANN VON KORINTH
Daß du dir nicht Befleckung von den Eltern holst?

ÖDIPUS
Dies eben, Alter! ja, dies schreckt mich stets!

MANN VON KORINTH
Weißt du dann, daß du ganz zu Unrecht zitterst?

ÖDIPUS
Wie nicht? da ich Sohn dieser Eltern bin!

MANN VON KORINTH
Weil Polybos gar nicht deines Stammes war!

ÖDIPUS
Was sagst du? hat denn Polybos mich nicht gezeugt?

MANN VON KORINTH
Kein bißchen mehr als *dieser Mann*, nein, grad soviel!
Zeigt auf sich selbst.

ÖDIPUS
Wie kann ein Vater soviel sein wie keiner?

MANN VON KORINTH

Er hat so wenig dich gezeugt wie ich!

ÖDIPUS

Weswegen hat er mich dann Sohn genannt?

MANN VON KORINTH

Als ein Geschenk einst, merk! von meinen Händen!

ÖDIPUS

Und hat mich dann, von fremder Hand, so sehr geliebt?

MANN VON KORINTH

Die frühre Kinderlosigkeit hat ihn bewogen.

ÖDIPUS

Doch du – hattst du gekauft mich? gabst du mich als Vater?

MANN VON KORINTH

Gefunden in den Felsenschluchten des Kithairon!

ÖDIPUS

Zu was zogst du des Wegs in diese Gegend?

MANN VON KORINTH

Hab dort dem Vieh des Berges vorgestanden!

ÖDIPUS

Ein Hirt warst du? ein fahrender auf Tagelohn?

MANN VON KORINTH

Und dir der Retter, Kind, zu jener Zeit!

ÖDIPUS

Wie das? In Nöten, Schmerzen leidend fandst du mich?

MANN VON KORINTH

Die Fußgelenke mögen es an dir bezeugen!

ÖDIPUS

O mir! was nennst du dieses alte Übel!

MANN VON KORINTH

Ich löste dich! durchbohrt hattst du der Füße Spitzen.

ÖDIPUS

Furchtbare Schande aus den Windeln bracht ich mit!

MANN VON KORINTH

So daß du *der* nach diesem Zufall
Benannt mit Namen wurdest, der du bist!

ÖDIPUS

O bei den Göttern! von Mutter? oder Vater? sprich!

MANN VON KORINTH

Ich weiß es nicht. Der dich mir gab, wird's besser wissen!

ÖDIPUS

Von einem andern nahmst du mich? fandst mich nicht selbst?

MANN VON KORINTH

Nein, nicht! ein andrer Hirte übergibt dich mir.

ÖDIPUS

Wer ist's? kannst du mit Worten ihn bezeichnen?

MANN VON KORINTH

Derer des Laios Einen, dächt ich, nannt er sich.

ÖDIPUS

Des Herrschers dieses Landes ehemals?

MANN VON KORINTH

Jawohl! von diesem Mann war er ein Hirte!

ÖDIPUS

Und ist er noch am Leben, so daß ich ihn sehn kann?

MANN VON KORINTH

Das solltet ihr am besten wissen hier zu Land. –

ÖDIPUS

Ist einer unter euch, die ihr hier steht,
Der von dem Hirten weiß, den dieser nennt,
Ob er ihn auf den Feldern oder hier gesehn:
So zeigt es an! es ist die Zeit, daß dies herausgefunden werde!

ÄLTESTER

Ich denk, es ist kein anderer als der vom Felde,
Den du bereits zu sehn verlangtest. Doch
Mag das am ehesten *diese* da, Iokaste, sagen!

ÖDIPUS

Frau! hörst du? jenen Mann, von dem wir eben
Begehrten, daß er komme: meint er diesen?

IOKASTE

Ach! wen er immer meinte! Kehre dich
Nicht dran! An das Gerede wolle

Auch nicht einen Gedanken wenden nutzlos!

ÖDIPUS

Das kann nicht sein, daß ich, Zeichen ergreifend
Wie diese, nicht entdecken sollte mein Geschlecht!

IOKASTE

Nicht, bei den Göttern, wenn du um dein eigen Leben
Irgend besorgt bist, forsche diesem nach! Genug: *ich* kranke!

ÖDIPUS

Sei guten Muts! denn *du* – und stellte ich
Auch von der dritten Mutter her mich dreifach
Als Sklave dar – wirst niemals als gering erscheinen!

IOKASTE

Und dennoch, folge mir! ich flehe! tu es nicht!

ÖDIPUS

Ich kann nicht: muß es ausforschen genau!

IOKASTE

Wirklich! die ich sehr klar seh, rate dir das Beste!

ÖDIPUS

Dies euer Bestes eben quält mich längst!

IOKASTE

O Unglückseliger!
Daß niemals du erkenntest, wer du bist!

ÖDIPUS

Geh einer und schaff mir den Hirten her!
Sie laßt mit ihrer reichen Herkunft gehn!

IOKASTE

Iuh! Iuh! Unseliger! denn dieses kann
Ich einzig zu dir sagen, andres aber nimmermehr! –
Sie stürzt ins Haus.

ÄLTESTER

Was ist die Frau gegangen, Ödipus, gejagt
In wilder Qual? Ich fürchte, daß aus diesem Schweigen
Aufbrechen werden schlimme Dinge!

ÖDIPUS

Was immer soll, brech auf! doch mein Geschlecht,

Und sei es auch gering: ich werd es sehen wollen!
Mag sie – denn sie, als Weib, denkt doch hinaus –
Vielleicht sich meiner schlechten Herkunft schämen!
Doch ich, mich selber als den Sohn des Glückes achtend,
Des wohl begabenden, werde nicht verunehrt werden!
Denn ihm entstamm ich, als der Mutter. Die verwandten
Monde haben mich klein und groß bestimmt.
Und so entsprungen, werd ich nicht zuletzt
Hervorgehn noch als anderer, so daß
Ich nicht ausforschen sollte meinen Stamm!

Ödipus und der Mann von Korinth bleiben auf der Bühne.

CHOR

Wenn ich Wahrsager bin und aus Erkenntnis wissend:
Nicht, beim Olympos! wird es, o Kithairon,
Dir fehlen zum morgenden Vollmond,
Daß man dich als Landsmann des Ödipus
Und Amme und Mutter preise und du
Gefeiert wirst mit Tänzen von uns, weil du Holdes
Gebracht hast meinen Königen.
Nothelfer Phoibos! aber dir mag dieses
Gefällig sein!

Welche hat, Kind, dich, welche dich geboren
Von den langlebenden Jungfrauen: ob
Sie dem Pan, dem auf Bergen Wandelnden,
Als deinem Vater genaht, ob dich
Eine Lagergefährtin des Loxias
Gebar –
Denn dem sind die Flächen beweideten Lands
Alle lieb! –,
Oder sei es daß von Kyllene der Herr,
Oder sei's daß der Bakchische Gott, der wohnt
Auf den Kuppen der Berge, als Fund dich empfing
Von einer der Nymphen vom Helikon,
Mit denen er meistens zusammen spielt.

Vierter Auftritt
Der Hirte wird gebracht.

ÖDIPUS

Wofern auch ich, der nie mit ihm zu tun gehabt,
Ihr Ältesten, vermuten darf, mein ich, den Hirten
Zu sehn, nach dem wir lange suchen. Denn im hohen
Alter stimmt er mit diesem Manne überein,
Und überdies erkenn ich, die ihn führen,
Als meine Diener. Doch bist du vielleicht
An sichrer Kenntnis mir voraus, da du
Den Hirten früher schon gesehn.

ÄLTESTER

Wohl, ich erkenn ihn, sei gewiß! Des Laios
War er, treu wie nur Einer, als ein Hirtenmann.

ÖDIPUS

So frag ich dich zuerst, Mann von Korinth:
Meintest du diesen?

MANN VON KORINTH

Diesen, den du vor dir siehst!

ÖDIPUS

He! du dort, Alter! sieh hierher und sage mir,
Was ich dich frage! Des Laios warst du einst?

HIRTE

Ich war es. Sklave. Nicht gekauft, im Haus erzogen.

ÖDIPUS

Welch Werk besorgend oder welch Gewerb?

HIRTE

War bei den Herden fast mein Leben lang.

ÖDIPUS

An welchen Plätzen meistens hieltest du dich auf?

HIRTE

Bald war es der Kithairon, bald das Land umher.

ÖDIPUS

So kennst du diesen Mann dort, sahst ihn dort...?

HIRTE

Wobei denn? welchen Mann denn überhaupt?

ÖDIPUS

Den, der dort steht! Du hattest irgendwie mit ihm zu tun?

HIRTE

Nicht, daß ich's in der Eile sagen könnt aus dem Gedächtnis.

MANN VON KORINTH

Und gar kein Wunder, Herr! doch werd ich ihn,
Genau, wenn er in Unkenntnis, drauf bringen, denn
Gut weiß ich es: er weiß recht wohl von damals,
Wie er in dem Gebiete des Kithairon –
Er mit zwei Herden, ich mit einer nur –

zeigt auf sich

Benachbart *diesem Manne* war drei ganze
Sechsmonat-Zeiten, vom Frühling bis zu dem Arktur.
Zum Winter trieb ich ein alsdann in meine
Hürden und dieser in des Laios Ställe. Sag ich
Mit dem, wie es gewesen, oder sag ich's nicht?

HIRTE

Du sagst, was wahr ist, doch von langer Zeit.

MANN VON KORINTH

Komm! sag jetzt: weißt du, wie du damals mir ein Kind
Gabst, um es mir als Ziehkind aufzuziehen?

HIRTE

Was soll das? wozu forschest du nach der Geschichte?

MANN VON KORINTH

Der hier, mein Guter! ist das Neugeborene von damals!

HIRTE

In dein Verderben! wirst du nicht gleich schweigen!

Will an ihn.

ÖDIPUS

Ah! züchtige nicht diesen, Alter! *Deine* Reden
Bedürfen mehr des Zuchtmeisters als die von ihm!

HIRTE

Worin, o bester Herr, hab ich gefehlt?

ÖDIPUS

Du nennst das Kind nicht, nach dem dieser fragt!

HIRTE

Er redet und weiß gar nichts: leerer Eifer!

ÖDIPUS

Sprichst du im Guten nicht, wirst du in Tränen sprechen!

HIRTE

Nein! bei den Göttern! mißhandle nicht mich Alten!

ÖDIPUS

Wird einer dem nicht gleich umdrehn die Arme!

Es geschieht.

HIRTE

Wofür? ich Unglückseliger! was willst du wissen?

ÖDIPUS

Das Kind! du gabst es ihm, nach dem er fragt?

HIRTE

Ich gab's! wär ich nur umgekommen an dem Tag!

ÖDIPUS

Du kommst dazu noch, sprichst du nicht, was recht ist!

HIRTE

Und red ich, ist's noch mehr um mich geschehn!

ÖDIPUS

Der Mann da, scheint es, legt's auf Aufschub an!

Man faßt ihn schärfer an.

HIRTE

Nein, nein! sagt ich doch längst, ich gab es ihm!

ÖDIPUS

Wo nahmst du's her? dein eigen? kam's von einem andern?

HIRTE

Das meine nicht! nein, ich empfing's von jemand!

ÖDIPUS

Von wem der Bürger hier? aus welchem Haus?

HIRTE

Nicht! bei den Göttern, Herr! nicht frage weiter!

ÖDIPUS
Du bist verloren, frag ich dieses dich noch einmal!

HIRTE
Ein SpRÖßling also war es aus des Laios Haus!

ÖDIPUS
Ein Sklave? oder irgendwie mit ihm verwandt?

HIRTE
O mir! dran bin ich an dem Furchtbaren, daß ich es sage!

ÖDIPUS
Und ich, daß ich es höre! doch gehört sein muß es!

HIRTE
Sein Sohn denn also, hieß es! doch die drinnen,
Dein Weib, sagt dir am besten, wie sich das verhält!

ÖDIPUS
Hat sie es dir gegeben?

HIRTE
Ja, Herr!

ÖDIPUS
Um was damit zu tun?

HIRTE
Austilgen sollte ich es.

ÖDIPUS
Die Mutter, dessen fähig?!

HIRTE
In Angst vor schlimmen Sprüchen.

ÖDIPUS
Welchen?

HIRTE
Erschlagen werd es die Erzeuger, war das Wort.

ÖDIPUS
Was hast du's diesem Alten dann gegeben?

HIRTE
Es dauerte mich, Herr! ich dacht', er brächt es
Ins fremde Land, von wo er selber her war.
Doch der, zum größten Unglück, rettet' es!

Denn wenn du der bist, den er nennt, so wisse,
Daß unglückselig du geboren. –

ÖDIPUS

Iuh! iuh! Das Ganze wäre klar heraus! –
O Licht! zum letzten Mal hätt ich dich jetzt gesehn,
Der ich zu Tage trat: entstammt, von wem
Ich nicht gesollt – mit wem ich nicht gesollt,
Zusammenlebe – und wen ich nicht gedurft, erschlug! –
Er geht in das Haus.

CHOR

Io! Geschlechter der Sterblichen!
Wie muß ich euch gleich dem Nichts,
Ihr Lebenden, zählen! –
Denn welcher, welcher Mann trägt mehr
Des Glücks davon,
Als nur soviel wie den Schein und nach
Dem Schein den Niedergang? –
Drum, da ich den *deinen* zum Beispiel hab,
Deinen Daimon, den *deinen*, oh
Unglückseliger Ödipus!
Kann ich von Sterblichen nichts glücklich preisen.
Der, gut über die Maßen
Mit dem Bogen treffend, bemächtigt sich
Des in allem glücklichen Segens,
O Zeus! da er vernichtet sie,
Die krummklauige Jungfrau, die
Spruchsängerin, und gegen die Tode
Meinem Lande ein Turm erstand.
Darum du auch König genannt bist mir
Und die größten Ehren empfangen hast,
In der großen Thebe gebietend.

Doch jetzt – soweit zu hören – wer
Wär elender?
Wer den Unheilsgeistern, wer den wilden Qualen

Mehr Hausgenoß im Lebenswechsel?
Ioh!
Berühmtes Haupt des Ödipus!
Dem groß genug
Ein Hafen war,
Um als Sohn und Vater zugleich in ihn
Sich hochzeitlich zu stürzen. –
Wie konnten nur, wie konnten nur
Die Furchen, in die der Vater gesät,
Dich tragen, Armer, schweigend
So weit!

Entdeckt hat gegen deinen Willen dich
Die alles sehende Zeit: sie richtet
Den in unehlicher Ehe lang
Zeugenden und Gezeugten! –
Ioh, des Laios o Kind!
Hätt ich dich, hätt ich dich
Nie gesehn!
Denn klagen muß ich, über alle Maßen
Jammernd mit meinem Munde! Doch, was recht ist
Zu sagen: aufgeatmet hab ich
Durch dich
Und zur Ruhe gebracht mein Auge.

Fünfter Auftritt

DIENER
aus dem Hause
O dieses Landes allzeit höchst Geehrte!
Was werdet ihr für Taten hören, was für welche
Erblicken und welch großen Jammer tragen,
Wofern ihr noch nach angestammter Art
Dem Haus des Labdakos ergeben seid!

Ich meine, nicht der Isterstrom und nicht der Phasis
Wird abwaschen in Reinigung dies Haus: so viele
Übel verbirgt's, und wird die einen hier sogleich
Dem Lichte zeigen: Übel, freigewollte,
Nicht ungewollte! Aber von den Leiden
Quälen am meisten doch die sichtlich selbstgewählten!

ÄLTESTER

Auch das, was wir schon wußten, läßt nichts übrig,
Nicht schwer zu stöhnen. Und was bringst du mehr?

DIENER

Das schnellste Wort zu sagen wie zu hören:
Tot ist das göttliche, der Iokaste Haupt!

ÄLTESTER

O Unglückselige! – Durch wessen Schuld?

DIENER

Sie selber durch sich selbst. – Jedoch das Schmerzlichste
Von dem Getanen zwar bleibt fern: der Anblick fehlt!
Doch sollst du, soweit mir es im Gedächtnis steht,
Erfahren, was mit ihr, der Unglückseligen, geschah!
Als sie, von der Erregung fortgerissen,
Den Innenhof betreten hatte, strebte
Sie grades Wegs dem ehelichen Bette zu,
Das Haar zerraufend mit der beiden Hände Spitzen;
Die Türen, als sie eingetreten, schmettert
Sie zu von innen, ruft den lange schon
Toten und kalten Laios und gedenkt
Der alten Saat, durch die er selber starb,
Die Mutter aber denen überließ,
Die von ihm selbst entstanden waren,
Zu unseliger Kinder Kinderzeugung,
Erhub ein Weinen dann über das Bett,
In welchem sie, die Unglückselige, beides:
Vom Mann den Mann und Kinder von dem Kinde
Geboren, und wie sie dann umkommt, weiß ich nimmer.
Denn schreiend stürzte Ödipus herein, vor dem

Man nicht ihr Unheil bis zum Ende sehen konnte:
Auf ihn, wie er umherfuhr, blickten wir.
Er geht und kommt, verlangt, daß man den Speer
Ihm reiche, und: wo er das Weib – nicht Weib,
Nein: doppelt mütterliche Saatfeld fände,
Das ihn sowohl wie seine Kinder trug.
Und ihm, dem Rasenden, zeigt es der Götter Einer –
Der Männer keiner, die wir in der Nähe waren! –
Und schrecklich schreiend, wie geführt von jemand,
Die Doppeltüren sprang er an, und aus den Krampen
Sprengt' einwärts er die Riegel und stürzt ins Gemach,
In dem wir hangend nun die Frau erblicken,
In das Gestrange eines Schwebebordes eingeschnürt.
Er, wie er sie erblickt, fürchterlich brüllend,
Der Arme! löst die aufgehängte Schlinge und,
Wie auf der Erde nun die Unglückselige lag –
Doch furchtbar war, was danach kam, zu sehen!
Denn abreißend vom Kleid die goldgetriebenen,
Die Nadeln ihr, mit denen es war hergerichtet,
Erhob und schlug er sie in die Gelenke
Der eignen Augenkreise und schrie so ungefähr:
Es sei, daß sie nicht sehen sollten,
Die er erlitten noch die er getan, die Übel,
Sondern in Dunkel sollten fortan *die* sie sehen,
Die sie nicht sehn gedurft, und *jene*, die
Sie sehn gesollt, und weiterhin verkennen! –
Mit solcherlei Begleitgesängen, oft, nicht einmal,
Stieß, ausholend, er in die Lider, und die blut'gen
Augäpfel überströmten ihm zugleich die Wangen
Und ließen nicht heraufquellen des schnell
Geronnenen Blutes zähe Tropfen, sondern
Zusammen schwarz ein Schloßenregen Blutes strömte. –
Aus zweien brachen diese Übel, doch nicht einzeln
Für sich allein, sondern für Mann und Frau
Zu einem einzigen vermengt. –

Das alte Glück von einst war vormals wohl
Ein Glück, mit Recht! doch nun, an diesem Tag:
Stöhnen, Verwirrung, Tod, Schande – so viele
Der Übel aller Namen sind, nicht einer fehlt!

ÄLTESTER

Fand nun der Arme in der Qual ein wenig Ruh?

DIENER

Er schreit: auftun soll man die Riegel und offenbaren
Vor allen den Kadmeern den Vatermörder,
Der Mutter... – nennt unheilige Dinge und
Nicht auszusprechen mir! – als wolle er
Sich selber aus dem Lande stoßen und
Nicht bleiben mehr, ein Fluch dem Haus, wie er geflucht.
Doch fehlt es ihm an Kraft und einem Führer.
Die Krankheit ist zu groß, um sie zu tragen.
Doch zeigt er dir sie auch! Der Tore Riegel –
Da! – gehen auf, und einen Anblick wirst du sehn sogleich,
Derart, daß sich sogar, wer ihn
Verabscheut, darüber erbarmt!
Aus dem Hause Ödipus, mit ausgestochenen Augen.

Kommos

CHOR

O Entstellung! entsetzlich für Menschen zu sehn!
O entsetzlichste unter allen, soviel
Ich antraf schon! Welcher Wahnsinn kam,
O Armer, dich an? welcher Daimon sprang
Mit größerem als dem weitesten Sprung
Auf dein unseliges Leben? –
Weh! weh! Unglücklicher!
Doch nicht einmal ansehn kann ich dich,
Und will viel fragen, viel erfahren doch
Und vieles sehn!
Solch einen Schauder erregst du mir!

ÖDIPUS

Ai ai! Ai ai!
Weh! weh! Unglücklicher ich!
Wohin auf Erden trägt es mich Armen?
Wohin entfliegt mit die Stimme, davongetragen?
Io! Daimon! wohin sprangst du hinaus?

CHOR

Ins Furchtbare! nicht anzuhören und nicht anzusehn!

ÖDIPUS

Io! Des Dunkels
Meine Wolke! schaudervolle!
Andringend unaussprechlich, unbezwinglich
Und nie verwehend! –
O mir!
O mir! zum andern Mal! wie tauchte
In mich hinein mit jener Stacheln Stich
Zugleich auch die Erinnerung der Übel!

CHOR

Kein Wunder, daß du in so großen Leiden
Doppelt dich härmst, doppelte Übel trägst!

ÖDIPUS

Io! Freund!
Du bleibst mein Helfer beständig noch?
Du nimmst es auf dich noch, den Blinden, mich zu pflegen?
Ach ja!
Denn du entschwandst mir nicht, nein, klar erkenn ich,
Obgleich im Dunkel, deine Stimme doch!

CHOR

O der du Furchtbares getan! Wie konntest so
Du dein Gesicht auslöschen? welcher der Daimonen trieb
dich?

ÖDIPUS

Apollon war's, der diese –, Apollon, Freunde!
Der diese meine schlimmen, schlimmen
Vollbracht hat, diese meine Leiden!

Geschlagen aber eigenhändig
Hat sie kein anderer als ich Armer!
Was brauchte ich zu sehen, dem
Sehend nichts zu sehen süß war!

CHOR

Es war so, wie auch du es sagst!

ÖDIPUS

Was könnt ich denn noch sehen oder
Woran Gefallen finden oder
Welch einen Zuspruch mit Freude hören, Freunde!
Führt hinweg aus dem Land geschwind mich!
Führt, Freunde, hinweg
Den ganz Verderbten,
Den Verfluchtesten und auch den Göttern
Verhaßtesten unter den Sterblichen!

CHOR

Geschlagener
Durch dein Bewußtsein ebenso wie durch dein Schicksal!
Wie wünscht ich, niemals hätt ich dich gekannt!

ÖDIPUS

Zugrunde gehe, wer es war,
Der die wilden Fesseln auf der Trift
An den Füßen mir gelöst hat und
Vor dem Tode bewahrt und errettet mich:
Nichts zu Danke tat er!
Denn wäre ich damals gestorben, ich wär
Den Meinen nicht, nicht mir ein solcher Jammer!

CHOR

Nach Wunsch auch mir wär dies gewesen!

ÖDIPUS

Nicht wär ich dann des Vaters Mörder
Geworden noch auch Hochzeiter
Derer genannt den Sterblichen, von der
Ich stamme!
Jetzt aber bin ich gottverlassen, bin

Von Unreinen der Sohn und Mitgatte
Dessen, von dem ich selber stamm, ich Armer!
Gibt irgend es vor allem Übel noch ein Übel,
Ward dies dem Ödipus!

CHOR

Ich weiß nicht, wie ich sagen soll, du wähltest recht.
Besser, du wärst nicht mehr, als lebtest blind!

ÖDIPUS

Daß dieses nicht zum Besten so getan sei,
Lehre mich nicht und rate mir nicht mehr!
Weiß ich doch nicht, mit welchen Augen, wär ich sehend,
Ich angesehen wohl den Vater einst
Im Hades, noch die arme Mutter, denen beiden
Taten von mir getan sind, mehr denn des Erdrosselns wert. –
Allein, da war der Kinder Anblick mir doch lieblich –
Entsproßt, wie sie entsproßt sind! – anzuschaun?
O nein, für meine Augen nimmermehr!
Noch Stadt, noch Burg, noch auch der Götter Bilder
Und Heiligtümer, deren Ärmster ich –
Herrlich, wie nur Ein Mann ernährt in Theben! –
Beraubt mich selber habe, als ich selbst befahl,
Hinauszustoßen allen den Verruchten,
Den von den Göttern an den Tag gebrachten
Unreinen und – vom Stamm des Laios! –
Da solchen Flecken ich an mir hab aufgedeckt,
Mit graden Augen sollt ich diese sehn?
Nein, niemals! sondern gäb es für des Hörens Quell
Im Ohr noch einen Damm: ich hielt mich nicht
Und schlösse meinen jammervollen Leib,
Daß blind ich wäre wie auch hörend nichts! Denn daß
Das Denken abgeschieden von den Übeln wohnt, ist süß. –
Io! Kithairon! was nahmst du mich auf?
Was nahmst und tötetest du mich nicht gleich?
Daß ich den Menschen nie gezeigt: woher ich bin! –
O Polybos und Korinth und ihr vermeintlich

Uralten väterlichen Häuser! welche Pracht,
Von Üblen unterschwärig, zogt ihr auf in mir!
Denn übel und von Üblen her: das bin ich jetzt! –
O ihr drei Wege und du verborgenes Tal
Und Busch und Enge an dem Dreiweg, die
Mein Blut von meinen Händen ihr getrunken –
Des Vaters Blut! – gedenkt ihr meiner: welche Taten
Ich euch getan und dann, hierhergekommen,
Welche ich vornahm wiederum? – O Ehen! Ehen!
Ihr brachtet uns hervor und, als ihr uns
Hervorgebracht, da ließet ihr denselben Samen
Aufgehen abermals und stelltet dar
In Vätern, Brüdern, Söhnen Eines Stammes Blut,
Bräuten, Weibern und Müttern und soviel
Schändlichste Werke unter Menschen nur entstehn. –
Jedoch, unschön zu sagen ist, was auch zu tun
Nicht schön ist: schleunigst, bei den Göttern!
Verbergt mich draußen irgend oder tötet oder
Hinaus ins Meer werft mich, wo ihr mich niemals mehr
           erblickt! –
Kommt! überwindet euch, ihn anzufassen,
Den Mann des Jammers! folgt mir! scheut euch nicht!
Denn *meine* Übel ist kein anderer imstande,
Davonzutragen außer mir der Sterblichen!

ÄLTESTER

Da kommt für das, was du erbittest, eben recht
Kreon, zu handeln und zu raten, daß er übrig
Allein statt deiner als des Lands Verwahrer.

ÖDIPUS

O mir! welch Wort noch können wir zu diesem sagen?
Welch Anrecht auf Vertrauen hätt ich noch?
Bin ich in allem doch, was ich zuvor
An ihm getan, als schlecht befunden worden!

KREON

Nicht um zu lachen, Ödipus, bin ich gekommen,

Noch um zu schelten eins der frühren Übel.

Allein, wenn ihr euch vor der Sterblichen
Geschlechtern nicht mehr schämt, so scheuet doch
Zum mindesten die allnährende Flamme
Des Herrschers Helios: ihr solchen Greuel
So unverhüllt zu zeigen, welchen nicht die Erde,
Der Regen nicht, der heilige, und nicht das Licht
Zulassen! Schnell, schafft ihn ins Haus hinein!
Nur die von dem Geschlecht sind, dürfen des Geschlechtes
Übel am eh'sten sehn und hören unbefleckt.

ÖDIPUS

Da, bei den Göttern! du mich aus der Angst gerissen
Und bist, der Beste, zu mir Schlechtestem gekommen:
Folg mir in Einem: dir, nicht mir zum Vorteil red ich!

KREON

Und was suchst du von mir so dringlich zu erlangen?

ÖDIPUS

Wirf mich aus diesem Land, schleunigst! dahin,
Wo ich von keinem Menschen angeredet werde!

KREON

Ich hätte es getan, das wisse wohl! wenn ich
Den Gott zuerst nicht fragen wollte, was zu tun sei.

ÖDIPUS

Jedoch sein ganzer Spruch ging klar dahin:
Den Vatermörder, den Verruchten, mich zu töten!

KREON

So hieß das! aber wo wir stehen in der Sache,
Ist besser nachzufragen, was zu tun sei.

ÖDIPUS

Derart wollt ihr um den geschlagenen Mann noch Weisung
holen?

KREON

Auch du wirst jetzt dem Gotte wohl Vertrauen schenken!

ÖDIPUS

So trage ich dir auf und lieg dir an:

KÖNIG ÖDIPUS · FÜNFTER AUFTRITT

Der dort im Hause richte, wie du selbst es willst,
Das Grab; recht wirst du's für die Deinige erfüllen.
Doch mich – das sei von dieser väterlichen Stadt
Niemals verlangt, mich lebend zum Bewohner zu
empfangen!
Nein, laß mich wohnen in den Bergen, wo sich *mein*
Rühmt der Kithairon, jener, den mir Mutter
Wie Vater, lebend, fest bestimmt zum Grab:
Daß ich durch sie, die mich vernichten wollten, sterbe!
Doch, freilich, soviel weiß ich: weder Krankheit
Noch irgend anderes wird mich zerstören. Nie
Wär ich als schon Gestorbener bewahrt geblieben,
Wenn nicht für irgendein furchtbares Leid. –
Nun, unser Schicksal geh, wohin es gehe!
Die Kinder aber – nun, die männlichen: für sie
Nimm, Kreon, keine Sorge auf dich! Sie sind Männer,
So daß sie niemals Mangel haben werden,
Wo sie auch sind, am Notwendigen für das Leben.
Doch meine beiden unglückseligen
Erbarmenswerten Mädchen, sie, die nie
Gesehen, daß der Tisch mit Speise mir gesondert
Ward hingestellt, und standen fern vom Vater:
Nein, wonach ich auch griff, von alle diesem
Erhielten stets sie beide ihren Teil: für diese
Sorge man mir, und laß am liebsten mich mit Händen
Berühren sie und ausweinen die Übel! –
Komm! Herr!
Komm! Edler edlen Stammes! denn berühre
Ich sie mit Händen, wird mir sein,
Als *hätte* ich sie, so wie da ich sah!
Die beiden Kinder werden gebracht.
Was sage ich?
Hör ich nicht irgendwo hier, bei den Göttern!
Die mir Geliebten beiden Tränen weinen?
Und hat, sich über mich erbarmend, Kreon

Das Liebste, meine Kinder, mir geschickt?
Ist's so?

KREON

So ist's! Ich bin's, der dieses vorgesehen!
Wußt ich doch, dieses war von jeher deine Freude!

ÖDIPUS

So fahre gut! und möge dich der Daimon
Für diesen Schritt besser als mich bewahren! –
Kinder! wo seid ihr denn? kommt hierher! kommt
Zu diesen meinen brüderlichen Händen,
Die's euch besorgt, daß ihr des Vaters Augen,
Der euch gepflanzt, nun derart seht, die früher hellen –
Der ich, ihr Kinder! sehend nicht und fragend nicht
Euch Vater dort ward, wo man selber mich hineingepflügt.
Auch euch bewein ich – ansehn kann ich euch ja nicht! –,
Bedenke ich den Rest des bittren Lebens,
Wie ihr es vor den Menschen leben müßt.
Zu welcherlei Versammlungen der Bürger
Werdet ihr gehn, zu welchen Feiern, wo ihr nicht
Weinend nach Haus kommt, statt im Festzug mitzugehn!
Doch wenn ihr nun zur Reife kommt der Hochzeit:
Wer wird der sein, wer setzt beiseite, Kinder!
Schmähungen hinzunehmen, wie sie *meinen* Eltern –
Den euren auch! – entstehen werden als Beschädigungen?
Denn welches Übel fehlt? Erschlagen hat
Den Vater euer Vater, die Gebärerin
Bepflügt, in die er selber ward gesät,
Und von dem gleichen Felde euch geerntet,
Von dem er selbst entsproßt war! Also schmäht man euch!
Und dann – wer wird zur Frau euch nehmen? –
Nein! da ist keiner, Kinder, sondern, offenbar,
Dürr werdet ihr und ehelos vergehn! –
Sohn des Menoikeus! drum, da du allein
Als Vater ihnen beiden bleibst – denn wir,
Die sie gepflanzt, wir beide sind dahin –:

Sieh nicht mit an, daß bettelnd, männerlos,
Deines Geschlechtes, sie umherziehn, und
Stell sie nicht gänzlich meinen Übeln gleich!
Erbarm dich ihrer, der du sie – so jung – von allem
Derart entblößt siehst, außer was von dir kommt!
Versprich es, Edler, durch Berührung deiner Hand!
Kreon gibt ihm zögernd die Hand.
Ödipus sich den Kindern zuwendend
Euch, Kinder! hättet ihr bereits Verstand,
Könnt ich noch vieles lehren. Jetzt jedoch:
Betet mir darum, daß ihr leben möget,
Wo sich's euch bietet, doch daß ihr ein besser Leben
Mögt finden als der euch gepflanzt, der Vater!

KREON
Nun genug hiermit der Tränen! Auf, geh in das Haus hinein!

ÖDIPUS
Folgen muß ich, ist es auch süß nicht!

KREON
Alles ist gut zur rechten Zeit!

ÖDIPUS
Doch du weißt, was ich bedinge?

KREON
Sprich! dann weiß ich's, wenn ich es hör!

ÖDIPUS
Schick hinweg mich aus dem Lande!

KREON
Was der Gott gibt, bittest du mich!

ÖDIPUS
Doch verhaßt bin ich den Göttern!

KREON
Eben drum erlangst du's bald!

ÖDIPUS
Sagst du's zu?

KREON
Was ich nicht denke, rede ich nie leer daher!

ÖDIPUS

Nun! So führe mich hinweg jetzt!

KREON

Geh jetzt! laß die Kinder los!

ÖDIPUS

Nein, nur diese, nimm sie mir nicht!

KREON

stark

Wolle nicht Herr in allem sein!
Auch was du beherrscht hast, ist dir nicht durchs Leben
nachgefolgt.

Kreon, Ödipus und die anderen ins Haus.

CHOR

als Epilog

Bürger in dem Lande Theben! Sehet, dieser Ödipus,
Der die berühmten Rätsel löste und ein Mann vor allen war,
Er, auf dessen Glück – wer von den Bürgern nicht mit Neid
geblickt:
In welch eine große Woge schwerer Schickung er geriet!
Darum blicke man bei jedem, der da sterblich, auf den Tag,
Der zuletzt erscheint, und preise selig keinen, eh er denn
Durchgedrungen bis zum Ziel des Lebens, nie von Leid
berührt!

EURIPIDES
TROERINNEN

415 v. Chr.

Personen: POSEIDON · ATHENE · HEKABE *die Gattin des Priamos, des*
Königs von Troja · CHOR *der Troerinnen* · TALTHYBIOS *Herold des*
griechischen Heeres · KASSANDRA *Tochter Hekabes* · ANDROMACHE
Gattin Hektors, des Sohnes des Priamos und der Hekabe · MENELAOS
König von Sparta · HELENA *seine Gattin* · *Bewaffnete* · *Astyanax, der*
kleine Sohn Hektors
Ort der Handlung: Troja

Küstenebene vor Troja; im Hintergrunde die Stadt, aus der verein-
zelt Rauchwolken aufsteigen; im Vordergrunde Zelte und Hütten,
vor deren erster Hekabe liegt; sie ist unter der Last ihres Schmerzes
zu Boden gesunken

POSEIDON
tritt auf
Vom Salzschlund kam des Aigeusmeeres ich herbei,
wo Nereidenchöre ihren Reigentanz
so allerliebst entfalten – ich, Poseidon. Denn
seitdem um diese Stadt der Troer dort Apollon
und ich aus Stein die Mauern und die Türme bauten,
nach ordentlichem Richtmaß, schwand die Liebe mir
zur Heimat meiner Phryger niemals aus dem Herzen.
Jetzt geht sie auf in Rauch, ward vom Argeierheer
zerstört, vernichtet; denn Epeios vom Parnaß,
der Phoker, hat, gemäß der Arglist der Athene,
das Pferd, das waffenbergende, gezimmert, hat

es in die Stadt gesandt, ein Götterbild voll Unheil.
Drum wird es bei der Nachwelt noch das Holzroß heißen,
das Lanzenschäfte, auch aus Holz, in sich verborgen.
      Leer sind die Haine, und die Göttertempel triefen
von Blut. Und auf den Stufen des Altars, der heilig
dem Herdbeschützer Zeus, brach Priamos zusammen.
Viel Gold und Beute aus dem Phrygerland wird zu
den Schiffen der Achaier hingeschleppt. Sie warten
auf Segelwind. Zehnmal ward schon die Saat gestreut,
da sehnen sich nach Weib und Kind zurück die Griechen,
die gegen diese Stadt gezogen sind. Auch ich
– denn von der Argosgöttin Hera und Athene
bin ich besiegt, die beide ausgetilgt die Phryger –
verlasse das berühmte Ilion und meine
Altäre; packet grause Öde eine Stadt,
liegt brach der Gottesdienst und fordert keine Ehren.
Vom lauten Klageruf der kriegsgefangnen Frauen,
die man den Herren zulost, hallet der Skamandros.
weist auf entferntere Gruppen von Zelten
Die hat arkadisch, jene dort thessalisch Kriegsvolk
erlost und Fürsten von Athen, des Theseus Söhne.
deutet auf die nächststehenden Zelte
Doch die noch nicht verlosten Troerinnen weilen
      hier unter diesen Zelten, für des Heeres Führer
erwählt, dabei die Tochter des Tyndareos
aus Sparta, Helena: Mit Recht gilt sie als Sklavin!
      Wenn einer hier die Unglückliche sehen will,
er kann es – Hekabe, wie vor der Tür sie liegt
und bittrem Lose bitterliche Tränen spendet.
Ihr Töchterlein Polyxene ward an dem Grab
Achills – sie weiß es noch nicht – jämmerlich geopfert.
Dahinter sind Priamos, die Söhne. Und die Jungfrau
Kassandra, die Apoll als Seherin entließ,
will Agamemnon, Gott und frommer Pflicht vergessen,
gewaltsam hin zu dunklem Liebesbunde führen.

Leb wohl denn, Stadt, die einstmals glücklich war, lebt
wohl,
ihr glattgefügten Mauern! Hätte Pallas nicht,
das Kind des Zeus, zerstört euch, stündet ihr noch fest!

ATHENE *tritt auf*
Darf ich an dich, der meinem Vater nächstverwandt
und hochgeehrt im Götterkreis als großer Daimon,
mein Wort jetzt richten, wo ich altem Haß entsagt?

POSEIDON
Du darfst es. Fesseln doch, Gebieterin Athene,
Verwandtschaftsbande Herzen innig aneinander.

ATHENE
Die Güte lob’ ich. Was ich zu besprechen habe,
berühret dich und mich in gleicher Weise, Herr.

POSEIDON
Willst du mir etwa neue Botschaft von den Göttern,
von Zeus, von irgendeinem der Daimonen bringen?

ATHENE
Nein. Wegen Ilion, auf dessen Grund wir stehen,
kam ich zu dir, mit deiner Macht mich zu verbünden.

POSEIDON
So hast du deinen alten Groll verworfen, fühlst
jetzt Mitleid mit der Stätte, die in Flammen aufgeht?

ATHENE
Komm hierauf erst zurück: Willst du mit mir besprechen,
mit mir zusammen tun, was ich vollführen möchte?

POSEIDON
Jawohl. Doch wüßt’ ich deine Absicht gern. Willst du
für Griechen oder für Trojaner dich verwenden?

ATHENE
Den früher mir verhaßten Troern will ich Freude,
dem Heer der Griechen eine bittre Heimkehr spenden.

POSEIDON
Was springst du so zu ständig andrer Denkart um
und haßt und liebst so heftig aufs Geratewohl?

ATHENE
Du weißt doch, daß man mich entweiht und meine
Tempel?
POSEIDON
Ich weiß – als Aias mit Gewalt Kassandra fortriß.
ATHENE
Und ungestraft, ja ungerügt von den Achaiern!
POSEIDON
Obwohl sie Ilion dank deiner Kraft zerstörten!
ATHENE
Dafür will ich, mit dir im Bunde, sie verderben.
POSEIDON
Für deinen Wunsch steh' ich bereit. Was willst du tun?
ATHENE
Mit Unglück will ich sie auf ihrer Heimfahrt schlagen.
POSEIDON
Noch auf dem Festland, oder auf der Salzflut erst?
ATHENE
Wenn sie von Ilion in ihre Heimat segeln.
Zeus wird gewaltgen Regenguß und Hagelschlag
entsenden und der Lüfte düstres Sturmgeheul.
Mir hat versprochen er den Donnerkeil, die Griechen
zu treffen, ihre Schiffe mit dem Brand zu tilgen.
Was dich angeht, so laß die Aigeusflut erbrausen
in dreifach hohen Wogen und in salzgen Strudeln,
mit Toten fülle an Euboias Klippenbucht,
auf daß die Griechen für die Zukunft Ehrfurcht lernen
vor meinen Tempeln, Scheu auch vor den andern Göttern.
POSEIDON
So sei es. Mein Gewähren braucht nicht viele Worte.
In Aufruhr will des Aigeusmeeres Flut ich stürzen.
Der Strand von Mykonos, die Riffe auch von Delos,
und Skyros, Lemnos und das Kap von Kaphereus,
sie sollen die Ertrunkenen in Menge bergen.
Begib dich zum Olymp, empfang die Blitze aus

des Vaters Hand und warte auf den Augenblick,
in dem die Griechenflotte ihre Segel setzt!
    Ein Narr ist jeder Mensch, der Städte auslöscht, Tempel
und Gräber, Heiligtümer der Entschlafenen,
veröden läßt und selbst danach zugrunde geht!
beide ab

HEKABE
richtet sich auf
Unglückliche, auf denn, vom Boden das Haupt!
Erhebe den Nacken! Das ist nicht mehr Troja,
und nimmermehr sind wir die Könige Trojas.
Wenn immer der Daimon sich wandelt, halt aus!
Fahr hin an der Meerenge,
fahr hin, dem Daimon gemäß,
und niemals stemme das Schiff deines Lebens,
stromaufwärts segelnd, dem Schicksal entgegen!
O wehe!
Was soll ich Elende jammern nicht,
die Vaterland, Kinder und Gatten verloren?
Gewaltiger Stolz der Ahnen,
herniedergebeugt, wie warst du ein Nichts!
Warum soll ich schweigen? Warum nicht schweigen?
Warum doch klagen?
Unselige ich, um der leidschweren Ruhstatt
der Glieder willen, wie liege ich nur,
den Rücken gestreckt auf ein hartes Bett.
O wehe, mein Haupt, o wehe, die Schläfen,
der Leib! Wie möchte ich wälzen, nach hier,
nach dort hinstrecken den Rücken, das Kreuz,
nach beiden Seiten, im Takte des Liedes
der ewig strömenden Unglückstränen.
Das ist die Muse dem Leidgeprüften:
Verderben besingen, das Reigen nicht kennt.

Ihr Schiffe, die ihr unter
geschwindem Schlage der Ruder
zum heiligen Ilion über
das purpurfarbene Meer
durch Griechenlands gastliche Häfen,
zu gellendem Liede der Pfeifen,
wohllautendem Klange der Flöten
gefahren seid und Ägyptens
Erfindung, das Seil, das geflochtene,
zum Halt euch geknüpfet, ach,
in Trojas Meeresbucht,
zu holen des Menelaos
verhaßte Gattin, dem Kastor
die Schmach, dem Eurotas die Schande,
die hingeschlachtet den Vater
der fünfzig Söhne, den Priamos, –
und mich, die elende Hekabe,
geworfen auf diesen Unglücksstrand!
O welch einen Platz nehm' ich ein:
Dicht vor dem Zelt Agamemnons.
Als Sklavin werde geführt
ich Greisin fort von der Heimat,
das Schmerzenshaupt kläglich entstellt.
ruft zu den Zelten hin
Ihr elenden Frauen der Troer,
der erzgewappneten – Mädchen,
dem Unglück vermählt – im Rauche
liegt Ilion, lasset uns klagen!
der Chor der trojanischen Frauen strömt aus den Zelten
zusammen
Wie eine Mutter den Vöglein,
den jungen, so will ich beginnen
das Lied und den Tanz, freilich nicht
dieselben, die einstmals ich schon,
gestützt auf des Priamos Zepter,

mit lautem Stampfen des Fußes,
des reigenführenden, anhub
zum Lobe der phrygischen Götter.

ERSTER HALBCHOR

Was, Hekabe, sprichst du? Was rufst du?
Wohin zielt dein Wort? In den Zelten
vernahm ich die Klage, die du erhebst.
Und Furcht durchzuckt die Herzen
uns Troerinnen, die hier in den Hütten
das Los der Knechtschaft bejammern.

HEKABE

Ach, Kinder, hin zur Flotte bewegen sich schon
die Griechen, sie tragen die Ruder!

ERSTER HALBCHOR

O weh mir, was wollen sie – werden sie jetzt mich zu
Schiff
aus der Heimat verschleppen, irgendwohin?

HEKABE

Ich weiß nicht, doch ahne ich Unheil.

ERSTER HALBCHOR

O wehe, unglückliche troische Frauen,
um Leid zu vernehmen, kommt aus den Zelten!
Es rüsten die Griechen zur Heimfahrt.

HEKABE

Ach, lasset mir nicht
Kassandra heraus,
die gottbesessene,
zur Schmach der Argeiern,
die rasende! Will ich mich doch,
zum Gram, nicht weiter noch grämen!
Weh, Troja, du elendes Troja,
verloren bist du,
und elend sind, die dich verlassen,
die Lebenden wie die Erschlagenen.

ZWEITER HALBCHOR

O weh mir! Zitternd verließ ich hier
das Zelt Agamemnons, zu hören
von dir, Gebieterin: Liegt ein Beschluß vor
der Griechen, zu töten mich Elende?
Oder sind schon an Bord die Matrosen,
bereit, die Ruder zu regen?

HEKABE

Mein Kind, in der Morgendämmerung wurde
von Schauer durchzuckt mein Herz.

ZWEITER HALBCHOR

Ist schon ein Bote der Griechen gekommen?
Wem bin ich Arme als Sklavin hörig?

HEKABE

Du stehest kurz vor der Verlosung.

ZWEITER HALBCHOR

Ach, wer wird nach Argos oder nach Phthia
mich führen oder auf eine Insel,
mich Unglückliche, ferne von Troja?

HEKABE

Wehe!
Für wen soll ich elende Greisin –
und wo – noch Sklavendienst leisten,
vergleichbar der kraftlosen Drohne,
ein Leichnam, ohnmächtiges Totengebild,
ach,
die Wache am Eingang haltend,
oder auch Kinder betreuend, ich,
die Trojas Königsehren genoß?

CHOR

O Jammer, mit welchen Klagen
beseufzest du deine Schmach?
Nicht werde ich mehr an idaischen Webstühlen
das Schifflein im Schwung hin und her bewegen.

Zum letzten Male seh' ich die Kinder,
zum letzten Mal. Ein ärgeres Leid
noch muß ich erdulden, zum Lager gezerrt
der Griechen – verflucht soll sein diese Nacht
und ihr Daimon – oder als klägliche Dienerin
bestimmt, vom heiligen Naß der Peirene
zu schöpfen. O kämen wir doch zum berühmten,
zum glücklichen Lande des Theseus –
nur nicht zum wirbelnden Strom des Eurotas,
der verhaßten Heimat der Helena,
wo ich als Sklavin dem Menelaos,
dem Zerstörer Trojas, begegnen müßte.

Das heilige Land des Peneios,
der Grund des Olymp, der herrliche,
sie quellen von Reichtum, so hörte ich sagen,
von üppiger Fruchtbarkeit. Dorthin möchte ich
kommen, bleibt mir versagt die geweihte,
hochheilige Heimat des Theseus!
Und das Land des Hephaistos, am Ätna,
Karthago zugewandt, die Mutter
sizilischer Berge, ich höre sie preisen
als Siegerin, mit Kränzen des Tatenruhms.
Ganz nahe dabei,
wenn man fährt übers ionische Meer,
das Land, das der herrliche Krathis bewässert,
der blond färbt das Haar,
der nährt mit göttlichem Quell und
beglücket das Land der tapferen Männer.

Da kommet ja auch vom Danaerheer
der Bote heran, der Künder von neuen
Befehlen, schreitend mit eiligem Fuß.
Was bringt er? Was sagt er? Denn Sklavinnen sind
der dorischen Erde wir schon.

TALTHYBIOS

tritt an der Spitze einer Schar Bewaffneter auf
Du, Hekabe – du weißt doch, daß ich oft nach Troja
als Herold aus dem Griechenheere kam, gar wohl
von früher dir bekannt noch, Königin – ich bin,
Talthybios, mit einer neuen Botschaft hier.

HEKABE

Da ist es, da ist es,
ihr lieben, troischen Frauen,
was wir schon so lange gefürchtet!

TALTHYBIOS

Ihr seid bereits verlost, – sofern ihr das gefürchtet.

HEKABE

O wehe, in welche Stadt
Thessaliens – oder Phthias – oder des
kadmeischen Landes verweist du uns?

TALTHYBIOS

Von euch hat jede einen andern Herrn erhalten.

HEKABE

Wer? Wen? Und wen von den troischen Frauen
erwartet ein glückliches Schicksal?

TALTHYBIOS

Ich weiß – doch einzeln frage, nicht auf einmal alles!

HEKABE

Wer hat meine Tochter bekommen, so sprich doch,
die leidgeprüfte Kassandra?

TALTHYBIOS

Als Sonderpreis erhielt sie König Agamemnon.

HEKABE

Für seine spartanische Frau
als Sklavin? O wehe, o weh!

TALTHYBIOS

O nein, als heimliche Genossin seines Lagers.

HEKABE

Des Phoibos Jungfrau,

TROERINNEN   219

welcher als Ehrengeschenk
der Gott mit den goldenen Locken
ein Leben in Keuschheit verhieß?

TALTHYBIOS
Die Liebe zu der Seherin hat ihn gepackt.

HEKABE
Wirf fort, Kind, die heiligen Schlüssel,
vom Leib die geweihten Hüllen
herumgewundener Kränze!

TALTHYBIOS
Hat sie nicht Glück, das Bett zu teilen mit dem König?

HEKABE
Was ist mit dem Kinde, das neulich
ihr mir schon entrissen – wo weilt es?

TALTHYBIOS
Polyxene hast du gemeint? Nach wem sonst fragst du?

HEKABE
Nach ihr. An wen hat das Los sie gebunden?

TALTHYBIOS
Ihr Auftrag ist, am Grabmal des Achill zu dienen.

HEKABE
Weh mir! Eine Sklavin dem Grabe
gebar ich! Doch was für ein Brauch,
mein Lieber, oder welch ein Gesetz
ist dies bei den Griechen?

TALTHYBIOS
Preis glücklich deine Tochter! Geht es ihr doch gut.

HEKABE
Wie meinst du das? Sie erblicket doch wohl
das Licht noch der Sonne?

TALTHYBIOS
Ihr Schicksal hat von allem Kummer sie befreit.

HEKABE
Und wie hat die Gattin des erzgewappneten Hektor,
die unglückliche Andromache, es getroffen?

TALTHYBIOS

Auch sie gewann als Sonderpreis der Sohn Achills.

HEKABE

Doch wessen Sklavin bin ich geworden,
für meine Hand, für mein graues Haupt
des Stabes bedürftig als dritten Fußes?

TALTHYBIOS

Odysseus, Fürst von Ithaka, erloste dich.

HEKABE

Ach! Schlage das geschorene Haupt!
Zerreiß mit den Nägeln beide Wangen!
Weh! Dem abscheulichen, falschen Manne
wurde als Sklavin ich zugelost,
dem Feinde des Rechtes, dem frevelnden Wurm,
der alles verdreht, von hier nach dort und
von dort zurück mit gespaltener Zunge,
den früheren Freund als Feind behandelnd
in allem. Beklaget mich, troische Frauen!
Dahin bin ich Elende. Leidgeprüft,
verfiel ich dem traurigsten Los.

CHORFÜHRERIN

Dein Schicksal kennst du, Herrin. Doch wer hält von den
Achaiern oder Griechen mein Los in den Händen?

TALTHYBIOS

ohne auf die Frage einzugehen

Geschwind, ihr Diener! Führet jetzt so schnell wie möglich
Kassandra aus dem Zelt heraus, damit ich sie
dem Feldherrn übergebe und den andern dann
die ihnen zugelosten Kriegsgefangenen bringe!
Ha! Warum flammet drin im Zelte Fackelglanz?
Ihr Schlupfloch stecken an – was sonst! – die Troerinnen!
Jetzt, da sie fort von hier nach Argos fahren sollen,
jetzt gehen selber sie mit Feuer sich zu Leibe,
den Tod ersehnend! Wahrlich, widerstrebend trägt
in solcher Not ein freier Mensch sein Unglücksjoch.

Macht auf! Macht auf! Was denen Vorteil bringt, doch
den
Achaiern Schaden, soll mich nicht mit Schuld belasten.
Nein doch, sie legen Feuer nicht. Nur meine Tochter
Kassandra stürmt heran im Taumel ihres Schmerzes.

KASSANDRA
stürmt fackelschwingend aus dem Zelt
Halt hoch! Halt her!
Ich trage die Flamme,
erfülle in Ehrfurcht die Pflicht,
erleuchte – siehe nur, sieh! –
mit Fackeln dies Heiligtum.
Hymen, mein Gebieter:
Glückselig der Gatte,
glückselig auch ich,
zu fürstlicher Ehe
in Argos gefreit.
Hymen, Hymen, mein Gebieter:
Indes du, Mutter, mit Tränen
und Klagen den toten Vater
beseufzest und die Heimat,
die teure, entflamm' ich zu meiner
Vermählung den Feuerbrand,
zum Glänzen, zum Funkeln,
und spende, Hymen, für dich,
und spende dir, Hekate, Licht
zur Hochzeit der Jungfrau,
wie's fordert der Brauch.

Nun schwinge den Fuß!
Zum Himmel an führe
den Reigen, juchhei,
wie einst zu den seligen Zeiten,
da noch mein Vater gelebt!

Gottheilig der Chor.
Eröffne ihn, Phoibos!
In deinem Tempel,
im Lorbeerkranz,
bring' dar ich das Opfer.
Hymen, Hymen, Hymen!
So tanze doch, Mutter und lache,
nach hier dreh, nach dort dich mit mir,
dich wiegend im frischesten Takt!
Besinget nur den Hymen,
mit Liedern des Glückes,
mit Rufen des Jubels die Braut!
Auf, festlich gekleidete Mädchen
der Phryger, feiert im Tanz
den mir von den Göttern
bestimmten Gemahl!

CHORFÜHRERIN
Willst, Herrin, du das wahnbetörte Kind nicht hindern,
den leichten Schritt zu lenken bis zum Griechenheer?
HEKABE
Du leuchtest, Gott Hephaistos, zwar der Menschenhochzeit,
jedoch zum Unheil läßt du diese Fackel flammen
und ohne stolze Hoffnung. – Weh, mein Kind, niemals
hab' ich geahnt, daß du als Kriegsgefangene
der Griechen eine solche Hochzeit feiern müßtest!
Gib mir die Fackel! Denn zu Unrecht trägst du sie
in deinem Rausch, und selbst dein Leid, mein Kind, hat
                                                    dich
nicht klug gemacht: Du bleibst in deinem alten Wahn!
Die Fackeln tragt hinein und gebt, ihr Troerinnen,
mit euren Tränen Antwort auf ihr Hochzeitslied!
KASSANDRA
Umhülle, Mutter, mit dem Siegeskranz mein Haupt
und freu dich über meine königliche Hochzeit!

Geleite mich, und bin ich säumig, treibe mit
Gewalt mich! Lebt Apollon noch, soll Agamemnon,
des Griechenheeres großer Feldherr, meine Hochzeit
zu größrem Unheil feiern als die Helenas.
Denn töten will ich ihn, sein Haus zerstören, so
für meine Brüder, für den Vater Rache nehmen.
Doch manches laß ich. Von dem Beil will ich nicht singen,
das meinen Hals und den der andern treffen wird,
nicht von dem Muttermord, den meine Hochzeit noch
heraufbeschwört, und nicht vom Sturz des Atreushauses.

Doch zeigen will ich, daß die Stadt hier glücklicher
gewesen als die Griechen – will, vom Gott begeistert,
gleichwohl soweit von leerem Rausche frei mich halten.
Sie haben eines Weibes, einer Liebe wegen,
erpicht auf Helena, Unzählige verloren.
Der weise Feldherr hat um der Verhaßten willen
sein Liebstes eingebüßt, geopfert seinem Bruder
des eignen Hauses Kinderglück – und für ein Weib,
das sich sehr gern, und nicht gewaltsam!, rauben ließ.
Und als sie an die Ufer des Skamandros kamen,
da fielen sie, nicht zur Verteidigung der Heimat,
nicht für die hochgetürmte Stadt; und wen der Kriegsgott
errafft, den sahen nicht die Kinder, den umhüllte
der Gattin Hand nicht mit dem Grabgewand: Er ruht
in fremder Erde. Und daheim das gleiche Leid:
Da starben Witwen, Männer auch, zu Haus vereinsamt,
weil sie für andre nur die Kinder großgezogen.
Kein Mensch besucht ihr Grab, wird Blut der Erde
                                                    spenden.
Fürwahr, solch eines Ruhmes ist der Feldzug wert!

Das Schmachvolle verschweig' ich lieber; keine Muse
soll aus mir sprechen, die das Schmutzige besingt.

Die Troer nun, als erstes, schönster Ruhm!, sie starben
fürs Vaterland. Und wen der Feindesspeer getroffen,
der wurde tot ins Haus getragen von den Lieben,

erhielt sein Grabmal in der heimatlichen Erde
und ward betreut von Händen, denen dies gebührte.
Die Troer aber, die nicht fielen in der Schlacht,
sie lebten ständig, Tag für Tag, mit Weib und Kind
zusammen – Freuden, die den Griechen ferne waren.
Was dich an Hektor schmerzt: Vernimm, wie's wirklich
                       ist!
Als Tapferster gepriesen, ging er in den Tod, –
und dankte dies der Ankunft der Achaier nur.
Denn blieben sie zu Haus, so blieb sein Wert verborgen.
Und Paris hat das Kind des Zeus gefreit; sonst führte
daheim er eine Ehe, die kein Mensch erwähnt.
   Den Krieg soll also meiden, wer vernünftig ist.
Doch kam's zum Krieg, dann gilt als Ruhmeskranz der
                       Stadt
ein Tod in Ehren und als Schmach ein Tod in Schanden.
Deshalb darfst du nicht jammern um die Heimat, Mutter,
und nicht um meine Hochzeit. Jene, die am meisten
ich hasse, soll durch meine Ehe ich vernichten.

CHORFÜHRERIN

Wie herzlich lachst du über eigne Not und singst
ein Lied, das schwerlich du als wahr erweisen kannst!

TALTHYBIOS

Wenn dir Apollon nicht Verstand und Einsicht trübte,
so dürftest meine Feldherrn du nicht ungestraft
mit solchen Schmähungen von Troja fort geleiten.
Doch wer da großtut und mit Weisheit prunkt, der ist
in keiner Hinsicht besser als der kleine Mann.
Hat doch der große Feldherr aller Griechen, der
geliebte Sohn des Atreus, ganz besondre Neigung
zu dieser Rasenden gefaßt. Zwar bin ich arm;
doch hätte ich den Bund mit ihr niemals geschlossen.
Nun, weil du nicht bei Troste bist, erlaub' ich dir
dein Schimpfen auf die Griechen und dein Phrygerlob:
Das rafft der Wind von dannen. Folg mir zu den Schiffen,

du schönes Bräutchen für den Hauptmann unsres Heeres!

zu Hekabe

Doch du geh mit, sobald dich des Laërtes Sohn
fortführen will. Magd eines klugen Weibes wirst
du sein, wie jene meinen, die nach Troja zogen.

KASSANDRA

Der Knecht ist gut! Welch einen Namen führen denn
      die Herolde, ein Abscheu allen Sterblichen,
die Helfershelfer der Tyrannen und der Städte?
      In des Odysseus Haus soll meine Mutter kommen,
so wähnst du? Wo bleibt da Apollons Spruch, der mir
erteilt ward und besagt, daß hier sie sterben soll?
Die bittren Einzelheiten will ich mir ersparen.
Er weiß, der Arme, nicht, was ihn an Not erwartet,
daß mein und Trojas Leid ihm noch als Gold erscheint:
Nach vollem weiteren Jahrzehnt, zum hier verbrachten,
soll er allein nach Hause kommen. Unterwegs,
in enger Felsendurchfahrt, haust die schreckliche
Charybdis – in den Bergen, Fleisch roh fressend, der
Kyklop – und in Ligurien Kirke, die aus Menschen
sich Schweine zaubert – Schiffbruch dann auf See – die
                                             Gier
nach Lotos – und des Helios geweihte Rinder,
die einst, geschlachtet, brüllen sollen, für Odysseus
ein bittrer Klang. Und, kurz: Als Lebender wird er
zum Hades ziehn – dem Meer entronnen, heimgekehrt,
nur Not in seinem Hause, tausendfältig, finden!

Aber wozu drohend prophezeien des Odysseus Leid?
Schleunigst auf! Zum Hades, freien will ich meinen
                                      Bräutigam!
Elend, elend wird man dich begraben, nachts, und nicht
                                      bei Tag,
der du Großes zu vollbringen wähnst, des Griechenheeres
                                      Haupt!

Meinen Leichnam auch, nackt hingeworfen, werden
Schluchten, wild
strömend von geschwollnen Wassern, nah dem Grab des
Bräutigams,
opfern, Fraß für wilde Tiere, mich, Apollons Dienerin.
Kränze, ihr, des Liebsten mir der Götter, Jubelfestes
Schmuck,
lebet wohl! Ich ließ die Feiern, deren ich mich einst erfreut.
Fort vom Leib mir, weggezerrt! Noch unbefleckt, will ich
dir dies,
Herr der Seher, wiedergeben für der schnellen Lüfte Spiel.
Wo find' ich das Schiff des Feldherrn? Wo hab' ich an
Bord zu gehn?
Warte nicht mehr auf den Wind für deine Segel: Denn du
sollst
mich als einen der drei Rachegeister führen fort von hier.
Lebe wohl, mir, Mutter! Weine nicht! Du, liebes
Heimatland,
Brüder ihr im Erdenschoße, Vater, der du mich gezeugt,
bald sollt ihr mich grüßen. Zu den Toten komm' ich,
sieggekrönt,
hab' das Haus vernichtet der Atriden, die uns erst gestürzt.
während sie von Talthybios und seinen Begleitern abgeführt
wird, bricht Hekabe wieder zusammen.

CHORFÜHRERIN
Ihr, die ihr hüten sollt die greise Hekabe,
seht ihr nicht eure Herrin sprachlos niedersinken?
So greift doch zu! Wollt ihr in eurer Säumigkeit
die Greisin stürzen lassen? Richtet auf den Leib!
HEKABE
zu den Frauen, die sich um sie bemühen
Laßt mich – der gute Wille, unerwünscht, wird ungut,
ihr Mädchen – laßt mich liegen! Nieder zwingt mich, was
ich leide, was ich litt und was ich leiden werde.

Ihr Götter – üble Helfer ruf' ich damit an,
gleichwohl ist es Gewohnheit, Götter anzurufen,
wenn einer von uns in ein Mißgeschick gerät!
Erst will ich sprechen noch von meinem Glück: Dadurch
will ich dem Unglück größre Kraft der Rührung leihen.
    Ich war ein Königskind, ein König ward mein Gatte
und äußerst tücht'ge Kinder hab' ich ihm geboren,
nicht eine große Zahl nur, nein, die besten Phryger.
Kein Weib aus Troja, Hellas, aus Barbarenland
hat sich wohl jemals solcher Kinder rühmen dürfen!
Doch sah ich unter Griechenspeeren fallen sie
und schor mein Haar an ihrem Grab, und weinte nicht
um ihren Vater Priamos, weil ich sein Los
von anderen erfuhr – o nein, mit eignen Augen
sah ich ermordet ihn am Hausaltar, die Stadt
erobert. Und die Töchter, die ich aufgezogen
für ganz besonders edle Gatten, zog ich nur
für Fremde auf: Aus meinen Händen riß man sie.
Und keine Hoffnung, daß sie je mich wiedersehen,
wie ich sie selbst auch niemals mehr erblicken werde!
Zuletzt jedoch, als Gipfel meines Leides, soll
ich alte Frau nach Griechenland als Sklavin ziehen.
Die für mein Alter schwerste Arbeit werden sie
mir auferlegen, soll ich nun als Magd die Riegel
des Tores hüten, ich, die Mutter Hektors!, oder
Brot backen, und das Bett auf bloßer Erde haben
für meinen schlaffen Leib statt königlicher Pfühle,
die Haut, die runzlige, umhüllt von abgenutzten,
zerrißnen Kleidern, Schmach für den, der glücklich war!
Ich Arme, einer Ehe, eines Weibes wegen,
was litt ich und was werde ich noch leiden müssen!
    Mein Kind, Kassandra, die du mit den Göttern
                                    schwärmtest,
durch welch ein Los hast deine Keuschheit du verloren!
Du, Elende, wo bist du nur, Polyxene?

Kein Sohn und keine Tochter von so vielen Kindern
vermag mir Unglücklicher Hilfe zu gewähren.
Warum denn richtet ihr mich auf? In welcher Hoffnung?
Führt den in Troja einst so zarten Fuß, der jetzt
nur einer Sklavin dient, zur Streu auf bloßer Erde,
zum Kissen aus Gestein, damit, gestürzt, ich sterbe,
durch Tränen aufgezehrt. Von den Beglückten haltet
für wahrhaft glücklich keinen, ehe er nicht starb!

CHOR
    Von Ilion stimme mir, Muse, in Tränen,
    ein Grablied, neue Weisen, an!
    Denn jetzt will ich einen Gesang auf Troja
    ertönen lassen: Wie durch den Wagen
    der Griechen, der auf vier Rädern gerollt,
    ich Elende unterging, kriegsgefangen,
    zu jener Stunde, da die Achaier
    das Pferd, das himmelhoch dröhnende,
    das goldgezäumte, mit Waffen erfüllte,
    zurück vor den Toren ließen.
    Laut jauchzte das Volk
    vom troischen Felsen herab:
    ›Wohlan! Von den Sorgen befreit,
    zieht herauf das heilige Bildnis
    für Ilions zeusentsprossene Jungfrau!‹
    Wer kam da nicht von den Mädchen,
    wer nicht von den Greisen hervor aus den Häusern?
    Und froh, mit Gesang, so brachten sie ein
    das tückische Unheil.

    Und alle Phryger stürmten zum Tor hin,
    zu schauen im Bergfichtenholz
    den geglätteten Hinterhalt der Argeier,
    Dardanias Verderben, die Freude
    der unvermählten Gottheit, der Lenkerin

unsterblicher Rosse. Und mit Schlingen
gesponnenen Seiles zogen sie ihn
wie einen düsteren Schiffsrumpf hinan
zum steinernen Sitz, blutdürstendem Boden,
der Heimstatt der Göttin Pallas.
Als nächtliches Dunkel
auf Arbeit, auf Freude gesunken
da tönten libysche Flöte und Lieder
der Phryger, und Mädchen sangen
zum Stampfen der hochgeschwungenen Füße
mit jubelndem Schrei. In den Häusern
wich der strahlende Lichterglanz
bei nächtlicher Dämmerung
tiefem Schlummer.

Und ich besang die Jungfrau
der Berge damals, die Tochter
des Zeus, bei ihrem Hause im Reigen.
Auf einmal erfüllte Mordgeschrei,
weithin durch die Stadt, den Grund
von Pergamon. Angstvoll streckten
die Kinder, die teuren, zum Kleide
der Mutter die Hände empor.
Aus seinem Versteck brach Ares,
ein Werk der Jungfrau Pallas.
Das Blut der Phryger floß an Altären,
und auf den Lagern errangen
die Mörder, in stillem Gelaß,
den Kranz des Sieges über die Mädchen,
für Hellas ein Born der Jugend,
doch Schmerz für die Heimat der Phryger.

auf einem mit Beutestücken beladenen Wagen naht Andromache,
ihr Kind an der Brust
Du, Hekabe, siehst du Andromache dort,

auf fremdem Gespanne herangefahren?
An ihrer wogenden Brust fährt mit
ihr lieber Astyanax, Hektors Sohn.
Wohin ziehst hoch auf dem Wagen du,
unglückliche Frau, und sitzest neben
Hektors eherner Rüstung, der Beute,
die man im Kampfe den Phrygern entriß,
mit der des Achilleus Sohn
die Tempel von Phthia wird schmücken –
dem Raube aus Troja?

ANDROMACHE
Die Griechen, als Herren, sie schleppen mich fort.
HEKABE *richtet sich auf*
Wehe!
ANDROMACHE
Warum jammerst mein Klagelied du?
HEKABE
Ach!
ANDROMACHE
Weh über mein Leid,...
HEKABE
Zeus!
ANDROMACHE
...weh über mein Unglück!
HEKABE
Kinder!
ANDROMACHE
Wir waren es früher einmal!
HEKABE
Hin ist der Segen, dahin ist Troja...
ANDROMACHE
Elende!
HEKABE
...dahin meine edlen Kinder!

ANDROMACHE
Wehe!
HEKABE
Weh über mein...
ANDROMACHE
...Unglück!
HEKABE
Jammervolles Geschick der...
ANDROMACHE
Stadt,...
HEKABE
...die aufgeht in Rauch.

ANDROMACHE
Komme zu mir, mein Gatte,...
HEKABE
Du rufst meinen Sohn
vom Hades her, du Unselige.
ANDROMACHE
...deiner Frau zur Rettung!
HEKABE
Du, der Achaier Schmach,
Herr meiner Kinder,
altehrwürdiger Priamos,
gönne mir Ruhe im Hades!

ANDROMACHE
Vermessen ist dieses Begehren.
HEKABE
Elende, ach, das müssen wir aushalten!
ANDROMACHE
Hin ist die Stadt...
HEKABE
...und Kummer auf Kummer gehäuft.

ANDROMACHE
...durch den Groll der Götter, als damals dein Sohn
dem Hades entronnen, er, der einem verhaßten
Weib zuliebe vernichtet Pergamons Burg.
Blutige Leiber von Toten sind ausgestreckt bei der
Göttin Pallas, den Geiern zum Fraß.
Unter das Joch der Knechtschaft ward Troja gebeugt.

HEKABE
Vaterland, elendes,...

ANDROMACHE
Dich, du verlaßnes, bejammere ich,...

HEKABE
...siehst jetzt das klägliche Ende.

ANDROMACHE
...mein Haus auch, in dem ich geboren.

HEKABE
Kinder, heimatlos bleibet zurück eure Mutter,
was für ein Klagelied, was für ein Leid! Und Tränen
tropfen auf Tränen hernieder in unseren Häusern. Der
Tote nur, tränenlos, kann vergessen den Schmerz.

CHORFÜHRERIN
Wie süß sind Tränen doch und Klagelieder und
die kummervolle Muse für den Unglücklichen!

ANDROMACHE
Oh, Mutter du des Helden, der die meisten Griechen
einst mit dem Speer erlegte, Hektors – siehst du das?

HEKABE
Der Götter Walten sehe ich: Hoch türmen sie
das Nichts – was groß sich dünkt, das richten sie zugrunde.

ANDROMACHE
Als Beute schleppt man fort mich mit dem Kind. Der Edle
ward Sklave, solchem Schicksalsumschwung unterworfen!

HEKABE
Der Druck des Zwangs ist fürchterlich. Soeben wurde
Kassandra grausam aus den Armen mir gerissen.

ANDROMACHE

O weh!
So ist ganz offenbar ein zweiter Aias noch
erstanden deinem Kind. Doch weiter reicht dein Kummer, …

HEKABE

…in dem mir weder Maß noch Ziel zuteilgeworden!
Ein Leid gerät in Wettstreit mit dem anderen.

ANDROMACHE

Es starb dein Kind Polyxene, am Grab Achills
geschlachtet, Opfer für den seelenlosen Leichnam.

HEKABE

Ich Arme! Das ist's also, was Talthybios
mir so umwunden sagte, unklar und doch klar!

ANDROMACHE

Ich hab' sie selbst gesehen, stieg vom Wagen, hüllte
in Decken ihren Leichnam und beklagte ihn.

HEKABE

O weh, Kind, über deinen frevlen Opfertod,
und nochmals weh, wie furchtbar gingest du zugrunde!

ANDROMACHE

Sie starb – wie elend auch ihr Tod gewesen. Trotzdem:
Ihr Tod gewährt ihr größres Glück als mir mein Leben.

HEKABE

Mein Kind, der Tod ist nicht vergleichbar mit dem Leben.
Er ist ein Nichts. Doch diesem bleibt vergönnt die
    Hoffnung.

ANDROMACHE

Hör, liebe Mutter, doch die trefflichste Begründung,
daß deinem Herzen ich Erleichterung verschaffe!
Ich meine, nicht geboren sein ist gleich dem Sterben,
doch Sterben besser noch als Leben voller Jammer.
Den Toten kümmert's nicht, wenn er ein Leid erfuhr.
Doch wer vom Glück ins Unglück stürzte, der empfindet
sehr tief den Unterschied zum einstgen Wohlergehen.
Und sie ist, grad als hätte sie das Licht niemals

erblickt, gestorben, ahnt auch nichts von ihrem Leid.
Doch ich, die ich gestrebt nach edlem Ruhm, ich habe
zuviel des Glücks erreicht, und darin lag mein Fehler.
Denn was es für ein Weib an Sittsamkeit nur gibt,
darum bemühte ich in Hektors Haus mich redlich.
Zuerst entsagte ich dem Wunsch auf ein Verhalten,
das Frauen in Verruf bringt – mögen sonst sie Tadel
verdienen oder nicht –, dem Wunsche, nicht daheim
zu bleiben: Ich für mein Teil hütete das Haus.
Und in die Wohnung ließ die schönen Worte ich
der Weiber gar nicht ein. Mit meinem eignen Herzen
als einem guten Mahner gab ich mich zufrieden.
Der Zunge Schweigen, einen stillen Blick bot ich
dem Gatten, wußte, wann ich ihn zu leiten und
wann ihm die Leitung ich zu überlassen hatte.
Und dieser Ruf, der bis zum Griechenheere drang,
hat mich vernichtet. Denn als ich gefangen wurde,
da wollte des Achilleus Sohn als Gattin mich
gewinnen. Sklavin soll ich sein im Haus der Mörder.
Und stoß ich von mir Hektors liebes Antlitz, öffne
dem jetzigen Gemahl mein Herz, so tu' ich klar
dem Toten Unrecht. Doch wenn Abscheu jenem ich
bekunde, werde meinen Herren ich verhaßt.
Und doch erzählt man, eine Nacht zerbreche schon
den Trotz des Weibes gegen eines Mannes Kraft.
Ich hasse alle, die den früheren Gemahl
vergessen und in neuer Bindung andre lieben.
Wird doch ein Pferd selbst, das man trennt von dem
Genossen
des Joches, widerwillig nur sein Fuhrwerk ziehen –
und ist ein roh Geschöpf und ohne Sprache, schwach
an Einsicht, bleibt an Gaben hinter uns zurück.
  Dich, lieber Hektor, hatte ich als meinen Schutz,
dich, groß an Klugheit, Adel, Reichtum, Tapferkeit.
Mich Unberührte nahmst du aus dem Vaterhaus,

hast mich zuerst in reiner Ehe dir verbunden.
Du bist jetzt tot, doch mich schleppt man, als
                                    Kriegsgefangne,
zu Schiff nach Hellas unters Joch der Sklaverei.
Ist somit denn geringer nicht als mein Verderben
der Opfertod Polyxenes, die du bejammerst?
Mir ist ja nicht einmal vergönnt, was allen Menschen
noch bleibt, die Hoffnung, und ich täusche mich nicht mit
Erwartungen. Und doch ist angenehm ein Wahn.

CHORFÜHRERIN
Du trägst das gleiche Leid wie ich, und deine Klage
zeigt mir den Abgrund erst der Not, in dem ich stehe.

HEKABE
Ich habe selbst noch nie ein Schiff bestiegen. Doch
ich weiß Bescheid, durch Bilder und vom Hörensagen:
Hält Maß der Sturm, daß den Matrosen Widerstand
noch möglich, mühen eifrig sie sich um die Rettung,
ans Ruder tritt der eine, jener an das Segel,
dem eingedrungnen Wasser wehrt ein dritter. Wird
zu mächtig das tief aufgewühlte Meer, so weichen
dem Schicksal sie, ergeben sich dem Lauf der Wellen.
So bin auch ich in meinem schweren Leide sprachlos
und halte müde meine Zunge still. Denn mich
besiegt der jammervolle Wogenschwall der Götter.
    Du, liebes Kind, laß Hektors Schicksal nur auf sich
beruhen, deine Tränen werden ihn nicht retten.
Erweise Achtung deinem jetzigen Gebieter,
zieh durch dein liebenswürdig Wesen ihn heran.
Und tust du das, wirst insgesamt die Freunde du
beglücken, könntest meinen Enkel hier erziehen
zu Trojas herrlichstem Gewinn, auf daß – wenn je –
die Söhne, die er zeugt, aufs neue Ilion
begründen und die Stadt noch einmal sich erhebt!
    Doch schließt an unser Wort ein andres gleich
                                    sich an:

Wer ist dort der Achaierknecht, den abermals
ich kommen sehe. Überbringer neuer Weisung?

TALTHYBIOS

kehrt mit Bewaffneten zurück

Du, Gattin Hektors, des einst besten Troerhelden,
sei mir nicht gram! Ich bringe Botschaft, wider Willen,
Gemeinbeschluß der Griechen und der Pelopsenkel.

ANDROMACHE

Was gibt es? Unheilvoll klingt schon dein erstes Wort.

TALTHYBIOS

Dein Kind, beschloß man – wie soll ich es dir nur sagen?

ANDROMACHE

...soll etwa nicht den gleichen Herrn wie ich bekommen?

TALTHYBIOS

Kein Grieche wird je Herr sein über dieses Kind.

ANDROMACHE

Sie wollen hier als letzten Phrygersproß ihn lassen?

TALTHYBIOS

Ich weiß nicht, wie ich faßlich dir das Bittre sage.

ANDROMACHE

Die Rücksicht lobe ich – nur ein Wort nicht: Das Bittre!

TALTHYBIOS

Sie wollen – hör das Furchtbare – dein Kind erschlagen!

ANDROMACHE

Oh! Das ist schlimmer als das Joch der neuen Ehe!

TALTHYBIOS

Im Rat der Griechen hat Odysseus durchgesetzt,...

ANDROMACHE

Weh! Ohne Grenzen ist das Leid, das wir erdulden!

TALTHYBIOS

...man solle nicht den Sohn des Tapfersten erziehen,...

ANDROMACHE

Er setze das für seine eignen Kinder durch!

TALTHYBIOS

...nein, ihn, zum Tod, hinab von Trojas Türmen stürzen!

Doch so gescheh' es. Zeige klüger dich und sträube
dich nicht dagegen, trag mit Würde deinen Kummer
und wähne nicht, in deiner Ohnmacht, du seist stark!
Du hast doch keinen Schutz. Bedenke deine Lage:
Die Stadt, dein Gatte sind dahin – du selbst gefangen –
wir aber können gegen eine Frau wohl kämpfen!
Aus diesem Grunde trachte nicht nach Streit und meide
ein schmähliches, nur Haß erweckendes Benehmen.
Ja, schleudre Flüche nicht einmal den Griechen zu!
Denn sagst du, was das Heer dir übel nimmt, so würde
dem Sohne weder Grab noch Mitleid nur zuteil.
Doch schweigst du und ergibst dich klug in dein Geschick,
so wirst du seinen Leib nicht unbestattet lassen,
wirst selbst die Griechen freundlicher gesonnen finden.

ANDROMACHE

Mein Kind, mein Liebstes, das mir über alles geht,
du sollst verlassen deine Mutter, sollst verderben
durch Feindeshand. Der Adel deines Vaters soll
dich töten, der für andre Rettung einst gebracht.
Des Vaters Größe ist dir nicht zum Glück gediehen.
   Ach, meine Unglücksehe, meine Unglückshochzeit,
durch die ich eingetreten einst in Hektors Haus,
nicht, meinen Sohn als Griechenopfer zu gebären,
nein, als den Herrn des früchtereichen Asiens!
Mein Kind, du weinst. Empfindest du dein bittres Los?
Was greifst nach mir du, klammerst dich an mein Gewand,
ein Vogeljunges, schmiegend dich an mein Gefieder?
Nicht Hektor kommt und hält den Ruhmesspeer gepackt,
der Unterwelt entstiegen, dir die Rettung bringend –
nicht deines Vaters Sippe – nicht das Heer der Phryger.
Im Todessprung, kopfüber, wirst herab du stürzen,
erbarmungslos, und deine Lebenskraft zerschmettern.
Du Kind in meinem Arm, du Liebstes deiner Mutter,
du süßer Duft des Leibes! Ohne Sinn hat dich
in deinen Windeln meine Brust genährt, umsonst

hab' ich gesorgt, in Mühsal aufgerieben mich.
Zum letzten Male nun hab deine Mutter lieb!
Komm dicht zu mir, die dich gebar – schling deine
                                             Ärmchen
mir um den Hals und drücke deinen Mund auf meinen!
   Barbarengreuel dachtet ihr euch aus, ihr Griechen –
was tötet ihr dies Kind, das völlig schuldlos ist?
Du Tochter des Tyndareos, niemals stammst du
von Zeus. Nein, viele Väter, sag' ich, zeugten dich,
zuerst der Rachefluch, der Neid sodann, der Mord,
der Tod und jedes Unheil, das die Erde nährt.
Nie glaube ich, es könnte Zeus dein Vater sein,
du Todesgöttin vieler Griechen und Barbaren.
Stirb! Du hast doch mit deinen wunderschönen Augen
in Schmach gestürzt das ruhmbedeckte Phrygerland.
   Auf, nehmt und schleppt und stürzt ihn, wenn ihr
                                             stürzen wollt,
verschlingt sein Fleisch! Denn durch den Götterwillen
                                             gehen
zugrunde wir, und nimmer könnte vor dem Tode
mein Kind ich schützen. Bringt mich Unglückliche weg,
stoßt mich an Bord! Zu einer herrlichen Vermählung
begebe ich mich, die mein Kind ich opfern mußte!

CHORFÜHRERIN
Du armes Troja, Tausende hast du verloren
um eines Weibes, einer bittren Liebe willen!

TALTHYBIOS
zu dem Kinde
So komme, mein Kind, verlasse die traute Umarmung
der elenden Mutter, steige hinan
den Turm deiner Väter zur höchsten Zinne:
Dort sollst du – so wurde das Urteil gesprochen –
dein Leben verlieren. *wendet sich ab* Ergreift ihn!
die Bewaffneten führen den Befehl aus

Bei solch einem Auftrag kann der als Herold
nur dienen, der Mitleid nicht kennt und stärker,
als mir mein Herz es erlaubt,
die schamlose Roheit liebt.

Talthybios, die Bewaffneten mit dem Kinde, Andromache ab

HEKABE

Mein Kind, du Sohn meines elenden Sohnes,
wir werden zu Unrecht beraubt deines Lebens,
die Mutter und ich. Was soll ich erleiden?
Was soll ich für dich, Unglücklicher, tun?
Wir können dir dies nur widmen:
Die Hiebe aufs Haupt, das Schlagen der Brust –
des sind wir noch mächtig. O wehe der Stadt,
o weh über dich! Was dulden wir nicht?
Was brauchen wir noch,
um ganz und gar ins Verderben zu stürzen?

sie bricht erneut zusammen

CHOR

Herrscher des bienenernährenden Salamis, Telamon,
du bewohntest die wogenumspülte Insel,
die vor der heiligen Küste liegt, wo Athene
erstmals den grünenden Zweig des Ölbaums gezeigt,
himmlischen Glanz und Ruhm für das reiche Athen.
Fort bist du gezogen,
tapfer mit dem Sohn Alkmenes,
Ilion zu brechen, Ilion,
unsre alte Stadt,
damals als du fortgezogen
aus dem Land der Griechen.

Als er die Jugendblüte von Hellas
führte, erzürnt um der Rosse willen, da hemmte
er am schönen Simoeis die meerebefahrenden
Ruder, band fest mit Seilen die Schiffe und nahm von

Bord die Pfeile, den Bogen, die sicher treffenden,
Tod für Laomedon. Und des Phoibos kunstreiche
Quader streckte er darnieder
in dem roten Feuerhauch
und zerstörte Troja.
Zweimal brach, zweimal im Sturm
schon die blutbefleckte Lanze den
Mauerring des Dardanos.

Vergeblich, Sohn des Laomedon,
der du zierlich schreitest mit goldener Kanne,
besorgst du die vollen Becher des Zeus,
ein rühmlicher Dienst: Die Heimat, die dich
gebar, sie wird von Flammen verzehrt.
Es klagen die Ufer des Meeres, wie wenn
ein Vogel bejammert die Jungen,
hier um Gatten und dort um Söhne und da
um greise Mütter. Geschwunden sind deine
tauglänzenden Bäder, geschwunden die Bahnen
der Ringplätze. Du aber hegest dein Antlitz,
dein jugendfrisches, in Anmut am Throne
des Zeus, voll heiterer Schönheit. Und Kriegsvolk
aus Hellas zerstörte des Priamos Reich.

Eros, Eros, der einst du genaht
dem Schlosse des Dardanos, Schützling der Himmlischen,
wie hoch hast du damals Troja erhoben,
hast Bande des Blutes geknüpft mit den Göttern!
Die Schmach nun des Zeus will ich weiter nicht singen.
Die strahlende Göttin des hellgeflügelten Morgens
jedoch, willkommen den Sterblichen, hat
gesehen die Stätte des Grauens,
gesehen die Trümmer der Burg – und besitzt
aus diesem Land einen Gatten im Hause,
der ihr ein Kind geschenkt. Ihn hatte

des Viergespanns goldener Sternenwagen
geholt, in die Lüfte entführt ihn, zur Hoffnung,
zur stolzen, des Vaterlandes. Doch hin ist
geschwunden für Troja die Liebe der Götter.

MENELAOS

tritt auf mit Bewaffneten
Du schöner Sonnenglanz des Tages, da ich wieder
mein Weib, die Helena, in meine Hand bekomme!
Ich bin es, Menelaos, der so bittres Leid
erdulden mußte, und mit ihm das Griechenheer.
Nach Troja aber zog ich nicht, wie man da wähnt,
des Weibes wegen, sondern gegen jenen, der
das Gastrecht brach, aus meinem Haus die Gattin raubte.
Der ist mit Götterhilfe nun bestraft, er und
sein Reich, das unter Griechenspeeren niederstürzte.
Doch ich bin hier, die Elende – nur ungern nenne
ich Gattin sie, was einst sie war – hinwegzuführen.
Denn in den Zelten hier der kriegsgefangnen Frauen
ward sie den andern Troerinnen beigesellt.
Die sie im Kampf erbeutet, stellten mir anheim,
sie hinzurichten oder, falls ich Schonung übte,
sie wiederum für mich nach Griechenland zu bringen.
Und ich entschloß mich, Helena in Troja nicht
zu töten, sondern sie zu Schiff nach Hellas erst
zu führen, dort zum Sühnetod sie auszuliefern
an alle, deren Lieben hier in Troja fielen.
  Doch auf, begebt euch in das Zelt, ihr Diener, bringt
an ihren Haaren, ihren mordbefleckten, sie
herangeschleppt! Und wenn der Wind zur Abfahrt bläst,
dann werden wir sie gleich nach Griechenland befördern.
Bewaffnete ab in das Zelt

HEKABE

richtet sich langsam auf
Der du die Erde trägst, der du auf Erden thronst,

wer du auch seist, den zu bestimmen uns so schwer,
Zeus, ob Naturgewalt, ob Menschengeist, dich bete
ich an. Denn alles Irdische geleitest du,
auf stillem Wege wandelnd, in gerechter Weise.

MENELAOS

Was? Unerhört, wie zu den Göttern du gebetet!

HEKABE

Ich lobe, Menelaos, daß dein Weib du tötest.
Doch meide ihren Anblick, daß sie nicht mit Liebe
dich packt: Sie fesselt Menschenaugen, sie tilgt Städte,
verbrennet Häuser – solche Zauberkraft besitzt sie.
Ich kenne sie, und du, und wer betroffen war.

HELENA

wird aus dem Zelt geführt

Zum Fürchten ist dein erster Gruß schon, Menelaos!
Denn von den Fäusten deiner Diener werde ich
mit rauhem Griffe vor das Zelt herausgeschleppt.
Ich weiß wohl, daß du ziemlich böse auf mich bist.
Doch will ich fragen: Welcher Art ist die Entscheidung,
die über mich die Griechen und du selbst gefällt?

MENELAOS

Du irrst. Dich hinzurichten, hat das ganze Heer
mir überlassen, dem du Unrecht zugefügt!

HELENA

Darf gegen die Entscheidung ich den Nachweis liefern,
daß ich zu Unrecht stürbe, falls ich sterben sollte?

MENELAOS

Nicht zu verhandeln kam ich, sondern dich zu töten!

HEKABE

Erhöre sie, daß sie nicht ohne Meinungsstreit
den Tod erleidet, Menelaos, und laß mich
entgegnen ihr! Was sie in Troja Übles tat,
weißt du noch nicht. In eins geballt, soll ihre Schuld
sie derart treffen, daß sie nimmermehr entrinnt.

MENELAOS

Die Gunst ist bloß ein Zeitverlust. Doch sei ihr Wunsch
erfüllt. *zu Hekabe* Nur weil du bittest, lasse ich sie reden
– das soll sie wissen! –, ja nicht etwa ihretwegen.

HELENA

Vielleicht wirst du – mag gut, mag schlecht mein Wort
                                        erscheinen –
mich, als den Feind, gar keiner Antwort würdigen.
Ich will verteid'gen mich, indem ich *zu Menelaos* deiner
                                        Klage,
die du, so glaub' ich, gegen mich erheben wirst,
die meine und *zu Hekabe* die deine gegenüberstelle.
    Zuerst: Des Übels Grund hat sie gelegt als Mutter
des Paris. Zweitens: Priamos hat Troja, mich
vernichtet, weil er einst verschont den kleinen Paris,
auf den des Feuerbrandes bittres Traumbild zielte.
Dann höre, wie der Hergang weiter sich entwickelt:
Er gab das Urteil ab für die drei Göttinnen.
Und Pallas hat als Gabe ihm gewährt, er solle
als Phrygerfeldherr Griechenland verwüsten. Hera
versprach, er werde über Asien und Europa
die Herrschaft führen, wenn er ihr den Preis erteile.
Und Kypris, voll Bewunderung für meine Reize,
bot sie ihm dar, falls selber sie die Göttinnen
an Schönheit überträfe. Schau, was folgte: Kypris
errang den Sieg, und meine Hochzeit brachte als
Gewinn für Hellas: Frei seid ihr von den Barbaren,
erlittet keine Knechtschaft, keine Tyrannei!
Doch um das Glück von Hellas ging zugrunde ich,
verkauft für meine Schönheit, und man schmäht mich, wo
ich einen Kranz erhalten haben müßte für mein Haupt.
    Noch nicht, so meinst du wohl, spräch' ich vom
                                        Wichtigsten:
wie ich aus deinem Hause heimlich mich entfernt.
Es kam, im Bund mit einer nicht geringen Gottheit,

ihr Fluchgeist an, magst du ihn nun Alexandros
mit Namen nennen oder Paris. Ihn hast du
in deinem Haus, du Bösewicht, zurückgelassen,
als du von Sparta mit dem Schiff nach Kreta fuhrst!
Nun gut – nicht dich, nein, mich will ich daraufhin fragen:
Was dacht' ich mir, als aus dem Heim sogleich ich folgte
dem Fremdling und mein Vaterland, mein Haus verriet?
Bestrafe Kypris und sei stärker noch als Zeus!
Der ist Gebieter zwar der andren Götter, doch
der Sklave Aphrodites – Grund, mir zu verzeihen!
Du könntest einen guten Einwand gegen mich
erheben noch: Als Paris, tot, zum Hades zog,
da mußte ich, wo meine gottverhängte Ehe
nicht mehr bestand, verlassen Troja, mich nach Hellas
begeben. Dies grad wünschte ich. Und meine Zeugen
sind Wächter auf den Türmen, Späher von den Mauern,
die mich so oft ertappten, wie ich heimlich von
der Brustwehr mich am Seil zur Erde lassen wollte.
Und mit Gewalt hielt mich Deïphobos, mein neuer
Gemahl, als Gattin fest, wie auch die Phryger murrten.
Wie also stürbe ich mit vollem Recht, mein Gatte,
von deiner Hand? Der eine zwang zur Ehe mich –
das andre, was ich selbst tat, brachte statt des Sieges
mir bittres Sklavenlos. Willst übertreffen du
die Götter – dieser Wunsch von dir ist töricht schon!

CHORFÜHRERIN

Hilf, Herrin, deinen Kindern und dem Vaterlande,
mach ihre Überredungskunst zunichte! Denn
gut redet sie, die Frevlerin. Das ist empörend.

HEKABE

Zuerst will den drei Göttinnen ich Beistand leisten
und damit Helena der Lüge überführen.
Denn schwerlich hätten Hera und die Jungfrau Pallas
zu solchem Maß von Dummheit sich verstiegen, daß
die eine Argos den Barbaren preisgab, Pallas

jedoch Athen in Phrygerknechtschaft brachte, sie,
die nur im Scherz, im Übermut, der Schönheit halber
zum Ida kamen. Weshalb sollte solch Verlangen
zum Schönheitspreis die Göttin Hera packen? Wollte
sie einen besseren Gemahl als Zeus gewinnen?
Auf welchen Göttergatten war Athene aus,
die sich vom Vater Jungfernschaft erbeten, scheuend
vor einer Ehe? Mach die Göttinnen nicht töricht,
bemäntelnd deine Bosheit! Täusche nicht die Klugen!
Und Kypris, sagst du – laut muß man darüber lachen –,
sie kam mit meinem Sohn zum Haus des Menelaos?
Sie hätte ruhig ja im Himmel bleiben und
mitsamt Amyklai dich nach Troja führen können!
Mein Sohn fiel auf, so schön war er: Du sahest ihn
und wurdest selbst zur Kypris. Dient den Menschen doch
zu jeder Torheit nur die Göttin Liebelei –
zu Recht beginnt ihr Name gleich der Liederei!
Ihn sahst du in Barbarenkleidern prangen und
mit Goldschmuck, und Verwirrung packte deine Sinne.
Denn mit bescheidnem Gut nur lebtest du in Argos.
Doch, fern von Sparta, hofftest du die Phrygerstadt,
die selbst im Golde schwamm, durch eigene Verschwendung
zu überbieten. Nicht genügte dir das Haus
des Menelaos, um in deiner Pracht zu schwelgen.
Nun – mit Gewalt, sagst du, hat dich mein Sohn entführt:
Wer merkte es in Sparta? Welchen Hilferuf
hast du erhoben? Weilte doch der junge Kastor
mit seinem Bruder dort, noch nicht am Sternenzelt!
Und als du kamst nach Troja und die Griechen dich
verfolgten, als der mörderische Kampf begann,
da lobtest du, ward ein Erfolg des Menelaos
gemeldet dir, den Helden, daß mein Sohn sich gräme
bei solchem großen Gegenspieler in der Liebe.
Doch wenn die Troer siegten, galt dir jener nichts.
Auf den Erfolg nur schauend, triebst du das, mit ihm

zu gehen – mit der Tugend wünschtest du es nicht.
Dann, sagst du, habest heimlich du an Stricken dich
hinabgelassen von den Türmen, wider Willen
nur bleibend? Wo hat man ertappt dich, Schlingen
                                              knüpfend,
ein Schwert auch schärfend, was ein edles Weib wohl tut
in ihrer Sehnsucht nach dem früheren Gemahl?
Und doch, ich redete dir immer wieder zu:
›Geh, liebe Tochter! Meine Söhne werden schon
noch andre Ehen schließen. Dich will zu den Schiffen
der Griechen heimlich ich geleiten. Schenk den Griechen
und uns den Frieden!‹ Aber dies war dir verhaßt.
Denn in dem Haus des Paris schwelgtest du und
                                              wünschtest
von den Barbaren auf den Knien verehrt zu werden;
das schien dir groß. Und dazu kamst du jetzt heraus,
zurechtgemacht, und schautest auf zum gleichen Himmel
wie dein Gemahl, du ganz abscheuliches Geschöpf,
die du voll Demut und in Lumpen, angstvoll zitternd,
die Haare abgeschoren, hättest kommen sollen,
mehr auf den Anstand bauend als auf deine Frechheit
nach all dem Bösen, was du früher angerichtet!
    Nimm, Menelaos, meiner Worte Ziel zur Kenntnis:
Durch ihren Tod bekränze Hellas, deiner würdig,
und gib den andren Frauen das Gesetz, es solle
den Tod erleiden jede, die den Mann verrät!

CHORFÜHRERIN
    Der Ahnen wert und deines Hauses, Menelaos,
    bestraf dein Weib – vor Hellas schüttle ab den Vorwurf
    der Schwäche, zeig als wackren Mann dich selbst den
                                                  Feinden!

MENELAOS
    Du sprachst mir aus dem Herzen. Ja, mit freiem Willen
    zog sie von meinem Hause fort zu fremder Ehe!
    Nur zur Bemäntelung wird Kypris angeführt.

Scher dich zu denen, die dich steinigen, und büße
in kurzer Qual die langen Leiden der Achaier,
auf daß du lernst, mich nicht mit Schande zu bedecken!

HELENA

fällt ihm zu Füßen Ich bitte dich auf Knien: Laß mich nicht
entgelten
die Schuld der Götter, schone mich, verzeihe mir!

HEKABE

Verrate nicht die Freunde, die sie umgebracht!
Ich bitte dich in ihrem und der Kinder Namen!

MENELAOS

Laß gut sein, Alte! Keine Rücksicht nehme ich
auf sie. He, Diener, bringt die Frau hier fort zur Flotte,
auf der zurück sie in die Heimat fahren soll!
Helena wird abgeführt

HEKABE

Sie darf doch nicht mit mir dasselbe Schiff besteigen!

MENELAOS

Warum? Hat sie ein größeres Gewicht als früher?

HEKABE

Der ist doch nicht verliebt, der nicht auf ewig liebt!

MENELAOS

Das wird sich nach der Einsicht des Verliebten richten.
Doch sei dein Wunsch erfüllt. Das Schiff, das ich besteige,
soll sie betreten nicht. Du rätst mir gar nicht übel.
Und angelangt in Argos, soll sie nach Gebühr
in Schimpf und Schande sterben, soll die Frauen alle
zur Sittsamkeit bekehren. Das ist nicht so leicht.
Doch wird ihr Tod den Unverstand der Weiber schrecken.
auch wenn sie widerwärtiger noch sind als sie.
Menelaos mit seinen Begleitern ab

CHOR

So hast du den Tempel in Ilion,
den weihrauchduftenden Altar
den Griechen verraten, Zeus,

die Flamme der Opfer, den Dampf
hochsteigender Myrrhe, die Burg,
die geweihte, von Pergamon, und
die efeudurchrankten Schluchten
des Ida, des Ida, die strömen
von eiskaltem Wasser, und
den Gipfel, den die Strahlen
der Sonne als ersten treffen,
die leuchtende, heilige Stätte.

Dahin sind deine Opfer,
der lieblich klingende Sang
der Chöre im Dunkeln, die Feste
der Götter zur Nacht, die Gestalten
der goldenen Bildnisse und die
hochheiligen Monde der Phryger,
zwölf an der Zahl.
Es bewegt mich, bewegt mich, ob du
noch dessen gedenkst, Herr, der du
die Wohnung im Himmel erstiegen,
die Lüfte über der Stadt,
der vernichteten, die der Flamme
auflodernde Wut zerstörte.

Oh, du, mein geliebter Gatte,
gemordet liegst du, verloren
und ohne Grab, ohne Spende. Doch mich
wird über das Meer ein Schiff,
mit Schwingen dahinstürmend, tragen
zum rosseernährenden Argos,
wo himmelwärts ragen die Mauern
aus Fels, das Werk der Kyklopen.
Ein Haufe von Kindern am Tor,
am Mutterarm hangend, jammert
in Tränen und schreit und schreit:

›Weh, Mutter, fort schleppen mich die
Achaier, dir aus den Augen,
zum dunklen Schiffe, mit Rudern,
zur See, nach dem heiligen Salamis,
vielleicht auch zur Spitze des Isthmos,
die von zwei Meeren bespült wird,
dort, wo das Tor sich des Pelops erhebt.‹

O daß zu der Stunde,
da sich der Segler des Menelaos
auf hohem Aigeusmeere befindet,
ein doppelter Blitzstrahl, von Göttern
gesandt, hernieder doch stürzte
mitten ins Schiff, wenn er mich,
die tränenreiche, aus Troja,
zu sklavischem Dienste für Hellas,
hinweg von der Heimat führt
und grade den goldenen Spiegel,
der Mädchen Lust, die Tochter
des Zeus in der Hand hält! Niemals
soll er sein Vaterland Sparta
erreichen, den heimischen Herd,
den Gau der Pitane, der Gottheit
ehernes Tor, er, der die Schmach
einer bitteren Ehe gebürdet
auf das große Griechenland
und furchtbares Leid auf die Flut des Simoeis.

Talthybios nähert sich mit Bewaffneten, die den Leichnam des
Astyanax und den großen Schild Hektors tragen
O wehe!
Schlag auf Schlag bricht das Unheil herein
auf das Land. Schauet her, unglückliche Frauen
der Troer, hier auf den toten Astyanax!
Ihn haben die Griechen durch grausamen Sturz
vom Turme gemordet.

TALTHYBIOS

Ein Schiff nur, Hekabe, ist noch zurückgeblieben
und soll den Rest der Beute des Achilleussohnes
zu dem Gestade hin von Phthia bringen. Selbst
ist Neoptolemos schon abgesegelt. Hörte
er doch von Peleus neues Unheil: Jenen trieb
Akastos, Sohn des Pelias, aus seiner Heimat.
Deshalb brach schleunigst er und ohne Säumen auf,
mit ihm Andromache, die viele Tränen mir
entlockte, als sie von der Heimat schied, dabei
ihr Vaterland bejammerte und Hektors Grab
anrief. Dann bat sie ihn, Bestattung zu vergönnen
dem Toten hier, der, von dem Turm herabgestürzt,
sein Leben ließ, das Söhnlein deines Sohnes Hektor.
Und den Achaierschreck, den erzgewölbten Schild,
den sich sein Vater schirmend vor den Leib gehalten,
ihn bat sie nicht zum Haus des Peleus mitzuführen,
nicht in den Raum, in dem sie Braut sein soll, die Mutter
des Toten hier, Andromache – zum Jammeranblick!
Nein, statt in Zedernholz und Steingruft möge man
das Kind in diesem Schild bestatten, dir es in
die Arme geben, daß den Leichnam du mit Kleidung
und Kränzen einhüllst, wie du kannst in deiner Lage;
ist sie doch fort schon, und des Herren Eile hat
es ihr verwehrt, ihr Kindlein selber zu bestatten.
   Wir werden nun, sobald den Leichnam du geschmückt,
ihn in die Erde betten, dann die Anker lichten.
Vollziehe du so schnell wie möglich deinen Auftrag!
Von einer Mühe habe ich befreit dich schon.
Als ich die Fluten des Skamandros überquerte,
wusch ich den Leichnam, reinigte die Wunden auch.
   Doch will ich gehn, ihm eine Grube auszuwerfen,
damit die Arbeit uns, von mir, von dir gemeinsam
erledigt, schnell die Abfahrt in die Heimat gönnt!
der Leichnam und der Schild werden niedergesetzt;

Talthybios und die Bewaffneten ab

HEKABE

Setzt ab zur Erde Hektors runden Schild, ein Bild
des Schmerzes, nicht willkommen meinen Augen mehr!
Ihr, deren Lanzen schwerer wiegen als die Einsicht,
warum habt, Griechen, ihr gefürchtet dieses Kind
und einen unerhörten Mord verübt? Es solle
nicht neu erbauen das gestürzte Troja? Nichtig
seid ihr, wenn wir, als Hektor glücklich kämpfte noch
und tausend andre Helden, unterliegen mußten
und ihr, nach Trojas Fall und nach dem Sturz der Phryger,
ein Kind derart gefürchtet! Den kann ich nicht loben,
der Furcht empfindet ohne klare Rechenschaft.

Mein liebstes Kind, wie grausam war dein Tod! Denn
fielst
du für das Vaterland, voll Jugendkraft, vermählt
und Herr der göttergleichen Macht, du wärest glücklich,
sofern daran ein Glück sich knüpft. Jetzt konntest du,
Kind, lebend, sehen und erkennen, aber nicht
begreifen, nicht genießen, was daheim du hattest.
Du Armes, wie hat furchtbar dir den Kopf zerschmettert
die Mauer deiner Vaterstadt, der Bau Apollons,
die Locke, die dir deine Mutter oft gekämmt,
mit Küssen auch bedeckt, aus der jetzt höhnt der Mord
zertrümmerten Gebeines – um vom Gräßlichen
zu schweigen. Hände, wie tragt ihr das süße Bild
des Vaters – im Gelenk verdreht, liegt ihr vor mir.
Du lieber Mund, der oft geprahlt, du bist dahin,
hast mich betrogen, als du, in mein Bett geschmiegt,
›Du, Muttchen‹, sagtest, ›dir zur Ehre will ich scheren
die reichen Locken mir, will hin zum Grab geleiten
den Zug der jungen Freunde, innig noch dich rufend.‹
Doch du nicht mich, nein, ich begrab' dich Jüngeren,
ich Greisin ohne Heimat, kinderlos, dich Toten,
dich Armen. Weh – die Küsse – meine liebe Müh' –

dein Schlummer sind für mich entschwunden. Was nun

könnte

ein Dichter noch von dir auf deinen Grabstein schreiben?
›Dies Kind erschlugen einst die Griechen, weil sie vor
ihm zitterten.‹ O Schmachinschrift für Griechenland!
  Nun sollst du, zwar beraubt des Vatererbes, doch
als Grab den erzgewölbten Weidenschild bekommen.
Du, der du schirmtest Hektors Arm, den stattlichen,
du hast verloren deinen tapfersten Beschützer.
Wie haftet süß in deinem Griff der Abdruck, in
des Rundes wohlgedrehtem Kreise noch der Schweiß,
den Hektor von der Stirn so oft im Kampfgewühl
vergoß, indes er an sein Kinn den Schild gestemmt.

zu den Frauen

Wohlan, bringt Schmuck her für den unglücklichen Toten,
von dem, was da ist. Denn der Daimon gönnt uns nicht
zur Pracht die Mittel. Was ich habe, mußt du nehmen.
  Ein Tor ist jeder Mensch, der in dem Wahn des Glücks
sich freut, als sei's ihm sicher. Denn das Schicksal springt,
nach seiner Art, wie ein Besessener, nach hier,
nach dort, und niemand hält sein Glück in eigner Hand.

CHORFÜHRERIN

Und siehe, da, man bringt dir fertig her den Schmuck
vom Phrygerraub, um ihn dem Leichnam anzulegen!

während dieser und der folgenden Worte wird der Leichnam
geschmückt und der Erde übergeben

HEKABE

Mein Kind, nicht weil zu Roß du die Gefährten oder
im Bogenschießen schlugest – Bräuche, die wohl

schätzen

die Phryger, ohne sie zum Überdruß zu treiben –,
legt dir die Mutter an des Vaters Zier, ein Teil
von deinem einst'gen Gut. Jetzt hat es dir geraubt
die gottverhaßte Helena, dazu dein Leben
entrissen und das ganze Haus zugrundgerichtet.

CHOR

Ach, an mein Herz
rührtest du, rührtest du!
O du, gewaltig mir einst,
Beherrscher der Stadt!

HEKABE

Womit zur Hochzeit deinen Leib du kleiden solltest,
als Freier einst von Asiens höchstem Weib, das lege,
den Phrygerschmuck der Prachtgewänder, ich dir um.
Du, vormals siegberühmt, zahlloser Siegesmale
Errichter, lieber Hektorschild, laß dich bekränzen.
Denn sterben wirst du mit dem Toten, selbst unsterblich.
Gebühret Ruhm weit eher dir doch als den Waffen
des Ränkeschmiedes und des Bösewichts Odysseus.

ERSTER HALBCHOR

O wehe! Bittere Klage...

ZWEITER HALBCHOR

Die Erde wird, Kind, dich empfangen.

ERSTER HALBCHOR

...erhebe du, Mutter,...

HEKABE

O wehe!

ZWEITER HALBCHOR

...das Totengejammer!

HEKABE

O weh mir!

CHOR

O weh über deine fluchwürdige Not!

HEKABE

Mit Streifen kann ich deine Wunden nur verbinden,
ein armer Arzt, der bloß so heißt, doch hilflos ist.
Im Totenreich wird sich der Vater um dich kümmern.

CHOR

Schlage nur, schlage dein Haupt,
Hiebe teil aus mit der Hand,
o wehe, o weh!

HEKABE

Ihr da, ihr liebsten Frauen...

CHOR

Die deinen nenne uns, Hekabe!
Was willst du sagen?

HEKABE

Für mich gab's Leid nur bei den Göttern und ein Troja,
dem Haß vor allen andren Städten ward zuteil.
Wir brachten Opfer dar umsonst. Doch hätte nicht
ein Gott das Obere nach unten umgewühlt,
wir würden, ruhmlos, nicht gepriesen, die wir jetzt
den Musen unsrer Nachwelt Stoff zum Lied gegeben.
    Geht, bettet in das Elendsgrab den Leichnam! Denn
er hat die Totenkränze, wie es sich gehört.
Ich glaub', es liegt den Abgeschiednen wenig dran,
ob ihnen eine prächtige Bestattung winkt.
Das ist nur eitler Prunk der Überlebenden.

CHOR

O wehe, o weh!
Unglücklich die Mutter, die ihres Lebens
herrliche Hoffnung in dir nun verloren.
Laut glücklich gepriesen
als Sproß edler Väter,
starbst du eines elenden Todes.
während wiederum Talthybios naht, von Hauptleuten und
Mannschaften begleitet, erscheinen auf den Zinnen der Stadt
Soldaten mit brennenden Fackeln; die bisher vereinzelten
Rauchwolken ziehen sich dichter zusammen; während des
Folgenden sieht und hört man Gebäude einstürzen
Ha! Da!
Wen sehe ich dort auf den ilischen Zinnen
die fackelflammenden Fäuste schwingen?
Es soll auf Troja
ein neues Verderben sich stürzen.

TALTHYBIOS

Hauptleute ihr, die ihr die Stadt des Priamos
verbrennen sollt, tragt länger nicht den Feuerbrand
in euren Händen, sondern schleudert frisch hinein
die Flamme, daß wir, nach Zerstörung Ilions,
heimziehen, wie wir es ersehnt, von Troja fort!
zu den Troerinnen
Und ihr – soll doch mein Wort gleich zwei Befehle
    künden! –,
ihr geht, ihr Kinder Trojas, gradenwegs, sobald
des Heeres Feldherrn die Trompete schallen lassen,
zur Flotte der Achaier, um in See zu stechen!
    Du, Greisin, die du stehst im tiefsten Unglück, folge!
auf einige Bewaffnete weisend
Sie sind gekommen, dich zu holen, von Odysseus,
zu dem dein Los dich führt als Sklavin, fern der Heimat.

HEKABE

O weh, ich Arme! Dieses ist die letzte Stufe
und Ziel für alle meine Leiden nun. Ich scheide
vom Vaterland, es geht die Stadt in Flammen auf.
Los, greiser Fuß, bemühe dich, wie schwer es fällt,
daß von der leidgeprüften Stadt ich Abschied nehme!
Mein Troja, das du unter den Barbaren einst
berühmt warst, schnell ward dir geraubt der Ruhmestitel!
Man brennt dich nieder, schleppt uns aus der Heimat schon
als Sklaven. Götter! – Wozu rufe ich die Götter?
Auch früher hörten sie doch nicht, wenn man sie rief.
in plötzlichem Entschluß eilt sie auf die Flammen zu
Ins Feuer laßt uns stürzen! Auf! Wie herrlich, mit
der Vaterstadt, der brennenden, gemeinsam sterben!

TALTHYBIOS

Du rast in deiner Not, Elende! Führt sie ab,
zeigt keine Schonung! Dem Odysseus sollen wir
sie übergeben und als Ehrenpreis geleiten.
Hekabe wird zurückgerissen

HEKABE

O Jammer, o weh!
Du Sohn des Kronos, du Herrscher der Phryger,
Stammvater unsres Geschlechtes: Was wir jetzt
erdulden, unwürdig des Dardanosstammes,
siehst du es?

CHOR

Er sieht es – doch unsre gewaltige Stadt
ward ausgelöscht aus dem Kreise der Städte,
und es gibt kein Troja mehr!

HEKABE

O Jammer, o weh!
Es flammt Ilion, und die Häuser
von Pergamon werden durch Feuer verzehrt,
und die Burg und die Zinnen der Mauern.

CHOR

Mit himmelwärts strebendem Flügel, wie Rauch,
gestürzt durch den Krieg, schwindet hin die Stadt.
Gewaltige Bauten, vom Brand überstürmt
und von den feindlichen Lanzen!

HEKABE

wirft sich zu Boden und schlägt die Erde mit den Händen
O Heimat, Ernährerin meiner Kinder!

CHOR

Ach! Ach!

HEKABE

Kinder, erhöret, erkennet die Stimme der Mutter!

CHOR

Mit Klagen rufst du die Toten.

HEKABE

Ich Greisin liege am Boden, ich Arme,
und schlage mit beiden Händen die Erde.

CHOR *folgt dem Beispiel Hekabes*
Dir folgend knie ich nieder und rufe

herauf aus der Unterwelt
meinen unglücklichen Gatten.

HEKABE
Man treibt uns, man schleppt uns…

CHOR
Jammer schreist, Jammer du!

HEKABE
…unter das Dach,
wo Sklavendienst droht!

CHOR
Fern meiner Heimat!

HEKABE
Weh! Priamos, Priamos, du bist verloren,
du hast kein Grab, keinen Freund,
du hast keine Kunde von meinem Verderben.

CHOR
Schwarz ist die Wolke, die über die Augen
der Tod ihm gebreitet:
Er starb, ein Gerechter, durch unrechten Schlag!

HEKABE
Weh, Tempel der Götter, du liebe Stadt,…

CHOR
Ach! Ach!

HEKABE
…unter geht ihr durch Flammen
und feindliche Lanzen.

CHOR
Bald werdet ihr stürzen auf meinen
lieben Heimatboden,
Trümmer ohne Namen.

HEKABE
Und Staub wird wie Rauch mit seinen Schwingen,
zum Himmel hinan, das Bild meiner Stadt mir
entreißen.

CHOR

Der Name des Landes wird schwinden.
Nach hier und nach dort sinkt alles dahin,
es besteht nicht mehr das elende Troja.

HEKABE

Habt ihr's vernommen, habt ihr's gehört?

CHOR

Das Krachen der Burg!

HEKABE

Ein Beben, ein Beben...

CHOR

...erschüttert
die ganze Stadt.

Trompetensignal

HEKABE

Wehe!
Ihr zitternden Glieder, tragt mich voran!
Auf in den Tag,
da dein Leben als Sklavin begann!

CHOR

Weh, elende Stadt! Aber dennoch:
Ihr müßt zu den Schiffen der Griechen euch schleppen!

*die Troerinnen werden von den Bewaffneten zu den Schiffen
getrieben*

ARISTOPHANES
VÖGEL

414 v. Chr.

Prolog

*Hochgelegene Wald- und Berggegend. Peithetairos und Euelpides,
durch ihr Gepäck als Auswanderer kenntlich, jeder mit einem Vogel
auf der Hand, treten auf.*

EUELPIDES

zu der Dohle, die er auf der Hand trägt:
Gradaus, dort nach dem Baum zu weist du mich?

PEITHETAIROS

zu seiner Krähe:
Ei, berste du! – Die krächzt uns nun zurück.

EUELPIDES

Verdammt! Da stolpern wir nun auf und ab
Und laufen kreuz und quer hinein ins Blaue!

PEITHETAIROS

Ich Tor! – zu folgen einer Kräh und mehr
Als tausend Stadien Wegs herumzuirren!

EUELPIDES

Ich Narr! – zu folgen einer Dohl und mir
Die Nägel an den Zehen abzulaufen!

PEITHETAIROS

Wo mögen wir in aller Welt nur sein?

EUELPIDES

Du – fändest du von hier die Vaterstadt?

PEITHETAIROS

Unmöglich – selbst für Exekestides!

EUELPIDES

stolpernd

Au weh!

PEITHETAIROS

So geh doch diesen Weg, Kam'rad!

EUELPIDES

Der Vogelhändler hat uns schön geprellt,
Philokrates, der hirnverbrannte Krämer,
Der log: die beiden führten uns zum Tereus,
Dem Wiedehopf, nunmehr'gem Vollblutvogel.
Die Dohle – Tharrhaleides' Sohn – verkauft' er
Uns für 'nen Obolos, und hier die Krähe
Für drei, und beide können nichts als beißen!
Die Dohle pickt nach ihm.
Was schnappst du wieder? Willst du uns die Felsen
Hinabspedieren? – Hier ist weit und breit
Kein Weg!

PEITHETAIROS

Beim Zeus, auch nicht der schmalste Fußpfad!

EUELPIDES

Sagt deine Krähe dir denn nichts vom Weg?

PEITHETAIROS

Bei Zeus, sie krächzt jetzt anders als vorhin.

EUELPIDES

Was sagt sie denn vom Weg?

PEITHETAIROS

Was wird sie sagen?
Weghacken wolle sie mir noch die Finger!

EUELPIDES

gegen die Zuschauer

Ist das nicht arg, daß wir, die zu den Raben
Zu gehn parat und voll Verlangen sind,
Nun erst den Weg dahin nicht finden können?
Denn wißt, ihr Herrn Zuschauer, *unsre* Krankheit
Ist just das Gegenteil von der des Sakas:

Der, nicht Stadtbürger, drängt sich ein, doch wir,
Von Stamm und Zunft und Haus aus makellos,
Vollbürger, nicht verjagt, aus eignem Antrieb
Entflogen spornstreichs unsrer Heimat; – nicht
Als wär uns diese Stadt verhaßt und wäre
Nicht herrlich, groß und weit und allen offen,
Die drin ihr Geld verprozessieren wollen!
Denn einen Monat oder zwei nur zirpen
Im Laub die Grillen: doch ihr ganzes Leben
Verzirpen im Gerichtshof die Athener.
Dies ist der Grund, warum wir hier marschieren
Mit Korb und Topf und Myrthenreis; wir streifen
Herum und suchen einen Friedensort,
Um dort dann unsre Wohnung aufzuschlagen.
Gerad zu Tereus geht jetzt unsre Fahrt,
Zum Wiedhopf, um zu fragen, ob er als
Gereister Vogel so 'ne Stadt gesehn.

PEITHETAIROS

Du!

EUELPIDES

Was?

PEITHETAIROS

Die Krähe winkt mir immer dort
Hinauf.

EUELPIDES

Auch meine Dohle reckt den Schnabel
Weit offen in die Höh, mir was zu zeigen.
Kein Zweifel mehr, hier müssen Vögel sein.
Wir schlagen Lärm, da sind wir gleich im klaren.

PEITHETAIROS

Hör, stoß doch mit dem Fuß hier an den Felsen!

EUELPIDES

Stoß du doch mit dem Kopf, dann klopft es doppelt!

PEITHETAIROS

So poch mit einem Stein!

EUELPIDES

Wie du befiehlst! –

Klopft mit einem Stein und ruft

He, Bursch!

PEITHETAIROS

Was rufst du? Nennst den Wiedhopf Bursch?

Nicht Bursch, Huphup mußt du den Wiedhopf rufen.

EUELPIDES

Huphup! Wie lange muß ich denn noch klopfen?

Huphup!

DIENER DES WIEDEHOPFES

mit langem, weit offenem Schnabel, tritt heraus;

Peithetairos und Euelpides fahren zurück; Dohle und Krähe

fliegen fort:

Wer klopft? Wer ruft hier meinem Herrn?

EUELPIDES

Apollon, sei uns gnädig! Welch ein Schlund!

DIENER

Ich Unglücksel'ger, weh, zwei Vogelsteller!

EUELPIDES

in höchster Not

Weh, was passiert mir? Unaussprechliches!

DIENER

Hol euch –

EUELPIDES

Für Menschen hältst du uns?

DIENER

Was sonst?

EUELPIDES

Ich bin der Vogel Graus aus Afrika.

DIENER

Du lügst!

EUELPIDES

Da frag die Soße an meinen Beinen.

DIENER

zu Peithetarios

Und welch ein Vogel bist denn du? Sag an!

PEITHETAIROS

'ne Art von Goldfasan – der Diarrhöling.

EUELPIDES

zum Diener

Was bist denn du nun aber für ein Tier?

DIENER

Ein Vogelsklave bin ich!

EUELPIDES

Hat denn wohl
Ein Kampfhahn dich besiegt?

DIENER

O nein! Doch als
Mein Herr zum Wiedehopf wurde, bat er mich,
Als Vogel mitzugehn und ihm zu dienen.

EUELPIDES

Braucht denn ein Vogel auch noch Dienerschaft?

DIENER

Er wohl, vermutlich, weil er Mensch einst war;
Bald hätt er gern phalerische Sardellen:
Gleich schlupf ich mit dem Töpfchen fort und hole;
Dann will er Mus: nach Quirl und Pfanne schlupf ich
Durch Heck und Zaun –

PEITHETAIROS

Nun kenn ich dich: Zaunschlüpfer!
Hör, weiß du was, Zaunschlüpfer, schlüpf hinein,
Und ruf uns deinen Herrn!

DIENER

Der macht sein Schläfchen;
Denn Schnaken aß er just und Myrtenbeeren.

EUELPIDES

Geh nur und weck ihn!

DIENER

Zwar weiß ich gewiß,

Er ist erbost – nun euch zulieb: ich weck ihn!
Ab.

PEITHETAIROS

ihm nachrufend
Daß du krepierst: Mich so halb tot zu ängsten!

EUELPIDES

O weh, auch ist vor Angst entflogen mir
Die Dohle!

PEITHETAIROS

Feiges Tier, du hast vor Angst
Die Dohle fliegen lassen?

EUELPIDES

Hast denn du
Beim Fallen nicht die Krähe fahren lassen?

PEITHETAIROS

Ich nicht, bei Zeus!

EUELPIDES

Wo ist sie denn?

PEITHETAIROS

Entflogen!

EUELPIDES

Und du, du hieltst sie nicht, du tapfrer Held!

WIEDEHOPF

hinter der Szene
Tu auf den Wald, damit hinaus ich trete!
*Der Wiedehopf tritt gravitätisch heraus, ein recht improvisierter
Vogel mit kärglichem Federkleid.*

EUELPIDES

Welch Wundertier! O Herakles, welch Gefieder!
Und auf dem Kopf drei Büsche! – welche Mode!

WIEDEHOPF

Wer wünscht zu sehn mein Antlitz?

EUELPIDES

Die zwölf Götter –
Traktierten, scheint's, dich schlecht!

WIEDEHOPF

Ihr spottet mein
Und meiner Schwingen; Fremdlinge, ich war einst
  Mensch –

EUELPIDES

Wir lachen dich nicht aus –

WIEDEHOPF

Wen denn?

PEITHETAIROS

Dein krummer Schnabel nur erschien uns spaßhaft.

WIEDEHOPF

So hat der Sophokles mich zugerichtet
In seinem Trauerspiel, ja, mich, den Tereus!

EUELPIDES

Du bist der Tereus? Vogel oder Pfau?

WIEDEHOPF

Ein Vogel doch!

EUELPIDES

Wo sind denn deine Federn?

WIEDEHOPF

Mir ausgefallen –

EUELPIDES

Wohl in einer Krankheit?

WIEDEHOPF

Nein, alle Vögel mausern sich im Winter,
Es wachsen dann uns neue nach! – Allein
Wer seid denn ihr?

PEITHETAIROS

Wir beide? Menschenkinder!

WIEDEHOPF

Woher?

PEITHETAIROS

Woher die stolze Flotte stammt.

WIEDEHOPF

Wohl Heliasten?

PEITHETAIROS

Antiheliasten, das Gegenteil!

WIEDEHOPF

Gedeiht denn solches Korn dort auch?

PEITHETAIROS

Gar dünn gesät ist's auf dem Land.

WIEDEHOPF

Was habt ihr vor? Was führt euch denn hierher?

PEITHETAIROS

Dich sprechen wollen wir!

WIEDEHOPF

Worüber denn?

PEITHETAIROS

Einmal: du warst ein Mensch einst, so wie wir,
Und hattest wohl auch Schulden, so wie wir,
Und zahltest sie nicht gerne, so wie wir;
Zum zweiten hast, zum Vogel umgestaltet,
Du Erd und Meer umflogen, und so weißt
Du, was ein Mensch und was ein Vogel weiß.
Drum nahn wir hilfesuchend dir und bitten,
Ob du vielleicht uns eine Stadt kannst nennen,
Wo weich und warum man in der Wolle sitzt?

WIEDEHOPF

Und größer als die Stadt der Kranaer?

PEITHETAIROS

Nicht größer, aber dienlicher für uns?

WIEDEHOPF

Haha, du denkst aristokratisch?

PEITHETAIROS

Ich? Mitnichten, Skellias' Sohn ist mir ein Greuel!

WIEDEHOPF

In welcher Stadt denn wohntet ihr am liebsten?

PEITHETAIROS

Wo dies die wichtigsten Geschäfte wären:
Früh käm an meine Tür ein guter Freund

Und spräche: »Beim olymp'schen Zeus, du kommst
Doch ja zu mir mit deinen Kindern, wenn
Sie morgens frisch gebadet sind: wir haben
Ein Hochzeitsmahl; und fehl mir ja nicht, sonst
Bleib mir auch weg, wenn's einmal schmal mir geht!«

WIEDEHOPF
lachend
Bei Zeus, du liebst beschwerliche Geschäfte! –
Zu Euelpides
Und du?

EUELPIDES
Dergleichen lieb auch ich!

WIEDEHOPF
Zum Beispiel?

EUELPIDES
Wenn einer schwerbeleidigt sich bei mir
Beklagt, ein Vater eines hübschen Knaben:
»So? Schön von dir, Stilbonides! Mein Söhnchen,
Das frischgebadet du beim Ringhof trafst,
Mir nicht zu grüßen, küssen, mitzunehmen –
Und auszugreifen – du, mein alter Freund?!«

WIEDEHOPF
gespielt mitleidig
Du armer Mann, welch Unglück du dir wünschst!
Nun, in der Tat, solch eine Stadt der Wonne
Liegt fern am Roten Meer –

EUELPIDES
Um Gottes willen,
Nur nicht am Meer! – daß eines Morgens – schrecklich! –
Die »Salaminia« auftaucht, uns zu holen?
Kannst du uns keine Stadt in *Hellas* nennen?

WIEDEHOPF
Laßt euch zu Lepreos in Elis nieder!

EUELPIDES
Zu Lepreos, dem Krätznest? Pfui, das haß ich,

Eh ich's gesehn, schon um Melanthios!

WIEDEHOPF

So siedelt euch bei den Opuntiern an
In Lokris!

EUELPIDES

Lokris? Nein, ein lockrer Lump,
Das würd ich nicht um eine Tonne Golds! –
Doch wie ist bei euch Vögeln hier das Leben?
Du kennst es ja!

WIEDEHOPF

Kein übler Aufenthalt!
Man braucht hier, um zu leben, keinen Beutel!

EUELPIDES

So gibt's auch keine Beutelschneiderei!

WIEDEHOPF

Wir picken in den Gärten weißen Sesam,
Mohnkörner, Wasserminze, Myrtenbeeren.

EUELPIDES

Da führt ihr ja ein wahres Hochzeitsleben!

PEITHETAIROS

der längere Zeit grübelnd dabeistand, plötzlich auffahrend
Ha! Phantastisch!
Zu großen Dingen, seh ich, ist bestimmt
Das Vogelvolk – wenn ihr mir folgen wollt!

WIEDEHOPF

Wie folgen?

PEITHETAIROS

Wie? Vor allem flattert nicht
Mit offnen Schnäbeln in der Welt herum!
Das schickt sich nicht für euch! Wenn dort bei uns
Man fragt nach solchen flatterhaften Burschen:
»Wer ist der Vogel?« gleich sagt Teleas:
»Ein wetterwend'scher Vogel ist der Mann,
Heut so und morgen so, ein luft'ger Zeisig!«

WIEDEHOPF

Ja, bei Dionysos, und der Mann hat recht!
Was tun?

PEITHETAIROS

Erbaut euch eine Stadt für alle!

WIEDEHOPF

Wir Vögel eine Stadt baun? Wie denn das?

PEITHETAIROS

Mein Gott, wie albern du nur reden kannst!
Da schau hinab!

WIEDEHOPF

Ich schau!

PEITHETAIROS

Nun schau hinauf!

WIEDEHOPF

Ich schau!

PEITHETAIROS

Jetzt dreh den Hals herum!

WIEDEHOPF

Bei Zeus,
Ein schöner Spaß, den Hals mir zu verrenken?

PEITHETAIROS

Was sahst du nun?

WIEDEHOPF

Die Wolken und den Himmel!

PEITHETAIROS

Das ist doch wohl der Vögel Stätte, nicht?

WIEDEHOPF

Die Stätte? Inwiefern?

PEITHETAIROS

Nun, gleich dem Raum;
Wo stattlich ausgestattet, was ihr wollt,
Ihr euch gestattet – das ist eure Stätte!
Und baut ihr Häuser da und Mauern drum,
Dann habt ihr aus der Stätte eine Stadt!

Heuschrecken sind dann gegen euch die Menschen,
Die Götter hungert ihr gut melisch aus –

WIEDEHOPF

Wie?

PEITHETAIROS

Zwischen Erd und Himmel ist die Luft,
Nicht wahr? – Wie wir, wenn wir nach Delphi gehn,
Um freien Durchzug die Böoter bitten,
So, wenn die Sterblichen den Göttern opfern,
Und die den Durchgangszoll euch nicht entrichten,
Laßt durch die Luftstadt ihr die fremde Ware,
Den Opferbratenduft, nicht mehr passieren.

WIEDEHOPF

Der Tausend auch!
Bei allen Netzen, Schlingen, Vogelstangen!
Ein beßrer Einfall kam mir nie zu Ohren!
Es gilt! Ich bau mit dir die Stadt, wofern
Die andern Vögel einverstanden sind.

PEITHETAIROS

Wer stellt den Antrag ihnen vor?

WIEDEHOPF

Du selbst!
Durch langen Umgang bracht ich den Barbaren –
Das waren sie – die Menschensprache bei.

PEITHETAIROS

Kannst du sie denn zusammenrufen?

WIEDEHOPF

Leicht! Ich gehe nur geschwind da ins Gebüsch
Und wecke meine Nachtigall; dann rufen
Wir ihnen, und sobald sie unsre Stimme
Vernehmen, eilen sie im Flug herbei.

PEITHETAIROS

Herzlieber Vogel, steh nicht müßig da,
Ich bitt dich, geh nur gleich hier ins Gebüsch,
Geh schnell und wecke deine Nachtigall!

WIEDEHOPF

geht in das Gebüsch und singt:
O Gespielin, wach auf und verscheuche den Schlaf,
Laß strömen des Liedes geweihte Musik
Aus der göttlichen Kehle, die schmelzend und süß
Um mein Schmerzenskind und das deine klagt,
Und melodischen Klangs aushauchend den Schmerz,
Ach, um Itys weint.
Rein schwingt sich der Schall durch das rankende Grün
Zu dem Throne des Zeus, wo Phoibos ihm lauscht,
Der Goldengelockte, zu deinem Gesang
In die elfenbeinerne Harfe greift,
Zu deinem Gesange den schreitenden Chor
Der Unsterblichen führt;
Und weinend mit dir, einstimmig ertönt
Von dem seligen Mund
Der Unsterblichen himmlische Klage.
Flötenspiel hinter der Szene, Nachtigallengesang nachahmend.

EUELPIDES

Welch Vogelstimmchen! Nein, das übertaut,
Bei Zeus, mit Honigseim den ganzen Wald.

PEITHETAIROS

Du –

EUELPIDES

Ja, was ist?

PEITHETAIROS

Sei still doch!

EUELPIDES

Ei, warum?

PEITHETAIROS

Der Wiedehopf präludiert, es kommt noch eins!

WIEDEHOPF

singt unter Flötenbegleitung, die den Gesang der Nachtigall imitiert:

Hup hup hup op op op, hup hup hup hup hup,
Juhu, Juhu! Heran, heran!
Heran, ihr meine Mitgefiederten,
Was auf Ährengefilden den Kropf sich füllt!
Heran, ihr Gerstenpicker allzumal,
Körnerauflesende, flinke, geschmeidige,
Wohllautatmende Sänger,
Die ihr in Saatenfurchen
Trippelt, des feinen Stimmchens
Froh, behaglich also zwitschert:
Tiotio tiotio tiotio tiotio!
Ihr, die ihr in Gärten im Efeulaub
Verborgen nascht, auf den Bergen schwärmt,
Berberitzenverschlinger, Erdbeerenverschlucker,
Fliegt schleunig herbei auf meinen Ruf:
Trioto trioto totobrix!
Ihr, die ihr in sumpfigen Schluchten
Gerüsselte Mücken erschnappt und vom Wiesentau
Benetzt durch die blumigen Auen streift
Und Marathons liebliche Gründe!
Komm, rotbehaubter Vogel, Haselhuhn, Haselhuhn!
Kommt, die ihr über die Wogen des Meers
Fliegt mit den wandernden Eisvögeln,
Eilt, zu vernehmen die Kunde, die neueste!
Sammelt, wir rufen euch, sammelt euch alle
Vom langhalsigen Stamme der Vögel!
Denn ein Greis ist gekommen, ein kluger Kopf,
Mit neuen Ideen,
Erfinder neuer Projekte,
Drum kommt nun all zur Beratung,
Kommet, kommet, kommet, kommet!
Toro toro toro torotix!
Kikkabau! Kikkabau!
Toro toro toro torolililix!

PEITHETAIROS

zu Euelpides

Du, siehst du einen Vogel?

EUELPIDES

Keinen Schwanz,

Obwohl ich offnen Mauls zum Himmel gaffe!

PEITHETAIROS

Der Wiedhopf, scheint's, hat hinterm Busch vergeblich

Gegluckst, gebalzt als wie ein Auerhahn.

Parodos

Ein rotgefiederter Vogel erscheint.

VOGEL

Torotix torotix!

PEITHETAIROS

Ei der Tausend, Freund, ein Vogel! Sieh, da rückt ein

Vogel an!

EUELPIDES

Ei, ein Vogel! Was für einer, möcht ich wissen: wohl ein

Pfau?

PEITHETAIROS

während der Wiedehopf wieder hervorkommt:

Der da wird's am besten wissen, was das für ein Vogel ist.

WIEDEHOPF

Das ist kein gemeiner Vogel, den ihr alle Tage seht –

Ein Sumpfvogel!

EUELPIDES

Alle Wetter, prächtig, purpurrot geflammt!

WIEDEHOPF

Ganz natürlich! und deswegen ist er Flammbart auch

genannt!

Ein Hahn tritt gravitätisch herein.

EUELPIDES

Du – potz Wetter!

PEITHETAIROS

Warum schreist du?

EUELPIDES

Sieh, ein zweiter Vogel kommt!

PEITHETAIROS

Ja, bei Zeus! Gewiß stammt dieser auch »von fern aus
fremdem Land«.

Zum Wiedehopf

Wer nur ist »der seltsam stolze bergaufsteigende Prophet«?

WIEDEHOPF

Dieser? Perservogel heißt er!

PEITHETAIROS

Perser? Ei, beim Herakles,
Sag, wie kommt er denn als Perser ohne sein Kamel
daher?

Ein ruppiger Wiedehopf tritt auf.

EUELPIDES

Sieh, da kommt ein weitrer Vogel, einen Helmbusch auf
dem Haupt!

PEITHETAIROS

zum Wiedehopf

Ei, wie sonderbar! So bist du nicht der einz'ge Wiedhopf
hier?

Gibt's denn außer dir noch andre?

WIEDEHOPF

Der da ist Philokles' Sohn,
Wiedhopfs Enkel, sein Großvater bin ich selbst – gerade
wie
Hipponikos, Sohn des Kallias, Kallias, Hipponikos' Sohn.

EUELPIDES

Also Kallias ist der Vogel! Himmel, wie der Federn läßt!

PEITHETAIROS

Weil er redlich ist, wird er von Sykophanten ausgerupft;
Und die letzten Federn raufen ihm galante Dirnen aus!

Eine Kropfgans watschelt herein.

EUELPIDES

Potz Poseidon, welch ein Vogel, der in allen Farben spielt!
Nun, wie heißt denn dieser?

WIEDEHOPF

Kropfgans, der bekannte Nimmersatt.

EUELPIDES

Heißt denn Nimmersatt noch jemand anders als
Kleonymos?

PEITHETAIROS

Der – Kleonymos? – Verloren hat er ja den Helmbusch
nicht!

EUELPIDES

Überhaupt, was soll das Buschwerk auf dem Kopf des
Federviehs?
Gibt's 'nen Wettlauf denn?

WIEDEHOPF

Sie machen's eben wie die Karier,
Leben ständig unter Büschen, wegen ihrer Sicherheit.
Der Chor der Vögel hüpft und flattert herbei.

PEITHETAIROS

Oh, Poseidon! Welches Vogelungewitter zieht sich, schau,
Dort zusammen!

EUELPIDES

Oh, Apollon! Welche Wolke, Gott erbarm's!
Kaum vor flatterndem Gevögel ist der Eingang mehr zu
sehn!

PEITHETAIROS

Dort ein Rebhuhn, ei der Tausend! – hier ein Haselhuhn –
und hier,
Sieh, da patscht 'ne Wasserente – ein Eisvogelweibchen
dort!

EUELPIDES

Hinter diesem aber?

PEITHETAIROS

Der dort? Ein Bartgeier wird es sein!

EUELPIDES
Heißt Bartgeier denn ein Vogel?
PEITHETAIROS
Heißt denn Sporgilos nicht so?
EUELPIDES
Siehst du dort die Eul?
PEITHETAIROS
Ich bitte, »bringt man Eulen nach Athen«?
EUELPIDES
Elster, Turteltaube, Lerche, Weihrauchvogel, Käuzchen,
Specht,
Turmfalk, Amsel, Taucher, Schnepfe, Adler, Hähner,
Auerhahn!
PEITHETAIROS
Iuh! Iuh! Welch Federvieh!
EUELPIDES
Iuh! Iuh! Das Rabenvieh!
Wie sie piepsen, und wie alles kreischend durcheinanderrennt!
Die Vögel nehmen drohende Haltung ein.
PEITHETAIROS
Weh, mit offnen Schnäbeln drohend, mit ergrimmten
Augen sehn
Sie mich an und dich –
EUELPIDES *ängstlich*
Wahrhaftig, ich bemerk es ebenfalls.
CHOR DER VÖGEL *durcheinanderschnarrend*
Wo, wo, wo, wo, wo, wo ist er, der uns rief, wo nistet er?
WIEDEHOPF
Hier bin ich und warte längst, »steh nimmer meinen
Freunden fern«.
CHOR
We-we-we-we-we-we-welche Freundesbotschaft bringst
du uns?
WIEDEHOPF
Eine schöne, kluge, biedre, süße, volksbeglückende!

Denn zwei Menschen, feine Köpfe, sind gekommen, sind
    bei mir.
Aufruhr unter den Vögeln.

CHOR
    Wo? Wie? Wa-was?

WIEDEHOPF
    Von den Menschen, sag ich, kamen zwei ergraute Männer
        her,
    Und zu einem Riesenwerke bringen sie den Bauplan mit.

CHOR
    Einen größern Frevler hab ich, seit ich lebe, nicht gesehn!
    Oh, was sagst du?

WIEDEHOPF
    Laß mich reden! Fürchte nichts!

CHOR
    Was tatst du uns?

WIEDEHOPF
    Männer nahm ich auf, die gerne lebten im Verein mit uns!

CHOR *tragisch*
    Diese Tat hast du begangen?

WIEDEHOPF
    Und ich freue mich der Tat!

CHOR
    Und sie sind schon hier?

WIEDEHOPF
    In eurer Mitte, so gewiß wie ich!

Strophe

CHOR
    in erregtem Gesang
    Ach, ach!
    Verkauft, verraten, geschändet sind wir!
    Denn ein Bruder, ein Freund, der gemeinsam mit uns
    Auf den Fluren sein Futter sich suchte,
    Hat gebrochen das uraltheil'ge Gesetz,

Hat gebrochen den Eid der Vögel!
Hat ins Netz mich gelockt, mich dem argen Geschlecht
In die Hände geliefert, das, seit es erzeugt,
Mir nur Böses getan!

Nun, mit diesem Vogel reden wir dann später noch ein
   Wort!
Doch die beiden alten Sünder, denk ich, züchtigen wir
   gleich,
Kommt, wir reißen sie in Stücke!
Allgemeine Aufregung.

PEITHETAIROS
Weh, nun ist's um uns geschehn!

EUELPIDES
Ja, und du, du bist an allem diesem Unglück schuld!
   Warum
Hast du mich auch mitgenommen?

PEITHETAIROS
Nun, damit du bei mir bist!

EUELPIDES
Um es bitter zu beweinen!

PEITHETAIROS
Sieh, wie albern schwatzst du jetzt!
Denn wie kannst du weinen, wenn sie dir die Augen
   ausgehackt!

Gegenstrophe

CHOR
sich zum Angriff formierend:
Io, Io!
Nun drauf und daran, und in grimmigem Sturm
Auf den Todfeind los und umzingelt ihn rings,
Und schlagt um ihn eure Flügel!

Laut heulen soll das verruchte Paar,
Ein Fraß für unsere Schnäbel!
Nicht der waldige Berg, nicht die Wolke der Luft,
Nicht das graue Gewässer des Meeres soll
Sie beschützen vor mir!

Nun, was zaudern wir noch länger? Beißt und kratzt und
    reißt und rupft!
He, wo ist der Hauptmann? – Dringe mit dem rechten
    Flügel vor!

EUELPIDES
Nun wird's Ernst! – Wohin entflieh ich Armer?

PEITHETAIROS
Du, so halt doch stand!

EUELPIDES
Soll ich mich zerreißen lassen?

PEITHETAIROS
Hoffst du Narr denn, ihnen noch zu entwischen?

EUELPIDES
Wie, das weiß ich freilich nicht!

PEITHETAIROS
So höre denn!
Laß zum Kampf uns zu den Töpfen greifen nun mit
    tapfrer Hand!

EUELPIDES
Und was soll der Topf uns helfen?

PEITHETAIROS
Daß uns keine Eule packt!

EUELPIDES
Wider diese krummen Krallen –?

PEITHETAIROS
Nimm den Bratspieß, stecke ihn
Vor dir ein als Schanzpfahl!

EUELPIDES
Aber meine Augen! Ach, was tun?

PEITHETAIROS

Halt das Essigkrüglein oder hier das Schüsselchen davor!

EUELPIDES

Ei, Respekt vor deiner Klugheit! Ganz strategisch
ausgedacht!
In Kriegslisten und Maschinen stichst du selbst den Nikias
aus.

CHOR

Hurra! Marsch! Bei Fuß den Schnabel! Vorwärts, vorwärts,
drauf und dran!
Rupft, reißt, beißt, zerrt, stoßt, haut, raufet! Schlagt zuerst
den Topf entzwei!
Setzt sich in Marsch.

WIEDEHOPF

dazwischentretend

Sprecht, was fällt euch ein, was soll das, allerschlimmste
Bestien ihr?
Morden wollt ihr Männer, die euch nichts getan, zerreißen
wollt
Ihr Landsleute ohne Schonung, Blutsverwandte meiner
Frau?

CHOR

Was? Weswegen sollten ihrer mehr wir schonen als des
Wolfs?
Haben wir denn schlimmre Feinde noch zu züchtigen als
die?

WIEDEHOPF

Wenn sie aber, von Geburt zwar Feind, im Herzen
Freunde sind,
Wenn, euch guten Rat zu geben, nur sie da sind, nun, wie
dann?

CHOR

Pah! Wie können die uns lehren oder guten Rat
wohl gar
Uns erteilen, unsre Feinde, unsrer Ahnen Feinde schon?

WIEDEHOPF

Freunde! Kluge Leute lernen auch von ihren Feinden gern.

Vorsicht frommt in allen Stücken: von dem Freunde wirst du sie

Schwerlich lernen, doch die Feinde, ja die zwingen dich dazu.

Denn die Städte – nicht dem Freunde, nein, dem Feind verdanken sie's

Wenn sie hohe Mauern bauen und Fregatten für den Krieg;

Daß sie's lernten, sichert ihnen Hab und Gut und Weib und Kind.

CHOR

Ihrem Wort Gehör zu schenken kann vorerst, wie mich bedünkt,

Uns nicht schaden: was Gescheites lernt man manchmal auch vom Feind.

PEITHETAIROS

zu Euelpides

Gut, ihr Zorn will, scheint's, sich legen. Weiche Schritt für Schritt zurück!

WIEDEHOPF

zum Chorführer:

Das ist billig, und ihr könnt es mir auch zu Gefallen tun!

CHOR

Aber niemals haben wir uns sonst dir ernsthaft widersetzt!

PEITHETAIROS

zu Euelpides

Sieh, sie ziehn's doch vor, in Frieden

Uns zu lassen: lege darum

Hin die Schüssel samt dem Topfe!

Mit dem Speer im Arm, dem Bratspieß,

Wollen wir Patrouille gehen

Innerhalb des Waffenplatzes,

Nach dem Topf, des Lagers Marke,

Scharf hinsehend: Fliehn wär Schande!

EUELPIDES

Aber wenn wir fallen sollten,
Wo denn wird nur unser Grab sein?

PEITHETAIROS

Auf dem Töpferplatz! – Damit man
Uns von Staats wegen bestattet,
Werden wir den Feldherrn sagen,
Daß wir kämpfend sind gefallen
In der Schlacht am Vogelsberg!

CHOR

Zurück denn, und stellt euch in Reih und Glied,
Und die Lanze des Muts pflanzt neben dem Schild
Des Schlachtgrimms auf, wie im Feld der Soldat;
Wir verhören indessen die Männer da: wer
Und von wannen sie sind
Und in welcherlei Absicht sie kommen.
Zum Wiedehopf
He, Wiedhopf, gib einmal Bescheid!

WIEDEHOPF

Bescheid? Was willst du wissen, sprich!

CHOR

Wer sind die zwei da, und woher?

WIEDEHOPF

Gastfreund' aus Hellas' weisem Volk!

CHOR

Welch Ungefähr führt sie denn
Beid hierher ins Vogelreich?

WIEDEHOPF

Der Wunsch, mit dir, nach deiner Sitt
Und Art zu leben allezeit!

CHOR

Was sagst du? Und was bringen sie denn vor?

WIEDEHOPF

Unglaublich klingt es, unerhört!

CHOR

Wie denken sie den Aufenthalt
Uns wohl zu lohnen? Wollen sie
Mit uns dem Feinde schaden und
Befördern ihrer Freunde Wohl?

WIEDEHOPF

Ein großes Glück verheißt er uns,
Unglaublich, unaussprechlich groß!
Daß rundum alles euch gehört,
Was unten, oben, rechts und links,
Das demonstriert er euch aufs Haar.

CHOR

Ob's ein Verrückter ist?

WIEDEHOPF

Oh, ein durchtriebner Kopf!

CHOR

Ob Klugheit in ihm steckt?

WIEDEHOPF

Ein ganz schlauer Fuchs!
Der Witz, der Kniff, der Pfiff, der Scharfsinn selbst!

CHOR

Ich will ihn hören, ruf ihn gleich!
Was du da sagst – mich juckt's davon
Schon jetzt in allen Federn!

WIEDEHOPF

zu Peithetairos und Euelpides
Wohlan denn du und du, die Waffenrüstung
Schafft weg und hängt zur guten Stund sie auf
Im Rauchfang, bei dem Bild des Feuergottes!
Zu Peithetairos
Du aber laß dein Wort, zu dem ich sie
Berief, uns hören, sprich!

PEITHETAIROS

Beim Phoibos, nein!

Wenn sie mit mir nicht eingehn den Vertrag,
Wie ihn mit seinem Weib der Affe schloß,
Der Messerschmied: – mich nicht zu beißen, nicht
Am Hodensack zu zerren, nicht zu krabbeln
Mir da –

WIEDEHOPF
Da hinten?

PEITHETAIROS
Nein! Am Auge, mein ich!

CHOR
Das geh ich ein!

PEITHETAIROS
Beschwöre mir's!

CHOR
Ich schwöre!
So wahr ich mit den Stimmen aller Richter
Und allen Volks zu siegen wünsch –

PEITHETAIROS
Es gilt!

CHOR
– Und halt ich's nicht – mit *einer* Stimme nur!

PEITHETAIROS
zu Euelpides
Hört, Bürger und Soldaten, geht mit Wehr
Und Waffen jetzt nach Haus; und habt wohl acht
Des Maueranschlags, der das Weitre sagt!

Agon

Strophe

CHOR
So verschlagen in allen Stücken auch der Mensch
Von Haus aus ist, doch will ich dich hören; sag an!
Denn wohl ist es möglich,

Daß du bessern Rat mir zu geben imstand bist,
Als ich selbst es vermöchte,
Und zu größerer Macht mir verhelfen kannst,
Die mein blöderer Geist nicht geahnt: drum rede!
Was Ersprießliches du uns
Zu verschaffen weißt, teilen wir dann redlich!

CHOR
Wohlan denn, mit welchem Projekt du kommst, von dir
im Geiste ersonnen,
Das sage getrost! Denn wir werden zuerst den geschloßnen
Vertrag nicht verletzen!

PEITHETAIROS
Schon gärt mir's im Kopfe, beim Zeus, und der Teig zu
der Rede, schon ist er im Gehen;
Jetzt ohne Verzug, jetzt knet ich ihn aus!
Einem Sklaven rufend.
Einen Kranz her, Bursch, und ein Becken!
Komm, gieße das Wasser mir über die Hand –
Ein Vogelsklave bringt das Gewünschte.

EUELPIDES
Wie? Geht es zum Schmause denn oder –

PEITHETAIROS
zu Euelpides
Nichts weniger! Nein, ich studiere schon lang auf ein
mächtiges, schlagendes Kraftwort,
Zu erschüttern die Seele des Volks –
Zum Chor
Ja, seht, nur für euch bin ich also bekümmert,
Daß ihr, einst Könige –

CHOR
Könige wir? Über wen denn?

PEITHETAIROS
Könige, freilich,

Über alles, was lebt und webet, zuerst über mich, über
den da

auf Euelpides deutend

und Zeus selbst:
Denn älter, weit älter ist euer Geschlecht als Kronos
zusamt den Titanen,
Und die Erde –

CHOR

Die Erde?

PEITHETAIROS

Fürwahr, bei Apoll!

CHOR

Ei, das erste Mal, daß ich das höre!

PEITHETAIROS

O Einfalt! Du hast dich nicht umgetan und deinen Äsop
nicht gelesen,
Der es deutlich doch sagt, daß die Schopflerch einst der
erste der Vögel gewesen,
Eh die Erde noch war! Und da sei ihr am Pips ihr Vater
gestorben und habe
Fünf Tag' unbeerdigt gelegen, dieweil die Erde noch nicht
existierte;
Aus Verzweiflung grub dann im eigenen Kopf sie ein Loch
zu des Vaters Bestattung.

EUELPIDES

So liegt denn der Vater der Schopflerch jetzt, der sel'ge,
begraben in Schopfloch.

PEITHETAIROS

Und wenn sie nun lang vor der Erde, lang vor den
Göttern gelebt, da gebührt doch
Als den Ältesten ihnen mit Fug und Recht die Gewalt und
das Zepter der Herrschaft!

EUELPIDES

Beim Apollon, gewiß! Drum laß dir nur ja lang wachsen
in Zukunft den Schnabel,

VÖGEL   287

Denn das Zepter wird Zeus abtreten so schnell nicht dem
    eichenpickenden Schwarzspecht!

PEITHETAIROS
    Daß wirklich nun aber die Götter nicht vorzeiten die
        Menschen beherrschten,
    Sondern Vögel als Könige herrschten, dafür gibt's hundert
        und tausend Beweise.
    So war, zum Exempel, vor Zeiten der Hahn souveräner
        Regent und Gebieter
    Im persischen Reich, vor den Fürsten lang, vor Dareios
        und Megabazos,
    Drum heißt er denn auch, weil er einst dort gebot, der
        persische Vogel noch heute.

EUELPIDES
    Drum stolziert er auch noch auf den heutigen Tag mit der
        aufrecht spitzen Tiara
    Auf dem Kopfe umher, wie der große Schah, er allein von
        sämtlichen Vögeln.

PEITHETAIROS
    So gewaltig war er, so mächtig und stark, daß heute noch,
        wenn mit dem Tag er
    Sein Morgenlied kräht, die Schlafenden all, seiner
        sonstigen Größe gedenkend,
    Aufspringen und rasch an die Arbeit gehn, die Töpfer, die
        Schmiede, die Gerber,
    Mehlhändler, Barbiere und Schneider und Schuh- und
        Harfen- und Schildfabrikanten,
    In die Schlappschuh' fahren im Dunkeln sie schnell und
        rennen –

EUELPIDES
    Da kannst du mich fragen:
    Meinen Mantel von phrygischem Wollenzeug hab ich
        Armer durch diesen verloren!
    Ich war in die Stadt zu dem Namensfest eines Bübchens
        geladen, da trank ich

Mir ein Räuschchen und dämmert allmählich ein, eh die
andern noch tranken: da kräht' er;
Ich, wähnend, es tag, geh Halimous zu und laviere so grad
vor die Mauern
Hinaus: da versetzt mir ein Straßendieb mit dem Knüppel
eins über den Rücken:
Da lag ich im Dreck und versuchte zu schrein, doch davon
waren Mantel und Spitzbub!

PEITHETAIROS

Der Hellenen König und Herrscher war in selbigen Zeiten
der Weihe!

CHOR

Der *Hellenen* auch?

PEITHETAIROS

Und er führte zuerst als ihr Herr und Gebieter den Brauch
ein,
Vor dem Weih in den Staub sich zu werfen.

EUELPIDES

Ach ja, so warf ich mich selbst bei dem Anblick
Eines Weihen einmal in den Staub, und es fuhr, wie ich
offnen Maules so dalag,
In den Hals mir hinunter mein Obolosstück; leer bracht
ich nach Hause den Schnappsack!

PEITHETAIROS

Im Ägyptenland und im weiten Gebiet der Phönizier
herrschte der Kuckuck,
Und sobald sein »Kucku« der Kuckuck rief, da machten
sich schnell auf die Beine
Die Phönizier all und schnitten ihr Korn auf den Äckern,
Gerste und Weizen.

EUELPIDES

Potz Tausend! Da kommt wohl das Sprichwort her:
»Kuckuck, in das Feld, geile Brüder!«

PEITHETAIROS

So gewaltig regierten die Vögel im Land, daß, wo in den
Städten von Hellas

Ein König noch war, Menelaos etwa, Agamemnon oder
ein andrer,
Ihm auf dem Zepter ein Vogel auch saß, um zu teilen mit
ihm die – Schmieralien.

EUELPIDES

Von all dem wußt ich kein Wörtchen und sah mit
Verwundrung, wie mit dem Vogel
Auf dem Zepter hervor oft Priamos trat auf die Bühne: da
stand er, der Vogel,
Und lauerte scharf dem Lysikrates auf, was er etwa bekäm
an Schmieralien.

PEITHETAIROS

Doch das Schlagendste, Freunde, das kommt erst jetzt!
Zeus selber, der Herrscher von heute,
Steht da, der König der Könige, doch mit dem Vogel,
dem Adler, zu Häupten;
Mit der Eule sein Kind, die Athena; sein Knecht und
Getreuer Apoll mit dem Habicht.

EUELPIDES

Ganz richtig bemerkt, bei Demeter, so ist's! Doch wozu
die Begleitung der Vögel?

PEITHETAIROS

Deshalb: wenn einer beim Opfern das Herz und die Leber,
so wie es gebräuchlich,
In die Hand ihm drückt – daß sie selbst vor Zeus das Herz
und die Leber sich nehmen! –
Bei den Göttern schwur kein Sterblicher sonst, sondern
alle schwuren bei Vögeln.

EUELPIDES

Und Lampon, der Priester, schwört noch heut bei der
Gans, wenn er andre beschwindelt.

PEITHETAIROS

So hat man vorzeiten euch überall als heilig verehrt und
gewaltig!
Jetzt sieht man für Tölpel, für Sklaven euch an,

Und schlägt euch wie wütende Hunde tot,
Und schießt nach euch. In den Tempeln sogar
Sind Vogelsteller und lauern euch auf
Mit Netz, Leimrute, mit Schlinge und Garn,
Mit Dohne, mit Sprenkel und Meisenschlag.
Und sie fangen und bringen euch schockweis zu Markt,
Und da kommen die Käufer und tasten euch ab.
Und bieten sie euch, und wären sie nur
Noch zufrieden, euch so zu servieren bei Tisch!
Doch es kommt noch geriebener Käse dazu,
Weinessig und Baumöl und Überguß
Von Honig und Fett, durcheinandergerührt,
Und die Soße dann schütten sie siedendheiß
Euch über das Fell,
Als wär es verstunkenes Luder!

Gegenstrophe

CHOR

O wie schwer, o wie schwer das Wort aufs Herz mir fällt,
Das du, Alter, mir sagst! Ich beweine die Schmach
Und die Feigheit der Väter,
Welche so glänzende Hoheit, ererbt von den Ahnen,
Mir zum Schaden verscherzten.
Doch es führt ja so glücklich ein gutes Geschick
Dich als Retter mir jetzt und Beschirmer entgegen.
Deinem Schutz anbefehlend
Meine Küchlein und mich, leb ich künftig friedlich.

Nun erkläre dich aber, was müssen wir tun? Denn es lohnt
    nicht der Mühe zu leben,
Wenn wir unser erbeigenes Königtum, wie auch immer,
    nicht wieder erobern!

PEITHETAIROS

So vernehmt mein Wort: Eine Stadt muß erstehn zur
    Behausung sämtlicher Vögel;

Dann müßt ihr die Luft, den unendlichen Raum, müßt
Himmel und Erd ihr begrenzen,
Wie Babylon rund mit Mauern umziehn, kolossal aus
gebackenen Quadern!

EUELPIDES

Kebriones, ha, und Porphyrion! Welch
himmelanstrebender Stadtbau!

PEITHETAIROS

Und sobald sie dann steht, die erhabene Stadt, dann
verlangt ihr von Zeus, daß er abdankt;
Und will er nicht dran und schlägt er es ab und besinnt
sich nicht gleich eines bessern,
Dann erklärt ihr ihm selber den heiligen Krieg und
verbietet sämtlichen Göttern,
Durch euer Gebiet auf den Strich zu gehn mit
himmelansteigender Rute,
Wie sie früher so oft ehbrecherisch geil zu Alkmene
hernieder sich ließen,
Zu Alope, Leda und Semele; und kommen sie dennoch,
dann müßt ihr
Ihre Eicheln verplomben, damit sie hinfort die Weiberchen
lassen in Ruhe.
'nen Vogel schickt ihr dann ohne Verzug zu den Menschen
hinab als Gesandten
Und gebietet: als Königen sollen sie euch von der Stund
an opfern, den Vögeln;
Und nach euch erst kriegen die Götter ihr Teil; und es
steht dann geziemenderweise
Den Göttern stets ein Vogel zur Seit, wie er eben für
jeglichen passend:
So, wer Aphrodite ein Opfer weiht, der streue dann
Körner dem Sperling,
Und wer dem Poseidon ein Schaf darbringt, der bedenke
die Ente mit Weizen,

Wer dem Herakles opfert, bediene zugleich mit
Honigkrapfen die Kropfgans,
Wer dem König Zeus einen Schafbock weiht – Zaunkönig
ist ebenfalls König,
Und es ziemt sich vor Zeus ihm den Mückenbock mit
kräftigen Hoden zu schlachten!

EUELPIDES
Ein ergötzlicher Spaß: die geschlachtete Mück! Da schlage
der Donner des Zeus drein!

CHOR
Wie sollen denn aber für Götter und nicht für Dohlen die
Menschen uns achten?
Wir fliegen und haben doch Flügel am Leib?

PEITHETAIROS
O Einfalt! Hat denn nicht Flügel
Auch Hermes und fliegt, und er ist doch ein Gott, und es
fliegen der Götter noch viele:
Die Nike mit goldenen Schwingen, sie fliegt, und es fliegt
doch, beim Zeus, auch der Eros,
Und »der schüchternen Taube vergleichbar« ist nach Vater
Homeros die Iris.
Und auch Zeus selbst: schickt er nicht zu uns unter
Donner »geflügelte Blitze«?

CHOR
Doch wenn nun für nichts die Sterblichen dann, aus purer
Beschränktheit, uns achten,
Und für Götter dort oben nur die im Olymp?

PEITHETAIROS
Dann soll eine Wolke von Spatzen,
Ein fliegendes, körnerauspickendes Korps, wegschnappen
die Saaten der Äcker;
Und literweis mag die Demeter dann an die Hungrigen
Weizen verteilen.

EUELPIDES
Die läßt das wohl sein, gib acht, die ersinnt Ausreden und
läßt sie verhungern.

PEITHETAIROS

Dann laßt ihr die Raben dem mageren Vieh, mit dem sie
die Acker bepflügen,
Und den Schafen aushacken die Augen, damit sie
erkennen, wer Herr ist und Meister;
Und Apollon, der Arztgott, kuriere sie dann, wie er pflegt
– für bare Bezahlung!

EUELPIDES

Nur ein bißchen noch wartet! Ich möchte nur erst meine
Stierchen zuvor noch verkaufen!

PEITHETAIROS

Doch beten als Schöpfer und Gott sie dich an, als
Poseidon, Kronos und Gaia,
Dann genießen sie Güter im Überfluß!

CHOR

So nenne mir eines der Güter!

PEITHETAIROS

Nie werden den knospenden Reben fortan Heuschrecken
die Augen zerfressen,
Denn Sperber und Eulen – nur eine Schwadron wird
genug sein, sie zu vertilgen.
Gallwespen und Fliegen und andres Geschmeiß benagen
nicht länger die Feigen,
Denn von Krammetsvögeln ein einziger Schwarm wird
sauber putzen die Bäume.

CHOR

Wo kriegen wir aber den Reichtum her für die Menschen?
Das ist ja ihr Liebstes!

PEITHETAIROS

Wer um Silberminen die Vögel befragt, dem verleihn sie
die fündigsten Stellen;
Wo die besten Geschäfte zu machen sind, durch die Seher
erfährt er's von ihnen;
Nicht ein Seefahrer verunglückt mehr!

CHOR

Nicht einer? Wie sollte das zugehn?

PEITHETAIROS

Ein Vogel wird jeden, sobald er ihn fragt, zu der Fahrt
aufs beste beraten:
»Jetzt segle nicht ab: denn es droht dir ein Sturm!« – »Du
gewinnst: jetzt lichte die Anker!«

EUELPIDES

Ei, da kauf ich ein Schiff mir und steche in See; ich verlaß
euch, ich bleibe nicht länger!

PEITHETAIROS

Dann decken sie ihnen die Schätze auf, die die Leute vor
alters verscharrten,
Voll blinkenden Sibers: sie wissen gar wohl, wo sie liegen;
drum heißt es im Sprichwort:
»Ich hab 'nen Schatz, und es weiß kein Mensch, wo er
liegt; das weiß nur ein Vöglein!«

EUELPIDES

Ich verkaufe mein Boot, schaff Hacken herbei, und da grab
ich mir Töpfe voll Gold aus.

CHOR

Wie verschaffen wir ihnen Gesundheit denn? Bei den
Göttern ja wohnt die Gesundheit?

PEITHETAIROS

Wenn's ihnen nun aber recht grundwohl geht, das ist doch
Gesundheit die Fülle?

EUELPIDES

Und ob! Denn geht es dem Menschen schlecht, dann fehlt
ihm erstlich Gesundheit!

CHOR

Wo bekommen sie aber das Alter her? Denn das Alter ist
auch im Olympos:
Oder sterben die Menschen als Kinder schon weg?

PEITHETAIROS

Mitnichten! Es legen die Vögel

Dreihundert Jahre den Menschen noch zu!

CHOR

Und woher denn?

PEITHETAIROS

Woher? von sich selber!
Denn du weißt, daß: »fünf Geschlechter erlebt der
Menschen die krächzende Krähe.«

EUELPIDES

gegen das Publikum

Potz Wetter, das nenn ich mir Könige, die weit besser als
Zeus für uns taugen!

PEITHETAIROS

ebenso

Das mein ich doch auch!
Wir brauchen da marmorne Tempel nicht mehr
Zu errichten für sie und Portale daran
Zu erbauen aus Gold: oh, die wohnen auch gern
Im Wacholdergebüsch und im Eichengesträuch,
Und der Ölbaum wölbt sich zum heiligen Dom
Für die Allerhöchsten im Vogelreich.
Nach Delphi zu pilgern, zu Ammons Sitz,
Und zu opfern daselbst fällt keinem mehr ein:
Wir stellen uns mitten ins Dickicht hin
Von wilden Oliven und Erdbeergebüsch
Und streuen Gerste und Weizen für sie
Und flehn mit erhobenen Händen sie an
Um Geld und Gut, und das wird uns dann auch
Ohne weitres gewährt
Für die Handvoll Korn, die wir streuen!

CHOR

Ehrwürdiger Greis, zum vertrautesten Freund aus dem
bittersten Feind mir geworden,
Nie weich ich von dir, treu werd ich bei dir und deinen
Entwürfen verharren!
Durch deiner Worte Kraft begeistert, schwör

Ich's heilig, und die Drohung sprech ich aus:
Wenn du mit mir schließt den Pakt und
Rechtlich, ohne Trug und treulich
Mit mir wider die Götter ziehst,
Ein Herz und eine Seele, Freund,
Dann sollen die Götter länger nicht
Unser Zepter schänden!
Und das machen wir so: wo der rüstigen Kraft es bedarf,
    da postieren wir selbst uns,
Wo es aber zu denken, zu raten gilt, da vertrauen wir
    deinem Genie uns!

WIEDEHOPF

Nun aber ist, beim Zeus, nicht mehr zum Zaudern
Und Schlafen Zeit, zur Nikiasnickerei!
Wir müssen handeln, und das gleich! So tretet
Vorerst hier ein in meine Nestbehausung,
Und nehmt vorlieb mit Halmen, Stroh und Reisig.
Und nennt uns doch auch eure Namen!

PEITHETAIROS

Gern,
Ich heiße *Peithetairos*, Ratefreund,
Und der *Euelpides*, Hoffegut, von Krioa.

WIEDEHOPF

Willkommen!

PEITHETAIROS

Schönen Dank!

WIEDEHOPF

Nun tretet ein!

PEITHETAIROS

Geh du voran, wir folgen dir!

WIEDEHOPF

So kommt!

PEITHETAIROS

Doch halt! wie ist denn das? – Komm doch zurück!

Wie können wir, die Unbeflügelten,
Mit euch denn leben, den Beflügelten?

WIEDEHOPF

Ganz gut!

PEITHETAIROS

Du weißt, wie übel in der Fabel
Äsops es jenem Fuchs ergangen ist,
Der mit dem Aar gemeine Sache machte!

WIEDEHOPF

Sei unbesorgt! Es gibt ein Würzelchen,
Das kaut ihr nur, dann seid ihr gleich beflügelt.

PEITHETAIROS

Nun denn, wir folgen!
Zu den Sklaven
Ihr da, Manodoros
Und Xanthias, nehmt die Bagage mit!

CHOR

zum Wiedehopf
Noch ein Wort, noch ein Wort, ei so höre doch!

WIEDEHOPF

Nun?

CHOR

Du geleite ins Nest diese Gäste,
Und bewirte sie gut! Doch die Nachtigall, Freund, die
    süße Gespielin der Muse,
Die schick uns heraus zur Gesellschaft und laß mit der
    Holden uns spielen und scherzen!

PEITHETAIROS

O ja, bei Zeus, tu ihnen den Gefallen
Und lock das Vögelchen aus dem Gebüsch!

EUELPIDES

Ja, bei den Göttern, lock es her, und gönn
Auch uns den Anblick deiner Nachtigall!

WIEDEHOPF

Nun, wenn ihr wollt, so sei es!

Ruft ins Gebüsch
Prokne, komm heraus und zeige dich den werten Gästen!
*Prokne tritt auf als Flötenspielerin, nackt und reich mit Gold
geschmückt, mit einer Vogelmaske; den Schnabel bildet die
Doppelflöte.*

PEITHETAIROS
Großmächt'ger Zeus, welch niedlich Vögelchen,
Wie zart, wie weiß –

EUELPIDES
Ich sage dir, mit der
Probiert ich gern, vierfüßig eins zu spielen!

PEITHETAIROS
Was die mit Gold behängt ist, wie 'ne Jungfrau!

EUELPIDES
Kaum halt ich mich, ich muß, ich muß sie küssen!

PEITHETAIROS
Du Narr, sieh nur den Bratspießschnabel an!

EUELPIDES
Bei Zeus, wie man ein Ei pellt, zieh ich nur
Vom Köpfchen ab die Schale und küsse sie.
Tut es.

WIEDEHOPF
nimmt ihn am Arm
Gehn wir hinein!

PEITHETAIROS
Glück zu! Wir folgen dir!
Alle ab. Der Chor bleibt mit der Nachtigall allein.

Parabase

CHOR

singt
Liebliches Blondköpfchen,
O süßestes Vögelein,
Meiner Lieder Begleiterin,
Nachtigall, holde Gespielin!
Bist du's, bist du's, kommst du,
Bringst du süße Gesänge mit?
Komm und flöte mir himmlische
Frühlingstön! Anapästische
    Rhythmen laß uns beginnen!
Flötenspiel der Nachtigall.

An die Zuschauer
O ihr Menschen, verfallen dem dunklen Geschick, den
    Blättern des Waldes vergleichbar,
Ohnmächtige Zwerge, Gebilde von Lehm, traumähnliche
    Schattengestalten,
O ihr Eintagsfliegen, der Flügel beraubt, ihr
    erbärmlichverweslichen Wesen,
Jetzt lauschet und hört die Unsterblichen an, die
    erhabenen, ewiglich jungen,
Die ätherischen, himmlischen, seligen, uns, die
    Unendliches sinnenden Geister,
Damit ihr vernehmt die Lehre vom All und den
    überirdischen Dingen:
Wie die Vögel entstanden, der Götter Geschlecht und die
    Ströme, die Nacht und das Chaos:
Auf daß ihr erkennet, was ist und was war, und zum Geier
    den Prodikos schicket!
In der Zeiten Beginn war Tartaros, Nacht und des Erebos
    Dunkel und Chaos;

Luft, Himmel und Erde war nicht; da gebar und brütet' in
Erebos' Schoße,
Dem weiten, die schattenbeflügelte Nacht das
uranfängliche Windei;
Und diesem entkroch in der Zeit Umlauf der
verlangenentzündende Eros,
An den Schultern von goldenen Flügeln umstrahlt und
behend wie die wirbelnde Windsbraut.
Mit dem Chaos, dem mächtigen Vogel, gepaart, hat der in
des Tartaros Tiefen
Uns ausgeheckt und heraufgeführt zu dem Lichte des
Tages, die Vögel.
Noch war das Geschlecht der Unsterblichen nicht, eh nicht
Eros alles vermischte.
Wie sich eins mit dem andern dann paarte, da ward der
Okeanos, Himmel und Erde,
Die unsterblichen, seligen Götter all! – Und so sind wir
erwiesenermaßen
Weit älter, als alle Unsterblichen sind! Denn daß wir von
Eros gezeugt sind,
Ist sonnenklar: denn wir fliegen wie er und gesellen uns
gern den Verliebten:
Manch reizenden Knaben, der kalt sich verschloß, hat nah
an der Grenze der Jugend
Durch unsre Gewalt der verliebte Freund noch gewonnen,
durch Vogelpräsente:
Durch ein Perlhuhn oder ein Gänschen wohl auch, durch
Wachteln und persische Vögel!
Was es Schönes auf Erden und Großes gibt, das verdanken
uns alles die Menschen:
Wir verkünden die wechselnden Zeiten des Jahrs, den
Frühling, den Sommer, den Winter:
Der Kranich mahnt euch zu säen im Herbst, wenn er
krächzend nach Libyen wandert,
Und den Seemann zu hängen sein Steuer alsdann in den
Rauch, um aufs Ohr sich zu legen;

Den Orestes heißt er sich weben ein Kleid, um im Frost es
    nicht stehlen zu müssen.
Kommt aber der Weih, so kündet er euch nach dem
    Winter die mildere Zeit an,
Wo die Frühlingswolle den Schafen ihr müßt abscheren;
    die zwitschernde Schwalbe
Erinnert euch dann, zu vertrödeln den Pelz und ein
    sommerlich Röckchen zu kaufen;
Kurz, Ammon sind wir und Delphi für euch und Dodona
    und Phoibos Apollon!
Stets wendet ihr euch an die Vögel zuerst, eh ihr eure
    Geschäfte besorget,
Als: Lohnarbeit und Kauf und Verkauf und Eheverlöbnis
    und Hochzeit.
Als *Vogel* betrachtet ihr alles, soviel beim Orakel irgend
    entscheidet:
Eine Stimme ist euch ein *Vogel*, und auch das Niesen heißt
    bei euch *Vogel*,
Ein Zeichen *Vogel* und *Vogel* ein Ruf und ein Knecht und
    ein Esel heißt *Vogel*.
Erkennt ihr es endlich und seht ihr in uns den leibhaftigen
    Seher Apollon?
Nun wohlan! Wofern ihr als Götter uns ehrt,
Weissagende Musen dann habt ihr für Wind
Und Wetter, für Sommer und Winter und Lenz
Und die Kühle des Herbsts! Wir entlaufen euch nicht,
Wir setzen uns nicht vornehm und bequem
In die Wolken hinauf so breit wie Zeus;
Aus traulicher Nähe verleihen wir euch,
Euch selbst samt Kindern und Enkeln, Gedeihn
Und Gesundheit und Segen und Frieden und Ruh
Und Vergnügen und Spaß und Jugend und Tanz
Und Hühnermilch! Ja ihr werdet's, ihr all,
Aushalten nicht mehr vor Vergnügen und Lust:
So werdet ihr schwimmen im Reichtum!

Strophe

Gesang mit Flötenbegleitung der Nachtigall:
Melodienreiche –
Tiotio tiotio tiotix!
Muse des Hains, mit der ich oft
In Tälern und hoch auf waldigen Bergen –
Tiotio tiotix!
Schaukelnd im schattigen Laube der Esche mein Lied –
Tiotio tiotix!
Aus der bräunlichen Kehl ausströme, den Pan
Feiernd mit heiligem Sang und die hehre,
Bergedurchschwärmende Mutter der Götter –
Tototo tototo tototix!
Dort, wo gleich der Biene schwärmend
Phrynichos einst sich gepflückt des Gesanges ambrosische
Frucht und gesammelt
Honigsüßen Wohllaut!
Tiotio tiotix!

An die Zuschauer
Hat von euch Zuschauern etwa einer Lust, sein Leben froh
Mit den Vögeln hinzuspinnen, macht euch auf und kommt
     zu uns!
Dann was hierzulande schändlich und verpönt ist durchs
     Gesetz,
Das ist unter uns, den Vögeln, alles löblich und erlaubt.
Wenn es hier für Infamie gilt, seinen Vater durchzubleun,
Ei, bei uns, da gilt's für rühmlich, wenn der Sohn den
     Vater packt,
Tüchtig prügelt und noch auslacht: »Wehr dich, wenn du
     Sporen trägst!«
Ist bei euch gebrandmarkt einer als ein durchgebrannter
     Sklav,
Der erhält bei uns den Namen: buntgeflecktes Haselhuhn;

Und wenn unter euch ein Myser etwa ist, wie Spintharos,
Der passiert bei uns als Meise, von Philemons Vetterschaft.
Wer ein Sklav ist und ein Karer, gleich dem Exekestides,
Mag mit uns als Gimpel leben, und da hat er Vettern
    genug.
Wer, wie Peisias' Sohn, Entehrten heimlich öffnen will das
    Tor,
Ein Zaunschlüpfer mag er werden, seines Vaters würd'ge
    Brut;
Denn bei uns – wer wird ihn schelten, wenn er durch die
    Zäune schlüpft?

Gegenstrophe

Gesang mit Flötenbegleitung der Nachtigall:
Und Schwäne stimmten –
Tiotio tiotio tiotix!
Lieder mit an und jauchzten laut,
Mit den Flügeln schlagend zum Preis des Apollon –
Tiotio tiotix!
Ruhend am Ufer, den flutenden Hebros entlang;
Tiotio tiotix!
Und es schwang ihr Gesang sich zum Äther empor:
Tiere des Waldes, sie lauschten und stutzten,
Windstille Heiterkeit löschte die Wogen –
Tototo tototo tototix!
Widerhallte der ganze Olympos,
Staunen ergriff auf dem Thron die Götter, die Grazien
Stimmten mit ein und
Musen in den Jubel!
Tiotio tiotix!

An die Zuschauer
Nichts ist schöner, nichts bequemer, glaubt mir, als
    geflügelt sein!

Nehmt mal an, ihr hättet Flügel und gelangweilt fühlte
    sich
Ein Zuschauer hier, aus purem Hunger, durch ein
    Trauerspiel:
Nun, der flöge schnell nach Hause, nähm ein
    Gabelfrühstück ein,
Und mit vollem Magen käm er dann im Flug hierher
    zurück.
Wenn ein Patrokleides unter euch in Leibesnöten ist,
Braucht er's nicht ins Hemd zu schwitzen: »Platz, ihr
    Herrn!« – er flög davon,
Dampft sich aus, und wohlgelüftet käm er flugs hierher
    zurück.
Wenn – ich meine nur – in eurer Mitt ein Ehebrecher sitzt,
Und er sieht den Mann der Dame drunten auf der
    Ratsherrnbank,
Über euren Häuptern flög er auf der Liebe Schwingen weg;
Rasch verführte er die Frau und flöge gleich hierher
    zurück!
Flügel zu besitzen – kennt ihr, sagt es selbst, ein schöner
    Glück?
Hat Dieitrephes, der Flügel nur aus Flaschenbast besaß,
Doch zum Hauptmann, Reiteroberst sich erhoben, ist aus
    nichts
Nun ein großer Mann geworden, wie ein »Roßhahn«
    aufgebläht!

*Aus dem Gebüsch springen Peithetairos und Euelpides, beide mit
Flügeln ausgerüstet.*

PEITHETAIROS
    So ist das also!
EUELPIDES
    lachend
    Aber nein, bei Zeus,

So spaßhaft hab ich doch noch nichts gesehn!

PEITHETAIROS

Was lachst du?

EUELPIDES

lachend

Die improvisierten Flügel!
Du, weißt du, wem du gleichst mit deinen Federn?

PEITHETAIROS

Du jedenfalls 'ner schlecht gemalten Gans!

EUELPIDES

Du einer Amsel mit gerupftem Kopf!

PEITHETAIROS

So sind wir denn, nach Aischylos, jetzt Vögel,
»Durch fremdes nicht, durch eigenes Gefieder«.

CHOR

Was muß denn jetzt geschehn?

PEITHETAIROS

Vor allem geben
Der Stadt wir einen Namen, groß und prächtig!
Dann opfern wir den Göttern!

EUELPIDES

Auch meine Meinung!

CHOR

Laßt sehn, wie nennen wir die Stadt denn gleich?

PEITHETAIROS

Wollt ihr was Großes, was Lakonisches?
Benennen wir sie *Sparta*?

EUELPIDES

Nein, da sei
Herakles vor! *Wer spart da*, wo es gilt,
Zu baun der Vögel stolze Residenz?

PEITHETAIROS

Nun, welchen Namen willst du denn?

EUELPIDES

Er muß hoch in die Wolken, in den Weltraum ragen –

Ein rechtes Maul voll!

PEITHETAIROS

nach einigem Besinnen plötzlich
Wolkenkuckucksburg?

CHOR

Iuh! Iuh! Ja, Wolkenkuckucksburg!
Prachtvoller Name, den du da gefunden!

EUELPIDES

Ist das dasselbe Wolkenkuckucksburg,
Wo so viel Land Theogenes besitzt
Und Aischines sein Erbgut?

PEITHETAIROS

Besser noch:
Dort liegt das Phlegrafeld, wo einst die Götter
Großmäulig die Giganten niedertrumpften!

CHOR

Ha, eine »fette« Stadt! Wer wird denn aber
Ihr Schutzpatron? Wem wirken wir den Peplos?

PEITHETAIROS

Ich denke, wir behalten die Athene!

EUELPIDES

Wie kann denn Ordnung sein in einer Stadt,
Wo eine Göttin steht, ein Weib, in Waffen
Bis an die Zähn' – und Kleisthenes am Webstuhl?

CHOR

Wer schirmt die Mauer, das Pelargikon?

PEITHETAIROS

Ein Vogel.

CHOR

Wer von uns?

PEITHETAIROS

Der persische,
Ein Vogel, weltbekannt als hitz'ger Degen,
Des Ares Küchlein!

EUELPIDES

Küchlein, hoher Gott,
Wie thronst du passend auf der Felsenzinne!

PEITHETAIROS

zu Euelpides

Hör, Freund, du mußt jetzt in die Luft hinauf!
Geh dort den Maurern an die Hand, zieh aus
Den Rock und trage Stein und rühre Kalk,
Den Kübel trag hinauf, fall von der Leiter
Herab, stell Wachen auf, hab acht aufs Feuer,
Geh mit der Schell herum und schlaf dabei,
Schick einen Herold zu den Göttern droben
Und an die Menschen drunten einen zweiten,
Und dann zurück, meinthalb, zu mir –

EUELPIDES

in den Bart murmelnd

Und du bleib hier meinthalb und hole dich der –

PEITHETAIROS

Bester, tu, wie ich sag, es geht nicht ohne dich!
Euelpides ab.
Ich aber will den neuen Göttern opfern
Und zur Prozession den Priester rufen.
Zu den Sklaven
Weihwasser, Bursch, und bring den Opferkorb!
*Während ein Vogelpriester auftritt, gefolgt von Sklaven mit
einem Böckchen als Opfertier und Opfergerät*

Strophe

CHOR

Ich bin dabei, steh zu Dienst,
Ja, den Vorschlag heiß ich gut,
Laßt uns in festlichem Zug den Göttern zu Ehren wallen!
Und ich denke, wir schlachten auch ihnen zum Danke
Ein Böckchen!

So töne, töne, töne pythischer Gesang!
Und pfeifen mag zum Lied auch Chairis!

Ein Rabe fängt an, Mißtöne zu blasen.

PEITHETAIROS
zum Raben
Hör auf zu blasen! Wetter, was ist das?
Beim Zeus, ich sah schon viel und närr'sche Dinge,
Doch einen Maulkorbflötenraben nie!
Zum Priester
Auf, Priester, opfre jetzt den neuen Göttern!

PRIESTER
Sogleich! Wo ist der Bursche mit dem Korbe?
*Der Sklave mit dem Korb tritt vor den Priester, nimmt Fleisch
usw. heraus.*
Lasset uns beten:
Jetzt betet zur geflügelten Hestia und zum
   herdbeschirmenden Weihen,
zu den olympischen Vögeln und Vögelinnen, zu jeder und
   jedem...

PEITHETAIROS
Heil dir auf Sunion, Seeschwallbeherrscher!

PRIESTER
...und zum pythischen und zum delischen Schwan,
zur Wachtelmutter Leto und zur Waldschnepfe Artemis...

PEITHETAIROS
Waldfürstin einst, Waldschnepfe jetzt, erhör uns!

PRIESTER
...und zu dem Spatzen Sabazios und zur Straußin, der
   großen
Mutter der Götter und der Menschen...

PEITHETAIROS
...und Kleokrits! Heil dir, Straußin Kybele!

PRIESTER
Verleiht den Wolkenkuckucksburgern Gesundheit und Segen,

ihnen und den Chiern!

PEITHETAIROS
lachend
Die Chier sind doch immer mit dabei!

PRIESTER
Betet auch zu den Vogelheroen und ihren Kindern,
zum Strandreiter und zum Pelikan, zum Steißfuß und zur
    Kropfgans,
zum Perlhuhn und zum Pfauen, zum Kauz und zur
    Trappe,
zum Krabbentaucher, zum Reiher, zum Urubu und zum
    Luruku,
zur Blaumeise und zur Kohlmeise –

PEITHETAIROS
Zum Geier, schweig mit deinem: zumzumzum!
Schau doch das Opfer an, zu dem du Narr
Seeadler lädst und Falken! Siehst du nicht:
Ein einz'ger Weihe fräße das ja auf!
Geh fort mit deiner Priesterbinde, geh!
Ich will das Opfer schon allein verrichten.
Priester ab.

Gegenstrophe

CHOR
So will ich ein ander Lied
Singen zur Besprengung denn
Mit heil'gem Wasser und laut und feierlich rufen die
    Götter –
Oder einen zum wenigsten, denk ich, wofern reicht
Das Futter!
Denn was an Opferstücken hier zu sehen ist,
Ist nichts als bloße Haut und Knochen!

PEITHETAIROS
betend und den Weihkessel schwingend
Laßt betend uns den Vogelgöttern opfern…

EIN BETTELPOET

langhaarig und zerlumpt, tritt auf und singt
Wolkenkuckucksburg, die beglückte
Stadt, preise mir, Muse,
Mit deiner Hymnen Gesängen...

PEITHETAIROS
Was kommt da für ein Wesen? Kerl, wer bist du?

POET
singt
Ich bin ein Honigsüßengesangausströmender,
Der Musen eifriger Diener –
Mit Homeros zu sprechen!

PEITHETAIROS
Wie kommst du denn als Knecht zu langem Haar?

POET
Nicht doch! Wir alle, des Gesanges Meister,
Sind »der Musen eifrige Diener« –
Mit Homeros zu sprechen!

PEITHETAIROS
Dein Rock hat auch schon lang gedient: man sieht's!
Nun sprich, Poet, was Henkers führt dich her?

POET
Ich hab auf euer Wolkenkuckucksburg
Viel Oden, Hymnen, Jungfraunchör' gedichtet,
Prachvoll, im Stile des Simonides.

PEITHETAIROS
Wann hast du angefangen, die zu machen?

POET
Schon lang, schon lang besing ich eure Stadt!

PEITHETAIROS
Was, feir ich denn nicht just ihr Namensfest
Und sage, wie dies Kindlein heißen soll?

POET
singt
Aber geschwind eilet die Kunde der Musen,

Gleich wie ein Renner blitzend dahinfährt!
Du nun, o Vater, Gründer von Aitna,
Hieron, Name hochheiligen Klangs,
Mit bettelnder Geste
O, ich bitte dich, gib,
Was gnädig du geben willst
In deinem Herzen! O gib!

PEITHETAIROS

Der Kerl inkommodiert uns nur! Am besten
Man gibt ihm was, so werden wir ihn los.
Zu seinem Sklaven
He du, du hast ja Rock und Lederwams,
Zieh's aus und gib's dem genialen Dichter!
Läßt sich das Wams geben. Zum Poeten
Da, frostiger Geselle, nimm das Wams!

POET

es anziehend
Keineswegs ungern empfängt das Geschenk
Freundlich und hold die Muse;
Aber vernimm und beherzige jetzt
Dieses pindarische Lied!

PEITHETAIROS

Ich sehe schon, der geht noch nicht vom Platz!

POET

Unter nomadischem Skythenvolk
Irrt fern er vom Heer,
Der ein wollegewoben Gewand nicht sein nennt!
Ruhmlos geht ohne Leibrock das Wams –
Verstehe mich recht!

PEITHETAIROS

Versteh! Du willst 'nen Leibrock haben! –
Zum Sklaven
Zieh ihn aus! Die Künstler muß man unterstützen!
Läßt sich den Rock geben. Zum Poeten
Da nimm und geh jetzt!

POET

Ja, ich geh von hinnen!

Und komm ich in die Stadt, dann sing ich freudig:

Preis, o König auf goldenem Thron,

Preise die fröstelnde, schaudernde!

Zu dem schneeumwehten, pfadreichen Gefild

Schwang ich mich auf: Tralala!

PEITHETAIROS

Ei nun, du bist dem Schaudern doch entronnen,

Indem du hier zu Wams und Weste kamst!

Poet ab. Zum Sklaven

Trag wieder den Weihkessel jetzt im Kreis!

Andächt'ge Stille!

EIN WAHRSAGER

tritt mit Buchrolle auf

Opfre nicht den Bock!

PEITHETAIROS

Wer bist du?

WAHRSAGER

Ich? Ein Seher.

PEITHETAIROS

Geh zum Teufel!

WAHRSAGER

Tollkühner, spaße nicht mit Göttlichem! –

Hört einen Spruch von Bakis, der bezieht

Sich grad auf Wolkenkuckucksburg!

PEITHETAIROS

Warum hast du ihn nicht, eh ich die Stadt gebaut,

Verkündigt?

Dies Unglück hätt', bei Zeus, ich nie erwartet,

Daß der so schnell von unsrer Stadt erfährt.

WAHRSAGER

Weil der Gott es mir verbot!

PEITHETAIROS

Es geht doch drüber nichts, den Spruch zu hören!

WAHRSAGER

entwickelt die Rolle und liest:

»Aber wenn Wölfe dereinst und schwärzliche Krähen
  zusammen
Wohnen inmitten des Raums, der Sikyon trennt von
  Korinthos –«

PEITHETAIROS

Was gehn mich hier denn die Korinther an?

WAHRSAGER

Der Luftraum ist's, den Bakis angedeutet!

Liest weiter

»Opfre zuerst der Pandora den schneeweißwolligen
  Widder;
Aber dem ersten sodann, der dir mein Orakel verkündet,
Schenke dem Seher ein schmuckes Gewand und neue
  Sandalen –«

PEITHETAIROS

Stehn die Sandalen drin?

WAHRSAGER

Da sieh ins Buch!

Liest

»Reiche den Becher ihm dar, und fülle mit Fleisch ihm die
  Hände –«

PEITHETAIROS

Steht auch vom Fleisch was drin?

WAHRSAGER

Da sieh ins Buch!

Liest

»Tust du nach meinem Gebot und folgst mir, o göttlicher
  Jüngling,
Wirst du ein Aar in den Wolken! Doch wenn du die Gabe
  verweigerst,
Wirst du nicht Fink und nicht Spatz, nicht Adler noch
  Falke noch Grünspecht!«

PEITHETAIROS

Das alles steht darin?

WAHRSAGER

Da sieh ins Buch!

PEITHETAIROS

Seltsam! Ganz anders lautet das Orakel,
Das ich bei Phoibos selbst mir aufgeschrieben.

Tut so, als läse er von seinem Stock ab

»Aber wenn frech ein Gauner, ein ungebetner
    Schmarotzer,
Opfernde stört und begehrt von dem Opfer das Herz und
    die Leber,
Klopfe den Raum ihm durch, der die Schulter trennt von
    der Schulter!«

WAHRSAGER

Ein schaler Spaß von dir!

PEITHETAIROS

Da sieh ins Buch!

Liest

»Schone des Lästigen nicht noch des Adlers in Wolken,
    und wär's auch
Lampon oder sogar der große Prophet Diopeithes!«

WAHRSAGER

Steht alles das darin?

PEITHETAIROS

Da sieh ins Buch – Und geh zum Henker!

Prügelt ihn.

WAHRSAGER

Ich geschlagner Mann!

Ab.

PEITHETAIROS

Nun lauf woandershin und prophezeie!

METON

tritt auf mit geometrischen Instrumenten. Feierlich

Ich such euch auf –

PEITHETAIROS

Noch so ein Störenfried!
Was willst du hier? Was brütet dein Gehirn?
Was führt dich im Kothurnschritt her zu uns?

METON

Vermessen will ich euch das Land der Luft,
Und juchartweis verteilen –

PEITHETAIROS

Alle Wetter!
Wer bist du?

METON

Wer ich bin? Ich? Meton, den
Ganz Hellas und Kolonos kennt!

PEITHETAIROS

Sag an,
Was hast du da?

METON

Das Meßzeug für die Luft!
Dozierend
Denn schau: die Luft ist an Gestalt durchaus
Backofenähnlich. Leg ich nun hier oben
Das Kurvenlineal an, setze dann
Den Zirkel ein – verstehst du?

PEITHETAIROS

Nicht ein Wort!

WAHRSAGER

Nun leg ich an das Lineal und bild
Ein Viereck aus dem Kreis, und in die Mitte
Da kommt der Markt, und alle Straßen führen
Schnurgerad zum Mittelpunkt und gehn wie Strahlen
Von ihm, als kugelrundem Stern, gradaus
Nach allen Winden –

PEITHETAIROS

Hört! Ein zweiter Thales! –
Meton!

METON

Was gibt's?

PEITHETAIROS

Ich mein es gut mit dir;
Drum folge mir und mach dich aus dem Staub!

METON

Ist hier Gefahr?

PEITHETAIROS

Man treibt hier, wie in Sparta,
Die Fremden aus! Schon mancher ward verjagt,
Und Prügel regnet's in der Stadt! –

METON

Ein Putsch? Rebellion?

PEITHETAIROS

Nicht doch!

METON

Was denn?

PEITHETAIROS

Einmütig beschlossen ist's, Windbeutel auszustäupen!

METON

So muß ich mich zurückziehn.

PEITHETAIROS

Leider ist's vielleicht zu spät!
Schlägt ihn.
Schon pfeift dir's um die Ohren!

METON

O weh, ich Armer!
Zieht ab.

PEITHETAIROS

Hab ich's nicht gesagt?
Vermiß du jetzt woanders, du Vermeßner!

EIN KOMMISSAR

tritt auf, zwei Abstimmungsurnen mitbringend
Wo ist der Resident?

PEITHETAIROS
Wer ist denn dieser Sardanapal!

KOMMISSAR
Der Kommissar, gewählt
Für Wolkenkuckucksburg.

PEITHETAIROS
Der Kommissar? Wer schickt dich her?

KOMMISSAR
Der Wisch da, ausgefertigt von Teleas –

PEITHETAIROS
Ei, willst du nicht den Sold
Einstreichen gleich, dir Zeit und Mühe sparen
Und gehn?

KOMMISSAR
Ja, gern! Zur Volksversammlung sollt
Ich ohnehin, für Pharnakes zu wirken!

PEITHETAIROS
prügelt ihn
So packe dich, da hast du deinen Sold!

KOMMISSAR
Was soll das?

PEITHETAIROS
Wirken soll's für Pharnakes!

KOMMISSAR
Man schlägt den Kommissar, ich rufe Zeugen!

PEITHETAIROS
Willst du dich schieben, du mit deinen Urnen?
Kommissar ab.
Ist's nicht empörend? Kommissare schicken
Sie in die Stadt, noch eh sie eingeweiht?

GESETZEVERKÄUFER
tritt auf und liest aus einer riesigen Rolle
»Und so ein Wolkenkuckucksburger einen Athener
injuriert –«

PEITHETAIROS
Was ist das? Wieder so ein Schelmenbuch?

GESETZEVERKÄUFER
Gesetze hab ich feil, die allerneusten
Euch anzubieten kam ich her.

PEITHETAIROS
Zum Beispiel?

GESETZEVERKÄUFER
»In Wolkenkuckucksburg soll gelten gleiches Maß und
    Gewicht und
Recht wie zu Heulenburg!«

PEITHETAIROS
droht ihm mit dem Stock
Du kriegst dein Maß nach Beulenburg'schem Recht!

GESETZEVERKÄUFER
Mir dieses?

PEITHETAIROS
Pack dich fort mit den Gesetzen,
Sonst lehr ich dich ein bitterböses kennen!
Prügelt ihn.

KOMMISSAR
kommt zurück mit einem Zeugen
Den Peithetairos lad ich wegen Realinjurien
vor auf den Monat Munichion!

PEITHETAIROS
Du? Alle Wetter! Bist du auch noch da?
Prügelt ihn.

GESETZEVERKÄUFER
»So aber jemand Staatspersonen nicht respektiert
und fortjagt, der, laut Anschlag an der Säule –«

PEITHETAIROS
Das ist zum Bersten! So, auch du noch da?
Gesetzeverkäufer flieht.

KOMMISSAR
Wart nur! Zehntausend Drachmen sollst du mir –

PEITHETAIROS

Ich werf die Urnen dir in tausend Scherben!

GESETZEVERKÄUFER

Denkst du daran, wie nachts du an die Säule –

PEITHETAIROS

Haha! Nun packt ihn! Willst du halten, Schurke?

Gesetzeverkäufer und Kommissar ab. Zum Sklaven

Nun laßt uns aber unverzüglich gehn

Und drin im Haus den Bock den Göttern opfern!

Ab.

Zweite Parabase

Strophe

CHOR

Gelübde und Opfer weihen

Dem Allsehendallgewalt'gen, mir,

Die Sterblichen nun alle.

Denn den Erdball überschaue ich

Und schirme Blüt und Früchte;

Alle Arten Ungeziefer

Rott ich aus, das jeden Fruchtkeim,

Wie er aufschießt aus der Knospe, mit gefräß'gem Zahn
   benagt,

Auf den Bäumen sitzt und frißt, bis sie abgeleert und kahl.

Ich töte alles, was zerstört,

Die duft'gen Gärten roh verdirbt;

Das Gewürm, was auch immer kreucht und beißt,

Ist des Tods, so weit der Schwung meiner Fittiche mich
   trägt!

An die Zuschauer

Eben heut wird durch den Herold öffentlich
   bekanntgemacht:

»Wer Diagoras, den Melier, totschlägt, der bekommt dafür
Ein Talent; und wer der toten Volkstyrannen einen noch
Toter schlagen wird, auch dieser soll bekommen ein
    Talent!«
Wir nun unsrerseits, wir machen öffentlich bekannt, wie
    folgt:
»Wer Philokrates, den Vogler, totschlägt, der erhält zum
    Lohn
Ein Talent, und wer sogar ihn uns lebendig liefert: vier;
Weil er Finken reiht auf Schnüre und für einen Obolos
Sieben gibt und Drosseln scheußlich aufbläst und zu
    Markte bringt
Und den Amseln ihre Federn in die Nasenlöcher steckt;
Item, weil er freie Tauben fängt und in Verschläge sperrt
Und sie, selbst gebunden, andre in das Garn zu locken
    zwingt!«
Solches tun wir euch zu wissen! Wer Geflügel hält im Hof
Eingeschlossen, fliegen lassen soll er's! So gebieten wir!
Und gehorcht ihr nicht, dann fangen wir, die Vögel, euch:
    auch ihr
Sollt alsdann bei uns gebunden Menschen locken in das
    Garn!

Gegenstrophe

O glücklich Volk in Federn,
Wir Vögel, die im Winter nicht
In Mäntel sich hüllen müssen;
Auch sengt uns nicht des Sommers
Der glühende Strahl der Sonne!
Auf Blumenmatten wohn ich
Im Schoße grüner Blätter,
Während auf dem Feld ihr Lied die Zikade, gotterfüllt,
In der Mittagsschwüle Glut, sonnetrunken, schrillend zirpt.
Des Winters wohn in Grotten ich

Und spiel mit Nymphen im Gebirg;
Und im Frühling naschen jungfräuliche,
Weiße Myrtenbeeren wir und der Grazien Gartenfrucht.

An die Zuschauer
Noch ein Wort, des Preises wegen, an die Richter richten
    wir:
Krönt ihr uns: jedwedem schenken wir des Guten Fülle
    dann;
Zehnmal schönre Gaben werden euch, als Paris einst
    empfing,
Niemals soll es – was bekanntlich Richtern über alles
    geht –,
Niemals euch an lauriot'schen Eulen fehlen: ja, sie baun
Dann ihr Nest bei euch und hecken, legen in den Beutel
    euch
Eier, und als Küchlein schlüpfen lauter junge Dreier aus.
Ferner sollt ihr wie in Tempeln wohnen: denn wir setzen
    euch
Auf die Giebel eurer Häuser einen Adler obenauf.
Fällt durchs Los euch zu ein Ämtchen und ihr sacktet gern
    was ein,
Spielen wir euch an die Hände eines Habichts flinke Klaun.
Eßt ihr wo zu Gaste, geben wir euch Vogelkröpfe mit. –
Aber wollt ihr uns nicht krönen, setzt dann nur
    Blechhauben auf
Wie die Statuen, und jeder unter euch, der keine trägt,
Wird gerad, wenn er im weißen Mantel prangt, wie er's
    verdient,
Vom gesamten Volk der Vögel überkleckert um und um!

PEITHETAIROS
    Das Opfer lief uns günstig ab, ihr Vögel! –
    Doch daß vom Mauerbau kein Bote noch
    Uns Meldung bringt, wie's droben steht? – Doch sieh,

Da kommt olympisch keuchend einer schon!
Ein Vogel tritt auf als Bote.

BOTE

keuchend

Wo wo ist, wo wo wo ist, wo wo ist
Der Archon Peithetairos?

PEITHETAIROS

Hier bin ich!

BOTE

Die Mauer ist gebaut!

PEITHETAIROS

Willkommne Botschaft!

BOTE

Ein Wunderwerk von kolossaler Pracht,
So breit, daß drauf Proxenides aus Prahlheim
Und Held Theogenes mit zwei Karossen
Und Pferden wie's trojanische bequem
Sich wohl begegnen könnten!

PEITHETAIROS

Herakles!

BOTE

Die Höh – »ich hab sie selber ausgemessen« –
Ist hundert Klafter!

PEITHETAIROS

Hoch, erstaunlich hoch!
Wer hat denn dieses Riesenwerk erbaut?

BOTE

Die Vögel! – Kein ägyptischer Ziegler half,
Kein Zimmermann, kein Steinmetz! – Sie allein
Mit eigner Hand vollbrachten's! Staunend sah ich's:
Es kamen dreißigtausend Kraniche
Aus Libyen, mit Grundsteinen in den Kröpfen,
Die von den Schnärzen dann behauen wurden;
Backsteine lieferten zehntausend Störche,
Und Wasser trugen in die Luft hinauf

Die Taucher und die andern Wasservögel.

PEITHETAIROS

Wer trug den Lehm denn ihnen zu?

BOTE

Die Reiher, in Kübeln.

PEITHETAIROS

Und wie füllten sie sie denn?

BOTE

Gar sinnreich, Bester, stellten sie das an!
Die Gänse patschten, mit den Füßen schaufelnd,
Drin rum und schlenkerten ihn in die Kübel.

PEITHETAIROS

»Was alles doch die Füße nicht vermögen!«

BOTE

Ja selbst die Enten schleppten, hochgegürtet,
Backstein'; und hoch hinauf, mit Kellen hinten
Am Rücken wie Lehrbuben und die Schnäbel
Voll Lehm – so kamen Schwalben angeflogen.

PEITHETAIROS

Wer wird jetzt noch zum Baun Taglöhner dingen? –
Doch sag, wer hat die Zimmerarbeit denn
Gemacht?

BOTE

Die Zimmerleute waren Vögel,
Geschickte Tannenpicker, die behackten
Das Holz zu Flügeltüren, und das pickte
Und sägt' und hämmerte wie auf der Schiffswerft.
Und nun ist alles wohlverwahrt mit Toren,
Mit Schloß und Riegel und rundum bewacht,
Patrouillen ziehn herum, die Glocke schellt,
Wachtposten überall und Feuerzeichen
Auf allen Türmen! – Doch nun muß ich gehn,
Mich abzuwaschen! Sorge du jetzt weiter!
Ab.

CHOR

Zu Peithetairos

Du, nun, was ist dir? Staunst du, daß die Mauer
Mit solcher Schnelligkeit zustande kam?

PEITHETAIROS

Bei allen Göttern, ja, es ist zum Staunen!
Es sieht in Wahrheit aus wie eine Lüge! –
Ein zweiter Vogelbote eilt herbei.
Doch sieh, da stürzt ein Wächter von der Höh
Grad auf uns zu, mit Waffentänzerblicken!

ZWEITER BOTE

O weh, o weh, o weh, o weh, o weh!

PEITHETAIROS

Was gibt's?

BOTE

Entsetzliches ist vorgefallen!
Der Götter einer, von dem Hof des Zeus,
Flog eben ein durch's Stadttor in die Luft,
Von unsrer Dohlenwache unbemerkt!

PEITHETAIROS

»Abscheulicher, verruchter Frevler! Ha!«
Wer ist der Gott?

BOTE

Wir wissen nichts als nur:
Er hatte Flügel!

PEITHETAIROS

Und ihr verfolgtet ihn
Nicht gleich mit Grenzbereitern?

BOTE

Doch! Wir schickten
Gleich dreißigtausend Falken, reisige Jäger,
Ihm nach: was Krallen hat, ist ausgerückt,
Turmeule, Bussard, Geier, Weih und Adler;
Vom Flügelschwirren, Kreischen, Rauschen dröhnt
Die Luft, sie alle fahnden nach dem Gott.

VÖGEL   325

Fern ist er nicht, er steckt wohl hier herum
Schon irgendwo!
Ab.

PEITHETAIROS

Zur Schleuder greift, zum Bogen!
Es wappne sich die ganze Dienerschaft!
Hierher! Legt an! Mir eine Schleuder! Schießt!
Getümmel.

Strophe

CHOR

Krieg! Zu den Waffen, auf! Krieg, blutig, unerhört,
Erheb ich wider die Götter! Auf, schließt mit Wachen ein
Rund den umwölkten Raum, Erebos' Kind, die Luft,
Daß nicht der Gott uns hier durchschlüpft im Luftrevier!

Schaut all euch um, und paßt wohl auf! Er schwebt
Schon in der Näh herum, der Gott! Zu hören
Ist schon das Rauschen seines Flügelschlags!
*Die geflügelte Götterbotin Iris fliegt, an dem Theaterkran
schwebend, mit wehendem Gewand herab.*

PEITHETAIROS

He, Jüngferchen, wo fliegst du hin? Nur sacht!
Halt stille! Rühr dich nicht! Ich sag dir: Halt!
Wer bist du, he? Woher, wo kommst du her?

IRIS

Ich komme von den Göttern des Olymp.

PEITHETAIROS

Wie nennst du dich denn? Schlapphut oder Segler?

IRIS

Iris, die schnelle Botin!

PEITHETAIROS

So? Ein Segler? Salaminia oder Parolos?

IRIS

Was meinst du?

PEITHETAIROS

Geht denn kein *Stößer* auf sie los?

IRIS

Auf mich? Was soll das heißen?

PEITHETAIROS

Dir wird's übel gehen!

IRIS

Bist du verrückt?

PEITHETAIROS

Zu welchem Tor der Festung
Bist du hereingekommen, freche Dirne?

IRIS

Durch welches Tor? Bei Zeus, das weiß ich nicht!

PEITHETAIROS

zum Chor
Hört, wie sie schnippisch tut!
Zu Iris
Warst du denn auf
der Dohlenhauptwacht? He? Ließt du den Paß
Dir auf der Storchenpolizei visieren?

IRIS

Welch Unsinn!

PEITHETAIROS

Nicht?

IRIS

Bist du bei Trost?

PEITHETAIROS

So drückte kein Vogelhauptmann dir 'nen Stempel auf?

IRIS

Du Narr, wer hätte mir was aufgedrückt!

PEITHETAIROS

So, so! Du fliegst da nur so mir nichts, dir nichts
Durch fremdes Stadtgebiet, durch unsre Luft?

IRIS

Wo durch denn sollen sonst die Götter fliegen?

PEITHETAIROS

Das weiß ich nicht, bei Zeus! Hier aber nicht!
Straffällig bist du jetzt, und weißt du auch,
Daß wohl von sämtlichen Irissen keiner
Mehr Recht geschäh als dir, wenn wir dich henkten?

IRIS

Ich bin unsterblich!

PEITHETAIROS

Sterben müßtest du
Trotzdem! Das wär ja gar zu toll, wenn wir,
Die Herrn der Welt, euch Götter machen ließen,
Was euch gelüstet! Merkt's einmal: die Reih
Ist nun an euch, dem Stärkern zu gehorchen! –
Inzwischen sag, wo steuerst du jetzt hin?

IRIS

Ich? Zu den Menschen schickt mich Vater Zeus!
Ich soll sie mahnen, den olymp'schen Göttern
»Zu opfern Schaf und Ochsen und die Straßen
Mit Fettdampf anzufüllen« –

PEITHETAIROS

Welchen Göttern?

IRIS

Wem? Uns, den Göttern, die im Himmel thronen!

PEITHETAIROS

Ihr – Götter?

IRIS

Welche Götter gibt's denn sonst?

PEITHETAIROS

Die Vögel sind jetzt Götter! Ihnen müssen
Die Menschen opfern, nicht, bei Zeus, dem Zeus.

IRIS

tragisch
Tor, frevler Tor, erwecke nicht den Grimm
Der Götter, daß nicht »Dike dein Geschlecht
Ausreute mit dem Rachekarst des Zeus«

Und mit »likymnischen Glutblitzen dich
Und deines Hauses Zinnen niederäschre«!

PEITHETAIROS
Du, hör jetzt auf, den Schwall mir vorzusprudeln!
Glaubst du, du hast 'nen »Lyder oder Phryger«
Vor dir, den solcher Kinderpopanz schreckt?
Ich sag dir: wenn mich Zeus noch weiter ärgert,
Werd ich sein Marmorhaus, »Amphions Hallen
Durch blitzetragende Adler niederäschern«!
Porphyrionen schick ich in den Himmel
Nach ihm, beschwingte, parderfellumhüllte,
Mehr als sechshundert: hat ihm doch ein einz'ger
Porphyrion schon heiß genug gemacht!
Dich, Zofe, krieg ich, wenn du mich noch reizt,
Zuerst am Bein und spreize dir die Schenkel,
Der Iris, daß sie staunen soll, wie rüstig
Ich alter Mann noch Stoß auf Stoß versetze!

IRIS
Erstick an deinen Worten, Niederträcht'ger!

PEITHETAIROS
Hinaus mit dir! Husch, husch! Hinaus! Husch, husch!

IRIS
fortfliegend
Mein Vater wird die Frechheit dir vertreiben!

PEITHETAIROS
O weh, ich Armer! Flieg woandershin
Und brenn und »äschre« jüngre Leute nieder!

Gegenstrophe

CHOR
Ja, wir verkünden euch Göttern von Zeus' Geblüt:
Daß ihr durch unsre Stadt nie zu passieren wagt!
Keiner der Sterblichen sende vom Opferherd
Den Göttern durch dies Land mehr Rauch und Bratenduft!

VÖGEL 329

PEITHETAIROS

Seltsam: der Herold, den wir an die Menschen
Gesandt, er ist noch immer nicht zurück!

EIN VOGEL

tritt auf als Herold, einen goldenen Kranz in der Hand:
O Peithetairos, o du Glücklichster,
Du Klügster, Weisester, Gepriesenster,
O dreimal Sel'ger, o –
als Schauspieler, leise
Sag doch was!

PEITHETAIROS

Was gibt's?

HEROLD

Dich schmücken, deine Weisheit tief anbetend,
Mit diesem goldnen Kranz des Erdballs Völker.
Überreicht ihn.

PEITHETAIROS

Schönen Dank! Allein wie komm ich zu der Ehre?

HEROLD

Der weltberühmten Luftstadt hoher Gründer!
So weißt du nicht, wie dir die Menschen huld'gen,
Wieviel Verehrer du im Lande hast?
Eh du die neue Stadt gebaut, war alles
Spartanomane, ging mit langem Haar,
War schmutzig, hungerte, trug Knotenstöcke,
Sokratisierte: jetzt dagegen gibt's
Ornithomanen nur, und alles äfft
Mit wahrer Herzenslust die Vögel nach:
Gleich morgen fliegen aus dem Federbett
Sie aus wie wir zu ihrem Leib-*Gericht*,
Dann lassen auf Buch*blättern* sie sich nieder
Und weiden sich an fetten – Volksbeschlüssen.
So vogelmanisch sind sie ganz und gar,
Daß viele jetzt schon Vogelnamen tragen:
Rebhuhn, zum Beispiel, heißt der hinkende

Weinschenk; Menippos: Schwalbe; Rabe heißt
Opuntios, das Einaug, und Fuchsente
Theogenes; Schopflerche heißt Philokles;
Lykurgos: Ibis; Syrakosios
Heißt Elster; Chairephon: die Fledermaus,
Und Meidias dort
Nach den Zuschauerbänken deutend
Die Wachtel; denn er gleicht
Ihr ganz, wenn sie im Spiel Kopfnüsse kriegt.
Auch ihre Lieder all sind vogeltümlich,
Und Schwalben sind in allen angebracht,
Krickerten, Gänschen, Turteltäubchen, immer
Geflügel oder doch ein wenig Federn. –
So steht es dort! Nur dieses noch: Es kommen
Mehr als zehntausend gleich von unten her,
Die wollen modische Klaun und Flügel: schafft
Drum Federn an für all die Kolonisten!

PEITHETAIROS

Potz Zeus, da dürfen wir nicht müßig stehn!
Zum Herold
Du, lauf hinein und fülle Körb und Kübel
Und Fässer an mit Federn!
Herold ab.
Manes soll
Spedieren dann die Flügel hier vors Haus!
Und ich empfange hier die werten Gäste.

Strophe

CHOR

während Sklaven Kübel voll Federn herausschaffen
Ganz gewiß wird bald als »männerreich« diese Stadt
Gepriesen auf Erden!
Glück zu! Es mag gelingen!
Sie schwärmen ja förmlich für unsre Stadt!

PEITHETAIROS

zum Sklaven

Wie langsam! Mach doch schneller!

CHOR

Denn was könnten hier Gutes
Einwandrer vermissen,
Wo die Weisheit, die Liebe, ambrosische Lust
Und behagliche Ruhe mit heitrem Gesicht
Uns stets entgegenlächeln?

PEITHETAIROS

zu dem Sklaven

Wie träg du bist, wie lendenlahm, willst du dich rühren,
  Schlingel?

Gegenstrophe

CHOR

Einen Korb voller Federn bringe man rasch herbei!
Du mach dem Kerl Füße
Mit deiner Peitsche! Hurtig!
Er schlendert so lahm wie ein Esel daher!

PEITHETAIROS

Faul ist und bleibt der Manes!

CHOR

Nun sortiere die Federn
Und leg sie in Ordnung,
Die prophetischen hier, die melodischen da
Und die schwimmenden dort! Psychologischen Blicks
Verteilst du dann die Federn!

PEITHETAIROS

zum Sklaven

Beim Schuhu! Länger seh ich's nicht mit an:
Die Peitsche schwingend
Ich helf euch auf die Beine, faules Pack!

EIN UNGERATENER SOHN

tritt auf und singt

O wär ich ein Adler in Lüften hoch
Und trügen mich über das wüste Gefild
Des blauen Meeres die Schwingen!

PEITHETAIROS

Ich seh, der Herold war kein Lügenherold!
Da kommt schon einer, der von Adlern singt.

UNGERATENER SOHN

Nichts Süßres gibt es auf der Welt als Fliegen!
Ich bin ganz vogeltoll, ich flieg, ich brenne,
Bei euch zu sein, nach eurem Brauch zu leben!

PEITHETAIROS

Nach welchem? Unsrer Bräuche sind gar viel!

UNGERATENER SOHN

Nach allen, doch vor allen lob ich mir
Den, daß man seinen Vater schlägt und beißt.

PEITHETAIROS

Nun ja, wir halten's für Bravour an Jungen,
Wenn sie als Küken ihren Vater schlagen!

UNGERATENER SOHN

Drum möcht ich, naturalisiert bei euch,
Erwürgen meinen Vater und beerben.

PEITHETAIROS

Gut! Doch wir Vögel haben ein Gesetz,
Uralt, im Storchenkodex aufbewahrt:
»Wenn seine Jungen, bis sie flügge sind,
Ein Storchenvater nährt und pflegt, dann sollen
Dafür die Jungen ihren Vater pflegen!«

UNGERATENER SOHN

Das lohnte schön die Müh hierherzukommen,
Wenn ich den Vater auch noch füttern soll!

PEITHETAIROS

Nun, nun! – Weil du doch guten Willen zeigst,
Will ich als Waisenvogel dich befiedern.

'nen guten Rat, mein Junge, geb ich dir
Darein, den ich als Knabe mir gemerkt:
Schlag deinen Vater nicht! Da nimm den Flügel
Und hier den Hahnensporn, und diesen Busch
Nimm für 'nen Hahnenkamm,
Gibt ihm Schild, Schwert und Helm
Und zieh ins Feld,
Steh Wache, schlag dich durch mit deiner Löhnung!
Laß deinen Vater leben! – Willst du kämpfen,
Flieg hin nach Thrakien und kämpfe dort!

UNGERATENER SOHN

Ja, bei Dionysos, nicht der schlimmste Rat!
Ich folge dir!
Ab.

PEITHETAIROS

Das wird das Klügste sein!

KINESIAS

spindeldürr, tritt auf und singt:
»Auf zum Olymp feurigen Schwungs flieg ich mit
    flücht'gem Fittich!«
Vagabundisch flieg ich stets auf anderen Bahnen des
    Lieds –

PEITHETAIROS

Das Wesen braucht allein 'ne Ladung Federn!

KINESIAS

singt
Und das Neue stets such ich, stark so am Geist wie am
    Leib!

PEITHETAIROS

Du da, Kinesias, so leicht wie Lindenholz!
Was schwebelt hier dein Säbelbein herum?

KINESIAS

singt
Ein Vöglein möchte ich gerne sein, die melodische
    Nachtigall!

PEITHETAIROS
Nun laß das Trillern! Sprich in schlichten Worten!

KINESIAS
Von dir beflügelt, möcht ich hoch mich schwingen
Und aus den Wolken mir schneeflockenduft'ge,
Windsbrautumsauste Dithyramben holen.

PEITHETAIROS
Wer wird sich aus den Wolken Lieder holen?

KINESIAS
An diese knüpft sich unsre ganze Kunst!
Ein Dithyramb, ein glänzender, muß luftig,
Recht dunkel, neblig nachtblauglänzend sein
Und fittichgeschüttelt – etwa so – vernimm!

PEITHETAIROS
Bedanke mich!

KINESIAS
Beim Herakles, doch, du mußt!
Die ganze Luft werd ich dir gleich durchfliegen:
Singt
Gebilde gefiederter,
Luftdurchsteuernder,
Halsausreckender Vögel –

PEITHETAIROS
O hop, halt ein!

KINESIAS
Wohl über die wallenden Wogen
Wie Windeswehn wünsch ich zu wandeln –

PEITHETAIROS
Wart, Wicht, den Winden weisen wir den Weg!
Packt ihn, hebt ihn hoch und dreht ihn rechts und links herum.

KINESIAS
singt dazu
Bald gegen den Süd hinsteuernd und bald
In des Boreas Kühle die Glieder getaucht,
Des Äthers hafenlose Furche durchschneidend –

Sprechend

Sehr artig, Alter, muß gestehn, recht fein!

PEITHETAIROS

reißt ihn herum und schüttelt ihn

So »fittichgeschüttelt« – bist du nicht zufrieden?

KINESIAS

Das tust du mir, dem Dithyrambenmeister,
Um den die Stämme jedes Jahr sich reißen?

PEITHETAIROS

Hör, willst du, schmächt'ger Leotrophides,
Hier bleiben und 'nen Vogelchor einüben
Für den Kekropenstamm?

KINESIAS

Du spottest mein!
Ich aber sag dir: ruhen werd ich nicht,
Bis ich beflügelt durch die Lüfte schwebe.
Ab

EIN SYKOPHANT

tritt auf, sehr zerlumpt; singt

Was für Vögel sind das, buntflügelig, sonst aber bettelarm?
Sprich, du flügelausreckende, bunte Schwalbe!

PEITHETAIROS

Nun kommt die schwere Not uns auf den Hals!
Da gluckst und überläuft uns wieder einer.

SYKOPHANT

singend

Noch einmal: flügelausreckende, bunte –

PEITHETAIROS

Der, scheint es, spielt auf seinen Mantel an:
Der braucht wohl mehr als einer Schwalbe Flaum.

SYKOPHANT

Wer sorgt hier für Befiederung der Fremden?

PEITHETAIROS

Der Mann bin ich! Was steht zu Dienst? Sag an!

SYKOPHANT

pathetisch

»Bring Flügel, Flügel! Frage weiter nicht!«

PEITHETAIROS

Du denkst wohl nach Pellene hinzufliegen?

SYKOPHANT

O nein, ich bin Gerichtsbote auf den Inseln

Herum und Sykophant –

PEITHETAIROS

Ein schönes Amt!

SYKOPHANT

Prozeßaufspürer! Um von Stadt zu Stadt

Zitierend mich zu schwingen, brauch ich Flügel.

PEITHETAIROS

Geht das Zitieren denn mit Flügeln besser?

SYKOPHANT

O nein, es ist nur der Piraten wegen!

Und heim dann kehr ich mit den Kranichen,

Statt mit Ballast den Kropf gefüllt mit – Klagen!

PEITHETAIROS

Das ist dein Handwerk also! Noch so jung

Und schon Spion uind Sykophant auf Reisen?

SYKOPHANT

Was soll ich machen? »Graben kann ich nicht.«

PEITHETAIROS

Es gibt, bei Gott, doch ehrliche Gewerbe,

Von denen sich ein Mensch in deinem Alter

Ernähren sollt, und nicht vom Händelstiften!

SYKOPHANT

Salbader! Flügel brauch ich, nicht Moral!

PEITHETAIROS

Mit meinem Wort beflügl ich dich!

SYKOPHANT

Wie soll mich dein Wort beflügeln?

PEITHETAIROS
Ei, durch Worte macht man jedem Flügel!
SYKOPHANT
So?
PEITHETAIROS
Hast du denn nie
Gehört, wie Väter in den Baderstuben
Von jungen Leuten manchmal also sprachen:
»Gewaltig hat Dieitrephes meinen Jungen
Beflügelt durch sein Wort – zum Pferderennen!«
Ein andrer meint, der seine werd beflügelt
Vom Trauerspiel und fliege hoch hinaus.
SYKOPHANT
So könnten Worte Flügel geben?
PEITHETAIROS
Freilich!
Durch Worte schwingt der Genius sich auf,
Der Mensch erhebt sich! – Und so will auch ich
Mit wohlgemeinten Worten dich beflügeln
Zur Ehrlichkeit –
SYKOPHANT
Das willst du? – Ich will nicht!
PEITHETAIROS
Was willst du denn?
SYKOPHANT
Nicht schänden mein Geschlecht!
Ererbt hab ich das Sykophantenhandwerk!
Drum gib mir schnelle, leichte Fittiche,
Vom Habicht oder Falken, daß die Fremden
Ich herzitieren, hier verklagen kann
Und dann ausfliegen abermals –
PEITHETAIROS
Verstehe!
Du meinst: gerichtet soll der Fremde sein,
Noch eh er hier ist?

SYKOPHANT
Völlig meine Meinung!

PEITHETAIROS
Er schifft hierher, indes du dorthin fliegst,
Um sein Vermögen wegzukapern?

SYKOPHANT
Richtig! Flink wie ein Kreisel muß das gehn!

PEITHETAIROS
Verstehe!
Ganz wie ein Kreisel! – Ei, da hab ich eben
Charmante Flügel, Marke Kerkyra!
Zeigt ihm die Peitsche.

SYKOPHANT
Au weh, die Knute?

PEITHETAIROS
Schwingen sind's, mit denen
Du mir hinschwirren sollst »flink wie ein Kreisel«!
Peitscht ihn durch.

SYKOPHANT
Au, au!

PEITHETAIROS
So fliege doch, Halunke, fliege!
Erzgauner, tummle dich, frischauf! – Ich will
Die Rechtsverdreherpraxis dir versalzen!
Sykophant ab. Zu den Sklaven
Nun packt die Federn ein! Wir wollen gehn!
Ab.

Strophe

CHOR
Viel des Neuen, Wunderbaren
Haben wir auf unserm Flug
Schon gesehn! Vernehmt und staunt:
Aufgeschossen, fern von Herzberg,
Ist ein seltsam fremder Baum, und
Dieser heißt: Kleonymos.

Ist im Grund zu nichts zu brauchen,
Aber feige sonst und groß.
Sykophantenfrüchte trägt er
Stets im Frühling, üppig sprießend,
Aber nackt im Wintersturme
Wirft er – seinen Kriegsschild ab.

Gegenstrophe

In der lampenlosen Wüste
Bei der schwarzen Finsternis
Nah gelegen ist ein Land,
Allda schmausen und verkehren
Menschen mit Heroen immer
Früh, doch spät am Abend nicht!
Denn geheuer ist es nicht mehr
Ihnen zu begegnen nachts:
Würd ein Sterblicher dem Heros
Da begegnen, dem Orestes,
Schwer vom Schlag getroffen würd er,
Ausgezogen bis aufs Hemd!

PROMETHEUS
vermummt, einen Sonnenschirm in der Hand, ängstlich um sich blickend
Ach Gott, ach Gott, daß Zeus mich nur nicht sieht! –
Wo ist der Peithetairos?
PEITHETAIROS
kommt heraus
He, was soll der Mummenschanz?
PROMETHEUS
Pst! Siehst du einen Gott da hinter mir?
PEITHETAIROS
Bei Zeus, ich sehe nichts. – Wer bist du?

PROMETHEUS

Welche Zeit ist's wohl am Tag?

PEITHETAIROS

Wie spät? Ich denk: ein wenig über Mittag! –
Wer bist du denn?

PROMETHEUS

Schon Feierabend? Oder?

PEITHETAIROS

Nun wird mir's bald zu toll!

PROMETHEUS

Was macht wohl Zeus?
Klärt er den Himmel auf? Umwölkt er ihn?

PEITHETAIROS

Zum Henker –

PROMETHEUS

Nun, so will ich mich enthüllen!
Tut es.

PEITHETAIROS

Prometheus, Teurer!

PROMETHEUS

Schrei doch nicht so laut!

PEITHETAIROS

Was hast du?

PROMETHEUS

Nenne meinen Namen nicht!
Es ist mein Tod, wenn Zeus mich hier erblickt. –
Nun laß dir sagen, wie's da oben steht.
Nimm hier den Sonnenschirm und halte mir
Ihn über, daß die Götter mich nicht sehn!

PEITHETAIROS

Haha, haha!
Echt prometheisch, sinnreich vorbedacht! *Macht den Schirm
auf.*
So, stell dich drunter, sprich und fürcht dich nicht!

PROMETHEUS

Nun hör einmal!

PEITHETAIROS
Ich bin ganz Ohr.

PROMETHEUS
Mit Zeus ist's aus!

PEITHETAIROS
Ist's aus? Der Tausend! Und seit wann?

PROMETHEUS
Seitdem ihr in der Luft euch angebaut!
Den Göttern opfert keine Seele mehr
Auf Erden, und kein Dampf von fetten Schenkeln
Steigt mehr zu uns empor seit dieser Zeit.
Wir fasten wie am Thesmophorenfest,
Kein Altar raucht, und die Barbarengötter
Schrein auf vor Hunger, kreischen auf illyrisch
Und drohn, den Zeus von oben zu bekriegen,
Wenn er kein Ende macht der Handelssperre
Und freie Einfuhr schafft dem Opferfleisch!

PEITHETAIROS
Gibt's denn Barbarengötter auch da oben
Noch über euch?

PROMETHEUS
Barbaren freilich, wie
Der Schutzpatron des Exekestides.

PEITHETAIROS
Wie heißen die Barbarengötter denn
Mit Namen?

PEITHETAIROS
Wie? Triballer!

PEITHETAIROS
Ich versteh:
Ihr Zorn *trieb allen* Göttern Angstschweiß aus!

PROMETHEUS
So ist's! Nun aber laß noch eins dir sagen:
Gesandte kommen bald zur Unterhandlung
Hier an von Zeus und den Triballern droben!

Laßt euch nicht ein mit ihnen, wenn nicht Zeus
Das Zepter wieder abtritt an die Vögel
Und dir Basileia zum Weibe gibt.

PEITHETAIROS

Wer ist denn die Basileia?

PROMETHEUS

Ein Mädchen,
Blitzschön, und hat zum Donnern das Geschoß
Des Zeus, die ganze Wirtschaft unter sich,
Recht, Politik, Gesetz, Vernunft, Marine,
Verleumdung, Staatsschatz, Taglohn und Besoldung!

PEITHETAIROS

So verwaltet sie denn alles?

PROMETHEUS

Wie ich sage!
Bekommst du sie von ihm, dann hast du alles!
Drum bin ich hergekommen, dir's zu sagen:
Denn stets bin ich den Menschen wohlgesinnt.

PEITHETAIROS

O ja, wir backen Fisch' an deinem Feuer.

PROMETHEUS

Du weißt, voll Götterhaß ist meine Brust.

PEITHETAIROS

Bei Zeus, seit je warst du ein Götterhasser!

PROMETHEUS

Ein wahrer Timon! Doch jetzt fort! Den Schirm
Gib mir, daß Zeus, wenn er heruntersieht,
Mich für 'ner Festkorbträgrin Diener hält.
Ab.

PEITHETAIROS

ihm nachrufend
Nimm auch den Stuhl, als heil'ger Klappstuhlträger!

Strophe

CHOR

In dem Land der Schattenfüßler
Liegt ein See, wo Sokrates
Ungewaschen Geister bannt. –
Um zu schauen seinen mut'gen
Geist, der lebend ihm entflohen,
Kam Peisandros auch dahin,
Ein Kamel von einem Lamm
Bracht er mit, schnitt durch die Gurgel,
Trat zurück dann, wie Odysseus –
Da entstieg der Tiefe, lechzend
Nach dem Herzblut des Kameles,
Chairephon, die Fledermaus!

*Eine Abordnung der Götter tritt auf: Poseidon, kenntlich an
seinem Dreizack, Herakles mit Löwenfell und Keule, der
Triballer mit einem Knüppel und im neuen Mantel, den er nicht
recht zu werfen weiß.*

POSEIDON

zu Herakles

Da siehst du Wolkenkuckucksburg vor dir,
Die Stadt, wohin wir als Gesandte ziehn.
Zum Triballer
Nein, wirft sich der den Mantel linkisch um!
Schlag ihn doch über, wie's der Brauch verlangt!
Geht dir's wie dem Laispodias, armer Tropf? –
O Demokratie, wo bringst du uns noch hin,
Wenn Götter solche Kerls zu Ämtern wählen!
Versucht, ihm den Mantel zu ordnen
So halt doch still! Zum Henker! so barbarisch
Wie den hab ich noch keinen Gott gesehn!
Was tun wir jetzt nur, Herakles?

HERAKLES

Wie ich sage:

Ich dreh dem Kerl den Hals um, der es wagt,
Die freie Luft den Göttern zu vermauern!

POSEIDON

Doch, Freund, zur *Unterhandlung* schickt man uns.

HERAKLES

Nur um so mehr noch, mein ich, würg ich ihn.

PEITHETAIROS

tritt heraus, ruft in sein Haus hinein

Die Käseraspel! – Bring mir den Asant!
Gut! Und den Käs! Und schür mir auch die Kohlen!
*Vogelsklaven bringen einen Herd und allerlei Kochgerät, Fleisch
und Zutaten*

POSEIDON

zu Peithetairos

Du, Mensch, wir Götter, unser drei, wir bieten
Dir unsern Gruß!

PEITHETAIROS

*unter der Türe beschäftigt, ohne von den hohen Gästen Notiz zu
nehmen*

Ich reib Asant darauf!

HERAKLES

Was ist denn das für Fleisch?

PEITHETAIROS

ohne sich umzusehen

Von Vögeln, die,
Der Volksgewalt der Vögel trotzend, schuldig
Gesprochen wurden!

HERAKLES

Und da reibst du nun Asant darauf?

PEITHETAIROS

sich umsehend

Du, Herakles? Ei, willkommen!
Was tust du hier?

POSEIDON

Die Götter senden uns,

Um gütlich diesen Krieg –

PEITHETAIROS

ohne ihn weiter zu beachten, ruft hinein
Geschwind! Im Krug
Ist nicht ein Tropfen Öl mehr! – Schwimmen müssen
Im Fett gebratne Vögel! So gehört sich's!

POSEIDON

Wir sehen keinen Vorteil ab beim Krieg,
Ihr aber, wollt ihr's mit den Göttern halten,
Habt Regenwasser gnug in allen Pfützen
Und lebt von nun an halkyonische Tage.
Hierfür ist unsre Vollmacht unbeschränkt!

PEITHETAIROS

Wir haben nicht zuerst den Krieg mit euch
Begonnen; doch wir wollen, wenn ihr jetzt euch
Bequemt zu tun, was recht und billig ist,
Gern Frieden machen; recht und billig aber
Ist es, daß Zeus das Zepter uns, den Vögeln,
Zurückgibt! Wollt ihr? – Nun, dann habt ihr Frieden!
Und die Gesandten lad ich ein zum Frühstück!

HERAKLES

Annehmlich scheint mir das; ich stimme: Ja!

POSEIDON

Was denkst du? – O du Freßmaul! O du Tölpel!
Den *Vater* willst du um die Herrschaft bringen?

PEITHETAIROS

Meinst du? – Vergrößert nur wird eure Macht,
Ihr Götter, wenn die Vögel drunten herrschen!
Jetzt ducken unterm Wolkendach die Menschen
Sich schlau und schwören täglich falsch bei euch.
Doch, habt ihr zu Verbündeten die Vögel,
Und schwört ein Mensch beim Raben und beim Zeus
Und hält's nicht: fliegt der Rabe ihm urplötzlich
Aufs Haupt und hackt und kratzt das Aug ihm aus.

POSEIDON

Ja, beim Poseidon, der Beweis ist schlagend!

HERAKLES

Das mein ich auch!

PEITHETAIROS

zum Triballer

Und du?

TRIBALLER

Heim gan wir drei!

HERAKLES

Du hörst: er meint, 's geht an!

PEITHETAIROS

Nun höret weiter!
Noch vieles tun wir sonst zu eurem Besten.
Gelobt ein Mensch den Göttern Opferfleisch
Und meint dann pfiffig: »Götter können warten«,
Und zahlt die Schuld nicht ab aus purem Geiz –
Wir treiben sie schon ein!

POSEIDON

Wie macht ihr das?

PEITHETAIROS

Wenn so ein Mensch sein Geldchen grade hin
Und her zählt oder just im Bade sitzt,
Da schießt ein Weih herunter, rapst das Geld
Ihm für zwei Schafe weg und bringt's dem Gotte!

HERAKLES

Ich stimme, wie gesagt, dafür, das Zepter
Ihm abzutreten!

POSEIDON

Frag auch den Triballer!

HERAKLES

seitwärts zum Triballer

Triballer, willst du Prügel –

TRIBALLER

Ja, stockprügeln ik schon wollen dik!

HERAKLES

Er will! Du hörst es selbst!

POSEIDON

Gefällt's euch so, so kann's auch mir gefallen!

HERAKLES

zu Peithetairos

Du, mit dem Zepter hat es keinen Anstand!

PEITHETAIROS

Nun gut! – Doch halt, da fällt mir noch was ein!
Die Hera überlaß ich gern dem Zeus,
Doch fordre ich Basileia, die Jungfrau,
Zum Weib!

POSEIDON

Dir ist's nicht Ernst mit dem Vertrag!
Kommt! Laßt uns gehn!
Wendet sich zum Gehen.

PEITHETAIROS

Mir gilt es gleich!
Zu einem Sklaven
Du, Koch, ich sag dir, mach die Soße nur recht süß!

HERAKLES

Bleib doch, Poseidon, wunderlicher Kauz!
Krieg um ein Weib – wo denkst du hin?

POSEIDON

Je nun, was denn?

HERAKLES

Was denn? Wir schließen den Vertrag!

POSEIDON

Du Tor, du bist betrogen! Merkst du nichts?
Du bist dir selbst zum Schaden! – Wenn nun Zeus
Die Herrschaft abtritt – denk nur – und er stirbt,
Bist du ein Bettler! – Dir gehört die Erbschaft
Ja ganz, die Zeus im Tod einst hinterläßt!

PEITHETAIROS

zu Herakles

Das ist doch arg! Wie der dich übertölpelt!

Komm her zu mir und laß dir's explizieren:
Dein Oheim täuscht dich, armer Narr! An dich
Kommt nicht ein Deut von deines Vaters Gut
Nach dem Gesetz: denn du – du bist ein Bastard!

HERAKLES

Ein Bastard, ich?

PEITHETAIROS

Bei Zeus! Du bist's: als Sohn
Vom fremden Weib! Gesteh, wie könnte sonst
Athene erbberechtigt sein als Tochter,
Wär noch ein ebenbürt'ger Bruder da?

HERAKLES

Wie aber, wenn mein Vater mir das Gut
Vermacht als Nebenkindsteil?

PEITHETAIROS

Das Gesetz verbietet's ihm! Poseidon selbst, der jetzt
Dich spornt – der erste wär er, der das Erbe
Dir streitig macht' als Bruder des Verstorbnen!
Hör an, wie das Gesetz des Solon lautet:
»Ein Bastard ist von der Erbfolg ausgeschlossen, wenn
eheliche Kinder
da sind. Sind aber keine ehelichen
Kinder da, so fällt die Erbschaft an
die nächsten Agnaten.«

HERAKLES

So wär des Vaters Hinterlassenschaft
Für mich verloren?

PEITHETAIROS

Ja! – Oder hat dein Vater
Dich richtig schon ins Zunftbuch eingetragen?

HERAKLES

Wahrhaftig, nein! Das hat mich längst gewundert!

PEITHETAIROS

Was gaffst du so hinauf mit Racheblicken?
Hältst du's mit uns, dann mach ich dich zum König
Und Herrn und speise dich mit Hühnermilch!

HERAKLES

Mir schien's von Anfang: billig ist die Fordrung,
Die du gemacht: ich gebe dir das Mädchen! –

PEITHETAIROS

zu Poseidon

Und du, was sagst denn du?

POSEIDON

Dagegen stimm ich.

HERAKLES

Dann gibt den Ausschlag der Triball!
Zum Triballer
Sprich du!

TRIBALLER

Der schöner Junkfrouwen, die Kunigin stolze
Dem Voggel übergebben ik!

HERAKLES

Du hörst: er übergibt sie.

POSEIDON

Nein, das klingt nur so,
Weil Kauderwelsch er wie die Schwalben zwitschert.

PEITHETAIROS

So meint er wohl: er gebe sie den Schwalben!

POSEIDON

Macht ihr das miteinander aus: schließt ab!
Ich schweige, denn ihr wollt ja doch nicht hören.

HERAKLES

zu Peithetairos

Wir gehen alles ein, was du verlangst:
Komm du mit uns jetzt selber in den Himmel
Und hol dir die Basileia samt Gefolge.

PEITHETAIROS

auf die mit der Speisenzubereitung beschäftigten Sklaven weisend
Da hätten die ja eben recht geschlachtet
Zur Hochzeit!

HERAKLES

Ist's euch recht, so bleib ich hier
Und mach den Braten fertig! Geht ihr nur!

POSEIDON

Was, braten, du? Du sprichst aus reiner Naschlust!
Kommst du wohl mit?

HERAKLES

Da wär ich schön beraten!
Geht ins Haus.

PEITHETAIROS

zu einem Sklaven
Du, geh und hol mir schnell ein Hochzeitskleid.
Der Sklave bringt es. Alle zur Seite ab.

Gegenstrophe

An der Wasseruhr in Richtheim
Wohnt ein wahres Gaunervolk,
Zungendrescher zubenannt.
Mit der Zunge sä'n und ernten,
Dreschen sie und lesen Trauben,
Suchen Feigen, zeigen an.
Von Barbaren stammen sie,
Gorgiassen und Philippen;
Und der Zungendrescher wegen,
Der Philippe, gilt die Sitte,
Daß in Attika die Zunge
Immer ausgeschnitten wird!

Exodos

BOTE

tritt auf, feierlich
O überschwenglich, unaussprechlich, hoch
Beglücktes, dreimalsel'ges Vogelvolk!

Empfangt im Haus des Segens den Gebieter:
Er naht sich leuchtend, überstrahlend selbst
Den Sternenglast der goldumblitzten Burg,
So blendend, herrlich, daß der Sonne Lichtglanz
Vor ihm erblaßt: so naht er an der Seite
Der unaussprechlich schönen Braut und schwingt
Den Blitzstrahl, Zeus' geflügeltes Geschoß.
Ein unnennbarer Duft durchströmt des Weltalls
Urtiefen, und des Weihrauchs Hauch umfächelt
Des Dampfes krause Wölkchen: sel'ges Schauspiel!
Doch sieh, da naht er selbst! – Erschließt den Mund,
Den glückweissagenden, der heil'gen Muse!

CHOR

stellt sich in Parade
Wendet euch, teilet euch, stellet euch, machet Platz!
Schwärmet in seliger Lust um den sel'gen Mann!
*Der Zug naht sich: Peithetairos in feierlichem Ornat und mit
dem Blitzkeil in der Hand, Basileia mit sich führend; Gefolge
mit Fackeln.*
Ah, welch ein Zauber, welche Schöne!
Glücksel'ges Band, das unsrer Stadt
Zum Heil du geknüpft! –
Welch ein großes Heil ist dem Vogelvolk
Widerfahren durch ihn, den göttlichen Mann!
So lasset mit bräutlichen Liedern uns denn
Und festlichem Jubel den Bräutigam
Und die Braut Basileia empfangen!

Strophe

Mit Hera, der Himmlischen,
Vermählten die Moiren einst
Den mächtigen Herrscher auf
Erhabenem Götterthron

Mit solchem Hochzeitsliede.
Hymen, o Hymenaios!

Gegenstrophe

Der blühende Erosknab
Mit goldenen Schwingen lenkt'
Die Zügel des Brautgespanns,
Brautführer des großen Zeus
Und der glücklichen Hera.
Hymen, o Hymenaios!

PEITHETAIROS
hoheitsvoll
Mich erfreuet das Lied, mich ergötzt der Gesang
Und der festliche Gruß! Doch besinget nun auch
Des ländererschütternden Donners Gewalt
Und die leuchtenden, zuckenden Blitze des Zeus
Und die Glut der zerstörenden Flammen!

CHOR
Leuchtender, goldner, gewaltiger Flammenstrahl,
Göttlich unsterbliche, glühende
Waffe, o erdgrunderschütternde, krachende,
Regenumrauschte Gewitter,
Welche nun er in der Hand hält,
Durch dich hat er nun alles
Und die Basileia, fürstliches Kind des Zeus!
Hymen, o Hymenaios!

PEITHETAIROS
singend
Nun folgt als Hochzeitsgäste mir,
Leichtbeschwingte Brüder all,
Folgt mir zum Gefild des Zeus,
Zur Vermählungslagerstatt!

Zu Basileia
Reich, Selige, mir deine Hand,
Faß mich an den Flügeln und
Laß dich im Reigen schwingen und
Heben hoch empor im Tanz!
Sie tanzen.

CHOR
Tralala, juchhe, juchhe!
Heil dem Siegbekränzten, Heil,
Heil dem Götterkönig!

Alle ziehen mit dem Brautpaar an der Spitze aus.

HIPPOKRATES
DER EID

*Ob der berühmte Eid wirklich von Hippokrates (geb. 460 v. Chr.)
stammt, ist unsicher. Er gibt aber das Ethos der koischen Ärzteschaft
eindrucksvoll wieder.*

1

Ich schwöre und rufe Apollon den Arzt und Asklepios und Hy-
gieia und Panakaia und alle Götter und Göttinnen zu Zeugen an,
daß ich diesen Eid und diesen Vertrag nach meiner Fähigkeit und
nach meiner Einsicht erfüllen werde.

Ich werde den, der mich diese Kunst gelehrt hat, gleich meinen Eltern achten, ihn an meinem Unterhalt teilnehmen lassen,
ihm, wenn er in Not gerät, von dem Meinigen abgeben, seine
Nachkommen gleich meinen Brüdern halten und sie diese Kunst
lehren, wenn sie sie zu lernen verlangen, ohne Entgelt und Vertrag. Und ich werde an Vorschriften, Vorlesungen und aller übrigen Unterweisung meine Söhne und die meines Lehrers und
die vertraglich verpflichteten und nach der ärztlichen Sitte verei-
digten Schüler teilnehmen lassen, sonst aber niemanden.

2

Ärztliche Verordnungen werde ich treffen zum Nutzen der
Kranken nach meiner Fähigkeit und meinem Urteil, hüten aber
werde ich mich davor, sie zum Schaden und in unrechter Weise
anzuwenden.

3

Auch werde ich niemandem ein tödliches Mittel geben, auch nicht, wenn ich darum gebeten werde, und werde auch niemanden dabei beraten; auch werde ich keiner Frau ein Abtreibungsmittel geben.

4

Rein und fromm werde ich mein Leben und meine Kunst bewahren.

5

Ich werde nicht schneiden, sogar Steinleidende nicht, sondern werde das den Männern überlassen, die dieses Handwerk ausüben.*

6

In alle Häuser, in die ich komme, werde ich zum Nutzen der Kranken hineingehen, frei von jedem bewußten Unrecht und jeder Übeltat, besonders von jedem geschlechtlichen Mißbrauch an Frauen und Männern, Freien und Sklaven.

7

Was ich bei der Behandlung oder auch außerhalb meiner Praxis im Umgang mit Menschen sehe und höre, das man nicht weiterreden darf, werde ich verschweigen und als Geheimnis bewahren.

---

* Dieser Satz, der einen grundsätzlichen Verzicht auf jede Operation auszusprechen scheint, hat der Erklärung große Schwierigkeiten bereitet, weil die ärztliche Gemeinschaft, in der er beschworen wird, sich damit weit von der sonst in den hippokratischen Schriften anerkannten Praxis entfernen würde. Er wäre weniger überraschend, wenn er nur eine Ablehnung der Operation des Blasensteins oder, wie man auch gemeint hat, eine Ablehnung der Kastration enthalten würde. Doch lassen sich diese Deutungen mit dem griechischen Text weniger leicht vereinbaren.

8

Wenn ich diesen Eid erfülle und nicht breche, so sei mir beschieden, in meinem Leben und in meiner Kunst voranzukommen, indem ich Ansehen bei allen Menschen für alle Zeit gewinne; wenn ich ihn aber übertrete und breche, so geschehe mir das Gegenteil.

DIE UMWELT

Der griechische Titel der Schrift lautet in wörtlicher Übersetzung:
»Über Lüfte, Gewässer und Örtlichkeiten«. Es geht um die außerirdi-
schen und irdischen Einflüsse auf die menschliche Lebensweise und
Konstitution. Im zweiten Teil werden die gleichen Prinzipien auf
ganze Völker übertragen.

1

Der Arzt muß auf die klimatischen Faktoren in seiner Umgebung
und auf die Lebensweise der Menschen achten

Wer der ärztlichen Kunst in der richtigen Weise nachgehen will,
der muß folgendes tun. Erstens muß er über die Jahreszeiten und
über die Wirkungen nachdenken, die von jeder einzelnen ausgehen können. Denn sie gleichen einander in keiner Weise, sondern
unterscheiden sich sehr, sowohl untereinander wie in der Art ihres Übergangs. Ferner muß er sich über die Winde Gedanken
machen, über die warmen und die kalten, und zwar vor allem
über die allen Menschen gemeinsamen, aber auch über die jedem
Lande eigentümlichen. Er muß auch über die Wirkungen der
Gewässer nachdenken; denn wie sie sich im Geschmack und Gewicht unterscheiden, so ist auch die Wirkung eines jeden sehr
verschieden.

Wenn also jemand in eine Stadt kommt, die er nicht kennt, so
muß er sich genau überlegen, wie ihre Lage zu den Winden und
zum Aufgang der Sonne ist. Denn es bedeutet nicht dasselbe, ob
eine Stadt nach dem Nordwind oder ob sie nach dem Südwind
zu liegt, und auch nicht, ob sie nach Sonnenaufgang oder nach
Sonnenuntergang gelegen ist. Das muß man sich so gut wie
möglich überlegen; ferner wie es mit den Gewässern steht, ob
die Menschen sumpfiges und weiches Wasser trinken oder har-

DIE UMWELT

tes, das von felsigen Höhen fließt, oder salziges und schwerverdauliches. Weiter die Beschaffenheit des Bodens, ob er kahl und wasserarm ist oder dichtbewachsen und bewässert, und ob das Gelände in einer Mulde liegt und stickig ist oder hochgelegen und kalt. Und schließlich, wie die Bewohner leben, ob sie gern trinken und frühstücken und sich nichts zumuten, oder ob sie Sport und körperliche Anstrengungen lieben, kräftig essen und wenig trinken.

2

Daraus ergeben sich günstige Folgen für die ärztliche
Prognose und Therapie

Hiervon ausgehend muß man sich jede Einzelheit überlegen. Wenn nämlich jemand das richtig erkannt hat, möglichst alles oder doch das meiste, so werden ihm, wenn er in eine ihm unbekannte Stadt kommt, weder die einheimischen Krankheiten verborgen bleiben, noch wie das Leibesinnere der Bewohner beschaffen ist. Dann wird er bei der Behandlung der Krankheiten nicht ratlos sein und keine Fehler machen, was wahrscheinlich geschehen wird, wenn man dies nicht vorher weiß und nicht jedes einzelne vorher durchdacht hat.

Nach einiger Zeit aber wird er auch sagen können, was für allgemeine Krankheiten während des Jahres in der Stadt sommers oder winters herrschen werden und welche Krankheiten für jeden einzelnen infolge eines Wechsels seiner Lebensweise zu befürchten sind. Denn wenn er den Wechsel der Jahreszeiten und den Auf- und Untergang der Gestirne kennt und weiß, wie jedes einzelne hiervon vor sich geht, wird er vorher wissen, welcher Art das Jahr sein wird.

Wenn jemand so forscht und sich um Vorherwissen bemüht, dann wird er den richtigen Moment des Eingreifens in jedem einzelnen Fall am besten erkennen und das meiste beim Heilen richtig treffen und nicht wenig Erfolg in seiner Kunst haben. Wenn aber einer meint, dies sei Sternguckerei, so sollte er doch seine Meinung ändern und einsehen, daß die Astronomie nicht wenig zur ärztlichen Kunst beiträgt. Denn zugleich mit den Jahreszeiten ändert sich auch die Beschaffenheit des Leibesinneren bei den Menschen.

3
Klima, Konstitution und Krankheiten in der
nach Süden gelegenen Stadt

Wie man jedes einzelne des oben Gesagten untersuchen und prüfen muß, das will ich deutlich zeigen. Wenn eine Stadt in der Richtung auf die warmen Winde zu liegt – d. h. zwischen dem winterlichen Sonnenauf- und -untergang – und in ihr diese Winde alltäglich sind, sie aber vor den Winden von Norden geschützt ist, so sind in dieser Stadt die Gewässer notwendig zahlreich und etwas salzig, sie liegen an der Oberfläche und sind im Sommer warm, im Winter kalt.

Die Köpfe der Bewohner sind feucht und voller Schleim, ihr Leibesinnere ist häufigen Störungen unterworfen, wenn der Schleim vom Kopf herabfließt, ihre Gestalten sind meistens ziemlich schlaff, und sie sind keine starken Esser und Trinker. Denn alle, die schwache Köpfe haben, sind keine starken Trinker, weil sie stärker unter den Folgen des Rausches leiden.

Folgende Krankheiten kommen im Lande vor: Die Frauen werden erstens leicht krank und leiden an Flüssen, ferner werden viele unfruchtbar infolge von Krankheiten, aber nicht von Natur, und sie haben häufig Fehlgeburten. Die Kinder werden von Krämpfen und Atemnot und all den Erscheinungen befallen, die man auf göttliche Einwirkung zurückzuführen und als heilige Krankheit zu bezeichnen pflegt, die Männer aber von Ruhr, Durchfall, Schüttelfrost, langwierigen Fiebern während des Winters, reichlichen Nachtblattern und Hämorrhoiden im Gesäß. Rippenfell- und Lungenentzündung, hitzige Fieber und alle Arten der sogenannten akuten Krankheiten treten nicht häufig auf; denn diese Krankheiten können nicht stark sein, wo das Lei-

DIE UMWELT　　　　　　361

besinnere feucht ist. Ferner kommen wässerige Augenkrankheiten vor, die kurzfristig und nicht schwer sind. Wenn sie das Alter von fünfzig Jahren überschritten haben, so machen Flüsse, die aus dem Gehirn kommen, die Menschen schlagflüssig, wenn ihr Kopf plötzlich der Sonne ausgesetzt oder kalt wird. Diese Krankheiten kommen bei ihnen im Lande vor, und wenn außerdem eine allgemeine Krankheit infolge von Witterungsumschlag herrscht, so haben sie auch daran teil.

4

Die nach Norden gelegene Stadt

Mit allen Städten, die diesen entgegengesetzt in Richtung auf die kalten Winde zwischen Sommeruntergang und -aufgang der Sonne liegen und bei denen diese Winde üblich sind, die aber vor dem Südwind und den warmen Winden geschützt sind, verhält es sich folgendermaßen: Erstens sind die Wasser meistens hart, kalt und süß, die Bewohner sind infolgedessen notwendig straff und hager, bei der Mehrzahl von ihnen sind die Bauchhöhlen hart und verdauen nicht gut, in ihrer Brust aber ist der Fluß besser, und sie haben mehr Galle als Schleim. Sie haben gesunde, harte Köpfe und neigen großenteils zu Rupturen.

Folgende Krankheiten kommen bei ihnen vor: Viele Brustfellentzündungen und die sogenannten akuten Krankheiten. Das muß ja so sein, wenn das Leibesinnere hart ist. Bei vielen treten Empyeme (Eiteransammlungen) bei jedem Anlaß auf. Daran schuld ist die Spannung ihres Körpers und die Härte ihres Leibesinneren; denn ihre Trockenheit und dazu die Kälte des Wassers läßt Rupturen bei ihnen auftreten. Notwendig sind Menschen dieser Konstitution starke Esser, trinken aber nicht viel; denn es ist nicht möglich, daß sie zugleich viel essen und trinken. Augenkrankheiten treten vorübergehend auf; sie sind trocken und stark, und sogleich entstehen Risse an den Augen. Heftiges Nasenbluten kommt bei den Menschen unter dreißig Jahren im

Sommer vor; ferner treten die sogenannten Heiligen Krankheiten bei ihnen selten, aber heftig auf. Diese Menschen sind natürlich langlebiger als die anderen. Wunden entzünden sich bei ihnen nicht und werden nicht schlimm. Ihr Charakter ist mehr
wild als zahm. Bei den Männern kommen diese Krankheiten
vor; und außerdem können sie erkranken, wenn eine allgemeine
Krankheit infolge Wetterumschlags herrscht.

Bei den Frauen treten folgende Erscheinungen auf: Erstens
werden viele unfruchtbar infolge des Wassers, das hart, schwerverdaulich und kalt ist; denn die monatliche Reinigung erfolgt
nicht in normaler Weise, sondern nur spärlich und unter Beschwerden; ferner gebären sie schwer, Fehlgeburten jedoch
kommen nicht häufig vor. Wenn sie aber geboren haben, so sind
sie nicht imstande, die Kinder zu nähren; denn die Milch versiegt
ihnen infolge der Härte und schweren Verdaulichkeit des Wassers. Häufig befällt sie Schwindsucht als Folge der Geburten;
denn wegen der Schwere der Geburt bekommen sie Rupturen
und Krämpfe. Bei den Kindern tritt Wassersucht in den Hoden
auf, solange sie klein sind. Später, wenn sie heranwachsen, verschwindet die Erscheinung. Die Reife tritt erst spät in dieser
Stadt ein. Mit den warmen und den kalten Winden und den Städten, die in diesen Richtungen gelegen sind, verhält es sich so, wie
oben gesagt wurde.

5

Die Lage nach Osten

Mit allen Städten aber, die in Richtung auf die Winde zwischen
Sommer- und Winteraufgang der Sonne liegen, und den entgegengesetzt gelegenen verhält es sich folgendermaßen: Alle
Städte, die nach Sonnenaufgang liegen, sind natürlich gesünder
als die nach Norden und nach den warmen Winden gelegenen,
wenn auch nur ein Stadion dazwischenliegt. Denn erstens sind
Wärme und Kälte dort besser ausgeglichen, ferner sind alle Wasser, die nach Sonnenaufgang liegen, notwendig klar, wohlrie

chend und weich, und Nebel tritt in dieser Stadt nicht auf. Daran
hindert ihn die Sonne, die schon beim Aufgehen herabstrahlt;
denn allmorgendlich herrscht sie durchweg.

Das Aussehen der Bewohner ist besser von Farbe und blühen-
der als anderswo, wenn nicht etwa eine Krankheit es beeinträchtigt. Die Menschen haben klare Stimmen und sind an Charakter
und Verstand besser als die der Stadt, die nach dem Nordwind zu
liegt, wie ja auch alles andere, was in ihr wächst, besser ist. Die
Stadt mit dieser Lage gleicht am meisten dem Frühling in der
Mäßigung von Wärme und Kälte. Die Krankheiten sind seltener
und schwächer, sie gleichen aber den Krankheiten, die in den
Städten auftreten, die nach den warmen Winden hin gelegen
sind. Die Frauen dort sind sehr fruchtbar und gebären leicht. So
also verhält es sich mit diesen.

6
Die Lage nach Westen

Alle Städte aber, die nach Sonnenuntergang liegen und die vor
den von Osten wehenden Winden geschützt sind und an denen
die warmen Winde und die von Norden kommenden vorbeiwe-
hen, haben notwendig die ungesundeste Lage. Denn erstens sind
die Wasser nicht klar. Schuld daran ist, daß der Nebel morgens
weithin herrscht, der sich mit dem Wasser vermischt und seine
Klarheit verdirbt; denn die Sonne scheint, bis sie sich zur Mit-
tagshöhe erhoben hat, nicht darauf. Im Sommer wehen morgens
kalte Lüfte, und es fällt Tau, und während der übrigen Zeit kocht
die Sonne, die sich dem Untergang zuneigt, die Menschen durch
und durch. Darum sind sie natürlich von schlechter Farbe und
kränklich und haben an allen vorher erwähnten Krankheiten teil;
keine aber kommt ihnen besonders zu. Sie haben eine tiefe
Stimme und sind heiser infolge der Luft, die dort durchweg unrein und feucht ist. Denn sie wird vom Nordwind nicht gereinigt, weil er nicht dorthin kommt. Die Winde aber, die zu ihnen
kommen und sie erreichen, sind sehr wasserreich. Diese Stadt-

lage gleicht am meisten dem Herbst in ihren täglichen Wandlun-
gen, weil ein großer Unterschied ist zwischen dem Wetter am
Morgen und dem am Abend. So verhält es sich mit den Winden,
die günstig und ungünstig sind.

7

Einwirkung des Trinkwassers auf die Gesundheit:
stehendes Wasser, Quellwasser

Nun will ich von den Gewässern sonst sprechen, welche ungesund und welche besonders gesund sind, und was alles vom
Wasser Schlimmes und Gutes zu erwarten ist; denn es ist sehr
wichtig für die Gesundheit.

Alles Wasser, das aus Sümpfen und stehenden Gewässern
kommt, ist notwendig im Sommer warm, dick und übelriechend, da es ja nicht abfließen kann; da vielmehr immer neues
Regenwasser zuwächst und die Sonne darauf brennt, ist es notwendig von schlechter Farbe, macht Beschwerden und erregt
die Galle. Im Winter aber ist es gefroren, kalt und trüb von
Schnee und Eis, so daß es starke Verschleimung und Heiserkeit
hervorruft. Menschen, die davon trinken, haben ständig eine
große und verhärtete Milz, und ihr Leib ist hart, dünn und
warm. Die Schultern, die Schlüsselbeine und das Gesicht sind
eingefallen und abgemagert; denn ihr Fleisch wird von der Milz
aufgesogen, und darum sind sie mager. Diese Menschen sind
immer hungrig und durstig, das Leibesinnere ist oben und unten
besonders trocken; daher bedürfen sie stärkerer Purgiermittel.
Diese Krankheit hängt ihnen sommers wie winters an. Außerdem tritt die Wassersucht besonders häufig und mit tödlichem
Ausgang auf. Im Sommer befällt sie nämlich oft die Ruhr,
Durchfall und langwieriges Quartanafieber; und wenn diese
Krankheiten lange anhalten, so lassen sie Menschen mit einer
solchen Konstitution in Wassersucht verfallen und wirken tödlich. Das widerfährt ihnen im Sommer; im Winter aber werden
die Jüngeren von Lungenentzündungen und manischen Krank-

heiten befallen, die Älteren von Brennfieber wegen der Härte ihres Leibesinnern. Die Frauen bekommen Schwellungen und Weißfluß; sie werden selten schwanger und gebären schwer, und die Leibesfrüchte sind groß und angeschwollen. Dann beim Nähren kümmern die Kinder und verursachen den Müttern Beschwerden, und die Reinigung tritt bei den Frauen nach der Geburt nicht normal ein. Die Kinder bekommen Brüche und die Männer Krampfadern und Geschwüre an den Unterschenkeln, so daß Menschen dieser Konstitution nicht langlebig sein können, sondern vor der angemessenen Zeit altern. Ferner meinen die Frauen, schwanger zu sein; wenn aber die Zeit der Geburt kommt, dann schwindet die Schwellung ihres Leibes. Das geschieht, wenn die Gebärmutter wassersüchtig ist.

Diese Gewässer sind nach meiner Meinung schlecht zu jeder Verwendung. An zweiter Stelle stehen diejenigen, deren Quellen aus Felsen entspringen – denn sie sind notwendig hart – oder aus einem Erdreich, wo warme Wasser sind, oder wo Eisen oder Kupfer oder Silber oder Gold oder Schwefel oder Alaun oder Pech oder Natron sich findet; denn das entsteht alles durch die Gewalt der Hitze. Aus solcher Erde kann ja nun kein gutes Wasser kommen, sondern nur hartes, das Hitze verursacht, schwer zu lassen ist und verstopfend wirkt. Am besten ist das Wasser, das aus erhöhtem Gelände und erdigen Hügeln fließt. Denn das ist süß und hell und braucht nur mit wenig Wein vermischt zu werden. Im Winter ist es warm, im Sommer kalt. So ist es, wenn es aus den tiefsten Quellen fließt. Am meisten aber ist das Wasser zu loben, dessen Fluß nach Sonnenaufgang und besonders nach dem sommerlichen hin entspringt; denn dieses ist notwendig klarer, wohlriechend und leicht. Alle Gewässer aber, die salzig, schwerverdaulich und hart sind, sind nicht für jeden gut zu trinken; doch gibt es einige Konstitutionen und Krankheiten, für die diese Wasser förderlich sind. Darüber werde ich gleich sprechen.

Auch in diesen Fällen gilt folgendes: Die Gewässer, deren Quellen nach Sonnenaufgang liegen, sind an und für sich am besten. Die zweiten nach ihnen sind die Wasser zwischen dem

sommerlichen Unter- und Aufgang der Sonne, und von diesen
mehr die nach dem Aufgang hin (d h. nach Nordosten). An dritter Stelle stehen die zwischen Sommer- und Winteruntergang.
Am schlechtesten aber sind die nach Süden zwischen dem winterlichen Auf- und Untergang entspringenden, und zwar sind
diese für die nach Süden wohnenden Menschen ganz schlecht,
für die nach Norden zu wohnenden besser. Diese Wasser soll
man folgendermaßen brauchen: Wer gesund und stark ist, soll
keinen Unterschied machen, sondern das trinken, was er gerade
zur Verfügung hat; wer aber mit Rücksicht auf eine Krankheit
das Zuträglichste trinken will, wird seiner Gesundheit am besten
dienen, wenn er folgendermaßen handelt: allen Menschen, deren
Bauch hart ist und zur Erhitzung neigt, nützt das süßeste, leichteste und klarste Wasser, allen aber, deren Bäuche weich, feucht
und voll Schleim sind, das härteste, schwerstverdauliche und etwas salzige; denn so werden sie am besten abtrocknen. Denn alle
Wasser, die besonders gut kochen und schmelzen, lösen und
schmelzen natürlich auch den Bauch am besten, alle aber, die
schwerverdaulich, hart und wenig gut zum Kochen sind, ziehen
die Bäuche mehr zusammen und trocknen sie aus. Wahrhaftig,
die Menschen täuschen sich in ihrer Unkenntnis über das Salz-
wasser, indem es nämlich als die Verdauung fördernd gilt. Es
wirkt aber der Verdauung gerade entgegen; denn es ist schwerverdaulich und kocht nicht gut, so daß auch der Bauch davon
mehr verstopft als gelöst wird. So verhält es sich mit dem Quellwasser.

8
Regen- und Schneewasser

Wie es sich aber mit dem Regen- und Schneewasser verhält, das will ich jetzt sagen. Das Regenwasser ist das leichteste, süßeste, reinste und klarste Wasser. Denn zunächst einmal zieht die Sonne vom Wasser das Feinste und Leichteste an und reißt es nach oben. Das sieht man am Salz. Das Salzige (im Wasser) bleibt an Ort und Stelle infolge seiner Dicke und Schwere und wird zu Salz. Das Dünnste aber wird infolge seiner Leichtigkeit von der Sonne angezogen, und zwar zieht sie dieses nicht nur aus den stehenden Gewässern heraus, sondern auch aus dem Meer und aus allem, worin Feuchtigkeit enthalten ist; sie ist aber in jedem Ding enthalten. So zieht sie auch aus dem Menschen selbst das Dünnste und Leichteste an Feuchtigkeit an sich. Dafür ist der beste Beweis: wenn ein Mensch in einem Mantel in der Sonne spazierengeht oder sitzt, so schwitzen die Teile der Haut, auf die die Sonne scheint, nicht. Denn die Sonne zieht das an sich, was an Schweiß zutage tritt. Was aber von dem Mantel oder einem andern Kleidungsstück bedeckt ist, das schwitzt; denn die Feuchtigkeit wird von der Sonne mit Gewalt herausgezogen, aber von der Bekleidung festgehalten, so daß sie nicht von der Sonne zum Verschwinden gebracht wird. Wenn man aber in den Schatten kommt, so schwitzt der ganze Körper ohne Unterschied; denn die Sonne scheint nicht mehr darauf.

Darum fault Regenwasser am schnellsten von allen Wassern und bekommt einen schlechten Geruch, weil es von vielen Seiten zusammengebracht und vermischt ist, so daß es schnell faulig wird. Dazu kommt: wenn es von der Sonne angezogen und emporgehoben und während seiner Bewegung mit der unteren Luftschicht vermischt wird, werden seine dunklen und trüben Teile ausgeschieden und abgesondert, und sie werden zu Nebel und dicker Luft. Das Klarste und Leichteste aber bleibt und wird süß, da es von der Sonne erwärmt und gekocht wird. Es wird ja auch alles andere immer süßer, wenn es gekocht wird. Solange es nun zerstreut und noch nicht zusammengeballt ist, bewegt es sich nach oben. Wenn es sich aber irgendwo sammelt und an einer Stelle von Winden zusammengetrieben wird, die plötzlich aufeinanderstoßen, dann bricht es herunter an der Stelle, wo es am stärksten zusammengeballt ist. Man kann nämlich dann mit Wahrscheinlichkeit dieses Ereignis erwarten, wenn auf die Wolken, die, vom Winde zusammengetrieben, sich in Bewegung befinden und dahinziehen, plötzlich ein entgegengesetzter Wind und andere Wolken stoßen. Dann wird die erste Wolkenmasse zusammengezogen, anderes kommt noch hinten nach, und so wird es dick und schwarz, ballt sich an derselben Stelle zusammen und bricht infolge seiner Schwere hernieder, und so gibt es Regen. Dies ist also, wie zu vermuten, das beste Wasser, doch muß es abgekocht und ihm die Fäulnis genommen werden, sonst bekommt es einen schlechten Geruch, und die Trinkenden bekommen Heiserkeit, Husten und rauhe Stimmen.

Alles Wasser aber, das von Schnee und Eis kommt, ist schädlich. Denn wenn es einmal gefroren ist, so verwandelt es sich nicht mehr in seine alte Natur zurück, sondern das Klare, Leichte und Süße wird durch den Gefrierungsprozeß ausgeschieden und verschwindet, das Trübste und Schwerste aber bleibt zurück. Das kann man sich folgendermaßen klarmachen: wenn man will, so gieße man im Winter in ein Gefäß Wasser, das man abgemessen hat, und stelle es an die Luft da, wo es am stärksten gefriert; dann bringe man es am folgenden Tag in die Sonne, wo das Eis am schnellsten schmilzt, und, wenn es geschmolzen ist, messe man das Wasser wieder nach, und dann wird man finden, daß es viel weniger geworden ist. Das ist ein Beweis dafür, daß infolge des Frierens das Leichteste und Dünnste verschwindet und wegtrocknet, nicht natürlich das Schwerste und Dickste; denn das wäre nicht möglich. Darum glaube ich, daß dieses Wasser von Schnee und Eis und das damit verwandte zu jedem Gebrauch besonders schädlich ist. So verhält es sich mit dem Regenwasser und dem Wasser von Schnee und Eis.

9
Trinkwasser als Ursache des Blasensteins

Steinleidend aber und von Nierenkrankheiten und Harnzwang,
von Hüftschmerz und Brüchen befallen werden die Menschen
vor allem da, wo sie sehr verschiedenartiges Wasser trinken,
etwa aus großen Flüssen, in die andere Flüsse münden, oder aus
einem See, in den viele verschiedenartige Gewässer sich ergießen, außerdem diejenigen, die Leitungswasser trinken, das von
fernher und nicht aus der Nähe kommt. Denn unmöglich gleicht
ein Wasser dem anderen, sondern das eine ist süß, das andere salzig und alaunhaltig, anderes kommt aus warmen Quellen; und
wenn das zusammengemischt wird, so wird es notwendig miteinander streiten und jeweils das stärkste die Oberhand behalten.
Stark ist aber nicht immer dasselbe, sondern einmal dies, einmal
jenes, je nach den Winden; denn dem einen verleiht der Nordwind Stärke, dem andern der Südwind, und für die übrigen gilt
entsprechendes. Bei diesen Wassern bildet sich nun notwendig
in den Gefäßen ein Niederschlag von Schlamm und Sand, und
wenn man es trinkt, entstehen die oben erwähnten Krankheiten.
Daß sie aber nicht alle Menschen ohne Unterschied befallen, das
will ich zeigen.

Die Menschen, deren Verdauungsapparat gut funktioniert und
gesund ist, deren Blase nicht zur Entzündung neigt und deren
Blasenhals nicht zu eng ist, urinieren leicht, und in ihrer Blase
zieht sich nichts zusammen. Bei denen aber, deren Leib sich
leicht entzündet, muß auch die Blase demselben Leiden ausgesetzt sein. Denn wenn sie mehr als normal erhitzt wird, so entzündet sich ihre Öffnung. Wenn aber dieses geschieht, so läßt sie
den Harn nicht ab, sondern verkocht und verbrennt ihn in sich
selbst. Das Dünnste und Reinste von ihm wird ausgeschieden,
läuft durch und wird abgelassen, das Dickste und Trübste aber
ballt sich zusammen und verhärtet sich. Zuerst ist es klein, später
wird es größer. Denn indem es von dem Harn hin- und herge-
wälzt wird, kristallisiert es alles, was sich dick zusammenballt,

an sich an, und so wächst es und wird zu einem Stein, und wenn
der Kranke urinieren will, dann wird dies Gebilde von dem Harn
gegen den Blasenhals gedrückt, hindert am Urinieren und verursacht starken Schmerz. Daher reiben und ziehen die steinlei-
denden Knaben an den Geschlechsteilen, denn sie meinen, da sei
die Stelle, wo sie urinieren müßten. Folgendes ist ein Beweis dafür, daß es sich so verhält: die Steinkranken urinieren besonders
klaren Harn, weil das Dickste und Trübste von ihm zurückbleibt
und sich zusammenballt. Das ist in den meisten Fällen der Grund
für die Steinkrankheit.

Außerdem kommt der Blasenstein aber auch von der Milch,
wenn sie nicht gesund ist, sondern zu hitzig und zu sehr die Galle
erregt. Denn dann erhitzt sie den Bauch und die Blase, so daß mit
dem Harn, der mit erhitzt wird, dasselbe geschieht. Ferner sage
ich, daß es besser ist, den Kindern den Wein so stark wie möglich
mit Wasser verdünnt zu geben; denn dann verbrennt und ver-
trocknet er die Adern weniger.

Die Mädchen aber bekommen weniger Steine, denn der
Harnleiter ist bei ihnen kurz und weit, so daß er den Harn leicht
durchläßt; und sie reiben die Geschlechsteile nicht mit der Hand
wie die Knaben und fassen nicht an den Harnleiter; denn es besteht eine gerade Verbindung des Harnleiters zu den Geschlechsteilen. Bei den Männern aber geht die Verbindung
nicht in gerader Richtung, und ihre Harnleiter sind nicht weit.
Außerdem trinken die Mädchen mehr als die Knaben. Hiermit
verhält es sich so oder so ähnlich.

10
Die Konstellation der Jahreszeiten und ihre Wirkung
auf die Gesundheit

Auf die Jahreszeiten aber muß man in folgendem Sinne achten,
wenn man erkennen will, wie das Jahr sein wird, ob gesund oder
ungesund: Wenn die Zeichen beim Auf- und Untergang der Gestirne normal sind, wenn es im Herbst regnet, wenn der Winter

DIE UMWELT

gemäßigt und weder allzu mild noch von übermäßiger Kälte ist
und wenn es im Frühling und im Sommer zu rechten Zeit regnet, dann wird das Jahr wahrscheinlich sehr gesund.

Wenn jedoch der Winter rauh ist und der Nordwind herrscht,
es im Frühling aber regnet und der Südwind weht, so ist der
Sommer notwendig voll Fieber und bringt Augenkrankheiten
und Ruhr. Wenn nämlich die Schwüle plötzlich eintritt, während die Erde noch vom Frühlingsregen und vom Südwind
feucht ist, dann ist notwendig die Hitze doppelt stark, einerseits
von der Erde, die durchnäßt und warm von dem Sonnenbrand
ist, andererseits deshalb, weil das Leibesinnere der Menschen
nicht konsolidiert und ihr Gehirn nicht abgetrocknet ist. Denn
wenn der Frühling so beschaffen ist, so muß der Körper und das
Fleisch auf jeden Fall feucht sein. So befallen Fieber in sehr hitzi-
ger Form alle, vor allem die Menschen von schleimiger Konstitution. Wenn dann beim Aufgang des Hundssterns (Sirius) Regen und Sturm aufkommt und die Etesien wehen, ist Hoffnung,
daß die Krankheiten aufhören und der Herbst gesund wird.
Sonst besteht Gefahr, daß Todesfälle bei den Kindern und
Frauen auftreten, am wenigsten aber bei den alten Leuten, und
daß die Krankheiten bei denen, die sie überstehen, in Quartanafieber übergehen und aus dem Quartanafieber in Wassersucht.

Wenn aber der Winter unter der Wirkung des Südwinds steht
und regnerisch und mild ist, im Frühling aber der Nordwind
weht und das Wetter rauh und stürmisch ist, so werden erstens
die Frauen, die gerade schwanger sind und die zu Beginn des
Frühjahrs gebären sollen, Fehlgeburten haben. Wenn sie aber gebären, bekommen sie schwache und kränkliche Kinder, so daß
diese entweder gleich sterben oder zart, schwächlich und kränklich am Leben bleiben. So geht es den Frauen. Die übrigen Menschen werden von Ruhr und trockenen Augenkrankheiten befallen, einige auch von Flüssen vom Kopf in die Lunge. Und zwar
ist zu erwarten, daß die schleimigen Konstitutionen und die
Frauen von Ruhr ergriffen werden, weil wegen der Feuchtigkeit
ihrer Natur Schleim vom Gehirn herabfließt; die Galligen aber

bekommen trockene Augenkrankheiten wegen der Wärme und Trockenheit ihres Fleisches und die alten Leute Flüsse wegen der Zartheit und Erschlaffung ihrer Adern, so daß die einen plötzlich umkommen, die andern auf der rechten Seite schlagflüssig werden. Wenn nämlich während des warmen Winters, der unter der Wirkung des Südwinds steht, der Körper und die Adern sich nicht konsolidieren, wird das Gehirn beim Herankommen des rauhen, kalten, unter dem Einfluß des Nordwinds stehenden Frühlings zu einem Zeitpunkt, wo es zugleich mit dem Frühling sich lösen und unter Schnupfen und Heiserkeit reinigen müßte, fest und zieht sich zusammen, und dann treten, wenn plötzlich der Sommer und die Hitze und damit ein Umschwung kommt, diese Krankheiten auf. Nun merken alle Städte, die günstig zur Sonne und zu den Winden liegen und gutes Wetter haben, weniger von diesen Veränderungen; alle aber, die Wasser aus Sümpfen und stehenden Gewässern haben und nicht günstig zu den Winden und zur Sonne liegen, fühlen sie mehr.

Wenn der Sommer dann rauh wird, hören die Krankheiten schneller auf, wird er aber regnerisch, so werden sie langwierig. Dann besteht die Gefahr, daß aus dem kleinsten Anlaß Entzündungen auftreten, wenn sich jemand eine Wunde zugezogen hat. Am Ende der Krankheiten kommt flüssiger Stuhl und Wassersucht dazu; denn der Leib trocknet nicht leicht ab.

Wenn aber der Sommer regnerisch ist und unter der Einwirkung des Südwinds steht und der Herbst ebenfalls, dann ist der Herbst notwendig ungesund, und wahrscheinlich werden die schleimigen Konstitutionen und die über Vierzigjährigen von Brennfiebern befallen, die Galligen aber von Rippenfell- und Lungenentzündung.

Wenn aber der Sommer rauh ist und unter der Einwirkung des Nordwinds steht, der Herbst aber regnerisch und unter dem Einfluß des Südwinds ist, sind für den Winter Kopfschmerzen und Entzündungen im Gehirn zu erwarten und außerdem Heiserkeit, Schnupfen und Husten, für einige auch Schwindsucht.

Wenn aber der Sommer im Zeichen des Nordwinds steht und

DIE UMWELT

trocken ist und weder zur Zeit des Aufgangs des Hundssterns (Sirius) Regen fällt noch beim Aufgang des Arkturos, nützt das den schleimigen Konstitutionen am meisten, ferner denen, die von Natur feucht sind, und den Frauen. Für die galligen Konstitutionen dagegen ist diese Entwicklung besonders ungünstig. Denn sie trocknen zu sehr aus, und es befallen sie trockene Augenkrankheiten und hitzige, langwierige Fieber, manche auch Melancholie. Von der Galle wird nämlich das Feuchteste und Wässerigste eingetrocknet und verbraucht, das Dickste und Zäheste aber bleibt zurück, und mit dem Blut ist es ebenso. Davon bekommen die Menschen diese Krankheiten. Den schleimigen Konstitutionen aber ist dies alles hilfreich, denn sie trocknen ab und kommen in den Winter nicht in feuchtem, sondern in trockenem Zustand.

11

Die kritischen Daten im Jahresablauf

Wenn man nach diesen Regeln beobachtet und forscht, so wird man das meiste von dem vorauswissen, was die Übergänge von einer Jahreszeit zu andern bewirken werden. Achten muß man vor allem auf die wichtigsten Übergänge und von sich aus weder ein Purgiermittel geben, das auf den Bauch wirkt, noch brennen, noch schneiden, bevor zehn Tage oder auch mehr vorübergegangen sind. Die wichtigsten Daten, bei denen das Risiko am größten ist, sind die folgenden: beide Sonnenwenden, und zwar mehr die sommerliche, und beide sogenannten Tagundnachtgleichen, mehr aber die herbstliche. Man muß auch auf die Aufgänge der Gestirne achten, am meisten auf den des Hundssterns (Sirius), dann auf den des Arkturos und außerdem auf den Untergang der Plejaden. Denn die langwierigen Krankheiten entscheiden sich vor allem in diesen Tagen; die einen enden tödlich, die anderen hören auf, alle anderen schlagen um in eine andere Form und einen anderen Zustand. Soweit hierüber.

12

Asien und Europa. Klimatische Vorzüge Asiens.
Ihre Wirkungen auf den körperlichen und seelischen Habitus
der Asiaten

Nun will ich über Asien und Europa darlegen, wie sehr sie in allem voneinander verschieden sind; besonders will ich an der Gestalt der Völker zeigen, inwiefern sie sich unterscheiden und einander in keiner Weise gleichen. Über alle zu reden, wäre weitläufig; aber über die größten und am meisten voneinander unterschiedenen will ich sagen, wie es sich mir zu verhalten scheint.

Asien, sage ich, ist ganz und gar verschieden von Europa in der Natur von allem, sowohl dessen, was aus der Erde wächst, wie seiner Bewohner. Denn alles ist viel schöner und größer in Asien, das Land ist kultivierter, und die Sitten der Menschen sind sanfter und besser geartet. Die Ursache hiervon ist die richtige Mischung des Klimas, weil Asien nach Osten in der Mitte der Sonnenaufgänge, aber weiter entfernt von der kalten Region liegt. Wachstum und Kultiviertheit aber gibt es am allermeisten dann, wenn nichts gewalttätig vorherrscht, sondern über alles Ausgeglichenheit waltet.

Die Zustände in Asien sind aber nicht überall die gleichen, sondern es hat der Teil des Landes, der in der Mitte zwischen dem Warmen und Kalten liegt, die besten Früchte und Bäume, das mildeste Klima und das beste Wasser vom Himmel und aus der Erde. Denn weder ist er zu sehr von der Hitze verbrannt, noch wird er von Dürre und Wassermangel ausgetrocknet, noch ist er von Kälte bedrückt, noch feucht und durchnäßt von viel Regen. Natürlich wächst dort alles in reicher Fülle, mag es nun aus Samen entstanden oder mag die Erde selbst es emporsprießen lassen. Die Früchte davon genießen die Menschen, indem sie die wilden Gewächse kultivieren und für ihren Bedarf umpflanzen. Das Vieh, das dort aufwächst, gedeiht ganz besonders prächtig und kann besonders viele Junge werfen und großziehen. Die Menschen sind wohlgeraten, besonders schön an Ge-

DIE UMWELT

stalt, groß im Wuchs und sehr wenig voneinander verschieden an Aussehen und Größe. Dieses Land kommt begreiflicherweise dem Frühling sehr nahe in seiner Natur und der Mäßigung seines Klimas. Tapferkeit aber, Abhärtung, Arbeitsamkeit und Mut kann in solcher Natur nicht entstehen.

12a

Der Text hat hier eine große Lücke, die schon zur Zeit des Galen im 2. Jh. n. Chr. bestand. In dem verlorengegangenen Abschnitt muß von Ägypten und Afrika die Rede gewesen sein. Ein Teil des Schlußsatzes über die Tierwelt Afrikas ist noch erhalten

(Die Tiere an den Tränkstellen in Afrika enthalten sich bei der Begattung) weder des Gleichstämmigen noch des Fremdstämmigen, sondern sie treiben es, wie sie lustig sind. Darum entsteht dort eine vielgestaltige Tierwelt. So verhält es sich also nach meiner Meinung mit den Ägyptern und Libyern.

13
In den Randgebieten Asiens bestehen größere Verschiedenheiten im Klima, in der Bodenbeschaffenheit und den Bevölkerungstypen

Was aber die Menschen zur Rechten des Sonnenaufgangs bis hin zum Maiotischen See betrifft – das ist die Grenze zwischen Europa und Asien –, so verhält es sich folgendermaßen mit ihnen: Die Völker in dieser Gegend der Erde sind mehr voneinander unterschieden als die vorerwähnten wegen der Schwankungen im Klima und entsprechend der Natur des Landes. Es verhält sich nämlich mit der Bodenbeschaffenheit ähnlich wie mit den Menschen. Wo das Klima starken Schwankungen in dichter Folge unterworfen ist, da ist auch die Landschaft besonders wild und ungleichmäßig, und man wird dort sehr viele Berge, dichte

Wälder, Ebenen und Wiesen nebeneinander finden. Wo aber die Jahreszeiten nicht sehr voneinander verschieden sind, da ist das Land sehr ebenmäßig. So ist es auch mit den Menschen, wenn man darauf achtet. Denn manche Typen gleichen wald- und wasserreichen Bergen, andere dürren und wasserarmen Gebirgen, manche sind wie Wiesen- und Sumpfgelände und wieder andere wie eine Ebene und kahles, trockenes Land. Denn die Jahreszeiten, die die Beschaffenheit der menschlichen Gestalt verändern, sind verschieden; wenn sie aber sehr voneinander verschieden sind, dann zeigen sich auch mehr Verschiedenheiten in den Gestalten.

14
Einzelne asiatische Völker: die Makrokephalen

Die Völker, die sich wenig voneinander unterscheiden, will ich übergehen; über die aber, die nach Natur und Sitte sehr verschieden sind, will ich sagen, wie es mit ihnen ist, und zwar zuerst über die Makrokephalen. Es gibt kein anderes Volk, das ähnliche Köpfe hat wie sie. Und zwar war zunächst die Sitte die Grundursache für die Länge ihrer Köpfe; jetzt aber wirkt die Natur mit der Sitte zusammen. Da die Makrokephalen nämlich die Menschen, die einen besonders langen Kopf haben, für die vornehmsten halten, führten sie folgenden Brauch ein: Gleich wenn das Kind geboren wird, formen sie seinen Kopf, solange er noch weich ist, mit den Händen um und zwingen ihn, in die Länge zu wachsen, indem sie Bandagen und geeignete Vorrichtungen anlegen, durch die die Rundung des Kopfes beeinträchtigt wird, die Länge aber wächst. So bewirkte zunächst die Sitte, daß die Köpfe unter gewaltsamer Einwirkung diese Form annahmen; mit der Zeit aber wurde diese Eigenschaft zur Natur, so daß die Sitte nicht mehr allein ihre zwingende Wirkung ausübte. Denn der Same kommt von allen Teilen des Körpers, von den gesunden gesunder, von den kranken kranker. Wenn nun durchweg aus Kahlköpfigen Kahlköpfige entstehen, aus Blauäugigen

Blauäugige und aus Schielenden Schielende und von der übrigen Gestalt dasselbe gilt, warum sollte dann nicht auch aus einem Langköpfigen ein Langkopf entstehen? Jetzt allerdings gibt es dort die Langköpfe nicht mehr in der gleichen Weise wie früher, denn die Sitte gilt wegen des Umgangs mit andern Menschen dort nicht mehr. So viel über diese.

15
Die Phasis-Anwohner

Nun aber über die Leute am Phasis. Das Land dort ist sumpfig, warm, wasserreich und dicht bewachsen, und Regen fällt dort zu jeder Zeit des Jahres reichlich und stark. Die Menschen leben in den Sümpfen, und ihre Häuser aus Holz und Rohr sind ins Wasser gebaut. Sie gehen nur wenig zu Fuß, nämlich in der Stadt und am Hafen. Sonst fahren sie in Einbäumen hin und her, denn es gibt dort viele Kanäle. Das Wasser, das sie trinken, ist warm und stehend, es fault unter der Wirkung der Sonne und wird vom Regen gespeist. Der Phasis selbst ist der langsamste aller Flüsse und fließt mit ganz geringem Gefälle. Die Früchte, die dort wachsen, kommen alle nicht zur Reife und sind unfruchtbar wegen des Übermaßes an Wasser, wodurch der Reifungsprozeß verhindert wird. Vielfach steigt Nebel aus dem Wasser auf und lagert über dem Land. Aus diesen Ursachen haben die Leute am Phasis Gestalten, die ganz verschieden von denen der übrigen Menschen sind. An Wuchs sind sie groß, an Leibesumfang übermäßig dick, so daß man kein Gelenk und keine Ader an ihnen sehen kann. Ihre Farbe ist ziemlich gelb, als ob sie von Gelbsucht ergriffen wären, und sie haben eine tiefere Stimme als andere Menschen, da sie keine klare, sondern diesige und finstere Luft einatmen. Sie sind von Natur ziemlich unlustig, Anstrengungen auf sich zu nehmen. Das Klima zeigt keine großen Veränderungen, weder nach der Hitze noch nach der Kälte hin. Die Winde sind dort meistens feucht, bis auf einen, der bei ihnen einheimisch ist; dieser weht bisweilen kräftig, lästig und heiß, und sie nennen ihn

Kenchron. Der Nordwind kommt kaum dorthin, und wenn er weht, so ist er nur schwach und kümmerlich. Mit den Unterschieden in der Natur und der Gestalt der Völker in Asien verhält es sich, wie ich ausführte.

16
Der seelische Habitus der Asiaten: Ursachen ihrer Feigheit

Was aber die Schlaffheit und Feigheit der Asiaten betrifft und die Tatsache, daß sie unkriegerischer als die Europäer und sanfter in ihrem Charakter sind, daran ist vor allem das Klima schuld, das keine großen Schwankungen, weder zum Warmen noch zum Kalten hin, zeigt, sondern sehr gleichmäßig ist. Infolgedessen tritt keine Erschütterung des Geistes oder starke Umstellung des Körpers ein, wodurch die Menschen natürlich in ihrem Temperament erregt werden und mehr Tollkühnheit und Mut haben, als wenn sie immer unter den gleichen Verhältnissen leben. Denn der ständige Wechsel in allen äußeren Verhältnissen ist es, der den Geist des Menschen aufweckt und nicht zur Ruhe kommen läßt.

Aus diesen Ursachen scheint mir die Bevölkerung in Asien kraft- und mutlos zu sein, außerdem aber auch wegen der bei ihnen herrschenden politischen Einrichtungen. Denn der größte Teil von Asien steht unter Königsherrschaft. Wo aber die Menschen nicht über sich selbst Herr und nicht unabhängig sind, sondern beherrscht werden, da handelt es sich für sie nicht darum, sich nach Kräften in der Kriegskunst zu üben, sondern möglichst wenig kriegerisch zu erscheinen. Denn das Risiko ist nicht gleich verteilt: Die Leute müssen in den Krieg ziehen, Mühsal auf sich nehmen und für ihre Herren sterben, fern von Weib und Kind und allen, die ihnen sonst teuer sind. Und was sie Braves und Tapferes tun, davon werden ihre Herren groß und gedeihen, Gefahr und Tod aber ernten sie selbst. Außerdem liegt das Land dieser Menschen zwangsläufig brach, weil es im Krieg nicht bearbeitet wird, und so wendet sich ihr Sinn infolge ihrer politischen Einrichtungen vom Kriegerischen ab, auch wenn einer unter ihnen von Natur tapfer und mutig ist. Ein wichtiger Beweis hierfür: die Griechen oder Barbaren in Asien, die nicht unter der Alleinherrschaft stehen, sondern unabhängig sind und im eigenen Interesse Mühsal ertragen, sind am kriegerischsten von allen; denn die Gefahren nehmen sie für sich selbst auf sich, und den Preis der Tapferkeit tragen sie selbst davon und ebenso die Strafe für Feigheit.

Man wird aber auch die Asiaten voneinander verschieden finden, die einen tapferer, die anderen feiger. Daran sind dann die Unterschiede im Klima schuld, wie ich es im vorhergehenden gesagt habe. So verhält es sich mit den Leuten in Asien.

17
Europa: die Sauromaten und ihre Frauen

In Europa gibt es ein skythisches Volk, das um den Maiotis-See herum wohnt und sich von den andern Völkern unterscheidet. Sie heißen Sauromaten. Die Frauen dieses Volkes reiten, schießen mit dem Bogen und werfen mit dem Speer von den Pferden herab und kämpfen mit den Feinden, solange sie Jungfrauen sind. Sie legen ihre Jungfrauschaft aber nicht ab, bevor sie drei Feinde getötet haben, und heiraten nicht eher, als bis sie die bei ihnen gebräuchlichen Opfer gebracht haben. Die Frau aber, die sich einen Mann gewonnen hat, hört dann auch auf mit Reiten, solange nicht die Notwendigkeit eines allgemeinen Heereszuges sie ruft. Die rechte Brust haben sie nicht; denn während sie noch unmündige Kinder sind, legen ihre Mütter ein ehernes Instrument, das sie zu eben diesem Zweck glühend machen, ihnen an die rechte Brust, und sie wird versengt, so daß ihr Wachstum gehemmt wird und sie ihre ganze Kraft und Fülle in die rechte Schulter und den rechten Arm abgibt.

18
Die Skythen: Heimat und Lebensweise

Für die Gestalt der übrigen Skythen gilt dasselbe wie für die Ägypter, nämlich daß sie nur sich selbst und keinem anderen Volk gleichen, mit dem Unterschiede, daß die einen unter der Gewalt der Hitze stehen, die anderen unter dem Einfluß der Kälte. Der Landstrich, der als skythische Steppe bekannt ist, ist eine hochgelegene Ebene voller Wiesen und ziemlich gut bewässert; denn es gibt dort große Flüsse, die das Wasser aus den Ebenen ableiten.

Dort also wohnen die Skythen. Man nennt sie Nomaden, weil sie keine Häuser haben, sondern auf Wagen leben. Die kleinsten dieser Wagen haben vier Räder, die andern sechs. Sie haben Wände aus Filz und sind wie Häuser eingerichtet, manche mit einem Raum, andere mit zweien oder auch dreien. Außerdem sind sie gegen Regen und Schnee und gegen die Winde überdacht. Die Wagen werden teils von zwei, teils von drei Joch hornloser Rinder gezogen; die Rinder haben nämlich infolge der Kälte keine Hörner. Auf diesen Wagen bringen die Frauen ihr Leben zu. Die Männer aber reiten auf Pferden. Es folgen ihnen die Schafe und Ziegen, die groß sind, und die Rinder und Pferde. Sie bleiben immer so lange an derselben Stelle, wie sie dort genug Futter für ihr Vieh finden. Wenn es aber nicht mehr reicht, ziehen sie nach einem anderen Ort weiter. Sie selbst essen gekochtes Fleisch, trinken Pferdemilch und knabbern Hippake, das ist Pferdekäse. So steht es mit ihrer Lebensweise und ihren Bräuchen.

19
Das Klima des Skythenlandes und seine Wirkung auf den körperlichen Habitus der Bewohner

Nun aber will ich über das Klima in ihrem Lande sprechen und über ihre Gestalt, daß nämlich die skythische Rasse sehr von den anderen Menschen verschieden ist und nur sich selbst gleicht,

DIE UMWELT

ebenso wie die Ägypter, und daß sie sehr kinderarm ist und daß
das Land nach Größe und Zahl sehr wenig wilde Tiere hervor-
bringt. Denn es liegt ganz hoch im Norden und unmittelbar unter dem Rhipäen-Gebirge, aus dem der Nordwind bläst. Die
Sonne kommt erst ganz spät in die Nähe, wenn sie zur sommerlichen Wende kommt, und dann wärmt sie nur kurze Zeit und
nicht stark. Die Winde aber, die aus warmen Gegenden wehen,
kommen nur selten und schwach dorthin; statt dessen wehen
immer kalte Winde von Norden, von Schnee und Eis und viel
Wasser. In den Bergen setzen diese Winde niemals aus; infolgedessen sind sie unbewohnbar. In den Ebenen, in denen die Skythen wohnen, herrscht den größten Teil des Tages Nebel; daher
ist dort immer Winter, Sommer aber nur wenige Tage, und auch
diese sind nicht allzu warm. Denn die Ebenen liegen hoch und
sind kahl und von Bergen nur nach Norden zu umgeben. Dort
werden denn auch die Tiere nicht groß, sondern so, daß sie gut
unter die Erde schlüpfen können; denn der Winter und die Kahl-
heit der Erde hindert ihr Wachstum, weil es dort weder Sonnen-
wärme noch Schutz gibt. Die Schwankungen des Klimas aber
sind nicht groß und stark, sondern es ist sich ähnlich und nur wenig verschieden. Daher sind auch die Skythen einander ähnlich,
ferner auch deshalb, weil sie immer dieselbe Nahrung zu sich
nehmen und dieselbe Kleidung tragen, sowohl im Sommer wie
im Winter, weil sie die wässerige und dicke Luft einatmen, weil
sie Wasser von Schnee und Eis trinken und weil der Wille, Anstrengungen auf sich zu nehmen, ihnen fehlt. Denn es ist nicht
möglich, daß Körper und Seele gern Mühsal dulden, wo kein
starker Wechsel des Klimas herrscht. Aus diesen Gründen sind
ihre Gestalten dick, fleischig, ungegliedert, feucht und schlaff,
und ihre Leiber sind die feuchtesten von allen. Denn der Leib
kann in einem solchen Land, in einer solchen Natur und in einer
solchen klimatischen Situation nicht trocknen; vielmehr wird
das Fleisch der Menschen dort immer fett und kahl sein, und die
Gestalten gleichen einander, die Männer den Männern und die
Frauen den Frauen. Denn wenn das Klima in sich ähnlich ist, gibt

es keine Zerstörungen oder Schädigungen bei der Zusammenballung des Samens, wenn nicht eine gewaltsame Einwirkung
von außen oder eine Krankheit ihn trifft.

20

Weitere Rassenmerkmale der Skythen

Nun werde ich einen wichtigen Beweis für ihre Feuchtigkeit geben. Bei den meisten Skythen und gewiß bei allen, die Nomaden
sind, wird man finden, daß die Schultern, die Arme, die Hand-
wurzeln, die Brust und die Hüften gebrannt (tätowiert) sind,
und zwar aus keinem anderen Grunde als wegen der Feuchtigkeit und Schlaffheit ihrer Natur; denn sie können infolge ihrer
Feuchtigkeit und Schlaffheit weder den Bogen spannen noch
sich mit der Schulter in den Speer legen. Wenn sie aber tätowiert
sind, wird die Fülle der Feuchtigkeit aus den Gelenken ausgeschieden, und ihr Körper wird straffer, wohlgestalter und besser
gegliedert.

Übrigens sind sie krummbeinig und gedunsen, erstens weil
sie nicht gewickelt werden wie die Kinder in Ägypten – das ist
nämlich bei ihnen nicht Sitte mit Rücksicht auf das Reiten, damit
sie ein breites Gesäß bekommen –, ferner wegen ihrer sitzenden
Lebensweise. Denn die Knaben sitzen, solange sie nicht imstande sind zu reiten, und gehen infolge ihrer nomadischen Lebensweise nur wenig. Die Mädchen und Frauen aber sind ganz
erstaunlich krummbeinig und aufgeschwemmt. Außerdem ist
die skythische Rasse von rötlicher Hautfarbe wegen der Kälte
und aus Mangel an starker Sonnenbestrahlung. Denn von der
Kälte wird die weiße Farbe verbrannt und wird rot.

21
Kinderarmut der Skythen

Menschen von derartiger Konstitution können nicht kinderreich sein. Denn die Männer bekommen nicht viel Lust zum Geschlechtsverkehr wegen der Feuchtigkeit ihrer Natur und wegen der Schlaffheit und Kälte ihres Leibes. Das sind Voraussetzungen, unter denen der Mann am wenigsten zum Geschlechtsverkehr imstande ist. Außerdem werden sie dadurch, daß sie immer von den Pferden geschüttelt werden, schwach zum Verkehr. Das sind die Gründe bei den Männern.

Bei den Frauen aber ist die Fettigkeit und Feuchtigkeit ihres Fleisches schuld; denn die Gebärmutter kann den Samen nicht an sich ziehen. Außerdem kommt bei ihnen die monatliche Reinigung nicht, wie es nötig ist, sondern nur spärlich und gelegentlich. Der Muttermund ist von Fett verschlossen und nimmt den Samen nicht auf, und sie selbst sind träge und fett, und ihre Bäuche sind kalt und schlaff. Aus diesen Gründen ist die skythische Rasse nicht kinderreich.

Ein wichtiger Beweis (aus dem Gegenteil): die Sklavinnen sind kaum mit einem Mann zusammen gekommen, da empfangen sie auch schon, weil ihr Fleisch durch Arbeit straff und trocken ist.

22
Die Eunuchie der skythischen Männer

Außerdem gibt es bei den Skythen besonders viele Eunuchen, die Frauenarbeit verrichten und ähnlich wie Frauen sprechen. Diese Menschen werden Anarieis genannt. Die Einheimischen schreiben die Schuld an ihrem Zustand einer Gottheit zu und verehren diese Menschen und werfen sich vor ihnen nieder, da jeder für sich selbst das gleiche fürchtet. Mir für meine Person scheinen diese Leiden ebenso göttlich zu sein wie alle anderen und keins göttlicher oder menschlicher als ein anderes, sondern alle gleich und alle göttlich. Ein jedes von diesen hat Natur, und keins entsteht ohne Natur.

Nun will ich sagen, wie dieses Leiden meiner Ansicht nach entsteht. Infolge des Reitens werden sie von rheumatischen Beschwerden befallen, da sie mit ihren Beinen immer über den Pferden hängen. Dann werden sie lahm und bekommen Geschwüre an den Hüften, soweit sie ernstlich krank werden. Sie heilen sich auf folgende Weise: Wenn die Krankheit anfängt, schneiden sie hinter beiden Ohren eine Ader auf. Wenn das Blut abgeflossen ist, überfällt sie infolge ihrer Schwäche der Schlaf, und sie schlafen ein; dann wachen sie wieder auf, und manche von ihnen sind gesund, andere nicht. Mir scheint es nun, daß durch diese Heilmethode die Zeugungskraft zerstört wird; denn an den Ohren laufen Adern entlang, und wenn man sie zerschneidet, werden die, die dort geschnitten sind, unfähig zum Verkehr. Diese Adern, so scheint mir, schneiden sie auf. Und später, wenn sie zu Frauen gekommen sind und nicht mit ihnen verkehren können, kümmern sie sich zunächst nicht darum, sondern halten sich still. Wenn es ihnen aber bei zwei- oder dreimaligem oder noch öfterem Versuch nicht anders geht, so meinen sie, sie hätten der Gottheit gegenüber, der sie die Schuld beilegen, gefehlt, sprechen sich selbst die Mannheit ab und legen Weiberkleidung an, reden wie die Weiber und arbeiten mit den Frauen dasselbe wie jene.

Das erleiden unter den Skythen nicht die Schlechtesten, sondern die Edelsten und Mächtigsten infolge des Reitens, die Armen aber weniger, denn diese reiten nicht. Und doch müßte diese Krankheit, wenn sie göttlicher ist als die übrigen, nicht den edelsten und reichsten Skythen allein zustoßen, sondern allen in gleicher Weise und sogar noch mehr denen, die wenig besitzen, wenn nämlich die Götter sich wirklich darüber freuen, daß sie von den Menschen geehrt und bewundert werden, und ihnen dafür ihren Dank abstatten. Denn es ist doch natürlich, daß die Reichen den Göttern viele Opfer bringen und Weihgaben aufstellen, weil sie ja Geld haben, und sie dadurch ehren; die Armen

DIE UMWELT

aber ehren sie weniger, weil sie nichts haben, und machen ihnen
außerdem noch Vorwürfe, weil sie ihnen kein Geld geben, so
daß die wenig Besitzenden mehr Strafe für derartige Verfehlun-
gen erhalten müßten als die Reichen.

Aber wie ich schon vorhin sagte, göttlich ist dieser Vorgang in
der gleichen Weise wie alles übrige, und es geschieht alles gemäß
der Natur. Und so befällt diese Krankheit die Skythen aus einer
Ursache von der Art, wie ich sie angegeben habe, und bei den
übrigen Menschen verhält es sich ebenso. Denn wo sie am meisten und häufigsten reiten, da werden sehr viele von Gliederrei-
ßen, Hüftweh und Podagra befallen, und sie sind am wenigsten
fähig zum Geschlechtsverkehr. Diese Gründe gelten auch für die
Skythen, und sie neigen am meisten unter den Menschen zur Eu-
nuchie aus den oben erwähnten Ursachen, außerdem auch deshalb, weil sie immer Hosen tragen und die meiste Zeit zu Pferde
sind, so daß sie mit der Hand nicht das Glied berühren und infolge der Kälte und des Schüttelns das Begehren nach Geschlechtsverkehr vergessen und nicht in Erregung geraten, bis
sie ihre Mannheit verlieren. So verhält es sich also mit der Rasse
der Skythen.

23
Wirkung des Klimas auf Körperbeschaffenheit
und Charakter der Europäer

Die übrige Bevölkerung in Europa ist in sich verschieden an
Wuchs und an Gestalt wegen der Unterschiede des Klimas, weil
diese groß und häufig sind und starke Hitze und heftige Winter-
kälte, viel Regen und andererseits wieder langdauernde Dürre
und Winde auftreten. Daraus ergeben sich viele Schwankungen
der verschiedensten Art. Darauf reagiert natürlich auch die Zeugung bei der Zusammenballung des Samens, und sie ist verschieden und auch bei demselben Menschen nicht dieselbe in
Sommer und Winter und in regnerischer und dürrer Zeit.
Darum, meine ich, sind die Gestalten und der Wuchs der Euro-

päer mehr als die der Asiaten in jeder einzelnen Stadt sehr voneinander unterschieden. Denn es ergeben sich mehr Unterschiede in der Zusammenballung des Samens bei häufigen Umschlägen des Klimas, als wenn dieses in sich ähnlich und gleich ist.

Von den Sitten ist dasselbe zu sagen. Wildheit, Unzugänglichkeit, Mut und Zorn zeigt sich in derartigen Naturen. Denn häufige Erschütterungen flößen dem Geist Wildheit ein und bringen Zahmheit und Milde zum Verschwinden. Darum meine ich, daß die Bewohner Europas beherzter sind als die Asiens. Denn im immer Ähnlichen und Gleichen liegt der Grund zur Schlaffheit, im ständig sich Wandelnden aber der Widerstandswille für Körper und Seele. Aus Ruhe und Schlaffheit wächst die Feigheit, aus der Bereitschaft zu Mühsal und Arbeit aber die Tapferkeit.

Darum sind die Bewohner Europas kriegerischer, außerdem aber auch wegen ihrer politischen Einrichtungen, weil sie nicht unter Königsherrschaft stehen wie die Asiaten. Denn wo die Menschen unter Königsherrschaft stehen, sind sie notwendig sehr feige – ich habe ja auch vorher schon davon gesprochen –; die Seelen sind nämlich versklavt und nicht bereit, freiwillig und ohne lange Überlegung Gefahren für eine fremde Herrschaft zu bestehen. Die aber, die sich selbst regieren, sind, da sie für sich selbst und nicht für andere die Gefahren auf sich nehmen, gern dazu bereit und begeben sich in Gefahr. Denn den Preis des Sieges tragen sie selbst davon. So fördern die politischen Einrichtungen nicht zum wenigsten den Mut. So verhält es sich im großen und ganzen mit Europa und Asien.

24
Verschiedene Volkstypen in Europa

Man findet aber auch in Europa stammliche Verschiedenheiten nach Größe, Gestalt und Tapferkeit. Die Unterschiede liegen auf derselben Linie, wie es schon bei früherer Gelegenheit ausgeführt wurde. Ich will es aber noch deutlicher sagen.

DIE UMWELT

Bei denen, die ein gebirgiges, rauhes, hochgelegenes und gut bewässertes Land bewohnen und wo große Unterschiede im Wechsel der Jahreszeiten bestehen, sind die Gestalten natürlich groß und zum Bestehen von Mühsal und Gefahr gut veranlagt, und Wildheit und Roheit sind solchen Naturen nicht zum wenigsten eigen. Die aber, die ein tiefgelegenes, stickiges Wiesenland bewohnen, das mehr an den warmen als an den kalten Winden teilhat, und warmes Wasser trinken, werden nicht groß und nach dem Richtmaß gebaut sein, sondern sie gehen in die Breite und sind fleischig und schwarzhaarig, und ihre Hautfarbe ist mehr dunkel als hell, und sie haben weniger Schleim als Galle in sich. Tapferkeit und Widerstandskraft wird in ihrer Seele von Natur weniger vorhanden sein, sie kann aber durch die Einwirkung politischer Zustände hervorgerufen werden. Wenn Flüsse in dem Lande sind, die das stehende und das Regenwasser ableiten, so werden diese Menschen gesund sein und ein klares Aussehen haben. Wenn freilich keine Flüsse im Lande sind und sie stehendes Wasser aus Seen und Sümpfen trinken, so werden sie ihrem Typus nach mehr dickbäuchig sein und Milzschwellung zeigen. Andererseits werden die Gestalten derer, die ein hochgelegenes, ebenes, von Winden durchwehtes und von Gewässern durchzogenes Land bewohnen, groß und einander ähnlich sein, ihr Sinn aber wird eher unmännlich und zahm sein. Die Gestalten derer aber, die ein mageres, wasserarmes, kahles Land mit unausgewogenem Klima bewohnen, sind natürlich mager und straff; sie sind mehr blond als schwarz, und ihr Charakter und ihr Temperament ist selbstbewußt und eigenwillig. Denn wo Schwankungen des Klimas sehr häufig sind und dieses in sich selbst sehr verschieden ist, wird man auch den körperlichen Typus, den Charakter und die Konstitution am meisten voneinander verschieden finden.

Das sind die wichtigsten natürlichen Unterschiede; dazu kommen das Land, in dem man aufwächst, und die Gewässer. Denn man wird meistens finden, daß der Natur des Landes die Gestalt der Menschen und ihr Charakter entsprechen. Wo näm-

lich die Erdoberfläche fett, weich und gut bewässert ist, wo die
Gewässer sehr an der Oberfläche liegen, so daß sie im Sommer
warm und im Winter kalt sind, und wo das Land eine gute kli-
matische Lage hat, da sind auch die Menschen fleischig, schlecht
artikuliert, feucht, nicht widerstandsfähig und in ihrer Seele meistens feige. Denn Schlaffheit und Schläfrigkeit ist in ihnen, und
ihr Sinn für die Künste ist stumpf, nicht fein und scharf. Wo das
Land aber kahl, wasserarm und rauh ist und vom Winter heimgesucht und von der Sonne ausgedörrt wird, da wird man finden, daß die Menschen hager, dürr, gut gegliedert, straff und
stark behaart sind, daß Arbeitsamkeit und Wachheit sich in hohem Grade bei derartigen Konstitutionen finden und daß ihr
Charakter und ihr Temperament selbstbewußt und eigenwillig
ist, daß sie an Wildheit mehr als an Sanftmut teilhaben und daß
sie für die Künste scharfsinniger und verständiger und für den
Krieg besser geeignet sind und daß auch alles andere, was im
Lande wächst, dem Land entspricht.

Das sind die am stärksten entgegengesetzten Typen von Konstitution und Gestalt. Von ihnen ausgehend muß man seine
Schlüsse und Erwägungen auf das übrige ausdehen. Dann wird
man keinen Fehler machen.

HERODOT
HISTORIEN BUCH II

ca. 484-430 v. Chr.

KAPITEL 35-99, 124-142

In diesem Buch behandelt Herodot Geschichte und Geographie Ägyptens sowie Religion und Lebensweise seiner Bewohner von den Anfängen bis zur Regentschaft des Kambyses (ca. 602-559).

Jetzt gehe ich daran, noch ausführlicher von Ägypten zu erzählen, weil es mehr Merkwürdigkeiten enthält als jedes andere Land und unter allen Ländern Bauten bietet, die man kaum beschreiben kann. Deswegen soll mehr darüber gesagt werden. Wie die Ägypter einen Himmel haben, der besonders ist, und einen Fluß, der eine andere Art hat als die übrigen Flüsse, so haben sie sich auch in fast allen Stücken Gewohnheiten und Sitten zugelegt, die denen anderer Menschen grad entgegengesetzt sind. So gehen bei ihnen die Frauen auf den Markt und handeln, die Männer aber sitzen zuhaus und weben. Und beim Weben schlagen die andern den Einschlag nach oben, die Ägypter nach unten. Lasten tragen die Männer auf den Köpfen, die Frauen auf den Schultern. Die Frauen lassen Wasser im Stehen und die Männer im Hocken. Ihre Notdurft verrichten sie in den Häusern, essen aber tun sie draußen auf den Straßen und sagen dazu, was unanständig, aber notwendig ist, solle man im Verborgenen tun, was aber nicht unanständig ist, vor aller Augen. Keine Frau versieht Priesterdienst, weder bei einem Gott noch einer Göttin, sondern nur Männer, bei allen Göttern und Göttinnen. Die Söhne brauchen ihre Eltern nicht zu ernähren, wenn sie keine

Lust haben, aber die Töchter müssen es, auch wenn sie keine Lust haben. Die Priester tragen anderswo das Haar lang, in Ägypten schneiden sie es kurz. Andere Menschen haben den Brauch, daß bei Trauer die Nächsten ihr Haupt scheren, die Ägypter lassen bei Sterbefällen ihre Haare wachsen, auf dem Kopf und am Kinn, zu andern Zeiten aber rasieren sie sich. Andere Menschen leben getrennt von ihrem Vieh, die Ägypter leben mit dem Vieh zusammen. Von Weizen und Gerste leben andere, nährt sich aber ein Ägypter davon, so bringt ihm das größten Tadel ein, vielmehr aus Emmer bereiten sie sich Brot und Fladen – einige nennen ihn auch Spelt. Sie kneten den Teig mit den Füßen und den Lehm mit den Händen, und auch Mist sammeln sie mit der Hand. Die Schamglieder lassen andere, wie sie sind, außer denen, die es von ihnen angenommen haben, die Ägypter beschneiden sie. Kleider trägt der Mann zwei, die Frau nur eins. Ringe und Taue der Segel belegen andere Menschen außen am Bord, die Ägypter innen im Schiff. Buchstaben schreiben und mit Steinchen rechnen die Hellenen, indem sie die Hand von links nach rechts führen, die Ägypter von rechts nach links. Das tun sie und sagen doch, sie täten es rechtsläufig und die Hellenen linksläufig. Sie haben aber zwei Arten von Schrift in Gebrauch, und die eine heißt die heilige, die andere die volkstümliche.

Gottesfürchtig sind sie über die Maßen, mehr als alle anderen Menschen, und dabei haben sie folgende Bräuche. Sie trinken aus ehernen Bechern und scheuern sie Tag für Tag aus, und nicht etwa nur der eine, der andere nicht, sondern einer wie der andere. Die Linnenkleider, die sie tragen, sind immer neugewaschen, darauf sehen sie besonders. Das Glied beschneiden sie der Reinlichkeit wegen und wollen lieber reinlich sein als gut aussehen.

Die Priester rasieren sich am ganzen Körper, jeden dritten Tag, daß keine Laus noch sonst ein Ungeziefer sich bei ihnen findet, wenn sie den Göttern dienen. Kleider tragen die Priester nur aus Leinen und Schuhe aus Papyros, andere Kleidung dürfen sie

HISTORIEN BUCH II

nicht anlegen, und keine anderen Schuhe. Sie waschen sich zweimal am Tag mit kaltem Wasser, und zweimal des Nachts. Und
noch andere kultische Verrichtungen führen sie aus, zu Tausenden kann man sagen. Dafür erfreuen sie sich auch nicht geringer
Vorteile. Denn ihren Besitz brauchen sie nicht anzugreifen und
geben nichts davon aus, sondern sie haben die heiligen Brote, die
man für sie bäckt, und Rind- und Gänsefleisch hat jeder in großer
Fülle, Tag für Tag, und man gibt ihnen auch Wein von Trauben;
Fisch essen ist ihnen aber nicht gestattet. Bohnen säen die Ägypter überhaupt nicht in ihrem Land, und sollten doch welche
wachsen, knabbern sie sie weder roh, noch genießt man sie gekocht. Die Priester aber verabscheuen sogar ihren Anblick, weil
sie glauben, sie seien keine reine Hülsenfrucht. Es hat aber jeder
Gott nicht bloß einen Priester, sondern viele, und einer von denen ist der Oberpriester. Stirbt einer, so tritt sein Sohn an seine
Stelle.

Die Stiere halten sie für das Eigentum des Epaphos und prüfen
sie deswegen so: Wenn der Beschauer ein einziges schwarzes
Haar entdeckt, meint er, das Tier sei nicht rein. Es untersucht
dies ein dazu bestellter Priester, wobei das Opfertier steht und
auch auf den Rücken gelegt wird, und er zieht auch die Zunge
heraus, ob sie frei ist von den festgelegten Zeichen, von denen
ich in anderem Zusammenhang sprechen werde. Und er be-
schaut sich auch die Haare des Schwanzes, ob sie nach ihrer natürlichen Weise gewachsen sind. Ist der Stier aber in allem diesem fehlerlos, dann zeichnet er ihn mit Papyrus, den er um die
Hörner wickelt, und dann streicht er Siegelton darüber und
drückt seinen Siegelring darauf; und so führen sie ihn ab. Und
auf das Opfern eines ungezeichneten Tieres steht die Todes-
strafe. Auf die Art wird also das Opfertier geprüft, das Opfer
aber wird so vollzogen. Sie führen das gezeichnete Tier zum Altar, an dem sie gerade opfern, und zünden ein Feuer an, und bei
ihm sprengen sie dann Wein auf das Opfertier, rufen den Gott an
und schlachten es, und haben sie's geschlachtet, schneiden sie
den Kopf ab. Den Leib des Tieres häuten sie, über den Kopf aber

sprechen sie allerlei Verwünschungen und bringen ihn, gibt's einen Markt bei ihnen und sind hellenische Händler dort ansässig, dann bringen sie ihn auf den Markt und schlagen ihn los, die aber keine Hellenen bei sich haben, die werfen ihn in den Fluß. Und bei dem Verwünschen sprechen sie folgendes zum Kopf: Soll ihnen, die da opfern, oder aber ganz Ägypten ein Unglück widerfahren, das soll über diesen Kopf kommen. Mit den Köpfen der geopferten Tiere nun und mit der Weinspende verfahren alle Ägypter nach demselben Brauch und gleich bei allen Opfern, und infolge dieses Brauches wird auch vom Kopf eines anderen Lebewesens kein Ägypter etwas essen.

Das Ausweiden der Opfer aber und das Verbrennen ist bei den einzelnen Opfern verschieden. Die sie nun für die größte Gottheit halten und der sie das größte Fest begehen, bei der will ich's sagen. Erst ziehen sie das Rind ab, dann sprechen sie Gebete und nehmen die ganze Bauchhöhle aus, doch die edlen Innereien lassen sie im Leib und auch das Fett, und trennen die Schenkel ab und das Steißbein mit den Lenden und die Schulterstücke und den Nacken. Sind sie damit fertig, füllen sie den restlichen Leib des Rindes mit reinen Broten und Honig und Rosinen und Feigen und Weihrauch und Myrrhe und sonstigem Räucherwerk, und haben sie es damit gefüllt, verbrennen sie es und gießen reichlich Öl darüber. Vor dem Opfer fasten sie, und während das Opfer brennt, schlagen sich alle mit Wehklagen. Und haben sie sich genug geschlagen, dann tischen sie sich ein Mahl auf von dem, was sie vom Opfer übriggelassen haben.

Reine Stiere nun und Kälber schlachten alle Ägypter als Opfer, Kühe aber dürfen sie nicht schlachten, sondern sie sind der Isis heilig. So ist auch das Bild der Isis das eines Weibes, aber mit Rinderhörnern, ganz wie die Hellenen die Io malen, und die weiblichen Rinder verehren alle Ägypter in gleicher Weise, weit mehr als all das andere Vieh. Deswegen wird auch kein ägyptischer Mann und keine Frau einen Hellenen auf den Mund küssen, und er wird auch kein Messer eines Hellenen gebrauchen noch Bratspieß noch Kessel, und wird auch nicht vom Fleisch eines reinen Stieres kosten, das mit einem hellenischen Messer zerlegt ist. Verendet ein Rind, bestatten sie's auf folgende Weise: Die weiblichen werfen sie in den Fluß, die männlichen aber begraben sie jeweils vor ihren Städten, und so, daß ein Horn oder auch beide hervorragen, zum Wahrzeichen. Und ist es verwest und die festgelegte Zeit da, kommt in jede Stadt ein Kahn von der Insel Prosopitis. Die liegt im Delta, und ihr Umfang beträgt neun Schoinen. Auf dieser Insel Prosopitis nun liegen viele andere Städte, aus der aber die Kähne kommen, um die Knochen der Stiere aufzunehmen, die heißt Atarbechis, und in ihr steht ein ehrwürdiges Heiligtum Aphrodites: Aus dieser Stadt ziehen viele Leute umher, die einen zu der Stadt, die andern zu jener, die graben die Gebeine aus, nehmen sie mit sich und bestatten sie miteinander an einer Stelle. Und ebenso wie die Rinder bestatten sie auch die anderen Tiere, die verenden. Denn auch bei denen haben sie einen solchen Brauch. Töten nämlich tun sie auch die nicht.

Alle nun, die bei sich ein Heiligtum des Zeus von Theben haben oder zum Gau von Theben gehören, die enthalten sich alle der Schafe und opfern Ziegen. Nämlich nicht alle Ägypter verehren ja dieselben Götter und in gleicher Weise, ausgenommen Isis und Osiris, der, wie sie sagen, niemand anders ist als Dionysos; diese beiden verehren alle in gleicher Weise. Die Leute aber, die ein Heiligtum des Mendes besitzen oder zum Mendesischen Gau gehören, die enthalten sich der Ziegen und opfern Schafe. Die Leute von Theben nun und die andern, die ihretwegen sich der Schafe enthalten, erzählen, dieser Brauch sei bei ihnen eingeführt aus folgendem Anlaß: Herakles habe durchaus gewünscht, Zeus zu sehen, und der wünschte nicht, sich von ihm sehen zu lassen, schließlich aber, als Herakles hartnäckig blieb, habe Zeus zu folgendem Ausweg gegriffen: Er zog einen Widder ab und hielt sich den Kopf vor, den er abgeschnitten hatte, und tat sich das Vlies um, und so zeigte er sich ihm. Daher geben die Ägypter dem Bild des Zeus einen Widderkopf, und von den Ägyptern haben es die Ammonier, die Kolonisten sind von den Ägyptern sowie den Aithiopen und eine Sprache sprechen, die zwischen diesen beiden liegt. Ich meine aber, die Ammonier haben auch ihren Namen daher genommen, denn Zeus nennen die Ägypter Amun. Widder also opfern die Thebaier nicht, sondern halten sie heilig, und das aus dem genannten Grund. An einem Tag des Jahres aber, am Fest des Zeus, töten sie einen Widder, einen einzigen, ziehen ihm das Fell ab und bekleiden damit das Bild des Zeus wie berichtet, und dann bringen sie ein anderes Bildnis, das des Herakles, an dieses heran. Ist das geschehen, schlagen alle, die im Tempel sind, um den Widder klagend Haupt und Brust, und dann bestatten sie ihn in einer geweihten Lade.

Von Herakles hab ich sie sagen hören, er sei einer der zwölf Götter (Chons). Von dem andern Herakles aber, den die Griechen kennen, konnte ich nirgends in Ägypten etwas hören. Und daß jedenfalls die Ägypter seinen Namen (und seine Person) nicht von den Hellenen übernommen haben, sondern vielmehr die Hellenen von den Ägyptern, und zwar die unter den Hellenen, die Amphitryons Sproß den Namen Herakles gaben, daß dem so ist, dafür hab ich viele Belege, unter anderen besonders den, daß bei diesem Herakles die beiden Eltern Amphitryon und Alkmene ursprünglich aus Ägypten kamen, und dann, daß die Ägypter behaupten, sie kennten weder den Namen (und die Person) Poseidons noch den der Dioskuren, und weil diese Götter auch nicht unter ihre anderen Götter aufgenommen sind. Nun müßten sie doch, wenn sie überhaupt den Namen einer höheren Macht von den Hellenen angenommen hätten, gerade an diese nicht nur eine schwache, sondern eine sehr deutliche Erinnerung haben, wenn sie jedenfalls damals schon zur See fuhren und es auch einige hellenische Seefahrer gab, wie ich es erwarte und wofür mein Urteil sich entscheidet. Also kann man schließen, daß den Ägyptern deren Namen eher bekannt sein mußten als der des Herakles. Nein, Herakles ist als Gott uralt bei den Ägyptern. Und wie sie selber sagen, sind es siebzehntausend Jahre bis zur Regierung des Amasis, von der Zeit, als aus den acht Göttern die zwölf hervorgingen, unter die sie Herakles zählen.

Und weil ich hierüber gern etwas Genaues wissen wollte, von wem es nur möglich war, so bin ich auch nach Tyros in Phönizien gefahren, da ich hörte, dort gebe es ein angesehenes Heiligtum des Herakles. Und ich hab es gesehen und fand es reich ausgeschmückt mit vielen Weihgeschenken, und darunter, in seinem Inneren, gab es zwei Säulen, die eine von reinem Gold, die andere von durchscheinendem Stein, die leuchtete des Nachts ganz hell. Als ich nun mit den Priestern des Gottes ins Gespräch kam, stellte ich die Frage, wie lange die Errichtung ihres Heiligtums zurückliegt. Und ich fand, daß auch sie nicht mit den Hellenen übereinstimmten, denn sie behaupteten, gleich bei der Gründung von Tyros sei auch das Heiligtum des Gottes erbaut worden und Tyros stehe nun schon zweitausend und dreihundert Jahre. Und ich sah in Tyros noch ein anderes Heiligtum des Herakles, der den Beinamen »der aus Thasos« trägt. Ich bin auch nach Thasos gekommen und hab dort einen Tempel des Herakles vorgefunden, errichtet von den Phöniziern, die auf der Suche nach der Europa ausgefahren sind und die Stadt Thasos gegründet haben. Und das war fünf Menschenalter, bevor der Amphitryonsohn Herakles in Hellas geboren ist. All diese Ergebnisse der Nachforschungen zeigen deutlich, daß Herakles ein alter Gott ist. Und bei den Hellenen scheinen mir die am richtigsten zu verfahren, die zwei Heraklesheiligtümer errichtet haben und besitzen, und dem einen Herakles bringen sie Opfer dar, als einem Unsterblichen, der hat den Beinamen Olympier, dem andern aber Totenspenden, als einem Heros.

Es erzählen aber die Hellenen auch sonst noch allerlei ohne Nachprüfung. Einfältig ist auch diese Geschichte, die sie von Herakles erzählen. Er sei nach Ägypten gekommen und die Ägypter hätten ihn bekränzt und im Festzug hingeführt, um ihn dem Zeus zu opfern. Bis dahin habe er sich ruhig verhalten, als sie aber am Altar sich an ihm zu schaffen machten, um ihn zu weihen, habe er sich zur Wehr gesetzt und sie alle erschlagen. Mir machen Hellenen, die solches erzählen, den Eindruck, daß sie überhaupt keine Ahnung haben von Art und Bräuchen der

Ägypter. Denn die nach heiligem Brauch kein Tier opfern außer Schafen und Stieren und Kälbern, und auch die nur, wenn sie rein sind, und Gänsen – wie werden die wohl Menschen opfern? Und dann, Herakles war doch allein und noch ein Mensch, wie sie doch sagen; woher hatte er die Kraft, viele Tausende zu erschlagen? Uns aber, die wir darüber schon viel zu viel gesprochen haben, mögen gnädig bleiben Götter wie Heroen.

Daß nun die vorgenannten Ägypter keine Ziegen und Böcke opfern, hat folgenden Grund. Den Pan rechnen die Mendesier unter die acht Götter, und die, behaupten sie, sind eher gewesen als die zwölf. Nun malen und formen ihre Maler und Bildhauer das Bild des Pan wie die Hellenen, mit Ziegenkopf und Bocksbeinen, sie glauben aber keineswegs, so sehe er aus, sondern ähnlich wie die übrigen Götter. Warum sie ihn aber so malen, das möchte ich lieber nicht sagen. Es verehren die Mendesier aber alle Ziegen, die Böcke noch mehr als die Geißen, und die Bockshirten haben größeres Ansehn; unter den Böcken aber vor allem einen, und stirbt der, wird eine große Trauer für den ganzen Mendesischen Gau festgesetzt. Es heißt aber sowohl der Bock wie Pan auf ägyptisch »Mendes«. Und zu meiner Zeit ist in diesem Gau dies Zeichen geschehen: Der heilige Bock besprang vor aller Augen ein Weib, und alle Welt bekam's zu wissen.

Das Schwein halten die Ägypter für ein unreines Tier. Und so gilt erstens: hat einer im Vorbeigehn ein Schwein berührt, so steigt er in den Fluß und taucht mit seinen Kleidern unter, und zweitens: es haben die Schweinehirten, obwohl sie eingeborene Ägypter sind, zu keinem Heiligtum in Ägypten Zutritt, sie allein von allen, und keiner mag ihnen seine Tochter geben noch sich eine von ihnen holen, sondern die Schweinehirten geben und nehmen ihre Frauen untereinander. Andern Göttern nun Schweine zu opfern, halten die Ägypter nicht für gestattet, wohl aber opfern sie Selene und Dionysos Schweine, denen allein und zur gleichen Zeit, am Vollmond, und dann essen sie Schweinefleisch. Weshalb sie aber die Schweine bei den übrigen Festen verabscheuen, bei diesem aber opfern, darüber erzählen die

Ägypter eine Geschichte, die kenne ich, doch ist es anständiger, ich erzähle sie nicht. So aber geht das Schweineopfer für Selene vor sich: Hat man das Tier geschlachtet, legt man die Schwanzspitze und die Milz und das Bauchfell zusammen und schlägt das dann mit dem gesamten Speck ein, der am Bauch sitzt, und darauf verbrennt man das im Feuer. Das übrige verzehren sie beim Vollmond, an dem sie die Opfer schlachten, an einem andern Tag aber würde keiner davon kosten. Die Armen in ihrer Bedürftigkeit kneten Schweine aus Teig und backen und opfern die.

Dem Dionysos schlachtet ein jeder am Vorabend des Festes ein Ferkel vor der Tür und schenkt dies Ferkel demselben Schweinehirten, der es geliefert hat, zum Mitnehmen. Sonst aber feiern die Ägypter das Dionysosfest fast genau so wie die Hellenen, nur ohne Chöre. Statt der Phallen aber haben sie sich was anderes ausgedacht, Figuren etwa eine Elle groß, mit einer Schnur, daran zu ziehen, und die tragen die Frauen in den Dörfern umher, und das Glied hebt und senkt sich, und es ist nur ein wenig kürzer als die ganze Gestalt. Voran zieht die Flöte, und die Frauen folgen hinterdrein und besingen Dionysos. Warum der aber ein so großes Glied hat und nur das sich am Körper bewegt, darüber erzählt man eine heilige Geschichte.

Ich bin nun zu der Ansicht gekommen, daß dem Melampus, dem Sohn Amythaons, diese Feier nicht unbekannt war, sondern wohl vertraut. Wer nämlich bei den Hellenen Dionysos' Namen und Opferfest und seine Phallos-Prozession mit den einzelnen Riten eingeführt hat, das war gewiß Melampus; allerdings hat er die Kultgeschichte nicht ganz genau verstanden und dargestellt, sondern kluge Leute, die nach ihm kamen, haben sie in weiterem Umfang dargestellt. Doch den Phallos, der Dionysos zu Ehren im Festzug herumgeführt wird, den hat schon Melampus als Ritus eingeführt, und von ihm haben die Hellenen gelernt zu tun, was sie tun. Und ich behaupte nun, Melampus ist ein gelehrter Mann gewesen und hat sich seine eigene Seherlehre zurechtgelegt, und was er von Ägypten hörte, das lehrte er die

Hellenen, sonst allerlei und so auch die Dionysosdinge, und
nur hier und da hat er etwas abgeändert. Denn ich kann nicht zugeben, daß der Kult des Gottes in Ägypten und der bei den Hellenen ganz zufällig so ähnlich sind; dann wäre er doch wohl
gleichartig mit andern hellenischen Riten und wäre auch früher
eingeführt, als er es ist. Und auch das kann ich nicht zugeben,
daß die Ägypter von den Hellenen einen Brauch übernommen
haben, diesen nicht und auch sonst keinen. Ich meine vielmehr,
Melampus hat von der Dionysosverehrung vor allem von Kadmos, dem Mann aus Tyros, gehört und von seiner Begleitung,
die aus Phönizien in das Land kamen, das jetzt Boiotien heißt.

Ja fast von allen Göttern sind die Namen und Gestalten aus
Ägypten nach Hellas gekommen. Denn daß sie von Nichthelle-
nen herkommen, ist Tatsache, wie ich bei meinen Nachforschungen herausgefunden habe. Ich meine nun, hauptsächlich
sind sie von Ägypten gekommen. Denn sieht man ab von Poseidon und den Dioskuren, von denen ich schon vorher gesprochen
habe, und von Hera, Hestia, Themis, den Chariten und Nereï-
den, die Namen der übrigen Götter sind schon immer bei den
Ägyptern in ihrem Land heimisch gewesen. Ich sage nur, was die
Ägypter selber sagen. Die Götter aber, deren Namen sie nicht
kennen, wie sie sagen, die haben, glaub ich, von den Pelasgern
Namen erhalten, nur Poseidon nicht. Diesen Gott haben die Hellenen von den Libyern kennengelernt. Denn kein Volk hat seit
ältesten Zeiten den Namen des Poseidon besessen außer den Libyern, und sie verehren diesen Gott von jeher. Und auch Verehrung der Heroen ist bei den Ägyptern gar nicht üblich.

Nun, diese Namen also und noch anderes dazu, das ich noch
nennen werde, haben die Hellenen von den Ägyptern angenommen. Daß sie aber die Hermessäulen mit aufrechtem Glied bilden, das haben sie nicht von den Ägyptern gelernt, sondern von
den Pelasgern, und unter den Hellenen haben das zuerst die
Athener übernommen, von denen dann die andern. Nämlich zu
der Zeit, als die Athener schon auf die Hellenen hinauskamen,
siedelten sich bei ihnen im Land Pelasger an, und so begannen

HISTORIEN BUCH II

auch sie für Hellenen zu gelten. Und wer in den Dienst der Kabiren eingeweiht ist, wie ihn die Samothraker begehen, die ihn von den Pelasgern übernommen haben, der weiß schon, warum ich das sage. Es steht nämlich so: Samothrake bewohnten früher eben die Pelasger, die sich auch bei den Athenern ansiedelten, und von denen haben die Samothraker den Mysterienkult übernommen. Die Hermen mit aufrechtem Glied haben also unter den Hellenen zuerst die Athener von den Pelasgern gelernt und sie so gebildet. Und die Pelasger erzählten eine heilige Geschichte darüber, die wird in den Mysterienbegehungen auf Samothrake offenbart.

In früherer Zeit brachten die Pelasger durchaus Opfer dar und beteten dabei zu Göttern, wie ich weiß, da ich's in Dodona hörte, gaben aber keinem von ihnen einen Beinamen noch auch einen Namen, denn davon hatten sie noch nichts vernommen. Götter, das heißt Bringer, nannten sie sie etwa danach, daß sie Ordnung in alles brachten und so auch alles Verteilen bei ihnen liegt. Später, als viel Zeit vergangen war, hörten sie von den einzelnen Götternamen, die aus Ägypten kamen, und zwar von denen der übrigen Götter, von Dionysos aber hörten sie erst viel später. Und nach einer Zeit befragten sie wegen der Götternamen das Orakel in Dodona; nämlich diese Weissagungsstätte gilt für das älteste Orakel unter den hellenischen, und zu der Zeit war es das einzige. Als die Pelasger nun in Dodona anfragten, ob sie die Namen, die von den Ausländern kamen, aufnehmen sollten, gab das Orakel den Bescheid, sie sollten sie in Gebrauch nehmen. Und seit der Zeit gebrauchten sie die Namen der Götter bei den Opfern. Und von den Pelasgern nahmen es die Hellenen an, später erst.

Woher ein jeder der Götter aber seinen Ursprung hat, ob sie alle schon immer waren und wie ihre Gestalten sind, das wußten sie nicht, bis eben und gestern erst sozusagen. Denn Hesiod und Homer haben, wie ich meine, etwa vierhundert Jahre vor mir gelebt und nicht mehr. Und sie sind es, die den Hellenen Entstehung und Stammbaum der Götter geschaffen und den Göttern

die Beinamen gegeben und ihre Ämter und Fertigkeiten gesondert und ihre Gestalten deutlich gemacht haben. Die Dichter
aber, von denen man sagt, sie hätten vor diesen gelebt, haben, so
meine ich jedenfalls, später gelebt. Und hiervon sagen das erste
die Priesterinnen in Dodona, das zweite aber, von Hesiod und
Homer, das sage ich.

Über die beiden Orakel, das in Hellas und das in Libyen, erzählen die Ägypter folgende Geschichte. Die Priester des Zeus in
Theben sagten, zwei Frauen, beides Priesterinnen, seien aus Theben entführt worden von Phöniziern, und sie hätten erfahren,
daß die eine nach Libyen verkauft worden sei, die andere nach
Hellas. Und diese Frauen seien es, die zuerst die Orakel gestiftet
hätten bei den genannten Völkern. Und als ich fragte, woher sie
das so genau wüßten, meinten sie dazu, bei ihnen sei eine große
Suche nach diesen Frauen eingeleitet worden, und sie seien nicht
in der Lage gewesen, sie aufzufinden, später aber hätten sie das
gehört, was sie eben erzählt hätten. Das hab ich also von den
Priestern in Theben gehört, folgendes aber sagen die Prophetin-
nen in Dodona: Zwei schwarze Tauben seien aufgeflogen im
ägyptischen Theben, und die eine sei nach Libyen gekommen,
die andere aber zu ihnen. Und die habe sich auf eine Eiche gesetzt
und mit Menschenstimme gesagt, hier müsse ein Orakel des
Zeus entstehen, und sie hätten verstanden, daß dieser Auftrag an
sie von Gott komme, und hätten danach gehandelt. Die Taube
aber, die nach Libyen flog, habe den Libyern anbefohlen, sagen
sie, ein Orakel des Ammon einzurichten. Auch das gehört ja
Zeus. Das war's, was die Priesterinnen in Dodona gesagt haben –
die älteste hieß Promeneia, die nächste Timarete und die jüngste
Nikandre –, und die andern Leute von Dodona, die um das Heiligtum wohnen, pflichteten dem bei. Meine Meinung darüber
aber ist die: Wenn diese Phönizier wirklich die heiligen Frauen
entführt und die eine nach Libyen und die andere nach Hellas
verkauft haben, dann wird die Frau in dem jetzigen Hellas, das
früher aber einmal, das gleiche Land, Pelasgien hieß, zu den
Thesproten verkauft worden sein, schätze ich. Dann, als sie dort

HISTORIEN BUCH II 401

als Magd diente, hat sie unter einer Eiche, die dort wuchs, ein Heiligtum des Zeus begründet, wie es nahelag, da sie in Theben schon ein Heiligtum des Zeus zu warten hatte, und so hielt sie das Gedächtnis an ihn fest auch dort, wo sie hingekommen war. Darauf hat sie es als eine Stätte der Weissagung eingerichtet, nachdem sie die hellenische Sprache gelernt; und sie hat gesagt, ihre Schwester sei in Libyen verkauft worden, von denselben Phöniziern, von denen auch sie verkauft wurde. Tauben aber sind die Frauen, vermute ich, von den Dodonern genannt worden, weil sie doch fremdsprachig waren und bei ihnen den Eindruck erweckten, daß sie wie Vögel zwitscherten. Nach einiger Zeit aber hat »die Taube« mit Menschenstimme gesprochen, das meint ihre Erzählung, nämlich als die Frau ihnen verständlich sprach; solange sie aber in fremder Zunge redete, klang es ihnen wie eine Vogelstimme. Denn wie sollte wohl eine richtige Taube mit Menschenstimme reden? Daß sie aber sagen, die Taube sei schwarz gewesen, damit deuten sie an, daß die Frau aus Ägypten war. Das Weissagen im ägyptischen Theben und in Dodona ist einander wirklich recht ähnlich. Auch die Kunst, aus Opfern zu weissagen, ist aus Ägypten gekommen.

Festversammlungen und Prozessionen und Festzüge mit Darbringungen haben in aller Welt zuerst die Ägypter veranstaltet, und von diesen haben es die Hellenen gelernt. Beleg dafür ist mir, daß jene, wie man sehen kann, sie schon seit alter Zeit veranstalten, die Hellenen aber haben sie erst kürzlich eingerichtet.

Und die Ägypter machen Festversammlungen nicht nur einmal im Jahr, sondern oft, hier und da, vor allem und am liebsten in der Stadt Bubastis für Artemis, zweitens in der Stadt Busiris für Isis; denn in dieser Stadt ist ja auch das größte Heiligtum der Isis, und es liegt diese Stadt Ägyptens mitten im Delta, Isis aber ist hellenisch gesprochen Demeter. Drittens feiern sie in der Stadt Saïs durch Versammlungen Athene, viertens Helios in Heliupolis, fünftens in Buto Leto, sechstens in Papremis Ares. Wenn sie nun zum Fest nach Bubastis ziehen, tun sie folgen-

des: Männer und Frauen fahren zusammen, und auf jedem Kahn
eine Menge von beiden. Einige der Frauen haben Klappern bei
sich, und damit klappern sie, die Männer aber blasen Flöte, die
ganze Fahrt über, die restlichen Frauen und Männer aber singen
und klatschen mit den Händen. Und wenn sie auf ihrer Fahrt zu
einer anderen Stadt kommen, legen sie mit dem Boot am Ufer an
und tun folgendes: Einige Frauen tun, wie ich schon sagte, andere aber höhnen und necken mit lauten Rufen die Frauen in dieser Stadt, andere führen einen Tanz auf, andere stehen auf und
heben ihre Kleider hoch. Das tun sie bei jeder Stadt am Fluß.
Wenn sie aber nach Bubastis gekommen sind, feiern sie und
bringen große Opfer dar, und Wein aus Reben geht bei diesem
Fest drauf mehr als in dem ganzen Jahr sonst. Und da kommen
zusammen, Männer und Frauen, die Kinder nicht gerechnet, an
die siebenmal hunderttausend, wie die Einheimischen erzählen.

So geht es dort zu; wie sie aber in der Stadt Busiris das Fest der
Isis feiern, hab ich vorher schon berichtet. Nämlich alle schlagen
sich wegklagend nach dem Opfer, Männer wie Frauen, Tausende und Abertausende. Um wen sie aber wehklagen, scheue
ich mich zu sagen. Die Karer aber, die in Ägypten wohnen, treiben es noch ärger, denn sie zerschneiden sich das Gesicht mit
Messern, und daran erkennt man, daß sie Fremde sind und keine
Ägypter.

Wenn man sich in Saïs zu den Opfern versammelt, zünden alle
Leute in einer bestimmten Nacht der Festzeit Leuchter an in
Menge, draußen im Freien, rings um die Häuser. Diese Leuchter
sind flache Schalen, mit Salz und Öl gefüllt, und der eigentliche
Dochthalter schwimmt oben darauf, und sie brennen die ganze
Nacht, und das Fest hat den Namen Lampenfest. Die Ägypter,
die nicht zu diesem Fest kommen können, nehmen doch diese
Nacht wahr und zünden auch alle Lampen an, und so leuchtet es
nicht nur in Saïs, sondern in ganz Ägypten. Weshalb aber dieser
Nacht Licht und Ehre zuteil geworden sind, darüber wird eine
heilige Geschichte erzählt.

Wenn sie nach Heliupolis und Buto gehen, verrichten sie nur

ihre Opfer. In Papremis aber begehen sie beides, Opfer und heilige Bräuche, wie an den andern Orten. Wenn die Sonne sich neigt, sind einige wenige Priester eifrig mit den Riten am Kultbild beschäftigt, die meisten aber halten Holzknüppel und stehen am Eingang des Tempels, andere aber, die Gelübde einlösen, mehr als tausend Mann, haben auch jeder einen Knüppel und stehen in einem Haufen gegenüber. Das Gottesbild nun, das in einem kleinen vergoldeten Gehäuse aus Holz steht, schaffen sie am Tag zuvor unter Geleit in ein anderes heiliges Haus. Und die wenigen, die bei dem Bild zurückgelassen sind, ziehen einen vierrädrigen Wagen, der das Gehäuse trägt und in ihm das Bild, doch die in der Vorhalle stehen, lassen es nicht ein; die Leute mit dem Gelübde aber kommen dem Gott zu Hilfe und schlagen auf sie los, und die wehren sich. Da gibt's nun einen mächtigen Kampf mit den Stöcken, und sie schlagen sich auf die Köpfe und viele, möchte ich meinen, sterben auch an den Wunden. Doch das geben die Ägypter nicht zu; es komme keiner um.

Diese Feier sei so in Brauch gekommen, sagen die Einheimischen: In diesem Tempel wohnte die Mutter des Ares, und Ares, fern von ihr aufgezogen, kam, als er groß geworden war, und wollte mit seiner Mutter Umgang haben, und die Diener der Mutter, da sie ihn ja vorher nicht gesehen hatten, wollten ihn nicht vorbeilassen, sondern hielten ihn zurück, er aber holte Leute aus einer andern Stadt herbei und richtete die Diener übel zu und drang ein zu seiner Mutter. Daher sei diese Schlägerei für Ares Brauch geworden bei dem Fest, sagen sie.

Und daß man auf heiligem Boden keinen Umgang mit Frauen hat und auch nicht ungewaschen, wenn man bei einem Weib gelegen, das Heiligtum betritt, darauf haben sie zuerst streng gehalten. Fast alle anderen Menschen nämlich, nicht aber Ägypter und Hellenen, haben Geschlechtsverkehr in Heiligtümern und betreten Heiligtümer ungewaschen, wenn sie von einem Weib kommen, da sie meinen, die Menschen seien doch nichts anderes als die übrigen Tiere. Sämtliche Tiere nämlich und die vielerlei Vögel sähen sie sich begatten in den Gotteshäusern und heiligen

Bezirken. Das tun sie also und begründen es so, mir aber will das nicht gefallen.

Die Ägypter halten auch sonst streng auf den Dienst in den Heiligtümern und so auch in dem Folgenden: Ägypten grenzt zwar an Libyen, ist aber nicht reich an wilden Tieren. Doch die da sind, gelten alle als heilig, und die einen leben unter den Menschen, andere nicht. Weswegen sie aber für heilig gelten – würde ich das erzählen, dann würde meine Darstellung in die göttlichen Dinge eindringen, und das zu enthüllen sträube ich mich durchaus. Und wenn ich dergleichen schon angerührt habe mit meinen Worten, so sagte ich es, weil ich es nicht umgehen konnte. Der Brauch bei den Tieren ist nun so: Für Pflege und Nahrung der einzelnen Tiere sind besondere Wärter angestellt, Ägypter und Ägypterinnen, und diese Würde vererbt sich vom Vater auf den Sohn. Und die Leute in den Städten bringen ihnen ihre Verehrung dar wie folgt: Sie beten zu dem Gott, dem das Tier gehört, und scheren ihren Kindern entweder den ganzen Kopf oder die Hälfte oder ein Drittel des Kopfes und wiegen die Haare gegen Silber auf, und was die wiegen, das gibt man der Wärterin der Tiere, und sie zerschneidet dafür Fische und gibt sie den Tieren zum Futter. Auf diese Weise ist für ihren Unterhalt gesorgt. Und tötet jemand eins von diesen Tieren, steht darauf der Tod, wenn er's absichtlich tat, wenn aber unabsichtlich, hat er eine Strafe zu zahlen, wie die Priester sie festsetzen. Wer aber einen Ibis oder einen Falken tötet, der muß sterben, ob es nun absichtlich oder unabsichtlich geschah.

So zahlreich die Tiere auch sind, die in Gemeinschaft mit den Menschen leben, es würden noch viel mehr sein, wenn bei den Katzen nicht folgendes einträte: Haben die Katzen geworfen, gehen sie nicht mehr zu den Katern, die aber suchen sich mit ihnen zu begatten und können es nicht. Darum greifen sie nun zu einer List: Sie nehmen den Weibchen die Jungen weg, tragen sie fort und töten sie, fressen sie aber nicht. Und die, der Jungen beraubt, möchten neue, und so kommen sie denn zu den Katern. Denn dies Tier mag gern Junge haben. Und bricht Feuer aus, geht et-

HISTORIEN BUCH II

was Unheimliches vor mit den Katzen. Die Ägypter stellen sich nämlich hin, in Abständen, und passen auf die Katzen auf, und um das Löschen des Feuers kümmern sie sich weniger, die Katzen aber wischen zwischen durch oder springen auch über die Leute und stürzen sich ins Feuer. Und geschieht das, trauern die Ägypter gewaltig. Und auch in jedem Haus, wo eine Katze von selbst eingeht, scheren sich alle Bewohner die Augenbrauen, wo aber ein Hund, den ganzen Leib und den Kopf.

Gestorbene Katzen werden in heilige Häuser gebracht, wo sie einbalsamiert und beigesetzt werden, in der Stadt Bubastis; Hunde aber setzen sie in ihrer eignen Stadt bei, in heiligen Laden. Und wie die Hunde werden auch die Ichneumonen begraben. Die Spitzmäuse aber und Falken bringt man in die Stadt Buto und die Ibisse nach Hermupolis. Bären, die nur selten vorkommen, und Wölfe, die nicht viel größer sind als Füchse, begraben sie da, wo man sie liegen findet.

Das Krokodil hat folgende Art und Beschaffenheit: Vier Monate, wenn es am kühlsten ist, frißt es nichts, und es ist ausgestattet mit vier Beinen, ein Land- wie auch Wassertier. Nämlich seine Eier legt und bebrütet es auf dem Land und bringt den größten Teil des Tages auf dem Trockenen zu, die ganze Nacht aber im Fluß. Denn im Wasser ist es doch wärmer als unter klarem Himmel und bei Tau. Und unter allen sterblichen Wesen, die wir kennen, wird dies aus dem kleinsten das größte. Denn die Eier, die es legt, sind nicht viel größer als die von Gänsen, und das Junge entspricht dem Ei, dann wächst es und kommt auf siebzehn Ellen und noch mehr. Augen hat es wie ein Schwein, und große hauerartige Zähne. Es ist das einzige Tier, das es zu keiner Zunge gebracht hat; auch bewegt es den unteren Kiefer nicht, sondern bewegt – und auch das ist einzigartig unter den Tieren – den oberen Kiefer gegen den unteren. Es hat auch starke Klauen und auf dem Rücken eine Schuppenhaut, die undurchdringlich ist. Im Wasser blind hat es draußen sehr scharfe Augen. Und da es viel im Wasser lebt, ist sein Rachen drinnen ganz voll von Blutegeln. Alle andern Vögel und Tiere flüchten vor ihm, mit dem Läufervogel aber steht es auf gutem Fuß, denn von ihm hat es Nutzen. Nämlich wenn das Krokodil vom Wasser aufs Land steigt und dann das Maul aufsperrt – das tut es nämlich gerne, im allgemeinen gegen den West hin –, dann schlüpft der Läufer hinein und verschlingt die Blutegel. Diese Hilfe gefällt ihm, und es tut dem Läufer nichts.

Einigen Ägyptern nun sind die Krokodile heilig, andern wieder nicht, sondern sie setzen ihnen zu als Feinden. Die um Theben und den Moiris-See wohnen, die haben ganz besonders den Glauben, daß sie heilig sind. An beiden Stellen hegt man je ein ausgewähltes Krokodil, das abgerichtet und zahm ist, und sie tun ihm Gehänge in die Ohren, von Glasfluß und Gold, und Spangen um die Vorderfüße, und geben ihm vorgeschriebene und geweihte Speisen und pflegen es aufs beste, solange es lebt. Ist es gestorben, balsamieren sie es ein und setzen es in heiliger Lade bei. Die aber in der Gegend von Elephantine wohnen, essen sie sogar und glauben nicht, daß sie heilig sind. Ihr Name ist nicht Krokodil, sondern Champsa, Krokodile haben die Jonier sie genannt, die sie nach ihrer Gestalt mit den Eidechsen bei ihnen, die in den Steinwällen leben, gleichsetzten.

Gejagt werden sie auf viele, ganz verschiedene Arten; die mir am meisten einen Bericht zu verdienen scheint, die zeichne ich auf. Erst steckt einer einen Schweinerücken auf den Haken, dann wirft er ihn mitten in den Strom, er seinerseits steht aber am Ufer des Flusses, hält ein lebendes Ferkel fest und schlägt es. Und wenn das Krokodil das Schreien hört, schwimmt es los in Richtung auf das Schreien, trifft auf den Rücken und verschlingt ihn. Und die ziehen. Ist es aber an Land gezogen, klebt der Jäger ihm nun zu allererst die Augen mit Lehm zu. Tut er das, wird er im übrigen leicht mit ihm fertig, tut er's nicht, nur mit Mühe.

Die Flußpferde sind dem Gau von Papremis heilig, den übrigen Ägyptern nicht. Art und Aussehen sind folgende: Es ist ein Vierfüßler, die Hufe gespalten, wie beim Rind, die Nase stumpf, hat die Mähe eines Pferdes, die Hauer sind sichtbar, Schwanz und Stimme wie beim Pferd, groß wie das größte Rind. Seine

HISTORIEN BUCH II

Haut ist derartig dick, daß man aus der getrockneten Haut Speerschäfte macht.

Auch Fischottern finden sich im Fluß, die gelten als heilig. Und von Fischen gelten als heilig der sogenannte Schuppenfisch und der Aal. Die, sagen sie, sind dem Nil heilig, und von den Vögeln die Fuchsgans.

Es gibt aber noch einen andern heiligen Vogel, der heißt Phoinix. Ich allerdings hab ihn nicht gesehen, außer im Bild. Er kommt ja auch nur selten zu ihnen, alle fünfhundert Jahre, wie die Leute von Heliupolis sagen. Dann komme er, behaupten sie, wenn sein Vater stirbt. Er hat aber, wenn er in Wirklichkeit so aussieht wie auf dem Bild, diese Größe und Gestalt: Teils sind seine Schwingen golden, teils rot; im Umriß ist er am ehesten einem Adler ähnlich und auch in der Größe. Dieser Vogel treffe nun folgende sinnreiche Anstalten, erzählen sie, doch kann ich's nicht glauben: Er komme aus Arabien hergeflogen und bringe seinen Vater in das Heiligtum des Helios, in Myrrhen eingehüllt, und bestatte ihn im Heiligtum. Er bringe ihn aber so: Zuerst forme er aus den Myrrhen ein Ei, so groß er es tragen könne, und dann probiere er, ob er es tragen kann, und wenn er das ausprobiert hat, dann höhle er das Ei aus und tue seinen Vater hinein und stopfe mit weiteren Myrrhen die Stelle zu, wo er's ausgehöhlt und seinen Vater hineingetan hat, und ist der Vater drin, hat es das gleiche Gewicht, und hat er es zugestopft, so bringe er ihn nach Ägypten in des Helios Heiligtum. Das wär's, was sie vom Tun dieses Vogels erzählen.

Es gibt in der Gegend von Theben heilige Schlangen, die Menschen nichts tun, die sind ziemlich klein und tragen zwei Hörner, die vorn auf dem Kopf wachsen, und sterben die, begraben sie sie im Heiligtum des Zeus; diesem Gott nämlich seien sie heilig, sagen sie.

Es gibt einen Platz in Arabien, etwa auf der Höhe der Stadt Buto, und an diese Stelle bin ich gegangen, da ich etwas wissen wollte von den geflügelten Schlangen. Als ich hinkam, sah ich Knochen von Schlangen und Gerippe in einer Fülle, die man nicht beschreiben kann, und da waren Haufen von Gerippen, große und geringere und noch kleinere, und es gab viele davon. Es ist aber dieser Platz, wo die Gerippe aufgeschüttet sind, etwa so beschaffen: Ein enger Paß zwischen Bergen zu einer großen Ebene, und diese Ebene hängt mit der Ebene Ägyptens zusammen. Es wird nun erzählt, mit dem Frühling kämen geflügelte Schlangen nach Ägypten geflogen, jene Vögel aber, die Ibisse, zögen ihnen entgegen bis zu dem Paß in dieser Gegend und ließen die Schlangen nicht durch, sondern bissen sie tot. Und weil er das tut, sagen die Araber, steht der Ibis bei den Ägyptern so in Ehren; und die Ägypter stimmen zu, daß sie deshalb diese Vögel so hochhalten.

Das Aussehen des Ibis ist dies: tiefdunkel überall, stolziert wie ein Kranich, der Schnabel stark gebogen, Größe etwa wie ein Krex. So sehen also die dunklen Ibisse aus, die gegen die Schlangen kämpfen; die sich aber mehr unter Menschen bewegen – denn es gibt zwei Arten Ibisse –, so: kahl am Kopf und ganzen Hals, mit weißem Gefieder, bis auf Kopf und Hals und bis auf die Enden von Flügel und Steiß – die sind tief dunkel –, Beine und Kopf ähnlich der anderen Art. Die Gestalt der Schlange aber ist wie bei Wasserschlangen; ihre Flügel sind nicht gefiedert, sondern ganz ähnlich wie die von Fledermäusen. Soviel von heiligen Tieren.

Und nun zu den Ägyptern selber. Die in den bestellten Gebieten Ägyptens wohnen, pflegen die Erinnerung mehr als alle andern Menschen und wissen weitaus am meisten zu berichten von allen, bei denen ich es erproben konnte. Ihre Lebensweise ist die folgende: In jedem Monat brauchen sie drei Tage hintereinander Abführmittel und sind hinter ihrer Gesundheit her mit Brechmitteln und Klistieren, denn sie glauben, von Nahrung und Speisen kämen alle Krankheiten bei den Menschen. Die Ägypter sind übrigens auch aus andern Gründen, nächst den Libyern, die gesündesten Menschen auf der Welt, meines Erachtens infolge des Klimas, weil das Wetter sich nicht ändert. Denn besonders durch die Veränderlichkeit entstehen bei den Menschen die

Krankheiten, von allem andern und ganz besonders vom Wetter. Sie sind Brotesser und backen ihr Brot aus Dinkel und nennen das Kyllestis. Wein trinken sie auch und machen ihn aus Gerste, denn Rebstöcke haben sie nicht im Lande. Fische essen sie ungekocht und dörren sie zum Teil an der Sonne, Meerfische aber salzen sie ein. Vom Geflügel essen sie Wachteln und Enten und alles kleinere roh, nachdem sie es vorher eingepökelt haben. Alle sonstige Art Geflügel und Fisch aber, was es bei ihnen gibt, nur das nicht, was bei ihnen als heilig gilt, sonst aber alles, essen sie gebraten und gekocht.

Bei den Zusammenkünften ihrer Wohlhabenden trägt ein Mann, wenn sie mit dem Essen fertig sind, in einem Sarg einen Toten herum, aus Holz geschnitzt, möglichst naturnah in Bemalung und Form, etwa eine Elle lang oder auch zwei, und zeigt ihn jedem der Trinkgenossen vor und spricht dazu: »Schau den an und trink und freue dich. Denn bist du tot, bist du wie er.« So tun sie bei ihrem geselligen Trinken.

Sie halten sich an die Bräuche ihrer Väter und lassen keinen neuen zu. Unter dem mancherlei Brauchtum bei ihnen, das Beachtung verdient, gibt es nun auch ihr einziges Lied, den Linos, der auch in Phönizien gesungen wird und auf Zypern und anderswo, doch hat er bei jedem Volk seinen eigenen Namen, und ist ein und derselbe Gesang wie der, den die Hellenen singen, die ihn Linos nennen. Daher wundert mich wie so vieles andere, was es in Ägypten gibt, so auch der Linos, wie sie wohl zu dem gekommen sind. Denn es sieht ganz so aus, als ob sie den seit eh und je singen; auf ägyptisch aber heißt der Linos »Maneros«. Die Ägypter behaupten, er sei der Sohn des ersten Königs von Ägypten gewesen, sein einziger, und als er im Jugendalter starb, hätten ihm die Ägypter mit diesem Klagelied Ehre erwiesen, und dieses Lied sei ihr erstes und einziges.

Dann gibt es noch etwas, was die Ägypter mit den Hellenen gemein haben, genauer nur mit den Lakedaimoniern: Wenn Jüngere Älteren begegnen, geben sie ihnen den Weg frei und treten beiseite, und sie stehen auf von ihrem Platz, wenn die kommen.

Dies jedoch haben sie mit keinem hellenischen Volk gemein: Statt einander auf der Straße mit Worten zu begrüßen, verbeugen sie sich tief und senken die Hände vor die Knie. Ihr Anzug ist ein Linnenrock, mit Fransen um die Beine, den sie Kalasiris nennen. Über dem tragen sie einen weißen, wollenen, umgeworfenen Überrock. Jedoch wird nichts Wollenes in die Tempel hineingenommen noch wird man in solchem begraben; denn das wäre Sünde. Und darin stimmen sie überein mit den sogenannten orphischen und bakchischen Geboten, die in Wirklichkeit ägyptische und pythagoreïsche sind. Auch für den nämlich, der an diesen Riten Anteil hat, ist es Sünde, in wollenen Kleidern begraben zu werden. Darüber wird eine heilige Geschichte erzählt. Und auch dies haben die Ägypter herausgefunden: welchem Gott jeder Monat und Tag zugehört, und was einem, wenn man an dem und dem Tag geboren ist, begegnen wird und wie man enden wird und was für einer man sein wird. Auch davon haben Hellenen, die sich mit dem Dichten befaßten, Gebrauch gemacht.

Wunderbare Zeichen haben sie mehr aufgefunden als alle andern Menschen. Wenn nämlich ein Zeichen geschieht, geben sie acht und zeichnen auf, was sich danach ereignet, und wenn später einmal ein ähnliches Zeichen geschieht, glauben sie, nun werde sich das gleiche ereignen.

Mit ihrer Seherkunst steht es so: Von den Menschen ist niemand im Besitz dieser Kunst, von den Göttern aber mehrere. So gibt's dort ein Orakel des Herakles, des Apollon, der Athene, der Artemis, des Ares, des Zeus, das Orakel aber, das sie am meisten verehren von allen, ist das der Leto in der Stadt Buto. Doch ergehen die Weissagungen bei ihnen nicht auf gleiche Art, sondern sind verschieden geregelt.

Die Heilkunst ist bei ihnen folgendermaßen unterteilt: Jeder Arzt ist nur für eine Krankheit da und nicht für mehrere. Und alles ist voll von Ärzten. Denn die einen sind Ärzte für die Augen, andere für den Kopf, andere für die Zähne, andere für den Unterleib, wieder andere für innere Krankheiten.

HISTORIEN BUCH II

Mit Totenklage und Begräbnis steht es bei ihnen so. Ist in einem Haus jemand verschieden, der etwas gilt, so schmiert sich alles, was weiblichen Geschlechts ist in diesem Haus, den Kopf mit Lehm ein und auch das Gesicht, und dann lassen sie den Leichnam im Haus, selber aber laufen sie die Stadt auf und ab und schlagen sich, wobei sie das Gewand unter der Brust gürten und die Brüste frei lassen, und mit ihnen alle verwandten Frauen. An anderem Ort klagen und schlagen sich die Männer, auch sie mit entblößter Brust. Haben sie das getan, bringen sie ihn gleich zum Einbalsamieren.

Es gibt nun Leute, die eben dazu da sind und diese Kunst in ihrer Hand haben. Die zeigen, wenn der Tote zu ihnen gebracht wird, denen, die ihn bringen, Muster von Leichen, aus Holz und recht natürlich bemalt, und eine Art empfehlen sie als die sorgfältigste; nach wem dies Verfahren aber seinen Namen hat, den zu nennen scheue ich mich; eine zweite Art zeigen sie vor als nicht so vollkommen wie die erste und billiger, eine dritte aber als billigste. Die zeigen sie und erkundigen sich bei ihnen, welche von diesen Behandlungen sie für ihre Leiche wünschten. Die einigen sich nun auf einen Preis und gehen davon, die aber bleiben in ihrer Werkstatt zurück und machen sich ans Balsamieren. Ist es die anspruchvollste Art, geht das so vor sich. Zuerst ziehen sie mit einem Eisenhaken das Gehirn durch die Nasenlöcher heraus, doch entfernen sie nur einen Teil auf diese Weise, den anderen durch Essenzen, die sie eingießen. Darauf machen sie mit einem scharfen aithiopischen Stein einen Schnitt längs der Weiche und holen nun Stück um Stück alle Eingeweide aus dem Innern heraus, und haben sie das Innere gereinigt und mit Palmwein ausgewaschen, wischen sie es nochmals mit zerstoßenen Spezereien aus. Darauf füllen sie die Höhlung mit gereinigter zerstoßener Myrrhe und Kasia und den andern Spezereien, mit Ausnahme von Weihrauch, und nähen sie wieder zu. Sind sie damit fertig, legen sie die Leiche in Natron ein und lassen sie siebzig Tage darin stehen; sie länger einzulegen ist ihnen nicht gestattet. Sind die siebzig Tage um, waschen sie die Leiche und wickeln dann

den Leib ganz in Binden, die sie aus feinem Byssosleinen zu-
schneiden und mit Gummi bestreichen; den braucht man in
Ägypten sehr häufig statt des Leims. Nun nehmen ihn die Angehörigen in Empfang und lassen eine Form in Menschengestalt
machen, und ist die fertig, legen sie die Leiche hinein, und wenn
sie sie auf diese Art verschlossen haben, heben sie sie als Kostbar-
keit im Grabgemach auf, indem sie sie aufrecht gegen die Wand
stellen.

Das ist die kostspieligste Art, die Leichen herzurichten,
wünscht man aber die mittlere und scheut die Kosten, richten sie
sie so her: Sie füllen Klistierspritzen mit Saft, den man von Ze-
dern gewinnt, und drücken ihn ins Innere der Leiche, ohne sie
aufzuschneiden und das Eingeweide herauszunehmen, sondern
führen sie im Gesäß ein, verschließen der Flüssigkeit den Ausweg, und dann legen sie die Toten die bestimmten Tage ein, am
letzten Tag aber lassen sie den Zedernsaft, den sie hineinge-
drückt hatten, wieder heraus. Der hat solche Kraft, daß er die
Gedärme und Eingeweide völlig zersetzt mit herausbringt. Das
Fleisch aber wird vom Natron vertilgt, und übrig bleiben von
der Leiche nur Haut und Knochen. Sind sie damit fertig, geben
sie so die Leiche zurück, ohne noch mehr mit ihr anzustellen.

Die dritte Art Einbalsamieren, mit der man die Ärmeren zu-
richtet, ist folgende: Sie spülen den Bauch mit einem scharfen
Purgiersaft, legen sie siebzig Tage ein und liefern sie so zum Ab-
holen aus.

Frauen angesehener Männer aber geben sie, wenn sie gestorben sind, nicht sofort zum Einbalsamieren, auch die Frauen
nicht, die sehr schön oder von größerer Bedeutung sind, sondern
lassen sie erst drei, vier Tage alt werden und übergeben sie dann
erst den Balsamierern. Das machen sie deswegen, damit die Bal-
samierer den Frauen nicht beiwohnen. Es soll nämlich einer dabei ertappt worden sein, wie er mit einer frischen Frauenleiche
Umgang hatte, und sein Mitarbeiter habe es angezeigt.

Findet man aber einen Toten, ob einen Ägypter oder einen
Fremden, dem man ansieht, daß er von einem Krokodil gerissen

ist oder durch den Fluß selber umgekommen, so sind die, bei deren Stadt er angeschwemmt sind, streng gebunden, ihn einzubalsamieren und prächtig auszustatten und in heiligen Gräbern beizusetzen. Und keiner darf ihn anfassen, Verwandte nicht und Freunde nicht, sondern die Priester des Nils selbst bestatten ihn mit eignen Händen, da er mehr sei als bloß ein toter Mensch.

Hellenische Sitten und Gebräuche anzunehmen, weisen sie weit von sich, und überhaupt auch die aller andern Menschen. So halten es jedenfalls die übrigen Ägypter, doch gibt es da Chemmis, eine große Stadt im thebanischen Gau, nicht weit von Neapolis. In der Stadt gibt es einen viereckigen heiligen Bezirk des Perseus, des Danaësohnes, und rings um ihn stehen Palmen. Die Eingangshalle des Heiligtums ist aus Stein und sehr groß, und an ihr stehen zwei steinerne, große Standbilder. Und drinnen in dem von einer Mauer umschlossenen Hof ist ein Gotteshaus, und in ihm steht ein Bild des Perseus. Diese Chemmiten erzählen, Perseus erscheine ihnen oft im Lande, oft aber auch drinnen im Heiligtum, und ein Schuh, den er getragen, sei dort von Zeit zu Zeit zu finden, zwei Ellen lang, und wenn der sich sehen lasse, gehe es ganz Ägypten gut. Das erzählen sie, folgendes aber tun sie Perseus zu Ehren, ganz auf griechische Art: Sie halten einen sportlichen Wettkampf ab, mit allen möglichen Kampfarten, wobei sie auch Preise aussetzen, Vieh und Mäntel und Felle. Als ich nachfragte, warum Perseus nur ihnen zu erscheinen pflege und warum sie sich unterschieden von den andern Ägyptern, indem sie sportliche Wettkämpfe abhalten, meinten sie, Perseus stamme ja aus ihrer Stadt. Der Danaos nämlich und der Lynkeus seien aus Chemmis und von dort zu Schiff nach Hellas ausgewandert. Und von denen sagten sie die Nachkommen her bis herunter zu Perseus. Als er aber nach Ägypten kam, aus demselben Grund, den auch die Hellenen nennen, um das Haupt der Gorgo aus Libyen zu holen, sei er, sagten sie, auch zu ihnen gekommen und habe sich dort mit allen seinen Verwandten bekannt gemacht; und als er nach Ägypten gekommen sei, habe er den Namen Chemmis schon gekannt, da er ihn von der

Mutter erfahren hatte; und die Kampfspiele hielten sie ab auf
sein Gebot.

All das ist Brauch bei den Ägyptern, die oberhalb der Niederungen wohnen. Nun die in den Niederungen wohnen. Sie haben die gleichen Sitten und Bräuche wie die übrigen Ägypter, so
auch den, daß jeder nur mit einer Frau lebt, wie die Hellenen;
doch haben sie, um es leichter mit ihrer Ernährung zu haben,
dazu noch folgendes ausfindig gemacht.

Wenn der Fluß seinen hohen Stand erreicht und die Ebenen zu
einem Meer macht, wachsen in dem Wasser Lilien in Menge,
von einer Art, die die Ägypter Lotos nennen. Die pflücken sie
und trocknen sie erst an der Sonne, und dann zerstampfen sie die
Körner, die in der Mitte des Lotos sitzen, ähnlich wie beim
Mohn, und bereiten sich daraus Brot, das sie im Feuer backen.
Auch die Wurzel dieses Lotos ist eßbar und hat einen angeneh-
men süßen Geschmack; sie ist rundlich, groß etwa wie ein Apfel.
Es gibt aber noch eine andere Lilie, der Rose ähnlich, die auch im
Fluß wächst; deren Frucht sitzt in einer besonderen Kapsel, die
getrennt aus der Wurzel aufwächst, ähnlich geformt wie ein
Wespennest. In der sitzen eine Menge eßbarer Körner von der
Größe eines Olivenkerns, und man ißt sie frisch wie auch ge-
trocknet.

Die Papyrusstaude, die jährig wächst, ziehen sie aus dem
Sumpfboden, schneiden den oberen Teil ab und verwenden ihn
zu anderen Zwecken, den unteren aber, den sie etwa eine Elle
lang lassen, essen oder verkaufen sie. Und will man den Papyrus
recht schmackhaft machen, röstet man ihn in stark erhitztem
Backofen und ißt ihn so.

Einige von ihnen leben nur von Fischen. Die nehmen sie nach
dem Fang aus, trocknen sie an der Sonne und essen sie gedörrt.

Die Fische, die in Schwärmen auftreten, kommen meist nicht
in den Flußarmen vor, sondern sie wachsen und nähren sich in
den stehenden Gewässern, und dann tun sie wie folgt: Wenn der
Stachel der Zeugung sie erregt und bedrängt, schwimmen sie in
Scharen hinaus ins Meer. Voran schwimmen die Männchen und

stoßen von Zeit zu Zeit ihre Samenmilch aus, die Weibchen hinterdrein und schnappen es und werden davon befruchtet. Wenn die Rogner dann im Meer schwanger geworden sind, schwimmen sie zurück, jeder Schwarm an seinen gewohnten Ort. Doch nun schwimmen nicht mehr die Männchen voran, sondern die Führung liegt bei den Weibchen, und wenn sie in Schwärmen voranschwimmen, tun sie wie die Milcher getan, nämlich sie stoßen von Zeit zu Zeit ihre Eier aus, immer nur einige von den Körnern, die Männchen aber, die nachfolgen, verschlucken sie. [Diese Körner sind Fische.] Aus den Körnern, die übrigbleiben und nicht verschluckt werden, kommt die Fischbrut, die sich dann weiter ernährt. Fängt man nun Fische, die ins Meer hinausziehen, so kann man feststellen, daß an der linken Seite des Kopfes Scheuerstellen sind, bei denen aber, die zurückschwimmen, an der rechten Seite. Und das kommt daher: Sie halten sich links hart am Land, wenn sie ins Meer hinabziehen, und wenn sie hinaufschwimmen, halten sie sich an dasselbe Ufer und drängen sich so dicht wie möglich heran und stoßen an, damit sie den Weg im Strom nicht verfehlen.

Wenn der Nil zu steigen beginnt, so füllen sich zuerst die Vertiefungen in der Erde und die Lachen am Fluß, wo das Wasser des Flusses einsickert. Und kaum sind die voll, so wimmelt schon alles von kleinen Fischen. Woher die aller Wahrscheinlichkeit nach kommen, das glaube ich zu verstehen. Wenn im Jahr zuvor der Nil zurücktritt, ziehen sich auch die Fische, nachdem sie zuvor ihre Eier in den Schlamm gelegt haben, mit dem letzten Wasser zurück; wenn nun die Zeit um ist und das Wasser wiederkehrt, entstehen aus diesen Eiern sogleich die Fische. So steht's mit den Fischen.

Das Salböl, das die Ägypter, die in den Niederungen wohnen, verwenden, kommt von der Frucht des Sillikyprion (des Rizinusstrauchs), die die Ägypter Kiki nennen, und sie gewinnen es so. Sie säen an den Rändern der Flußläufe und Seen diese Pflanze Sillikyprion aus, die bei den Hellenen wild wächst; die wird in Ägypten gesät und trägt reichlich Früchte, die aber nicht gut riechen. Die sammeln sie, zerstampfen sie und pressen sie aus, rösten sie auch und kochen sie aus, und was daraus abfließt, füllen sie ab. Es ist fett und ebenso wie Olivenöl für Leuchter geeignet, verbreitet aber einen lästigen Geruch.

Gegen die Mücken, die es reichlich gibt, schützen sie sich mit folgenden Mitteln. Denen, die oberhalb der Niederungen wohnen, sind ihre Türme von Nutzen; auf die steigen sie hinauf und schlafen dort; denn die Mücken können, weil es dort weht, nicht so hoch fliegen. Die aber in den Niederungen wohnen, haben keine Türme und sich dafür anders geholfen. Ein jeder besitzt ein enges Wurfnetz, damit fängt er tags Fische, nachts aber braucht er's anders, nämlich dazu: er stellt das Netz um das Bett, in dem er schläft, und schlüpft dann hinein und schläft. Ruht er bloß in sein Gewand eingewickelt oder in ein Leintuch, stechen die Mücken hindurch, bei dem Netz aber versuchen sie's erst gar nicht.

Die Kähne für die Lastfahrt werden bei ihnen aus dem Holz von Akazien gebaut, deren Gestalt am ehesten dem Kreuzdorn in Kyrene ähnelt und deren Harz das Gummi ist. Aus diesen Akazien also hauen sie Schiffshölzer zu, etwa zwei Ellen lang, und fügen sie in Schichten zusammen, wie man Ziegel versetzt, und zwar bringen sie es so in Schiffsform: Sie setzen die zwei Ellen langen Balken auf kräftige lange Pflöcke, die hindurchgehen, und nachdem sie das Schiff auf diese Weise zusammengefügt haben, spannen sie oben Querbalken darüber, Spanten aber verwenden sie gar nicht. Innen verstopfen sie die Fugen mit Papyrusbast. Steuer machen sie nur eins, und das wird hinten durch den Mittelbalken geführt. Für den Mast gebrauchen sie Akazienholz, für die Segel Papyrusbast. Diese Kähne können nicht stromaufwärts fahren, es sei denn, es geht ein frischer Wind, sondern werden vom Land aus gezogen, stromab aber geht die Fahrt so vor sich: Es ist ein Floß aus Tamarisken vorhanden, mit einer Schilfmatte zusammengefaßt, und dann ein durchbohrter Stein, etwa zwei Talente schwer. Nun läßt man das Floß, das vorn am Schiff mit einen Tau festgebunden ist, ins Wasser und dahintrei-

HISTORIEN BUCH II

ben, und den Stein, auch an einem Tau, hinten. Das Floß wird nun von der Strömung erfaßt und geht rasch dahin und zieht die Baris – das ist nämlich der Name dieser Kähne –, der Stein aber, der hinten nachschleppt und tiefen unten ist, hält den Kahn in der richtigen Stellung. Von diesen Fahrzeugen haben sie sehr viele, und einige können viele tausend Talente Last tragen.

Wenn der Nil über das Land geht, sieht man nur noch die Städte herausragen, beinahe wie die Inseln im Ägäischen Meer. Denn das übrige Ägypten wird eine Meeresfläche, aber die Städte, sie allein, ragen heraus. Nun steuern sie, wenn das eintritt, nicht mehr in den Flußbetten, sondern mitten durch die Ebene. So geht, wenn sie von Naukratis nach Memphis hinauffahren, die Fahrt direkt an den Pyramiden vorbei; das ist aber der gewöhnliche Weg nicht, sondern an der Spitze des Delta vorbei und vorbei an der Stadt Kerkasoros.

Fährst du aber vom Meer und der Stadt Kanobos durch die Tiefebene nach Naukratis, wirst du nach der Stadt Anthylla kommen und nach der, die ›Stadt des Archandros‹ heißt. Von diesen ist Anthylla eine beachtliche Stadt und ausersehen, daß sie der jeweilige König von Ägypten seiner Frau für ihre Fußbekleidung schenkt. Und das geschieht, seitdem Ägypten unter den Persern steht. Die andere Stadt trägt ihren Namen wohl nach Danaos' Eidam Archandros, dem Sohn des Phthios, des Sohns des Achaios. Doch mag es auch ein anderer Archandros sein, jedenfalls ist der Name nicht ägyptisch.

Bis hierher hab ich berichtet, was ich mit meinen Augen gesehen, mit meinem Urteil abgewogen, mit meinem Erkunden festgestellt habe, von nun an aber werde ich ägyptische Geschichten erzählen, so wie ich sie gehört habe. Doch wird auch das eine oder andere dabei sein, was ich selber gesehen habe.

Min, der erste König Ägyptens, erzählten die Priester, habe erstens Memphis durch Dämme abgeschlossen. Der Fluß habe nämlich mit all seinem Wasser seinen Lauf entlang dem sandigen Höhenzug auf der libyschen Seite gehabt, Min aber habe oberhalb, etwa hundert Stadien von Memphis, den Lauf bei dem jetzigen Bogen im Süden zugeschüttet und dadurch das alte Bett trockengelegt und den Fluß durch eine Aushebung in der Mitte zwischen den beiden Bergzügen fließen lassen. Und noch jetzt geben die Perser auf diesen Bogen des Nils sorgfältig acht, daß der Strom abgedämmt bleibt, und lassen daran alle Jahre bauen. Wollte der Fluß hier nämlich durchbrechen und das Land überfluten, besteht Gefahr für das gesamte Memphis, von der Flut zerstört zu werden. Als nun Min, der erste König Ägyptens, das abgeschnittene Stück zu festem Land gemacht habe, habe er auf ihm zunächst eine Stadt gegründet, die jetzt Memphis heißt – auch Memphis liegt übrigens in dem schmalen Teil Ägyptens –, außerhalb der Stadt aber habe er einen See gegraben, mit Wasser vom Fluß, im Norden und Westen – denn im Osten grenzt der Nil selber an –, und dann habe er den Tempel des Hephaistos in ihm erbaut, der groß ist und wohl wert, daß man von ihm berichte.

Bis auf den König Rhampsinitos nun, sagten sie, habe es in Ägypten allewege eine gute und gerechte Ordnung gegeben und Ägypten sei es sehr gut gegangen, nach ihm aber sei Cheops ihr König geworden, und der brachte Schlimmes in Fülle. Denn er habe gleich alle Tempel geschlossen und das Volk am Opfern gehindert, dann aber befohlen, alle Ägypter hätten für ihn zu arbeiten. Da sei denn den einen auferlegt worden, aus den Steinbrüchen, denen im arabischen Gebirge, aus denen also die Steinblöcke bis zum Nil ziehen. Die Steinblöcke, auf Kähnen über den Fluß gebracht, auszuladen, legte er andern auf, und sie dann nach dem Gebirge zu, das man das libysche nennt, weiter zu ziehen. Und es waren immer zehnmal zehntausend Menschen bei der Arbeit, jeweils drei Monate lang. Zehn lange Jahre dauerte es, bis das geplagte Volk die Straße gebaut hatte, auf der sie die Steine zogen, und ihre Erbauung war eine Leistung nicht viel geringer als die Erbauung der Pyramide, meine ich jedenfalls; denn lang ist sie fünf Stadien und breit zehn Klafter und hoch, da wo sie am meisten herausragt, acht Klafter, und ist aus geglätteten Steinen,

HISTORIEN BUCH II

und Bilder sind darin eingemeißelt. Also zehn Jahre vergingen darüber und über dem Bau der Kammern in dem Hügel, auf dem die Pyramiden stehen. Diese Kammern unter der Erde erbaute er als Grüfte für sich, auf einer Insel, denn er leitete einen künstlichen Nilarm herzu. Aber zwanzig Jahre dauerte es, die Pyramide selber zu bauen, deren Fronten, eine wie die andere, denn sie ist quadratisch, acht Plethren messen, und die Höhe das gleiche, und die Steine sind geglättet und genau aneinander gepaßt. Kein Steinblock ist kleiner als dreißig Fuß.

Der Bau dieser Pyramide ging so vor sich: abgestuft wie Treppen, oder wie Absätze oder Altarstufen, wie man's auch nennen kann. Nachdem sie das Unterste gelegt hatten, hoben sie die weiteren Steine mit Hebewerken, die aus kurzen Balken gebaut waren, und so hoben sie die vom Boden auf den ersten Absatz der Stufenfolge. Und wenn ein Stein dann auf ihm war, wurde er auf ein weiteres Hebewerk gelegt, das auf der ersten Stufe stand, und von dieser Stufe wurde der Stein, mit dem weiteren Hebewerk, auf die zweite Stufe gehoben. Denn soviel Stufen es waren, soviel Hebewerke waren es auch; oder es war auch dasselbe Hebewerk, ein einziges nur und leicht zu transportieren, und das schafften sie von Stufe zu Stufe, nachdem sie den Stein von ihm weggenommen hatten. Denn ich will beide Arten angeben, so wie man es mir auch erzählt hat. Fertig gemacht wurde nun zuerst das Oberste, dann machten sie das jeweils Anschließende fertig, und erst zuletzt machten sie's endgültig fertig, mit dem Untersten, dem auf dem Boden.

Und in ägyptischer Schrift ist auf der Pyramide angegeben die Gesamtsumme, die ausgegeben worden ist allein für Rettich und Zwiebeln und Knoblauch zur Betreuung der Arbeiter, und wie ich mich ganz gut erinnere, nach dem, was der Dolmetscher sagte, als er mir die Inschrift vorlas, sind eintausend und sechshundert Talente Silber dafür ausgegeben worden. Wenn sich das wirklich so verhält, was muß da sonst noch alles draufgegangen sein für all das Eisen, mit dem sie die Steine bearbeiteten, und für die eigentliche Beköstigung und die Kleidung der Arbeiter.

Wenn es so lange dauerte, wie ich eben sagte, daß sie am Bau selber arbeiteten, dann dauerte es noch eine weitere Zeit, möchte
ich meinen, daß sie die Steine brachen und sie hinbrachten und
am Aushub unter der Erde arbeiteten, und das keine geringe.

Und Cheops sei so weit in seiner Raffgier gegangen, daß er, da
er immer Geld brauchte, seine eigene Tochter in ein öffentliches
Haus brachte und ihr auferlegte, Geld einzunehmen, so und so
viel; den Betrag nämlich konnten sie nicht nennen. Und sie
brachte die Summe zusammen, die der Vater ihr auferlegt hatte.
Sie gedachte aber auch, sich selber ein Denkmal zu hinterlassen,
und jeden, der mit ihr schlief, bedrängte sie, daß er ihr einen ganzen Stein verehrte, einen aus den Werkstätten. Aus diesen Steinen, sagten sie, sei die Pyramide gebaut, die in der Mitte steht
von den dreien, vor der großen Pyramide, und jede ihrer Seiten
beträgt anderthalb Plethren.

Geherrscht hat dieser Cheops, sagten die Ägypter, fünfzig
Jahre; als er aber schließlich starb, habe sein Bruder die Herrschaft übernommen, Chephren. Und der habe es genau so gemacht wie der andere, in allen Stücken, und so habe auch er eine
Pyramide gebaut, die freilich in den Ausmaßen der seines Bruders nicht beikam – nämlich sie hab ich nun selber ausgemessen –; also einmal sind da keine Kammern darunter, unter der
Erde, und dann führt zu ihr auch kein Graben vom Nil wie zu der
anderen; in den fließt das Wasser durch einen gemauerten Ein-
trittskanal hinein und bildet eine Insel, und auf der liegt Cheops
selber begraben, sagen sie. Chephren errichtete unten eine Stufe
mit der Behausung, aus farbigem aithiopischem Stein, und baute
seine Pyramide mit sonst gleichen Maßen, blieb aber in der Höhe
vierzig Fuß unter der anderen, der großen. Es stehen aber beide
auf der gleichen Erhebung, die ungefähr hundert Fuß hoch ist.
Geherrscht hat Chephren, sagten sie, sechsundfünfzig Jahre. Damit zählen sie hundert und sechs Jahre, so lange habe es bei den
Ägyptern Übel über Übel gegeben, und während dieser ganzen
Zeit seien die geschlossenen Tempel nicht einmal geöffnet worden. Von diesen beiden möchten die Ägypter in ihrem Haß am

HISTORIEN BUCH II 421

liebsten nicht einmal die Namen erwähnen, und auch die Pyramiden nennen sie nach Philitis, einem Hirten, der zu der Zeit seine Herden in dieser Gegend hütete.

Nach diesem, sagten sie, wurde König von Ägypten Mykerinos, Cheops' Sohn; der mißbilligte, was sein Vater getan und er öffnete wieder die Tempel und entließ die Leute, aus denen man das Letzte herausgeholt hatte, zu ihren eignen Tätigkeiten und zu den Opferfesten, und sprach ihnen Recht gerechter als alle anderen Könige. Und weil er solches getan hat, preisen sie von all den Königen, die Ägypten gehabt hat, ihn am meisten. Denn er habe alles wohl gerichtet und sogar dem, der sich zu beklagen hatte über ein Urteil, manches aus seinen eignen Mitteln dazugegeben, um den Menschen zufriedenzustellen. Doch so mild Mykerinos gegen das Volk war und so Gutes er tat, das Unglück kam. Es begann damit, daß seine Tochter starb, das einzige Kind in seinem Hause. Er grämte und härmte sich über dies Leid, das ihn traf, und hatte den Wunsch, seine Tochter in besonderer Weise zu begraben, anders als andere, und machte eine hölzerne Kuh, innen hohl, und vergoldete sie dann, und in ihrem Inneren bestattete er diese seine verstorbene Tochter. Und diese Kuh wurde nicht unter die Erde gebracht, sondern war offen zu sehen, noch bis auf meine Zeit, in der Stadt Saïs, und stand im Palast in einem feinverzierten Gemach. Und sie verbrennen bei ihr allerlei Räucherwerk Tag um Tag, jede Nacht aber brennt vom Abend bis zum Morgen eine Lampe daneben. Nicht weit von dieser Kuh, in einem andern Gemach, stehen Bilder, von Mykerinos' Nebenfrauen, wie die Priester in Saïs sagten. Dort stehen nämlich übergroße Menschenbilder aus Holz, etwa zwanzig an der Zahl, in nackter Gestalt. Wen die jedoch darstellen, kann ich nicht sagen, berichte aber, was man mir erzählt hat. Einige erzählen aber von diesem Rind und den großen Statuen das Folgende: Mykerinos war heftig verliebt in seine eigene Tochter, und schließlich hat er mit ihr geschlafen, gegen ihren Willen. Darauf hat sich das Mädchen aus Gram aufgehängt, sagen sie, er aber setzte sie bei in dieser Kuh, ihre Mutter aber ließ den Dienerinnen, die die Tochter dem Vater preisgaben, die Hände abhakken, und nun geben die Statuen die gleiche Bestrafung kund wie die, die sie bei lebendem Leib erfuhren. Das ist aber, meine ich, bloßes Geschwätz, das übrige und besonders das mit den Händen der großen Bilder. Denn das hab ich nun selber gesehen, daß ihre Hände vor Alter abgefallen sind; lagen sie doch neben ihren Füßen, noch in meiner Zeit. Diese Kuh aber ist mit einer Purpurdecke bedeckt, nur Hals und Kopf schauen hervor, vergoldet mit einem sehr starken Goldüberzug, und oben zwischen den Hörnern befindet sich ein Abbild der Sonnenscheibe, aus Gold. Und die Kuh steht nicht aufrecht, sondern liegt auf den Knien, und groß ist sie wie eine große lebende Kuh. Und jedes Jahr wird sie herausgebracht aus dem Gemach, wenn die Ägypter sich schlagen in Trauer um den Gott, den ich nicht nennen darf in diesem Zusammenhang. Dann bringen sie also auch die Kuh heraus ans Licht des Tages. Sagen sie doch, sie habe, als sie starb, von ihrem Vater erbeten, daß sie einmal im Lauf des Jahres die Sonne sehen dürfe.

Nach dem Tod seiner Tochter traf diesen König ein zweites Unglück, nämlich dies: Aus der Stadt Buto kam ihm ein Spruch, ihm stehe bevor, nur noch sechs Jahre zu leben, im siebenten aber zu sterben. Das brachte ihn gewaltig auf, und er sandte zum Orakel und beschwerte sich mit bitteren Vorwürfen bei dem Gott: Sein Vater und sein Oheim hätten die Tempel geschlossen und der Götter nicht gedacht, hätten vielmehr auch das Volk ins Elend gebracht und hätten doch eine lange Zeit gelebt, und er, ein frommer Mann, solle so bald sterben. Und vom Orakel erging ein zweiter Spruch an ihn, der besagte, gerade darum solle das Leben so bald für ihn enden. Denn er tue nicht, was zu tun not sei. Denn Ägypten solle es einhundert und fünfzig Jahre schlechtgehen, und die beiden, die vor ihm König gewesen, hätten das gemerkt, er nicht. Als Mykerinos das hörte, daß dies alles schon für ihn entschieden war, machte er viele Lampen und zündete sie jeden Abend, der heraufkam, an und trank und gönnte sich alles Gute, und hatte kein Ende damit, nicht tags und nicht

HISTORIEN BUCH II

nachts, und zog umher in den Niederungen und den Hainen und an allen Orten, von denen er erfuhr, daß man sich dort fein vergnügen konnte. Und das hatte er sich ausgedacht, um das Orakel Lügen zu strafen, damit nämlich aus sechs Jahren zwölf für ihn würden, indem er auch die Nächte zu Tagen machte.

Auch er hinterließ eine Pyramide, aber eine viel kleinere als sein Vater. Jede Seite des Quadrats war drei Plethren lang weniger zwanzig Fuß, und zur Hälfte war sie aus aithiopischem Stein. Die schreiben einige der Hellenen der Hetäre Rhodopis zu, doch zu Unrecht. Leute, die das behaupten, wissen doch offensichtlich gar nicht, wer diese Rhodopis wirklich gewesen ist – denn sonst würden sie ihr nicht den Bau einer solchen Pyramide zuschreiben, die, möchte ich meinen, Tausende und aber Tausende von Talenten gekostet haben wird. Und dann fällt Rhodopis' Lebensmitte in die Zeit von König Amasis und nicht von diesem. Denn viele, viele Jahre später als diese Könige, die diese Pyramiden hinterlassen haben, hat Rhodopis gelebt, die der Herkunft nach eine Thrakerin war und die Sklavin des Iadmon, Hephaistopolis' Sohn, eines Samiers, und Mitsklavin des Aisopos, des Fabeldichters. Auch der war nämlich Iadmon zu eigen, wie vor allem aus folgendem hervorgeht: Nachdem die Delpher schon öfter, auf Grund eines Götterspruchs, öffentlich Umfrage gehalten hatten, wer das Bußgeld für Aisopos' Tötung entgegenzunehmen wünsche, meldete sich sonst niemand, nur ein Sohn des Sohnes des Iadmon, wieder ein Iadmon, gab Antwort und nahm es entgegen. Danach ist auch Aisopos Eigentum des Iadmon gewesen.

Rhodopis aber kam nach Ägypten mit dem Xanthos von Samos, der sie dorthin brachte, um Geld mit ihr zu verdienen, dann aber wurde sie für eine gewaltige Summe losgekauft von einem Mann aus Mytilene, Charaxos, dem Sohn des Skamandronymos, und das war der Bruder der Sappho, der Dichterin. So wurde Rhodopis frei, blieb aber in Ägypten und war dort sehr begehrt wegen ihrer Reize und erwarb sich großes Vermögen, groß für eine Rhodopis, für eine solche Pyramide aber langte es denn doch nicht. Denn den zehnten Teil ihres Vermögens kann jetzt noch jeder, der Lust hat, sich ansehen, man darf ihr also keinesfalls ein riesiges Vermögen zuschreiben. Rhodopis verlangte es nämlich, ein Denkmal von sich in Hellas zu hinterlassen, und da ließ sie eine Arbeit fertigen, auf die sonst noch niemand verfallen war und wie sie noch in kein Heiligtum geweiht war, so etwas weihte sie nach Delphi, als ein Denkmal für sich. Also vom Zehnten ihres Vermögens machte sie Bratspieße für Rinder, eine große Menge, aus Eisen, soviel der Zehnte es ihr nur erlaubte, und sandte die nach Delphi. Noch jetzt liegen die aufgestapelt hinter dem Altar, den die Chier errichtet haben, grade gegenüber dem Tempel. Es scheint in Naukratis so in der Luft zu liegen, daß es hier besonders anziehende Hetären gibt. Ist doch erstens diese Frau, von der hier die Rede ist, wirklich so berühmt geworden, daß die Hellenen in aller Welt den Namen Rhodopis kannten, und dann hat man, eine Zeit nach Rhodopis, von einer andern, die Archidike hieß, in ganz Hellas gesungen; doch sprach man von ihr nicht so an allen Ecken wie von der andern. Als Charaxos aber Rhodopis freigekauft hatte und nach Mytilene heimkehrte, hat ihn Sappho in einem Lied viel gescholten. Das war Rhodopis, und nun Schluß damit.

Nach Mykerinos wurde König von Ägypten, erzählten die Priester, Asychis, er, der dem Hephaistos die Vorhalle nach Sonnenaufgang zu gebaut hat, und die ist weitaus die schönste und weitaus die größte. Denn es haben zwar alle Vorhallen eingemeißelte Bilder und tausenderlei sonst zu sehen an den Wänden, jene aber doch weitaus am meisten. Unter dessen Herrschaft, sagten sie, gab es fast gar keinen Geldumlauf im Lande, und so kamen die Ägypter zu der Bestimmung, daß man, wenn man Geld brauchte, den Leichnam seines Vaters als Pfand einsetzen mußte, um ein Darlehen aufzunehmen. Ergänzend zu dieser Bestimmung wurde noch die folgende erlassen: Wer ein Darlehen gab, sollte verfügen auch über das gesamte Familiengrab des Schuldners, und wer dieses Pfand belastet hat, sollte, wenn er die Schuld doch nicht zurückzahlen wollte, mit folgender Strafe bedroht

HISTORIEN BUCH II

sein: Weder durfte er selbst, wenn er starb, bestattet werden, in der Familiengruft nicht und auch sonst in keiner, noch durfte er einen seiner Angehörigen, der verschieden war, beisetzen.

Dieser König hinterließ in dem Wunsch, die vor ihm in Ägypten König gewesen zu übertreffen, als Denkmal für sich eine Pyramide, die er aus Backsteinen baute, und an ihr ist eine Inschrift, in Stein gehauen, die lautet: »Halte mich nicht für gering, im Vergleich zu den Pyramiden aus Stein. Denn unter ihnen rage ich hervor so wie Zeus unter den andern Göttern. Denn mit Stangen stießen sie tief in den Schlamm, und was vom Lehm an den Stangen haften blieb, das sammelten sie und strichen Ziegel daraus, und auf solche Art haben sie mich schließlich vollendet.« Das wär's, was dieser König der Welt vorzuweisen hatte.

Nach diesem, sagten sie, war König ein Blinder, ein Mann aus Anysis, und Anysis hieß er. Unter seiner Herrschaft zogen gegen Ägypten mit großer Streitmacht die Aithiopen und Sabakos, der Aithiopen König. Dieser Blinde machte sich nun auf und floh in die Sümpfe, der Aithiope aber war König in Ägypten, fünfzig Jahre lang, und in dieser Zeit führte er das Folgende durch: So oft ein Ägypter sich etwas zuschulden kommen ließ, von denen wollte er keinen hinrichten, vielmehr stufte er bei jedem die Strafe ab nach der Größe seines Vergehens, und zwar legte er ihm auf, einen Schutt aufzuschütten in seiner eigenen Stadt, wo der Schuldhafte jeweils her war. Auf die Weise wurden die Städte noch höher. Denn schon anfangs wurde der Grund aufgeschüttet, von denen, die die Gräben aushoben, unter dem König Sesostris, in der Folge aber unter dem Aithiopen, und sie wurden recht hoch. So sind auch andere Städte in Ägypten erheblich erhöht worden, am meisten aber, meine ich, ist der Boden aufgeschüttet worden bei der Stadt Bubastis.

Dort liegt auch das Heiligtum der Bubastis, und das verdient die Erwähnung wie nur eines. Gewaltiger nämlich und aufwendiger mögen andere Heiligtümer sein, keins aber ist eine größere Augenweide als dies. Bubastis, das ist in hellenischer Sprache Artemis.

Und so ist ihr Heiligtum beschaffen: Den Eingang ausgenommen, ist alles andere eine Insel. Vom Nil nämlich führen Gräben hinzu, die laufen aber nicht ineinander, sondern bis zum Heiligtum geht jeder für sich, und nun führt der eine hier herum, der andere dort, und jeder ist einhundert Fuß breit und von Bäumen beschattet. Die Eintrittshalle ist zehn Klafter hoch und mit Reliefs bedeckt, jedes sechs Ellen lang und alle sehr bemerkenswert. Und da das Heiligtum mitten in der Stadt liegt, kann man herumgehen und von überall hineinschauen. Denn der Grund der Stadt ist hoch angehoben worden, das Heiligtum aber ist unverändert, so wie es anfänglich erbaut wurde, geblieben, und so kann man es von oben übersehen. Ein Wall läuft rings herum, und auf dem sind Reliefs eingelassen. Drinnen steht ein Hain von mächtigen Bäumen, rings um das große Tempelhaus angelegt, und in dessen Innerem steht nun das Bild. Breite und Länge des Heiligtums betragen, eine wie die andere, ein Stadion. Zum Eingang zu ist eine Straße aus Stein hingebreitet, etwa drei Stadien lang, die führt über den säulenumgebenen Platz in die Anlage nach Osten zu und ist vier Plethren breit, und rechts und links von dieser Straße ragen Bäume hoch in den Himmel; sie führt aber zum Heiligtum des Hermes. Das ist also dieses Heiligtum, und so ist es angelegt.

Endlich aber seien sie, sagten sie, den Aithiopen auf folgende Weise losgeworden: Er habe ein Gesicht im Traum gesehen und sei dann auf und davon, und das Gesicht sei dies gewesen: Es dünkte ihm, ein Mann trat an ihn heran und gab ihm den Rat, die Priester in Ägypten zu versammeln und sie allesamt mitten durchzuschneiden. Als er dies Gesicht sah, sagte er, er habe den Eindruck, die Götter zeigten ihm dies als eine Verlockung, damit er sich vergehe an den Heiligtümern und so irgend etwas Schlimmes empfange von Göttern oder von Menschen. Keinesfalls also werde er das tun, sondern er werde – denn die Zeit, die er über Ägypten herrschen solle, sei um – das Land verlassen. Nämlich als er noch in Aithiopien weilte, hatten die Orakel, deren sich die Aithiopen bedienen, ihm den Spruch gegeben, er

HISTORIEN BUCH II 427

solle fünfzig Jahre über Ägypten herrschen. Als also diese Zeit vergangen war und ihn das Traumgesicht beunruhigte, verließ dieser Sabakos von sich aus Ägypten.

Als nun der Aithiope fort war aus Ägypten, regierte wieder der Blinde, der aus seinem Schlupfwinkel im Sumpf zurückkehrte. Dort hatte er sich eine Insel aufgeworfen aus Asche und Erde und auf der fünfzig Jahre gelebt. So oft nämlich Ägypter kamen und ihm zu essen brachten, der Reihe nach, wie es ihnen aufgetragen war, in aller Stille, daß der Aithiope es nicht merkte, hieß er sie zu der Gabe auch Asche mitbringen. Diese Insel vermochte niemand aufzufinden, bis hin zu Amyrtaios, sondern mehr als siebenhundert Jahre waren die Könige vor Amyrtaios nicht imstande, sie aufzufinden. Der Name dieser Insel ist Elbo, und ihre Abmessung beträgt in Länge und Breite zehn Stadien.

Nach diesem habe der Priester des Hephaistos regiert, der Sethos hieß. Der vernachlässigte den ägyptischen Kriegerstand und tat nichts für ihn, in der Meinung, er werde ihn nie brauchen, und fügte den Kriegern allerlei Kränkendes zu und nahm ihnen auch ihre Äcker, die sie von den früheren Königen geschenkt bekommen hatten, Mann für Mann zwölf erlesene Äcker. Darauf aber führte gegen Ägypten ein gewaltiges Heer Sanacharibos (Sanherib), König der Araber und Assyrer. Nun waren denn also die Krieger der Ägypter nicht willens, ihm zu helfen. Und wie der Priester da bedrängt und hilflos war, ging er in die Halle, trat vor das Bild und klagte, was für Leiden ihm drohten. Wie er nun so jammerte, überkam ihn der Schlaf, und im Traum war ihm, als trete der Gott zu ihm und mache ihm Mut, er solle dem arabischen Heer nur entgegentreten, nichts Unangenehmes werde ihm widerfahren; werde er doch selber ihm Helfer senden. Auf dies Gesicht habe er gebaut und von den Ägyptern mitgenommen alle, die noch gewillt waren, ihm zu folgen, und habe sich gelagert in Pelusion – dort nämlich ist das Einfallstor Ägyptens. Es folgte ihm aber kein einziger von den Kriegern, nur Krämer und Handwerker und Leute von der Straße. Als die Gegner dort angekommen waren, fielen nachts

Feldmäuse über sie her und zernagten ihre Köcher, zernagten ihre Bögen, dazu auch die Riemen ihrer Schilde, und so waren sie am nächsten Morgen wehrlos und flohen, und viele kamen ums Leben. Und jetzt noch steht dieser König im Heiligtum des Hephaistos, aus Stein, und hält auf der Hand eine Maus, und durch eine Inschrift spricht er: »Man schaue auf mich und sei fromm!«

Was ich bisher berichtete, haben mir Ägypter und Priester erzählt. Und sie zählten mir vor, vom ersten König bis hin zu diesem Priester des Hephaistos, der zuletzt regierte, dreihundert und einundvierzig Generationen von Menschen, soviel kämen zusammen, und in denen seien es ebenso viele Oberpriester und Könige gewesen, beide genau gleich viele. Nun sind dreihundert Generationen von Menschen soviel wie zehntausend Jahre, denn drei Generationen machen hundert Jahre. Die einundvierzig übrigen Generationen, die zu den dreihundert hinzukamen, machen eintausend und dreihundert und vierzig Jahre. So sei in zehntausend und tausend und dazu vierhundert und vierzig Jahren, sagten sie, kein Gott in Menschengestalt aufgetreten. Weder aus der früheren Zeit noch aus der späteren, bei denen, die dann weiterhin Könige von Ägypten geworden sind, haben sie etwas Derartiges erzählt. In dieser ganzen Zeitdauer nun sei die Sonne, sagten sie, viermal abweichend von ihrem gewohnten Ort aufgegangen. Wo sie jetzt untergeht, von da sei sie zweimal aufgegangen, und woher sie jetzt aufgeht, da sei sie zweimal untergegangen. Und dadurch habe sich gar nichts in Ägypten geändert, nicht was sie von der Erde noch was sie vom Fluß erhalten, nichts bei den Krankheiten, nichts bei den Arten des Todes.

THUKYDIDES
DER PELOPONNESISCHE KRIEG

ca. 460-400 v. Chr.

METHODENKAPITEL I 22

*Thukydides stellt die Schwierigkeiten der objektiven Darstellung fest
und grenzt sich gegen Übertreibungen und Ausschmückungen vor allem
von Dichtern ab.*

Was nun in Reden hüben und drüben vorgebracht wurde, während sie sich zum Kriege anschickten, und als sie schon drin waren, davon die wörtliche Genauigkeit wiederzugeben war schwierig sowohl für mich, wo ich selber zuhörte, wie auch für meine Gewährsleute von anderwärts; nur wie meiner Meinung nach ein jeder in seiner Lage etwa sprechen mußte, so stehn die Reden da, in möglichst engem Anschluß an den Gesamtsinn des in Wirklichkeit Gesagten. Was aber tatsächlich geschah in dem Kriege, erlaubte ich mir nicht nach Auskünften des ersten besten aufzuschreiben, auch nicht »nach meinem Dafürhalten«, sondern bin Selbsterlebtem und Nachrichten von andern mit aller erreichbaren Genauigkeit bis ins einzelne nachgegangen. Mühsam war diese Forschung, weil die Zeugen der einzelnen Ereignisse nicht dasselbe über dasselbe aussagten, sondern je nach Gunst oder Gedächtnis. Zum Zuhören wird vielleicht diese undichterische Darstellung minder ergötzlich scheinen; wer aber das Gewesene klar erkennen will und damit auch das Künftige, das wieder einmal, nach der menschlichen Natur, gleich oder ähnlich sein wird, der mag es so für nützlich halten, und das soll mir genug sein: zum dauernden Besitz, nicht als Prunkstück fürs einmalige Hören ist es aufgeschrieben.

DIE PERIKLESREDEN

(I 140-144; II 34-46; II 60-64, 65)

Die Reden des Perikles nehmen eine Sonderstellung ein. Ihnen allein stehen keine Gegenreden gegenüber. Dennoch idealisiert Thukydides nicht, sondern stellt die der Situation angemessene Denkweise des Redners dar.

[140] An meiner Meinung, Athener, halte ich unverändert fest, den Peloponnesiern nicht nachzugeben, obwohl ich weiß, daß die Menschen die Stimmung in der sie sich zu einem Krieg bestimmen lassen, nicht durchhalten in der Wirklichkeit des Handelns, sondern mit den Wechselfällen auch ihre Gedanken ändern. So sehe ich auch jetzt Anlaß, meinen Rat gleich oder ähnlich zu wiederholen, und wer von euch meine Meinung annimmt, der sollte, finde ich, auch wenn wir einmal Unglück haben, zum gemeinsamen Beschluß stehn, oder aber auch bei Erfolgen sich am klugen Plan keinen Anteil beimessen. Denn es kommt vor, daß die Zufälle der Wirklichkeit ebenso sinnlose Wege gehn wie die Gedanken des Menschen – darum pflegen wir ja auch, sooft Dinge unsere Berechnungen kreuzen, dem Schicksal schuld zu geben.

Daß die Spartaner auf unser Verderben sinnen, war schon lange deutlich, und jetzt erst recht. Es war ausgemacht, daß wir bei gegenseitigen Streitigkeiten ein Schiedsverfahren anbieten und annehmen wollen, beide im Besitz dessen, was wir besitzen; trotzdem haben sie uns noch nie vorgeladen noch nehmen sie unser Angebot an, sondern wollen durch Krieg statt durchs Gespräch die Beschwerden beilegen; jetzt kommen sie schon nicht mehr mit Anklagen, sondern sie befehlen. Abzug des Heeres von Poteidaia verlangen sie, Gewährung der Unabhängigkeit an

Aigina, Aufhebung des Megarerbeschlusses, und die letzten, die hier eintrafen, fordern die Selbständigkeit der Hellenen überhaupt. Ihr aber, glaubt nur nicht, wir würden Krieg führen um eine Kleinigkeit, wenn wir den Megarerbeschluß nicht aufheben; dahinter verschanzen sie sich jetzt: ihr müßt ihn rückgängig machen, dann gäbe es keinen Krieg; aber in euch selbst müßt ihr jede Spur des Gedankens tilgen, als hättet ihr aus einem nichtigen Grunde Krieg begonnen. Denn diese Kleinigkeit bedeutet Prüfstein und Erhärtung eurer ganzen Gesinnung; gebt ihr hier nach, so empfangt ihr sofort einen neuen, schwereren Befehl – denn ihr habt ja aus Angst gehorcht. Bleibt ihr stark, so macht ihr ihnen deutlich, daß sie euch mehr von gleich zu gleich zu begegnen haben. [141] Dies ist also der Punkt der Entscheidung, ob wir uns fügen, eh es uns schlecht geht, oder Krieg führen, wie es mir richtiger scheint, unnachgiebig bei kleinem ebenso wie bei großem Anlaß, und um furchtlos zu besitzen, was wir haben. Denn die gleiche Unterjochung bedeutet die größte wie die geringste Forderung, die Gleichberechtigte ohne Richterspruch gegen andere erheben.

Daß wir aber für den Krieg und im Vergleich der vorhandenen Mittel nicht schwächer dastehn, sollt ihr erkennen, indem ihr Punkt für Punkt vernehmt: alles bei den Peloponnesiern ist für den Hausgebrauch, Geld haben sie weder für sich noch im Staat, und in langwierigen und überseeischen Kriegen fehlt ihnen die Erfahrung, weil sie in ihrer Armut immer nur kurz einander selbst bekriegen. Ein solches Volk aber vermag weder Schiffe zu bemannen noch Fußtruppen öfters auszusenden, wofür sie ja von ihren Gütern fern sein und zugleich aus denselben die Kosten bestreiten müßten, und wo ihnen zudem die See versperrt ist. Und ein Krieg lebt vom Überfluß, nicht aus gewaltsamen Umlagen; auch setzen Menschen, die alles selbst arbeiten, im Krieg lieber ihre Leiber ein als Geld: mit dem Leben haben sie ein Zutrauen, aus Gefahren doch noch davonzukommen, aber bei ihrem Hab und Gut keine Sicherheit, ob es nicht zu früh verbraucht sei, zumal wenn ihnen wider Erwarten, was doch wahrscheinlich ist, der Krieg länger dauert. In einer einzigen Schlacht sind nämlich die Peloponnesier und ihre Verbündeten wohl imstande, es mit den gesamten Hellenen aufzunehmen; aber Krieg zu führen sind sie außerstande mit einer Gegenmacht von so fremder Art, sie, die ja nicht nach Beschluß einer einzigen Körperschaft im raschen Augenblick etwas durchführen, sondern, gleichen Stimmrechts, aber nicht gleichen Stammes, jeder sein eigenes Ziel verfolgen – dabei aber pflegen keine Taten zu gedeihen. Wollen doch die einen alles tun, ihre Rache zu befriedigen, die anderen nichts drangeben von ihrem Eigenen. Sind sie endlich versammelt, so erwägen sie kurze Zeit die gemeinsamen Anliegen, in der Hauptsache betreiben sie ihre Sondergeschäfte; jeder meint, seine eigene Sorglosigkeit schade nichts, es werde schon ein anderer sorgen an seiner Statt, daß etwas geschehe, so daß durch die gleiche allgemeine Auffassung jedes einzelnen unvermerkt die gemeinsame Sache ganz und gar verdirbt. [142] Und das Wichtigste, ihr Mangel an Geld wird sie behindern, wenn ihnen über mühsamer Beschaffung Zeit verlorengeht – aber die guten Stunden im Kriege warten nicht. Auch ihr Festungsbau bei uns und ihre Flotte verdienen nicht, daß man sie fürchte. Beim einen wäre es selbst im Frieden schwierig, eine uns ebenbürtige Stadt anzulegen, geschweige in Feindesland, wo wir mindestens so gute Gegenmauern wider sie haben; und von einem Bollwerk aus könnten sie gewiß einen Teil des Landes schädigen durch Streifzüge und Überläufereien, aber niemals wird das ausreichen, um uns zu hindern, daß wir nicht hinfahren und uns in ihrem Land verschanzen und uns, wo unsre Stärke liegt, mit unsern Schiffen wehren. Denn aus der Seefahrt bringen wir immer noch mehr Erfahrung mit für den Landkrieg, als sie aus dem Binnenleben für die Flotte. Zur See aber Sachverständnis erst zu erwerben wird ihnen nicht leicht fallen. Seid doch selbst ihr, mit eurer ständigen Übung schon seit der Perserzeit, noch lange nicht fertig. Wie sollten da Bauern vom Innern des Landes etwas Rechtes leisten, wenn wir zudem mit vielen Schiffen sie immer belauern und nicht zur Ausbildung kommen lassen? Bei

DIE PERIKLESREDEN

einem Geschwader von wenigen Schiffen könnten sie ja einen
Durchbruch wagen, wenn ihre Menge ihrer Unerfahrenheit
Mut macht; wo aber viele ihnen die Ausfahrt sperren, werden sie
still liegen, und je weniger sie sich üben, desto ungeschickter und
drum auch zaghafter werden sie bleiben. Seefahrt ist eine Kunst
wie eine andere und erlaubt nicht, daß man sie bei Gelegenheit
als Nebenwerk betreibt, vielmehr hat neben ihr kein Nebenwerk
sonst mehr Raum. [143] Sollten sie aber an den Schätzen in
Olympia und Delphi sich vergreifen und versuchen, mit höherem Sold unsere geworbenen Seeleute zu sich herüberzuziehen,
so wär's doch eine Schande, wenn wir nicht selber mit unseren
Beisassen als unsre eignen Ruderer gegen sie aufkämen; das ist
also immer möglich, und, was entscheidend ist, als Steuerleute
haben wir Bürger – und auch für die übrige Maatschaft mehr
und bessere Leute als das gesamte übrige Hellas. Ferner wird bei
soviel Gefahr keiner der Söldner bereit sein, das eigene Land aufzugeben und, zudem mit der schwächeren Hoffnung, für wenige
Tage hoher Soldzahlung drüben mitzukämpfen.

So also oder in der Art sehe ich die Aussichten der Peloponnesier, die unsrigen aber frei von den dort gerügten Mängeln, dafür
aber haben wir andere, ungleich größere Vorzüge. Marschieren
sie aber in unser Land ein, so fahren wir gegen das ihrige, und
dann bedeutet es nicht mehr das gleiche, ob vom Peloponnes ein
Teil kahlgelegt wird oder selbst ganz Attika; denn sie werden
sich kein Ersatzland schaffen können kampflos, während wir
viel Land haben auf den Inseln und an den Küsten; es ist nämlich
etwas Großes um die Beherrschung des Meeres. Denkt doch: bewohnten wir eine Insel, wer wäre wohl unangreifbarer? So aber
müßt ihr euch dem so nah wie möglich denken, müßt Land und
Gebäude preisgeben, aber Meer und Stadt verteidigen und nicht
im Zorn um das Eure den Peloponnesiern mit ihrer Übermacht
eine Schlacht liefern (denn ein Sieg bringt uns nur künftige
Kämpfe mit noch größern Scharen, und unterliegen wir, so gehn
uns unsre Verbündeten, wo unsere Kraft liegt, mit verloren; sie
werden ja nicht Ruhe halten, sobald wir nicht mehr stark genug

sind, sie zu bekriegen). Bejammert also, wenn es sein muß, die
Gefallenen, aber nicht Häuser und Land; denn diese sind nicht
die Herren des Menschen, sondern der Mensch ist der Herr seines Besitzes. Ja, wenn ich glauben könnte, euch zu überreden, ich
hieße euch selber ausziehn und alles verwüsten, um den Peloponnesiern zu zeigen, daß ihr euch solcher Dinge wegen nicht
demütigt.

[144] Noch manche andere Hoffnung habe ich, daß wir gewinnen, wenn ihr euch entschließt, euer Reich nicht zu erwei-
tern, solang ihr Krieg habt, und nicht freiwillig noch mehr Gefahren sucht. Fürchte ich doch weit mehr unsre eignen Fehler als
die Anschläge unserer Gegner. Aber diese Dinge klarzulegen
wird noch in einer spätern Rede Zeit sein, wenn wir erst im
Kriege sind; jetzt aber wollen wir die Gesandten heimschicken
mit der Antwort, die Megarer würden wir auf unsrem Markt, in
unseren Häfen zulassen, wenn auch Sparta auf die Fremdenaus-
weisungen uns und unseren Verbündeten gegenüber verzichte
(der Vertrag verwehrt dieses so wenig wie jenes); den Städten
würden wir die Unabhängigkeit gewähren, wenn wir sie schon
unabhängig hielten beim Vertragsschluß, und wenn auch die
Spartaner ihren Städten freistellten, nicht auf Spartas Vorteil hin
sich selbst zu bestimmen, sondern wie jede selber wolle; einem
Schiedsgericht seien wir bereit uns zu stellen nach der Überein-
kunft; Krieg würden wir nicht anfangen, aber, angegriffen, uns
wehren. Diese Antwort wäre gerecht und unsrer Stadt zugleich
würdig. Ihr müßt aber wissen, daß der Krieg notwendig ist, und
je williger wir ihn annehmen, desto weniger scharf werden unsre
Gegner uns zusetzen, ferner, daß aus der größten Gefahr dem
Staat wie dem einzelnen auch die größte Ehre zuwächst. Wenigstens haben unsre Väter, die den Persern standhielten und nicht
soviel einzusetzen hatten, wohl aber noch das, was sie hatten, im
Stich ließen, mit mehr Geist als Glück und größerem Mut als
Macht den Barbaren zurückgeschlagen und uns auf solche
Höhe geführt. Hinter ihnen zurückzubleiben wäre nicht recht,
sondern unsre Feinde auf jede Weise abzuwehren und unsern

Nachkommen, wenn irgend möglich, keine geringere Größe zu vererben.

Beisetzung der Toten

[34] Im selben Winter begingen die Athener nach der Sitte der Väter das öffentliche Begräbnis der ersten in diesem Krieg Gefallenen. Dabei werden die Gebeine der Gebliebenen drei Tage vorher auf einem errichteten Gerüst aufgestellt, und jeder bringt dem Seinen Spenden dar, wie er mag. Wenn dann die Beisetzung ist, führen sie auf Wagen zypressene Schreine hinaus, einen für jeden Stamm, darin sind die Gebeine, welchen Stamms jeder war. Ein Lager wird leer mitgetragen, bereitet für die Vermißten, die bei der Bergung nicht gefunden wurden. Das Geleite gibt jeder, der will, Bürger und Fremde, auch die verwandten Frauen sind mit beim Grab und wehklagen. Dann setzen sie sie in dem öffentlichen Grab bei, das in der schönsten Vorstadt liegt – die im Krieg Gefallenen begraben sie immer dort, außer denen von Marathon: denen gaben sie zur Auszeichnung ihrer Tapferkeit an Ort und Stelle ihr Grab. Wenn sie es dann mit Erde zugeschüttet haben, spricht ein von der Stadt gewählter, durch Geist und Ansehen hervorragender Mann auf die Toten eine Lobrede, wie sie ihnen gebührt – dann gehn sie. Das ist die Bestattung, und während des ganzen Krieges, sooft es dazu kam, folgten sie diesem Brauch. Bei diesen ersten nun wurde Perikles Xanthippos' Sohn gewählt zu reden. Und als der Augenblick gekommen war, trat er vom Grab weg auf eine hohe dort errichtete Rednerbühne, um möglichst weithin von der Menge gehört zu werden, und sprach so:

[35] Die meisten, die bisher hier gesprochen haben, rühmen den, der zuerst den alten Bräuchen diese Rede beifügte, weil es schicklich sei, am Grabe der Gefallenen sie zu sprechen. Mich aber würde es genug dünken, Männern, die ihren Wert durch ein Tun erwiesen haben, auch ihre Ehre durch ein Tun zu bezeugen,

wie ihr es jetzt bei diesem öffentlichen Begräbnis der Totenfeier seht, und nicht den Glauben an vieler Männer Heldentum zu gefährden durch einen einzigen guten oder minder guten Redner. Es ist nämlich schwer, das rechte Maß der Rede zu treffen, wo man auch die Vorstellungen, die jeder sich von der Wahrheit macht, kaum bestätigen kann: denn der wohlwollende Hörer, der dabei war, wird leicht finden, die Darstellung bliebe hinter seinem Wunsch und Wissen zurück, und der unkundige, es sei doch manches übertrieben, aus Neid, wenn er von Dingen hört, die seine Kraft übersteigen. Denn so weit ist Lob erträglich, das andern gespendet wird, als jeder sich fähig dünkt, wie er's gehört hat, auch zu handeln; was darüber hinausgeht, wird aus Neid auch nicht mehr geglaubt. Nachdem es aber den Ahnen sich bewährt hat, daß dies so recht sei, muß auch ich dem Brauche folgen und versuchen, jedem von euch Wunsch und Erwartung zu erfüllen, so gut es geht.

[36] Zunächst will ich unsrer Vorfahren gedenken; es ist recht und geziemend, ihnen in solchen Augenblicken diese Ehre des Gedächtnisses zu erweisen. Denn die Freiheit dieses Landes haben sie, in der Aufeinanderfolge der Nachwachsenden immer die gleichen Bewohner, mit ihrer Kraft bis jetzt weitergegeben. So sind sie preiswürdig, und noch mehr als sie unsre Väter. Denn diese erwarben zu dem, was sie empfingen, noch unser ganzes Reich, nicht ohne Mühe, und haben es uns Heutigen mit vererbt. Das meiste davon haben jedoch wir selbst hier, die jetzt noch Lebenden, in unseren reifen Jahren ausgebaut und die Stadt in allem so ausgestattet, daß sie zu Krieg und Frieden sich völlig selber genügen kann. Was davon Kriegstaten sind, durch die Teil um Teil erworben wurde, oder wenn wir selbst oder unsre Väter einen fremdländischen oder griechischen Feind, der angriff, opferfreudig abgewehrt haben, das will ich, um nicht weitschweifig von Bekanntem zu reden, beiseite lassen. Aber aus welcher Gesinnung wir dazu gelangt sind, mit welcher Verfassung, durch welche Lebensform wir so groß wurden, das will ich darlegen, bevor ich dann zum Preis unserer Gefallenen mich wende – ist es

DIE PERIKLESREDEN 437

dieser Stunde, glaube ich, vielleicht ganz angemessen, daß dies ausgesprochen werde, und von Vorteil, wenn die ganze Menge von Bürgern und Fremden es anhört.

[37] Die Verfassung, die wir haben, richtet sich nach keinen fremden Gesetzen; viel eher sind wir für sonst jemand ein Vorbild als von andern abhängig. Mit Namen heißt sie, weil der Staat nicht auf weniger Bürger, sondern auf eine größere Zahl gestellt ist, Volksherrschaft. Es haben aber nach dem Gesetz in dem, was den einzelnen angeht, alle gleichen Teil, und der Geltung nach hat im öffentlichen Wesen den Vorzug, wer sich irgendwie Ansehn erworben hat, nicht nach irgendeiner Zugehörigkeit, sondern nach seinem Verdienst; und ebenso wird keiner aus Armut, wenn er für die Stadt etwas leisten könnte, durch die Unscheinbarkeit seines Namens verhindert. Sondern frei leben wir miteinander im Staat und im gegenseitigen Geltenlassen des alltäglichen Treibens, ohne dem lieben Nachbar zu grollen, wenn er einmal seiner Laune lebt, und ohne jenes Ärgernis zu nehmen, das zwar keine Strafe und doch kränkend anzusehen ist. Bei soviel Nachsicht im Umgang von Mensch zu Mensch erlauben wir uns doch im Staat, schon aus Furcht, keine Rechtsverletzung, im Gehorsam gegen die jährlichen Beamten und gegen die Gesetze, vornehmlich die, welche zu Nutz und Frommen der Verfolgten bestehn, und gegen die ungeschriebnen, die nach allgemeinem Urteil Schande bringen. [38] Dann haben wir uns bei unsrer Denkweise auch von der Arbeit die meisten Erholungen geschaffen: Wettspiele und Opfer, die jahraus, jahrein bei uns Brauch sind, und die schönsten häuslichen Einrichtungen, deren tägliche Lust das Bittere verscheucht. Und es kommt wegen der Größe der Stadt aus aller Welt alles zu uns herein. So können wir von uns sagen, wir ernten zu grad so vertrautem Genuß wie die Güter, die hier gedeihn, auch die der übrigen Menschen.

[39] Anders als unsre Gegner sorgen wir auch in Kriegssachen. Unsere Stadt verwehren wir keinem, und durch keine Fremdenvertreibungen mißgönnen wir jemandem eine Kenntnis oder einen Anblick, dessen unversteckte Schau einem Feind vielleicht

nützen könnte; denn wir trauen weniger auf die Zurüstungen und Täuschungen als auf unsern eigenen, tatenfrohen Mut. Und in der Erziehung bemühen sich die andern mit angestrengter Übung als Kinder schon um Mannheit, wir aber mit unsrer ungebundenen Lebensweise wagen uns trotz allem in ebenbürtige Gefahren. Der Beweis: die Spartaner rücken nicht für sich allein, immer nur mit dem ganzen Bund gegen unser Land aus, während wir selbst, wenn wir unsre Gegner heimsuchen, unschwer in der Fremde die Verteidiger ihrer Heimat im Kampfe meist besiegen. Und auf unsre gesammelte Macht ist noch kein Feind je gestoßen wegen unsrer gleichzeitigen Sorge für die Flotte und vielfachen Verteilung auf dem Lande. Treffen sie dann irgendwo auf einen Splitter und besiegen einige von uns, so prahlen sie, sie hätten uns alle geworfen, und unterliegen sie: sie seien der Gesamtheit gewichen. Doch hat dieser mehr sorglose als mühselig eingeübte Wagemut, diese weniger gesetzliche als natürliche Tapferkeit für uns noch den Vorteil, daß wir zukünftige Not nicht vorausleiden, und ist sie da, doch nicht geringere Kühnheit bewähren als die ewig sich Plagenden, und darin verdient unsre Stadt Bewunderung – und noch in anderem.

[40] Wir lieben das Schöne und bleiben schlicht, wir lieben den Geist und werden nicht schlaff. Reichtum dient bei uns dem Augenblick der Tat, nicht der Großsprecherei, und seine Armut einzugestehn ist nie verächtlich, verächtlicher, sie nicht tätig zu überwinden. Wir vereinigen in uns die Sorge um unser Haus zugleich und unsre Stadt, und den verschiedenen Tätigkeiten zugewandt, ist doch auch in staatlichen Dingen keiner ohne Urteil. Denn einzig bei uns heißt einer, der daran gar keinen Teil nimmt, nicht ein stiller Bürger, sondern ein schlechter, und nur wir entscheiden in den Staatsgeschäften selber oder denken sie doch richtig durch. Denn wir sehen nicht im Wort eine Gefahr fürs Tun, wohl aber darin, sich nicht durch Reden zuerst zu belehren, ehe man zur nötigen Tat schreitet. Denn auch darin sind wir wohl besonders, daß wir am meisten wagen und doch auch, was wir anpacken wollen, erwägen, indes die andern Unverstand

verwegen und Vernunft bedenklich macht. Die größte innere Kraft aber wird man denen mit Recht zusprechen, die die Schrecken und Freuden am klarsten erkennen und darum den Gefahren nicht ausweichen. Auch in der Hilfsbereitschaft ist ein Gegensatz zwischen uns und den meisten. Denn nicht mit Bitten und Empfangen, sondern durch Gewähren gewinnen wir uns unsre Freunde. Zuverlässiger ist aber der Wohltäter, da er durch Freundschaft sich den, dem er gab, verpflichtet erhält – der Schuldner ist stumpfer, weiß er doch, er zahlt seine Leistung nicht zu Dank, sondern als Schuld. Und wir sind die einzigen, die nicht so sehr aus Berechnung des Vorteils wie aus sicherer Freiheit furchtlos andern Gutes tun.

[41] Zusammenfassend sage ich, daß unsre Stadt insgesamt die Schule von Hellas sei, und daß der einzelne Mensch, wie mich dünkt, bei uns wohl am vielseitigsten und voll Anmut und leichtem Scherz in seiner Person wohl alles Notwendige vereine. Daß dies nicht Prunk mit Worten für den Augenblick ist, sondern die Wahrheit der Dinge, das zeigt gerade die Macht unsres Staates, die wir mit diesen Eigenschaften erworben haben. Unsre Stadt ist die einzige heute, die stärker als ihr Ruf aus der Probe hervorgeht; nur sie erregt im Feind, der angegriffen hat, keine Bitterkeit – was für ein Gegner ihm so übel mitspiele – und auch im Untertan keine Unzufriedenheit, daß er keinen würdigen Herrn hätte. Und mit sichtbaren Zeichen üben wir wahrlich keine unbezeugte Macht, den Heutigen und den Künftigen zur Bewunderung, und brauchen keinen Homeros mehr als Sänger unsres Lobes noch wer sonst mit schönen Worten für den Augenblick entzückt – in der Wirklichkeit hält dann aber der Schein der Wahrheit nicht stand; sondern zu jedem Meer und Land erzwangen wir uns durch unsern Wagemut den Zugang, und überall leben mit unsern Gründungen Denkmäler unsres Wirkens im Bösen wie im Guten auf alle Zeit.

Für eine solche Stadt also sind diese Männer hier, nicht bereit, auf ihren Besitz zu verzichten, in edlem Kampfe gefallen, und von denen, die bleiben, ist keiner, der nicht für sie wird leiden wollen. [42] Darum habe ich ja auch so ausführlich von der Stadt geredet, und um euch zu zeigen, daß wir nicht für das gleiche kämpfen wie andere, die all das nicht so haben, und um zugleich den Lobspruch auf die, denen meine Rede gilt, durch Beweise zu erhärten. Ja, zum wichtigsten Teil ist er schon gesprochen: denn was ich an unsrer Stadt pries, damit haben diese und solche Vortrefflichen sie geschmückt, und nicht bei vielen Hellenen wird man so wie bei ihnen Lob und Leistung im Gleichgewicht finden. Mich dünkt, den Wert dieser Männer enthüllt als erste Verkündung und als letzte Bekräftigung ihr jetziger Untergang. Denn selbst wenn einige sonst minder taugten, darf man ihren im Krieg für die Heimat bewiesenen Mannesmut höher stellen: Schlimmes durch Gutes tilgend, haben sie gemeinsam mehr geholfen als im einzelnen geschadet. Von ihnen aber hat keiner wegen seines Reichtums, um ihn lieber noch länger zu genießen, sich feig benommen; keiner hat in der Hoffnung der Armut, er könne, wenn gerettet, vielleicht noch reich werden, Aufschub der Gefahr gesucht; weil ihnen verlockender als all dies die Rache an den Feinden war, von allen Wagnissen dieses als das schönste galt, so erwählten sie dieses und damit Rache an ihnen, Verzicht auf das andere; der Hoffnung überließen sie das Ungewisse des Erfolgs, im Handeln aber für die sichtbare Gegenwart mochten sie auf sich selber trauen, und indem sie hier das Sichwehren und Erleiden für schöner hielten als weichend sich zu retten, haben sie schimpflichem Gerede sich entzogen, aber die Tat mit ihrem Leibe bestanden: und in kürzestem Augenblick sind sie, auf der Höhe ihres Geschicks, nicht aus der Furcht so sehr als von ihrem Ruhme geschieden.

[43] So haben sich also diese Männer, wie es unsrer Stadt würdig ist, so wohl gehalten; die übrigen aber müssen zwar um besseres Heil beten, aber keine minder mutige Gesinnung gegen unsre Feinde haben wollen, und darum nicht nur in Gedanken auf den Nutzen schauen, von dem euch einer lang ausführen könnte, was ihr selbst gerade so gut wißt, wieviel Gutes die Abwehr des Feindes in sich faßt, sondern müssen vielmehr noch

DIE PERIKLESREDEN 441

Tag für Tag die Macht unsrer Stadt in der Wirklichkeit betrachten und mit wahrer Leidenschaft lieben, und wenn sie euch groß erscheint, daran denken, daß Männer voll Wagemut und doch mit Einsicht in das Nötige und voll Ehrgefühl beim Handeln das erworben haben, die, wenn sie einmal bei einer Unternehmung Unglück hatten, es unrecht gefunden hätten, wenn der Staat auch auf ihren hohen Mut nicht mehr zählen dürfte, und ihm das schönste Opfer brachten. Denn gemeinsam gaben sie ihre Leiber hin und empfingen dafür jeder den nicht alternden Lobpreis und ein weithin leuchtendes Grab, nicht das, worin sie liegen, meine ich, sondern daß ihr Ruhm bei jedem sich gebenden Anlaß zu Rede oder Tat unvergessen nachlebt. Denn hervorragender Männer Grab ist jedes Land: nicht nur die Aufschrift auf einer Tafel zeugt in der Heimat von ihnen, auch in der Fremde wohnt, geistig, nicht stofflich, in jedermann ungeschriebenes Gedächtnis. Mit solchen Vorbildern sollt auch ihr das Glück in der Freiheit sehn und die Freiheit im kühnen Mut und euch nicht zuviel umblicken nach den Gefahren des Krieges. Nicht der Elende nämlich, der auf kein Gut mehr hoffen kann, hat soviel Grund, sein Leben hinzugeben, als wem der umgekehrte Umschwung im Leben noch droht, und bei wem der Unterschied am größten ist, wenn er einmal stürzt. Denn schmerzhafter ist für einen Mann, der Stolz besitzt, wenn er sich feige zeigt, die Schmach als der in Kraft und gemeinsamer Hoffnung treffende, kaum gespürte Tod.

[44] Darum will ich jetzt auch die Eltern der Gefallenen, so viele von euch da sind, weniger beklagen als trösten. Sie wissen ja, in wie wechselvollen Geschicken sie groß geworden sind, und daß die glücklich heißen, die des rühmlichsten Todes – wie diese jetzt – oder Kummers – wie ihr – teilhaftig wurden, und denen für ihr Leben, drin glücklich zu sein und drin zu sterben, das gleiche Maß gesetzt ward. Es ist freilich schwer, das zu glauben, ich weiß, und noch oft werdet ihr euch an sie gemahnt fühlen bei anderer Segen, mit dem ihr einst auch prangtet, und schmerzlich ist nicht dies, Güter, die man nie gekostet, zu vermissen, aber wenn

einem ein Liebgewordenes genommen wird. Doch muß man es
ertragen, auch in der Hoffnung auf andere Söhne, wer noch im
Alter steht, Kinder zu zeugen, denn im Haus werden sie, die
nicht mehr sind, bei manchen in Vergessenheit sinken über den
Nachgeborenen, und der Stadt bringt es doppelten Vorteil: weil
sie nicht entvölkert wird, und wegen ihrer Sicherheit: es kann
nämlich keiner mit gleichem und gerechtem Sinn zum Rat bei-
tragen, der nicht auch mit dem Einsatz von Kindern an den
Gefahren sein Teil trägt. Ihr andern aber, die ihr über das Alter
hinaus seid, achtet das größere Stück des Lebens, worin ihr
glücklich wart, für Gewinn, und daß das übrige kurz sein wird,
und richtet euch auf an eurer Söhne Ruhm. Denn die Ehrliebe allein altert nicht, und im nutzlosen Rest des Lebens ist nicht der
erzielte Gewinn, wie manche sagen, die größte Freude, sondern
die erwiesene Ehre.

[45] All ihr Söhne nun und Brüder unsrer Helden, für euch
sehe ich einen harten Wettkampf voraus; wer nicht mehr ist,
wird ja gern von jedermann gelobt, und kaum mit überschwenglich großen Taten werdet ihr – nicht gleich wie sie, aber
als doch nur ein wenig geringer gelten. Denn Eifersucht trifft die
Lebenden von ihren Gegenspielern, was aber aus der Bahn aus-
schied, wird mit unumstrittener Gunst geehrt.

Soll ich nun auch der Tugend der Frauen noch gedenken, die
jetzt im Witwentum leben werden, so wird mit kurzem Zuspruch alles gesagt sein: für euch ist es ein großer Ruhm, unter
die gegebene Natur nicht hinabzusinken, und wenn eine sich mit
Tugend oder Tadel unter den Männern möglichst wenig Namen
macht.

[46] Gesagt habe nun auch ich in der Rede, die der Brauch will,
was ich Geeignetes wußte, und auch getan ist bereits ein Teil zur
Ehre der Begrabenen; zum andern wird der Staat ihre Söhne von
heute an auf öffentliche Kosten aufziehn, bis sie mannbar sind,
womit er einen nutzbringenden Kranz den Gefallenen und den
Überlebenden für solche Kämpfe aussetzt; denn wo die größten
Preise der Tapferkeit lohnen, da hat eine Stadt auch die besten

DIE PERIKLESREDEN

Bürger. Und nun erhebt den Klagruf, jeder um den er verlor, und dann geht.

[60] Nicht unerwartet kam mir dieser euer Zorn gegen mich (denn ich sehe seine Gründe), und deswegen habe ich die Volksversammlung berufen, um euch zu gemahnen und um es euch vorzurücken, wenn ihr nicht ganz mit Recht mir grollt oder euch dem Unglück beugt. Ich meine nämlich, ein Staat, der insgesamt aufrecht steht, sei für den Bürger eine größere Hilfe, als wenn es im einzelnen jedem darin wohl ergeht, das Ganze aber zerbricht. Ein Mann, dem es wohl gelingt mit all seinen Dingen, wird in den Untergang seiner Stadt trotz allem mit hineingerissen; hat er Unglück, so hilft er sich bei des Staates Wohlfahrt eher heraus. Wenn nun die Stadt das Mißgeschick des einzelnen zu tragen vermag, aber der eine für sich das ihrige nicht kann, wie sollten da nicht alle für sie einstehn – anders als ihr jetzt tut, wenn euch eure häuslichen Leiden so umwerfen, daß ihr die Rettung des Gemeinwesens preisgebt, und wenn ihr mir, weil ich zum Kriege riet, und euch selbst, die ihr ihn beschließen halft, jetzt Vorwürfe macht. Und doch, wem zürnt ihr? Einem Manne, glaube ich, der keinem andern nachsteht in der Erkenntnis des Nötigen und der Fähigkeit, es auszudrücken, der sein Vaterland liebt und über Geld erhaben ist. Wer nämlich die Einsicht hat und sich nicht klar verständlich macht, ist gleich, wie wenn ihm der Gedanke nicht gekommen wäre; und wer beides hat, aber seinem Lande nicht das Beste wünscht, wird schwerlich raten wie ein Freund. Fehlt ihm auch dies nicht, aber er ist schwach vorm Geld, so wird ihm alles miteinander für dies eine feil sein. Wenn ihr mir also nur einigermaßen dies vor andern zusprachet, als ihr euch zum Krieg bestimmen ließet, so gebührte mir auch jetzt kein Vorwurf, als hätte ich ein Unrecht begangen.

[61] Ja, für ein Volk, das die Wahl hat und dem es sonst gut geht, da wäre Krieg zu beginnen eine große Torheit. Wenn es aber galt, entweder nachgiebig sich einfach andern zu fügen oder unter Gefahren sich zu behaupten, so wäre das Ausweichen vor

der Gefahr tadelnswürdiger gewesen als das Standhalten. Ich
nun bin immer noch der gleiche, und stehe wo ich stand, ihr
seid verändert; denn so ist es gekommen: da ihr heil wart, gefiel
euch mein Rat, nun ihr geplagt seid, überfiel euch die Reue, und
mein Gedanke muß eurer menschlichen Schwäche als unrichtig
erscheinen, weil eben das Schmerzhafte heute schon jedem
spürbar ist, aber der Vorteil erst später allen offenbar wird; und
bei dem großen Umschwung, der, und dazu noch so jäh, her-
einbrach, ist euer Geist nicht groß genug, auf dem einmal Be-
schlossenen zu beharren. Denn die innere Freiheit erliegt vor
plötzlichen und unerwarteten Ereignissen, die gegen jede Vernunft gehn – wie uns zu allem andern hauptsächlich mit der
Krankheit geschah. Trotzdem, wenn man Bürger einer großen
Stadt ist und in einer ihr gemäßen Gesinnung groß geworden,
muß man auch das ärgste Unglück bereit sein zu ertragen und
darf die Würde nicht verlieren; denn nach dem Urteil der Menschen ist es gleich verwerflich, unter die gewonnene Höhe aus
Schwächlichkeit abzusinken, wie hassenswert, wenn Neulinge
auf neue Größe ohne Scheu Anspruch erheben. So verschmerzt
euren häuslichen Kummer und setzt eure Kräfte ein zur Rettung des Ganzen.

[62] Wenn ihr aber wegen der Not des Krieges Bedenken habt
– sie könnte unerträglich werden und wir doch nicht siegen –, so
hätten euch eigentlich schon all meine vielen früheren Reden zur
Genüge zeigen können, daß sie unberechtigt sind; ich will aber
noch etwas andeuten, was ihr an eurem Reiche habt, etwas Großes, woran, glaube ich, weder ihr je gedacht habt, noch habe ich
bisher davon gesprochen. Und auch jetzt würde ich nicht davon
reden, weil es etwas anmaßend und prahlerisch tönt, sähe ich
euch nicht über Gebühr niedergeschlagen. Ihr meint, ihr
herrschtet nur über eure Verbündeten, ich aber will euch zeigen,
daß von den zwei Reichen, die dem Menschen zum Gebrauch
verliehen sind, Erde und Meer, ihr des einen völlig und allein Gewalt habt, soweit ihr es jetzt befahrt und wenn ihr noch weiter
wolltet; da ist niemand, weder der Großkönig noch irgendein

DIE PERIKLESREDEN 445

anderes Volk, euch im Augenblick Halt zu gebieten, wenn ihr
mit eurer gegenwärtigen Flottenmacht daherführet. So daß diese
Macht, wie ihr seht, in gar keinem Verhältnis zum Nutzwert der
Häuser und Felder steht, deren Verlust euch jetzt so schwerfällt,
und es wäre nicht angemessen, sich sehr zu betrüben um diese
Dinge, statt sie im Vergleich damit anzusehn wie ein Gärtlein
und kostbares Schaustück, und drüber wegzugehn in der Einsicht, daß die Freiheit, wenn wir alle Kräfte einsetzen, sie zu retten, uns leicht alles neu schaffen wird, während in der Fremd-
herrschaft auch der alte Besitz zu schwinden pflegt. Beweist
auch, daß ihr nicht weniger wert seid als eure Väter, die dieses
Reich erst einmal in harter Arbeit erobert, nicht etwa als Erbe
übernommen, und es außerdem durch die Zeiten gerettet haben,
um es euch zu übergeben (Einbuße von Besitztum ist aber die
schlimmere Schande als Mißerfolg beim Erwerb), und bietet euren Feinden die Stirn nicht nur mit Mut, sondern sogar mit
Übermut. Denn Dünkel mag wohl auch aus Torheit, die Glück
hat, schließlich bei einem Feigling vorkommen, aber Selbstge-
fühl nur, wenn einer auch an Geist seine Gegner zu übertreffen
glaubt – wie es bei uns ist. Und der Wagemut bekommt mehr
Festigkeit, wenn, bei gleicher Gunst des Glücks, die Vernunft
sich überlegen fühlt; sie vertraut auch nicht dem Hoffen (das in
der letzten Not seine Kraft zeigt), sondern der mit dem Gegebenen rechnenden Erkenntnis, deren Voraussicht verläßlicher ist.
[63] Und wenn unsere Stadt in Ehren steht wegen ihrer Herrschaft und ihr doch auch alle darauf stolz seid, so gebührt es sich
jetzt, ihr zu Hilfe zu eilen und der Mühsal sich nicht zu entziehn –
oder dann auch auf die Ehre zu verzichten. Und glaubt nicht, es
ginge in diesem Kampf nur um das eine, nicht Knechte zu werden statt frei, sondern euch drohen auch der Verlust eures Reiches und die Gefahren des Hasses, der euch aus der Herrschaft erwuchs. Aus der zurückzutreten steht euch auch nicht mehr frei,
falls einer in der Angst dieser Stunde sogar so tugendhaft und
friedfertig werden wollte; denn die Herrschaft, die ihr übt, ist
jetzt schon Tyrannis; sie aufzurichten mag ungerecht sein, sie

aufzugeben ist gefährlich. Wie rasch würden solche Menschen, wenn sie noch andere überreden, eine Stadt zugrunde richten, ja sogar, wenn sie irgendwo unabhängig für sich alleine wohnten; denn das Friedliebende kann sich nicht erhalten, wenn nicht das Täterische dazukommt, und nicht für eine herrschende Stadt empfiehlt sich, sondern für Untertanen, gefahrlose Dienstbarkeit.

[64] Ihr aber, laßt euch nicht verführen von solchen Bürgern und habt nicht auf mich einen Zorn, nachdem ihr den Krieg doch auch mit beschlossen habt, mögen jetzt auch die Feinde eingebrochen sein und getan haben, was vorauszusehen war, da ihr ihnen nicht gehorchen mochtet, und mag so völlig unverhofft diese Krankheit dazugekommen sein – doch wohl das einzige von allem, was wirklich jede Erwartung überstieg. Ihretwegen, weiß ich wohl, haßt ihr mich noch ein gut Teil mehr – nicht mit Grund, es sei denn, ihr wolltet auch Erfolge, die euch etwa unvermutet zufallen, mir gutschreiben. Nein, tragen muß man, was vom Himmel kommt, nach Notwendigkeit, was uns der Feind tut, mit Tapferkeit. Dies ist Sitte in dieser Stadt immer schon gewesen und soll nicht bei euch haltmachen. Vielmehr denkt, daß Athen darum so hoch gerühmt ist bei allen Menschen, weil es sich keinem Unglück beugt und so viele Mühsale und Menschenleben in Kriegen drangegeben hat, und daß es doch wohl die größte Macht besitzt, die es bisher gab, an welche für alle Zeit, selbst wenn es jetzt etwa ein wenig nachläßt (denn es liegt im Wesen aller Dinge, auch einmal abzunehmen), bei der Nachwelt die Erinnerung lebendig bleiben wird, weil keine andern Hellenen über so viele Hellenen geherrscht haben wie wir, so schwere Kriege bestanden mit einzelnen oder gegen alle zusammen, und weil die von uns bewohnte Stadt in einer solchen Fülle aller Dinge und Größe dastand. Das mag freilich den Friedfertigen zu Tadel reizen, aber den, der auch etwas leisten möchte, zur Nacheiferung, und wer es nicht hat, zum Neid. Doch Haß und Anfeindung für den Augenblick blieb noch keinem erspart, wo einer den andern zu beherrschen wagt; wer aber diese Miß-

DIE PERIKLESREDEN 447

gunst sich zuzieht um eines wahrhaft großen Zieles willen, der ist wohlberaten. Denn Haß hält nicht für lange vor, aber der heutige Glanz und der Nachruhm bleiben ewig denkwürdig. Ihr aber, erwerbt euch beides, auf die künftige Ehre vorbedacht und voll gegenwärtigen Eifers, um jetzt nicht in Schande zu fallen. Sendet nicht zu den Spartanern und laßt nicht merken, daß die jetzige Not auf euch lastet; denn wer sich Unglück am wenigsten zu Herzen gehen läßt und ihm nach außen am stärksten widersteht, der, unter Staaten wie im einzelnen Leben, der überwindet.

[65] Mit solchen Worten versuchte Perikles, den Zorn der Athener gegen ihn zu beschwichtigen und ihre Gedanken von den Tagesängsten abzulenken. In der Versammlung ließen sie sich auch von ihm umstimmen; sie schickten nicht mehr nach Sparta, sondern betrieben nur eifriger ihren Krieg. Aber jeder einzelne Bürger hing weiter seinen Schmerzen nach, das Volk, weil sie von Anfang an weniger gehabt hätten und nun auch darum gebracht seien, die Mächtigen wegen des Verlustes ihrer schönen Besitzungen auf dem Lande, ihrer Bauten und kostbaren Einrichtungen, und vor allem, weil sie Krieg hatten statt Frieden. Und wirklich ruhten sie alle zusammen in ihrer Wut auf ihn nicht eher, als bis sie ihm eine Geldbuße auferlegt hatten. Sehr bald danach freilich, wie die Menge pflegt, wählten sie ihn wieder zum Feldherrn und überließen ihm die wichtigsten Entscheidungen, da jeder in seinem häuslichen Kummer nun schon eher abgestumpft war und sie ihn für die Bedürfnisse der gesamten Stadt doch für den fähigsten Mann hielten. Denn solang er die Stadt leitete im Frieden, führte er sie mit Mäßigung und erhielt ihr ihre Sicherheit, und unter ihm wurde sie so groß, und als der Krieg ausbrach, da hatte er, wie sich zeigen läßt, auch hierfür die Kräfte richtig vorausberechnet. Er lebte dann noch zwei Jahre und sechs Monate, und nach seinem Tode wurde seine Voraussicht für den Krieg erst recht deutlich. Denn er hatte ihnen gesagt, sie sollten sich nicht zersplittern, die Flotte ausbauen, ihr Reich nicht vergrößern während des Krieges und die Stadt nicht

aufs Spiel setzen, dann würden sie siegen. Sie aber taten von allem das Gegenteil und rissen außerdem aus persönlichem Ehrgeiz und zu persönlichem Gewinn den ganzen Staat in Unternehmungen, die mit dem Krieg ohne Zusammenhang schienen und die, falsch für Athen selbst und seinen Bund, solange es gut ging, eher einzelnen Bürgern Ehre und Vorteil brachten, im Fehlschlag aber die Stadt für den Krieg schwächten. Das kam daher, daß er, mächtig durch sein Ansehn und seine Einsicht und in Gelddingen makellos unbeschenkbar, die Masse in Freiheit bändigte, selber führend, nicht von ihr geführt, weil er nicht, um mit unsachlichen Mitteln die Macht zu erwerben, ihr zu Gefallen redete, sondern genug Ansehn hatte, ihr wohl auch im Zorn zu widersprechen. Sooft er wenigstens bemerkte, daß sie zur Unzeit sich in leichtfertiger Zuversicht überhoben, traf er sie mit seiner Rede so, daß sie ängstlich wurden, und aus unbegründeter Furcht hob er sie wiederum auf und machte ihnen Mut. Es war dem Namen nach eine Demokratie, in Wirklichkeit eine Herrschaft des Ersten Mannes. Aber die Späteren, untereinander eher gleichen Ranges und nur bemüht, jeder der erste zu werden, gingen sogar so weit, die Führung der Geschäfte den Launen des Volkes auszuliefern. Daher wurden immer wieder, bei der Größe der Stadt und ihrer Herrschaft, viele Fehler begangen, vor allem die Fahrt nach Sizilien, die eigentlich nicht falsch war im Plan gegenüber den Angegriffenen, nur daß die Daheimgebliebenen, statt dem ausgesandten Heer mit zweckmäßigen Beschlüssen weiterzuhelfen, überm Ränkespiel der einzelnen Bürger, die um die Volksführerschaft buhlten, die Kraft des Auszugs im Felde sich abstumpfen ließen und in der Stadt die inneren Wirren anfingen. Und nachdem sie in Sizilien eine solche Streitmacht und vor allem den größten Teil der Flotte eingebüßt hatten und in der Stadt die Parteikämpfe nun ausgebrochen waren, behaupteten sie sich trotzdem noch zehn Jahre lang sowohl gegen ihre bisherigen Feinde wie gegen die neuen von Sizilien, dazu gegen ihre meistenteils abtrünnigen Verbündeten und schließlich sogar Kyros, den Sohn des Großkönigs, der den Peloponnesiern Geld gab an ihre Flotte, und ergaben sich nicht eher, als bis sie in ihren eigenen Streitigkeiten über sich selber hergefallen und so zugrunde gegangen waren. Ein solcher Überschuß an Macht berechtigte damals Perikles zu der Voraussage, daß sie gegen die Peloponnesier allein sogar sehr leicht den Krieg gewinnen würden.

DIE PESTSCHILDERUNG

(II 47-52)

Die berühmte Pestschilderung ist das relativierende Gegenstück zur Rede des Perikles auf die Gefallenen (Epitaphios). Thukydides versteht die Pest bzw. Seuche (das Krankheitsbild ist nicht ganz klar identifizierbar), an der Perikles 429 v. Chr. starb, als Symptom für die beginnende innere Erschütterung der Polis, als Anfang vom Ende.

Zweiter Einfall · Die Seuche

Gleich mit Sommers Beginn fielen die Peloponnesier und ihre Verbündeten mit zwei Dritteln ihrer Macht, wie das erstemal, in Attika ein, geführt von Archidamos Zeuxidamos' Sohn, König von Sparta, lagerten sich und verwüsteten das Land. Sie waren noch nicht viele Tage in Attika, als in Athen zum ersten Male die Seuche ausbrach. Es hieß, sie habe schon vorher manchenorts eingeschlagen, bei Lemnos und anderwärts, doch von nirgends wurde eine solche Pest, ein solches Hinsterben der Menschen berichtet. Nicht nur die Ärzte waren mit ihrer Behandlung zunächst machtlos gegen die unbekannte Krankheit, ja, da sie am meisten damit zu tun hatten, starben sie auch am ehesten selbst, aber auch jede andre menschliche Kunst versagte: alle Bittgänge zu den Tempeln, Weissagungen und was sie dergleichen anwandten, half alles nichts, und schließlich ließen sie davon ab und ergaben sich in ihr Unglück. [48] Sie begann zuerst, so heißt es, in Äthiopien oberhalb Ägyptens und stieg dann nieder nach Ägypten, Libyen und in weite Teile von des Großkönigs Land. In die Stadt Athen brach sie plötzlich ein und ergriff zunächst die Menschen im Piräus, weshalb auch die Meinung aufkam, die Pe-

loponnesier hätten Gift in die Brunnen geworfen (denn Quellwasser gab es dort damals noch nicht). Später gelangte sie auch
in die obere Stadt, und da starben die Menschen nun erst recht
dahin. Mag nun jeder darüber sagen, Arzt oder Laie, was seiner
Meinung nach wahrscheinlich der Ursprung davon war und
welchen Ursachen er eine Wirkung bis in solche Tiefe zutraut;
ich will nur schildern, wie es war; nur die Merkmale, an denen
man sie am ehesten wiedererkennen könnte, um dann Bescheid
zu wissen, wenn sie je noch einmal hereinbrechen sollte, die will
ich darstellen, der ich selbst krank war und selbst andere leiden
sah.

[49] Es war jenes Jahr, wie allgemein festgestellt wurde, in bezug auf die andern Krankheiten grade besonders gesund. Wer
schon vorher ein Leiden hatte, dem ging es immer über in dieses,
die andern aber befiel ohne irgendeinen Grund plötzlich aus heiler Haut zuerst eine starke Hitze im Kopf und Rötung und Entzündung der Augen, und innen war sogleich alles, Schlund und
Zunge, blutigrot, und der Atem, der herauskam, war sonderbar
und übelriechend. Dann entwickelte sich daraus ein Niesen und
Heiserkeit, und ziemlich rasch stieg danach das Leiden in die
Brust nieder mit starkem Husten. Wenn es sich sodann auf den
Magen warf, drehte es ihn um, und es folgten Entleerungen der
Galle auf all die Arten, für die die Ärzte Namen haben, und zwar
unter großen Qualen, und die meisten bekamen dann einen leeren Schlucken, verbunden mit einem heftigen Krampf, der bei
einigen alsbald nachließ, bei andern auch erst viel später. Wenn
man von außen anfaßte, war der Körper nicht besonders heiß,
noch auch bleich, sondern leicht gerötet, blutunterlaufen und bedeckt von einem dichten Flor kleiner Blasen und Geschwüre;
aber innerlich war die Glut so stark, daß man selbst die aller-
dünnsten Kleider und Musselindecken abwarf und es nicht anders aushielt als nackt und sich am liebsten in kaltes Wasser gestürzt hätte. Viele von denen, die keine Pflege hatten, taten das
auch, in die Brunnen, vor dem unstillbaren Durst. Es war kein
Unterschied, ob man viel oder wenig trank. Und die ganze Zeit

quälte man sich in der hilflosen Unrast und Schlaflosigkeit. Solang die Krankheit auf ihrer Höhe stand, fiel auch der Körper
nicht zusammen, sondern widerstand den Schmerzen über Erwarten. Entweder gingen daher die meisten am neunten oder
siebten Tag zugrunde an der inneren Hitze, ohne ganz entkräftet
zu sein, oder sie kamen darüber weg, und dann stieg das Leiden
tiefer hinab in die Bauchhöhle und bewirkte dort ein starkes
Schwären, wozu noch ein wäßriger Durchfall auftrat, so daß die
meisten später an diesem starben, vor Erschöpfung. Denn das
Übel durchlief von oben her, vom Kopfe, wo es sich zuerst fest-
setzte, den ganzen Körper, und hatte einer das Schlimmste über-
standen, so zeigte sich das am Befall seiner Gliedmaßen: denn
nun schlug es sich auf Schamteile, Finger und Zehen, und viele
entrannen mit deren Verlust, manche auch dem der Augen. Andere hatten beim ersten Aufstehen rein alle Erinnerung verloren
und kannten sich selbst und ihre Angehörigen nicht mehr. [50]
Denn die unfaßbare Natur der Krankheit überfiel jeden mit einer
Wucht über Menschenmaß, und insbesondre war dies ein klares
Zeichen, daß sie etwas anderes war als alles Herkömmliche: die
Vögel nämlich und die Tiere, die an Leichen gehn, rührten entweder die vielen Unbegrabenen nicht an, oder sie fraßen und
gingen dann ein. Zum Beweis: es wurde ein deutliches Schwinden solcher Vögel beobachtet; man sah sie weder sonst noch bei
irgendeinem Fraß, wogegen die Hunde Spürsinn zeigten für die
Wirkungen wegen der Lebensgemeinschaft.

[51] So also war diese Seuche, von mancher Besonderheit abgesehen, worin der eine sie vielleicht etwas anders erfuhr als ein
anderer, aber doch in ihrer Gesamtform. Sonst litt man zu jener
Zeit an keiner von den gewöhnlichen Krankheiten, wenn aber
doch eine vorkam, so endete sie immer in jene. Die einen starben, wenn man sie liegen ließ, die andern auch bei der besten
Pflege. Und ein sicheres Heilmittel wurde eigentlich nicht gefunden, das man zur Hilfe hätte anwenden müssen – was dem einen genützt hatte, das schadete einem andern – auch erwies sich
keine Art von Körper nach seiner Kraft oder Schwäche als gefeit

dagegen, sondern alle raffte es weg, auch die noch so sorgsam Ausgebildeten. Das Allerärgste an dem Übel war die Mutlosigkeit, sobald sich einer krank fühlte (denn sie überließen sich sofort der Verzweiflung, so daß sie sich innerlich viel zu schnell selbst aufgaben und keinen Widerstand leisteten), und dann, daß sie bei der Pflege einer am andern sich ansteckten und wie die Schafe hinsanken; daher kam hauptsächlich das große Sterben. Wenn sie nämlich in der Angst einander mieden, so verdarben sie in der Einsamkeit, und manches Haus wurde leer, da keiner zu pflegen kam; gingen sie aber hin, so holten sie sich den Tod, grad die, die Charakter zeigen wollten – diese hätten sich geschämt, sich zu schonen, und besuchten ihre Freunde; wurden doch schließlich sogar die Verwandten stumpf gegen den Jammer der Verscheidenden, vor der Übergewalt des Leides. Am meisten hatten immer noch die Geretteten Mitleid mit den Sterbenden und Leidenden, weil sie alles vorauswußten und selbst nichts mehr zu fürchten hatten; denn zweimal packte es den gleichen nicht, wenigstens nicht tödlich. Diese wurden glücklich gepriesen von den andern und hatten auch selbst seit der Überfreude dieses Tages eine hoffnungsvolle Leichtigkeit für alle Zukunft, als könne sie keine andere Krankheit je mehr umbringen.

[52] Zu all dieser Not kam noch als größte Drangsal das Zusammenziehen von den Feldern in die Stadt, zumal für die Neugekommenen. Denn ohne Häuser, in stickigen Hütten wohnend in der Reife des Jahres, erlagen sie der Seuche ohne jede Ordnung: die Leichen lagen übereinander, sterbend wälzten sie sich auf den Straßen und halbtot um alle Brunnen, lechzend nach Wasser. Die Heiligtümer, in denen sie sich eingerichtet hatten, lagen voller Leichen der drin an geweihtem Ort Gestorbenen; denn die Menschen, völlig überwältigt vom Leid und ratlos, was aus ihnen werden sollte, wurden gleichgültig gegen Heiliges und Erlaubtes ohne Unterschied. Alle Bräuche verwirrten sich, die sie sonst bei der Bestattung beobachteten; jeder begrub, wie er konnte. Viele vergaßen alle Scham bei der Beisetzung, aus Man-

gel am Nötigsten, nachdem ihnen schon so viele vorher gestorben waren: die legten ihren Leichnam auf einen fremden Scheiterhaufen und zündeten ihn schnell an, bevor die wiederkamen,
die ihn geschichtet, andre warfen auf eine schon brennende Leiche die, die sie brachten, oben darüber und gingen wieder.

DIE PATHOGRAPHIE

(III 82-85)

Die sog. Pathographie im Anschluß an die Schilderung der Ereignisse des Jahres 427 (also schon nach dem Tode des Perikles) zeigt die Verwilderung der politischen Sitten vor allem auch in der sprachlichen Umwertung aller Werte.

[82] So ins Unmenschliche steigerte sich dieser Bürgerkrieg und wurde desto stärker so empfunden, als er der allererste dieser Art war. Später freilich ergriff das Fieber so ziemlich die ganze hellenische Welt, da in den zerrissenen Gemeinwesen allerorten die Volksführer sich um Athens Eingreifen bemühten und die Adligen um Spartas. Solang noch Friede war, mochte es wohl an Vorwänden fehlen, auch an Gelegenheit, sie zu Hilfe zu rufen; da aber der Krieg erklärt war und damit die Bündnisse beiden Seiten wichtig wurden, die Schwächung der gegnerischen und dadurch zugleich Neugewinn eigener, war für jeden geplanten Umsturz fremde Hilfe leicht zu erhalten. So brach in ständigem Aufruhr viel Schweres über die Städte herein, wie es zwar geschieht und immer wieder sein wird, solange Menschenwesen sich gleichbleibt, aber doch schlimmer oder harmloser und in immer wieder anderen Formen, wie es jeweils der Wechsel der Umstände mit sich bringt. Denn im Frieden und Wohlstand ist die Denkart der Menschen und der ganzen Völker besser, weil keine aufgezwungenen Notwendigkeiten sie bedrängen; aber der Krieg, der das leichte Leben des Alltags aufhebt, ist ein gewalttätiger Lehrer und stimmt die Leidenschaften der Menge nach dem Augenblick.

So tobten also Parteikämpfe in allen Städten, und die etwa erst später dahin kamen, die spornte die Kunde vom bereits Geschehenen erst recht zum Wettlauf im Erfinden immer der neusten Art ausgeklügelter Anschläge und unerhörter Rachen. Und den bislang gültigen Gebrauch der Namen für die Dinge vertauschten sie nach ihrer Willkür: unbedachtes Losstürmen galt nun als Tapferkeit und gute Kameradschaft, aber vordenkendes Zögern als aufgeschmückte Feigheit, Sittlichkeit als Deckmantel einer ängstlichen Natur, Klugsein bei jedem Ding als Schlaffheit zu jeder Tat; tolle Hitze rechnete man zu Mannes Art, aber behutsames Weiterberaten nahm man als ein schönes Wort zur Verbrämung der Abkehr. Wer schalt und eiferte, galt immer für glaubwürdig, wer ihm widersprach, für verdächtig. Tücke gegen andere, wenn erfolgreich, war ein Zeichen der Klugheit, sie zu durchschauen war erst recht groß, wer sich aber selber vorsah, um nichts damit zu tun zu haben, von dem hieß es, er zersetze den Bund und zittere vor den Gegnern. Kurz, bösem Plan mit bösem Tun zuvorzukommen brachte Lob, auch den noch Arglosen aufzustiften. Dann entfremdeten sich die Verwandten über all den Bünden, die so viel rascher bereit waren, ohne Zaudern zuzuschlagen. Denn nicht mit den gültigen Gesetzen waren das Vereine zu gegenseitiger Hilfe, sondern gegen die bestehende Ordnung solche der Raffgier. Untereinander verbürgte ihnen die Treue weniger das göttliche Recht als gemeinsam begangenes Unrecht. Ein edelmütiger Vorschlag von den Gegnern fand Eingang aus zweckmäßiger Vorsicht, wenn diese überlegen waren, und nicht aus schönem Vertrauen. Sich wiederzurächen am andern war mehr wert, als selber verschont geblieben zu sein. Eide, falls noch irgendein Vergleich auf die Art bekräftigt wurde, waren geleistet in der Not, wenn beide sich nicht mehr anders zu helfen wußten, und galten für den Augenblick; wer aber bei günstiger Gelegenheit zuerst wieder Mut faßte, wenn er eine Blöße entdeckte, der nahm seine Rache lieber durch Verrat als in offenem Kampf, einmal zu seiner Sicherheit und dann, weil der ertrogene Triumph ihm noch den Siegespreis der Schlauheit hinzugewann. Denn im allgemeinen heißt der Mensch lieber ein Bösewicht, aber gescheit, als ein Dumm-

kopf, wenn auch anständig; des einen schämt er, mit dem andern
brüstet er sich.

Die Ursache von dem allem war die Herrschsucht mit ihrer
Habgier und ihrem Ehrgeiz und daraus dann, bei der entbrann-
ten Kampfwut, noch das wilde Ungestüm. Denn die führenden
Männer in den Städten, auf beiden Seiten mit einer bestechenden
Parole, sie seien Verfechter staatlicher Gleichberechtigung der
Menge oder einer gemäßigten Herrschaft der Besten, machten
das Gemeingut, dem sie angeblich dienten, zu ihrer Beute, und in
ihrem Ringen, mit allen Mitteln einander zu überwältigen, vollbrachten sie ohne Scheu die furchtbarsten Dinge und überboten
sich dann noch in der Rache; nicht, daß sie sich dafür eine Grenze
gesteckt hätten beim Recht oder beim Staatswohl – da war freie
Bahn, soweit jede Partei gerade ihre Laune trieb. Ob sie nun
durch ungerechten Stimmstein oder mit der Faust sich zum
Herrn machten, es war alles recht, um nur die Kampfwut des
Augenblicks zu ersättigen. Frömmigkeit galt weder hüben noch
drüben; man schaffte sich vielmehr einen guten Namen, wenn es
gelang, grade durch den Schönklang eines Wortes eine Tat des
Hasses zu vollführen. Und die Mittelschicht der Bürger wurde,
weil sie nicht mitkämpfte oder aus Neid, daß sie davonkäme,
von beiden Seiten her ausgemordet.

[83] So kam in der hellenischen Welt durch die Bürgerkriege
jede Art von Sittenverderbnis auf, und die Einfalt, die mit edler
Art so nah verwandt ist, ging unter im Hohn; mit mißtrauischer
Gesinnung gegeneinander zu stehen wurde das Herrschende.
Denn um zu schlichten war kein Wort unumstößlich, kein Eid
fürchterlich genug, und da alle besser fuhren mit Berechnung,
bei keiner Hoffnung auf Verlaß, suchten sie lieber jedem Schaden vorzubauen und konnten nicht mehr vertrauen. Und die
geistig Schwächern vermochten sich meist zu behaupten; denn
in ihrer Furcht wegen des eignen Mangels und der Klugheit ihrer
Gegner, denen sie sich im Wort nicht gewachsen fühlten, und
um nicht unversehens einem verschlagenern Geist in die Falle zu
gehen, schritten sie verwegen zur Tat; die aber überlegen mein-

ten, sie würden es schon rechtzeitig merken und hätten nicht nötig, mit Gewalt zu holen, was man mit Geist könne, waren viel
wehrloser und kamen schneller ums Leben.

[85] Mit solchen Leidenschaften also wüteten zuerst die Kerkyrer in der Stadt gegeneinander, und Eurymedon fuhr mit der
attischen Flotte wieder ab. Später aber konnten die vertriebnen
Kerkyrer (denn es waren ihrer etwa fünfhundert davongekom-
men) durch Einnahme einiger fester Plätze drüben an der Küste
ihren Besitz auf dem Festland halten und taten von da aus mit
Raubfahrten der Insel viel Schaden, so daß die Stadt bald schweren Hunger litt. Sie sandten auch Boten nach Sparta und Korinth
um Rückführung, und da es damit nichts werden wollte, setzten
sie im folgenden mit Kähnen und geworbenen Hilfstruppen auf
die Insel über, etwa sechshundert im ganzen, verbrannten dort
selber ihre Kähne, damit ihnen gar nichts anderes übrigbliebe, als
das Land zu erobern, und von einem Kastell aus, das sie sich oben
auf dem Berg Istone bauten, peinigten sie die in der Stadt und beherrschten das offene Land.

DER MELIERDIALOG

(V 85-111)

In dem sog. Melierdialog geht es um Macht und Recht. Die Athener vertreten den reinen Machtstandpunkt, das Prinzip vom Recht des Stärkeren. Sie nahmen im Sommer 416 v. Chr. mit gewaltiger Übermacht die Insel Melos ein. Später sollten sich die Warnungen der Melier bewahrheiten.

[85] Wenn unsre Worte sich schon nicht ans Volk richten sollen, offenbar damit die Menge nicht in fortlaufender Rede von uns verlockende und unerwiesene Dinge in einem Zuge hört und damit betört wird (denn dies meint doch, merken wir wohl, unsere Führung vor den Adelsrat), so geht doch, ihr hier versammelten Männer, noch behutsamer vor: gebt eure Antwort Punkt für Punkt, auch ihr nicht in einer einzigen Rede, sondern unterbrecht uns gleich, sooft wir etwas sagen, was euch nicht annehmbar scheint. Und nun sprecht zuerst, ob unser Vorschlag euch gefällt.

[86] Die melischen Ratsherrn antworteten: Eure Milde, daß wir in Ruhe einander überzeugen sollen, anerkennen wir gern, aber das kriegerische Wesen, womit ihr schon auftretet, nicht erst droht, widerspricht dem sichtlich. Sehn wir euch doch hergekommen, selber zu richten in dem zu führenden Gespräch, und also wird das Ende uns vermutlich, wenn wir mit unsren Rechtsgründen obsiegen und drum nicht nachgeben, Krieg bringen, hören wir aber auf euch, Knechtschaft.

[87] *Die Athener.* Wenn ihr allerdings in dieser Zusammenkunft Vermutungen über den Ausgang abwägen wollt oder sonst etwas, statt aus der jetzigen Lage heraus, wie ihr sie seht, über die Erhaltung eurer Stadt zu beraten, so hören wir lieber auf; wenn aber dies, so wollen wir reden.

[88] *Die Melier.* Begreiflich und verzeihlich, wenn man in sol-

cher Bedrängnis auf mancherlei Worte und Gedanken verfällt;
freilich geht es in gegenwärtiger Versammlung um unsre Erhaltung, und die Verhandlung soll in der Form, die ihr vorschlagt,
wenn es euch recht ist, stattfinden.

[89] *Die Athener.* Wir allerdings gedenken unsrerseits nicht
mit schönen Worten – etwa als Besieger der Perser seien wir zur
Herrschaft berechtigt oder wir müßten erlittenes Unrecht jetzt
vergelten – endlose und unglaubhafte Reden euch vorzutragen,
noch dürft ihr meinen uns zu überreden, wenn ihr sagt, Ab-
kömmlinge Spartas, hättet ihr doch keine Heeresfolge geleistet
oder ihr hättet uns nichts zuleide getan; sondern das Mögliche
sucht zu erreichen nach unser beider wahren Gedanken, da ihr so
gut wißt wie wir, daß im menschlichen Verhältnis Recht gilt bei
Gleichheit der Kräfte, doch das Mögliche der Überlegene durch-
setzt, der Schwache hinnimmt.

[90] *Die Melier.* Unsres Bedünkens wäre es aber doch nützlich
(so muß es wohl heißen, wenn denn nach euerm Gebot statt vom
Recht nur vom Vorteil die Rede sein darf), wenn ihr nicht aufhö-
bet, was jetzt allen zugut kommt: daß, wer je in Gefahr ist, immer noch hoffen darf, mit Gründen der Billigkeit, auch außerhalb des strengsten Maßes, Gehör zu finden zu seinem Gewinn.
Und dies gilt nicht minder auch zu euern Gunsten: denn stürztet
ihr je, ihr möchtet noch für andre zum Beispiel werden gewaltiger Rache.

[91] *Die Athener.* Wir aber sind, sollte auch unsre Herrschaft
brechen, vor diesem Ende nicht in Bangen. Denn ein Volk, das
andre beherrscht, wie die Spartaner, das ist kein Schrecken für
die Besiegten (übrigens geht unser Kampf ja gar nicht gegen
Sparta), wohl aber, wenn die Untertanen selber einmal aufstehn
und ihre bisherigen Herrn unterwerfen. Doch diese Gefahr
bleibe uns überlassen zu tragen; das aber möchten wir euch dartun, daß wir hergekommen sind unsrem Reich zur Mehrung
und jetzt diese Reden führen wollen eurer Stadt zur Rettung;
denn so würden wir ohne Mühe eure Herrn, und ihr bliebet zu
beider Nutzen heil.

[92] *Die Melier.* Und wie brächte uns der Verlust der Freiheit Nutzen, so wie euch die gewonnene Herrschaft?

[93] *Die Athener.* Weil ihr, statt das Entsetzlichste zu leiden, euch unterordnen dürftet und wir, wenn wir euch nicht vertilgen, dabei gewönnen.

[94] *Die Melier.* Daß wir uns stillhalten und euch freund sind statt feind, aber mit keiner Seite verbündet, könntet ihr nicht annehmen?

[95] *Die Athener.* Nicht so sehr schadet uns eben eure Feindschaft, wie daß Freundschaft ein Schwächezeichen, Haß eines der Stärke bei unsern Untertanen bedeutet.

[96] *Die Melier.* Achten denn bei euch in der Art die Unterworfnen auf Bill und Unbill, daß sie gar keinen Unterschied machen zwischen Städten, mit denen ihr nichts zu schaffen habt, und den andern, die doch fast alle von euch gegründet sind, teils auch nach einem Abfall neu in eure Hand kamen?

[97] *Die Athener.* Rechtsgründe, meinen sie eben, hätten die einen so gut wie die andern, nur der Macht wegen könnten die einen sich behaupten und griffen wir aus Angst nicht an. So würdet ihr außer der Mehrung unsrer Herrschaft uns auch noch Sicherheit bringen, wenn ihr euch unterwerft und zumal als Insel – und gar der schwächern eine – der Seemacht Athen nicht trotzt.

[98] *Die Melier.* Und in jenem Vorschlag seht ihr keine Sicherheit? Denn wie ihr vorhin aus unsren Reden die Gerechtigkeit verbannt und uns dazu vermocht habt, uns euerm Nutzen zu fügen, ebenso müssen dafür auch wir jetzt euch unsern Vorteil erklären, ob er vielleicht mit dem euren zusammenfällt, und damit versuchen durchzudringen. Alle die nämlich, die jetzt noch keinem der Bünde zugehören, müßt ihr sie euch nicht zu Feinden machen, wenn sie dies hier mit ansehn und sich sagen, einmal würdet ihr auch gegen sie kommen? Und was tut ihr damit anderes, als daß ihr die bisherigen Feinde stärkt und die, die nicht daran dachten, es zu werden, gegen ihren Willen dazu bringt?

[99] *Die Athener*. Gefährlich, so finden wir, sind uns eben weniger die Städte etwa auf dem Festland, die grad, weil sie frei sind, sich lange hin und her besinnen werden, eh sie zu unsrer Abwehr etwas tun, als vielmehr die etwa noch unabhängigen Inseln wie ihr mitsamt denen, die durch den Zwang der Herrschaft schon erbittert sind. Denn die möchten am ehesten sich der Unvernunft vertrauen und sich selbst und uns sehenden Auges in Gefahr stürzen.

[100] *Die Melier*. Ja aber nun, wenn ihr, um eure Herrschaft zu behalten, und eure Untertanen, um endlich vom Joch loszukommen, derart Äußerstes wagen, so wäre es doch von uns noch Freien gar zu niedrig und feig, nicht jeden Weg zu versuchen, eh wir Sklaven werden.

[101] *Die Athener*. Nicht, wenn ihr besonnen überlegt. Nicht um Mannesehre geht der Kampf für euch von gleich zu gleich, daß ihr nicht in Schande fallt, sondern um euer Leben geht die Beratung, daß ihr den weitaus Stärkern euch nicht widersetzt.

[102] *Die Melier*. Wir wissen aber, daß sich im Krieg manchmal die Geschicke gleichmäßiger verteilen, als dem Unterschied der beiden Stärken entspräche; und für uns heißt sofort nachgeben die Hoffnung aufgeben, handeln wir aber, ist auch noch Hoffnung, aufrecht zu stehen.

[103] *Die Athener*. Hoffnung, eine Trösterin in Gefahr, mag den, der im Wohlstand ihr vertraut, wohl einmal schädigen, doch nicht verderben. Wer aber alles, was er hat, an einen Wurf setzt (denn Verschwendung ist ihr Wesen), der erkennt sie im Sturz, und zugleich behält er nichts übrig, weshalb er vor der durchschauten sich noch wahren sollte. Seht zu, daß es euch nicht auch so geht, ihr Schwachen, deren Waage beim ersten Anstoß schnellt, und tut es nicht den vielen gleich, die, statt auf Menschenwegen die noch mögliche Rettung zu ergreifen, sobald in der Bedrängnis die klaren Hoffnungen sie verlassen, auf die verschwommenen bauen: Weissagung, Göttersprüche und all dieses, was mit Hoffnungen Unheil stiftet.

[104] *Die Melier.* Schwer dünkt es allerdings auch uns, wißt wohl, gegen eure Macht und das Schicksal, wenn es so ungleich steht, anzukämpfen. Dennoch trauen wir, daß das Geschick uns um der Gottheit willen nicht benachteiligt, weil wir rein und gegen Ungerechte stehn, und unsern Mangel an Macht der Spartanische Bund ergänzt, der, wenn sonst aus keinem Grund, so doch wegen der Verwandtschaft und um der Ehre willen, gar nicht anders kann als uns zu helfen. Nicht so durchaus nur unvernünftig ist also unsere Zuversicht.

[105] *Die Athener.* Je nun, an der Gunst der Götter soll es, denken wir, auch uns nicht fehlen. Denn nichts, was wir fordern oder tun, widerspricht der Menschen Meinung von der Gottheit und Gesinnung gegeneinander. Wir glauben nämlich, vermutungsweis, daß das Göttliche, ganz gewiß aber, daß alles Menschenwesen allezeit nach dem Zwang seiner Natur, soweit es Macht hat, herrscht. Wir haben dies Gesetz weder gegeben noch ein vorgegebenes zuerst befolgt, als gültig überkamen wir es, und zu ewiger Geltung werden wir es hinterlassen, und wenn wir uns daran halten, so wissen wir, daß auch ihr und jeder, der zur selben Macht wie wir gelangt, ebenso handeln würde. Vor den Göttern brauchen wir also darum nach der Wahrscheinlichkeit keinen Nachteil zu befürchten. Wegen eurer Spartanerhoffnung aber, die ihr hegt, sie würden um ihrer Ehre willen euch gewiß helfen, da preisen wir euch selig für euren Kinderglauben, ohne eure Torheit euch zu neiden. Die Spartaner untereinander nämlich und unter ihren Landesgesetzen zeigen den größten Edelmut; aber gegen die andern könnte man vieles erzählen, wie sie sich betragen, und mit einem Wort etwa so sagen: kein Volk, das wir kennen, erklärt so unverhohlen wie sie das Angenehme für schön und das Nützliche für gerecht. Eine solche Haltung ist jedoch dem Unverstand eurer jetzigen Rettung nicht günstig.

[106] *Die Melier.* Und wir trauen gerade darum erst recht auf ihren Nutzen: sie werden nicht ihre eigene Gründung Melos preisgeben wollen, damit ihre Freunde in Hellas sie treulos, ihre Feinde sie hilfreich nennen.

[107] *Die Athener*. Ihr meint also nicht, daß der Nutzen mit der Sicherheit geht, während das Schöne und Gerechte zu vollbringen gefährlich ist – was die Spartaner im allgemeinen am wenigsten wagen.

[108] *Die Melier*. Unsretwegen, dächten wir, werden sie die Gefahr eher auf sich nehmen, und um so viel unbedenklicher als für andere, weil wir für alles zu Tuende nah am Peloponnes liegen und in der Gesinnung als ihre Blutsverwandten treuer denn andere sind.

[109] *Die Athener*. Verlaß findet aber der zur Hilfe Aufgebotene nicht in der Zuneigung der Hilfeheischenden, sondern wo eine tatsächliche und überragende Macht ist – und darauf achten die Spartaner noch ganz besonders; wenigstens mißtrauen sie ihrer eigenen Streitmacht so sehr, daß sie nur mit vielen Verbündeten in fremdes Gebiet einfallen. Es ist also nicht wahrscheinlich, daß sie unsrer Seeherrschaft zum Trotz auf eine Insel übersetzen werden.

[110] *Die Melier*. Dann könnten sie ja auch andere schicken. Und in den Weiten des Kretischen Meeres ist für seine Beherrscher das Aufbringen schwieriger als, wenn einer sich durchstehlen will, das Entkommen. Und mißlingt ihnen dies, so könnten sie sich auch gegen euer Land wenden und gegen eure übrigen Verbündeten, wo Brasidas noch nicht hinkam; statt um eine gleichgültige Insel habt ihr dann für euer eigenstes Land und Bündnis die Müh und Last.

[111] *Die Athener*. Wenn solches geschähe, hätten wir ja darin Erfahrung und ist euch nicht unbekannt, daß die Athener noch nie irgendeine Belagerung aus Furcht vor dritten abgebrochen haben.

Wir bemerken aber, daß ihr trotz eurer Zusage, ihr wolltet über eure Erhaltung beraten, in diesem langen Gespräch nichts vorgebracht habt, worauf Menschen einen Glauben an ihre Rettung gründen könnten. Euer Stärkstes ist gehoffte Zukunft, und was ihr bereit habt, ist zu schwach, die schon anwesende Gegenmacht zu bestehn. So zeigt ihr viel Unverstand in eurem Den-

DER MELIERDIALOG 465

ken, wenn ihr nicht jetzt noch nach unserm Beiseitetreten etwas
anderes, Vernünftigeres als dies beschließt. Denn ihr werdet
doch nichts geben auf die in schmählicher, selbstgewählter Gefahr so vielfach den Menschen verhängnisvolle Ehre. Viele, die
noch voraussehen konnten, wohin sie trieben, riß die sogenannte
Schmach mit der Gewalt eines Zauberspruchs hin, daß sie, besiegt von einem Wort, in der Wirklichkeit willentlich in un-
wendbare Not gerieten und noch Schande dazu ernteten
schmählicher als durchs Schicksal wegen der eigenen Torheit.
Davor müßt ihr euch hüten, wenn ihr's recht bedenkt, und
nichts Unwürdiges darin finden, einer so mächtigen Stadt zu unterliegen, die so maßvolle Bedingungen vorschlägt: ihr würdet
Verbündete, behieltet, was ihr besitzt, hättet die Steuer zu entrichten – müßt also nicht bei der euch gewährten Wahl zwischen
Krieg und Sicherheit mit aller Gewalt euer Unglück erkämpfen.
Wer seinesgleichen nicht nachgibt, dem Stärkeren wohl begegnet, gegen den Schwächeren Maß hält, der fährt meist am besten.
So prüft also auch noch, während wir draußen warten, und bedenkt wieder und wieder: ihr beschließt über euer Vaterland,
dies eine Vaterland, und auf diesen einen Beschluß, der treffen
oder mißglücken kann, kommt es an.

XENOPHON
MEMORABILIEN I 1

Mit diesem Text beginnt Xenophon seine in vier Bücher eingeteilten Erinnerungen an Sokrates. Er hat neben anderen historischen und philosophischen Schriften wie Platon auch eine ›Apologie des Sokrates‹ geschrieben.

(1) Immer wieder habe ich mich darüber gewundert, durch welche Gründe denn eigentlich die Ankläger des Sokrates die Bürger von Athen davon überzeugt haben mögen, daß er des Todes um den Staat schuldig sei. Die gegen ihn erhobene Anklage lautete nämlich etwa folgendenmaßen: Sokrates tut Unrecht, denn er erkennt die Götter nicht an, welche der Staat anerkennt, und er führt dagegen andere neuartige göttliche Wesen ein; und er tut außerdem Unrecht, denn er verführt die jungen Menschen zum Schlechten.

(2) Zunächst nun, daß er die vom Staat anerkannten Götter nicht anerkannt habe, welches Beweises mögen sie sich da eigentlich bedient haben? Denn durchaus offenkundig brachte er den Göttern Opfer dar, oftmals zu Hause, oftmals aber auch auf den öffentlichen Altären der Stadt, und ebenso machte er kein Hehl daraus, daß er sich mit der Vorzeichendeutung befaßte. Es wurde doch allgemein darüber gesprochen, daß Sokrates zu sagen pflegte, das göttliche Wesen (Daimonion) gebe ihm Zeichen; wohl vor allem deshalb haben sie ihm, wie ich glaube, vorgeworfen, er führe neuartige göttliche Wesen ein. (3) Aber er führte damit nichts Neuartigeres ein als die anderen, welche an die Kunst der Vorzeichendeutung glauben und sich nach dem Vogelflug richten, nach Stimmen, nach Zeichen und nach Opfern. Denn diese nehmen auch nicht an, daß die Vögel oder die ihnen Begegnenden wissen, was dem die Vorzeichen Beobach-

tenden zuträglich ist, sondern vielmehr, daß die Götter es sind, welche es dadurch kundtun; und so faßte es auch er auf. (4) Doch die meisten stellen es so dar, als ob sie von den Vögeln und den ihnen Begegnenden gewarnt und gemahnt würden; Sokrates aber sprach es so aus, wie er es auffaßte, und so sagte er denn, das göttliche Wesen gebe ihm Zeichen. Und vielen seiner Freunde redete er vorher zu, dies zu tun, jenes aber nicht zu tun, wie das göttliche Wesen es ihm anzeigte. Und denen, die ihm folgten, kam es zugute, die aber, die ihm nicht folgten, hatten es zu bereuen. (5) Und wer wollte denn nicht zugeben, er habe keineswegs den Wunsch gehabt, seinen Freunden als Narr oder als Aufschneider zu erscheinen; als dies beides wäre er aber erschienen, wenn er etwas vorausgesagt hätte, als ob es von Gott so verkündet sei, und wenn er sich dann als Lügner erwiesen hätte. Es ist doch offenbar, daß er nichts vorhergesagt hätte, wenn er nicht darauf vertraut hätte, es werde sich bewahrheiten. Wer sollte aber in dieser Hinsicht wohl jemandem anderen vertrauen als Gott? Wenn er aber den Göttern vertraute, wie konnte er dann glauben, es gebe keine Götter? (6) Doch tat er überdies auch noch folgendes für seine Freunde. Das Notwendige riet er ihnen eben so zu tun, wie es seiner Meinung nach am besten zu tun sei; soweit jedoch der Ausgang unbekannt sei, veranlaßte er sie, aus Vorzeichen zu erkunden, ob es getan werden solle. (7) Auch die, welche Häuser und Staaten wohl zu verwalten wünschten, sollten auf Weissagungen achten, wie er meinte. Er glaubte allerdings, ein Zimmermann, ein Schmied, ein Landwirt, einer der Menschen beherrschen und dergleichen Tun beurteilen könne, ein Rechenmeister, ein Hausverwalter oder ein Heerführer zu werden, all dies sei Sache des Wissens und mit menschlicher Einsicht erfaßbar; (8) das Wichtigste dabei aber – so sagte er – behielten die Götter sich selbst vor, und nichts davon sei den Menschen offenbar. Denn auch wer sein Feld gut bestellt habe, wisse nicht, wer ernten werde, und wer sein Haus schön gebaut habe, wisse nicht, wer darin wohnen werde, und dem Heerführer sei nicht bekannt, ob seine Kriegsführung von Nutzen sein werde, und dem Staatsmann sei nicht bekannt, ob seine Führung des Staates von Erfolg begleitet sei, und wer eine schöne Frau heirate, um an ihr Freude zu haben, dem sei unbekannt, ob er durch sie Ärger erfahren werde, und wer sich mit den Mächtigen im Staate verschwägere, wisse nicht, ob er durch sie die Heimat verlieren werde. (9) Die aber, welche etwa glaubten, daß nichts davon Sache der Götter sei, sondern daß alles der menschlichen Einsicht zukomme, die betrachtete er als geistesgestört; als geistesgestört aber auch jene, welche sich um Vorzeichen bemühten in solchen Dingen, welche die Götter den Menschen zur Erlernung und Unterscheidung überlassen hätten, so etwa, wenn jemand fragen wollte, ob es besser sei, einen des Lenkens Kundigen zum Fahren zu nehmen als einen Unkundigen, oder lieber einem erfahrenen Steuermann die Führung eines Schiffes anzuvertrauen als einem Unkundigen, oder wer in solchen Dingen, die man durch Zählung oder Messung oder Wägung wissen könne, dies von den Göttern erfragen wollte; die hielt er für Frevler. Er meinte also, man müsse lernen, was die Götter zum Erlernen und alsdann zum Tun bestimmt hätten; was aber den Menschen unbekannt sei, das sollten sie durch Beachtung der Vorzeichen von den Göttern zu erfahren suchen; denn die Götter gäben denen Zeichen, denen sie gnädig gesinnt seien.

(10) So tat gerade er stets alles in voller Öffentlichkeit. Am frühen Morgen ging er nämlich nach den Säulenhallen und Turnschulen, und wenn der Markt sich füllte, war er dort zu sehen, und auch den Rest des Tages war er immer dort, wo er mit den meisten Menschen zusammensein konnte. Und er sprach meistens, und wer nur wollte, dem stand es frei, ihm zuzuhören. (11) Doch niemand konnte jemals Sokrates etwas Gottloses oder Unheiliges tun sehen oder reden hören. Er unterhielt sich auch nicht über die Natur des Weltalls, im Gegensatz zu den meisten anderen, indem er etwa danach forschte, wie der von den Sophisten sogenannte Kosmos seiner Natur nach beschaffen sei und welchen notwendigen Gesetzen alle Himmelsvorgänge unterworfen seien, sondern er erklärte die, welche sich über solche

Dinge Gedanken machten, für töricht. (12) Zunächst fragte er
sie, ob sie etwa glaubten, schon genug Wissen über die menschlichen Dinge zu besitzen, und darum nun dazu übergingen, sich
um solche Dinge zu kümmern, oder aber ob sie meinten, das
Rechte zu tun, wenn sie die menschlichen Dinge unbeachtet ließen und dagegen das Göttliche betrachteten. (13) Er wunderte
sich auch darüber, daß es ihnen nicht einleuchte, dies sei für
Menschen nicht erfaßbar; denn auch die, welche sich am meisten
einbildeten auf ihre Ansicht über diese Dinge, meinten untereinander nicht dasselbe darüber, sondern ständen den Wahnsinnigen gleich gegeneinander. (14) Von den Wahnsinnigen nämlich
fürchteten die einen nicht mal das Furchtbare, die anderen dagegen hätten sogar Furcht vor dem Harmlosen; und den einen
scheine es nicht schimpflich zu sein, mitten in einem Menschen-
haufen alles mögliche zu sprechen oder zu tun, den anderen aber
scheine es unmöglich, unter Menschen zu gehen; die einen hätten weder vor einem Tempel oder einem Altar noch sonst vor etwas Göttlichem Ehrfurcht, die anderen dagegen verehrten sogar
Steine sowie beliebige Holzblöcke und Tiere. So scheine denn
auch den einen, die über die Natur des Weltalls nachgrübelten,
das Seiende zur Eines zu sein, den anderen aber der Zahl nach un-
begrenzt Vieles; den einen scheine alles in unablässiger Bewegung zu sein, den anderen dagegen nichts jemals bewegt zu werden; die einen meinten, alles entstehe und vergehe, die anderen
dagegen, daß nichts jemals entstanden oder vergangen sei. (15)
Er erwog darüber auch folgendes, ob etwa die, welche den göttlichen Dingen nachforschten, nun auch – wie jene, welche die
menschlichen Dinge erlernten und dann meinten, daß sie dieses
Wissen für sich oder irgend jemand anderen nach ihrem Willen
verwenden könnten – glaubten, wenn sie die Kenntnis der notwendigen Naturgesetze, nach denen alles geschehe, erlangt hätten, dann könnten sie nach ihrem Willen alles machen, sowohl
Wind und Regen und die Jahreszeiten wie auch was sie sonst
noch davon benötigten; oder ob sie nichts Derartiges erhofften
und es ihnen vielmehr genüge, nur die Erkenntnis gewonnen zu

haben, auf welche Weise dies alles geschehe. (16) So sprach er sich also über jene aus, die sich mit solchen Dingen beschäftigten. Er selbst aber unterhielt sich immer über die menschlichen Dinge und untersuchte, was (seinem Wesen nach) fromm und was gottlos, was schön und was häßlich, was gerecht und was ungerecht ist, was Besonnenheit und was Torheit ist, was Tapferkeit und was Feigheit ist, was ein Staat und ein Staatsmann ist, was eine Herrschaft über Menschen und ein Herrscher über Menschen ist, sowie über das andere, durch dessen Wissen die Menschen nach seiner Meinung tüchtig und gut seien, während sie bei Unwissenheit darüber mit Recht als Sklavenseelen bezeichnet würden.

(17) Es ist nun in keiner Weise verwunderlich, daß die Richter über ihn verkehrt urteilten im Hinblick auf diese Dinge, über die er seine Auffassung nicht öffentlich kundtat. Ist es dagegen nicht verwunderlich, daß sie das nicht berücksichtigten, was jedermann wußte? (18) Als er nämlich einst Mitglied des Rates war und den Ratsherrneid abgelegt hatte, wonach er nur entsprechend den Gesetzen im Rat mitwirken werde, da wünschte das Volk, als er gerade einmal Vorsteher in der Versammlung war, wider die Gesetze durch eine einzige Abstimmung die neun Feldherrn, nämlich Thrasyllos und Erasinides und ihre Gefährten, allesamt zum Tode zu verurteilen; er aber wollte nicht abstimmen lassen, obwohl ihm das Volk zürnte und auch viele Mächtige ihm drohten; es stand ihm vielmehr höher, seinem Eide zu gehorchen, als dem Volke zu Willen zu sein gegen das Recht und als sich gegen die Drohenden zu schützen. (19) Er glaubte jedenfalls, daß die Götter sich um die Menschen kümmerten, allerdings nicht so wie die meisten meinen; denn diese denken, daß die Götter manches wüßten, manches aber auch nicht; Sokrates aber glaubte, daß die Götter alles wüßten, sowohl was gesprochen und getan wie auch was stillschweigend geplant werde, daß sie überall gegenwärtig seien und den Menschen über die menschlichen Dinge Zeichen zukommen ließen.

(20) Ich bin also verwundert, wie sich eigentlich die Athener

haben überzeugen lassen, daß Sokrates über die Götter verkehrte Anschauungen gehabt habe, obwohl er doch niemals etwas Gottloses gegenüber den Göttern gesagt oder getan hatte, sondern nur das sagte und tat gegenüber den Göttern, wie jemand redet und handelt, der nicht nur der Gottesfürchtigste sein, sondern auch als solcher gelten mag.

PLATON
DAS GASTMAHL

Das Gastmahl *Platons gibt eine fiktive Szenerie des Jahres 416 v. Chr. wieder, eine Zusammenkunft im Hause des Tragödiendichters Agathon nach dessen Sieg bei den Dionysien. Platon hat diese Schrift zwischen 385 und ca. 370 v. Chr. verfaßt.*

Vorgespräch

I. APOLLODOROS Ich meine für das, was ihr von mir wissen wollt, bin ich ganz gut vorbereitet. Denn kürzlich ging ich gerade hinauf in die Stadt von daheim, vom Phaleron her; da sah mich einer meiner Bekannten von hinten und rief mir weither mit scherzhafter Anrede zu. Hallo, Bürger aus Phaleron, du da, Apollodoros, willst du nicht warten? Und ich blieb stehen und wartete. Apollodor, sagte er, wahrhaftig, schon neulich suchte ich nach dir, weil ich dich ausfragen wollte über den Abend bei Agathon, als Sokrates und Alkibiades und die anderen da zu Gast waren, – und zwar über die Reden, die sie dabei auf den Eros hielten. Jemand anders erzählte mir nämlich davon, der es von Phoinix, dem Sohn des Philippos, gehört hatte; er behauptete, auch du wissest darüber Bescheid. Aber er konnte nichts Genaues berichten; so erzähl' also du mir! Du bist doch am ehesten der rechte Mann, um die Worte deines Freundes wiederzugeben. Zuvor aber, fuhr er fort, sage mir: Warst du selbst bei dieser Gesellschaft zugegen oder nicht?

Und ich erwiderte: Offenbar hat dir dein Berichterstatter überhaupt nichts Genaues mitgeteilt, wenn du meinst, die fragliche Gesellschaft habe erst kürzlich stattgefunden, so daß auch ich dabei gewesen sei.

Ja, das glaubte ich allerdings.

Wie, Glaukon, sagte ich, weißt du denn nicht, daß Agathon schon viele Jahre gar nicht mehr im Lande ist? Daß aber ich mich dem Sokrates angeschlossen habe und es meine Hauptsorge ist, Tag für Tag zu wissen, was er alles sagt oder tut, – das ist noch keine drei Jahre her! Vorher lief ich so aufs Geratewohl umher, in der Meinung, damit etwas Rechtes zu tun, und war dabei doch der armseligste Tropf – genauso wie du jetzt; denn du glaubst ja, du müßtest alles andere eher betreiben als Philosophie.

Spotte nicht, entgegnete er, sondern sage mir lieber, wann denn nun diese Gesellschaft stattgefunden hat.

Und ich antwortete: Da waren wir noch Kinder; das war damals, als Agathon mit seiner ersten Tragödie gesiegt hatte, und zwar am Tage, nachdem er das Opferfest für den Sieg mit den Männern seines Chors gefeiert hatte.

Dann ist es offenbar schon lange her, sagte er. Aber wer hat dir davon erzählt? Etwa Sokrates selbst?

Nein, beim Zeus, gab ich zur Antwort, vielmehr derselbe, von dem es auch Phoinix hat: Aristodemos war's, der Kleine aus Kydathen, der immer barfuß herumläuft. Der war bei der Gesellschaft zugegen, und keiner war damals ein so leidenschaftlicher Verehrer des Sokrates, glaub' ich, wie er. Immerhin habe ich auch den Sokrates über einiges, was ich von jenem gehört hatte, befragt, und er bestätigte mir dessen Aussagen.

Nun denn, sagte Glaukon, willst du mir nicht erzählen? Der Weg zur Stadt ist doch ganz wie dazu geschaffen, um im Gehen zu reden und zuzuhören.

Also gingen wir miteinander und sprachen zugleich von alldem, so daß ich, wie anfangs gesagt, ganz gut vorbereitet bin. Wenn ich es nun auch euch erzählen soll, so sei's. Denn sooft ich Reden über Philosophie selber halte oder von anderen höre, ist, abgesehn vom Gewinn, den ich darin sehe, meine Freude darüber stets über die Maßen groß. Andere Reden aber, besonders die von euch reichen Geldsäcken, machen mich verdrossen; und mit euch, ihr Freunde, kann ich nur Mitleid haben, weil ihr euch einbildet, etwas Sinnvolles zu tun – und ihr tut doch nur nichtiges Zeug! Dagegen haltet ihr mich vielleicht für einen armen Kerl, und da, glaube ich, habt ihr recht; von euch freilich glaube ich das nicht nur, sondern weiß ich es bestimmt.

EINER DER FREUNDE Immer bist du der gleiche, Apollodor; denn immer sprichst du schlecht von dir und allen andern. Mir scheint, du hältst einfach jeden für einen jämmerlichen Wicht, nur Sokrates nicht, – und dich selbst zuallererst. Wieso du ausgerechnet zu dem Beinamen »der Sanfte« kamst, ist mir unerfindlich, wo du doch in deinen Reden ständig gegen dich selbst und alle anderen wütest, nur gegen Sokrates nicht.

APOLLODOROS Ganz klar, Teuerster: bei *der* Einschätzung, die ich von mir selbst und von euch habe, muß ich doch rasend und toll werden!

EINER DER FREUNDE Es hat keinen Wert, Apollodor, jetzt darüber zu streiten; erfüll' uns vielmehr unsere Bitte und berichte: was für Reden hielten sie denn nun damals auf den Eros?

APOLLODOROS Sie waren etwa folgendermaßen – doch nein, ich will lieber von Anfang an, genau wie Aristodemos es tat, euch zu berichten versuchen.

II. Er sagte also, Sokrates sei ihm begegnet, frisch gebadet und mit feinen Sandalen angetan, was sonst selten bei ihm vorkam. Auf die Frage, wohin er denn so schön aufgemacht gehe, habe er erwidert: Zum Gastmahl bei Agathon. Denn gestern während der Siegesfeier bin ich ihm ausgewichen, aus Scheu vor dem Menschengedränge; ich sagte ihm aber mein Erscheinen für heute zu. Darum habe ich mich so herausgeputzt, um schön zu einem Schönen zu kommen. Aber du, wie steht's mit dir, willst du nicht ungeladen zum Mahle mitkommen?

Und ich, sagte Aristodem, gab darauf zur Antwort: Ganz so, wie du es für richtig hältst.

Begleite mich also, sagte Sokrates, wir wollen damit gleich dem Sprichwort eine neue Wendung geben, daß just »zum Mahle der Edlen [»agathon«] von selber kommen die Edlen [»agathoi«]«. Homer hat freilich, fürchte ich, dieses Sprichwort nicht nur verändert, sondern es sogar voll Übermut in seinem Sinn verdreht. Denn obwohl er den Agamemnon als hervorragend tüchtigen Kriegsmann, den Menelaos hingegen als »schwächlichen Lanzenkämpfer« darstellte, ließ er doch, als Agamemnon ein festliches Opfermahl gab, den Menelaos ungeladen zum Schmaus kommen, ihn, den schlechteren Mann zum Schmaus des besseren!

Auf diese Worte habe er erwidert: Wer weiß, dann sieht es womöglich so aus, als käme ich – nicht wie du es meinst, Sokrates – vielmehr eben in dem Sinne Homers als Unwerter ungebeten zum Mahl eines weisen Mannes. Laß dir nur, wenn du mich mitnimmst, eine passende Rechtfertigung einfallen. Denn ich werde nicht zugeben, daß ich ungeladen komme, sondern erklären, ich sei von dir eingeladen. »Wandernd zu zweit auf dem Weg«, sprach er, werden wir darüber beraten, was wir sagen sollen. Gehen wir also!

So ungefähr hätten sie miteinander geredet und sich dann auf den Weg gemacht. Sokrates aber sei unterwegs, irgendwie in seine Gedanken versunken, allmählich hinter ihm zurückgeblieben, und als er auf ihn warten wollte, habe er ihm zugerufen, er solle nur vorangehen. Wie er selbst nun am Haus des Agathon angelangt sei, habe er die Tür offen gefunden, und da sei ihm etwas recht komisch vorgekommen. Es sei ihm nämlich sofort ein Diener von drinnen entgegengelaufen und habe ihn hineingeführt, wo die anderen zu Tische lagen; und die hätten eben mit dem Essen beginnen wollen. Kaum habe Agathon ihn erblickt, habe er ihm zugerufen: Ah, Aristodem, du kommst gerade recht, um mitzuspeisen! Führt dich anderes her, verschieb es auf später. Habe ich dich doch gestern gesucht, um dich einzuladen, ich konnte dich aber nicht entdecken. Aber wieso bringst du uns den Sokrates nicht mit?

Da wende ich mich um, doch nirgends sehe ich Sokrates auftauchen. Ich sagte also, ich selbst sei ja mit Sokrates hergekommen, der mich hierher zum Essen gleich miteingeladen habe.

Daran tatest du recht, erwiderte Agathon, aber wo ist er denn?

Er war eben noch dicht hinter mir, im Begriffe, einzutreten; ich wundere mich selbst, wo er steckt.

Schau doch einmal nach, Bursche, habe Agathon befohlen, und führe den Sokrates herein! Du aber, Aristodem, laß dich neben Eryximachos nieder.

III. Und der Diener habe ihm die Füße gewaschen, damit er sich zu Tische legen konnte. Da sei ein anderer Diener mit der Meldung hereingekommen: Der vermißte Sokrates ist in die Vorhalle des Nachbarhauses abgeschwenkt; dort steht er nun und will trotz meiner Aufforderung nicht eintreten.

Sonderbar, was du da sagst, bemerkte Agathon, ruf ihn nur noch mal herein und laß nicht locker!

Doch er selbst habe widersprochen: Auf keinen Fall, laßt ihn bloß in Ruhe; das ist so eine Gewohnheit von ihm. Bisweilen tritt er beiseite, egal wo er gerade ist – und da bleibt er einfach stehen. Er wird sicher gleich hier sein. Stört ihn nicht, laßt ihn.

Gut, wollen wir's so halten, wenn du meinst, habe Agathon gesagt. Doch uns hier, Burschen, tischt jetzt die Speisen auf! Ihr tragt ja doch immer nur auf, was ihr wollt, wenn euch niemand auf die Finger guckt; und das habe ich nie getan. Stellt euch nun einmal vor, ich und die anderen hier seien eure Gäste; sorgt so für uns, daß wir euch loben!

Hierauf hätten sie gespeist, aber kein Sokrates sei hereingekommen. Agathon habe wiederholt jemanden angewiesen, Sokrates zu holen; er, Aristodem, habe es jedoch nicht zugelassen. Endlich sei er erschienen, mit weniger Verspätung als gewöhnlich, ungefähr als sie in der Mitte des Mahles gewesen seien. Da habe ihn Agathon – er war nämlich allein auf der äußersten Liege – aufgefordert: Komm hierher, Sokrates, nimm neben mir Platz, damit ich durch die Berührung mit dir auch Gewinn von dem weisen Einfall habe, der dir in der Vorhalle gekommen ist. Denn offenbar hast du das Gesuchte gefunden und hältst es fest; vorher hättest du ja gewiß nicht abgelassen.

Sokrates habe sich nun niedergesetzt und gesagt: Das wäre ja eine feine Sache, Agathon, wenn es mit der Weisheit so stünde, daß sie aus dem Volleren von uns in den Leereren flösse, sooft wir einander berühren, wie das Wasser, das durch einen Wollfaden vom volleren Becher in den leereren rinnt. Wenn es sich so auch mit der Weisheit verhält, dann schätze ich den Platz neben dir hoch ein; gewiß wird sich aus dir viel herrliche Weisheit in mich ergießen. Meine eigene ist ja eher kümmerlich oder gar zweifelhaft wie ein Traum. Deine hingegen ist glänzend und mächtig im Aufschwung; strahlte sie doch von dir, jung wie du bist, schon so gewaltig aus und offenbarte sich vorgestern vor den Augen von mehr als dreißigtausend Hellenen.

Ein Spötter bist du, Sokrates, sagte Agathon. Diese Sache mit der Weisheit wollen wir zwei gleich nachher miteinander ausmachen und zum Schiedsrichter dabei den Dionysos nehmen; jetzt halte dich zunächst ans Essen!

IV. Da habe es sich Sokrates auf seinem Speisesofa bequem gemacht und gegessen wie die anderen auch, und sie hätten Trankopfer dargebracht, einen Lobgesang auf den Gott angestimmt und die sonstigen Bräuche vollzogen; dann habe das Trinkgelage begonnen.

Zuerst ergriff Pausanias, erzählte Aristodem, etwa folgendermaßen das Wort: Was meint ihr, Freunde, auf welche Weise werden wir am behaglichsten zechen? Ich muß euch nämlich gestehen, mir macht der gestrige Umtrunk wirklich noch schwer zu schaffen, und ich habe einige Erholung nötig – so geht's vermutlich auch den meisten von euch; ihr wart ja gestern dabei. Drum seht zu, wie wir uns das Trinken möglichst erleichtern.

Aristophanes habe dazu geäußert: Ein guter Vorschlag, Pausanias, das Gelage nach Möglichkeit ohne Trinkzwang zu gestalten! Ich bin ja auch einer von denen, die gestern versumpft sind.

Den beiden habe Eryximachos, der Sohn des Akumenos, zugestimmt: Wohl gesprochen! Doch von einem unter euch muß ich noch hören, wie's mit seinem Trinkvermögen steht: magst du noch, Agathon?

Ganz und gar nicht, habe der gesagt, ich bin auch am Ende meiner Kräfte.

Das ist ja, meine ich, ein rechter Glücksfall für uns, fuhr Eryximachos fort, für mich und Aristodemos und Phaidros und die anderen hier, wenn ihr, die tüchtigsten Zecher, jetzt die Waffen streckt. Wir anderen sind in dieser Beziehung ja nie Helden. Den Sokrates nehme ich allerdings dabei aus. Der ist zu beidem fähig, so daß er zufrieden sein wird, ob wir es nun so oder so halten. Da ich den Eindruck habe, daß keiner der Gäste Lust hat, viel Wein zu trinken, falle ich euch vielleicht nicht so lästig mit ein paar Worten darüber, was es mit der Trunkenheit in Wahrheit auf sich hat. Mir ist nämlich eben dies aus meiner ärztlichen Erfahrung klargeworden, daß der Rausch den Menschen unzuträglich ist. Und ich möchte daher selbst nicht gern drauflos trinken und auch keinem anderen dazu raten, erst recht nicht, wenn man noch vom Vorabend her einen schweren Kopf hat.

Aber gewiß – sei ihm da Phaidros der Myrrhinusier ins Wort gefallen: ich bin gewohnt, dir zu folgen, vor allem, wenn du als Mediziner sprichst; heute werden das aber auch die anderen tun, sofern sie vernünftig sind.

So seien alle übereingekommen, an diesem Abend ohne Rausch zu bleiben, vielmehr nur nach Lust und Laune zu trinken.

V. Nachdem also ausgemacht ist, sagte Eryximachos, daß jeder nur so viel trinkt, wie er mag, und es keinen Trinkzwang gibt, schlage ich weiterhin vor, die Flötenspielerin, die eben eingetreten ist, wieder fortzuschicken; soll sie sich selbst vorspielen, oder wenn sie will, den Frauen im Hause! Wir aber können uns in der heutigen Runde mit Reden unterhalten – und mit was für Reden, das will ich, wenn es euch recht ist, auch gleich vorschlagen.

Alle hätte sich einverstanden erklärt und ihn aufgefordert, seinen Vorschlag zu machen. Und Eryximachos habe gesagt: Ich beginne mit Worten aus der ›Melanippe‹ des Euripides, denn »Nicht mein ist der Gedanke«, den ich vorbringen will, sondern von unserem Phaidros hier. Phaidros sagt nämlich bei jeder Gelegenheit aufgebracht zu mir: Ist es nicht arg, Eryximachos, anderen Göttern wurden Hymnen und Päane von unseren Dichtern gedichtet; dem Eros aber, diesem alten, mächtigen Gott, hat kein einziger aus der großen Schar der Poeten je ein Preislied geweiht! Oder sieh dir auch die wackeren Sophisten an: auf Herakles und andere verfassen sie Lobreden in Prosa, wie zum Beispiel der treffliche Prodikos – und darüber braucht man sich ja nicht weiter zu wundern; aber mir fiel auch schon das Buch eines gescheiten Mannes in die Hände, in dem das Salz ein wundersames Lob erhielt ob seines Nutzens, und eine Menge solcher Dinge findet man feierlich gepriesen. Auf so etwas hat man also viel Eifer verwendet; doch den Eros würdig zu besingen, das hat noch kein Mensch bis auf den heutigen Tag gewagt. So unbeachtet blieb dieser gewaltige Gott! – Phaidros, meine ich, hat da ganz recht. Ich möchte nun sein Anliegen unterstützen und ihm so einen Gefallen tun; zudem scheint es mir für uns, die wir hier versammelt sind, der geeignete Augenblick, den Gott zu feiern. Wenn ihr der gleichen Ansicht seid, werden wir durch unsere Reden gewiß genügend Unterhaltung haben. So lautet mein Antrag: Rechtsherum der Reihe nach soll jeder von uns eine Lobrede auf Eros halten, so gut er es vermag. Den Anfang möge Phaidros machen, denn er liegt ja obenan und ist zugleich der Vater dieses Themas.

Niemand, Eryximachos, wird gegen dich stimmen, habe da Sokrates gesagt. Ich selber könnte es nicht gut ablehnen, wo ich doch behaupte, mich auf nichts anderes zu verstehen als auf die Erotik; aber auch Agathon und Pausanias könnten es nicht, und schon gar nicht Aristophanes, dessen ganzes Schaffen sich um Dionysos und Aphrodite dreht, und auch sonst wohl niemand von denen, die ich hier sehe. Allerdings sind wir auf den letzten Plätzen im Nachteil; doch wenn die vor uns passend und schön reden, wollen wir zufrieden sein. Wohlan, mit gutem Glück beginne denn Phaidros und preise den Eros!

Dem stimmten auch alle anderen zu und schlossen sich der Aufforderung des Sokrates an.

Nun konnte sich freilich Aristodemos nicht mehr an alle Einzelheiten der Reden genau erinnern, und auch ich weiß nicht mehr alles von seinem Bericht. Doch was von alldem und wes-

sen Reden mir am meisten der Erinnerung wert schienen, das
will ich euch im einzelnen wiedergeben.

VI. Als erster habe, wie gesagt, Phaidros etwa damit begonnen, daß Eros ein großer Gott sei und der Bewunderung wert bei
Menschen und Göttern aus vielerlei Gründen, nicht zuletzt wegen seiner Herkunft. Denn zu den ältesten Göttern zu gehören ist
ehrenvoll. Beweis dafür sei: es gibt keine Eltern des Eros, und es
werden auch keine genannt, von niemandem, sei er Prosaschrift-
steller oder sei er ein Dichter. Hesiod sagt vielmehr, zuerst sei das
Chaos entstanden,

>>aber darauf dann
Ward die Erde, breitbrüstig, für alle ein dauernder
Wohnsitz,
Und auch der Eros!<<

Er also sagt, nach dem Chaos seien diese beiden entstanden, die
Erde und Eros. Parmenides aber verkündet von der Schöpfungs-
gottheit:

>>Als den ersten von allen Göttern ersann
sie den Eros.<<

Mit Hesiod stimmt auch Akusilaos überein. So ist man sich von
vielen Seiten einig, daß Eros unter die ältesten Götter gehört. Als
uralter Gott aber ist er uns Urheber der größten Güter.

Ich wüßte nämlich kein größeres Gut zu nennen als schon für
den Knaben einen treu liebenden Freund und für den Liebenden
einen ebenso treuen Geliebten. Denn was die Menschen durch
ihr ganzes Leben leiten sollte, wenn sie auf rechte Weise zu leben
trachten, das vermag weder Verwandtschaft in sie hineinzubrin-
gen, noch Ehrungen noch Reichtum – nichts kann dies so gut
wie der Eros. Was meine ich damit? Die Scham vor dem sittlich
Häßlichen, den Wetteifer im sittlich Schönen. Ohne das kann
kein Staat, kein Privatmann große und wertvolle Werke voll-

bringen. Ich behaupte nämlich: Wird ein Mann, der liebt, dabei ertappt, wie er etwas Häßliches tut oder aus Feigheit ohne Gegenwehr so etwas duldet, er würde den Blick des Vaters, der Gefährten oder sonst irgend jemandes nicht so schmerzlich empfinden wie den des Geliebten. Und dieselbe Beobachtung machen wir bei dem Geliebten: mehr als vor allen andern schämt er sich jeweils vor dem, der ihn liebt, wenn er bei etwas Schändlichem gesehn wird. Ja, gelänge es, einen Staat oder ein Heer aus Liebenden und Geliebten zu bilden, so lebten sie auf das Allerbeste in ihrer Gemeinschaft, weil sie sich von allem Häßlichen fernhielten, doch um Ehre miteinander wetteifern würden. Seite an Seite kämpfend würden sie auch als kleine Schar siegen, fast möcht' ich sagen: über die ganze Welt. Denn würde ein Liebender vom Geliebten dabei erblickt, wie er aus der Schlachtreihe weicht oder die Waffen wegwirft – von jedem andern könnte er das eher ertragen, und hundertmal lieber würde er sterben als das! Oder gar den geliebten Freund im Stich lassen, ihm nicht beistehn in Gefahr, nein, so erbärmlich ist keiner, daß ihn nicht Eros selber göttlich begeistern könnte zur Tugend und dem gleich machte, der von Natur aus der Beste ist. Und was Homer sagt: »Mut hauchte ein« einigen Helden der Gott, das schenkt Eros den Liebenden als seine Gabe.

VII. Ja, füreinander zu sterben sind allein die Liebenden bereit, nicht nur Männer, sondern selbst Frauen. Dafür bietet des Pelias Tochter Alkestis hinlängliches Zeugnis vor den Hellenen; sie allein wollte für ihren Gatten sterben, obschon ihm Vater und Mutter noch lebten. Die übertraf sie dank Eros so weit an Liebe, daß sie bewies, wie beide ihrem Sohne fremd und nur dem Namen nach zugehörig seien. Und die Tat, die sie vollbracht hatte, schien nicht nur den Menschen, sondern auch den Göttern überaus edel; denn wenngleich die Götter von den vielen, die edelmütig handelten, nur einigen wenigen dies zum Lohn gewährten, daß sie aus dem Hades ihre Seele wiederum entließen: *ihre* Seele entließen sie voll Bewunderung für ihre Tat. So ehren auch die Götter den Drang zu edlem Handeln, der aus Eros erwächst, am höchsten. Den Orpheus freilich, den Sohn des Oiagros, schickten sie unverrichteter Dinge aus dem Hades zurück, und nur ein Schattenbild von seiner Frau, um deretwillen er gekommen war, hatten sie ihm gezeigt. Sie selbst gaben sie ihm nicht, denn er schien ihnen so recht nach Art eines Harfenspielers verweichlicht zu sein, nicht beherzt genug, um seiner Liebe willen zu sterben wie Alkestis, sondern listig nur darauf bedacht, lebend in den Hades zu gelangen. Darum bestraften sie ihn und ließen ihn den Tod von Weiberhand erleiden. Wie anders erging es dem Achilleus! Ihn, den Sohn der Thetis, ehrten sie, und sie entrückten ihn auf die Inseln der Seligen. Er hatte von seiner Mutter erfahren, daß er sterben müsse, wenn er den Hektor töte, daß er aber, täte er es nicht, heimkehren und ein hohes Alter erreichen könne. Doch er entschied sich mutig, rächend einzustehen für seinen Freund Patroklos, und dabei nicht nur *für* ihn in den Tod zu gehn, sondern ihm, dem Gefallenen, sogar *nach*zugehen in den Tod. Da bewunderten ihn auch die Götter über die Maßen und ehrten ihn vor allen, weil er den älteren Freund, der ihm in Liebe zugetan war, so wert hielt. Aischylos aber fabelt, wenn er behauptet, Achill sei in Patroklos verliebt gewesen, er, der doch der Schönere war von den beiden, ja, der Schönste sogar unter allen Helden; auch war er noch bartlos, zudem viel jünger, wie Homer sagt. Am höchsten wahrlich ehren die Götter die Heldentat, die aus Eros geschieht; indes bewundern und bestaunen und belohnen sie es noch mehr, wenn der Geliebte dem Liebenden, als wenn der Liebende dem Geliebten zugetan ist. Denn göttlicher ist der Liebende als der Geliebte: ist in ihm doch der Gott. Deshalb haben sie auch Achill höher geehrt als Alkestis und *ihn* auf die Inseln der Seligen entrückt.

So behaupte ich denn: Eros ist der älteste und ehrwürdigste unter den Göttern und für die Menschen der mächtigste Führer zur Vollkommenheit und Glückseligkeit im Leben wie im Tode.

VIII. So ungefähr habe die Rede des Phaidros gelautet, sagte Aristodem. Darauf seien einige andere Reden gefolgt, an die er sich nicht genau erinnere; die überging er, um die Rede des

Pausanias wiederzugeben. Der habe folgendermaßen gesprochen:

Nicht gerade glücklich, meine ich, Phaidros, ist uns das
Thema gestellt, indem man uns so einfach auftrug, den Eros zu
preisen. Ja, gäbe es nur einen einzigen Eros, dann wäre das ganz
recht. Nun gibt es aber nicht nur einen, und weil es nicht nur einen gibt, ist es richtiger, zuvor zu bestimmen, welchen es zu loben gilt. Ich will also versuchen, dies zu berichtigen, und zuerst
dartun, welcher Eros Lob verdient, um ihn danach zu loben, wie
es des Gottes würdig ist.

Wir wissen alle, daß Aphrodite nie ohne Eros ist. Gäbe es nun
nur eine Aphrodite, so gäbe es auch nur einen Eros. Da es aber
bekanntlich zwei gibt, muß es auch zweierlei Eros geben. Sind es
denn etwa nicht zwei Göttinnen? Die eine ist die ältere, die mut-
terlose Tochter des Himmels, der wir auch den Beinamen »die
Himmlische« geben; die jüngere ist die Tochter des Zeus und der
Dione, die nennen wir »die All-gemeine«. Folglich heißt der eine
Eros, der Gehilfe der letzteren, zu Recht »der All-gemeine«, der
andere aber »der Himmlische«.

Loben soll man zwar alle Götter; was nun aber jedem von beiden zukommt, das gilt es zu sagen. Mit jedem Handeln verhält es
sich so: an sich ist es weder schön noch häßlich. So ist zum Beispiel nichts von dem, was wir jetzt tun, ob wir trinken oder singen oder miteinander reden, an und für sich schön, sondern erst
im Vollzug, je nachdem wie es getan wird, stellt es sich als so
oder so heraus: schön und richtig getan wird es schön, unrichtig
getan häßlich. So auch das Lieben: nicht jeder Eros ist schön und
wert, gepriesen zu werden, sondern nur der, welcher zum schönen Lieben hinführt.

IX. Der Eros nun, der zur all-gemeinen Aphrodite gehört, ist
wahrlich allen gemein und wirkt wahllos; ihm sind die gemeinen
Leute ergeben. Leute solchen Schlages lieben erstens ohne Unterschied Frauen wie Knaben, sodann richten sie ihr Begehren
mehr auf die Körper als auf die Seelen, obendrein lieben sie möglichst die Dümmsten, weil sie ja nur darauf aus sind, rasch Be-

friedigung zu finden, unbekümmert darum, ob es in schöner
Form geschieht oder nicht. So kommt es, daß sie alles tun, wie es
sich gerade anbietet, das Gute ebenso wie das Gegenteil. Ihr Eros
stammt ja auch von der Göttin, welche viel jünger ist als die andere und die in ihrem Ursprung am Weiblichen wie am Männlichen teilhat. Der andere Eros kommt hingegen von der himmlischen Göttin, die erstens nicht am Weiblichen, sondern nur am
Männlichen teilhat – deshalb ist dies der Eros zu jungen Männern – und die außerdem die ältere ist und kein Ausschweifen
kennt. Daher wendet sich, wer von diesem Eros begeistert ist,
dem Männlichen zu: zu dem, was von Natur stärker und eher
vernunftbegabt ist, fühlt er sich hingezogen. Und in der Knabenliebe selbst kann man diejenigen durchaus erkennen, die rein
von diesem Eros getrieben werden: denn sie lieben nicht Knaben
im Kindesalter, sondern wenn sich schon ihr Verstand regt; dies
fällt etwa in die Zeit des ersten Bartwuchses. Wer dann erst zu
lieben beginnt, der ist, glaube ich, bereit, allzeit mit dem Freund
zusammen zu bleiben und mit ihm gemeinsam zu leben; keinesfalls wird er, sofern er einen in jugendlichem Unverstand für sich
gewann, diesen hernach betrügen und hohnlachend von ihm
weg zu einem andern entlaufen. Ja, ein Gesetz sollte verbieten,
unreife Knaben zu lieben, damit man nicht auf etwas Ungewis-
ses viel Mühe vertut; denn bei Kindern ist es noch ungewiß, ob
sie sich schließlich zur Schlechtigkeit oder zur Tüchtigkeit an
Geist und Körper entwickeln. Die edelgesinnten Männer stellen
sich freilich von sich aus dieses Gesetz auf; man sollte aber ebenfalls jene gewöhnlichen Liebhaber dazu zwingen, wie wir sie ja
auch nach Kräften daran hindern, sich freigeborenen Frauen zu
nähern. Sie sind es auch, die das Ganze in Verruf gebracht haben,
so daß manche zu sagen wagen, eine Schande sei es, sich einem
Liebenden hinzugeben. Sie sagen es mit Blick auf diese Leute,
deren Zudringlichkeit und Gewissenlosigkeit sie vor Augen haben. Was hingegen mit Anstand und Sitte geschieht, kann nie zu
Recht Tadel eintragen.

Welche Sitte im erotischen Bereich nun aber jeweils in ande-

ren Staaten herrscht, ist leicht zu erkennen; anderswo sind die
Bestimmungen nämlich einfach, während sie hierzulande und in
Sparta vieldeutig sind. In Elis und bei den Boiotiern und wo
sonst noch die Leute im Reden nicht geschickt sind, gilt es nach
der Sitte einfach für schön, sich Liebenden hinzugeben, und niemand, weder Jung noch Alt, würde Häßliches daran finden; sie
wollen, denke ich, sich die Mühe ersparen, die jungen Männer
erst durch Überredung gewinnen zu müssen, denn das Reden ist
ja nicht ihre Stärke. In Ionien indes und in vielen anderen Gebieten, wo man unter der Oberhoheit von Barbaren lebt, ist dieser
Eros verpönt. Die Barbaren mit ihrer Tyrannenherrschaft müssen ihn ja als schändlich verdammen, genau wie die Philosophie
und den Sport. Ich meine nämlich, es ist den Machthabern nicht
von Vorteil, wenn ihre Untertanen große Pläne entwerfen und
sich zu festen Freundschaften und Gemeinschaften zusammenschließen, wobei ja vor allem Eros die treibende Kraft ist. In der
Tat haben das auch die Tyrannen hier bei uns erfahren: Aristo-
geitons Liebe und die treue Freundschaft des Harmodios zu ihm
bereiteten ihrer Herrschaft ein Ende. Wo es für häßlich gilt, Liebenden sich hinzugeben, da liegt das also an der Minderwertigkeit derer, die es so gelten lassen: an der Machtgier der Herrscher
wie an der Unmännlichkeit der Beherrschten. Wo es aber ohne
alle Einschränkung für sittlich schön erklärt wurde, da zeugt es
von dem mangelhaften Unterscheidungsvermögen der Gesetzgeber.

X. Bei uns hingegen herrscht eine viel schönere Sitte, nur, wie
gesagt, ist sie nicht leicht zu fassen. Bedenkt doch: vor aller Augen zu lieben hält man für schöner als dies heimlich zu tun, und
am höchsten wird die Liebe zu den Edelsten und Besten geschätzt, mögen sie auch häßlicher von Gestalt als andere sein.
Und weiter: wie erstaunlich ist die Ermunterung, die der Liebende von allen Seiten erfährt – ganz und gar nicht wie einer, der
etwas Schändliches treibt. Und wenn er den Freund gewinnt,
wird es als schön, wenn er ihn nicht gewinnt, wird es als schmäh-
lich empfunden. Ja, die Sitte läßt den Verliebten bei seiner Wer-

DAS GASTMAHL 487

bung sogar noch in dem Fall Billigung finden, daß er Absonder-
liches ins Werk setzt – was einem vom Standpunkt der Philosophie aus die größte Schande einbrächte, wagte man damit einen
anderen Zweck zu verfolgen als diesen. Denn wenn einer, um
von jemandem Geld zu bekommen oder ein Amt oder um sonstwie Einfluß zu erlangen, sich aufführen wollte wie die Liebenden
vor den Geliebten: auf den Knien flehentliche Bitten stammeln,
Eide schwören, vor ihren Türen die Nächte verbringen und sich
zu Diensten bereit zeigen, die nicht einmal ein Sklave auf sich
nehmen mag – würde er da nicht von Freund und Feind an solchem Handeln gehindert? Die Feinde würde ihn schmähen wegen Kriecherei und Würdelosigkeit, die Freunde ihm den Kopf
zurechtsetzen und sich für ihn schämen. Der Liebende aber erregt Wohlgefallen mit all diesem Tun, und es ist ihm nach
Brauch und Sitte gestattet, ohne Vorwurf so zu handeln, als ob er
wer weiß was Herrliches täte! Und das Tollste: er allein, sagt
man gemeinhin, findet bei den Göttern Verzeihung, wenn er
seine Eide bricht; denn ein Liebeseid sei kein Eid, heißt es. So haben Götter und Menschen dem Liebenden jegliche Freiheit gewährt, so will es unsere Sitte.

Demnach könnte man meinen, in unserer Stadt gelte es für
eine herrliche Sache, zu lieben und dem Liebenden ein Freund zu
werden. Doch wie sieht es auf der anderen Seite aus? Väter stellen für ihre Söhne, die Eros erregen, Pädagogen als Aufseher an
und tragen ihnen auf, Gespräche mit den Freunden nicht zu dulden. Altersgenossen und Kameraden rufen Schmähworte, wenn
sie bemerken, daß so etwas dennoch vorkommt; und die älteren
Leute gebieten diesen Tadlern ihrerseits nicht Einhalt oder ver-
weisen ihnen ihre Schmähungen nicht als unberechtigt. Wer dies
alles mitansieht, könnte meinen, die Knabenliebe gelte hierzulande gerade umgekehrt als größte Schande. Damit, glaube ich,
verhält es sich aber so: Es ist, wie anfangs gesagt, Lieben nicht
einfach an und für sich schön oder häßlich, sondern geschieht es
auf schöne Weise, ist es schön, wenn aber auf häßliche Weise, ist
es häßlich. Häßlich nun ist es, sich einem Schlechten auf

schlechte Art und Weise hinzugeben, schön hingegen, es bei einem Guten sowie auf schöne Art und Weise zu tun. Von schlechter Art ist aber jener »gemeine« Liebhaber, der den Körper mehr liebt als die Seele. Er ist auch nicht beständig, denn was er liebt, hat ja selbst keinen Bestand. Sobald die Blüte des Leibes, die er begehrte, dahin schwindet, »ist er flugs auf und davon« und macht seine wortreichen Versprechen zuschanden. Wer aber die edle Wesensart eines Menschen liebt, bleibt ihm treu ein Leben lang, weil er mit Bleibendem verschmolzen ist. Unsere Sitte will also, daß man die Liebhaber gut und genau prüft und dann dem einen sich hingibt, dem andern sich aber versagt. Deswegen fordert sie: Diese sollen werben und verfolgen, jene vor ihnen fliehn. Ein Wettkampf sei es und eine Probe, zu welcher von beiden Gattungen der Liebende zählt und zu welcher der Geliebte. So gilt es aus diesem Grunde erstens für schimpflich, sich rasch zu ergeben; vielmehr soll Zeit bis dahin vergehen, die bekanntlich ja meist eine sichere Probe schafft. Weiterhin ist es auch eine Schande, sich durch Geld oder politischen Einfluß gewinnen zu lassen, ob nun einer unter Druck nachgibt und nicht standhält, oder nicht stark genug ist, versprochene Vorteile an Geld oder politischer Macht mit Verachtung von sich zu weisen. Denn nichts von alldem scheint sicher und beständig, abgesehn davon, daß eine echte Freundschaft daraus nicht erwachsen kann. Es bleibt also nach unserer Sitte nur *ein* Weg, will der Geliebte sich dem Liebenden in rechter Weise hingeben: wie es ja für den Liebenden nicht als Kriecherei oder Schande gilt, seinem Geliebten bereitwillig jedweden Knechtsdienst zu leisten, so bleibt [umgekehrt für den Geliebten gegenüber dem Liebenden] nach unserem Brauch nur *ein* freiwilliger Knechtsdienst ohne Schmach: der Dienst um der Selbstvervollkommnung willen.

XI. Bei uns herrscht nämlich die grundsätzliche Anschauung: Wenn einer einem anderen zu Diensten sein will in dem Glauben, er werde durch ihn in irgendeinem Wissen und Können oder sonst auf einem Felde der Auszeichnung besser, so gilt diese freiwillige Knechtschaft nicht als schändlich und auch nicht als

DAS GASTMAHL   489

Kriecherei. Es müssen sich eben diese beiden Grundverfassun-
gen: Liebe zu einem Mann und Liebe zur Weisheit wie zur sonstigen Tugend und Tüchtigkeit miteinander verbinden, soll sich
die Hingabe des Geliebten an den Liebenden als recht erweisen.
Wenn nämlich Liebender und Geliebter zusammenkommen, jeder nach seinem Grundsatz: der eine, daß er dem Geliebten, der
sich ihm hingibt, zu Recht jeden Liebesdienst leiste, der andere,
daß er dem, der ihn wissend, gut und tüchtig macht, seinerseits
zu Recht jedwede Gefälligkeit erweise, und wenn der eine außerdem in Vernunft und sonstiger Tugend und Tüchtigkeit zu fördern vermag, und den anderen es danach verlangt, an Bildung
und auch sonst an Wissen und Können zu gewinnen, dann, sofern diese Grundsätze in eins zusammenfallen, und nur dann ergibt es sich, daß die Hingabe des Geliebten an den Liebenden
schön ist – in einem anderen Falle aber nie.

Unter dieser Bedingung ist es auch überhaupt nicht schimpflich, das Opfer einer Täuschung zu werden. Bei allen anderen
Beweggründen aber bringt es Schande, mag einer nun getäuscht
werden oder nicht. Denn wenn jemand einem Liebhaber, den er
für reich hält, um des Reichtums willen seine Gunst gewährt hat,
sich dann aber getäuscht sieht und kein Geld bekommt, weil sich
der Liebhaber als arm herausstellt, so ist das um nichts weniger
schimpflich – hat doch so einer für seine Person offenbar bewiesen, daß er für Geld dem ersten besten zu jedwedem Dienste
willfährig wäre, und das ist nicht schön. Umgekehrt aber: wenn
jemand einem vermeintlich guten Mann seine Liebe schenkt, um
durch die Freundschaft mit ihm selber besser zu werden, und
dann getäuscht wird, weil sich herausstellt, daß jener schlecht ist
und ohne alle Vortrefflichkeit, so würde ihn eine solche Täuschung trotzdem ehren. Denn dieser Mann hat doch offenbar
seinerseits deutlich gezeigt: um der Vortrefflichkeit willen und
um besser zu werden wäre er einem jeden gegenüber zu jeglichem Dienste bereit; und das ist von allem das Schönste. So ist
Hingabe immer etwas Schönes, wenn sie um der Selbstvervollkommnung willen geschieht.

Das ist der Eros, der von der »himmlischen« Göttin stammt, der »himmlische«; er ist von hohem Wert für den Staat und für den Einzelnen. Er zwingt den Liebenden wie den Geliebten, mit großer Sorgfalt an sich selbst im Streben nach Vollkommenheit zu wirken. Alle übrigen Arten des Eros gehören zu der anderen Göttin, der »all-gemeinen«. Das ist mein Beitrag, schloß er, wie ich ihn dir so aus dem Stegreif, Phaidros, zum Preise des Eros zu bieten vermag.

Als Pausanias nun pausierte – es lehren mich nämlich die Sophisten, so in Gleichklängen zu reden – hätte, wie Aristodemos berichtete, Aristophanes sprechen sollen; den habe aber gerade ein Schluckauf befallen, wohl weil er zuviel getrunken oder gegessen hatte oder aus sonst einem Grund. Und so sei er nicht imstande gewesen, eine Rede zu halten, sondern habe sich an den Arzt Eryximachos – der lag nämlich auf dem Platz neben ihm – mit den Worten gewendet: Ach, Eryximachos, du bist doch der rechte Mann dazu: mach, daß mein Schluckauf vergeht, oder rede du statt meiner, bis ich ihn los bin.

Und Eryximachos habe erwidert: Gut, ich will beides tun. Ich spreche an deiner Stelle und du hernach an meiner, sobald dein Schlucken vorüber ist. Während ich rede, wird er doch wohl aufhören, wenn du nur recht lange den Atem anhältst, falls nicht, so gurgle mit Wasser! Ist er aber sehr hartnäckig, dann führ' etwas zum Kitzeln in die Nase ein und niese. Und wenn du das ein- bis zweimal gemacht hast, hört auch der hartnäckigste Schlucken auf. Fange nur gleich an mit deiner Rede, habe Aristophanes darauf gesagt, ich will es so machen.

XII. Da habe Eryximachos folgendermaßen gesprochen: Nachdem Pausanias zwar einen schönen Anlauf zu der Rede genommen, sie aber nicht befriedigend zuende geführt hat, muß ich wohl versuchen, die Rede zu einem Abschluß zu bringen. Einen zweifachen Eros hat er meiner Ansicht nach zu Recht unterschieden. Daß Eros aber nicht nur in den Seelen der Menschen als Liebe zu den Schönen waltet, sondern auch als Trieb zu vielem anderen allüberall in der Welt, etwa in den Körpern der

Tiere insgesamt und in den Pflanzen, die aus der Erde sprießen, ja, mit einem Wort in allem Seienden – das glaube ich aus der Heilkunde, eben aus meinem Fach, ersehen zu haben: Groß und bewundernswert ist der Gott und alles umspannt er im menschlichen wie im göttlichen Wirken.

Ich will in meiner Rede von der Medizin ausgehen, nicht zuletzt um die Fahne meiner Wissenschaft hochzuhalten. Zur Natur des Leibes gehört nämlich der zweifache Eros: Das Gesunde und das Kranke im Körper sind zugestandenermaßen etwas voneinander Verschiedenes und Ungleiches; Ungleiches aber begehrt und liebt niemals das Gleiche. Darum ist der Eros in etwas Gesundem ein anderer als der in etwas Krankem. Wenn Pausanias soeben von den Menschen allgemein sagte, den Guten zu willfahren sei recht, bei Zuchtlosen aber sei es nicht recht, so gilt das auch im rein körperlichen Bereich: Dem Guten und Gesunden in jedem Körper zu willfahren ist richtig, und man soll es auch tun – eben hierin besteht das, was wir als das Heilkundliche bezeichnen; dem Schlechten und Kranken aber zu willfahren ist nicht richtig, und dem muß man entgegenwirken, sofern man als Fachmann verfahren will. Denn die Medizin ist in der Hauptsache die Wissenschaft von den körperlichen »erotischen« Trieben zur Stoffaufnahme und -ausscheidung. Und wer dabei den rechten vom unrechten Eros zu unterscheiden weiß, der ist der tüchtigste Arzt; wer sodann einen solchen Wandel herbeiführen kann, daß der Körper statt des schlechten Eros den guten erhält, und wer sich außerdem darauf versteht, den guten Eros dort, wo er fehlt, aber notwendig wäre, zu wecken oder umgekehrt einen vorhandenen schlechten auszutreiben, der wäre wohl der rechte Meister seines Fachs. Die Elemente im Körper, die sich am meisten feind sind, muß man versöhnen können, daß sie sich einander befreunden und lieben. Am feindlichsten aber sind die äußersten Gegensätze: Kalt und Warm, Bitter und Süß, Trocken und Naß und so weiter. Diesen Gegensätzen Liebe und Eintracht einzugeben, verstand unser Ahnherr Asklepios, wie unsere Dichter meines Erachtens glaubwürdig sagen, und damit hat er unsere

Kunst begründet. Die Heilkunde wird also, wie ich behaupte, ganz von diesem Gotte geleitet, wie auch Leibesübungen und Landbau.

Bei der Musik aber wird es jedem klar, der auch nur ein bißchen darüber nachdenkt, daß es sich mit ihr genauso verhält – was vielleicht auch Heraklit sagen will, nur drückt er es mit seinen Worten nicht deutlich aus: Das Eine nämlich, sagt er, strebe auseinanderstrebend in sich selbst zusammen, gleichwie die harmonische Fügung des Bogens und der Leier. Es ist aber ein großer Widersinn, von der Harmonie zu behaupten, sie strebe auseinander oder bestehe aus noch Auseinanderstrebendem. Doch vielleicht wollte er nur dies sagen: aus dem Hohen und dem Tiefen, das zunächst auseinanderstrebte, dann aber später zusammenstimmte, sei sie durch die Kunst der Musik entstanden. Denn solange noch das Hohe und das Tiefe auseinanderstreben, gibt es wohl kaum Harmonie, ist doch Harmonie Zusammenklang, Zusammenklang aber so etwas wie Übereinstimmung. Übereinstimmung von Auseinanderstrebendem, wenigstens solange es noch im Auseinanderstreben begriffen ist, kann es aber unmöglich geben. Und nocheinmal: was auseinanderstrebt und somit nicht zugleich übereinstimmt, kann unmöglich harmonieren– wie ja auch der Rhythmus aus Schnell und Langsam entstanden ist, also aus Elementen, die zuerst auseinanderstrebten, dann aber zur Übereinstimmung gelangten.

Die Übereinstimung in alldem wird also wie im einen Fall durch die Heilkunde, so hier durch die Kunst der Musik hergestellt, die gegenseitige Liebe und Eintracht hervorruft. So ist denn auch die Musik Wissen vom Wirken des Eros in Harmonie und Rhythmus. Und im Gefüge selbst von Harmonie und Rhythmus ist das Wirken des Eros gar nicht schwer zu erkennen, während sich der zwiefache Eros noch nicht darin findet. Wenn es aber darum geht, vor den Menschen Rhythmus und Harmonie zu handhaben, ob einer nun darin schöpferisch ist – in dem Fall spricht man ja von Komponieren, oder ob einer die bereits geschaffenen Melodien und Metren richtig vorträgt – in dem

Fall wird ja von musischer Bildung gesprochen – dann wird es schwierig und bedarf eines kundigen Meisters. Da kommen wir nämlich wieder auf denselben Grundsatz zurück: den gesitteten Menschen soll man zu gefallen suchen und auch denen, die es noch nicht sind, damit sie hierdurch gesittet werden; deren Eros muß man bewahren. Das ist der schöne, der himmlische, der Eros der Muse Urania. Derjenige der Polyhymnia ist der all-gemeine: ihn darf man nur vorsichtig wecken, da, wo man dies tut, um zwar seine Lust zu genießen, aber dabei keine Zuchtlosigkeit zu erregen – wie es auch in unserer Kunst eine große Leistung ist, die Begierden nach den Erzeugnissen der Kochkunst richtig zu steuern, so daß man, ohne krank zu werden, den Genuß daran hat. In der Musik, in der Heilkunde, überall im menschlichen und göttlichen Wirken soll man möglichst auf beiderlei Eros achten; denn sie sind beide darin.

XIII. Ja auch die Jahreszeiten, so wie sie sich zusammenfügen, sind in ihrem Ablauf von diesen beiden Wirkungskräften erfüllt. Denn wenn die eben genannten Gegensätze, das Warme und das Kalte, das Trockene und das Nasse, in ihrem Verhältnis zueinander von dem ordnenden [dem »kosmischen«] Eros bestimmt sind und so zu harmonischem Ausgleich und maßvoller Mischung gelangen, dann bringt ihr Kommen Gedeihen und Gesundheit für Menschen und Tiere und Pflanzen, und es verbreitet kein Unheil. Nimmt aber der Eros des Unmaßes in den Jahreszeiten überhand, dann gibt es großes Verderben und Unheil. Die Seuchen entstehen gerne daraus und viele andere Krankheiten bei Tieren und Pflanzen; zu Reif, Hagelschlag und Mehltau kommt es nämlich, sobald solche »erotischen« Triebkräfte durch Unmaß und Unordnung aus ihrem Gleichgewicht geraten. Die entsprechende Wissenschaft, die sich auf den Umlauf der Gestirne und die Abfolge der Jahreszeiten bezieht, heißt Astronomie.

Und weiter: jedwedes Opfer und alles, worüber die Seherkunst sonst noch waltet – dies ist die wechselseitige Beziehung zwischen Göttern und Menschen – dient ausschließlich der heilsamen Wahrung des rechten Eros. Denn jegliche Mißachtung der Religion kommt gewöhnlich dann auf, wenn einer sich dem Eros der Sitte und Ordnung nicht hingibt, ihn nicht ehrt noch achtet in allem Tun, sondern es mit dem anderen Eros hält, sowohl gegenüber den Eltern im Leben und nach ihrem Tode wie gegenüber den Göttern. Da ist es nun Aufgabe der Seherkunst, die verschiedenen Arten des Eros zu prüfen und heilsam zu beeinflussen; und so stiftet die Seherkunst Freundschaft zwischen Göttern und Menschen, weil sie sich auf die Erostriebe im Menschen versteht, die Göttlichem und Heiligem gelten.

So vielfache und große, ja mehr noch: alle Gewalt überhaupt besitzt Eros in seiner Fülle. Der Eros aber, der um des Guten willen mit Besonnenheit und Gerechtigkeit waltet, bei uns und bei den Göttern, der hat die größte Macht und schenkt uns jegliche Glückseligkeit, vor allem die Kraft, Gemeinschaft und Freundschaft miteinander und auch mit den Göttern zu haben, die mächtiger sind als wir. Vielleicht lasse ich im Lob des Eros vieles aus, doch gewiß nicht mit Absicht; sollte ich aber etwas weggelassen haben, ist es deine Aufgabe, Aristophanes, das zu ergänzen. Oder wenn du im Sinn hast, den Gott auf andere Weise zu preisen, so preise ihn nur. Deinen Schluckauf bist du ja los.

Darauf ergriff, so erzählte Aristodem, Aristophanes das Wort: Jawohl, er hat aufgehört, freilich nicht eher als bis ich ihm mit Niesen beikam. Dabei nimmt es mich wunder, daß der Ordnungstrieb im Leibe nach solchem Getöse und Gekitzel verlangt, wie es das Niesen ist. Denn augenblicks war der Schluckauf vorbei, als ich es mit dem Niesen probierte.

Und Eryximachos habe erwidert: Mein bester Aristophanes, nimm dich in acht! Du reißt Witze über mich, wo du doch gerade zu reden vorhast, und bringst mich dazu, den Aufpasser bei deiner Rede zu spielen, ob nicht auch du etwas Lächerliches sagst – und du hättest doch in Frieden sprechen können!

Da gab Aristophanes lachend zurück: Du hast recht, Eryximachos, und ich will nichts gesagt haben. Doch paß lieber nicht auf; ich habe schon Angst für die Rede, die ich halten soll, nicht etwa davor, daß ich etwas Komisches sagen könnte – das wäre Gewinn und gehörte ja zum Reich meiner Muse; nur Albernes darf ich nicht sagen!

Du hast mir zuerst eins versetzt, Aristophanes, habe Eryximachos gesagt, und nun meinst du, du könntest mir entwischen; nein, nimm deinen Geist zusammen und rede so, als müßtest du mir Rede stehen. Vielleicht, wenn es mir paßt, laß ich dich dann laufen.

XIV. Allerdings, Eryximachos, begann Aristophanes, gedenke ich auf andere Art und Weise zu reden als ihr zwei, du und Pausanias es tatet. Ich habe nämlich den Eindruck, daß die Menschen der Macht des Eros überhaupt noch nicht innegeworden sind; sonst hätten sie ihm die größten Tempel und Altäre gebaut und die größten Opfer dargebracht. Nun geschieht nichts von alledem für ihn, der es doch am ehesten verdiente. Denn er ist der menschenfreundlichste unter den Göttern, Helfer der Menschen und Arzt für die Leiden, deren Heilung dem Menschengeschlechte wohl die größte Glückseligkeit bringt. Ich will daher versuchen, euch seine Macht zu enthüllen; ihr werdet dann die Lehrer der anderen sein!

Zunächst sollt ihr von der menschlichen Natur und ihren Schicksalen vernehmen. Ursprünglich war unsere Natur nämlich nicht die sie jetzt ist, sondern eine andere: gab es doch am Anfang dreierlei Geschlechter von Menschen, nicht nur zwei wie jetzt, das männliche und das weibliche, vielmehr noch ein drittes, das diese beiden in sich vereinte; bloß der Name ist von ihm geblieben, indes es selbst verschwand. Denn das Mannweib war damals noch ein eigenes Geschlecht, nach Aussehn wie Bezeichnung eine Einheit aus den beiden anderen, dem männlichen und dem weiblichen; jetzt aber lebt nur noch sein Name fort, und der als Schimpfwort.

Sodann war die Gestalt eines jeden Menschen noch ein Ganzes und zwar rund: Rücken und Seiten schlossen sich ringsum zu einem Kugelrumpf zusammen. Vier Arme hatte dieses Wesen und ebensoviele Beine und zwei Gesichter auf kreisrundem Hals, beide einander völlig gleich, aber nur einen einzigen Schädel über diesen zwei voneinander abgekehrten Gesichtern, zudem vier Ohren, zwei Geschlechtsteile und alles andere, wie man es sich danach wohl ausmalen kann. Man schritt aufrecht wie heute, dabei nach Belieben vorwärts oder rückwärts. Wollten sie aber schnell laufen, so machten sie es wie die Leute beim Radschlagen, die ihre Beine stracks in die Höhe und wieder zurück in den aufrechten Stand schwingen und sich in kreisender Bewegung überschlagen: Mit den acht Gliedmaßen, die sie damals hatten, stützten oder stießen sie sich ab und bewegten sich so rasch im Kreisschwung fort. Daß es drei Geschlechter gab und daß sie so beschaffen waren, hatte folgenden Grund: das Männliche stammte ursprünglich von der Sonne, das Weibliche von der Erde und das [Doppelgeschlecht], welches an beiden teilhat, vom Monde, da ja auch der Mond an beiden [Sonne und Erde] teilhat. Und rund waren sie selbst und entsprechend ihr Gang, weil sie ihren Eltern glichen. Sie waren also von gewaltiger Kraft und Stärke und hatten verwegene Gedanken, ja sie wagten sich sogar an die Götter heran. Was Homer von Ephialtes und Otos erzählt, das gilt auch von ihnen: den Aufstieg in den Himmel hatten sie versucht, um die Götter anzugreifen.

XV. Da hielten Zeus und die anderen Götter Rat, was man gegen sie unternehmen solle, und sie waren in Verlegenheit. Sie konnten sie doch nicht einfach töten und ihr Geschlecht wie das der Giganten mit Blitzen vernichten – damit hätten sie sich ja selbst um Ehren und Opfer von seiten der Menschen gebracht! Aber ebensowenig konnte man sie so weiterfreveln lassen. Endlich hat Zeus einen Einfall, und er spricht: Mich dünkt, ich habe ein Mittel, daß es die Menschen weiterhin gibt, sie jedoch von ihrer Zügellosigkeit lassen müssen, weil sie zu schwach dazu geworden sind. Jetzt will ich nämlich jeden von ihnen mitten entzwei schneiden. Da werden sie schwächer sein und zugleich desto nützlicher für uns, denn an Zahl werden sie ja mehr sein. Fortan sollen sie aufrecht gehen auf zwei Beinen. Sofern wir aber merken sollten, daß sie sich immer noch erfrechen und keine

DAS GASTMAHL 497

Ruhe halten wollen, so werde ich sie abermals, sprach er, in zwei
Hälften schneiden – dann mögen sie wie die Schlauchspringer
auf einem Beine hüpfend daherkommen! Sprach's und schnitt
die Menschen mitten entzwei, wie man Mehlbeeren zum Ein-
machen oder wie man Eier mit einem Haar zerschneidet.

Und jedesmal, wenn er einen zerschnitten hatte, wies er Apollon an, ihm das Gesicht und den halben Hals zur Schnittfläche
hin herumzudrehen, auf daß der Mensch, seine Zerschnittenheit
vor Augen, sittsamer werde; das übrige hieß er ihn zuheilen. So
drehte denn Apollon jedem das Gesicht herum, und er zog von
allen Seiten die Haut über der Partie, die jetzt Bauch heißt, zu einer Öffnung zusammen und band das Ganze wie einen Schnür-
beutel mitten auf dem Bauche ab; daraus entstand der sogenannte Nabel. Dann strich er die meisten anderen Falten glatt
und formte dabei die Brust mit einem Werkzeug, wie es die
Schuster haben, um damit über dem Leisten die Falten des Le-
ders zu glätten. Nur einige wenige Falten ließ er übrig, eben die
um Bauch und Nabel, zur Mahnung an das einst Erlittene.

Da nun das unsprüngliche Wesen entzweigeschnitten war,
sehnte sich ein jedes nach seiner anderen Hälfte und suchte sich
mit ihr zu vereinigen: sie umarmten einander und umschlangen
sich voller Begierde wieder zusammenzuwachsen, und sie starben vor Hunger und Vernachlässigung ihrer übrigen Bedürfnisse, denn getrennt voneinander mochten sie nichts tun. Wenn
dann eine Hälfte starb und die andere übrig blieb, so suchte sich
diese wieder eine andere und umschlang sie, gleichviel ob sie auf
die Hälfte eines ursprünglich ganzen Weibes traf – auf das also,
was wir jetzt ein Weib nennen – oder auf die eines Mannes. Und
so gingen sie zugrunde.

Da erbarmt sich Zeus und ersinnt einen anderen Ausweg: er
versetzt ihre Geschlechtsteile nach vorn; denn die hatten sie bis
dahin hinten an der früheren Außenseite, und sie zeugten und
empfingen nicht ineinander, sondern in der Erde wie die Zika-
den. So versetzte er sie nun an ihre Vorderseite und machte damit möglich, daß die Begattung ineinander durch das Männliche

im Weiblichen geschah, und zwar zu folgendem Zweck. Wenn bei der Umarmung ein Mann auf eine Frau träfe, sollten sie zugleich miteinander zeugen und das Geschlecht fortpflanzen. Wenn aber ein Mann auf einen anderen träfe, so sollten sie wenigstens Befriedigung in ihrem Zusammensein finden und dann voneinander lassen, um wieder an ihre Arbeit zu gehen und sich um all das zu kümmern, was sonst noch zum Leben gehört. Es ist also seit uralter Zeit der Eros zueinander den Menschen eingepflanzt; zu ihrem ursprünglichen Wesen führt er sie wieder zurück und sucht aus zweien eins zu machen und die menschliche Natur zu heilen.

XVI. Jeder von uns ist demnach Teilstück eines Menschen, da wir ja zerschnitten sind wie die Schollenfische, so daß aus einem zwei geworden sind. Es ist denn auch ein jeder immerfort auf der Suche nach seinem Gegenstück: Alle Männer nun, die ein Schnittstück jenes Ganzen sind, das damals Mannweib hieß, begehren Frauen (und die meisten Ehebrecher stammen aus diesem Geschlecht). Ebenso kommen alle Frauen, die Männer lieben, (wie auch die Ehebrecherinnen) aus diesem Geschlecht. Alle Frauen hingegen, die Teil einer Urfrau sind, haben überhaupt nichts mit Männern im Sinn, sondern sind vielmehr den Frauen zugewandt; die Lesbierinnen entstammen diesem Geschlecht. Die aber Teilstück eines ursprünglich männlichen Wesens sind, trachten nach dem Männlichen. Die Jungen lieben als Schnittstücke des Manneswesens die Männer und freuen sich, bei Männern zu liegen und in ihren Armen zu sein. Und es sind dies die besten unter den Knaben und Jünglingen, da sie die männlichsten sind von Natur. Freilich behaupten manche, sie seien schamlos. Aber das ist gelogen. Denn nicht aus Schamlosigkeit tun sie das, sondern aus ihrer mutigen und mannhaften, eben männlichen Wesensart heraus, weil sie sich zu dem, was ihnen wesensgleich ist, hingezogen fühlen. Ein schlagender Beweis dafür: nur sie erweisen sich, wenn sie erwachsen sind, als rechte Staatsmänner. Sind sie aber zu Männern herangereift, so lieben sie Knaben und Jünglinge; und auf Ehe wie Kindererzeugung

DAS GASTMAHL

richten sie nicht von ihrer Natur her den Sinn, sondern lassen sich nur vom Gesetz dazu zwingen; ihnen wäre es genug, ehelos miteinander zu leben.

So wird denn unbedingt solch ein Mann eines Geliebten oder eines Liebenden Freund und ist stets dem, was ihm verwandt ist, zugetan. Wenn nun der Liebende, der Knabenfreund oder wer sonst, gar seiner eigenen anderen Hälfte begegnet, dann sind beide ganz wunderbar entzückt vor Freundschaft, Vertrautheit und Liebe; kurzum, sie wollen nicht mehr voneinander lassen, auch nicht für einen Augenblick. Solche Liebenden bleiben zeitlebens beieinander; und sie sind es, die nicht einmal zu sagen wüßten, was sie voneinander erwarten. Denn kaum jemand wird meinen, um des gemeinsamen sinnlichen Genusses willen sei der eine mit dem anderen so freudig und mit so großer Leidenschaft zusammen. Offenbar ersehnt doch beider Seele etwas anderes, was sie nicht aussprechen kann – nein, sie erahnt nur, was sie begehrt, und deutet es dunkel an. Und träte, während sie beisammen liegen, Hephaistos zu ihnen, seine Werkzeuge in der Hand, und fragte: Was ist's, ihr Menschen, was ihr voneinander wollt? Und wenn sie dann verlegen wären und er sie von neuem fragte: Wünscht ihr etwa dies, euch möglichst ganz zu vereinigen, um Tag und Nacht nicht voneinander zu lassen? Solltet ihr das wünschen, so will ich euch in eines zusammenschmelzen und zusammenschweißen, so daß ihr aus zweien einer werdet, und solange ihr lebt, wie ein einziger gemeinsam beide lebt, und wenn ihr sterbt, auch dort im Hades statt zweien einer seid, vereint im Tod. So schaut, ob ihr dies ersehnt und zufrieden seid, wenn euch dies zuteil wird. – Auf dieses Angebot hin würde gewiß kein einziger nein sagen oder einen anderen Wunsch kundtun, vielmehr glaubte wohl ein jeder, er habe genau das vernommen, wonach es ihn schon längst verlangte: vereint und verschmolzen mit dem Geliebten aus zweien eins zu werden. Der Grund dafür ist, daß dies unsere ursprüngliche Natur war: einst waren wir ein Ganzes. So heißt nun das Verlangen und das Streben nach der Ganzheit »Eros«.

Und vordem, wie gesagt, waren wir eins; jetzt aber sind wir für unser Unrecht vom Gott auseinandergetrieben, wie die Arkadier von den Spartanern. Daher steht zu befürchten, daß, sollten wir nicht fügsam sein gegenüber den Göttern, wir abermals gespalten werden und dann herumlaufen müssen wie die im Profil dargestellten Relieffiguren auf den Grabsteinen, mit zersägten Nasen, wie halbierte Würfel. Deshalb muß jedermann jeden ermahnen, ehrfürchtig gegen die Götter zu sein, damit wir dies vermeiden und jenes erlangen, wozu Eros uns Führer und Feldherr ist. Ihm soll niemand zuwiderhandeln – es handelt aber zuwider, wer sich den Göttern verhaßt macht. Wenn wir dem Gotte freund und mit ihm versöhnt sind, werden wir freilich den uns zugehörigen Geliebten finden und gewinnen, was jetzt nur wenigen gelingt.

Daß es mir aber Eryximachos, um meine Rede ins Lächerliche zu ziehen, ja nicht so auffaßt, als spielte ich etwa auf Pausanias und Agathon an! Möglich, daß auch sie gerade zu denen gehören und beide von Natur auf das Männliche ausgerichtet sind; doch ich für meinen Teil spreche ganz allgemein von Männern und Frauen: unser Geschlecht könnte nur dann glückselig werden, wenn wir die Liebeserfüllung erlangen und ein jeder den ihm wesenseigenen Geliebten findet und so zurückkehrt zu seiner Ursprungsnatur. Ist dies auch das Allerbeste, so ist unter den gegebenen Umständen notwendig das am besten, was dem am nächsten kommt, nämlich: einen Geliebten zu finden, dessen Wesen der eigenen Sinnesart entspricht. Preisen wir den Gott, der dieses wirkt, so preisen wir zu Recht wohl Eros, der uns in der Gegenwart die größte Wohltat spendet, führt er uns doch zum Ureigenen heim, und für die Zukunft zeigt er uns die größten Hoffnungen, wenn wir uns nur den Göttern gegenüber fromm erweisen; denn dann versetzt er uns in unsere Urnatur zurück, und Heilung bringend macht er uns glücklich, ja glückselig.

Dies, Eryximachos, sagte er, ist meine Rede auf den Eros. Sie ist von anderer Art als die deine. Wie ich dich schon bat: mach dich nicht lustig über sie; wir wollen doch noch hören, was die anderen zu sagen haben, oder besser: die beiden letzten, denn nur Agathon und Sokrates sind ja noch übrig.

XVII. Nun gut, ich will mich dir fügen, habe, wie Aristodem berichtete, Eryximachos darauf erwidert. Deine Rede hat mir ja durchaus gefallen. Und wenn ich nicht wüßte, daß Sokrates und Agathon ihre Stärke im Reiche des Eros haben, so müßte ich gar sehr befürchten, sie seien in Verlegenheit wegen ihrer Reden, weil schon so vieles und dabei so Verschiedenartiges vorgetragen wurde; so aber bin ich trotzdem zuversichtlich.

Da sagte Sokrates: Du selbst hast dich ja wacker in unserem Wettkampf geschlagen, Eryximachos. Wärst du aber jetzt an meiner Stelle, oder wie ich vielleicht besser gesagt hätte: gar dort, wo ich sein werde, wenn auch noch Agathon gut geredet hat, dann wäre auch dir gewiß gehörig bange, und es würde dir ganz so zumute sein wie derzeit mir.

Du willst mich behexen, Sokrates, habe Agathon eingeworfen, damit ich in Verwirrung gerate bei dem Gedanken, das Publikum hege große Erwartungen, daß ich eine gute Rede halte.

Ich müßte doch recht vergeßlich sein, Agathon, habe Sokrates erwidert, wenn ich, der ich gerade Zeuge deiner mannhaften Haltung und deines Selbstbewußtseins war, als du mit deinen Schauspielern die Bühne bestiegst und ein so gewaltiges Publikum vor dir sahst, dem du ein eigenes Werk vorführen wolltest, und das, ohne auch nur im geringsten deine Fassung zu verlieren, – wenn ich jetzt meinte, du gerietest in Verwirrung wegen uns paar Männern.

Was denn, Sokrates, habe Agathon gesagt, du glaubst doch nicht etwa, ich hätte den Kopf so voll vom Theater, daß ich nicht einmal mehr wüßte, wieviel mehr Angst jemand mit Verstand vor einer Handvoll kluger Zuhörer als vor einem noch so großen Haufen dummer Leute hat?

Es wäre allerdings nicht schön von mir, Agathon, sagte er, wenn ich dir einen solchen Mangel an Weltkenntnis zutrauen würde. Natürlich weiß ich genau: Träfest du mit Männern zusammen, die du für gescheit hältst, dann würdest du mehr auf sie geben als auf die große Menge. Aber eben zu denen, fürchte ich, gehören wir kaum – denn wir waren ja dort [im Theater] auch dabei und gehörten mit zu der Menge! Solltest du aber auf andere wirklich Gescheite treffen, so würdest du dich wahrscheinlich vor ihnen schämen, falls du etwas nach deiner Ansicht Unpassendes tätest. Oder wie siehst du das?

Du hast recht.

Vor der Menge aber würdest du dich über einen Fehlgriff nicht schämen?

Da fiel Phaidros ihm ins Wort: Lieber Agathon, wenn du dem Sokrates antwortest, dann wird es ihm ganz gleichgültig sein, wie das alles hier weitergeht, Hauptsache, er hat einen Dialogpartner – zumal einen so schönen! So gern ich dem Sokrates bei seinen Gesprächen zuhöre, ist es jetzt doch meine Pflicht, mich um das Lob des Eros zu kümmern und von jedem von euch eine Rede zu erhalten. Habt ihr beide also dem Gott eure Schuldigkeit erwiesen, dann mögt ihr ruhig euer Gespräch so fortführen.

Ja, du hast recht, Phaidros, habe Agathon erwidert, und nichts hindert mich daran, die Rede zu halten; zu Gesprächen mit Sokrates wird sich auch später noch oft Gelegenheit bieten.

XVIII. Ich will zunächst davon sprechen, *wie* ich zu reden habe und erst anschließend die Rede halten. Denn ich finde, alle meine Vorredner haben nicht den Gott gelobt, sondern die Menschen glücklich gepriesen ob der Gaben, die sie dem Gotte verdanken. Wie aber sein Wesen ist, daß er dies alles geschenkt hat, das hat keiner gesagt. Es gibt aber nur ein einziges richtiges Verfahren für *jede* Lobrede, wem sie auch gilt, nämlich nacheinander das Wesen und die Wirkungen dessen darzustellen, von dem die Rede handelt. So ist es recht und billig, daß auch wir den Eros auf diese Weise loben: zuerst sein Wesen, sodann seine Gaben.

Ich behaupte nun, unter allen glückseligen Göttern ist Eros (wenn es gestattet und nicht vermessen erscheint, das zu sagen) der seligste, ist er doch der Schönste und Beste. Der Schönste aber ist er durch folgende Eigenschaften: erstlich ist er der jüngste unter den Göttern, mein Phaidros. Den schlagenden Beweis für diese Behauptung liefert er selber: er flieht in flüchtiger Eile das Alter, das bekanntlich schnell ist, kommt es doch schneller auf uns zu als es sollte. Das haßt nun Eros von Natur, und nicht einmal von weitem nähert er sich ihm. Mit der Jugend aber ist er ständig zusammen, jung ist er ja selber. Denn es gilt der alte Spruch, daß Gleich zu Gleich sich stets geselle. Ich stimme dem Phaidros sonst in vielem zu, jedoch nicht darin, daß Eros älter als Kronos und Japetos sei. Nein, ich behaupte, der jüngste unter den Göttern ist er und ewig jung. Die alten Göttergeschichten aber, die Hesiod und Parmenides erzählen, die ereigneten sich durch Ananke [die Notwendigkeit] und nicht etwa durch Eros – sofern jene überhaupt die Wahrheit sagten. Denn gegenseitige Entmannungen und Fesselungen wären nicht geschehen und auch viele andere Gewalttaten nicht, wenn Eros unter ihnen geweilt hätte; vielmehr hätten Freundschaft und Frieden geherrscht wie jetzt, seitdem Eros König der Götter ist.

Jung ist er also, und nicht nur jung, sondern auch zart. Eines Dichters bedarf es, wie Homer einer war, um des Gottes Zartheit vor Augen zu führen. Homer sagt nämlich von Ate, sie sei eine Göttin und zart – ihre Füße wenigstens seien zart – so heißt es bei ihm:

»...ihre Füße sind zart; denn nimmer dem Boden
Nahet sie, sondern sie wandelt über den Häuptern
der Männer.«

Mit einem schönen Bild, scheint mir, beweist er so ihre Zartheit, daß sie nicht auf Hartem, sondern auf Weichem wandelt. Denselben Beweis wollen wir denn auch für die Zartheit des Eros verwenden: nicht auf der Erde schreitet er und auch nicht über Scheitel hinweg – die ja nicht weich sind –, sondern im Weichsten, das es gibt, wandelt und wohnt er: in Gemüt und Seele von Göttern und Menschen hat er seinen Wohnsitz genommen, doch keineswegs ohne Unterschied in jeder Seele. Trifft er eine mit rauhem Gemüt, geht er fort; in eine mit sanftem Gemüt kehrt er ein. Weil er nun immer mit seinen Füßen und mit allem anderen an das Sanfteste des Sanftesten rührt, muß er von zartester Art sein.

Er ist also der jüngste und zarteste, dazu von geschmeidiger Gestalt. Denn er könnte sich nicht überall anschmiegen und unbemerkt in jede Seele erst eingehen und sich dann wieder davonstehlen, wenn er ungelenk wäre. Für seine ebenmäßige und geschmeidige Erscheinung haben wir einen überzeugenden Beweis in seiner Anmut, die ja dem Eros in besonderer Weise nach Meinung aller zueigen ist. Mißgestalt freilich und Eros liegen miteinander stets im Krieg. Auf die Schönheit seiner Hautfarbe deutet das Leben des Gottes unter Blumen hin. Im Blütenlosen und Verblühten, sei es Leib oder Seele oder was sonst, verweilt Eros nicht; doch wo immer ein schönblühender und schönduftender Ort sich findet, dort weilt er und bleibt er.

XIX. Über die Schönheit des Gottes mag dies genügen, wenngleich noch viel zu sagen bliebe. Über die Tugend des Eros ist nunmehr zu sprechen. Das Wichtigste ist, daß Eros weder Unrecht tut noch leidet, weder an einem Gott noch von einem Gott, weder an einem Menschen noch von einem Menschen. Denn weder leidet er selbst durch Gewalt, falls er überhaupt etwas leidet, da Gewalt an Eros nicht rührt, noch tut er gewaltsam, was er tut, da jeder dem Eros in allem freiwillig dient; was man aber willig dem Willigen gewährt, das erklären »des Staates Könige«, die Gesetze für gerecht.

Wie an der Gerechtigkeit hat er auch an der Besonnenheit größten Anteil. Darin sind sich nämlich alle einig: Besonnenheit ist die Beherrschung von Lüsten und Begierden; keine Lust ist aber stärker als Eros. Wenn die anderen also schwächer sind, so werden sie doch wohl von Eros beherrscht, und er ist Herr. Als Herrscher über Lüste und Begierden muß schließlich Eros besonders besonnen sein.

Und fürwahr an Tapferkeit »hält selbst Ares ihm nicht stand«. Denn es hält nicht Ares Eros, sondern Eros Ares fest in Banden –

der Eros zu Aphrodite, wie es heißt. Wer aber jemanden gefangenhält, ist stärker als der Gefangene. Und wer Herr über den Tapfersten ward, der ist doch wohl der Allertapferste. Gerechtigkeit, Besonnenheit und Tapferkeit des Gottes sind nun besprochen, bleibt noch die Weisheit. Soweit möglich, muß man versuchen, es auch da nicht fehlen zu lassen. Zunächst – damit auch ich unserer Kunst die Ehre gebe wie Eryximachos der seinen: als Dichter ist der Gott so weise, daß er auch andere zu Dichtern macht. Wird doch jeder zum Dichter, »auch wenn er fremd den Musen vorher war«, sobald ihn Eros anrührt. Dies dürfen wir zum Zeugnis dafür nehmen, daß Eros schöpferisch ist und überhaupt jedem musischen Schaffen innewohnt; denn was einer nicht hat oder nicht weiß, das kann er auch keinem zweiten geben noch einen anderen lehren. Und gar die Schöpfung der Lebewesen insgesamt – wer will da bestreiten, daß eben durch das weise Wirken des Eros alles Lebendige entsteht und wächst? Gilt dies nicht ebenso von der Meisterschaft in den Künsten? Wir wissen doch, daß jeder, der diesen Gott zum Lehrmeister hat, zu Ruhm und Glanz gelangt, während der, den Eros nicht anrührt, im Dunkel bleibt. Fürwahr, die Kunst des Bogenschießens, die Heilkunde und die Seherkunst erfand Apollon, und Lust und Liebe haben ihn dabei geleitet. So ist denn auch er ein Schüler des Eros, wie die Musen in der Musenkunst, Hephaistos im Schmieden, Athene im Weben und »Zeus im Lenken der Götter und Menschen«. Daher kam harmonische Ordnung in das Dasein der Götter, seit Eros unter ihnen erschien – als Liebe zur Schönheit natürlich, denn mit dem Häßlichen hat Eros keine Gemeinschaft. Vorher aber geschahen, wie ich schon anfangs sagte, nach der Überlieferung viele Gewalttaten unter den Göttern, weil Ananke Zwingherrin war. Als aber dieser Gott geboren ward, erwuchs aus der Liebe zum Schönen alles Gute für Götter und Menschen.

So glaube ich, Phaidros, daß Eros erstlich selbst der Schönste und Beste ist und sodann für die anderen der Spender all dieser Gaben. Es wandelt mich an, auch einmal in Versen zu sprechen: Eros ist es, der da beschert

»Frieden unter den Menschen, dem Meere
heitere Glätte,
Windesstille, Ruhe von Stürmen und Schlummer
im Leide.«

Er befreit uns von der Fremdheit, er erfüllt uns mit Vertrautheit;
Geselligkeit wie diese stiftet er; bei Festen, bei Tänzen, bei Op-
ferfeiern ist er Führer, Milde uns spendend, das Wilde abwen-
dend, Wohlwollen verbreitend, Übelwollen vertreibend, gern
bringt er Eintracht, nie bringt er Zwietracht, so gnädig wie
freundlich, von den Weisen bewundert, von den Göttern be-
staunt, ersehnt von den Unglücklichen, erhascht von den Glücklichen; des Wohllebens, des Behagens, des Schwelgens wie der
Anmut, der Sehnsucht, des Verlangens Vater, recht besorgt um
die Guten, nicht besorgt um die Schlechten; in Plagen und Za-
gen, in Sehnen und Sinnen trefflichster Steuermann, Mitkämp-
fer zur See wie zu Lande und Retter, aller Götter und Menschen
Zier, der schönste und beste Anführer, dem jedermann folgen
soll, und jeder lobsinge herrlich dabei und stimme mit ein in sein
Lied, mit dem er, wenn er es erklingen läßt, den Sinn aller Götter
und Menschen betört.

Diese Rede, sagte er, o Phaidros, sei von mir dem Gotte dargebracht; sie enthält teils Spielerei, teils auch mäßigen Ernst, soweit ich es eben vermag.

XX. Kaum hatte Agathon geendet, da hätten alle Anwesenden, erzählte Aristodem, mit stürmischem Beifall kundgetan,
wie würdig seiner selbst und des Gottes der junge Mann gesprochen habe. Sokrates habe anschließend zu Eryximachos hinge-
blickt und bemerkt: Was meinst du nun, o Sohn des Akumenos,
war meine Furcht vorhin so unbegründet oder habe ich nicht
vielmehr seherisch gesprochen, als ich ankündigte, Agathon
würde wundervoll reden, ich aber dadurch in Verlegenheit geraten?

Das eine, erwiderte Eryximachos, hast du freilich, meine ich,
wie ein Seher vorausgesagt, nämlich daß Agathon gut reden

werde; daß du aber in Verlegenheit kommen könntest, das glaube ich nicht.

Doch wie, mein Bester, entgegnete Sokrates, sollte ich nicht verlegen sein, ich so gut wie jeder andere, der nach einem so schönen und reichhaltigen Vortrag zu sprechen hat? Zwar war nicht alles gleichermaßen großartig – aber zum Schluß hin, wer wäre da beim Zuhören nicht hingerissen worden von der Schönheit der Worte und Wendungen? Als mir bewußt wurde, daß ich auch nichts annähernd so Schönes würde sagen können, da wäre ich um ein Haar aus Scheu auf und davongelaufen, wenn ich nur igendwie gekonnt hätte. Denn mich erinnerte die Rede an Gorgias, so daß es mir geradezu erging, wie es Homer beschreibt: ich bekam Angst, Agathon würde zuletzt noch das Haupt des Gorgias, des Redegewaltigen, in seiner Rede gegen die meine schwingen und mich damit zu Stein erstarren und verstummen lassen! Und da begriff ich erst, wie töricht es von mir war, daß ich euch zusagte, ich würde, wenn die Reihe an mir sei, in eurer Runde den Eros preisen, und daß ich behauptete, ein Kenner im Reiche des Eros zu sein – wo ich doch augenscheinlich nichts von der Sache verstehe, ja nicht einmal weiß, auf welche Weise man überhaupt eine Lobrede zu halten hat. Ich glaubte nämlich in meiner Einfalt, man müsse die Wahrheit sagen über den jeweils zu preisenden Gegenstand, und das bilde die Grundlage; dann brauche man nur daraus das Schönste auszuwählen und es in möglichst gefälliger Form darzustellen. Und ich bildete mir schon wer weiß was darauf ein, wie gut ich sprechen würde, in der Meinung, Bescheid zu wissen über die wahre Art des Lobens. Freilich hatte ich da offenbar nicht die richtige Vorstellung von einer Lobrede. Vielmehr kommt es doch wohl darauf an, an dem betreffenden Gegenstande alles nur erdenklich Großartige und Schöne zu rühmen, gleichviel ob es zutrifft oder nicht. Sollte es falsch sein, würde es auch nichts ausmachen. Denn offensichtlich hatte man vorher verabredet, jeder von uns solle dem Anschein nach den Eros preisen, müsse dabei aber nicht seinem wirklichen Wesen gerecht werden. Deshalb, meine ich, bietet ihr alles auf, was Wert hat, und weist es dem Eros zu und erklärt, so sei er und Urheber so vieler Wohltaten, damit er außerordentlich schön und gut erscheine – natürlich bloß den Unkundigen, den Kennern ja wohl kaum. Und herrlich und erhaben nimmt das Lob sich aus! Doch ich kannte diese Art Lob nicht. In Unkenntnis also sagte ich euch zu, gleichfalls eine Lobrede zu halten. »Die Zunge hat's versprochen, nicht das Herz.« Lassen wir es also bleiben! Auf diese Weise will ich nicht noch eine Lobrede mehr halten; ich könnte es auch gar nicht. Aber die Wahrheit, wenn es euch recht ist, die will ich euch sagen, auf meine Art, nicht im Wettstreit mit euren Reden, um mich nicht eurem Gelächter preiszugeben. Sieh nun zu, Phaidros, ob du auch solch eine Rede brauchen kannst, in der du über den Eros wahre Aussagen zu hören bekommst, allerdings in Wortwahl und Satzbau so, wie es sich aus dem Stegreif ergibt.

Da hätten Phaidros und die meisten anderen ihn aufgefordert zu reden, wie er selber glaube es tun zu müssen, so und nicht anders.

Noch etwas, Phaidros, habe Sokrates gesagt; erlaube mir, an Agathon zunächst noch ein paar kleine Fragen zu richten, damit ich erst mit ihm einig werde, bevor ich rede.

Natürlich erlaube ich das, erwiderte Phaidros, frage nur.

Daraufhin, erzählte Aristodem, begann Sokrates etwa folgendermaßen:

XXI. Die Einleitung deiner Rede, mein lieber Agathon, fand ich wirklich gelungen: wie du sagtest, man müsse zuerst das Wesen des Eros und dann sein Wirken aufzeigen. Diesen Anfang bewundere ich sehr. Nun, wo du ja die Eigenschaften des Eros sonst so trefflich und prächtig geschildert hast, sage mir über ihn gerade noch dies: Ist Eros so zu verstehen, daß er Liebe von jemandem ist, oder nicht? Ich meine aber mit meiner Frage nicht, ob er Liebe einer Mutter oder eines Vaters ist (die Frage wäre doch lächerlich, ob Eros Mutter- oder Vaterliebe sei), sondern wie wenn ich in bezug auf eben diesen Begriff Vater fragte: Ist denn der Vater Vater von irgend jemandem oder nicht? Du würdest sicher sagen, wenn du richtig antworten wolltest: Der Vater ist immer Vater eines Sohnes oder einer Tochter, nicht wahr?

Ja, gewiß, erwiderte Agathon.

Und dasselbe gilt von der Mutter?

Auch das bejahte er.

So gib mir, fuhr Sokrates fort, noch etwas weiter Antwort, damit du besser begreifst, worauf ich hinaus will. Wenn ich fragte: Wie steht es aber mit einem Bruder? Ist er das, was er an sich ist, nämlich Bruder – ist er das von jemandem oder nicht?

Er ist es von jemandem.

Doch wohl von einem Bruder oder einer Schwester?

Ja.

So versuche nun, auch den Eros zu bestimmen. Ist der Eros Liebe zu niemandem und nichts oder zu jemandem und etwas?

Unbedingt zu jemandem und etwas.

Behalte dies Etwas vorläufig noch für dich, sei Sokrates fortgefahren, du hast ja wohl noch im Gedächtnis, worauf sich Eros bezieht. Doch soviel sage mir jetzt: begehrt Eros dasjenige, worauf er sich bezieht, oder nicht?

Ja, auf jeden Fall, habe Agathon geantwortet.

Begehrt und liebt er eben das, was er begehrt und liebt, dann, wenn er es besitzt oder wenn er es nicht besitzt?

Vermutlich, wenn er es nicht besitzt.

Überlege doch, habe Sokrates gesagt, ob es statt »vermutlich« nicht vielmehr notwendig so ist, daß das Begehrende das begehrt, was ihm fehlt, oder umgekehrt, daß es nicht danach begehrt, wenn es ihm nicht fehlt. Mir scheint das erstaunlich zwingend zu sein, Agathon, dir etwa nicht?

Mir ebenso, habe er erwidert.

Schön. Würde sich jemand, der groß ist, wünschen, groß zu sein, oder wer stark ist, stark zu sein?

Das ist unmöglich nach unseren Ergebnissen.

Denn es bedarf doch niemand dessen, was er schon ist.

Das stimmt.

Wenn dennoch ein Starker stark sein wollte, fuhr Sokrates

fort, und ein Schneller schnell und ein Gesunder gesund – denn man könnte sich vielleicht in diesen oder ähnlichen Fällen vorstellen, daß wer schon so ist und das schon hat, eben das, was er hat, durchaus noch begehrt. Damit uns bloß kein Fehler unterläuft, deshalb führe ich dies näher aus. Wenn du's recht bedenkst, Agathon, ist es doch so: der Betreffende hat notwendig jeweils zum gegenwärtigen Zeitpunkt alle diese Eigenschaften und Dinge, die er hat, ob er sie nun will oder nicht – und wer würde dann noch danach begehren? Sollte trotzdem einer sagen: »Ich bin gesund und will gesund sein, und ich bin reich und will reich sein, und ich begehre eben das, was ich schon habe«, so würden wir ihm wohl erwidern: »Du Mensch, der du Reichtum und Gesundheit und Kraft besitzest, willst du dies auch für die Zukunft besitzen? Denn in der Gegenwart hast du es ja, ob du willst oder nicht. Wenn du also erklärst: ich begehre das gegenwärtig Vorhandene, so überlege, ob du damit nicht etwa folgendes sagen willst: ich wünsche das in der Gegenwart Vorhandene auch in der Zukunft zu haben.« Müßte er da nicht zustimmen?

Agathon bejahte es.

Darauf sagte Sokrates: Heißt das aber nicht: er liebt und begehrt dasjenige, was ihm noch nicht zur Hand ist und was er noch nicht besitzt, wenn er das Gegenwärtige auch für die Zukunft gesichert wissen will?

Ja, gewiß.

Also begehrt dieser Mensch, wie jeder andere Begehrende auch, das Nichtvorhandene und Nichtgegenwärtige. Und was man nicht hat und was man selbst nicht ist und was einem fehlt – eben darauf sind die Begierde und die Liebe gerichtet.

Ja, sicherlich.

Gut denn, habe Sokrates gesagt, fassen wir die Ergebnisse zusammen: Nicht wahr, Eros ist erstens auf etwas gerichtet, und zweitens richtet er sich auf etwas, was ihm selbst jeweils fehlt.

Das habe er bejaht.

Hierzu erinnere dich an die Aussage in deiner Rede, auf welchen Gegenstand sich Eros richte; oder wenn du willst, kann ich dich daran erinnern. Ich meine nämlich, du sagtest ungefähr folgendes: In das Dasein der Götter sei harmonische Ordnung gekommen durch den Eros zum Schönen; denn zum Häßlichen gebe es keinen Eros. So etwa drücktest du es doch aus?

Ja, das sagte ich, gab Agathon zur Antwort.

Und ganz zutreffend ist deine Aussage, mein Freund, versetzte Sokrates; und wenn dies stimmt, nicht wahr, dann ist doch Eros Liebe zur Schönheit, nicht aber zur Häßlichkeit.

Das bestätigte er.

Nun sind wir aber doch übereingekommen: Was einem fehlt und was man nicht besitzt, eben das liebt und begehrt man?

Gewiß.

Dem Eros fehlt also die Schönheit, und er besitzt sie nicht.

Zwangsläufig, habe er erwidert.

Wie? Demnach behauptest du, etwas, dem die Schönheit fehlt und das sie überhaupt nicht besitzt – sei schön?

Keinesfalls.

Bleibst du also noch bei deiner Behauptung. Eros sei schön, wenn sich das so verhält?

Da sagte Agathon: Ich fürchte, Sokrates, ich verstand nichts von alldem, worüber ich vorhin sprach.

Und dabei hast du wahrlich schön geredet, Agathon, entgegnete Sokrates. Aber beantworte mir noch eine kleine Frage: meinst du nicht, das Gute sei auch schön?

Doch.

Wenn also dem Eros das Schöne fehlt, das Gute aber schön ist, so fehlt ihm wohl auch das Gute.

Ich kann dir nicht widersprechen, Sokrates; es mag so sein, wie du sagst.

Der Wahrheit kannst du nicht widersprechen, mein lieber Agathon; indes dem Sokrates zu widersprechen, wäre gar nicht schwer.

XXII. Nun will ich dich endlich in Ruhe lassen. Vernehmt vielmehr die Rede über den Eros, die ich einst von einer Frau aus Mantineia, von Diotima hörte, welche hierin wie in vielem andern weise war – den Athenern hatte sie vormals durch ein Opfer vor Ausbruch der Pest zehn Jahre Aufschub dieser Seuche erwirkt, und sie hat denn auch mich über den Eros belehrt – die Rede also, die sie vortrug, will ich euch wiederzugeben versuchen. Dabei gehe ich von dem aus, worüber ich mich mit Agathon geeinigt habe. Allerdings spreche ich nunmehr auf mich selbst gestellt, so gut ich es vermag.

Es gilt also, Agathon, wie du ja ausgeführt hast, zuerst Wesen und Art des Eros, dann sein Wirken zu schildern. Am leichtesten ist es nun, meine ich, wenn ich so vorgehe, wie damals die Fremde mit ihren Fragen es tat. Auch ich sagte nämlich ziemlich dasselbe zu ihr, wie jetzt Agathon zu mir, daß Eros ein großer Gott sei und zu den Schönen gehöre. Da widerlegte sie mich mit denselben Gründen wie ich ihn, daß er meiner eigenen Darlegung zufolge weder schön sein könne noch gut.

Und ich sagte darauf: Wie meinst du das, Diotima? Ist Eros demnach häßlich und schlecht?

Lästere nicht, rief sie. Oder glaubst du, was nicht schön ist, das sei notwendig häßlich?

Ja, freilich.

Und auch, was nicht weise ist, sei deshalb schon töricht? Hast du nicht bemerkt, daß es noch etwas in der Mitte zwischen Weisheit und Unwissenheit gibt?

Was ist das?

Die Meinung, die das Richtige trifft, und zwar ohne es begründen zu können. Weißt du nicht, sagte sie, daß dies weder ein Wissen ist – denn wie könnte etwas, wofür man keine Gründe anzugeben vermag, ein Wissen sein? – noch Unwissenheit – denn wie könnte das, was das Tatsächliche trifft, Unwissenheit sein? – Folglich ist ›die richtige Meinung‹ offenbar so etwas wie ein Mittleres zwischen Einsicht und Unwissenheit.

Du hast recht, sagte ich.

Behaupte also nicht weiter, was nicht schön ist, sei notwendig häßlich, und was nicht gut ist, notwendig schlecht.

Und ebenso im Falle des Eros: wenn du selber zugibst, er sei nicht gut und auch nicht schön, so meine deswegen nicht gleich, er müsse häßlich und schlecht sein, halte ihn vielmehr für etwas in der Mitte zwischen beidem.

Und dabei sind sich doch alle darüber einig, warf ich ein, daß er ein großer Gott ist.

Meinst du alle Unwissenden, erwiderte sie, oder auch alle Wissenden?

Alle zusammen!

Da lachte sie und sagte: Aber Sokrates, wie könnte er denn von denen als großer Gott anerkannt werden, die ihn nicht einmal für einen Gott halten?

Wen meinst du damit? fragte ich.

Zum Beispiel dich und mich, gab sie zur Antwort.

Und ich fragte wiederum: Wie soll ich das verstehen?

Ganz einfach, versetzte sie; sag mir nur, hältst du nicht alle Götter für glückselig und schön? Oder würdest du wagen, von einem der Götter zu sagen, er sei nicht schön und glückselig?

Beim Zeus, nein! entgegnete ich.

Glückselig nennst du doch die, die das Gute und das Schöne besitzen?

Ja, natürlich.

Aber du hast doch zugegeben, daß Eros aus Mangel am Guten und Schönen eben das begehrt, was ihm fehlt.

Ja, das habe ich zugegeben.

Wie könnte der dann ein Gott sein, der am Schönen und Guten nicht teilhat?

Das kann keinesfalls sein, meine ich.

Siehst du nun, sprach sie, auch du hältst Eros nicht für einen Gott.

XXIII. Was, fragte ich, soll Eros dann sein? Etwa ein Sterblicher?

O nein!

Was denn sonst?

Wie schon vorhin gesagt: ein Mittleres zwischen Sterblichem und Unsterblichem.

Ja, aber was, Diotima?

Ein großer Daimon, Sokrates, denn alles Dämonische ist mitten zwischen Gottheit und Mensch.

Welche Wirkungskraft hat es? fragte ich weiter.

Es dolmetscht und überbringt den Göttern, was von den Menschen kommt, und den Menschen, was von den Göttern kommt: von den einen die Gebete und Opfer, von den anderen die Gebote und Gegengaben für die Opfer. Da es in der Mitte zwischen beidem ist, füllt es die Kluft, so daß das All in sich selbst verbunden ist. Mittels des Dämonischen geht auch alle Weissagung vonstatten und das Wirken der Priester bei den Opfern und Weihen und Beschwörungen sowie insgesamt bei Orakeln und Magie. Denn Gott naht nicht unmittelbar dem Menschen, sondern durch diese Vermittlung des Dämonischen vollzieht sich aller Umgang und alle Zwiesprache der Götter mit den Menschen, im Wachen sowohl wie im Traum. Und wer in diesen Dingen weise ist, der ist ein dämonischer Mann; wer aber nur sonst in etwas Bescheid weiß, etwa in einer niederen Kunst oder in einem Handwerk, der ist ein gewöhnlicher Mann [ein »Banause«]. Diese Daimonen sind zahlreich und von allerlei Art – einer von ihnen ist Eros.

Wer ist sein Vater, fragte ich, und wer seine Mutter?

Das ist eine recht lange Geschichte, antwortete sie, trotzdem will ich sie dir erzählen: Als Aphrodite geboren war, da hielten die Götter ein Festmahl, mit ihnen auch »Wegfinder«, der Klugheit Sohn. Wie nun das Mahl zuende war, kam, um beim Schmause zu betteln, die »Armut« und stand an der Tür.

Da ging Wegfinder – trunken vom Nektar – Wein gab's ja noch nicht – hinaus in den Garten des Zeus und fiel alsbald in schweren Schlaf. In ihrer Mittel- und Ausweglosigkeit kam es nun der Armut in den Sinn, sich von dem Mann, der Mittel schafft und Wege findet, ein Kind zeugen zu lassen; so legte sie sich zu ihm und empfing den Eros. Deshalb ist ja auch Eros Begleiter und Knappe der Aphrodite geworden, er, der an ihrem Geburtsfest gezeugt ward, und zugleich ist er von Natur ein

DAS GASTMAHL

Liebhaber des Schönen, weil ja auch Aphrodite schön ist. Als Sohn Wegfinders und der Armut lebt Eros nun auf solche Weise: erstlich ist er immer arm; und weit davon entfernt, zart und schön zu sein, wie die meisten Leute wähnen, ist er vielmehr rauh und struppig, barfuß und obdachlos; er lagert immer auf der bloßen Erde ohne Decke; vor Türen, auf der Straße unter freiem Himmel nächtigt er; darin hat er die Natur der Mutter, dem Mangel ist er allzeit zugesellt. Hingegen stellt er nach Art des Vaters allem Schönen und Guten nach, ist mannhaft, verwegen und spannkräftig, ein gewaltiger Jäger und ständiger Ränkeschmied, nach Erkenntnis begierig, in Mitteln und Wegen ein findiger Kopf, weisheitsliebend sein Leben lang, dazu ein mächtiger Zauberer, Hexenmeister und Sophist. Und er ist weder wie ein Unsterblicher noch wie ein Sterblicher: bald blüht er auf und lebt er, sooft er Mittel und Wege findet, bald stirbt er ab – und dies an ein und demselben Tag; dann lebt er wieder auf dank der Natur des Vaters; doch was er gewonnen, ist immer rasch zerronnen. So ist Eros nie mittellos, aber auch niemals reichlich bemittelt. Auch zwischen Weisheit und Unwissenheit hält er die Mitte; denn damit steht es so: Kein Gott ist weisheitsliebend oder begehrt, weise zu werden – er ist es ja schon. Und wer sonst weise ist, strebt ebensowenig nach Weisheit. Andererseits streben auch die Unwissenden nicht nach Weisheit noch begehren sie, weise zu werden. Denn das ist ja gerade das Schlimme an der Unwissenheit, daß man, ohne ein rechter und verständiger Mensch zu sein, mit sich selbst zufrieden ist. Und wer da meint, ihm fehle nichts, der begehrt folglich auch nicht, was er gar nicht zu entbehren meint.

Aber wer, Diotima, sind denn nun die Weisheitsliebenden [die »Philosophen«], fragte ich, wenn es weder die Weisen noch die Unwissenden sind?

Das sieht doch schon jedes Kind, sprach sie, daß es die sind, die eine Mittelstellung zwischen diesen Letztgenannten einnehmen; zu ihnen gehört wohl auch Eros. Denn zum Schönsten zählt Weisheit, und Eros ist Liebe zum Schönen, so daß Eros weisheitsliebend [»Philosoph«] sein muß; und als solcher steht er in der Mitte zwischen dem Weisen und dem Unwissenden. Dies ist ebenfalls ein Erbe seiner Eltern: er stammt ja von einem weisen Vater, der Mittel und Wege weiß, aber von einer unweisen Mutter, die mittellos und ohne Ausweg ist. Dies ist also das Wesen des Daimons, lieber Sokrates. Daß du dir aber Eros so ganz anders vorstelltest, ist keineswegs verwunderlich. Du glaubtest offenbar, wenn ich deine Worte recht verstehe, das Geliebte sei Eros, nicht das Liebende. Daher, meine ich, erschien dir Eros so wunderschön. Denn das Liebenswerte ist ja wirklich das Schöne, Zarte, Vollendete und Glückselige; das Liebende aber hat eine andere Gestalt – so, wie ich sie beschrieb.

XXIV. Und ich sagte: Es sei dem so, fremde Frau, du hast ganz recht. Wenn dies aber das Wesen des Eros ist, welchen Nutzen bringt er dann den Menschen?

Ich will versuchen, Sokrates, erwiderte sie, dir jetzt auch das darzutun. Wir sprachen über Wesen und Geburt des Eros, und er ist, wie du sagst, auf das Schöne bezogen. Wenn uns aber jemand fragte: Was bedeutet denn ›Liebe zum Schönen‹, Sokrates und Diotima? Oder noch deutlicher: Der Liebende begehrt das Schöne; wozu begehrt er es?

Und ich gab zur Antwort: Daß es ihm zuteil werde.

Diese Antwort, fuhr sie fort, fordert die weitere Frage: Was wird einer davon haben, daß ihm das Schöne zuteil wird?

Da erklärte ich, auf diese Frage keine rechte Antwort mehr zur Hand zu haben.

Nun, sagte sie, wenn man zum Beispiel an die Stelle des Schönen das Gute setzte und dann die Frage stellte: Nimm an, Sokrates, der Liebende begehrt das Gute; wozu begehrt er es?

Daß es ihm zuteil werde, erwiderte ich.

Und was wird einer davon haben, daß ihm das Gute zuteil wird?

Darauf kann ich leichter antworten: Er wird glücklich sein.

Ja, sprach sie, durch den Besitz des Guten sind die Glücklichen glücklich; und man braucht nicht mehr weiter zu fragen: Zu

welchem Zweck will man glücklich sein. Das Fragen ist hier offenbar am Ziel angelangt.

Das ist wahr, versetzte ich.

Glaubst du, daß dieser Wille und dieser Eros allen Menschen
gemeinsam ist, und daß alle das Gute immer besitzen wollen?
Oder wie meinst du?

Ja, das meine ich, bestätigte ich, daß er allen gemeinsam ist.

Wieso sagen wir dann nicht von allen, Sokrates, fuhr sie fort,
daß sie lieben, wenn doch alle dasselbe begehren, und zwar
allezeit, sondern sprechen nur einigen den Eros zu, anderen
nicht?

Darüber wundere ich mich selbst, sagte ich.

Nein, wundere dich nicht, entgegnete sie; wir nehmen nämlich nur eine bestimmte Art von Eros heraus und nennen sie
›Eros‹, indem wir ihr den Begriff für das Ganze zuweisen, für die
übrigen Arten aber verwenden wir andere Bezeichnungen.

Wie zum Beispiel? fragte ich.

Wie im folgenden Fall: du weißt doch, daß Schaffen [»Poesis«]
vielerlei bedeutet; denn gelangt etwas aus dem Nichtsein zum
Sein, so liegt dem allemal ein Schaffen zugrunde, so daß eigentlich auch die Erzeugnisse aller Künste und Handwerke mit dem
Wort »Poesie« und ihre Meister alle als »Poeten« zu bezeichnen
wären.

Das stimmt.

Und doch weißt du, fuhr sie fort, daß man sie nicht Dichter
nennt, sondern daß sie andere Bezeichnungen haben. Aus dem
Gesamtbegriff Schaffen [»Poesis«] hat man nämlich den einen
Teil ausgesondert, der mit dem Musischen und den Versmaßen
zu tun hat, und den bezeichnet man mit dem Wort für das Ganze.
Das allein heißt »Poesie«, und nur wer sich auf diesem Teilgebiet
des Schaffens betätigt, der heißt »Poet«.

Du hast recht.

So steht es nun auch mit dem Eros. Dem Gesamtbegriff nach
ist jedwedes Streben nach Gütern und Glück Eros, der »größte
und listenreichste« für jedermann. Doch wenn sich ihm jemand

sonst auf diese oder jene Weise zuwendet, im Gelderwerb oder in der Gymnastik oder in der Philosophie, dann heißt es nicht: er liebt oder ist ein Liebender. Wer aber auf eine ganz bestimmte Art verfährt und dabei voller Eifer ist, auf den wendet man das Wort für das Ganze an: da spricht man von Liebe, Lieben und von Liebenden.

Das ist wohl richtig, sagte ich.

Es geht nun zwar die Rede, sprach sie weiter, daß diejenigen lieben, die ihre eigene Hälfte suchen. Meine Lehre aber lautet, daß Eros weder auf ein Halbes aus ist noch auf ein Ganzes, es sei denn gerade ein Gutes, mein Freund. Lassen sich doch die Menschen sogar ihre eigenen Füße und Hände abhauen, wenn ihre eigenen Gliedmaßen ihnen von Übel zu sein scheinen. Nicht am Eigenen, meine ich, hängt ein jeder, er nenne denn das Gute sich zugehörig und sein Eigen und das Schlechte sich fremd. Nichts anderes nämlich lieben die Menschen als das Gute. Oder bist du anderer Ansicht?

Nein, beim Zeus!

Können wir nun so einfach sagen, daß die Menschen das Gute lieben?

Ja, antwortete ich.

So? Müssen wir nicht hinzusetzen, sagte sie, daß sie das Gute sich anzueignen begehren?

Ja, allerdings.

Und zwar nicht nur es sich anzueignen, sondern es auch für immer zu eigen zu haben?

Auch das müssen wir hinzusetzen.

Fassen wir also zusammen: Eros ist der Drang, das Gute für immer zu eigen zu haben.

Du hast vollkommen recht, sagte ich.

XXV. Wenn nun der Eros immer auf dieses Ziel gerichtet ist, sprach sie, wie muß einer es dann verfolgen und was muß er tun, daß sein Eifer und seine Anspannung Eros genannt werden könnte? Was für ein Tätigsein ist das? Kannst du das sagen?

Dann würde ich dich, Diotima, entgegnete ich, nicht wegen

DAS GASTMAHL 519

deiner Weisheit bewundern und nicht zu dir kommen, um gerade dieses zu lernen.

So will ich es dir sagen: Es ist ein Zeugen im Schönen, in und mit dem Leibe wie der Seele.

Der Sehergabe bedarf es, um zu deuten, was du sprichst, und ich fasse es nicht.

So will ich es deutlicher erklären. Alle Menschen, Sokrates, tragen Samen in sich, im Leib und in der Seele; und wenn sie in ein bestimmtes Alter kommen, begehrt unsere Natur zu erzeugen. Sie vermag jedoch nicht im Häßlichen, sondern nur im Schönen zu zeugen – die Vereinigung von Mann und Frau ist ja Zeugung. Etwas Göttliches aber, das heißt im sterblichen Wesen das Unsterbliche ist es, Samen in sich zu tragen, zu zeugen und zu gebären. Im Unharmonischen kann dies unmöglich geschehen. Es harmoniert jedoch das Häßliche nie mit dem Göttlichen, während das Schöne mit ihm harmoniert. So ist die Schönheit Schicksalsgöttin und Geburtshelferin für alles Erzeugen und Werden. Naht daher das vom Samen Trächtige dem Schönen, wird es heiter und zerfließt in Lust und zeugt und bringt Frucht. Naht es hingegen dem Häßlichen, so zieht es sich verdrossen und betrübt in sich zurück, wendet sich ab, schrumpft zusammen und zeugt nicht, sondern hält seine Fülle bei sich und trägt sie als schwere Last. Darum gerät ja, was drängend schon schwillt, in heftige Erregung beim Anblick des Schönen, weil dies den, der es ergreift, von großen Wehen erlöst. Denn Eros ist nicht, wie du glaubst, Sokrates, die Liebe zum Schönen.

Aber was dann?

Der Liebes*drang* ist er vielmehr zum Zeugen und Hervorbringen im Schönen.

So mag es sein, sagte ich.

Ja gewiß, versetzte sie. Und warum zum Zeugen? Weil die Zeugung das Ewige und Unsterbliche ist für ein sterbliches Wesen, soweit das überhaupt sein kann. Der Drang zur Unsterblichkeit ist aber notwendig mit dem zum Guten verbunden, wenn wirklich, wie wir ja feststellten, das Streben des Eros dahin geht, das Gute auf immer zu eigen zu haben. Notwendig folgt hieraus, daß Eros auch nach Unsterblichkeit strebt.

XXVI. Dies alles lehrte sich mich, sooft sie über Eros sprach, und so fragte sie auch einmal: Was hältst du, Sokrates, für die Ursache dieser Liebe und dieser Begierde? Bemerkst du nicht, wie stark erregt alle Tiere sind, immer wenn ihr Zeugungstrieb erwacht, und zwar alles, was da kreucht und fleugt, wie sie insgesamt krank vor Liebe sind, zunächst um einander zu begatten; dann bei der Aufzucht der Jungen: wie da auch die Schwächsten bereit sind, für sie mit den Stärksten zu kämpfen und für sie zu sterben; wie sie sich selber von Hunger auszehren lassen, um jene großzufüttern, und auch sonst alles tun. Bei den Menschen könnte man ja meinen, sie handelten aus Überlegung so: aber was ist bei den Tieren der Grund, daß die Liebe sie so mächtig treibt? Kannst du mir das sagen?

Und ich gestand wieder, das wisse ich nicht. Sie aber fuhr fort: Denkst du denn, du würdest je ein Kenner im Reiche des Eros, wenn du dies nicht begreifst?

Aber deswegen, Diotima – eben sagte ich es schon – bin ich ja zu dir gekommen: weil ich erkannte, daß ich der Lehrer bedarf. So nenne mir auch den Grund hierfür, wie für alles andere in der Liebeskunde.

Wenn du nun überzeugt bist, daß Eros sich seinem Wesen nach auf das richtet, worüber wir uns wiederholt geeinigt haben, so wundere dich weiter nicht. Denn hier wie dort sucht die sterbliche Natur nach Möglichkeit ewig und unsterblich zu sein. Sie vermag das aber allein auf diese Weise: durch die Fortpflanzung, indem sie jeweils ein entsprechendes Junges anstelle des Alten hinterläßt. So bezeichnet man doch auch jedes einzelne Lebewesen während seiner Lebenszeit als ein und dasselbe, wie ja ein Mensch von Kindheit an bis ins Greisenalter als ein und dieselbe Person angesprochen wird, obwohl er niemals dieselben Bestandteile in sich hat, vielmehr sich ständig erneuert und Altes dafür verliert, an Haaren, Fleisch, Knochen, Blut und so am ganzen Körper.

Und das gilt nicht bloß für den Körper, sondern auch für die Seele: Gesinnungen, Gewohnheiten, Meinungen, Begierden, Freuden, Schmerzen, Ängste – all das bleibt sich bei einem Menschen nie gleich, sondern das eine entsteht, das andere vergeht. Noch viel merkwürdiger ist es indes mit unseren Kenntnissen: nicht nur, daß auch sie teils entstehen, teils vergehen und wir demnach nicht einmal an Kenntnissen je dieselben sind, sondern es geschieht sogar dasselbe mit jeder einzelnen Kenntnis. Denn die sogenannten Wiederholungsübungen gibt es, weil die Kenntnis schwinden kann; Vergessen ist nämlich Kenntnisschwund. Die Wiederholungsübung hingegen setzt wieder eine neue Erinnerung an die Stelle der entweichenden alten und erhält die Kenntnis, so daß der Eindruck entsteht, es sei dieselbe.

Auf diese Weise erhält sich alles Sterbliche, nicht dadurch, daß es immer vollkommen ein und dasselbe bleibt wie das Göttliche, sondern indem das Vergehende und Alternde ein entsprechendes Junges, so wie es selbst war, hinterläßt. Durch dieses Mittel, Sokrates, hat Sterbliches an der Unsterblichkeit teil, der Leib ebenso wie alles andere; beim Unsterblichen aber geschieht das auf andere Art. Wundere dich also nicht, wenn jedes Wesen seinen Abkömmling aus natürlichem Triebe werthält: um der Unsterblichkeit willen ist jedem dieser Drang und dieser Eros mitgegeben.

XXVII. Und ich hörte diese Rede mit Staunen und fragte: Wohl denn, weiseste Diotima, ist das wirklich wahr?

Da sprach sie nach der Art der vollendeten Weisheitslehrer: Verlaß dich darauf, Sokrates. Denn auch wenn du dir die Ehrliebe der Menschen vor Augen führen willst, müßtest du dich über ihre Unvernunft wundern, sofern du nicht meine Worte im Sinn hast; bedenke nur, wie gewaltig Eros sie drängt, berühmt zu werden »und sich unsterblichen Ruhm für ewige Zeit zu erringen«. Und dafür sind sie bereit, noch eher als für ihre Kinder allen Gefahren zu trotzen, ihr Vermögen aufzuwenden, jede Mühe zu ertragen, ja sogar hierfür zu sterben. Meinst du denn, Alkestis wäre für Admetos in den Tod gegangen oder Achilleus

wäre dem Patroklos in den Tod gefolgt oder euer Kodros hätte
für die Herrschaft seiner Söhne vorzeitig den Tod erlitten, hätten
sie nicht an ein unsterbliches Gedenken ihrer Heldentat geglaubt, wie wir es jetzt ja auch bewahren? Nein, sicher nicht! Ich
bin vielmehr überzeugt, für eine unsterbliche Heldentat und
solch ruhmreiches Andenken tun alle alles – je edler sie sind desto
eher. Denn dem Unsterblichen gilt ihr Eros.

Die nun vom körperlichen Zeugungstrieb erfüllt sind, wenden sich mehr den Frauen zu und sind auf diese Art dem Eros ergeben, wobei sie meinen, durch Kinderzeugen Unsterblichkeit
und Andenken und Glückseligkeit »sich zu verschaffen für alle
zukünftige Zeit«.

Anders die den geistigen Trieb in sich haben – denn es gibt
Menschen, die in der Seele noch stärker als im Körper den Drang
fühlen, das zu zeugen, womit schwanger zu sein und was zu gebären einer Seele gemäß ist. Was hervorzubringen ist aber dem
Geist und der Seele gemäß? Vernünftige Einsicht und jedwede
Tugend und schöpferische Leistung; deren Urheber sind ja die
Dichter allesamt und unter den Künstlern wie Handwerkern all
die, die man als erfinderisch ansieht. Doch die bei weitem bedeu-
tendste und wertvollste Vernunftbegabung gilt der Organisa-
tion des Staats- wie des Hauswesens: dafür haben wir ja die Begriffe maßhaltende Besonnenheit und Gerechtigkeit. Wer nun
die Samen dieser Tugenden von Kindheit an als ein Mensch von
göttlicher Art in der Seele trägt und wer, wenn die Zeit seiner
Reife kommt, zu zeugen und fruchtbar zu werden begehrt, der
geht umher und sucht, so meine ich, das Schöne, in dem er zeugen könnte; denn im Häßlichen wird er nie zeugen. An einem
schönen Leib freut er sich mehr als an einem häßlichen in seinem
Zeugungsdrang, und trifft er noch dazu auf eine schöne und edle
und von Natur wohlgeartete Seele, so fühlt er sich mächtig hingezogen zu beidem. Einem solchen Menschen gegenüber wird
er sofort von Worten überströmen über Tugend und darüber,
wie der rechte Mann sein und was er betreiben soll, und er versucht ihn zu bilden. Denn ich glaube, wenn er den Schönen be-

rührt und mit ihm verkehrt, so zeugt und gebiert seine Seele, womit sie schon lange schwanger ging. Ob er bei dem Freund oder fern von ihm ist, er denkt daran und zieht das Erzeugte gemeinsam mit ihm auf; und so hat solch ein Paar eine viel engere Gemeinschaft und festere Freundschaft miteinander als sie bei leiblichen Kindern bestünde, da es ja auch schönere und in höherem Maße unsterbliche »Kinder« gemeinsam besitzt. Jeder möchte doch wohl lieber solche Kinder haben als leibliche, wenn er auf Homer und Hesiod schaut und die anderen trefflichen Dichter und sie darum beneidet, daß sie solche »Nachkommen« hinterließen, die, selbst unvergänglich, ihnen unsterblichen Ruhm und ewiges Andenken bringen.

Oder wenn du willst, sagte sie weiter, »Kinder«, wie sie Lykurg in Sparta hinterließ – als Retter für Sparta, ja sozusagen für ganz Hellas! In Ehren steht bei euch auch Solon wegen der Schaffung eurer Gesetze, und andere Männer vielerorts bei Hellenen und Barbaren, die viele schöne Werke ans Licht gefördert und mancherlei Ausgezeichnetes hervorgebracht haben. Ihnen hat man schon zahlreiche Kultstätten wegen solcher »Kinder« errichtet, wegen leiblicher Kinder aber noch keinem.

XXVIII. Soweit magst auch du, Sokrates, in die Mysterien des Eros eingeweiht werden. Doch es reichen vielleicht deine Kräfte nicht für die letzten Weihen und die höchste Schau, wohin auch unser Weg führt, wenn wir ihn recht beschreiten. Gleichwohl will ich davon künden und an gutem Willen nichts fehlen lassen. Versuche du zu folgen, so gut du kannst.

Wer den rechten Weg zu diesem Ziele gehn will, hub sie an, muß in seiner Jugend damit beginnen, sich den schönen Leibern zuzuwenden; und zwar soll er, wenn sein Führer ihn richtig leitet, zuerst an einem einzelnen die Leibesschönheit lieben und dabei schöne Gedanken hervorbringen; dann aber begreifen, daß die Schönheit am einen Leib der am andern Leib verschwistert ist, und daß, wenn es um das Schöne an einer Gestalt geht, es große Torheit wäre, die Schönheit an allen Leibern nicht für ein und dieselbe zu halten; hat er dies eingesehn, so wird er Leibes-

schönheit an allen Schönen lieben, in seiner heftigen Leidenschaft für einen einzelnen aber nachlassen, weil er ihm nun nicht
mehr viel bedeutet.

Danach wird er die Seelenschönheit höher schätzen als die des
Leibes, so daß es ihm genug ist, wenn jemand eine wohlgeartete
Seele hat, sollte sein Äußeres auch wenig anziehend sein; er wird
ihn dennoch lieben und umsorgen, und er wird solche Gedanken
mit ihm zeugen, die junge Menschen besser machen können,
und [stets aufs neue] danach suchen. Dadurch fühlt er sich veranlaßt, auch in den Handlungen, sowie in Sitten und Gesetzen das
Schöne zu schauen und so wahrzunehmen, daß alle Schönheit
miteinander verwandt ist: damit er die körperliche als etwas Geringes erkenne.

Von den Handlungen muß man ihn zu den Erkenntnissen führen, damit er auch deren Schönheit sieht und, nun schon im Anblick der Fülle des Schönen, nicht mehr der Einzelschönheit
sklavisch dient, indem er sein Genügen an der Schönheit eines
unreifen Knaben oder irgendeines Menschen oder einer einzigen
Tätigkeit findet und dadurch minderwertig und kleinlich wird –
nein! dem weiten Meer des Schönen sei er zugewandt und ver-
harre in dessen Betrachtung; viele schöne und erhabene Reden
wird er dann hervorbringen und Gedanken in unerschöpflichem
Streben nach Weisheit, bis er, hierin gekräftigt und gereift, *eine*
Erkenntnis erschaut, die Erkenntnis des Schönen.

Und dieses ist von folgender Art – versuche nun, sprach sie,
mir mit der höchsten dir möglichen Geisteskraft zu folgen.

XXIX. Wer bis hierher in der Liebeskunde geführt ward und
nun in der rechten Folge und Form jedwedes Schöne betrachtet,
der wird, endlich am Ziel auf dem Weg der Liebe, plötzlich ein
Schönes von wunderbarem Wesen erblicken – eben jenes, o Sokrates, dem auch all die früheren Mühen galten. Es ist erstlich ein
immer Seiendes, und weder entsteht noch vergeht es, weder
nimmt es zu noch nimmt es ab; sodann ist es nicht teilweise
schön, teilweise häßlich, auch nicht bald schön, bald häßlich,
auch nicht in einer Beziehung schön, in anderer Beziehung häß-

lich, auch nicht hier schön, dort häßlich, als ob es für manche schön, für manche häßlich wäre; ebensowenig wird dem Betrachter das Schöne etwa wie ein Antlitz erscheinen oder wie Hände oder sonst etwas Körperliches, auch nicht als irgendein Begriff oder irgendein Wissen noch als etwas, das irgendwo an etwas anderem ist, sei es an einem Lebewesen auf der Erde oder am Himmel oder sonstwo; sondern jenes Schöne wird ihm erscheinen als es selbst an sich selbst mit sich selbst von *einer* Art ewig seiend; indes alles andere, was schön ist, daran in irgendeiner Weise teilhat, und zwar so, daß, auch wenn dieses andere entsteht und vergeht, jenes Urschöne selbst weder mehr noch weniger wird und überhaupt unverändert bleibt. Wenn also jemand von den Erscheinungen der Sinnenwelt durch die rechte Art der Knabenliebe emporsteigt und jenes Schöne zu schauen beginnt, dann berührt er wohl fast schon das Ziel. Denn dies ist der rechte Weg, zur Sphäre des Eros zu gelangen oder sich von einem anderen dahin leiten zu lassen: daß man, bei dem vielerlei Schönen hier beginnend, um jenes Schönen willen immer weiter emporsteigt wie auf Stufen – von einem schönen Leib zu zweien und von zweien zur Leibesschönheit allgemein, und von den schönen Leibern zu den schönen Handlungen, und von den Handlungen zu den schönen Erkenntnissen, bis man von den Erkenntnissen endlich zu jener Erkenntnis gelangt, die keine andere ist als die Erkenntnis jenes Schönen selbst, und man am Ende gewahr werde, was das Schöne an sich ist.

An diesem Punkt des Lebens, lieber Sokrates, sprach die Fremde aus Mantineia, lohnt sich, wenn überhaupt irgendwo, das Dasein für den Menschen: im Schauen des Schönen an sich. Hast du dieses einmal gesehen, dann wähnst du nicht mehr, es sei etwas wie Goldgerät und Gewänder oder die schönen Knaben und Jünglinge, bei deren Anblick du jetzt außer dir gerätst und wie so viele andere bereit bist, vor lauter Anschauen des Geliebten und im steten Zusammensein mit ihm womöglich Essen und Trinken zu vergessen, um ihn nur immer zu betrachten und mit ihm vereint zu sein. Was erst sollen wir uns vorstellen, sprach sie, wenn es gelänge, das Schöne an sich zu schauen: sonnenklar, rein, unvermischt – ohne menschliche Körperlichkeit und Farben und all den übrigen irdischen Tand, wenn man also das Göttlich-Schöne an sich als das Eine Urbildhafte zu erschauen vermöchte? Glaubst du, fuhr sie fort, ein nichtiges Leben sei noch möglich für einen Menschen, der dorthin blickt und jenes Göttlich-Schöne mit dem dafür nötigen [Auge des Geistes] betrachtet und sich mit ihm eins weiß? Oder denkst du nicht, sprach sie, daß allein wer das Schöne mit *dem* Auge sieht, mit dem es zu sehen ist, nicht Schattenbilder der Vollkommenheit entwirft – weil er ja nicht ein Schattenbild ins Auge faßt – sondern wahre Vollkommenheit zum Vorschein bringt, da er ja das Wahre erfaßt; und daß, wenn er wahre Vollkommenheit hervorgebracht und herangebildet hat, es ihm beschieden sei, gottgeliebt und – so dies einem Menschen je zuteil wird – gar unsterblich zu sein.

Das war es, mein Phaidros und ihr anderen, was Diotima sagte, und mich hat sie überzeugt. Und weil ich überzeugt bin, versuche ich auch die anderen zu überzeugen, daß man, um dieses Gut zu gewinnen, nicht leicht für die menschliche Natur einen besseren Helfer fände als Eros. Darum, erkläre ich, soll jedermann den Eros ehren, und ich selbst halte alles »Erotische« in Ehren, und mit Vorliebe übe ich mich darin und ermuntere die anderen dazu; jetzt und allzeit preise ich die männliche Kraft des Eros, so viel ich es vermag.

Diese Rede, Phaidros, laß als Lob auf Eros gelten, wenn du willst; sonst nenne sie – was und wie es dir beliebt.

XXX. Da Sokrates so gesprochen, hätten ihn [nach Aristodems Bericht] alle gelobt. Nur Aristophanes habe versucht, etwas zu entgegnen, weil Sokrates in seinem Vortrag auf die von ihm gehaltene Rede angespielt habe.

Da wurde plötzlich mit großem Lärm an das Hoftor geklopft, wie von nachtschwärmenden Zechern, und man hörte eine Flötenspielerin blasen. Agathon rief darauf den Dienern zu: Wollt ihr nicht nachsehn? Ist es ein guter Bekannter, so ladet ihn ein;

sonst sagt, daß wir nicht mehr am Trinken sind, sondern gerade aufhören.

Bald danach vernahmen sie die Stimme des Alkibiades im Hof. Der war schwer berauscht und laut schreiend fragte er, wo Agathon sei, und wollte zu ihm geführt werden. Da führten ihn die Flötenspielerin, die ihn stützte, und einige andere von dem Gefolge zu ihnen herein. Er trat unter die Tür, bekränzt mit einem dichten Kranz von Efeu und Veilchen, und mit vielen festlichen Bändern auf dem Haupt, und sagte:

Ihr Männer, seid gegrüßt! Nehmt ihr einen schwerbetrunkenen Mann noch als Zechgenossen bei euch auf, oder sollen wir wieder abziehen, nachdem wir nur gerade den Agathon bekränzt haben? Denn eben dazu sind wir hergezogen. Ich war nämlich, fuhr er fort, gestern nicht in der Lage zu kommen, jetzt aber bin ich hier mit Bändern auf dem Haupt, um sie von meinem Haupte weg um das Haupt des Weisesten und Schönsten zu winden – als solchen rufe ich ihn aus zu seiner Ehrung! Lacht ihr mich aus, weil ich betrunken bin? Wenn ihr auch lacht, ich weiß doch genau, daß ich recht habe. Aber antwortet mir auf der Stelle: Darf ich unter den Bedingungen eintreten oder nicht? Zecht ihr mit? Ja oder nein?

Da hätten ihm alle zugejubelt und ihn aufgefordert einzutreten und sich niederzulegen, und Agathon habe ihn eingeladen. So trat er ein, geführt von seinen Leuten. Weil er gleich die Bänder ringsum abnahm, um Agathon damit zu umwinden, und sie gerade vor seinen Augen hatte, sah er den Sokrates nicht; er setzte sich neben Agathon, in die Mitte zwischen ihn und Sokrates; denn Sokrates war zur Seite gerückt, um ihm Platz zu machen. Sobald Alkibiades neben Agathon saß, umarmte er ihn und legte ihm die Bänder um.

Darauf Agathon: He, ihr Diener, bindet dem Alkibiades die Sandalen los, er soll sich hier niederlegen, dann sind wir zu dritt.

Also gut, sagte Alkibiades, aber wer ist denn hier unser dritter Zechgenosse? Dabei drehte er sich um, und da sah er Sokrates. Kaum hatte er ihn erblickt, sprang er auf und rief:

O Herakles! Was! Sokrates hier? Liegst du auch hier schon wieder auf der Lauer nach mir, wie du gern plötzlich da auftauchst, wo ich dich am wenigsten vermute. Warum bist du jetzt da? Warum hast du dich gerade hierher gelegt? Wieso denn nicht zu Aristophanes oder wer sonst ein Spaßmacher ist oder sein will? Nein, du hast es fertiggebracht, beim Schönsten in dieser Runde zu liegen!

Da sagte Sokrates zu Agathon: Sieh, ob du mir helfen kannst! Denn die Liebe dieses Menschen ist mir zu einer lästigen Sache geworden. Seit der Zeit, da ich ihn zu lieben begann, darf ich keinen einzigen Schönen mehr anschauen oder mich mit ihm unterhalten; sonst stellt der da aus Eifersucht und Neid die wunderlichsten Dinge an, läßt Schimpfworte auf mich los und wird beinahe handgreiflich. Gib also acht, daß er nicht auch jetzt etwas anstellt! Versöhne uns vielmehr oder, falls er gewalttätig werden sollte, so steh mir bei! Denn vor der Tollheit und Liebeswut dieses Mannes ist mir mächtig bange.

Nein, entgegnete Alkibiades, zwischen dir und mir gibt es keine Versöhnung. Doch hierfür sollst du mir ein andermal büßen. Jetzt aber gib du mir, Agathon, einen Teil der Bänder zurück, damit ich auch dieses Mannes wunderbares Haupt umwinde. Er soll mir nicht vorwerfen, dich hätte ich bekränzt, ihn aber, der mit seinen Reden über alle Menschen siegt – nicht bloß vorgestern einmal wie du, sondern allezeit – ihn hätte ich nicht bekränzt.

Sogleich nahm er einige von den Bändern, schmückte Sokrates damit und legte sich dann hin.

XXXI. Als er lag, habe er gesagt: Nun, ihr Männer, ihr kommt mir noch so nüchtern vor! Das darf man euch nicht durchgehen lassen, nein! ihr müßt trinken! So haben wir's doch ausgemacht. Zum Zechmeister beim Trinkgelage wähle ich, bis ihr genug getrunken habt – mich selbst! Agathon soll einen großen Becher bringen lassen, wenn einer da ist. Doch nein! nicht nötig! He Bursche, rief er, bring den Weinkühler dort her! – Sein Blick war nämlich auf solch ein Gefäß gefallen, das mehr als zwei

Liter faßte. Als man es gefüllt hatte, trank er es zuerst selber aus; dann ließ er es für Sokrates vollschenken und sagte dabei: Bei Sokrates, ihr Freunde, nützt mir das Kunststück nichts; denn wieviel man ihm auch zumutet, soviel trinkt er aus und bekommt trotzdem nie einen Rausch!

Der Diener schenkte also ein und Sokrates trank.

Da habe Eryximachos gefragt: Wie halten wir's nun, Alkibiades? So, daß wir beim Bechern gar nichts reden oder singen, sondern einfach nur trinken, als ob es gegen den Durst sei?

Alkibiades habe daraufhin ausgerufen: O Eryximachos, trefflichster Sohn des trefflichsten Vaters – und des gemäßigtsten! Sei mir gegrüßt!

Du mir auch, habe Eryximachos erwidert, doch wie wollen wir's halten?

Ganz wie du befiehlst, denn dir muß man gehorchen:

> »Ist doch ein einziger Arzt so viel wert wie
> ein Haufe von andren.«

Schreib uns also vor, was du willst.

So höre denn, sagte Eryximachos, wir hatten, bevor du hereinkamst, ausgemacht, jeder solle rechtsherum der Reihe nach eine Preisrede auf Eros halten, so schön er kann. Wir andern haben nun alle bereits gesprochen; nur du hast noch nicht geredet und hast schon ausgetrunken: darum bist du dran mit einer Rede; und wenn du fertig bist, magst du dem Sokrates eine beliebige Aufgabe stellen und dieser dann seinem rechten Nachbarn und so fort.

Was du da sagst, Eryximachos, ist zwar schön und gut, entgegnete Alkibiades, aber einen betrunkenen Mann gegen die Reden von Nüchternen antreten zu lassen, das gäbe, fürchte ich, einen ungleichen Wettkampf. Und außerdem, Wertester, glaubst du denn irgend etwas von dem, was Sokrates eben gesagt hat? Weißt du nicht, daß von allen seinen Aussagen gerade das Gegenteil gilt? Vielmehr wird er, wenn ich in seinem Beisein einen anderen lobe als ihn, sei's Gott oder Mensch, nicht an sich halten und handgreiflich gegen mich werden.

Hüte deine Zunge! rief da Sokrates.

Beim Poseidon! gab Alkibiades zurück, widersprich dem nicht; ich werde doch nie und nimmer einen anderen loben, wenn du dabei bist.

Dann mach es nur so, sagte Eryximachos, wenn du Lust hast; halte eine Lobrede auf Sokrates!

Wie, fragte Alkibiades, meinst du, das soll ich, Eryximachos? Mich über den Mann hermachen und mich vor euren Augen an ihm rächen?

He du, warf Sokrates ein, was hast du im Sinn? Willst du mich lächerlich machen mit deinem Lob? Oder was hast du sonst vor?

Die Wahrheit will ich sagen. Sieh, ob du das zuläßt.

Aber gewiß, erwiderte er, die Wahrheit zu sagen lasse ich zu, ja, ich verlange es sogar.

So will ich gleich beginnen, habe Alkibiades versetzt, und du mache folgendes: Sollte ich etwas Unwahres sagen, so unterbrich mich bitte mittendrin und erkläre, daß ich Falsches behaupte; denn mit Absicht lügen werde ich nicht. Wenn ich freilich so, wie die Dinge mir gerade einfallen, vom einen aufs andere zu sprechen komme, so nimm daran keinen Anstoß; denn in meinem Zustand ist es nicht gerade leicht, dein wunderliches Wesen eingängig und schön der Reihe nach darzustellen.

XXXII. Den Sokrates, ihr Freunde, will ich so zu preisen suchen, daß ich in Gleichnissen rede. Er wird nun vielleicht meinen, es sei mehr um zu scherzen, doch das Gleichnis zielt auf die Wahrheit, nicht auf den Scherz. Ich behaupte nämlich, er ist ganz und gar den Silenen vergleichbar, die in den Bildhauerwerkstätten ausgestellt sind – wie die Künstler sie mit Hirtenpfeifen oder Flöten in den Händen schnitzen; klappt man sie auseinander, so kommen innen Götterbilder zum Vorschein.

Weiter behaupte ich: er gleicht dem Satyr Marsyas. Daß du den Satyrn in deinem Aussehen ähnlich bist, Sokrates, wirst du wohl selbst kaum bestreiten. Wie du ihnen aber auch sonst

gleichst, sollst du nun hören: Du bist ein übermütiger Spötter!
Oder nicht? Gibst du es nicht zu, so bringe ich Zeugen. Und bist
du etwa kein Flötenspieler? – Viel wunderbarer bist du es noch
als Marsyas! Der bezauberte durch sein Instrument die Menschen mit der von seinem Munde ausgehenden Gewalt; und so
wirkt auch jetzt noch jeder, der seine Weisen spielt. Denn was
Olympos auf der Flöte blies, stammt, meine ich, von Marsyas,
der es ihn lehrte. Mag seine Weisen nun ein guter Flötenspieler
blasen oder eine armselige Flötenspielerin, sie allein ergreifen
uns und, da sie göttlich sind, tun sie uns kund, wen es nach Göttern und Weihen verlangt. Du aber unterscheidest dich von ihm
nur darin, daß du ohne Instrument mit bloßen Worten ebendie-
selbe Wirkung hervorrufst. Uns jedenfalls geht es so: Wenn wir
von irgendeinem anderen, sei er auch ein noch so guter Rhetor,
Reden hören, so berührt das, offengestanden, niemanden. Wenn
man aber dir zuhört oder einem andern, der deine Reden wiedergibt, sei der Sprechende auch noch so unbedeutend, und gleichgültig ob Weib, Mann oder Kind lauscht – da sind wir erschüt-
tert und gebannt.

Ich würde euch, Freunde, müßte ich euch dann nicht völlig berauscht vorkommen, unter Eid erzählen, was ich selbst unter
dem Eindruck seiner Worte erlebt habe und jetzt immer noch er-
lebe. Denn wenn ich ihn höre, springt mir das Herz heftiger als
den korybantischen Tänzern, Tränen fließen bei seinen Worten,
und ich sehe, daß es sehr vielen anderen ebenso ergeht. Sooft ich
dagegen den Perikles hörte und andere große Redner, dachte ich
wohl, sie sprächen gut, aber so etwas erlebte ich nie; auch wurde
meine Seele nie verwirrt und unwillig, denn ich fühlte mich
nicht wie ein Knecht unter fremder Gewalt. Doch durch den
hier, diesen Marsyas, geriet ich schon oft dahin, daß mir war, als
ließe es sich nicht weiter so leben, wenn es mit einem stünde wie
mit mir. Und du wirst nicht behaupten, Sokrates, dies sei nicht
wahr. Ja, auch jetzt noch, das weiß ich genau, könnte ich ihm
nicht standhalten, sofern ich ihm Gehör schenken wollte, sondern ich würde wieder das Gleiche erleben. Denn er zwingt mich

einzugestehen, daß ich trotz so vieler eigener Mängel mich selber vernachlässige und stattdessen die Politik der Athener betreibe! Darum reiße ich mich gewaltsam von ihm los und ergreife die Flucht wie vor den Sirenen mit zugehaltenen Ohren, um nur nicht hier bei ihm sitzen zu bleiben und zum Greis darüber zu werden. Vor diesem Menschen allein ist mir etwas widerfahren, was wohl niemand bei mir für möglich hält: daß ich mich vor jemandem schäme. Vor ihm allein schäme ich mich. Denn ich bin mir bewußt, daß ich zwar tun müßte, was er fordert, und daß ich ihm darin nicht widersprechen kann; daß ich dann aber doch, sobald ich fort von ihm bin, vor dem Volk meinem Ehrgeiz erliege. So laufe ich vor ihm davon und meide ihn, und jedesmal, wenn ich ihn sehe, schäme ich mich dessen, was ich ihm zugestehen mußte. Ja, oft würde ich es gern sehen, wenn er nicht mehr unter den Menschen weilte. Doch weiß ich genau: Sollte dies wirklich geschehen, so trüge ich noch viel schwerer daran. So bin ich ratlos, was ich anfangen soll mit diesem Menschen.

XXXIII. Mit seinen Flötenweisen hat er also mir und vielen anderen auf solche Art mitgespielt, dieser Satyr. Hört aber weiter von mir, wie ähnlich er den Silenen ist, mit welchen ich ihn auch noch verglich, und was für eine wunderbare Kraft er hat. Denn wisset wohl, keiner von euch kennt ihn. Ich aber will sein Wesen enthüllen, da ich nun einmal damit begonnen habe. Ihr seht ja, daß Sokrates in die schönen jungen Männer verliebt ist und daß er stets in ihrer Gesellschaft und von ihnen hingerissen ist; doch dann wieder weiß und versteht er von alledem nichts – so jedenfalls gibt er sich den Anschein. Ist das nicht silenenhaft? Ich dächte, durchaus. So hat er sich nämlich nach außen verhüllt, wie der geschnitzte Silen. Doch drinnen! Öffnet man ihn, was glaubt ihr, Zechgenossen, in welchem Maße er Besonnenheit in sich birgt! Ihr sollt wissen, daß es gar keinen Eindruck auf ihn macht, ob einer schön ist – im Gegenteil, er schätzt das so gering, wie es wohl niemand für möglich hält – oder ob einer reich ist oder sonst einen der Vorzüge besitzt, welche die Menge preist. In seinen Augen sind all diese Güter nichts wert, und auch wir gelten mit alledem bei ihm nichts – das sage ich euch. Er aber verstellt sich und treibt sein »ironisches« Spiel das ganze Leben hindurch mit den Menschen. Doch wenn er ernst macht und sich öffnet – ob da wohl schon einer die Götterbilder in seinem Innern geschaut hat? Ich erblickte sie schon einmal, und sie erschienen mir so göttlich und golden, so herrlich schön und wunderbar, daß ich glaubte, einfach alles tun zu müssen, was Sokrates verlangte.

Da ich meinte, er habe es ernstlich auf meine Jugendschönheit abgesehen, sah ich darin ein Göttergeschenk und einen einzigartigen Glücksfall für mich: Wenn ich mich dem Sokrates hingäbe, würde es mir, so dachte ich, vergönnt sein, alles von ihm zu hören, was er wisse. Denn ich bildete mir ja auf meine Schönheit wunder was ein. Das erwog ich nun, und während es bis dahin nicht üblich war, daß ich ohne Diener allein mit ihm zusammenkam, schickte ich damals den Diener weg und blieb mit ihm allein. – Ich muß euch doch die ganze Wahrheit erzählen; drum gebt acht, und falls ich Falsches behaupte, Sokrates, erhebe Einspruch. – Ich war also mit ihm ganz allein, ihr Freunde, und erwartete, er würde auf der Stelle zu mir sprechen, wie wohl ein Liebender zu seinem Liebling spricht, wenn sie für sich sind, und ich freute mich schon. Aber nein! Nichts derartiges geschah, sondern wie gewöhnlich unterhielt er sich mit mir den Tag über und ging dann heim. Darauf forderte ich ihn zu gemeinsamen Leibesübungen auf und übte mit ihm zusammen in der Annahme, damit ein Stück weiter zu kommen. Er machte also mit mir seine Übungen und rang öfters mit mir, ohne daß jemand zugegen war – und was muß ich es noch sagen: es kam dabei kein bißchen mehr für mich heraus. Als ich auf diese Weise nun überhaupt nichts ausrichtete, dachte ich, ich müsse dem Mann mit stärkeren Mitteln zusetzen; aufgeben wollte ich nicht, nachdem ich es einmal in die Hand genommen hatte, vielmehr endlich wissen, woran ich sei.

Ich lade ihn also zum Essen zu mir ein – geradeso, wie ein Liebhaber seinem Liebling nachstellt! Nicht einmal das sagte er mir sofort zu; immerhin ließ er sich mit der Zeit überreden. Als er das erste Mal kam, wollte er nach dem Essen gleich wieder aufbrechen, und aus lauter Scham ließ ich ihn da noch fort. Doch das nächste Mal stellte ich es schlauer an: Nachdem er fertig gegessen hatte, redete ich weiter und weiter mit ihm bis tief in die Nacht, und als er gehen wollte, brauchte ich den Vorwand, es sei schon spät, und nötigte ihn zu bleiben. Da ruhte er auf der Liege neben der meinen, auf der er auch gespeist hatte; und niemand sonst schlief im Raum als wir zwei.

So weit darf man die Geschichte wohl ohne Bedenken vor jedermann erzählen. Was aber nun folgt, das würdet ihr nicht von mir vernehmen, wenn nicht erstens nach dem Sprichwort »aus Wein und Kindermund die Wahrheit spräche« – sie tut es auch aus Wein ohne Kindermund. Und zweitens scheint es mir unrecht, eine erhabene Handlung des Sokrates im Dunkel zu lassen, wo ich doch nun einmal daran gegangen bin, eine Lobrede auf ihn zu halten. Zudem ergeht es mir wie einem, der von der Natter gebissen wurde. Die Leute sagen nämlich, wer das erlitten habe, der wolle niemandem berichten, wie das war, außer denen, die selbst schon gebissen wurden; die allein würden verstehen und verzeihen, daß er so ungehemmt alles mögliche tun und reden konnte in seiner Qual. Ich bin nun von etwas gebissen, was noch größere Schmerzen macht und da, wo ein Biß am schmerzhaftesten ist – im Herzen nämlich oder in der Seele (oder wie man das nennen soll) bin ich getroffen und gebissen von den Worten der Philosophie; die beißen sich wilder fest als eine Natter, wenn sie die Seele eines gutbegabten jungen Menschen pakken, und sie bringen ihn dazu, wer weiß was alles zu tun und zu reden. Da sehe ich nun Männer vor mir wie Phaidros, Agathon, Eryximachos, Pausanias, Aristodemos und Aristophanes; was brauche ich den Sokrates selbst zu nennen und noch die andern? Alle habt ihr doch das miteinander gemein: die Besessenheit und bacchantische Begeisterung durch die Philosophie! Deshalb dürft ihr alle es hören. Denn ihr werdet Verständnis haben für das, was damals geschah und was jetzt zur Sprache kommt. Ihr aber, Diener, und wer sonst ohne Weihen und Bildung ist: Verriegelt ganz fest eure Ohren!

XXXIV. Als nun, ihr Freunde, die Lampe verloschen und die Diener draußen waren, dachte ich, ich sollte keine weiteren Umschweife mehr vor ihm machen, sondern frei heraussagen, was ich im Sinn hatte. So stieß ich ihn an und fragte: Sokrates, schläfst du?

O nein, gab er zur Antwort.

Weißt du, was ich möchte?

Was denn, fragte er.

Du bist, will mir scheinen, der einzige Liebhaber, der meiner wert ist, und es kommt mir vor, als scheutest du dich, zu mir darüber zu sprechen. Ich aber stehe so dazu: Ganz töricht fände ich es, wenn ich dir hierin nicht gefällig wäre, ebenso wie in allem, was du sonst etwa von meinem Besitz oder vonseiten meiner Freunde brauchen könntest. Mir ist nämlich nichts wichtiger, als so vollkommen wie möglich zu werden, und dazu, glaube ich, gibt es für mich keinen geeigneteren Helfer als dich. Wäre ich einem solchen Manne *nicht* gefällig, so müßte ich mich weit mehr vor den Gescheiten schämen, als im Falle daß ich's wäre, vor der blöden Masse.

Darauf sagte er ganz ironisch, so recht in seiner gewohnten Art: Mein lieber Alkibiades, du scheinst in der Tat kein Dummkopf zu sein, wenn denn das wahr wäre, was du über mich sagst, und in mir eine Kraft ist, durch die du besser werden könntest. Da mußt du ja eine unwiderstehliche Schönheit in mir sehen, welche die Wohlgestalt, die an dir reizt, bei weitem übertrifft. Wenn du also auf sie ein Auge wirfst und mit mir gemeinsame Sache zu machen und Schönheit gegen Schönheit zu tauschen versuchst, so gedenkst du mich nicht wenig zu übervorteilen; du versuchst doch, für den bloßen Schein des Schönen sein wahres Wesen zu erwerben und denkst in der Tat »Gold gegen Erz« einzuwechseln. Aber mein Bester, sieh doch genauer hin: Vielleicht hat es gar nichts mit mir auf sich, und du merkst es nur nicht. Der Blick des Geistes beginnt ja erst dann scharf zu sehen, wenn derjenige der Augen an Sehkraft verliert. Aber davon bist du noch weit entfernt.

Und ich entgegnete darauf: Ich für meinen Teil sehe es so; und nichts davon ist anders gesagt als ich es meine. Überlege du dir aber nun selbst, was du für dich und mich als das Beste ansiehst.

Ja, erwiderte er, da hast du recht; in Zukunft wollen wir immer überlegen und dann tun, was uns hierin wie in allem übrigen am besten erscheint.

Nach seinen Worten und meinen eigenen, die ich wie Pfeile abgeschossen hatte, glaubte ich ihn verwundet. So stand ich auf und ließ ihn nicht weiter zu Worte kommen, deckte ihn mit meinem Oberkleid zu – denn es war Winter – und legte mich mit unter seinen abgetragenen Mantel, schlang die Arme um diesen wahrhaft dämonischen und wunderbaren Mann und lag so die ganze Nacht. Und auch hier, Sokrates, wirst du nicht behaupten können, daß ich die Unwahrheit sage. Aber als ich das getan hatte, zeigte dieser Mann sich mir so überlegen und verachtete und verlachte meine Jugendschönheit und spottete meiner – und gerade auf sie hatte ich mir doch soviel eingebildet, ihr Richter; denn Richter seid ihr über des Sokrates Hochmut. So wißt denn, bei Göttern und Göttinnen! Nicht anders stand ich vom Schlaf mit Sokrates auf, als wenn ich bei meinem Vater oder älteren Bruder geruht hätte.

XXXV. Und nachher – was meint ihr, wie mir da zumute war? Ich fühlte mich entehrt und mußte doch sein Wesen, seine mannhafte Selbstbeherrschung bewundern. Einem Menschen war ich begegnet mit solcher Vernunft und Charakterstärke, wie ich es nie erwartet hätte. So brachte ich es weder über mich, ihm zu zürnen und mich seines Umgang zu berauben, noch sah ich Mittel und Wege, ihn an mich zu ziehen. Denn ich wußte genau, daß er gegen Geld sogar noch mehr gefeit war als Ajas gegen Eisen; und aus der einzigen Schlinge, in der ich ihn zu fangen hoffte, war er mir entwischt. Da wußte ich nicht aus noch ein; geknechtet fühlte ich mich in der Gewalt dieses Menschen, wie niemand je in der eines andern war, und so lief ich umher.

Dies alles hatte ich bereits erlebt – und dann machten wir später gemeinsam den Feldzug gegen Poteidaia mit und waren dort Tischgenossen. Da war er nun erstens im Ertragen von Strapazen nicht nur mir, sondern auch allen anderen überlegen. Sooft wir, wie es ja auf einem Feldzug vorkommt, irgendwo abgeschnitten waren und hungern mußten, waren die anderen nichts im Vergleich mit ihm, sobald es durchzuhalten galt. Hatten wir hingegen einmal etwas zum Schmausen, war niemand so genußfähig wie er, besonders wenn er entgegen seiner Neigung zum Trinken genötigt wurde: darin war er von keinem zu schlagen; und was das Allererstaunlichste ist: kein Mensch hat Sokrates jemals betrunken gesehen. Dafür, glaube ich, wird er auch hier sogleich den Beweis liefern! Weiterhin hielt er in einem erstaunlichen Maße die Winterskälte aus, denn dort gibt es strenge Winter. Besonders einmal, bei schneidendem Frost, als alle anderen sich entweder gar nicht hinaustrauten oder, wenn es doch einer wagte, dann wunder wie dick vermummt mit Schuhen an den Füßen, die Beine mit Filz und Schafspelz umwickelt – da ging er unter ihnen hinaus in einem Mantel, wie er ihn auch sonst zu tragen pflegte, und barfuß schritt er leichter über das Eis als die anderen in ihren Schuhen. Die Soldaten aber blickten ihn scheel an, ob er sich etwa über sie lustig machen wolle.

XXXVI. Soweit also diese Geschichte; »doch wie der standhafte Mann auch jenes vollbracht und ertragen« dort einst auf dem Feldzug, das lohnt sich zu hören. In Gedanken versunken stand er nämlich [einmal] auf ein und demselben Fleck vom frühen Morgen an und überlegte etwas; als es damit nicht recht vorangehen wollte, ließ er nicht locker, sondern blieb nachsinnend stehen. Schon war es Mittag, und die Leute wurden aufmerksam und wunderten sich, und einer sagte zum andern, daß Sokrates seit dem Morgen dastehe und über etwas nachdenke. Schließlich, als es schon Abend war, trugen einige von den Ioniern nach dem Essen ihre Strohsäcke nach draußen – es war damals Sommer –, um in der Kühle zu schlafen und zugleich zu beobachten, ob er auch die Nacht über da stehen bleiben würde. Und er blieb wirklich stehen, bis der Morgen graute und die Sonne aufging. Dann betete er zur Sonne und ging fort. Wollt ihr hören, wie er in den Schlachten war? Auch in dieser Hinsicht ist ihm das gebührende Lob zu zollen. Denn während der Schlacht, für die mir die Feldherrn den Ehrenpreis gaben, hat mich kein anderer gerettet als er. Ich war verwundet – er wollte mich nicht im Stich lassen, sondern brachte meine Waffen und mich selbst in Sicherheit. Und ich, Sokrates, forderte damals die Feldherrn auf, sie sollten dir den Ehrenpreis geben. Auch hierin wirst du mich weder zurechtweisen noch sagen können, daß ich lüge. Als aber die Feldherrn mit Rücksicht auf meinen Rang mir den Preis geben wollten, warst du selbst noch eifriger als die Feldherrn selbst dafür, daß ich ihn bekäme und nicht du.

Und erst recht, Freunde, hättet ihr den Sokrates sehen sollen, als das Heer auf der Flucht von Delion abzog. Ich war nämlich als Reiter dabei und er als Schwerbewaffneter. Er ging zurück, nachdem die Leute schon zersprengt waren, und mit ihm Laches. Und ich stoße auf sie, und kaum habe ich sie gesehen, rufe ich ihnen zu, sie sollten guten Mutes sein, ich würde sie nicht im Stich lassen. Da konnte ich den Sokrates noch besser beobachten als bei Poteidaia – denn ich selber war weniger in Furcht, weil ich zu Pferde saß: zuerst, wie sehr er den Laches an gefaßter Haltung übertraf; sodann schien er mir ganz nach deinem Vers, Aristophanes, dort genau wie auch hier »einherstolzierend die Blicke dabei nach allen Seiten zu werfen«. So gelassen musterte er Freund und Feind, daß es jedem schon von ferne klar war, der Mann werde sich recht kräftig wehren, falls ihm einer zu nahe kommen sollte. Deshalb kam er auch ungeschoren davon samt seinem Kameraden. Denn im allgemeinen rührt man solche Kerle im Krieg so leicht nicht an, vielmehr verfolgt man die, welche Hals über Kopf fliehn.

Noch weiter gäbe es viel Bewundernswertes an Sokrates zu rühmen. Doch was er sonst noch geleistet hat, das könnte man so oder ähnlich vielleicht auch von einem anderen berichten; daß er aber in seiner Eigenart mit keinem anderen Menschen vergleichbar ist, weder in der Vergangenheit noch in der Gegenwart, das ist allen Erstaunens wert! Mit Achilleus ließe sich nämlich Brasidas und manch einer sonst vergleichen, und anderseits mit Perikles Nestor, Antenor und noch weitere, ebenso fänden sich wohl auch Vergleiche für alle übrigen. So aber, wie dieser Mensch ist mit der ganzen Seltsamkeit in seinem Wesen und in seinen Reden – da würde man bei allem Suchen keinen zweiten finden, der ihm auch nur annähernd ähnlich wäre, weder in der Gegenwart noch in der Vergangenheit; es sei denn, man vergleicht ihn, wie ich sage, nicht mit einem Menschen, sondern mit den Silenen und Satyrn, ihn selbst und seine Reden.

XXXVII. Das habe ich nämlich am Anfang ausgelassen, daß auch seine Rede den aufklappbaren Silenen ganz ähnlich sind. Denn wenn jemand die Reden des Sokrates anhören will, mögen sie ihm zuächst recht lächerlich vorkommen: in solche Wörter und Wendungen hüllen sie sich äußerlich ein, wie in das Fell eines schelmischen Satyrs. Spricht er doch von Packeseln, von Schmieden und Schustern und Gerbern, und immer scheint er mit denselben Worten dasselbe zu sagen, so daß wohl jeder unerfahrene und unverständige Mensch über seine Reden lacht.

Wer sie aber geöffnet sieht und in ihr Inneres dringt, der wird zum einen finden, daß von allen Reden sie allein Geist enthalten, zum andern, daß sie ganz göttlich sind und gar viele Götterbilder der Vollkommenheit in sich bergen und das meiste, ja alles umfassen, worauf der schauen muß, der vortrefflich werden will. Das ist es, ihr Freunde, was ich zum Lob des Sokrates zu sagen habe. Auch meinen Tadel habe ich beigemischt und euch erzählt, wie er mich mit seinem Hochmut kränkte. Und wahrlich nicht nur mir hat er das angetan, sondern ebenso dem Charmides, Glaukons Sohn, und dem Euthydemos, dem Sohn des Diokles, und zahlreichen anderen, mit denen er sein täuschendes Spiel treibt, als sei er der Liebende, um dann doch selbst der Geliebte statt des Liebenden zu werden. Dies sage ich auch dir, Agathon, damit du dich nicht von ihm täuschen läßt, sondern durch unsere

Erfahrungen gewitzt, auf der Hut bist und nicht nach dem Sprichwort »wie ein Tor durch Schaden klug« wirst!

XXXVIII. Als Alkibiades geendet, habe es ein Gelächter über seine Offenherzigkeit gegeben, weil er immer noch in Sokrates verliebt schien. Sokrates sagte darauf: Du scheinst mir nüchtern zu sein, Alkibiades; sonst hättest du kaum so fein um die Sache herumgeredet und mit deinem Wortschwall den Zweck, zu dem du das alles vorgebracht hast, zu verstecken gesucht und wie eine Nebensache ans Ende dieser Rede gesetzt; als hättest du nicht alles bloß zu dem Zwecke gesagt, mich und Agathon zu entzweien, weil du meinst, ich dürfe nur dich lieben und sonst niemanden, und Agathon dürfe nur von dir geliebt werden, sonst aber von niemandem! Doch hast du das nicht verbergen können, vielmehr ist dein Satyr- und Silenenspiel an den Tag gekommen. Aber, mein lieber Agathon, er soll keinen Vorteil davon haben: sorge dafür, daß mich und dich niemand entzweit!

Da sagte Agathon: Wirklich, Sokrates, du mußt recht haben. Ich schließe das auch daraus, daß er sich mitten zwischen dir und mir niedergelassen hat, um uns voneinander zu trennen. Das wird ihm aber nichts nützen; ich komme und lege mich neben dich.

Ja gut, gab Sokrates zurück, leg dich hier zu meiner Rechten nieder.

O Zeus! rief Alkibiades, was muß ich mir wieder von diesem Menschen gefallen lassen! Er meint, er müsse mich bei jeder Gelegenheit ausstechen. So laß doch wenigstens, du wunderlicher Mann, Agathon in der Mitte zwischen uns Platz nehmen! Nein, das geht unmöglich, versetzte Sokrates, denn du hast die Lobrede auf mich gehalten, somit muß ich wiederum meinen Nachbarn zur Rechten loben. Wenn nun Agathon links von dir zu liegen kommt, so wird er mich doch nicht etwa noch einmal loben wollen, statt vielmehr selbst von mir gelobt zu werden! Also laß gut sein, du Maßloser, mißgönne doch dem jungen Manne nicht mein Lob; ich brenne nämlich darauf, ihn zu preisen!

Bravo, bravo! rief Agathon aus. Alkibiades, ich kann keinesfalls hier bleiben, sondern muß unbedingt den Platz wechseln, auf daß ich von Sokrates gelobt werde! Da haben wir wieder die alte Geschichte, bemerkte Alkibiades, wenn Sokrates dabei ist, ist es unmöglich, daß ein anderer etwas von den Schönen hat. Wie geschickt fand er auch jetzt wieder einen überzeugenden Grund, daß der da gerade bei ihm liegen muß!

XXXIX. So stand Agathon auf, um sich neben Sokrates niederzulassen. Da kam plötzlich ein großer Schwarm nächtlicher Zecher an das Tor, und als sie es offen fanden, weil eben jemand hinausging, zogen sie geradewegs zu ihnen herein und legten sich dazu; alles war voll Lärm, und ohne jede Ordnung wurden sie genötigt, sehr viel Wein zu trinken.

Eryximachos, Phaidros und einige andere, so erzählte Aristodemos, seien nun aufgebrochen. Ihn selbst habe der Schlaf übermannt, und er habe ausgiebig geschlummert, weil ja die Nächte damals gerade lang waren; gegen Tagesanbruch, als schon die Hähne krähten, sei er aufgewacht; da habe er gesehen, daß die anderen schliefen oder fort waren und nur Agathon, Aristophanes und Sokrates noch wach waren und aus einer großen Schale rechtsherum tranken. Sokrates habe mit ihnen ein Gespräch geführt. Worüber sie im übrigen gesprochen hätten, daran, erklärte Aristodemos, könne er sich nicht mehr erinnern; denn er sei nicht von Anfang an dabei gewesen und sei überdies zwischendurch eingenickt. In der Hauptsache aber, sagte er, habe Sokrates sie dahin gebracht, zuzugestehen, daß ein und derselbe Mann fähig sein sollte, Komödien und Tragödien zu schreiben, und daß ein Tragödiendichter, der seine Kunst beherrsche, ebenfalls Komödiendichter sein könne. Dies hätten sie zugeben müssen. Aber sie seien nicht mehr so recht gefolgt und eingenickt. Zuerst sei Aristophanes eingeschlafen, schließlich, als es schon tagte, auch Agathon. Als Sokrates die beiden nun so in den Schlaf geredet hatte, sei er aufgestanden und weggegangen; er selbst habe ihn wie gewöhnlich begleitet.

Sokrates ging ins Lykeion, badete und brachte wie sonst den Tag zu. Dann begab er sich gegen Abend heim zur Ruhe.

ARISTOTELES

384-322 v. Chr.

NIKOMACHISCHE ETHIK

BUCH VIII

Aristoteles stellt in seiner in 10 Bücher eingeteilten Nikomachischen Ethik *als das Ziel des menschlichen Lebens die Eudaimonie (Glückseligkeit) im Sinne einer Aktivierung der dem Menschen eigenen Tüchtigkeit dar. Zur vollen Verwirklichung dieses Ziels braucht der Mensch Freunde.*

1. In organischer Folge wird nun von der Freundschaft zu sprechen sein, denn sie ist irgendwie eine Trefflichkeit menschlichen Wesens oder eng mit ihr verbunden. Und weiter: sie ist in Hinsicht auf das Leben (in der Gemeinschaft) höchst notwendig. Denn ohne Freunde möchte niemand leben, auch wenn er die übrigen Güter alle zusammen besäße: gerade auch den reichen Leuten und denen, die Amt und Herrschaft haben, tun Freunde bekanntlich ganz besonders not. Denn wozu ist solcher Wohlstand nütze, wenn die Möglichkeit des Wohltuns genommen ist, das doch vor allem und in seiner preiswürdigsten Form dem Freunde gegenüber sich entfaltet? Oder wie ließe der Wohlstand sich behüten und bewahren ohne Freunde? Je größer er ist, desto gefährdeter ist er. Und in Armut und sonstigem Mißgeschick gelten Freunde als die einzige Zuflucht. Freundschaft ist Hilfe: den Jüngling bewahrt sie vor Irrtum, dem Alter bietet sie Pflege und Ersatz für die aus Schwäche abnehmende Leistung, den Mann auf der Höhe des Lebens spornt sie zu edlen Taten. »Zwei miteinander voran«: dann gewinnt das Erkennen wie das Han-

deln an Kraft. Sie findet sich offenbar als Naturtrieb zwischen
Erzeuger und Erzeugtem einerseits, zwischem Erzeugtem und
Erzeuger andererseits, nicht nur bei den Menschen, sondern
auch bei den Vögeln und fast allen Lebewesen, auch bei Wesen
gleicher Abstammung, als Zusammengehörigkeitsgefühl; ganz
besonders allerdings bei den Menschen, weshalb wir die allgemeine Menschenliebe lobend anerkennen. Man kann auch in
(den Unbilden) der Fremde erleben, wie nahe ein jeder Mensch
dem anderen steht und wie befreundet er ihm ist. Die Erfahrung
lehrt auch, daß Freundschaft die Polisgemeinden zusammenhält
und die Gesetzgeber sich mehr um sie als um die Gerechtigkeit
bemühen, denn die Eintracht hat offenbar eine gewisse Ähnlichkeit mit der Freundschaft. Nach ihr aber trachten sie vor allem,
während sie die Zwietracht, als das feindliche Element, vor allem auszutreiben suchen. Sind die Bürger einander freund, so ist
kein Rechtsschutz nötig, sind sie aber gerecht, so brauchen sie
noch außerdem die Freundschaft, und der höchste Grad gerechten Wesens trägt die sichtbaren Merkmale der Freundschaft.

Sie ist übrigens nicht nur etwas Notwendiges, sondern auch
etwas Edles, denn wir loben den, der seiner Freunde Freund ist,
und eine Freundesschar um sich zu haben gilt als etwas Edles.
Und manche sind überzeugt, ein trefflicher Mann und ein
Freund sei ein und dasselbe.

2. Es gibt aber bei der Freundschaft nicht wenige Probleme.
Die einen bestimmen sie als eine Art Wesensgleichheit und sagen: Menschen von gleicher Art sind Freunde. Daher das Sprichwort: »Gleich und gleich gesellt sich gern« und »Krähe hält sich
zu Krähe« und dergleichen. Andere sagen im Gegenteil, die Gleichen seien einander allesamt (feind wie) »Töpfer dem Töpfer«.

Und bei demselben Thema sucht man auch noch nach höheren und mehr naturphilosophischen Argumenten. So Euripides,
wenn er sagt: »Es sehnt die dürre Erde sich nach Regen, es sehnt
der hohe Himmel, regenschwer, zur Erde sich zu stürzen.« Und
Heraklit: »Das Widereinanderstehende zusammenstimmend
und aus dem Unstimmigen die schönste Harmonie« und »Alles

NIKOMACHISCHE ETHIK 545

Leben entsteht durch Streit«. Wiederum im Gegensatz zu diesen steht unter anderen Empedokles mit der Ansicht, daß Gleiches zu Gleichem strebe.

Soweit nun die Probleme naturphilosophisch sind, wollen wir sie beiseite lassen, denn sie passen nicht zu der jetzigen Untersuchung. Dagegen wollen wir all das untersuchen, was zum menschlichen Bereich gehört und mit Charakter und Gefühlsregung zusammenhängt, z. B. also: ob Freundschaft bei allen entsteht oder ob sie unter Minderwertigen unmöglich ist, und ob es nur eine Art der Freundschaft gibt oder mehrere. Wer nämlich glaubt, es gebe nur eine einzige, weil sie ein Mehr und ein Weniger zuläßt, verläßt sich auf ein unzureichendes Merkmal, denn ein Mehr und ein Weniger lassen auch Dinge zu, die der Art nach verschieden sind. Dazu haben wir schon im Vorhergehenden gesprochen.

Vielleicht kommen wir zur Klarheit hierüber, sobald uns das Liebens-werte bekannt geworden ist. Denn offenbar kann nicht alles Gegenstand der Liebe sein, sondern nur das Liebens-werte und als solches gilt das, was wertvoll, lustvoll oder nützlich ist. Als nützlich nun kann das gelten, was zu irgendeinem Wert oder einer Lust verhilft, und demnach wären als Endziele nur der Wert und das Lustvolle liebens-wert. Lieben nun die Menschen den Wert oder das für sie Wertvolle? Das ist nicht immer im Einklang und dasselbe gilt auch vom Lustvollen. Es ist wohl so, daß jeder einzelne das für ihn Wertvolle liebt und daß zwar der Wert Gegenstand der Liebe schlechthin ist, für den einzelnen aber das für ihn Wertvolle. Es liebt aber der einzelne nicht das, was wirklich für ihn ein Wert ist, sondern was ihm als Wert *erscheint*. Das macht wohl keinen Unterschied. Dann ist eben (als) Gegenstand der Liebe (das anzusetzen) was (als Gegenstand) erscheint.

Drei Gründe also gibt es, weshalb die Menschen lieben und sich befreunden. Bei der Vorliebe für leblose Gegenstände spricht man nicht von »Freundschaft«. Denn da ist weder Gegenliebe denkbar noch der Wunsch, es möge der andere Gutes haben. Denn es wäre gewiß lächerlich, dem Weine Gutes zu wünschen. Wenn hier von »Wunsch« die Rede ist, so ist es der, der Wein möge sich gut halten – damit man ihn für sich besitze. Dem Freunde dagegen soll man, nach verbreiteter Ansicht, das Gute wünschen um der Person des Freundes willen. Wenn einer das Gute in dieser Weise wünscht, so spricht man von »Wohl-wollen« – falls nämlich der andere nicht mit gleichem Wunsch erwidert: wenn nämlich Wohlwollen gegenseitig ist, so ist dies Freundschaft. Oder muß man mit einem Zusatz sagen: »sichtba-res Wohlwollen«? Denn viele empfinden ein Wohlwollen gegen Menschen, die sie gar nicht gesehen haben, von denen sie nur den Eindruck haben, daß sie gut oder nützlich sind. Und derselbe Eindruck kann auf der Gegenseite sein. Diese Menschen sind einander also augenscheinlich wohlwollend. Wie aber könnte man sie Freunde nennen, wo die gegenseitige Gesinnung nach außen gar nicht hervortritt? Freunde müssen also – so daß es nach außen hervortritt – Wohlwollen für einander empfinden und sich das Gute aus einem der genannten Gründe wünschen.

3. Die drei Motive, aus denen Freundschaft entsteht, unter-scheiden sich voneinander der Art nach, folglich auch die For-men des Liebens und der Freundschaft. Es gibt also drei Arten von Freundschaft – sie entsprechen den drei Arten des Liebens-werten –, denn in dem Bereiche einer jeden ist Gegenliebe mög-lich, die nach außen hervortritt, und die einander freundschaft-lich Gesinnten wünschen sich gegenseitig das Gute entsprechend dem Motive ihrer Gesinnung. Wo also Nutzen das Motiv der Befreundung bildet, da lieben sich die Menschen nicht um ihres Wesens willen, sondern nur soweit sie etwas voneinander haben können, und ebenso ist es bei denen, die um der Lust willen be-freundet sind. Denn nicht wegen seiner Charaktereigenschaften lieben sie den in der Gesellschaft Gewandten, sondern weil sie ihn unterhaltsam finden.

Wo also Nutzen das Motiv der Befreundung bildet, da lieben sich die Menschen, weil sie für sich einen Vorteil erstreben, und wo Lust das Motiv ist, geschieht es, weil sie für sich Lust erstre-ben, also nicht insofern der Partner eben (schlicht) der Befreundete ist, sondern insofern er nützlich oder angenehm ist. Und so sind das also Freundschaften im akzidentellen Sinn. Denn nicht deshalb, weil er der ist, der er ist, wird der Befreundete geschätzt, sondern insofern er irgendein Gut oder eine Lust verschafft.

Solche Freundschaften gehen also leicht auseinander, wenn sich die Freunde nicht gleich bleiben. Denn wenn der eine Partner nicht mehr angenehm oder nützlich ist, so hört man auf ihn zu lieben. Das Nützliche aber hält nicht stand, sondern stellt sich bald so bald anders dar. Fällt nun der Grund weg, weshalb sie sich befreundet hatten, so geht auch die Freundschaft auseinander, da sie nur mit Rücksicht darauf geschlossen war.

Erfahrungsgemäß entsteht solche Freundschaft vor allem im Alter – denn auf dieser Stufe erstrebt man nicht (mehr) die Lust, sondern den Nutzen – aber auch auf der Höhe des Lebens und in der Jugend, soweit man eben auf Vorteil aus ist. Solche Leute sind aber auch gar nicht besonders auf ein Zusammenleben eingestellt, denn unter Umständen finden sie sich gegenseitig nicht einmal angenehm. So brauchen sie denn auch zur Ergänzung gar keine solche Gemeinschaft, außer es kommt ein Nutzen dabei heraus. Denn angenehm finden sie sich gegenseitig nur, soweit Aussicht auf einen Vorteil besteht. Zu dieser Art von Freundschaft zählt man übrigens auch die Gast-Freundschaft.

Dagegen hat Freundschaft unter Jünglingen erfahrungsgemäß die Lust zum Ziel, denn die Jugend lebt der Leidenschaft und strebt vor allem nach dem für sie Lustvollen und dem, was sie unmittelbar reizt. Mit den zunehmenden Jahren wechselt aber, was ihnen Lust bereitet. Daher schließen sie rasch Freundschaft und machen ebenso rasch wieder ein Ende: mit der Lust wechselt die Freundschaft und bei solcher Lust ist rascher Wechsel. Jugend neigt auch sehr zur Sinnenliebe, denn sinnliche Liebe ist vorwiegend Leidenschaft und Jagd nach Lust. Daher verlieben sich die jungen Menschen – und machen rasch wieder ein Ende: das ändert sich nicht selten am gleichen Tag. Dagegen möchten sie den ganzen Tag beisammen sein und zusammen leben, denn so verwirklicht sich für sie der Sinn der Freundschaft.

4. Vollkommene Freundschaft ist die der trefflichen Charaktere und an Trefflichkeit einander Gleichen. Denn bei dieser Freundschaft wünschen sie einer dem anderen in gleicher Weise das Gute, aus keinem anderen Grunde als weil sie eben trefflich sind, und trefflich sind sie »an sich«, wesensmäßig. Nun sind aber Menschen, die dem Freunde um des Freundes willen das Gute wünschen, die echtesten Freunde: denn sie sind es nicht im akzidentellen Sinn, sondern weil jeder des anderen Wesensart liebt. Und so währt ihre Freundschaft so lange wie sie trefflich sind, Trefflichkeit aber ist ein Wert, der dauert. Und es ist jeder der beiden Partner »an sich« und für den Freund trefflich. Denn die Trefflichen sind sowohl trefflich an sich als auch für einander von Nutzen. Und in gleicher Weise sind sie einander auch angenehm, denn sowohl an sich sind die Trefflichen angenehm als auch für einander. Jedem Menschen sind ja sowohl die Handlungen, die aus seinem eigenen Wesen kommen, als auch solche, die diesen ähnlich sind, eine Quelle der Lust, treffliche Menschen aber haben die gleiche Art zu handeln – oder doch eine ähnliche. Freundschaft dieser Art ist, so darf man mit gutem Grund sagen, ein Wert der dauert, denn in ihr treffen alle Grundvoraussetzungen der Freundschaft zusammen: jede Freundschaft hat ja einen Wert oder eine Lust zum Ziel – beides entweder an sich oder auf den bezogen, der die Freundschaft erlebt – und beruht auf einem gewissen Grad von Wesensgleichheit. Bei der vollkommenen Freundschaft aber sind die genannten Grundvoraussetzungen alle zusammen gegeben, und zwar kraft des ureigenen Wesens der Freunde; denn bei dieser Freundschaft sind auch die anderen charakteristischen Gegebenheiten gleich, und das was wertvoll an sich ist, ist auch lustvoll an sich. Dies aber ist in der höchsten Form liebens-wert und so ist denn Liebe und Freundschaft unter diesen Menschen in der höchsten und edelsten Form zu treffen.

Solche Freundschaft ist natürlich selten, denn Menschen dieser Art gibt es nur wenige. Ferner braucht sie auch Zeit und gegenseitiges Vertraut-werden. Denn wie das Sprichwort sagt, lernt man sich erst kennen, wenn man den bekannten »Scheffel

Salz« miteinander gegessen hat. Auch kann man sich erst dann gegenseitig anerkennen und Freund sein, wenn sich einer dem anderen als liebens-wert erwiesen hat und das Vertrauen befestigt ist. Menschen aber, die rasch die äußeren Formen der Freundschaft bekunden, möchten zwar Freunde sein, sind es aber nicht, außer sie sind liebens-wert und wissen darum: der Wunsch nach Freundschaft entsteht rasch, die Freundschaft aber nicht.

5. Diese Freundschaft also ist vollkommen, sowohl was ihre Dauer als auch was das übrige betrifft, und hier erhält jeder in jeder Hinsicht das, was er gibt, in derselben oder in ähnlicher Form von anderen zurück, wie es bei Freunden ja sein soll.

Die Freundschaft um der Lust willen hat Ähnlichkeit mit der vollkommenen, denn auch die trefflichen Menschen gewähren sich gegenseitig Lust. Und ebenso ist es bei der Freundschaft um des Nutzens willen, denn auch von Nutzen sind sich die Trefflichen. Am ehesten aber ist auch bei diesen (gewöhnlicheren) Freunden die Beziehung von Dauer, wenn sie voneinander die gleiche Gegengabe empfangen, z. B. Lust – und nicht nur dies, sondern auch Gegengabe aus dem gleichen Bereich: bei den gesellschaftlich Gewandten ist das z. B. der Fall, dagegen nicht bei Liebhaber und Geliebtem. Denn hier ist nicht das gleiche Erlebnis Ursache der Lust: der eine freut sich am Anblick des Geliebten, dieser aber an den Aufmerksamkeiten des Liebhabers. Das Ende der Jugendblüte aber bedeutet nicht selten auch das Ende der Freundschaft: dem einen ist der Anblick schal geworden, dem anderen wird die gewohnte Aufmerksamkeit nicht (mehr) zuteil. Andererseits halten viele die Freundschaft aufrecht, wenn sie als Folge langen Vertrautseins ihre Wesensart liebgewonnen haben und (nun) gleichen Wesens sind. Wenn man aber nicht Lust, sondern Vorteile bei den Liebesbeziehungen austauscht, so ist die Freundschaft schwächer und hält weniger nach. Freunde, die den Nutzen als Zweck verfolgen, trennen sich, sobald der Nutzertrag aufhört, denn nicht miteinander waren sie befreundet, sondern mit dem Gewinn.

Man sieht: um der Lust und um des Nutzens willen können auch (a) Minderwertige miteinander befreundet sein und (b) Gute mit Minderwertigen und (c) Leute, die weder das eine noch das andere sind, mit Menschen von gleichgültig welchem Charakter. Jedoch um ihrer selbst willen offenbar allein die Guten. Denn Menschen minderen Wertes können sich aneinander nicht freuen, außer es käme irgendwie ein Nutzen dabei heraus.

Auch hält keine andere als die Freundschaft der Guten der Verleumdung stand. Denn man hört nicht leicht auf ein Gerede über den Freund, der in langen Jahren von einem selbst erprobt ist. Und unter den Guten gilt: »Ich vertraue ihm« und »Nie würde er mir Unrecht tun« und was sonst noch in einer echten und wahren Freundschaft gefordert wird – während es bei den anderen Freundschaftsformen ohne weiteres zu solchen Störungen kommen kann.

(»Freundschaftsformen« sagte ich), denn die Menschen bezeichnen einerseits auch solche als »Freunde«, die sich um des Nutzens willen zusammengetan haben, Beispiel: die Polisgemeinden; denn Staatenbündnisse werden bekanntlich um des Vorteils willen geschlossen, – und andererseits auch solche, die sich um der Lust willen lieben, Beispiel: die Kinder. Also müssen wohl auch wir solche Beziehungen als »Freundschaft« bezeichnen und dann mehrere Arten der Freundschaft feststellen: in erster Linie und im eigentlichen Sinn sprechen wir von einer Freundschaft der Guten als Guten, sodann von den übrigen Arten gemäß ihrer Ähnlichkeit mit der ersten. Denn insofern sie einen Wert, und zwar einen (dem echten) ähnlichen lieben, insofern sind sie befreundet, bedeutet ja doch auch das Lustvolle für die Freunde der Lust einen Wert. Diese beiden Freundschaftsformen treffen übrigens nicht so leicht zusammen, und es befreunden sich nicht dieselben Menschen um des Nutzens und zugleich um der Lust willen. Denn was nur akzidentell beieinander ist, verschmilzt nicht leicht zur Einheit.

6. In diese Arten ist also die Freundschaft eingeteilt, und es werden minderwertige Menschen befreundet sein um der Lust

oder des Nutzens willen, da sie in dieser Hinsicht einander gleichen, die Guten aber sind Freunde um ihres eigenen Wesens willen, eben weil sie gut sind. Sie sind Freunde »an sich«, jene aber nur akzidentell und weil sie den ersteren ähnlich sind.

Wie man im Bereiche der sittlichen Wesensvorzüge von »gut« teils im Hinblick auf die feste Grundhaltung des Charakters, teils im Hinblick auf die lebendige Verwirklichung spricht, so auch im Bereich der Freundschaft. Denn Freunde, die ihr Leben gemeinsam verbringen, freuen sich aneinander und verschaffen einander Dinge von Wert. Wenn sie aber schlafen oder räumlich getrennt sind, so wirken sie zwar die Werke der Freundschaft nicht, sind aber wegen ihrer Grundhaltung (jederzeit) dazu in der Lage. Denn räumliche Entfernung hebt die Freundschaft nicht einfach auf, sondern nur deren Verwirklichung. Allerdings, wenn die Trennung lange dauert, so läßt sich beobachten, daß sie doch auch die Freundschaft in Vergessenheit bringt. Daher heißt es:

»Oft schon hat fehlender Austausch des Wortes die Freundschaft vernichtet.«

Erfahrungsgemäß mögen weder alte noch mürrische Leute eine Freundschaft eingehen. Denn es ist nur kärglicher Lustgewinn bei ihnen zu holen und niemand kann seine Tage mit einem trübseligen und unangenehmen Partner verbringen. Man sieht ja, daß die Natur vor allem die Unlust meidet, dagegen die Lust erstrebt. Leute, die sich freundschaftlich anerkennen, aber nicht zusammenleben, zeigen eher die Merkmale des Wohlwollens als die der Freundschaft. Denn nichts kennzeichnet die Freundschaft stärker als das Zusammenleben: nach Nutzen verlangt der Hilfsbedürftige, nach Gemeinschaft aber gerade auch der Mann auf der höchsten Stufe des Glücks. Denn er darf am wenigsten auf sein Ich beschränkt sein. Gemeinsames Verbringen der Tage ist aber unmöglich, wenn die Partner sich nicht angenehm sind und nicht am Gleichen Freude haben, (also nicht so sind) wie es offenbar bei der Kameradschaft der Fall ist.

7. Am echtesten also ist die Freundschaft der Guten, wie wir

wiederholt gesagt haben. Denn liebenswert und wählenswert ist bekanntlich das an sich Wertvolle und Angenehme, und für den einzelnen das, was sich gerade ihm als solches darstellt. Der Gute aber ist für den Guten liebenswert und wählenswert aus diesen beiden Motiven. Nun sieht es aber so aus, als sei Lieben ein leidenschaftliches Gefühl, Freundschaft dagegen eine Grundhaltung des Charakters. Denn das Lieben kann sich genau so gut auf Lebloses beziehen, Gegenseitigkeit der Liebe aber ist nur mit einem Willensentschluß denkbar, der Entschluß aber entspringt einer charakterlichen Grundhaltung. Denen, die man liebt, wünscht man das Gute um ihretwillen, indem man nicht dem Gefühl der Leidenschaft, sondern der klaren Grundhaltung folgt. Und indem man den Freund liebt, liebt man das, was für einen selbst Wert ist. Denn indem der Gute zum Freund wird, wird er zum Wert für seinen Freund. Jeder der beiden Partner liebt also das, was für ihn ein Wert ist und gibt ein Gleiches als Gegenleistung, indem er (dem anderen das Gute) wünscht und Freude bereitet; es heißt ja: »Freundschaft ist Gleichheit«. Am echtesten finden sich natürlich diese Merkmale bei der Freundschaft der Guten.

Bei mürrischen und ältlichen Personen entsteht Freundschaft nicht so leicht, insofern sie schlechter bei Laune sind und weniger an Geselligkeit Freude haben. Denn dies gilt ihnen ganz besonders als Merkmal und Ursache der Freundschaft. Daher befreundet sich die Jugend rasch, das Alter dagegen nicht, denn man schließt keine Freundschaft mit Leuten, an denen man keine Freude hat. Und ähnliches gilt auch für die mürrischen Typen. Doch können solche Menschen einander immerhin wohlwollend sein, denn sie wünschen sich das Gute und sind im Notfall zur Stelle, freund aber sind sie einander nicht eigentlich, denn sie verbringen ihre Tage nicht gemeinsam und haben keine Freude aneinander – was doch beides für die Freundschaft besonders charakteristisch ist.

Freundschaft mit vielen ist im Sinne vollkommener Freundschaft nicht möglich: man kann ja auch nicht gleichzeitig mit vielen ein Liebesverhältnis haben – denn sinnliche Liebe gleicht einer Übersteigerung (der Freundschaft) und so etwas ist seiner Natur nach nur einem einzigen Menschen gegenüber denkbar – und daß viele zur gleichen Zeit demselben Menschen ausnehmend sympathisch sind, kann man sich nur schwer vorstellen, schwer wohl auch, daß diese (vielen lauter) wertvolle Menschen sind. Aber auch Erfahrung muß man gewonnen haben und zu gegenseitiger Vertrautheit gelangt sein, was sehr schwierig ist. Dagegen ist es möglich, um des Nutzens und der Lust willen vielen sympathisch zu sein, denn solche Menschen gibt es genug, und was man sich gegenseitig zu bieten hat, ist rasch erledigt.

Von diesen beiden Formen gleicht die um der Lust willen eher der (echten) Freundschaft, wenn beide voneinander die gleiche Leistung empfangen und sie Freude aneinander oder an den gleichen Dingen haben. Von dieser Art sind die Freundschaften der jungen Leute: hier tritt eher etwas Großzügiges in Erscheinung, während die Nutzfreundschaft für geschäftstüchtige Leute ist. Übrigens haben auch die vollkommen glücklichen Menschen kein Bedürfnis nach nützlichen, wohl aber nach angenehmen Freunden, denn sie möchten Menschen um sich haben, mit denen sie leben; Unlust aber ertragen sie nur kurze Zeit – als Dauerzustand könnte ja kein Mensch die Unlust, ja nicht einmal die Idee des höchsten Gutes ertragen, falls sie ihm Unlust brächte –, deshalb sind sie auf der Suche nach Freunden, die angenehm sind, wenn aber nach angenehmen, dann wohl nach solchen, die auch gut sind, und weiterhin: (gut und angenehm) in der Bezogenheit auf sie: erst so werden sie alles haben, was als Grundlage der Freundschaft gilt.

Hochgestellte Leute halten sich, wie man beobachten kann, ihre Freunde in getrennten Gruppen bereit: die einen bieten ihnen das Nützliche, die anderen das Angenehme, dagegen kaum je ein und dieselben beides. Denn ihr Suchen gilt nicht denen, die das Angenehme mit der Trefflichkeit des Charakters verbinden oder für edle Zwecke von Vorteil sind, sondern in ihrem Verlangen nach dem Angenehmen suchen sie sich gewandte Gesellschafter und andererseits besonders Begabte für den Vollzug ihrer Befehle. Dies aber findet sich nicht leicht in ein und derselben Person vereint. Nun ist es aber der sittlich hochstehende Mensch, wie wir gesagt haben, der angenehme und nützlich zugleich ist. Aber der befreundet sich nicht mit einem (an Macht) Höhergestellten, es müßte denn sein, daß dieser auch an sittlichem Wert über ihm stünde. Denn wenn dies nicht der Fall wäre, gäbe es keine Proportion in diesem Übertroffen-werden (durch den Machthaber) und damit keine Gleichheit. Solche (in jeder Richtung überlegene) Machthaber kommen aber so leicht nicht vor.

8. Jedenfalls bestehen die bisher genannten Freundschaften auf der Grundlage der Gleichheit. Beide Partner empfangen voneinander und wünschen einander das Gleiche und tauschen eines gegen das andere aus, z. B. Lust gegen Nutzen. Daß es sich hier um geringere und weniger dauerhafte Formen der Freundschaft handelt, ist festgestellt worden. Weil aber sowohl Ähnlichkeit wie auch Unähnlichkeit mit ein und demselben Vergleichsgegenstand besteht, kommt es, daß sie als Freundschaften gelten und doch auch nicht gelten: infolge ihrer Ähnlichkeit mit der auf sittlichem Wert beruhenden erscheinen sie als Freundschaft – bei der einen ist das Angenehme, bei der anderen das Nützliche zu finden, und beides ist auch bei der vollkommenen Freundschaft vertreten. Weil indes die vollkommene Freundschaft der Verleumdung standhält und dauerhaft ist, während diese rasch wechseln und auch noch sonstige Unterschiede genug aufweisen – deshalb gelten sie nicht als Freundschaften: eben wegen der Unähnlichkeit mit der vollkommenen.

Eine andere Art der Freundschaft ist die, welche auf Überlegenheit (des einen Partners) beruht, z. B. die des Vaters zum Sohn und allgemein: die des Älteren zum Jüngeren; ferner die des Mannes zur Frau und allgemein: die des Gebieters zum Gehorchenden. Diese Freundschaftsformen sind aber auch untereinander verschieden: das Verhältnis der Eltern zu den Kindern ist nicht dasselbe wie das des Gebieters zum Gehorchenden; auch das des Vaters zum Sohn ist nicht dasselbe wie das des Sohnes zum Vater, und das des Mannes zur Frau nicht dasselbe wie das der Frau zu ihrem Manne. Denn jedem von ihnen eignet ein anderer Wesensvorzug und eine andere Leistung, auch unterscheiden sie sich durch den Grund ihrer Zuneigung. Folglich unterscheiden sie sich auch durch die Art ihre Liebens und ihrer Freundschaft und selbstverständlich empfängt der eine Partner vom anderen weder die gleiche Leistung, noch darf er sie fordern. Wenn aber die Kinder den Eltern den Anteil geben, der ihren Erzeugern gebührt, und die Eltern den Söhnen, was den Kindern gebührt, dann muß die Freundschaft unter solchen Menschen dauerhaft und wohlbestellt sein.

Bei allen Freunschaften, die durch das Übergewicht des einen Partners charakterisiert sind, muß auch der Grad der Zuneigung proportional sein, nämlich: der wertvollere Teil muß mehr Zuneigung empfangen als selber schenken und der nützlichere auch, und jeder von den übrigen in der gleichen Weise. Denn wenn die Zuneigung dem anderen entsprechend seiner Würdigkeit entgegengebracht wird, dann entsteht in gewissem Sinne Gleichheit, die ja bekanntlich als Merkmal der Freundschaft gilt.

9. Indes bedeutet »Gleichheit« in Dingen des Rechts und in der Freundschaft nicht dasselbe. Denn in Dingen des Rechts ist »gleich« in erster Linie Rücksicht auf Würdigkeit, während die Rücksicht auf das exakte Maß an zweiter Stelle kommt. In der Freundschaft aber steht das exakte Maß an erster, die Würdigkeit an zweiter Stelle. Dies tritt klar hervor, wenn ein beträchtlicher Abstand in Hinsicht auf charakterliche Trefflichkeit oder Minderwertigkeit oder Wohlstand usw. gegeben ist. Denn dann sind sie keine Freunde mehr, ja, Freundschaft zu beanspruchen kommt ihnen gar nicht in den Sinn. Am schärfsten fällt dies in die Augen bei den Göttern, denn sie stehen am weitesten über uns, da ihnen alle Güter zu eigen sind. Aber auch bei den Königen tritt es klar hervor. Denn auch hier kommt dem viel tiefer Stehenden nicht der Gedanke an Freundschaft, so wenig wie der

völlig Unbedeutende seine Gedanken zu den Besten erhebt oder zu denen, die an Geist überragend sind. Eine scharfe begriffliche Festlegung, bis zu welcher Grenze Freunde noch Freunde sind, gibt es in solchen Fällen allerdings nicht. Es kann (von der einen Seite) vieles weggenommen werden und es ist immer noch Freundschaft, ist aber der Abstand sehr groß geworden, z. B. bei der Gottheit, so ist es keine mehr. Daraus konnte die Frage entstehen, ob Freunde wohl wirklich ihren Freunden das Höchste wünschen, z. B. Götter zu sein, denn (würden sie dies), dann könnten sie ihnen nicht länger mehr Freunde bleiben und also auch nicht mehr ein wertvoller Besitz, denn Freunde sind ein wertvoller Besitz. Wenn es nun richtig war zu sagen, daß der Freund dem Freunde Gutes wünscht um der Person des Freundes willen, so muß dieser wohl im Wesen das bleiben, was er ist. Und ihm, dem Menschen also, wird er dann allerdings das Höchste wünschen. Aber immerhin wohl nicht alles, was überhaupt denkbar ist. Denn jeder wünscht in erster Linie für sich selbst Gutes.

Es läßt sich feststellen, daß die Vielen eher den Wunsch haben, geliebt zu werden als zu lieben – weil dies ihrem Geltungstrieb entgegenkommt. Daher die Vorliebe der Vielen für Schmeichler. Denn der Schmeichler ist ein Freund, über dem man steht, oder er gibt sich den Anschein eines solchen und tut, als ob er mehr Zuneigung schenken als empfangen wolle. Freundschaftliche Zuneigung genießen gilt aber fast als gleichbedeutend mit Geltung genießen und eben danach streben die Vielen. Es läßt sich indes beobachten, daß die Geltung nicht um ihrer selbst willen gewählt wird, sondern nur akzidentell. Denn den Vielen macht es Freude, sich von Hochgestellten geschätzt zu sehen, weil sie dadurch Aussichten haben – sie hoffen nämlich, wenn sie etwas brauchen, es von ihnen zu bekommen, und so freuen sie sich ihrer Geltung als eines Vorzeichens kommender Wohltat. Wer nach Geltung bei sittlich und geistig hochstehenden Menschen verlangt, der möchte die persönliche Meinung, die er von sich hat, bestätigt wissen, und so freut man sich (an der Geltung), indem man sich bezüglich des eigenen Wertes auf das Urteil derer verläßt, die davon sprechen. Freundschaftliche Zuneigung zu genießen begrüßt man aber als Wert an sich, weshalb man dies für etwas Höheres halten darf als den Genuß von Geltung und die Freundschaft als Selbstwert erscheint. Sie scheint sich aber mehr im Schenken als im Empfangen der Freundesliebe zu verwirklichen. Ein Zeichen dafür sind die Mütter, deren ganze Freude darin besteht, Liebe zu schenken. Manche lassen nämlich ihre Kinder von anderen aufziehen und wissen von ihnen und lieben sie; aber Erwiderung ihrer Liebe verlangen sie nicht – falls beides zusammen nicht möglich ist –, sondern offenbar genügt es ihnen zu sehen, daß es den Kindern gut geht; und sie lassen es ihrerseits an Liebe nicht fehlen, auch wenn die Kinder, aus Unkenntnis, nichts von dem geben, worauf eine Mutter Anspruch hätte.

10. Da nun die Freundschaft mehr in dem Schenken der Freundesliebe verwirklicht wird und man die preist, die ihren Freunden freund sind, so darf als Wesensvorzug der Freunde das Erweisen der Freundesliebe gelten. Und so sind Freunde, bei denen dies nach Verdienst und Wert geschieht, als Freunde beständig und ihre Freundschaft ist es auch.

Auf diese Weise könnten noch am ehesten auch ungleiche Partner Freunde sein: sie können einander angeglichen werden. Äußere und innere Gleichheit aber bedeutet Freundschaft und ganz besonders die Gleichheit an sittlichem Wert. Denn da solche Freunde in sich selbst beständig sind, sind sie es auch zueinander. Und weder erbitten sie noch leisten sie unpassende Freundesdienste; ja man kann geradezu sagen, sie suchen Unrechtes durchwegs zu verhüten. Es ist ja für den sittlich Hochstehenden charakteristisch, weder selbst etwas falsch zu machen noch es beim Freunde zuzulassen.

Die Minderwertigen dagegen kennen keine Beständigkeit, sie bleiben ja nicht einmal sich selbst gleich. Sie befreunden sich nur für die kurze Zeit, da sie an ihrer Minderwertigkeit gegenseitig Gefallen finden. Freunde, die sich nützlich oder angenehm sind, bleiben länger beisammen, nämlich so lange sie einander Lust oder Vorteile verschaffen können.

Aus Gegensätzen, z. B. arm und reich, ungebildet und gebildet, entsteht erfahrungsgemäß am ehesten die Freundschaft um des Nutzens willen. Denn was man gerade braucht, darum bemüht man sich und gibt etwas anderes dafür. In diesen Zusammenhang ließe sich auch die Freundschaft zwischen Liebhaber und Geliebtem, zwischen dem Schönen und dem Häßlichen einbeziehen. Daher machen denn die Liebhaber bisweilen einen lächerlichen Eindruck, indem sie verlangen, daß ihre Leidenschaft im selben Maß erwidert werde. Nun, wenn sie im gleichen Grad liebens-wert sind, kann man ein solches Verlangen vielleicht noch stellen, ist aber von solcher Gleichheit keine Rede, so wirkt es lächerlich. Vielleicht strebt übrigens Gegensätzliches zu Gegensätzlichem gar nicht an sich, sondern nur akzidentell, und das wirkliche Ziel des Begehrens ist das Mittlere. Das Mittlere stellt nämlich einen Endwert dar: so ist es z. B. für das Trockene nicht Endziel feucht zu werden, sondern zu einem mittleren Zustand zu gelangen, und für das Heiße und alles übrige gilt das Gleiche. Diese Dinge wollen wir nun beiseite lassen, denn sie gehören in der Tat nicht hierher.

11. Die Erfahrung lehrt, wie eingangs gesagt, daß sich Freundschaft und Recht auf demselben Gebiet und unter denselben Personen entfalten, denn in jeder Gemeinschaft gibt es, so nimmt man an, ein Recht und auch Freundschaft. Jedenfalls ist es üblich, seine Reise- und Kriegsgefährten als »Freunde« anzusprechen, und ebenso die, welche mit uns irgendeine andere Form von Gemeinschaft teilen. Und soweit Gemeinschaft ist, soweit ist Freundschaft, denn soweit ist auch Recht. Und das Sprichwort: »Freundesgut, gemeinsam' Gut« ist richtig. Denn Freundschaft setzt Gemeinschaft voraus. Brüder und Kameraden haben alles gemeinsam, die anderen nur abgegrenzte Dinge, und zwar die einen eine größere, die anderen eine geringere Anzahl (davon), denn auch die Freundschaften unterscheiden sich nach größerer oder geringerer Intensität. Aber auch das Recht zeigt sich in ver-

schiedenen Formen. Denn es bestehen nicht dieselben Rechts-
verhältnisse zwischen Eltern und Kindern wie zwischen Brüdern untereinander, auch zwischen Kameraden und Bürgern
einer Polis sind es nicht die gleichen, und dasselbe gilt bei den
übrigen Freundschaftsformen. Entsprechend sind auch die Formen des Unrechts, das gegen jedes Glied der genannten Gemeinschaften denkbar ist, verschieden. Und zwar nimmt die Schwere
zu, je näher uns der Freund steht, gegen den sich das Unrecht
richtet. Schwerer wiegt es den Kameraden um sein Geld zu bringen als einen Mitbürger, schwerer dem Bruder nicht zu Hilfe zu
kommen als einem Fremden, schwerer den Vater zu schlagen als
irgendeinen andern. Es wächst eben organisch mit der Freundschaft auch die Verbindlichkeit des Rechts: Freundschaft und
Recht bestehen im selben Personenkreis und haben die gleiche
Ausdehnung.

Die Gemeinschaftsformen aller Art sind nichts anderes als
Teile der (großen) Polisgemeinschaft. Denn die Partner ziehen
zu gemeinsamer Unternehmung aus, indem sie auf einen bestimmten Nutzen rechnen, und um Güter des täglichen Bedarfs
zu besorgen. Und so hat sich um des Nutzens willen bekanntlich
einst auch die Gemeinschaft der Polis zusammengeschlossen
und bleibt als solche bestehen. Dies ist ja auch das Ziel der Ge-
setzgebung, und als Recht wird das bezeichnet, was das Gemein-
wohl fördert. Es ist nun so, daß die anderen Gemeinschaften ihren Vorteil auf einem Teilgebiet erstreben. Wer zur See fährt,
sucht Gewinn, wie er der Seefahrt entspricht, in Richtung auf
Gelderwerb und dergleichen; Kriegsgefährten suchen Gewinn,
wie er dem Kriegshandwerk entspricht: ihr Ziel ist Reichtum,
Sieg oder die Eroberung einer Stadt, und ähnlich ist es bei den
Genossen einer Phyle oder eines Demos. Manche Gemeinschaften entstehen übrigens, wie man annimmt, um der Lust willen,
z. B. Kult- und Schmausgenossenschaften. Deren Zweck sind
Opferfeste und geselliges Beisammensein – alle diese Gemeinschaften sind offenbar der umfassenden Polisgemeinschaft un-
tergeordnet, denn diese strebt nicht nach dem Vorteil des Au-

genblicks, sondern nach dem, was das Leben als Ganzes voran-
bringt – sie feiern Opfer, um die sie eine Festgemeinde scharen,
sie erweisen den Göttern Ehre und verschaffen sich selbst frohe
Entspannung. Es läßt sich nämlich beobachten, daß in alter Zeit
die Opferfeste mit ihren Versammlungen gerade nach der Ernte,
gleichsam als Erstlingsopfer gefeiert wurden. Denn das war die
Jahreszeit, wo das Volk am ehesten Muße dazu hatte. So zeigt
sich denn, daß alle Gemeinschaftsformen Sonderteile der großen
Polisgemeinschaft sind. Diesen Sondergemeinschaften aber werden auch Sonderformen der Freundschaft entsprechen.

12. Es gibt drei Arten von Polisverfassung und eine gleiche
Anzahl von Abarten, man kann auch sagen Zerstörungen (der
Grundform). Die Grundformen sind: das Königtum, die Aristokratie und an dritter Stelle die auf der Einstufung nach dem
Vermögen beruhende, für die der Name Timokratie angebracht
erscheint, obwohl die meisten sie einfach als Politie (Verfas-
sungsstaat) zu bezeichnen pflegen. Von diesen dreien ist die beste
das Königtum, die schlechteste die Timokratie. Die Abart des
Königtums ist die Tyrannis, denn beide bedeuten die Herrschaft
eines einzigen, aber der Unterschied ist außerordentlich groß:
der Tyrann schaut nur auf seinen Vorteil, der König aber auf das
Wohl der Untertanen, denn König ist nur, wer allseits unabhängig und an allen Gütern überlegen ist. In solcher Stellung aber
hat er nichts weiter vonnöten: auf persönlichen Vorteil wird er
nicht schauen, dagegen auf das Wohl derer, die unter seiner
Herrschaft leben – sind nämlich diese Voraussetzungen nicht gegeben, so wäre er (nur) eine Art erloster König. Die Tyrannis ist
das Gegenstück zum (echten) Königtum: der Tyrann verfolgt
nur seinen persönlichen Vorteil. Und bei ihr ist es noch eindeuti-
ger (als bei der Timokratie), daß sie die schlechteste Abart ist,
denn am schlechtesten ist, was dem Besten entgegengesetzt ist.

Vom Königtum verläuft die Entwicklung zur Tyrannis, denn
die Tyrannis ist eine Entartung der Alleinherrschaft und ein
schlechter König wird zum Tyrannen. Aus der Aristokratie entwickelt sich die Oligarchie durch die Verderbtheit der herr-

NIKOMACHISCHE ETHIK 561

schenden Schicht. Sie verteilen, was in der Polis zu teilen ist,
nicht nach der Würdigkeit: die Güter geben sie – alle oder zum
größten Teil – sich selbst, die Ämter dauernd den gleichen Personen, denn oberstes Ziel ist ihnen der Reichtum. So wird die
herrschende Schicht kleingehalten, und es sind nicht die Besten,
die ihr angehören, sondern die Schlechten. Aus der Timokratie
entwickelt sich die Demokratie: die beiden grenzen aneinander.
Eine Herrschaft der Mehrheit will ja ihrem Wesen nach auch die
Timokratie sein, und alle Angehörigen der Vermögensklassen
gelten als gleich. Am wenigsten tief steht (unter den Abarten) die
Demokratie, da sie nur in einem geringen Grade von der Form
der Politie abweicht. Das also sind die Hauptformen der Veränderung von Polis-Verfassungen, denn so entwickeln sich die
Etappen des Übergangs ganz unmerklich und ohne besondere
Gewaltsamkeit.

Analogien zu den Verfassungsformen, sozusagen Musterfälle,
kann man auch an den Hausgemeinschaften beobachten. So hat
die Gemeinschaft des Vaters zu den Söhnen die Gestalt einer Königsherrschaft, denn die Sorge um die Kinder ist Aufgabe des
Vaters, weshalb ja auch Homer den Zeus »Vater« nennt. Das
Königtum will eben seinem Wesen nach ein väterliches Regiment sein. Bei den Persern dagegen gleicht die väterliche Gewalt
einer Tyrannis; die Söhne sind dort gleich Sklaven. Einer Tyrannis gleicht auch das Verhältnis des Herrn zum Sklaven, denn es
ist der Vorteil des Herrn, um den es sich hier handelt. Dieses
Verhältnis nun erscheint als richtig, der persische Brauch dagegen als falsch, denn je nach den Partnern ist auch die Herrschafts-
form verschieden. Das Verhältnis des Mannes zur Frau hat die
Merkmale einer Aristokratie. Denn hier herrscht der Mann gemäß dem (ihm eigentümlichen) Rang, und er herrscht in den
Dingen, für die er zuständig ist; was aber in den Bereich der Frau
gehört, das überläßt er ihr. Wenn aber der Mann im ganzen
Hauswesen Herr sein will, so macht er (aus der Aristokratie) eine
Oligarchie, denn sein Tun ist eine Verletzung des richtigen
Rangverhältnisses, und er herrscht nicht kraft seines (natürli-

chen) Vorranges. Es kommt auch vor, daß die Frau das Regiment führt, weil sie ein reiches Erbe mitgebracht hat, aber dieses Regiment entspricht dann nicht dem charakterlichen Wert, sondern beruht auf Reichtum und Einfluß wie in den Oligarchien. Das Verhältnis von Brüdern zueinander gleicht der Timokratie: zwischen ihnen ist Gleichheit – bis auf den Altersunterschied. Wenn daher dieser Abstand sehr groß ist, so bleibt ihre Freundschaft nicht mehr die von Brüdern. »Demokratie« ist vor allem da zu finden, wo es ein Zusammenhausen ohne jedes Oberhaupt gibt – denn da ist die Basis für alle gleich –, oder in Gemeinschaften, wo die Führung schwach ist und jeder tun kann, was er will.

13. In jeder der (genannten) Polisformen tritt nun auch Freundschaft in Erscheinung, und zwar im selben Ausmaß wie das Recht. Bei dem Verhältnis des Königs zu seinen Untertanen zeigt sie sich in dem weiten Vorsprung seines Wohltuns. Denn er tut den Untertanen Gutes – falls er als guter (König) um ihr Wohl besorgt ist, damit es ihnen gut gehe –, besorgt wie ein Hirt für seine Schafe, weshalb Homer den Agamemnon als »Hirten der Mannen« gepriesen hat. Von solcher Art ist auch die Freundschaft des Vaters, nur daß sie sich durch die Größe der Wohltaten (von der des Königs) unterscheidet. Denn er ist Ursache des Daseins, also dessen, was als Höchstes gilt, sowie der Nahrung und der Erziehung. Auch den Vorfahren erkennt man übrigens diese Leistung zu. Und das Herrschaftsverhältnis: Vater – Sohn, Vorfahre – Nachfahre, König – Untertan ist in der Natur begründet. Grundlage dieser Freundschaftsformen ist die Überlegenheit (des einen Partners): deshalb werden die Eltern ja auch durch Ehr-erbietung ausgezeichnet. Und so ist denn das Recht bei diesen Verhältnissen nicht das gleiche, sondern richtet sich je nach dem Rangverhältnis, denn auch bei der Freundschaftsbeziehung ist es so.

Das Freundschaftsverhältnis zwischen Mann und Frau ist dasselbe wie in der Aristokratie: seine Grundlage ist der persönliche Wert: dem wertvolleren (Partner) wird größerer Gewinn zugeteilt: jedem das für ihn Passende – und so auch das Recht.

NIKOMACHISCHE ETHIK 563

Die Freundschaft zwischen Brüdern gleicht der zwischen Kameraden. Sie sind einander gleichgestellt und Altersgenossen: dies aber bedeutet in der Regel Gleichheit des Empfindens und Gleichheit des Charakters. Dieser Freundschaft ist auch die ähnlich, die es in der Timokratie gibt: das Wesen dieser Verfassung erfüllt sich in Bürgern, die gleichgestellt und trefflich sind. So führen sie die Herrschaft abwechselnd und auf gleicher Basis und dementsprechend gestaltet sich auch ihre Freundschaft.

Dagegen ist in den entarteten Verfassungen entsprechend dem geringen Umfang des Rechts auch nur wenig Freundschaft zu finden, am wenigsten natürlich in der schlechtesten: in der Tyrannis gibt es wenig oder gar keine Freundschaft, denn wo zwischen Herrscher und Beherrschtem keinerlei Gemeinsamkeit besteht, da gibt es auch keine Freundschaft: es gibt hier ja auch kein Recht. Das Verhältnis ist wie das des Handwerkers zum Werkzeug, der Seele zum Leib, des Herrn zum Sklaven: all das erfährt zwar vom Benutzer eine gewisse Aufmerksamkeit, aber Freundschaft kann es zum Leblosen nicht geben und auch keine Rechtsbeziehung. Aber auch nicht zu einem Pferd oder einem Ochsen und nicht zu einem Sklaven als Sklaven, denn hier ist keinerlei Gemeinsamkeit. Denn der Sklave ist ein lebendes Werkzeug und das Werkzeug ein lebloser Sklave. Zum Sklaven als Sklaven gibt es also keine Freundschaft, wohl aber sofern er Mensch ist. Denn bekanntlich gibt es für jeden Menschen eine Art Rechtsbeziehung zu jedem Wesen, das an Satzung und vertraglichem Übereinkommen Anteil haben kann, und deshalb also ist auch Freundschaft denkbar – sofern dieses Wesen ein Mensch ist.

In bescheidenem Umfang gilt es also auch unter der Tyrannenherrschaft freundschaftliche Beziehungen und Rechte, in der Demokratie dagegen in weiterem Ausmaß, denn wo die Bürger einander gleichgestellt sind, gibt es viele Gemeinsamkeiten.

14. Freundschaft bedeutet also immer Gemeinschaft, wie wir festgestellt haben; die Freundschaft von Blutsverwandten und die Kameradschaft darf man indes als Sonderformen betrachten,

während die Beziehungen, die sich aus dem Polisleben oder aus der Gemeinschaft der Phyle oder einer Reise ergeben, mehr die Merkmale der Freundschaft im Sinne einer (äußeren) Gemeinschaft haben; denn sie beruhen offenbar auf einer Art von Übereinkommen. Zu ihnen darf man wohl auch die Gastfreundschaft rechnen.

Die Freundschaft unter Blutsverwandten ist, wie das Leben zeigt, sehr vielgestaltig, doch lassen sich alle Variationen mit dem Verhältnis des Vaters zu seinen Kindern in Verbindung bringen. Denn die Eltern lieben ihre Kinder als einen Teil ihres eigenen Wesens, die Kinder ihre Eltern als ein Teil aus deren Wesen. Die Eltern haben aber (1) ein tieferes Bewußtsein von dem Zusammenhang mit ihren Kindern als umgekehrt die Kinder von dem Zusammenhang mit ihren Eltern. Und stärker ist (2) das Band der Zugehörigkeit zwischen Verursachendem und Erzeugtem als zwischen dem Gewordenen und seiner Ursache: das aus etwas Entstandene gehört wesensmäßig zu dem, woraus es entstanden ist – Zähne, Haare oder sonst etwas gehören dem, der sie hat, während das, woraus etwas entstanden ist, keineswegs oder nur in minderem Grade dem »gehört«, was entstanden ist. Es besteht auch (3) ein zeitlicher Unterschied: die Eltern lieben das Kind gleich bei der Geburt, das Kind aber zeigt erst mit der Zeit Gegenliebe, wenn es zum Gebrauch des Verstandes oder der Sinne gekommen ist. Daraus erklärt sich auch, warum die Mutterliebe größer ist.

Man sieht also: die Eltern lieben das Kind wie sich selbst – was aus ihnen entstanden ist, existiert ja nach dem Akt der Loslösung gleichsam als zweites Ich weiter –, das Kind aber liebt seine Eltern, weil es von ihnen stammt.

Brüder lieben sich wegen der Identität des Ursprungs. Denn das Identitätsverhältnis in bezug auf den Ursprung macht sie auch gegenseitig zu etwas Identischem. Daher die Ausdrücke: »gleichen Blutes«, »aus gleicher Wurzel« usw. Sie sind somit in gewissem Sinn etwas Identisches, nur in getrennten Existenzen.

NIKOMACHISCHE ETHIK

Großen Einfluß auf die Freundschaft hat das Moment des gemeinsamen Aufwachsens und der Gleichaltrigkeit. Denn: »Gleiche Jahre, gleiche Freuden« und gegenseitige Vertrautheit führt zu Kameradschaft. Darum ist auch das Verhältnis der Brüder dem der Kameraden ähnlich. Zwischen Vettern aber und den sonstigen Blutsverwandten besteht aus diesem Grunde – weil sie ja vom selben Stamme kommen – ein Band der Zugehörigkeit, und zwar stehen sie einander näher oder ferner, je nachdem, ob der Stammvater des Geschlechts nahe oder fern ist. Die Freundschaft der Kinder zu den Eltern und der Menschen zu den Göttern bedeutet Freundschaft zu etwas Wertvollem und Überlegenem. Denn sie (die Eltern) sind die Spender der größten Wohltat: ihnen verdanken die Kinder Leben und Nahrung und dann auch Erziehung. Außerdem bietet solche Freundschaft auch Lust und Nutzen in höherem Grade als die zu fremden Menschen, insofern eben die gemeinsame Lebensgrundlage breiter ist. Ferner sind in der Freundschaft von Brüdern dieselben Elemente zu finden wie in der von Kameraden, und zwar noch ausgeprägter bei Brüdern, die gut sind – und es sind, allgemein gesagt, dieselben Elemente wie in der Freundschaft von Gleichen, insofern nämlich Brüder noch enger zusammengehören und von Geburt auf eine festgegründete Liebe zueinander haben; und weiterhin, insofern die charakterliche Verwandtschaft bei denen stärker ist, die von gleichen Eltern stammen und miteinander aufgewachsen und gleichartig erzogen worden sind. Dazu kommt die Erprobung durch die Zeit, die (bei Brüdern) besonders eindringlich und zuverlässig ist. – Dem Verwandtschaftsgrad entsprechen die Freundschaftsverhältnisse auch bei den übrigen Blutsverwandten.

Die Freundschaft zwischen Mann und Frau ist nach allgemeiner Annahme eine Naturgegebenheit. Denn der Mensch ist von Natur ein Wesen, das eher auf die Gemeinsamkeit zu zweien als auf die (umfassende) der Polis eingestellt ist, und zwar um so mehr als die Hausgemeinschaft ursprünglicher als die Polis ist und mehr den Charakter der Notwendigkeit hat und der Trieb nach Fortpflanzung dem Lebewesen in umfassenderer Weise eingepflanzt ist. Während nun bei den Tieren die Gemeinschaft nur so weit (nämlich bis zur Paarung) reicht, schließen die Menschen nicht nur wegen der Fortpflanzung eine Hausgemeinschaft, sondern auch wegen der Bedürfnisse des täglichen Lebens. Denn von vornherein sind die Aufgaben geteilt: die Arbeit des Mannes ist eine andere als die der Frau. Und so helfen sie sich gegenseitig, indem jedes das Seine zum Ganzen beisteuert. Daher ist bekanntlich auch Nutzen und Lust in dieser Freundschaft zu finden. Sie kann aber auch sittliche Vortrefflichkeit als Fundament haben, wenn beide Partner gut sind. Denn jedes hat seinen Wesensvorzug, und an solchem Verhältnis mögen sie dann ihre Freude haben. Kinder sind, wie die Erfahrung zeigt, ein festes Band. Daher tritt bei Kinderlosen rascher die Entfremdung ein. Kinder sind ja ein gemeinsames Gut für die Eltern: das Gemeinsame aber verbindet. Die Frage aber, wie die Form des Zusammenlebens zwischen Mann und Frau, allgemein gesagt, zwischen Freund und Freund sein soll, ist nichts anderes als die Frage nach der Verwirklichung der Gerechtigkeit. Denn es zeigt sich, daß das Recht nicht das gleiche ist, wenn man das Verhältnis eines Freundes zu einem Freund oder einem Fremden oder einem Kameraden oder zu einem Schulgefährten ins Auge faßt.

15. Dreifach ist also, wie eingangs gesagt, die Freundschaft gegliedert. Dabei sind innerhalb einer jeden Art die einen auf der Grundlage der Gleichheit miteinander befreundet, die anderen im Sinne einer Überlegenheit der einen Seite. Denn Freundschaft ist einmal möglich zwischen Menschen, die an sittlichem Wert gleich sind, aber auch zwischen einem Besseren und einem minder Guten; ebenso (besteht die zweifache Möglichkeit) bei denen, die sich Lust, und bei denen, die sich Nutzen bieten; (bei beiden letzteren), indem sie in der Gewährung der Vorteile entweder einander gleich oder voneinander verschieden sind. Diese Gliederung vorausgesetzt, gilt: Freunde, die gleich sind, müssen die Gleichheit nach Maßgabe einer exakten Gleichheit in Zuneigung und den sonstigen Beziehungen verwirklichen, ungleiche

NIKOMACHISCHE ETHIK

Freunde dagegen müssen sich gegenseitig das leisten, was ihrer Überlegenheit proportional ist.

Die (üblichen) Vorwürfe und Beschwerden entstehen allein oder vorwiegend in der Nutzfreundschaft, wie nicht anders zu erwarten; denn wo die Freundschaft auf sittlichem Wert beruht, da sind die Freunde darauf bedacht, sich gegenseitig wohlzutun – dies ist ja für (jede) Trefflichkeit und für die Freundschaft charakteristisch –, und bei Freunden, die hierin wetteifern, kann es keine Vorwürfe und Streitigkeiten geben. Denn Freundesgesinnung und Wohltun zu erfahren ist für niemanden Anlaß zu Verdruß, im Gegenteil: ein fein empfindender Mensch »revanchiert sich« durch Gegengabe. Wer andererseits durch die größere Leistung (seinen Freund) übertrifft, kann diesem eigentlich keinen Vorwurf machen: er erreicht ja eben das, was er möchte; denn jeder Mensch strebt nach dem, was ein Wert ist.

Aber auch bei Freunden, die um der Lust willen zusammen sind, (kommen Vorwürfe) nicht gerade häufig (vor), denn beiden wird zur gleichen Zeit das zuteil, wonach sie streben, wenn es das Zusammenleben ist, woran sie ihre Freude haben. Und außerdem wirkt es nur lächerlich, wenn jemand dem anderen vorwirft, sein Umgang sei nicht erfreulich – wo es ihm doch freisteht, auf das Zusammensein mit ihm zu verzichten.

Dagegen bietet die Nutzfreundschaft reichen Anlaß zu Beschwerden. Denn da sie nur wegen des eigenen Vorteils beieinander sind, verlangt jeder stets den größeren Anteil und fürchtet, es könne ihm von dem gebührenden Maß etwas entgangen sein. Sie beschweren sich auch, nicht soviel zu erhalten, als sie zu beanspruchen haben, obwohl sie es verdienten. Die Leistungen des Gebenden aber können mit den Anforderungen des Empfangenden gar nicht Schritt halten.

Wie es nun beim Recht zwei Arten gibt, das ungeschriebene und das Satzungsrecht, so läßt sich auch wohl bei der Nutzfreundschaft eine Gesinnungs- und eine Satzungsfreundschaft unterscheiden. Und so kommt es zu gegenseitigen Vorwürfen dann vor allem, wenn die Partner ihre Beziehung nicht im Sinne

derselben Freundschaftsart beginnen und lösen. Satzungsfreundschaft ist die auf (genaue) Festlegungen gegründete. Und
zwar gibt es da einen ganz geschäftsmäßigen Typus, ein Mark-
ten »aus der Hand in die Hand«, und einen großzügigeren Typus
mit längeren Terminen, doch nicht ohne ein Übereinkommen
bezüglich Leistung und Gegenleistung. Bei diesem Typus ist die
Verbindlichkeit durchaus klar umrissen und nicht zweifelhaft,
doch ist durch die Möglichkeit einer Terminverlängerung ein
freundschaftliches Element gegeben. Daher ist mancherorts
keine Rechtsentscheidung für solche Fälle vorgesehen. Man ist
vielmehr der Meinung: wer auf Treu und Glauben eine Ge-
schäftsbeziehung eingegangen ist, müsse sich dann auch damit
abfinden.

Die Nutzfreundschaft, welche auf Gesinnung beruht, kennt
keine genauen Festlegungen, sondern wenn hier (A dem B) ein
Geschenk macht oder sonst einen Gefallen erweist, so gilt das
dem Partner (B) insofern er als Freund angesehen wird, nur daß
der Gebende (A) damit rechnet, gleich viel oder mehr als Gegenleistung zu erhalten, so, als habe er nicht etwas geschenkt, sondern geliehen. Und wenn er (A) nicht unter denselben günstigen
Umständen die Freundschaft lösen kann, unter denen er sie geknüpft hatte, so wird er Beschwerden (gegen B) vorbringen.
Dazu muß es aber kommen, weil alle, oder doch die meisten, das
Gute und Edle wünschen, (im praktischen Verhalten) sich aber
für das Nützliche entscheiden: es ist gut und edel Wohltaten zu
erweisen ohne Gegenleistung zu erwarten, aber nützlich ist es,
sich von anderen Gutes tun zu lassen.

B also soll, wenn er dazu in der Lage ist, mit entsprechender
Gegenleistung das Empfangene vergelten (und damit die Sache
beenden); und zwar aus freien Stücken, denn man soll ein
Freundschaftsverhältnis nicht forcieren. Die Beilegung der Angelegenheit (durch B) muß schließlich von der Einsicht ausgehen, daß er sich von allem Anfang an geirrt und die Wohltat von
jemandem (von A) angenommen habe, von dem er sie nicht
hätte annehmen dürfen – nämlich von einem Mann, der kein

(echter) Freund war und der eben nicht aus (echter) Freundschaft und aus keinem anderen Grunde so handelte –, kurz: B muß die Angelegenheit so beilegen, wie wenn er eine Freundschaftsleistung unter genau festgelegter Bedingung empfangen hätte. Und B hätte sich ja auch (wenn A es gleich anfangs verlangt hätte) verpflichtet, eine Gegenleistung zu machen, vorausgesetzt, daß er dazu in der Lage wäre. Im Falle des Unvermögens aber hätte nicht einmal der Geber (also A) die Gegenleistung beansprucht. Also: wenn man dazu in der Lage ist, soll man Leistung mit Gegenleistung beantworten. Von Anfang an aber muß man zusehen, von wem man die Wohltat annimmt und unter welcher Bedingung sie geleistet wird, damit man sich unter dieser Voraussetzung die Wohltat gefallen lassen oder sie ablehnen kann.

Eine offene Frage ist, ob man bei der Festsetzung des Maßes von dem Nutzen des Empfängers ausgehen und die Gegenleistung danach einrichten soll – oder von der Leistung des Gebers. Denn der Empfänger verkleinert grundsätzlich: er sagt, was er vom Geber erhalten habe, sei für diesen eine Kleinigkeit gewesen, das habe er auch von anderer Seite bekommen können; der Geber dagegen behauptet, das Äußerste, was ihm möglich war, getan zu haben – was von anderer Seite unmöglich (zu bekommen) war – und dies in Gefahr oder ähnlichem Notstand.

Hat nun, da es sich um Nutzfreundschaft handelt, der Nutzen des Empfängers den Maßstab zu bilden? Denn er ist es, der etwas braucht, und der andere hilft ihm in der Erwartung, ein Gleiches zurückzuerhalten. Die Höhe der Hilfeleistung ergibt sich also aus der Größe des von ihm empfangenen Nutzens und so muß er so viel zurückerstatten, als er Vorteil genossen hat, oder noch mehr, denn das wäre edler.

In der auf sittlichen Wert gegründeten Freundschaft dagegen gibt es zwar keine gegenseitigen Vorwürfe, aber es gibt einen Maßstab. Als solcher darf die Intention des Gebers gelten, denn für die ethische Trefflichkeit sowohl wie für den Charakter ist das entscheidende Element die Intention.

16. Zu Zerwürfnissen kommt es auch in den Freundschaften, die auf der Überlegenheit des einen Teils beruhen. Denn jeder der beiden (ungleichen Partner) beansprucht mehr zu erhalten. Sobald dies aber geschieht, geht die Freundschaft auseinander. Denn einerseits meint der Tüchtigere, ihm komme der größere Anteil zu, denn es sei üblich, dem Trefflichen mehr zu geben – und andererseits rechnet der Nützlichere in ähnlicher Weise. Denn wer keinen Nutzen bietet, darf nach allgemeiner Ansicht nicht den gleichen Anteil haben (wie der Nützliche). Es laufe ja auf eine offizielle Pflichtleistung hinaus und sei keine Freundschaft mehr, wenn der Ertrag der Freundschaft nicht in einem gebührenden Verhältnis zu den Leistungen (der Partner) stehe. Man meint nämlich: wie bei einem Geldgeschäft der Partner mehr an Gewinn herausbekommt, der mehr beisteuert, so müsse es auch in der Freundschaft sein. Der Hilfsbedürftige und der geringere Partner dagegen denkt umgekehrt: ein guter Freund habe dem zu helfen, der in Not ist. Denn was nützt es, sagen sie, mit einem tüchtigen Menschen oder einem Machthaber befreundet zu sein, wenn nichts dabei herausspringen soll?

Es sieht so aus, als hätten beide Teile recht mit ihrem Anspruch und als müßte man beiden Partnern einen größeren Gewinn aus der Freundschaft zuteilen – freilich nicht Gewinn von der gleichen Art, sondern dem Überlegenen mehr Ehre, dem Hilfsbedürftigen mehr äußeren Vorteil. Denn Ehre ist der Lohn der Tüchtigkeit und des Wohltuns – Gewinn ist Hilfe in der Not.

Daß es so ist, kann man auch im Leben der Polisgemeinde beobachten: wer zum Wohle der Gesamtheit gar nichts beiträgt, genießt keine Ehre. Denn ein Gut der Gesamtheit wird nur dem gegeben, der das Wohl der Gesamtheit fördert: die Ehre aber ist ein Gut, das die Gesamtheit verleiht. Es ist nämlich unvereinbar, auf Kosten der Gesamtheit Geschäfte zu machen und (von der Gesamtheit) Ehre zu empfangen. Denn niemand findet sich damit ab, in allen Stücken im Hintertreffen zu sein: wer also bei äußerem Gewinn zurücksteht, dem gibt die Polis Ehre, und wer auf Bezahlung Wert legt, empfängt Geld. Denn das Zuteilen je

NIKOMACHISCHE ETHIK

nach der Würdigkeit wirkt ausgleichend und erhält die Freundschaft, wie wir festgestellt haben.

So also müssen auch ungleiche Partner ihre gegenseitigen Beziehungen gestalten. Wer in Hinsicht auf äußeren Besitz oder persönliche Trefflichkeit Förderung erfährt, muß dem Freunde als Gegenleistung Ehre bieten, und zwar so gut er dazu in der Lage ist. Denn die Freundschaft verlangt nur das Mögliche, nicht was (exakt) dem Verdienste entspricht. Dieses letztere läßt sich ja auch gar nicht in allen Fällen verwirklichen, so bei den Ehren, die man den Göttern oder den Eltern entbietet: hier kann man niemals dem Verdienst entsprechend vergelten. Doch wer ihnen nach besten Kräften dient und sie verehrt, gilt als gut.

Daher gilt es auch als unerlaubt, daß ein Sohn sich von seinem Vater, nicht aber daß ein Vater sich von seinem Sohn lossagt. Wer in Schuld steht, hat Gegenleistung zu bieten. Aber ein Sohn, auch wenn er aktiv gewesen ist, hat nichts zustande gebracht, was die Vor-Leistung des Vaters gebührend abdingen könnte: er bleibt also immer in Schuld. Aber dem Gläubiger steht es frei, (jemanden aus einer Bindung) zu entlassen, und so auch dem Vater. Zugleich allerdings gilt, daß wohl niemand sich von seinem Sohne wendet, außer er wäre ganz ungewöhnlich verkommen. Denn auch abgesehen von der natürlichen Zuneigung (zwischen Vater und Sohn) ist es im menschlichen Wesen begründet, Hilfe (des Sohnes) nicht von sich zu stoßen. Der Sohn allerdings, wenn er wirklich verkommen ist, wird sich gerne der Hilfeleistung entziehen oder ihr ohne besonderen Eifer nachkommen. Denn Gutes empfangen möchten die meisten, aber Gutes tun – das scheuen sie: sie sehen darin keinen Vorteil. Soviel zu diesem Thema.

ARISTOTELES
METEOROLOGIE

BUCH I

In den 4 Büchern Meteorologie *stellt Aristoteles die Vorgänge im sublunaren Raum, dem Raum zwischen Erde und Mond, dar, in dem die traditionellen vier Elemente (Feuer, Wasser, Erde, Luft) ihren natürlichen Ort haben.*

1. Die ersten Ursachen der Natur, die gesamte natürliche Bewegung, ferner die Ordnung der am Himmel kreisenden Gestirne, dazu Zahl und Art der Elementarkörper sowie ihr Übergang ineinander, auch das allgemeine Werden und Vergehen sind also früher dargestellt. Nun ist von diesem Lehrgang noch das restliche Teilstück zu betrachten, das alle Früheren Meteorologie nannten. Es umfaßt alle die Geschehnisse, die sich auf natürliche Weise, dabei jedoch im Vergleich mit dem ersten Elementarkörper unregelmäßiger vollziehen, und zwar besonders in dem der Gestirnsphäre benachbarten Raum, z. B. Milchstraße, Kometen und die Phänomene, die auf Entzündung, verbunden mit Bewegung, beruhen; dazu alle, die wir der Luft und dem Wasser als gemeinsame Vorgänge zuschreiben können; sodann noch im Hinblick auf die Erde ihre Teile, ihre Arten und die Eigenschaften dieser Teile; woran sich die Betrachtung der Ursachen von Winden und Erdbeben schließt, sowie aller mit deren Bewegungsursachen in Zusammenhang stehenden Phänomene. Teils finden wir für sie keinen Weg zur Erklärung, teils können wir sie einigermaßen in den Griff bekommen. Schließlich haben wir es zu tun mit Blitzschlag, Wirbelwind, Glutwind und all den anderen immer wieder auftretenden Naturerscheinungen, die als

Verhaltensweisen der hier beteiligten Elemente auf Verdichtung beruhen. Nach der Darstellung dieses Sachgebiets wollen wir untersuchen, ob sich auf der gegebenen methodischen Grundlage ein Bericht über Tiere und Pflanzen, allgemein und speziell, geben läßt; ist dies nämlich vorgetragen, so dürfte unser ursprünglicher Plan seine völlige Verwirklichung gefunden haben. Nach dieser Einleitung wollen wir also unser Thema beginnen.

2. Nach unseren früheren Definitionen gibt es einen bestimmten Elementarkörper, aus dem die Natur der im Kreise bewegten Massen besteht, ferner, der vier Elementarprinzipien wegen, vier weitere, für die wir eine doppelte Bewegung behaupten, weg vom Mittelpunkt und hin zum Mittelpunkt. Von diesen vieren – Feuer Luft Wasser Erde – ist das sie alle überlagernde Element das Feuer, das die Unterlage bildende die Erde. Ein diesen entsprechendes Verhältnis haben die beiden anderen zueinander; von ihnen steht nämlich die Luft dem Feuer am nächsten, das Wasser der Erde. Aus diesen Elementen also setzt sich die irdische (sublunare) Welt zusammen; die hier auftretenden Phänomene gilt es, wie wir behaupten, zu erfassen. Diese Region muß mit den Umschwüngen der Gestirne in kontinuierlicher Verbindung stehen, so daß die ganze in ihr vorhandene Fähigkeit zur Bewegung von dorther gesteuert wird. Denn wo der Ursprung der Bewegung für alles ist, dort muß man sich die erste Ursache denken. Überdies ist das Himmelselement ewig und kommt in dem Raum, wo es sich bewegt, nirgends an ein Ende, sondern ist immerfort vollendet; diese (irdischen) Elemente aber haben jeweils ihre voneinander getrennten, fest bestimmten Regionen. Für die Vorgänge in ihrem Raum muß man also Feuer, Erde und die verwandten Körper als die materielle Ursache des Werdens betrachten (so nennen wir ja das zugrunde liegende passive Prinzip); dagegen als Ursache im Sinn des Ursprungs der Bewegung hat man die Wirkung der ewig bewegten Himmelskörper anzusehen.

3. Indem wir also unsere grundlegenden Sätze und die früher vorgetragenen Definitionen wieder aufnehmen, wollen wir von

METEOROLOGIE 575

der Erscheinung der Milchstraße sprechen, von Kometen und den anderen damit verwandten Phänomenen.

Wir lehren, daß Feuer Luft Wasser Erde auseinander entstehen und daß jedes Element in jedem potentiell vorhanden ist, wie es auch bei allen sonstigen Dingen mit ein und dem selben Substrat, in das sie sich letztlich auflösen, der Fall ist.

Nun könnte man zunächst eine Schwierigkeit finden hinsichtlich der sogenannten Luft wie man ihre Wesenheit innerhalb der die Erde umgebenden Welt fassen soll und wie sie sich der Lage nach zu den anderen sogenannten Elementen der Körperwelt verhält. Denn was die Masse der Erde betrifft, so ist es wohlbekannt, wie es damit, im Vergleich mit den sie umgebenden Massen, steht; durch astronomische Forschungen wurde es ja bereits augenscheinlich, daß sie viel kleiner sogar als einige Gestirne ist. Wasser aber können wir als konzentrierte Wesenheit für sich nicht sehen, noch ist es möglich, daß es abgesondert von seinem rings auf der Erde gelagerten Element existiert, ich meine die sichtbaren Wasserflächen – wie Meer und Flüsse –, aber auch all die Mengen, die in der Erdtiefe verborgen sein mögen. Aber eben nun der Körper zwischen der Erde und den äußersten Gestirnen, soll er als einheitlich seiner Natur nach gelten, oder aus mehreren bestehend, und wenn es mehrere Körper sind, wieviele sind es dann, und bis wohin reichen die Grenzen ihrer Orte?

Nun haben wir früher die Eigenart des ersten Elements erörtert, sowie die Tatsache, daß der gesamte Raum der Gestirnbewegungen voll in diesem Körper ist. Und diese Anschauung hegen nicht nur wir allein, vielmehr scheint dies ein alter Glaube zu sein, der bereits der früheren Menschheit eigen war. Denn schon vor alters hat der sogenannte Äther seinen Namen bekommen, den Anaxagoras, wie ich glaube, als gleichbedeutend aufgefaßt hat mit Feuer. Denn die obere Welt, meinte er, sei voll Feuer und jene Alten hätten das Element dort Äther genannt. In diesem Punkt hatte er recht: sie scheinen den ewig ›laufenden‹ Körper (théon) zugleich auch als göttlich (theion) aufgefaßt zu haben und sie legten für ein derartiges Element den Namen Äther fest, um auszudrücken, daß es mit keinem der Dinge unserer Welt identisch sei (nach unserer Lehre kehren ja nicht nur ein- oder zweimal oder ein paarmal die gleichen Anschauungen unter den Menschen wieder, sondern unzählige Male). Die aber behaupten, reines Feuer mache nicht nur die ziehenden Himmelskörper, sondern auch ihre Umgebung aus, zwischen Erde und Gestirnen aber befinde sich Luft, hätten wohl nach dem Studium der mathematischen Nachweise, wie sie jetzt hinreichend vorliegen, diese kindische Anschauung aufgegeben; allzu einfältig ist ja die Meinung, jeder der ziehenden Körper sei von geringer Größe, weil es uns, die wir ihn von hier aus betrachten, so erscheint. Das Thema wurde bereits in der früheren Abhandlung über den oberen Raum behandelt; doch werde die gleiche Überlegung auch jetzt noch einmal vorgetragen. Wenn nämlich einerseits die Zwischenräume voll Feuer wären, andrerseits die Himmelskörper aus Feuer bestünden, wäre es schon längst aus mit jedem anderen Element. Jedoch können die Zwischenräume auch nicht allein mit Luft gefüllt sein; sie dürften dann nämlich das durch die Analogie zu den Elementen der Reihe geforderte Gleichmaß bei weitem überschreiten, selbst wenn der Raum zwischen Erde und Himmel von zwei Elementen erfüllt sein sollte. Denn ein bares Nichts, sozusagen, ist der Erdkörper – auf dem doch auch noch die ganze Wassermenge zusammengefaßt ist – im Vergleich mit dem umgebenden All. Wir sehen jedoch, daß die elementaren Massen keineswegs so bedeutend überschießen, wenn durch Ausscheidung Luft aus Wasser entsteht oder Feuer aus Luft; es muß aber doch jede Wassermenge, sei sie noch so klein, zu der aus ihr entstehenden Luftmenge im selben Verhältnis stehen wie die ganze Luft zur ganzen Wassermasse. Daran ändert sich auch dann nichts, wenn man behauptet, daß diese Elemente nicht auseinander entstehen, daß sie jedoch an Wirkungskraft gleich seien; denn so gefaßt steht die Gleichheit der Wirkungskraft notwendigerweise mit ihren Massen in Zusammenhang, nicht anders als wenn sie (Luft, Wasser, Feuer) auseinander ent-

METEOROLOGIE 577

stünden. – Daß also weder Luft noch Feuer allein den Zwischenraum erfüllen, ist offensichtlich.

Wir müssen nun die Diskussion weiterführen und noch darlegen, wie die beiden – Luft und Feuer – im Hinblick auf die Lage
des ersten Körpers angeordnet sind, und weiter, was die Ursache
davon ist, daß von den Gestirnen im oberen Raum die Wärme
zum irdischen Bereich gelangt. So wollen wir zunächst, wie in
Aussicht gestellt, über die Luft sprechen und in diesem Sinn
dann auch dies letztere Thema behandeln.

Wenn also Wasser aus Luft und Luft aus Wasser entsteht,
warum bilden sich dann am oberen Ort keine Wolken? Es müßte
dies doch um so mehr der Fall sein, als er erdferner und kälter ist;
einerseits ist er ja den heißen Gestirnen, andrerseits den Sonnenstrahlen nicht so nahe, die, von der Erde zurückgeworfen, Wolkenbildung in Erdnähe verhindern, indem sie sie durch ihre
Wärme auflösen. Wolkenansammlungen gibt es nämlich dort,
wo die Sonnenstrahlen (zu wirken) auf hören, da sie sich ins
Weite verlieren. Entweder also entsteht Wasser nicht aus jeder
Luft, oder wenn doch aus jeder gleichermaßen, so ist die Schicht
rund um die Erde nicht nur Luft, sondern eine Art von Dampf;
sie wandelt sich daher (besonders leicht) wieder zu Wasser. Falls
aber die Luft in ihrer ganzen großen Masse Dampf ist, bekommt
man doch wohl den Eindruck, daß die Elemente Luft und Wasser bedeutend überschießen, wenn anders die Räume zwischen
den Himmelskörpern einerseits von einem Körper erfüllt sind,
und andrerseits (feststeht): Feuer kann dies unmöglich sein, es
wäre sonst alles andere verbrannt; es bleibt also dafür nur die
Luft und das über die gesamte Erde verteilte Wasser übrig;
Dampf ist ja Ausscheidung von Wasser.

Soweit also die Darlegung der Schwierigkeiten auf diesem
Gebiet; was aber unsere eigene Lehre betrifft, so wollen wir mit
ihrer Darlegung Begriffsbestimmungen verbinden, die sowohl
für das noch Vorzutragende wie für das jetzt Vorgebrachte gelten. Was sich oben, bis herunter zum Mond, befindet, ist, so behaupten wir, ein von Feuer und Luft verschiedener Körper, doch

hat er teils reinere, teils weniger unvermischte Stellen, er weist
Unterschiede auf, und zwar besonders dort, wo er gegen die Luft
und die die Erde umgebende Raumordnung hin endet. Zieht
nun das erste Element mit den Himmelskörpern darin im Kreise,
so entzündet sich die jeweils benachbarte Zone der Welt und des
Körpers unterhalb, indem sie sich infolge des Bewegungsansto-
ßes verdünnt, und schafft die Wärme. Zu dieser Vorstellung
müssen wir auch von folgendem Ausgangspunkt gelangen. Der
Körper unterhalb des Himmelsumschwungs stellt gewissermaßen eine Art von Materie dar und ist potentiell warm kalt trok-
ken feucht (und was an Qualitäten sonst noch in diesen Zusammenhang gehört); Verwirklichung im Sinne dieser Qualitäten
erfährt er unter dem Bewegungsanstoß (bzw. seinem Ausblei-
ben), von dessen Ursache und Ursprung wir vorhin sprachen.
Nun befindet sich in der Mitte und um sie herum abgesondert
das Schwerste und Kälteste, Erde und Wasser; rundherum um
sie schließt sich die Luft an und das von uns gewohnheitsmäßig
so genannte Feuer. Es ist aber kein Feuer; ein Extrem von
Wärme, gewissermaßen ein Kochen – das nämlich ist Feuer.
Man muß sich jedoch von der von uns so genannten Luft die um
die Erde gelagerte Schicht als feucht und warm vorstellen, weil
die Erde Wasserdampf und (rauchartige) Ausdünstungen aus-
scheidet, die Schicht darüber aber bereits als warm und trocken.
Denn Wasserdampf ist von Natur feucht und warm, die Ausdünstung warm und trocken; potentiell ist der Dampf eine Art
von Wasser, die Ausdünstung eine Art von Feuer. Als Ursache
dafür, daß sich im oberen Raum keine Wolken bilden, müssen
wir also annehmen, daß sich in ihm nicht allein Luft, sondern
eher eine Art von Feuer befindet. Der Annahme steht nichts im
Wege, daß auch durch den Umschwung (des Himmels) im
Kreise die Wolkenbildung im oberen Raum verhindert wird.
Notwendigerweise befindet sich ja die ganze Luft ringsum in
Strömen, soweit sie nicht von der Kreislinie inbegriffen wird,
die den Erdkörper zur vollkommenen Kugel macht. (Auch
hier sei, dem Augenschein gemäß, betont: das Werden der

METEOROLOGIE

Winde vollzieht sich in den Niederungen der Erdoberfläche, und ihr Wehen geht nicht über die hohen Berge hinaus.) Im Kreise strömt die Luft, weil sie durch den Umschwung des Alls mitgerissen wird. Denn das Feuer steht in kontinuierlicher Verbindung mit dem Himmelselement, mit dem Feuer die Luft; infolgedessen ist es auch die Bewegung, was eine Verdichtung zu Wasser verhindert, vielmehr sinkt jedes Teilchen, das schwer wird, weil seine Wärme hinauf in den oberen Raum ausgepreßt wird, jeweils nach unten; dafür steigen andere Teile zusammen mit der feurigen Ausdünstung (der Erde) nach oben, die eine Schicht bleibt so beständig von Luft, die andere von Feuer erfüllt, und diese beiden Schichten erneuern sich fortwährend.

Soviel also sei vorgetragen über die Fragen, warum keine Wolken entstehen und keine Kondensation zu Wasser vorkommt, wie man den Raum zwischen den Sternen und der Erde auffassen soll, und welches der Körper ist, der ihn erfüllt.

Was aber das Entstehen der Wärme betrifft, die die Sonne spendet, so ist eine gesonderte, genaue Behandlung eher in der Vorlesung über Sinneswahrnehmung am Platze (die Wärme affiziert ja die Sinneswahrnehmung); warum sich aber die Wärme einstellt, obwohl doch die Himmelskörper gar nicht von einer solchen Beschaffenheit sind, soll auch hier besprochen werden. Also: wir sehen, daß Bewegung die Luft zu verdünnen und zu entzünden vermag, so daß oftmals auch geschleuderte Gegenstände augenscheinlich ins Schmelzen geraten. Was nun Tageswärme und Hitze betrifft, so vermag sie auch der Umschwung der Sonne allein zu bewirken. Denn nötig ist eine rasche und nicht ferne Bewegung; nun ist die der Gestirne rasch, aber ferne, die des Mondes zwar tief unten (= erdnah), aber langsam. Der Sonnenbahn aber sind die beiden notwendigen Merkmale in hinreichendem Maße eigen. Daß die Hitze durch die Gegenwart gerade der Sonne wächst, kann man gut verstehen, wenn man die Entsprechungen in unserem Erfahrungsbereich hernimmt; denn auch hier wird in der unmittelbaren Umgebung fliegender

Geschosse die Luft besonders heiß. Das hat seinen guten Sinn: die Bewegung des festen Körpers verdünnt hier die Luft besonders. – Aus diesem Grunde also gelangt die Wärme bis zum irdischen Bereich, und auch noch wegen des Umstandes, daß infolge der Himmelsbewegung die die Luft umgebende Feuerschicht an vielen Stellen auseinandersprüht und gewaltsam nach unten gezogen wird.

Ein sicheres Zeichen dafür, daß der obere Ort nicht heiß oder voll Feuersglut ist, bedeuten auch die Sternschnuppen. Denn nicht dort oben, sondern unten entstehen sie; und doch müßte, was sich länger und rascher bewegt, sich auch rascher entzünden. Überdies ist die Sonne, die (unter den Himmelskörpern) am heißesten zu sein scheint, augenscheinlich weiß, aber nicht feurig.

4. Nachdem dies klargestellt ist, wollen wir darlegen, warum die brennenden Flammen am Himmel aufscheinen, die Sternschnuppen und die von manchen so genannten ›Fackeln‹ und ›Ziegen‹. Bei ihnen allen handelt es sich nämlich um das gleiche, und ihre Ursache ist dieselbe, der Unterschied besteht bloß im Mehr oder Weniger.

Die Ursache dieser Erscheinungen wie vieler anderer ist folgende. Wenn nämlich die Erde von der Sonne erwärmt wird, so entwickelt sich mit Notwendigkeit nicht eine einfache Ausdünstung, wie manche glauben, sondern eine von doppelter Art, die eine mehr als Wasserdampf, die andere mehr als Windhauch, als Dampf die aus der Feuchtigkeit in und auf der Erde, rauchartig dagegen die von trockener Erde stammende. Von ihnen hält sich die windartige Ausscheidung oben wegen ihrer Wärme, die feuchtere bleibt unten wegen ihrer Schwere. Deswegen weist der Raum rings um die Erde folgende Ordnung auf: zuerst unterhalb des kreisenden Himmelsumschwungs ist das Warme und Trockene, das wir Feuer nennen (das, was den verschiedenen rauchartigen Ausscheidungen gemeinsam ist, hat ja keinen Namen; gleichwohl ist man auf eine solche Namengebung angewiesen, da dieser Körper am meisten von allen von entzündli-

METEOROLOGIE 581

cher Natur ist); unter diesem Stoff befindet sich Luft. Man muß sich also, was wir soeben Feuer nannten, als eine Art von Zunder vorstellen, der, als Äußerstes der Erdspähre, ringsherum ausgebreitet ist, so daß er unter einem kleinen Bewegungsanstoß oftmals wie Rauch aufbrennt; denn Flamme ist das Kochen eines trockenen Hauches. Wo nun die Verhältnisse bei einer so zusammengesetzten Materie besonders günstig liegen, da flammt sie auf, sobald sie irgendwie von dem Umschwung in Bewegung gesetzt wird.

Unterschiede gibt es nunmehr je nach der Lage des Zunders oder seiner Menge. Wenn er nämlich breit und lang ist, sieht man oft eine Flamme brennen, wie wenn Stoppeln brennen auf dem Acker; erstreckt sich die Entzündung bloß in die Länge, sieht man die sogenannten ›Fackeln‹, ›Ziegen‹ und ›Sternschnuppen‹. Wenn nun der Zunder beim Brennen Funken sprüht (das geschieht bei Entzündung von den Seiten her, zu kleinen Teilen, in Verbindung jedoch mit der Hauptmasse), ist der Name ›Ziege‹, wenn dies nicht auftritt, ›Fackel‹. Versprühen die Teile der Dunstmasse in kleinen Stücken und in viele Teile, ebenso horizontal wie vertikal, entsteht der Eindruck vorüberschießender Sterne.

So ist es also manchmal die (Himmels)bewegung, die die Ausdünstung sich entzünden und diese Erscheinungen bewirken läßt; manchmal ist es aber die durch Abkühlung verursachte Kontraktion der Luft, bei der die Wärme ausgepreßt und ausgeschieden wird; weshalb dann ihre Bewegung mehr einem Geschleudertwerden als einem Aufflammen ähnelt. Man könnte nämlich (bei den Sternschnuppen) zweifeln: ist es wie bei der Beobachtung an den zwei Lampen, wo die Ausdünstung der einen Lampe, die unter die andere gestellt ist, bewirkt, daß die untere von der Flamme oben entzündet wird (auch hier ist die Geschwindigkeit erstaunlich und so, als würde etwas geschleudert und nicht eine Stelle nach der anderen zur Flamme), oder stellen die Sternschnuppen das Durchschießen ein und desselben Körpers dar? Offenbar liegen beide Ursachen vor: einmal geht es zu wie bei der Bewegung von der Lampenflamme aus, manchmal aber schießen die Sternschnuppen infolge der Auspressung dahin, wie Obstkerne aus den Fingern schnellen. So sieht man sie aufs Festland und ins Meer fallen, nachts und tagsüber, bei heiterem Himmel. Nach unten fliegen sie, weil die Verdichtung (der Luft), die sie abschnellen läßt, einen Zug nach unten hat. Deshalb fallen auch die Blitze nach unten. Alle diese Naturerscheinungen beruhen nämlich nicht auf Entzündung, sondern auf Druck; von Natur aus muß ja alles Warme nach oben steigen.

Was nun eher am oberen Ort sich bildet, hat eine Entzündung der (warmen) Ausdünstung, was im unteren Raum entsteht, deren (gewaltsame) Ausscheidung zur Ursache, bewirkt durch die Verdichtung und Abkühlung der feuchteren Ausdünstung. Denn diese ist es, die, kondensiert und nach unten drängend, durch ihre Verfestigung abstoßend wirkt und den warmen Stoff hinabschießen läßt. Die Position des warmen Dunstes – je nachdem er horizontal oder vertikal liegt – ist bestimmend für die nach oben, nach unten oder schräg gerichtete Bewegung. Die schräge Richtung ist die häufigste, weil zwei Strebungen vorliegen, eine gewaltsame nach unten, eine naturgemäße nach oben; in solchem Fall schlagen alle Körper die Diagonale ein. Deswegen ist auch der Flug der Sternschnuppen meist schräg.

Ursache all dieser Phänomene also ist stofflich betrachtet die warmtrockene Ausscheidung, hinsichtlich der Bewegungsursache aber teils der Umschwung des Himmels, teils die Verfestigung der kondensierenden Luft. Alles aber vollzieht sich unterhalb des Mondes. Ein Beweis: man kann beobachten, wie die Geschwindigkeit dieser Phänomene der von Gegenständen gleicht, die von Menschenhand geschleudert werden und die, weil sie uns nahe sind, sich viel schneller zu bewegen scheinen als die Gestirne, als Sonne und Mond.

5. Manchmal in klaren Nächten hat man den Anblick von mannigfachen Erscheinungen am Himmel, etwa von ›Klüften‹, ›Gruben‹, blutroten Stellen. Sie haben die gleiche Ursache. Es wurde ja klargestellt, daß die obere Luftschicht sich verdichten

METEOROLOGIE 583

und Feuer fangen kann und daß die Entzündung manchmal den
Eindruck einer Feuersbrunst, manchmal fliegender Fackeln und
Sterne macht; da ist es gar nicht erstaunlich, wenn eben diese
Luft, sich verdichtend, mannigfache Farben annimmt. Denn einerseits Licht, das durch ein dichteres Medium geschwächt hin-
durchscheint, andrerseits eine Luftschicht, die reflektiert, sie
werden mannigfache Färbungen verursachen, vor allem Rot und
Purpur. Diese Farben ergeben sich gewöhnlich aus einer Mischung von Feuerrot und Weiß, nach Maßgabe der vor ihnen la-
gernden Medien; so sehen z. B. auf- und untergehende Sterne
bei Hitze, und durch Rauch hindurch, rot aus. Auch infolge von
Lichtbrechung tritt das Phänomen auf, wenn die reflektierende
Luftschicht nicht die Form, sondern die Farbe wiedergibt. – Solche Naturerscheinungen dauern nicht lange, weil die zugrunde
liegende Luftverdichtung rasch vorübergeht.

Mit den ›Klüften‹ steht es so: wenn Licht aus Schwarzblau und
Dunkel hervorbricht, entsteht der Eindruck einer Vertiefung
(am Himmel). Oft fahren auch, nach vorausgegangener Bildung
solcher Phänomene, ›Fackeln‹ herunter, nämlich wenn die Luftverdichtung einen höheren Grad erreicht hat; dagegen während
sie sich vollzieht, bleibt der Eindruck einer ›Kluft‹. Weiß in
Schwarz ruft, ganz allgemein, viele Farbtöne hervor, wie etwa
Flamme in Rauch. Tagsüber wirkt die Sonne hemmend, nachts
sieht man nur das Rot, keine anderen Farben, weil sie die gleiche
Tönung (wie der Himmel) haben.

Diese Ursachen also muß man sich denken für die Sternschnuppen, die feurigen Stellen am Himmel und die anderen
derartigen Erscheinungen von kurzer Dauer des Eindrucks.

6. Wir wollen nun von den Kometen und von der Milchstraße
sprechen, nachdem wir zunächst die Probleme im Anschluß an
die Äußerungen der anderen Forscher behandelt haben.

Anaxagoras und Demokrit behaupten, Kometen seien ein
›Gesamtbild‹ der Planeten, wenn sie einander nahe kommen und
sich zu berühren scheinen.

Einige der sogenannten Pythagoreer in Italien bezeichnen als

Kometen einen der Planeten, der aber nur in großen Zeitabständen erscheine und sich nur wenig über den Horizont erhebe (was
auch beim Merkur zutrifft: weil er nur eine geringe Höhe erreicht, fallen viele seiner Phasen aus, so daß er nur in großen
Zeitabständen sichtbar wird).

Diese Lehre ähnelt die des Hippokrates von Chios und seines
Schülers Aischylos, nur daß sie den Schweif nicht als Teil des
Kometen selbst auffassen; er nehme diesen auf Grund (der besonderen Art) einer Stelle im Raum manchmal an, wenn unser
Sehen durch die Feuchtigkeit, die der Komet emporzieht, zur
Sonne hin reflektiert wird. Weil sein Zurückbleiben (hinter der
Sonne) besonders langsam ist – so lehren sie –, wird er im Gegensatz zu den anderen Sternen nur in besonders großen Intervallen
sichtbar; und erscheint er wieder an derselben Stelle, so hat er inzwischen den ganzen Kreis seiner Rückwärtsbewegung vollzogen. Diese richtet sich ebenso nach Norden wie nach Süden. Im
Bereich zwischen den Wendekreisen zieht der Komet kein Wasser an sich, weil diese Zone durch die Sonne in ihrem Laufe verbrannt ist. Bewegt er sich aber nach Süden, so findet er dort zwar
eine solche Feuchtigkeit in Menge, da aber nur eine kleines Stück
seiner Bahn oberhalb des Horizonts verläuft, der größte Teil
darunter, so kann das menschliche Sehen nicht zur Sonne hin reflektiert werden, ob die Sonne sich nun ihrem südlichsten Punkt
nähert oder in der Position der sommerlichen Wende steht. In
diesem Bereich kann also der Stern nicht zum Kometen werden.
Geht aber sein Zurückbleiben in nördliche Richtung, dann bekommt er einen Schweif, denn dann ist der über dem Horizont
gelegene Kreisabschnitt seiner Bahn groß, der untere klein, und
der menschliche Blick kann, reflektiert, leicht zur Sonne gelangen.

Allen diesen Lehren haften jedoch Unmöglichkeiten an, von
denen sie teils durchgängig, teils einzeln betroffen werden.

a) Das gilt zunächst für die Lehre, daß der Haarstern einer der
Wandelsterne sei. Die Planeten vollziehen nämlich alle ihre
Rückwärtsbewegung innerhalb des Tierkreises; Kometen aber

METEOROLOGIE   585

hat man schon vielfach außerhalb dieses Kreises beobachtet. Es
sind auch oft mehrere zusammen aufgetreten. Ferner: wenn sie
den Schweif infolge der Reflexion bekommen, wie Aischylos
und Hippokrates behaupten, dann müßte man diesen Stern auch
einmal ohne Schweif sehen können, da seine Rückwärtsbewegung ja nach mehreren Richtungen geht, er aber nicht überall einen Schweif bekommt. Nun aber ist außer den fünf Planeten
noch kein weiterer Stern beobachtet worden, und diese sind oft
gemeinsam über dem Horizont sichtbar. Kometen erscheinen,
und zwar oft, gleichgültig ob man alle Planeten sehen kann oder
ob sie nicht alle sichtbar sind, sondern einige (zu) nahe bei der
Sonne stehen. Aber auch das stimmt nicht, daß ausschließlich im
nördlichen Bereich ein Haarstern erscheint, gleichzeitig mit der
sommerlichen Sonnenwende. Denn der große Komet zur Zeit
des Erdbebens und der Flutwelle in Achaia ging im Westen auf;
auch im Süden gab es schon viele Kometen. Unter dem Archon-
tat des Eukles, Molons Sohn, zu Athen erschien um die Winter-
sonnenwende im Monat Gamelion (Jan.-Febr.) ein Komet im
Norden; wobei doch die Verteidiger dieser Lehre eine Brechung
der Sehlinie auf solche Entfernung selber für unmöglich erklären.

   b) Sowohl ihnen wie den Vertretern einer Konjunktion von
Planeten (als Ursache von Kometen) steht zunächst die Tatsache
entgegen, daß auch manche Fixsterne einen Schweif annehmen.
Das braucht man nicht nur den Ägyptern zu glauben (die es auch
behaupten), vielmehr haben auch wir es beobachtet. Ein Stern
im Sternbild des Großen Hundes, an der Stelle seiner Hüfte, bekam einen Schweif, allerdings einen nur schwach sichtbaren;
schaute man scharf hin, wurde sein Schein trübe, heller erschien
er, wenn man etwas an ihm vorbeiblickte. Außerdem: alle in unserer Zeit beobachteten Kometen sind, ohne unterzugehen,
oberhalb des Horizontes allmählich verschwunden, ohne daß ein
Stern oder eine Gruppe von Sternen am Himmel zurückblieb.
Auch der große Komet, den wir früher erwähnten, erschien
winters bei Frost und klarem Himmel im Westen, unter dem Ar-

chontat des Asteios. In der ersten Nacht sah man ihn nicht, da er vor der Sonne unterging, aber in der folgenden; er vollzog die kleinste für die Sichtbarkeit gerade noch mögliche Rückwärtsbewegung und ging dann gleich unter. Sein Schein reichte über ein Drittel des Himmels wie ein Band (?); darum erhielt er auch den Namen ›Straße‹. Er stieg bis zum Gürtel des Orion und löste sich dort auf.

c) Dabei hat aber Demokrit seine Meinung eifervoll verteidigt; er behauptet nämlich, es seien nach Auflösung von Kometen einige Sterne beobachtet worden. Dies dürfte aber nicht ab und zu der Fall sein, sondern müßte immer geschehen. Ferner: die Ägypter sagen, daß es Konjunktionen von Planeten untereinander und mit Fixsternen gebe, und andrerseits haben wir selbst den Planeten Jupiter in Konjunktion mit einem Stern in den Zwillingen gesehen, aber kein Komet trat auf. Es ist zudem auch aus logischem Grund klar (daß Demokrit unrecht hat). Denn man hat zwar den optischen Eindruck von größeren und kleineren Sternen, aber für sich genommen scheinen sie doch unteilbare Punkte zu sein. Vorausgesetzt, sie wären das, so würden sie bei einer Berührung miteinander kein größeres Quantum ergeben; und so ist zu erwarten, daß sie, da sie zwar keine unteilbaren Punkte sind, aber doch als solche erscheinen, bei einer Konjunktion kein quantitatives Anwachsen sichtbar werden lassen.

Daß also die Kometenerklärungen, die man vorbringt, falsch sind, ist, wenn auch nur in Kürze, damit genugsam klar geworden.

7. Wenn es sich um Vorgänge handelt, die der Sinneswahrnehmung nicht offenliegen, glauben wir der Forderung einer vernunftgemäßen Erklärung genuggetan zu haben, wenn wir sie auf eine mögliche Ursache zurückführen. Dementsprechend darf man auf Grund dessen, was uns jetzt offenliegt, annehmen, daß diese Phänomene sich wie folgt vollziehen.

Unser Ausgangspunkt war ja, daß von der Welt rings um die Erde, soweit sie unterhalb des Kreisumschwungs (des Himmels) liegt, die erste Schicht eine warmtrockene Ausdünstung ist. Sie

METEOROLOGIE 587

selbst und weithin auch die anschließende Luftschicht wird von dem Umschwung und der Kreisbewegung um die Erde herumgeführt und in solcher Bewegung dort, wo die Mischung gerade die richtige ist, vielfach in Brand gesetzt. Deswegen entstehen auch, nach unserer Lehre, die vereinzelt durchschießenden Sternschnuppen. Wenn nun in eine solche Ballung vom oberen Umschwung her ein Feuerkeim hineinfällt, weder so stark, daß ein rascher und umfassender Brand entsteht, noch so schwach, daß der Brand gleich verlischt, sondern stärker und umfassender –: steigt dann zufällig von unten eine Ausdünstung von der rechten Mischung empor, dann wird daraus ein Komet, und zwar entsprechend der Gestalt der Anathymiase; erstreckt sie sich gleichmäßig nach allen Seiten, so ist es ein Haarstern, erstreckt sie sich nur in der Längsrichtung, so spricht man von einem ›Bartstern‹. Wie die Bewegung eines solchen Phänomens der einer Sternschnuppe ähnelt, so gleicht sein Verharren einem stillstehenden Stern. Es geht dabei ähnlich zu, als stieße man in einen großen Spreuhaufen eine Fackel oder schleuderte einen kleinen Feuerfunken hinein. Denn auch das Durchschießen von Sternschnuppen sieht ähnlich aus: weil der Zunder so geeignet dafür ist, ist es ein Flug der Länge nach. Wenn also das Feuer, ohne beim Durchschießen verzehrt zu werden, dort verharrt, wo der Zunder am stärksten verdichtet ist, dann kann gar wohl das Ende einer Sternschnuppe Anfang der Bewegung (eines Kometen) sein. Ein Komet ist also ein solcher ›Stern‹, wie eine Sternschnuppe es wäre, die Anfang und Ende in sich selber beschlossen trägt.

Vollzieht sich also der Anfang der Bildung im unteren Raum selbst, erscheint ein isolierter Haarstern; erhält aber die Ausdünstung unterhalb eines Gestirns – Fixstern oder Planet – infolge seiner Bewegung ihre Gestalt, dann wird einer dieser Sterne zum Kometen. Der Schweif entsteht ja nicht unmittelbar bei dem Gestirn; vielmehr (ist es so): wie der Hof um Sonne und Mond scheinbar (bei diesen Gestirnen) bleibt, auch wenn sie fortrücken – dann nämlich, wenn die Luftverdichtung von solcher Art ist, daß das Phänomen unter der Sonnenbahn entstehen kann –, so ist auch der Schweif bei den Gestirnen eine Art Hof. Nur erhält der Hof um die Sonne seine Färbung durch die Lichtbrechung, beim Komentenschweif aber ist, was man sehen kann, die Farbe des zugrunde liegenden Stoffes selbst.

Wenn also eine solche Ballung (der Anathymiase) in Verbindung mit einem Stern auftritt, dann scheint mit Notwendigkeit der Komet die Gestirnbewegung mitzumachen; bildet er sich aber isoliert, hat man den Eindruck einer Rückwärtsbewegung. So entspricht es ja dem Umschwung der um die Erde gelagerten Sphäre.

Daß ein Komet nicht eine Art Lichtbrechung ist – nicht zur Sonne hin, nach hippokratischer Lehre, sondern zum (jeweiligen) Gestirn selbst hin (er wäre dann ein Hof im hellen, reinen ›Zunder‹) –, erhellt vor allem aus der Tatsache, daß ein Komet oft als isolierte Erscheinung entsteht, und zwar häufiger als in Verbindung mit einem der bekannten Sterne. – Über die Ursache des ›Hofs‹ (Halo) werden wir später sprechen (III 2).

Als ein Kennzeichen für ihre Feuernatur muß man es ansehen, daß das häufigere Auftreten von Kometen Winde und Trockenperioden anzeigt. Es ist ja klar, daß sie deshalb (häufiger) entstehen, weil eine derartige Ausscheidung stark ist, so daß auch die Luft notwendig trockener wird, die verdunstende Feuchtigkeit aber von der Masse der warmen Ausscheidung verdünnt und aufgelöst wird, also nicht leicht zu Wasser kondensieren kann. Auch diese Naturerscheinung werden wir genauer besprechen, wenn es Zeit wird auch für die Behandlung der Winde (II 4).

Wenn also Komenten häufig und zahlreich zu sehen sind, wird, wie gesagt, das Jahr bekanntermaßen trocken und windig; sind sie seltener und von geringerer Größe, kommt es nicht in gleicher Weise dazu, obschon dann gemeinhin ein nach Dauer oder Stärke ungewöhnlicher Wind auftritt. Als z. B. in Aigospotamoi ein Stein aus der Luft fiel, war er vom Wind in die Höhe gehoben und (während des Tages) fallengelassen worden; eben damals erschien im Westen ein Komet. Dann zur Zeit des großen

METEOROLOGIE 589

Kometen herrschte trockenes Winterwetter und Nordwind, und die Flutwelle war eine Folge des Gegeneinanderwehens von Winden; innerhalb des Golfs herrschte Nordwind, außen wehte starker Südwind. Ferner: es trat unter dem Archon Nikomachos im Äquinoktialkreis für ein paar Tage ein Komet auf (dieser war nicht im Westen aufgegangen), zu dessen Zeit sich der Sturm über Korinth ereignete.

Daß Kometen nicht zahlreich und nicht oft vorkommen, und eher außerhalb der Wendekreise als innerhalb, hat seine Ursache in der Bewegung der Sonne und der (anderen) Gestirne, die die warme Ausscheidung nicht nur hervorruft, sondern auch ihre Konzentration auflöst. Hauptursache aber ist, daß sich der größte Teil (dieser Anathymiase) im Bereich der Milchstraße sammelt.

8. Wie und aus welcher Ursache die Milchstraße entsteht, und was sie ihrem Wesen nach ist, wollen wir nun darlegen. Auch hier wollen wir zuerst durchgehen, was die anderen dazu gesagt haben.

a) Einige der sogenannten Pythagoreer behaupten, sie sei der Weg eines bei dem mythischen Phaëthonsturz gefallenen Sterns; andere lehren, die Sonne habe sich einst auf dieser Bahn bewegt; der Ort sei also gleichsam verbrannt oder sei sonstwie von der Wirkung einer Gestirnbewegung betroffen. Unbegreiflich aber, nicht zu bedenken, daß, wäre dies die Ursache, auch der Tierkreis ebenso betroffen sein müßte, und mehr als die Milchstraße, denn alle Planeten, nicht nur die Sonne, kreisen in ihr. Nun liegt uns aber doch der ganze Tierkreis vor Augen (die Hälfte von ihm sehen wir ja jederzeit des Nachts), aber eine solche Einwirkung zeigt er offenbar nicht, außer wenn ein Stück von ihm die Milchstraße überdeckt.

b) Anaxagoras, Demokrit und ihre Schüler lehren, die Milchstraße sei das Licht gewisser Sterne. Denn die Sonne, auf ihrer Bahn unterhalb der Erde, beleuchte einige Sterne nicht. Das Licht derer nun, auf die das Sonnenlicht falle, sei für uns nicht sichtbar, die Sonnenstrahlen verhinderten dies; die Sterne aber, die die Erde vor der Sonne abschirme, deren Eigenlicht sei die Milchstraße. Die Unmöglichkeit auch dieser Annahme liegt auf der Hand. Denn die Milchstraße, als ein größter Kreis, befindet sich immerfort gleichbleibend in der Nachbarschaft der gleichen Gestirne; es sind aber immerfort andere Sterne, die von der Sonne nicht beschienen werden, da sie nicht auf demselben Fleck bleibt. Es müßte also mit dem Fortrücken der Sonne auch die Milchstraße sich verschieben; tatsächlich aber ist davon nichts zu bemerken. Ferner: wie sich jetzt aus den astronomischen Forschungen ergibt, übertrifft die Größe der Sonne die der Erde und ist der Abstand der Fixsterne von der Erde vielfach größer als der der Sonne, so wie die Sonne von der Erde weiter entfernt ist als der Mond: dann kann aber die Spitze des von den Sonnenstrahlen gebildeten Kegels wohl kaum weit von der Erde entfernt sein und der Erdschatten – den wir Nacht nennen – nicht bis zu den Sternen reichen. Naturnotwendig ist das Gegenteil (jener Lehre): die Sonne scheint auf alle Sterne und die Erde schirmt keinen von der Sonne ab.

Es gibt noch eine dritte Theorie des Phänomens: einige nennen die Milchstraße Ergebnis der Brechung unserer Sehlinie zur Sonne hin, so wie es auch der Komet sei. Aber auch dies ist unmöglich. Ruhen nämlich Auge, Spiegel und Sehobjekt in seiner Gesamtheit, dann sieht man an der gleichen Stelle des Spiegels (immer) den gleichen Teil des Bildes; bewegen sich aber Spiegel und Objekt so, daß sie zum ruhenden Auge den gleichen Abstand einhalten, nicht aber zueinander die gleiche Geschwindigkeit und die gleiche Entfernung, dann kann unmöglich dasselbe Bild an derselben Stelle des Spiegels verharren. Es bewegen sich aber doch – während wir ruhen – die Gestirne, die auf dem Kreis der Milchstraße liegen, und die Sonne, das Objekt, zu dem unser Sehen reflektiert wird, in gleichbleibendem Abstand zu uns, im Verhältnis zueinander, aber nicht im gleichen; manchmal nämlich geht der Delphin um Mitternacht, manchmal am Morgen auf, die (benachbarten) Stellen der Milchstraße jedoch bleiben beide Male unverändert. Das ginge aber nicht, wenn es sich um ein Spiegelbild handelte und nicht um eine eben diesen Stellen am Himmel eigentümliche Affizierung.

Man kann ferner nachts auf Wasserflächen und ähnlichen Spiegeln das Bild der Milchstraße beobachten – wie könnte es möglich sein, daß (in solchen Fällen) unser Blick zur Sonne reflektiert wird?

Hieraus ergibt sich also, daß es sich weder um die Bahn eines Planeten noch um das Licht von Gestirnen, die die Sonne nicht bescheint, noch um ein Brechungsphänomen handelt. – Das ist so ziemlich alles, was bis jetzt an Lehren anderer Forscher vorliegt.

Nun wollen wir selbst eine Begründung geben und dabei auf das zugrunde gelegte Prinzip zurückgreifen. Es hieß bereits früher, daß die äußerste Schicht der sogenannten Luft potentiell Feuer ist, so daß, wenn diese Luft infolge der Bewegung verdünnt wird, ein Stoff von der Art der Kometensubstanz ausgesondert wird. Wir müssen uns das Geschehen so vorstellen wie bei den Kometen, wenn die ihnen zugrunde liegende Ausscheidung nicht isoliert entsteht, sondern unter der Einwirkung eines Fixsternes oder eines Planeten. Dann nämlich erscheinen die letzteren als Haarsterne, weil ihrer Bewegung eine solche Luftballung folgt, wie es bei der Sonne der Fall ist. Dort ruft, nach unserer Ansicht, diese Ballung durch Lichtbrechung das Phänomen der Halo (Hof) hervor, wenn die Mischung der Luft hierfür günstig ist. Nun, was an einem Stern möglich ist, das muß (auch) als ein Geschehen des ganzen Himmels und der Kreisbewegung droben gelten können. Denn wenn die Bewegung eines einzigen Gestirns (dergleichen zur Folge hat), ist es wohlbegründet, wenn auch der Umschwung des ganzen Himmels so wirkt und die Luft in Flammen setzt und verdünnt, wegen der Größe des Himmelskreises, vor allem an der Stelle, wo die Gestirne besonders dicht beisammen stehen und besonders zahlreich und groß sind. Nun löst der Tierkreis infolge des Umschwungs der Sonne und der Planeten einen Stoff dieser Art auf; deshalb entstehen die meisten Kometen außerhalb der Wendekreise. Es entsteht auch

weder um die Sonne noch um den Mond ein Komentenschweif;
denn ihre auflösende Kraft wirkt zu schnell, als daß ein Stoff dieser Art sich bilden könnte. Der Kreis aber, in dem sich unserem
Blick die Milchstraße zeigt, ist der größte Kreis, und er ist so angeordnet, daß er weit über die Wendekreise hinausreicht. Ferner
ist der Ort dicht besetzt mit den größten, hellsten Sternen, außerdem mit den sogenannten verstreuten Sternen (das ist deutlich zu sehen); diesen Ursachen zufolge geht diese ganze Stoffan-
häufung unablässig weiter. Ein Beweis dafür: innerhalb des
Kreises selbst ist das Licht in demjenigen Halbkreis stärker, wo
sich die Gabelung der Milchstraße befindet; dort sind nämlich
die Sterne zahlreicher und dichter als in der anderen Hälfte, ein
Zeichen dafür, daß der Lichtglanz keine andere Ursache hat als
die Gestirnbewegung. Denn wenn er auf dem Kreis mit den meisten Sternen auftritt und er innerhalb des Kreises wiederum dort
stärker ist, wo viele große Sterne besonders dicht versammelt
sind, dann darf man wohl dies als eine der Sache besonders ge-
mäße Begründung ansehen.

Der Kreis und die Sterne auf ihm sind in der Zeichnung zu sehen. Was die sogenannten verstreuten Sterne betrifft, so kann
man sie nicht in gleicher Weise auf dem Himmelsglobus anordnen, weil sie sämtlich keinen mit gleichbleibender Deutlichkeit
erkennbaren Platz haben; aber sehen kann man sie, wenn man
zum Himmel blickt. Nur in diesem Kreis (der Milchstraße)
nämlich sind die Zwischenräume voll von Sternen dieser Art,
überall sonst gibt es sie offensichtlich nicht. Erkennen wir also
die oben vorgetragene Kometenlehre als sachlich richtig an, so
muß auch hinsichtlich der Milchstraße die gleiche Annahme gelten. Denn das Phänomen, das sich dort an einem einzigen Stern
zeigt, ist das gleiche, das hier einen ganzen Kreis (am Himmel)
betrifft: die Milchstraße ist, um es definierend zu sagen, der
Schweif des größten Himmelskreises, dessen Reibungswirkung
hierfür das Material ansammelt.

Deshalb entstehen auch, wie früher bemerkt, Kometen nicht
in großer Zahl und nur selten, weil der hierfür geeignete Stoff an

METEOROLOGIE 593

diesem Ort (= der Milchstraße) abgesondert ist und bei jedem Umschwung neu abgesondert wird.

Hiermit ist über die Vorgänge in derjenigen Zone der irdischen Welt gehandelt, die den Sternenbahnen benachbart ist, nämlich über Sternschnuppen, Feuererscheinungen sowie Kometen und die sogenannte Milchstraße; dies sind ja wohl die Phänomene in diesem Raum.

9. Nun wollen wir über den Raum sprechen, der dem bisher betrachteten als zweiter folgt und sich als erster um die Erde legt. Er stellt die gemeinsame Region dar für Luft und Wasser, für alle Naturvorgänge, die das Zustandekommen von Wasser oberhalb der Erde begleiten. Auch von ihnen müssen wir, auf die gleiche Weise wie bisher, die Entstehungsprinzipien und Ursachen erfassen.

Die bewirkende, entscheidende und an erster Stelle stehende Ursache ist die Kreisbahn, in der, wie klar zutage liegt, der Lauf der Sonne Auflösung und Zusammenschließen hervorruft und damit das Werden und das Vergehen verursacht. Die Erde ruht, aber das Feuchte auf ihr verdunstet unter der Einwirkung der Sonnenstrahlen und der sonstigen von oben kommenden Wärme und steigt nach oben. Aber wenn die Wärme, die es emporsteigen ließ, es verläßt, teils sich zum oberen Ort hin zerstreuend, teils auch verlöschend, weil sie so hoch in die Luft über die Erde hinaufgeführt wurde, dann kühlt der Wasserdampf ab, kondensiert – eine Folge des Wärmeverlusts wie der hohen Region – und wird aus Luft zu Wasser; danach strebt er wieder der Erde zu. Die Ausdünstung aus Wasser ist Wasserdampf, Luft, die sich zu Wasser verdichtet, ist Wolke. Nebel ist, was bei der Kondensation von Luft zu Wasser übrigblieb; er ist daher eher ein Zeichen von schönem Wetter als von Regen; ist er doch gewissermaßen eine unproduktive Wolke.

So kommt es zu diesem Kreis, der die Kreisbahn der Sonne nachahmt; denn wie die Sonne sich nach dieser oder jener Seite (der Ekliptik) bewegt, so steigt und fällt im Kreise das Feuchte. Wir müssen uns dies vorstellen wie einen Fluß, der, der Luft und dem Wasser gleichermaßen zugehörig, abwechselnd steigt und fällt. Ist die Sonne nahe, so steigt der Wasserdampf stromgleich auf; entfernt sie sich, so strömt der Regen nieder. So pflegt es in ewig gleicher Folge zu geschehen, und zwar in einer bestimmten Ordnung. Falls also die Alten den Namen ›Okeanos‹ als Rätselwort meinten, so haben sie vielleicht an diesen Strom gedacht, der kreisend um die Erde geht.

Es steigt also fortwährend das Feuchte auf durch die Kraft des Warmen und fällt wieder zur Erde nieder infolge der Abkühlung; dabei gibt es Bezeichnungen, die speziell auf diese Vorgänge und auf bestimmte Varianten von ihnen bezogen sind: fällt das Wasser feinteilig, spricht man von Tröpfeln, sind aber die Tropfen größer, von Regen.

10. Alle Feuchtigkeit im Rahmen der täglichen Verdunstung, die nicht in die Höhe steigt, weil die emporführende Wärme zu schwach ist für die emporzuführende Feuchte, sinkt wieder nach unten und heißt, wenn sie nachts abkühlt, Tau bzw. Reif; Reif, wenn der Wasserdampf vor der Verdichtung zu Wasser gefriert, (das tritt winters ein, und eher in den nördlichen Gegenden), Tau, wenn diese Verdichtung stattfindet und es weder so warm ist, daß der Wasserdampf selbst gefriert, weil entweder die Umgebung oder die Jahreszeit dafür zu warm ist. Tau tritt nämlich mehr bei schönem Wetter auf und in Gegenden mit milder Temperatur, im Gegensatz, wie gesagt, zum Reif. Denn Wasserdampf ist deutlich wärmer als Wasser (weil er noch das Feuer enthält, das ihn aufsteigen ließ), so daß es stärkerer Kälte bedarf, um ihn gefrieren zu lassen. – Tau und Reif treten bei klarem Himmel und Windstille auf; weder kommt es zur Verdunstung, wenn es nicht aufklart, noch ist eine Verdichtung des Dampfes möglich, wenn der Wind weht.

Für die Ursache dieser Phänomene (daß nämlich der Wasserdampf nur wenig hoch steigt) ein Beweis: auf den Bergeshöhen entsteht kein Reif. Grund hierfür ist 1) der Umstand, daß die Verdunstung aus feuchten Senken heraus geschieht, so daß die emporführende Wärme die für sie allzu schwere Last in keine

METEOROLOGIE 595

große Höhe fördern kann, sondern sie in Erdnähe wieder fallen läßt; 2) die Tatsache, daß auf den hohen Bergen eine besonders lebhafte Luftbewegung herrscht, die Verdichtungen dieser Art auflöst.

Tau bildet sich überall nur bei Südwind, nicht bei Nordwind, ausgenommen im Pontusgebiet. Dort geht es umgekehrt zu: Tau bildet sich bei Nordwind, nicht bei Südwind. Die Ursache ist die gleiche wie die seines Entstehens bei mildem, nicht bei winterlichem Wetter: der Südwind bringt warmes Wetter, der kalte Nord winterliches; so daß er damit die Wärme der (feuchten) Aushauchung zum Erlöschen bringt. Im Pontusgebiet aber führt der Südwind keine so milde Witterung herbei, daß sich Wasserdampf bilden könnte; andrerseits sammelt der Nordwind mit seiner Kälte mit einer konzentrierenden Wirkung die Wärme, so daß stärkere Verdampfung eher möglich ist. Dieser Vorgang läßt sich oft auch in Gegenden außerhalb (des Pontus) beobachten: aus den Brunnen bildet sich Wasserdampf mehr bei Nord- als bei Südwind, aber der Nordwind entzieht dem Dampf die Wärme, bevor er sich kondensieren kann, bei Südwind aber hat die Aushauchung die Möglichkeit zur Konzentration.

Die Feuchtigkeit selbst (d. h. im Wasserdampf) gefriert nicht, wie es doch in der Wolkenregion der Fall ist.

11. Denn von ihr kommen drei Körper herab, die sich durch Abkühlung bilden, Regenwasser, Schnee, Hagel. Zwei von ihnen entsprechen irdischen Phänomenen und haben auch die gleichen Ursachen, es besteht nur ein Unterschied der Massen. Schnee und Reif sind nämlich das Gleiche, ebenso Regen und Tau, jedoch handelt es sich dort um große, hier um kleine Mengen. Regen entsteht ja durch Abkühlung einer großen Verdunstungsmasse; diese aber hat zur Voraussetzung einen weitgedehnten Raum, wo sich der Wasserdampf sammelt, und eine lange Zeit, in der sich das vollziehen kann. Die geringe Menge – das ist der Tau; denn hier ist der Dampf das Ergebnis bloß eines Tages, und die Fläche, wo er sich bildet, ist klein; man sieht es an der Schnelligkeit seiner Entstehung ebenso wie an der Geringfü-

gigkeit der Menge. Gleichermaßen verhalten sich Reif und Schnee: gefriert die Wolke, gibt es Schnee, gefriert der Wasserdampf, entsteht Reif. Darum ist ersterer kennzeichnend für die Kälte einer Jahreszeit oder eines Landstrichs; die Wolke, die doch noch viel Wärme enthält, würde nämlich nicht gefrieren, wenn nicht die Kälte übermächtig wäre (denn es ist noch viel Wärme in der Wolke: nämlich der Rest der Hitze, die die Verdunstung des Feuchten auf der Erde bewirkte).

Hagel entsteht dort oben, in der Wolkenregion; für ihn aber gibt es in dem dunsterfüllten Raum nahe der Erde kein Gegenstück. Der Bildung des Schnees oben – so sagten wir ja – entspricht die des Reifs unten, der des Regens oben die des Taus unten; doch für die Entstehung des Hagels oben gibt es hier unten keine analoge Naturerscheinung. Die Ursache hierfür wird sich aus unserer Darlegung über den Hagel ergeben.

12. Was die näheren Umstände seines Entstehens angeht, so muß man die Fakten, die keinerlei Zweifel lassen, und die unbegreiflich scheinenden in gleicher Weise in Betracht ziehen.

Hagel ist Eis, Wasser gefriert im Winter zu Eis; Hagelschlag aber kommt vor allem im Frühjahr und in Herbst vor, dann auch sommers, im Winter aber nur selten, und gerade dann, wenn es weniger kalt ist. Es hagelt, allgemein gesagt, in den wärmeren Gegenden, es schneit in den kälteren. Merkwürdig ist auch, daß (bei der Hagelentstehung) Wasser oben in der Luft gefriert: ein Gefrieren ist ja nicht möglich, ehe Wasser da ist, andrerseits vermag sich doch Wasser keinen Augenblick oben in der Schwebe zu halten. Man kann es sich aber auch nicht so vorstellen, daß, wie Wassertröpfchen sich infolge ihrer Kleinheit oben halten und in der Luft schweben können (so schwimmt oft Erde und Gold in feinster Verteilung auf einer Wasserfläche), daß so hier das Wasser auf der Luft ruht und nach dem Zusammentreten vieler kleiner in Gestalt großer Tropfen herunterkommt. So kann es beim Hagel nicht der Fall sein, denn Eispartikel können nicht miteinander zusammenwachsen wie Wasserteilchen. Es muß also wirklich ein solch großes Quantum Wasser sich oben

METEOROLOGIE 597

gehalten haben; sonst wäre das gefrorene Hagelkorn nicht so groß.

Einige geben nun für das Phänomen und seine Entstehung folgende Ursache an. Wenn eine Wolke bis in die obere Region hinaufgedrängt ist, die kalt ist, weil die von der Erde reflektierten Sonnenstrahlen dort nicht mehr wirken, dann gefriert, dort angelangt, die Feuchtigkeit. Deshalb tritt Hagel auch eher im Sommer und in warmen Gegenden auf, weil dann die Hitze die Wolken von der Erde aus höher steigen läßt. – Nun hagelt es aber gerade in ausgesprochenen Höhenlagen besonders selten; es müßte dies doch (nach jener Anschauung) häufig der Fall sein, wie wir ja auch sehen, daß es auf Bergeshöhen am meisten schneit. Ferner hat man oftmals Hagelwolken beobachtet, die mit Getöse unmittelbar über die Erde dahinjagten, so daß, wer es hörte und sah, erschrak und etwas noch Unheimlicheres erwartete. Man hat auch schon solche Wolken gesehen, ohne daß ein Geräusch auftrat: dann fällt manchmal starker Hagel mit unglaublich großen Körnern, die keine runde Form aufweisen. Ihr Fall dauerte nämlich nur kurze Zeit, weil die Eisbildung in Erdnähe, nicht jedoch dort, wo es jene Naturforscher annehmen, geschah. Es muß jedoch die Bildung großer Hagelkörner von der eigentlichen Ursache des Gefrierens herstammen. Denn Hagel ist Eis, das kann jeder sehen, und groß sind diejenigen Hagelkörner, die keine regelmäßig runde Form haben. Das ist ein Zeichen für ihre Verfestigung erst in Erdnähe; denn die Hagelschlossen, die von weither kommen, bröckeln auf ihrem langen Flug ringsum ab und werden dadurch rund von Gestalt und kleiner von Umfang.

Es ist also klar, daß das Gefrieren (des Hagels) nicht durch die Verdrängung der Wolke in die obere kalte Zone verursacht wird.

Da wir aber sehen, daß es zwischen Warm und Kalt eine wechselseitige reaktive Konzentration gibt – deshalb sind ja unterirdische Räume bei warmem Wetter kalt und bei Frost warm –, muß man annehmen, daß sich dies auch in der oberen Region abspielt. Daher ruft ja auch in den wärmeren Jahreszeiten die sich wegen der ringsum (herrschenden) Wärme reaktiv im Innern (der Wolken) konzentrierende Kälte manchmal plötzlich Regen hervor. Deshalb werden auch Regentropfen an warmen Tagen viel größer als im Winter und die Regen zu Platzregen; Platzregen werden sie nämlich genannt, wenn sie gedrängter sind, gedrängter aber werden sie wegen der Schnelligkeit der Verdichtung. Das Phänomen entsteht genau im Gegensatz zu der Erklärung des Anaxagoras, denn er behauptet, es trete ein, wenn (die Wolke) in die kalte (Region) aufsteigt, wir aber, wenn sie in die warme hinuntersinkt, und je mehr desto mehr. Wenn aber die Kälte innerhalb (der Wolken) sich wegen der Wärme außen reaktiv noch stärker konzentriert, dann verfestigt sich das Wasser, das sie (die Kälte) gemacht hat, und wird zu Hagel. Dies tritt dann ein, wenn die Verfestigung sich zu schnell vollzieht, als daß das Wasser (als Regen) fallen könnte. Wenn es nämlich eine bestimmte Zeit zum Fallen braucht, die schlagartige Abkühlung es aber in einer kürzeren Zeit verfestigt, so hindert nichts, daß der Gefrierprozeß sich in der Luft vollzieht, vorausgesetzt eben, daß das Gefrieren des Wassers rascher geschieht als sein Abwärtsfallen. Je näher der Erde und je intensiver die Verdichtung des Wassers, desto heftiger fällt der Regen, desto größer sind Regentropfen und Hagelkörner, weil sie nur eine kurze Strecke fallen. Daß die großen Regentropfen nicht dicht fallen, hat den gleichen Grund. – Im Sommer ist Hagel seltener als im Frühjahr und im Herbst, häufiger indessen als im Winter, weil im Sommer die Luft trockener ist. Im Frühjahr ist sie noch feucht, im Herbst beginnt sie bereits wieder feucht zu werden. Manchmal aber treten, wie gesagt, auch im Spätsommer Hagelschauer auf, und zwar aus demselben Grunde.

Zur Schnelligkeit des Gefrierens trägt es auch bei, wenn das Wasser vorher erwärmt ist; dann kühlt es nämlich schneller ab. Deshalb stellen viele Leute Wasser, das sie rasch abkühlen wollen, erst in die Sonne, und wenn die Bewohner der Pontusgegend auf dem Eis ihre Hütten für den Fischfang aufschlagen (sie schlagen nämlich ein Loch in das Eis und fischen), dann schütten sie heißes Wasser auf ihre Angelruten, um sie rascher zu vereisen; sie benutzen nämlich Eis anstelle von Blei, um die Ruten ruhig zu stellen. Warm aber wird das Wasser, das sich zusammenzieht, gar rasch, wenn es sich um heiße Gegenden und heiße Jahreszeiten handelt.

Aber auch in Arabien und Äthiopien treten die Regen im Sommer auf und nicht im Winter, und zwar gewaltige Regen und oftmals am gleichen Tage aus eben demselben Grunde; denn (die Luft) kühlt sich wegen der reaktiven Konzentration rasch ab, die deshalb eintritt, weil das Land sehr heiß ist.

Soweit also über Regen, Tau, Schnee, Reif, Hagel, was die Ursachen ihres Entstehens und ihr Wesen betrifft.

13. Wir wollen nun über Winde und alles Wehen in der Luft, sodann über Flüsse und Meer sprechen und zunächst auch auf diesem Gebiet für uns selber die Schwierigkeiten durchdenken. Denn auch hier ist, wie bei anderen Themen, uns keine Aussage überliefert, die nicht der Erstbeste hätte äußern können.

Da gibt es die Behauptung einiger, die sogenannte Luft sei, bewegt und strömend, Wind, verdichtet aber sei dieselbe Luft Wolke und Wasser, denn Wasser und Wind seien von gleicher Natur, und der Wind sei bewegte Luft. Manche, die sich recht klug ausdrücken wollen, behaupten darum, alle Winde stellten einen Wind dar, weil ja auch die bewegte Luft in ihrer Gesamtheit ein und dasselbe sei; nicht wirkliche, nur scheinbare Unterschiede weise sie auf, wegen der Verschiedenheit der Gegenden, von denen sie jeweils herwehe. Das ist gerade so, als wollte man annehmen, auch die Flüsse allesamt seien wie ein Fluß. Darum urteilt die große Menge, ohne wissenschaftliche Untersuchung, treffender als die Leute, die dergleichen als Untersuchungsergebnis aussprechen. Würden alle Flüsse aus einem Ursprung strömen und wäre Entsprechendes auch hier bei den Winden der Fall, dann hätte vielleicht ihre Meinung einen gewissen Sinn; wenn aber das eine so wenig eintritt wie das andere, ist offenbar ihr geistreicher Einfall nichtig. Denn darauf muß es doch bei der Untersuchung ankommen: Was ist der Wind und wie entsteht er? Was setzt die Winde in Bewegung und woher stammen sie? Soll man annehmen, daß der Wind gleichsam aus einem Behälter strömt, und zwar so lange, bis der Behälter leer ist, wie wenn man (Wein) aus Schläuchen gießt, oder ist es so, wie es auch die Maler darstellen, daß nämlich ihr Ursprung aus ihnen selbst stammt?

Ähnliche Anschauungen werden von einigen auch hinsichtlich des Ursprungs der Flüsse vertreten. Die von der Sonne emporgeführte und als Regen wieder niedergehende Feuchtigkeit sammle sich unter der Erde und fließe dann aus einer großen Höhlung aus, entweder alle Flüsse aus einer oder jeder aus einer anderen; ein Neuentstehen von Wasser gebe es nicht, sondern was sich infolge der Winterregen in den genannten Behältern sammle, das mache die Masse der Flüsse aus. Deshalb sei ihr Wasserstand stets im Winter höher als im Sommer, deshalb führten auch die einen beständig Wasser, die anderen nicht. Wo nämlich infolge der Größe der Höhlung viel gespeichertes Wasser vorhanden sie, so daß es ausreiche und sich nicht aufbrauche vor der Wiederkehr der winterlichen Regenfälle, da sei die Wasserführung perennierend; Flüsse mit kleineren Speichern jedoch trockneten wegen Wassermangels aus, und noch ehe das Regenwasser zurückkehre, sei der Behälter leer.

Will man sich jedoch von der Menge des täglich unablässig (aus der Erde) fließendes Wassers ein Bild machen und stellt sich dafür einen Behälter vor, dann liegt es klar zutage: der Wasserspeicher dürfte an Größe den Erdball übertreffen oder nicht viel dahinter zurückstehen, sollte er das Regenwasser eines ganzen Jahres aufnehmen.

Nun gibt es zwar offensichtlich viele derartige Höhlungen an vielen Stellen der Erde, gleichwohl wäre es befremdlich, wollte man bezweifeln, daß die Umwandlung von Luft zu Wasser innerhalb des Erdkörpers die gleiche Ursache hat wie über der Erde. Wenn also hier unter Kälteeinfluß wasserdampfhaltige Luft sich zu Wasser zusammenschließt, dann muß man den gleichen Vorgang als Folge der Kälte auch im Erdinnern annehmen:

METEOROLOGIE 601

das hier abgesonderte – und dann aus der Erde fließende – Wasser verdankt nicht nur einem Neuentstehen seine Existenz, sondern auch einem kontinuierlichen Neuentstehen. Ferner: auch was das nicht (durch Kondensation) entstehende, sondern das vorhandene und sich täglich ergänzende Wasser betrifft, darf man nicht meinen, es stellten bestimmte unterirdische Seen den Ursprung der Flüsse dar (wie einige behaupten); vielmehr wie über der Erde sich kleine Tropfen bilden, die sich wieder zu anderen gesellen, bis am Ende in geschlossener Masse das Regenwasser herunterkommt, so sammelt sich auch im Erdinnern die Feuchtigkeit zuerst in kleinen Mengen und stellt, indem sie die Erde jeweils an einem Punkt tropfenweise zusammenrinnen läßt, den Ursprung der Flüsse dar. Das beweist die Praxis der Brunnengräber, die die Feuchtigkeit mit Hilfe von Röhren und Kanälen zusammenführen, da die Erde sie von den Bodenerhebungen her gleichsam ausschwitzt. Deshalb kommt auch, wie ersichtlich, das Quellwasser der Flüsse von den Bergen her, und die meisten und größten Ströme fließen von den höchsten Gebirgen herunter. Dem entspricht es, daß die meisten Quellen sich in der Nachbarschaft von Gebirge und Hochland befinden; in den Ebenen gibt es, von den Flüssen abgesehen, nur ganz wenige Quellen. Gebirge und Hochland nämlich, wie ein dicker Schwamm über der Ebene hängend, lassen das Wasser, in kleinen Mengen zwar, aber an vielen Stellen, durchsickern und sich sammeln. Denn sie nehmen einen großen Teil des als Regen fallenden Wassers in sich auf (denn mag die äußere Form eines [von der Erde gebildeten] Behälters hohl und nach oben offen oder gewölbt und nach unten offen sein, in beiden Fällen wird er die gleiche Menge speichern können), sie kühlen den aufsteigenden Wasserdampf ab und lassen ihn sich wieder zu Wasser verdichten.

Deshalb strömen, wie gesagt, die größten Flüsse ersichtlich von den höchsten Gebirgen herunter. Das tritt zutage, wenn man sich die Erdbeschreibungen (mit ihren Karten) ansieht, die ihre Verfasser ja auf Grund von Erkundigungen gezeichnet haben, die sie von den jeweiligen (Landesbewohnern) eingezogen haben, soweit sie nicht selbst Betrachter (der betreffenden Länder) gewesen sind.

Was Asien betrifft, so sehen wir, daß die meisten und größten Ströme von dem Parnassos genannten Gebirge fließen, das nach allgemeiner Ansicht in Richtung Ostsüdost das höchste ist; hat man es nämlich überstiegen, dann wird bereits das äußere Meer sichtbar, dessen Grenze von unserer Region der bewohnten Erde aus nicht zu erkennen ist. Von diesem Gebirge kommen unter anderen der Baktros, der Choaspes und der Araxes her; als ein Teil des letzteren zweigt sich der Tanais ab hin zum Mäotissee. Auch der Indus kommt von dort, der größte aller Ströme. Dem Kaukasus entströmt, neben anderen ungewöhnlich zahlreichen und großen Flüssen, der Phasis. Der Kaukasus ist das größte und höchste Gebirge in Richtung Nordost. Ein Anzeichen für seine Höhe aber ist es, daß er sowohl von dem sogenannten (pontischen) Tief aus sichtbar ist wie auch von der Einfahrt in die Mäotis aus, ferner aber, daß seine Gipfel auch nachts besonnt sind bis zu einem Drittel (der Nacht) von Sonnenaufgang her und auch umgekehrt vom Abend her (gerechnet). Ein Anzeichen für die Ausdehnung des Gebietes: es bietet Platz für viele Siedlungen, wo zahlreiche Volksstämme wohnen und wo sich große Seen befinden sollen [und doch sind alle diese Gegenden, berichtet man, bis zum letzten Gipfel deutlich sichtbar].

Vom Pyrene-Gebirge her (es liegt gegen Westen, im Keltenland) fließen der Ister und der Tartessos. Der letztere mündet außerhalb der Säulen des Herakles (in den Ozean), der Ister fließt durch ganz Europa ins Schwarze Meer. Von den übrigen Flüssen ziehen die meisten vom Herkynischen Gebirge nach Norden; dies ist das höchste und ausgedehnteste in der dortigen Gegend. Im höchsten Norden, noch über das äußerste Skythien hinaus, liegen die sogenannten Rhipäen, über deren Ausdehnung man freilich allzu Fabelhaftes erzählt. Von dort kommen, wie man berichtet, die meisten und nach dem Ister größten der anderen (europäischen) Ströme.

Dem entspricht es, daß in Libyen (Afrika) der Aigon und der

METEOROLOGIE 603

Nyses von den äthiopischen Bergen herkommen, dagegen die größten unter den mit Namen bekannten Flüssen vom sogenannten Silbergebirge, nämlich der Fluß, der Chremetes heißt und in den äußeren Ozean mündet, und der wichtigste Quellfluß des Nil.

Von den Flüssen Griechenlands kommt der Acheloos vom Pindos, auch der Inachos kommt von daher, Strymon, Nessos und Hebros, alle drei entströmen dem Skombrosgebirge. Auch aus dem Rhodopegebirge kommen viele Flüsse her.

Gleiches kann man hinsichtlich des Ursprungs auch der anderen Flüsse feststellen; die genannten sollten nur als Beispiel dienen. Denn auch wo Flüsse aus Sümpfen fließen, da liegen diese Sümpfe zumeist am Fuß von Bergen oder unterhalb ansteigenden Geländes.

Es ist also klar, daß die Flüsse nicht ihren Ursprung aus abgesonderten (unterirdischen) Höhlungen haben; denn einmal böte die ganze Erde nicht genug Raum – so wenig wie die Wolkenregion –, wenn die Flüsse von einem vorhandenen Wasservorrat gespeist werden müßten und wenn nicht das Wasser teils verginge, teils sich neu bildete, sondern alles von einem Speicher sich herleitete. Zweitens ist die Tatsache, daß die Quellen am Bergfuß liegen, ein Beweis dafür, daß das Gelände dort die Feuchtigkeit in kleinen Mengen aus vielen Tropfen allmählich sammelt und dann weiterleitet und daß auf diese Weise sich die Quellen der Flüsse bilden.

Es ist jedoch durchaus möglich, daß es auch solche (unterirdischen) .seenähnlichen Wasseransammlungen gibt, nur sind sie nicht so groß, daß sie jene Quellenbildung ermöglichen, ebenso wenig, als man glauben darf, der sichtbare Ursprung sei die eigentliche Quelle eines Flusses (aus Quellen kommen ja die meisten her). Daß diese die ganze Wassermasse ausmachen oder jene Seen – diese Meinungen sind gleichermaßen unwahrscheinlich.

Solche Schluchten und Spalten im Erdinnern gibt es aber, das wird durch das Verschwinden von Flüssen bewiesen. Es tritt an vielen Stellen der Erdoberfläche auf; was z. B. die Peloponnes betrifft, am häufigsten in Arkadien. Grund dafür ist, daß wegen seiner bergigen Natur die Täler keinen Ausfluß zum Meer haben. Wenn diese nun Wasser erfüllt, das nicht abfließen kann, dann sucht es sich, unter dem Druck des von oben nachströmenden Wassers, einen Ausweg in die Erdtiefe hinein. In Griechenland kommt diese Naturerscheinung nur in ganz geringem Ausmaß vor; wohl aber gibt es am Fuß des Kaukasus den See, den die Leute dort ein Meer nennen: dieser wird von vielen großen Flüssen gespeist, hat aber keinen sichtbaren Abfluß; ein solcher tritt, nach unterirdischem Lauf, erst im Lande der Koraxer, bei dem sogenannten Pontostief wieder zutage. Das ist eine unermeßlich tiefe Stelle des (Schwarzen) Meeres; jedenfalls hat noch niemand die Tiefe ausloten können. Dort quillt etwa 300 Stadien vom Land entfernt Süßwasser empor, über eine große Fläche hin, die aber nicht zusammenhängt, sondern in drei Abschnitte zerfällt. Auch in Ligurien versickert ein Fluß, so groß wie die Rhône (die doch ein schiffbarer Strom ist), und tritt an anderem Ort wieder zutage.

14. Es sind aber nicht fortwährend dieselben Teile der Erdoberfläche wasserreich oder trocken, sondern es treten an ihnen Veränderungen auf je nach dem Entstehen und Versiegen der Flüsse. So wechseln auch (im ganzen) Festland und Meer ab, nicht für alle Zeiten bleibt dies hier Land und jenes dort See, sondern Meer entsteht, wo jetzt trockener Boden ist, und wo jetzt Meer, dort bildet sich wieder Land. Man muß jedoch in diesem Geschehen eine bestimmte periodische Ordnung erkennen. Ursprung und Ursache hat es darin, daß auch das Erdinnere – wie die Körper von Pflanzen und Tieren – seine Lebensblüte und sein Altern hat. Nur sind es dort (bei den Organismen) nicht einzelne Teile, an denen sich dies vollzieht, sondern sie blühen und welken mit Notwendigkeit als Ganzes, während beim Erdkörper dies nur an einzelnen Teilen der Fall ist, als Folge von Abkühlung und Erwärmung. Diese Zustände werden verursacht von der Sonne auf ihrer Bahn, weswegen auch die einzelnen Teile der Erde ihre besondere Eigenart erhalten: manche Landschaften

vermögen eine Zeitlang ihre Feuchtigkeit zu erhalten, dann trocknen sie aus und altern wieder; während andere ihrerseits aufleben und wasserreich werden. Trocknet aber ein Landstrich aus, dann verschwinden mit Notwendigkeit die Quellen; tritt dies ein, dann wandeln sich zuerst große Flüsse zu kleinen, schließlich versiegen sie. Verändern nun die Flüsse ihren Ort und verschwinden hier, um ähnlich anderswo sich wieder zu bilden, dann muß ein Wandel auch des Meeres eintreten. Wo es nämlich unter dem Druck der Flüsse auf das Land übergriff, da muß es, wenn es sich zurückzieht, trockenes Land hinter sich lassen; wo aber die See durch die Anschwemmungen hochgehender Flüsse aufgefüllt und zu trockenem Land wurde, da muß wieder Überflutung eintreten.

Weil aber das ganze Naturgeschehen sich am Erdkörper nur langsam auswirkt und in Zeiträumen, die unserem Leben gegenüber riesig sind, kommt es eher zum Untergang und Verderben ganzer Völker, ehe es zu einer Überlieferung von diesen Vorgängen kommt, von ihrem Anfang und ihrem Ende. Das größte und geschwindeste Völkersterben verursachen die Kriege, sodann Seuchen und Hungersnöte. Die letzteren bewirken manchmal ein großes Verderben, manchmal wirken sie nur allmählich, so daß sogar die Auswanderung solcher Völkerschaften unbemerkt bleibt. Denn die einen verlassen das Land, die anderen halten so lange aus, bis der Boden überhaupt keine Menschen mehr zu ernähren vermag. Man muß also mit großen Zeiträumen zwischen der ersten und der letzten Auswanderungswelle rechnen, so daß keine zusammenhängende Überlieferung bleibt, sondern noch zu Lebzeiten der letzten Siedler verlorengegangen ist, wegen der Länge der Zeit. Im gleichen Sinn sind wir zu der Auffassung genötigt, daß auch hinsichtlich der Ansiedelungen die Kunde verlorengegangen ist, wann die einzelnen Völkerschaften zum ersten Mal den Boden betreten haben, als er sich gerade wandelte und, eben noch sumpfig und feucht, trocken wurde. Denn auch hier vollzieht sich die Entwicklung in kleinen Schritten, innerhalb eines langen Zeitraums, so daß es keine Überlieferung darüber gibt, wer die ersten Siedler waren, wann sie kamen und wie das Land damals aussah.

So hat es sich zum Beispiel in Ägypten ereignet. Es liegt am Tage, daß der Boden dort immerfort trockener wird und daß das ganze Land eine Aufschüttung des Nil ist; weil aber die anliegenden Völkerschaften entsprechend der ganz allmählichen Austrocknung der Sümpfe von dem Land Besitz nahmen, hat die Länge des Zeitraums die Kunde vom Anfang verschwinden lassen. Man kann immerhin sehen, daß sämtliche Mündungen – einzig die von Kanopos ausgenommen – künstlich sind und kein Werk des Stromes, und daß in alter Zeit Theben der Name Ägyptens war. Sogar Homer, der doch so jung ist im Vergleich zu solchen Erdveränderungen, ist dafür ein Zeuge; denn er erwähnt nur diesen Ort (Theben), so daß man merkt, es gab Memphis noch nicht, oder jedenfalls noch nicht in der heutigen Größe. Und so ging es auch wahrscheinlich zu; denn das Tiefland wurde später besiedelt als das Hochland, weil der Boden desto länger sumpfig war, je näher er der Schlammaufschüttung (an der Mündung) lag. Das eben erst gebildete Land wies ja besonders feuchte Stellen auf. Aber solcher Boden wandelt seinen Charakter und wird mit der Zeit fruchtbar. Denn indem sie trocken werden, verbessern sich die Landstriche, während andrerseits solche, die bis dahin gut ausgeglichene Bewässerungsverhältnisse hatten, austrocknen und dadurch an Wert verlieren.

Innerhalb Griechenlands trat ein solcher Wandel im Gebiet von Argos und von Mykene auf. Zur Zeit des Troischen Krieges nämlich vermochte das argivische Land, sumpfig wie es war, nur wenige Menschen zu ernähren, das von Mykene aber war fruchtbar (und darum auch berühmter). Jetzt ist es, aus dem angegebenen Grund, umgekehrt: Mykene ist unfruchtbar geworden und völlig trocken, in Argos dagegen sind die damals versumpften und deswegen ertraglosen Gebiete jetzt anbaufähig geworden. Wie es nun an diesem kleinen Fleck zugegangen ist, muß man es sich auch vorstellen in großen Gebieten und ganzen Ländern.

METEOROLOGIE 607

Leute von kurzsichtigem Urteil meinen nun, die Ursache solcher Naturerscheinungen sei der Wandel des Alls; der ganze Kosmos befinde sich im Werden. Deshalb werde auch das Meer kleiner, sagen sie, der Austrocknung wegen; denn es liegt am Tage, daß jetzt mehr Stellen solche Verlandungserscheinungen zeigen als früher. In diesen Behauptungen ist teils Wahrheit, teils Irrtum. Es gibt zwar mehr Orte, die früher unter Wasser lagen, jetzt Festland sind, aber auch das Gegenteil kommt vor; prüft man nämlich nach, so wird man feststellen, daß vielerorts das Meer auf das Land übergegriffen hat. Als Ursache hierfür darf man jedoch nicht das Werden der Welt ansehen. Es wäre ja lächerlich, wegen solcher geringfügiger Veränderungen von kürzester Dauer das All in Bewegung zu bringen; ist doch die Erde nach Masse und Umfang ein Nichts im Vergleich mit dem ganzen Kosmos. Vielmehr muß als Grund all dieser Phänomene gelten: in schicksalsbestimmten Zeitabständen kommt, wie im Lauf der Jahreszeiten der Winter, so innerhalb einer bestimmten großen Periode ein großer Winter und ein Übermaß von Regengüssen. Dies Ereignis tritt aber nicht immer in denselben Gegenden ein, sondern ähnelt der sogenannten deukalionischen Flut; diese betraf besonders den griechischen Raum, und zwar das Griechenland der Urzeit, das Land um Dodone und den Acheloos, ein Fluß, der oft seinen Lauf verändert hat (dort wohnen die Seller und das damals Graiker genannte Volk, das jetzt Hellenen heißt). Wenn nun ein solches Übermaß von Regengüssen eintritt, hat man als sicher anzunehmen, daß sie für lange Zeit ausreichen. Wir stellten soeben der Begründung des Perennierens oder Intermittierens der Flüsse durch die Größe der unterirdischen Höhlungen unsere Ansicht entgegen, daß es auf umfangreiche, fest aufgebaute Gebirgsmassen von kühler Temperatur ankommt, weil diese besonders viel Wasser aufnehmen, konservieren und produzieren können (während in Gegenden, über denen sich nur geringe Höhen oder locker aus Steinen und Lehm aufgeschichtete erheben, das Wasser vorher versiegt). Dementsprechend ist man zu der Annahme genötigt, daß dort, wo so ergiebige Regengüsse fallen, ein geradezu unerschöpflicher Wasserreichtum begründet wird. Jedoch im Lauf der Zeit trocknen Berglandschaften der letztgenannten Art mehr, solche der ersteren Art weniger aus, bis dann wieder der Beginn derselben Periode einsetzt.

Nun gibt es zwar mit Notwendigkeit eine gewisse Veränderung im Weltall, jedoch kein Werden und Vergehen (denn das Universum beharrt ewig): dementsprechend sind auch, mit Notwendigkeit, nicht immer dieselben Gegenden von Meer und Flüssen befeuchtet noch immerfort trocken. Zum Beweis eine Tatsache: das Land der Ägypter, die wir die ältesten Menschen nennen, ist, wie deutlich zu sehen, ganz und gar Ergebnis eines Werdens, nämlich Produkt seines Flusses. Dies wird jedem klar, der das Land, wie es ist, betrachtet, und ebenso dient, was man vom Roten Meer weiß, zum Zeugnis. Einer der Könige machte nämlich den Versuch, es mit einem Kanal zu verbinden (denn die Gegend an den Schiffsverkehr anzuschließen, hätte ihnen erhebliche Vorteile gebracht; Sesostris, so heißt es, unternahm das als erster von den alten Königen). Es ergab sich jedoch, daß das Rote Meer höher liegt als das Land Ägypten; deshalb gaben Sesostris und nach ihm Dareios den Kanalbau auf, aus Furcht, das Nilwasser könne durch beigemischtes Meerwasser leiden. Es liegt also am Tage, daß einst dort ein zusammenhängendes Meer gewesen ist. Dies ist auch der Grund dafür, daß Libyen, die Gegend um das Ammonsheiligtum, überraschenderweise eher eine Senke darstellt und tiefer liegt als das Land nördlich davon (= zum Mittelmeer hin). Offenbar entstanden hier einst, infolge von Flußanschwemmungen, Seen und (dazwischen) Festland, im Laufe der Zeit aber trocknete das zurückgebliebene stagnierende Wasser aus und ist jetzt verschwunden. Aber auch das Land rings um die Mäotis ist durch Anschwemmungen der Flüsse so stark gewachsen, daß jetzt nur Handelsschiffe von viel geringerer Größe als vor 60 Jahren hier einfahren können. Daraus läßt sich unschwer entnehmen, daß auch dieser See – wie die meisten – ursprünglich das Produkt der Flüsse war und daß er schließlich einmal gänz-

METEOROLOGIE 609

lich vertrocknen muß. Ferner der Bosporos: er hat eine beständige Strömung als Folge der Anschwemmungen; man kann noch mit eigenen Augen beobachten, wie das vor sich geht. Jedesmal nämlich, wenn an der asiatischen Küste die Strömung eine Sandbank entstehen ließ, bildete sich hinter ihr zuerst ein kleiner See, der dann zu vertrocknen pflegte; dann bildete sich vor ihr eine weitere Sandbank und ein weiterer See, und so ging das gleichmäßig weiter. Vollzieht sich das oft genug, dann ist mit Notwendigkeit der Bosporos eines Tages nur noch so groß wie ein Fluß, und schließlich muß auch dieser versiegen.

Da die Zeit nicht aufhört und das All immerwährend ist, so ist also offenbar, daß weder Tanais noch Nil immer flossen, sondern ihre Quellgegend war einst trocken. Denn das Werk der Flüsse hat einmal ein Ende, die Zeit aber nicht. Eine solche Feststellung wird gleichermaßen auch für die anderen Flüsse zutreffen. Gibt es aber bei den Flüssen ein Werden und Vergehen, und sind nicht immer die gleichen Stellen der Erdoberfläche bewässert, dann muß sich auch das Meer in ähnlicher Weise ändern. Wenn aber immerfort das Meer hier verschwindet und dort aufs Land übergreift, dann bleibt offensichtlich die Verteilung von Meer und Festland auf der Erde nicht immer dieselbe, sondern dies alles wandelt sich mit der Zeit.

Daß also dieselben Teile der Erde nicht immerfort entweder Festland sind oder schiffbare Flut, wurde dargelegt, und auch der Grund dieses Geschehens; ebenso auch, warum die einen Flüsse beständig strömen, die anderen aber nicht.

THEOPHRAST
CHARAKTERE

ca. 370 bis ca. 285 v. Chr.

Die Schrift Ethische Charaktere *enthält 30 monographisch behandelte Charaktertypen fehlerhafter Natur, die nicht so sehr gegen einen Tugendkanon philosophischer Ethik wie gegen gesellschaftliche Anforderungen verstoßen.*

Der Redselige

Die Redseligkeit ist ein Daherreden von langweiligem und alltäglichem Zeug, der Redselige aber ungefähr folgendermaßen: Er setzt sich ganz nahe an einen Unbekannten heran und beginnt eine Lobrede auf seine eigene Frau zu halten, dann verbreitet er sich über den Traum seiner letzten Nacht, um hierauf Gang für Gang die Speisenfolge während des Mahles durchzugehen, und wenn er so richtig im Fluß ist, kommt er darauf zu sprechen, wieviel schlechter die Menschheit von heutzutage ist als die der guten alten Zeit, ferner, daß auf dem Markt die Weizenpreise angemessen sind, daß sich der Fremdenverkehr gehoben hat und daß das Meer vom März an wieder schiffbar ist. Auch würde das Getreide besser stehen, wenn es Zeus mehr regnen ließe; weiter, daß er im nächsten Jahr ein Feld bebauen wolle, daß es schwer Mensch zu sein ist, daß Damippos bei den Mysterien die größte Fackel aufgestellt hat und wieviel Säulen das Odeion zählt, sowie: »Gestern habe ich erbrochen«, und: »Was ist denn heute eigentlich für ein Tag?« Und schließlich noch, daß die Mysterien auf den September, das Familienfest auf den Oktober und die ländlichen Dionysien auf den Dezember fallen. Und wenn es einer bei ihm aushält, so läßt er ihn überhaupt nicht mehr los.

Der Gerüchtemacher

Die Gerüchtemacherei ist ein Erdichten unwahrer Geschichten und Begebenheiten, mit denen der Gerüchtemacher (dennoch Glauben finden) will, der Gerüchtemacher benimmt sich aber etwa auf folgende Weise: Wenn er zufällig einem Gleichgesinnten begegnet, fragt er sofort aus seiner Reserve herausgehend und bedeutsam lächelnd: »Woher kommst du?« und: »Was sagst du denn dazu? Na, wie steht es? Bringst du Neuigkeiten über das Bewußte?« Und das Wort gleich wieder an sich reißend, geht es weiter: »Erzählt man denn gar nichts Neues? Das sind doch schöne Geschichten!« Und ohne eine Antwort abzuwarten fährt er fort: »Was du sagst! Du hast noch gar nichts gehört? Da kann ich dir ja vermutlich mit Neuigkeiten aufwarten.« Und dann bezieht er sich auf einen Soldaten oder einen Sklaven des Flötenspielers Asteios oder auf Lykon, den Unternehmer, der gerade vom Kriegsschauplatz angekommen ist und von dem er es gehört zu haben behauptet. Die Quellen für seine Geschichten sind derart, daß sich niemand daran halten kann; mit Berufung auf sie berichtet er aber, daß Polyperchon und der König eine Schlacht gewonnen hätten und Kassandros gefangen sei. Und indem er die Geschichte in allen Einzelheiten schildert, ruft er durchaus überzeugend kummervoll aus: »Unglücklicher Kassandros, ach, du Bedauernswerter! Erkennst du nun die Unbeständigkeit des Glückes, vergeblich bist du also zur Macht gelangt!« Wendet aber einer ein: »Ja, glaubst du denn das?« so wird er erwidern, das Ereignis werde doch in der ganzen Stadt förmlich ausposaunt, die Nachricht verbreite sich immer weiter und alle Berichte hierüber stimmten überein, denn sie erzählten ganz das Gleiche von der Schlacht. Da habe man sich übrigens eine schöne Suppe eingebrockt. Ein Beweis dafür seien ihm auch die Mienen der Regierungsmitglieder, denn das müsse einem doch auffallen, was sie auf einmal alle für lange Gesichter machen. Und dann fügt er hinzu, er habe unter der Hand auch erfahren, daß sie einen Mann bei sich im Stadtgefängnis versteckt hielten, der schon seit fünf

Tagen aus Makedonien hier sei und alles wisse, aber, das Letzte müsse natürlich vertraulich behandelt werden, dabei ist er mit der Nachricht schon in der ganzen Stadt herumgelaufen.

Der Flegel

Es ist nicht schwer, die Flegelei zu definieren, denn sie ist ein plumpes und anstößiges Scherzen; der Flegel selbst ist von folgender Art: Wenn er anständigen Frauen begegnet, hebt er seinen Mantel hoch und macht obszöne Gesten. Im Theater klatscht er noch Beifall, wenn die anderen bereits aufhören, und pfeift diejenigen Schauspieler aus, die das übrige Publikum gern sieht; und wenn das ganze Theater still ist, richtet er sich zurecht und stößt laut auf, nur damit er die Zuschauer veranlasse, sich nach ihm umzudrehen. Wenn auf dem Markte der größte Verkehr ist, geht er dorthin, wo Nüsse, Myrtenbeeren und Kastanien feilgeboten werden, macht sich heran und nascht davon, während er sich mit dem Verkäufer unterhält. Oft ruft er einen von den Vorübergehenden mit Namen an, ohne ihn weiter zu kennen. Und sieht er wo Leute, die es eilig haben, (hält er sie auf). Und auf einen, der einen wichtigen Prozeß verloren hat und eben aus dem Gericht kommt, tritt er zu und gratuliert ihm. Und hat er gerade nur für sich selbst eingekauft und sich Flötenspielerinnen bestellt, dann zeigt er denen, die ihm begegnen, seine Einkäufe und lädt sie (ironisch) dazu ein. Und tritt er in einen Barbierladen oder in eine Salbenhandlung, dann verlangt er etwas zu trinken. Und wenn sich seine Mutter auf den Weg zum Wahrsager macht, spricht er Worte des Unheils; wenn andere beten und opfern, läßt er die Opferschale fallen und lacht, als ob er weiß Gott was vollbracht hätte. Und wenn er ein Flötenstück hört, klatscht er allein von allen mit den Händen den Takt dazu, singt mit und macht der Flötenspielerin Vorwürfe, weil sie so bald aufgehört habe. Und wenn er ausspucken will, spuckt er über den Tisch und dem Weinschenken ins Gesicht.

Der Widerliche

Die Widerlichkeit ist eine Verwahrlosung des Körpers, die bei anderen Abscheu erregt, der Widerliche etwa von folgender Art: Er läuft mit Aussatz, Hautflechten und schwarzen Nägeln herum und erklärt, diese Übel wären bei ihm angeboren, denn so wie er hätten sie auch schon sein Vater und Großvater gehabt, und es könnte wenigstens niemand so leicht in ihre Familie eingeschmuggelt werden. Wenn er Geschwüre an den Schienbeinen und Beulen an den Fingern hat, so unternimmt er nichts dagegen, so daß sie bösartig werden. Unter den Achseln und weit hinab bis zu den Hüften ist er dicht behaart wie ein wildes Tier, seine Zähne sind schwarz und angefressen, so daß er widerlich und unausstehlich wirkt. Dann hat er noch folgende Angewohnheiten: Beim Essen schneuzt er sich (mit den Fingern), beim Opfer kaut er Nägel, auch hat er eine feuchte Aussprache, nach dem Trinken stößt er auf, mit ungewaschenen Füßen liegt er in den Decken und belästigt seine Frau. Im Bad reibt er sich mit ranzigem Öl ein. Er trägt stets ein dickes Hemd und einen fadenscheinigen Mantel voller Flecken und in diesem Aufzug geht er auf den Markt.

EPIKUR
BRIEF AN MENOIKEUS

341-270 v. Chr.

*Während die Hauptwerke Epikurs bis auf einige Papyrusbruchstücke
verloren sind, haben sich neben kurzen Spruchsammlungen 3 Lehr-
briefe erhalten, von denen derjenige an Menoikeus ethische Fragen, die
beiden anderen Probleme der Naturphilosophie behandeln.*

Epikur wünscht dem Menoikeus Glück.

122 Weder soll, wer noch ein Jüngling ist, zögern zu philosophieren, noch soll, wer schon Greis geworden, ermatten im Philosophieren. Denn weder ist jemand zu unerwachsen noch bereits entwachsen im Blick auf das, was in der Seele gesunden
läßt. Wer aber sagt, zum Philosophieren sei noch nicht das rechte
Alter, oder, vorübergegangen sei das rechte Alter, ist dem ähnlich, der sagt, für das Glück sei das rechte Alter noch nicht da
oder nicht mehr da. Philosophieren also muß der Jüngling wie
der Greis, der eine, um alternd jugendfrisch zu bleiben an seinen
Gütern aus Dankbarkeit für das Vergangene, der andere, um zugleich jung und altersweise zu sein aus mangelnder Furcht vor
dem Künftigen. Zu beherzigen gilt es denn, was das Glück verschafft; denn ist es anwesend, haben wir alles, ist es abwesend,
tun wir alles, damit wir es haben.

123 Wozu ich dich beständig mahnte, dies tu und übe ein, weil
du darin die Elemente des vollkommenen Lebens klar erfaßt.
Zuallererst: wenn du die Gottheit für ein unvergängliches und
glückseliges Wesen hältst, wie die allgemeine Anschauung der
Gottheit vorgeprägt wurde, dann hänge ihr nichts an, was ihrer
Unvergänglichkeit fremd oder mit ihrer Glückseligkeit unver-

einbar ist. Vermute dagegen alles über sie, was ihre mit Unvergänglichkeit verbundene Glückseligkeit unversehrt zu bewahren vermag. Denn Götter gibt es tatsächlich: unmittelbar einleuchtend ist deren Erkenntnis. Wofür sie jedoch die Masse hält, so geartet sind sie nicht. Denn sie bewahrt dabei gerade das nicht unversehrt, wofür sie sie eigentlich hält. Ehrfurchtslos aber ist nicht der, der die Götter der Masse abschafft, sondern der, der die Vermutungen der Masse den Göttern anhängt. 124 Denn nicht unmittelbare Vor-Begriffe, sondern trügerische Vorstellungen bilden die Urteile der Masse über die Götter. Daher kommt es, daß der größte Schaden von seiten der Götter ebenso durch die schlechten Menschen herbeigeführt wird wie der größte Nutzen (durch die guten). Denn indem die Menschen sie ihren eigenen Vorzügen ganz und gar angleichen, entdecken sie nur ihnen ähnliche Wesen wieder, weil sie alles, was nicht gleichartig ist, für fremd halten.

Gewöhne dich ferner daran zu glauben, der Tod sei nichts, was uns betrifft. Denn alles Gute und Schlimme ist nur in der Empfindung gegeben; der Tod aber ist die Vernichtung der Empfindung. Daher macht die richtige Erkenntnis – der Tod sei nichts, was uns betrifft – die Sterblichkeit des Lebens erst genußfähig, weil sie nicht eine unendliche Zeit hinzufügt, sondern die Sehnsucht nach der Unsterblichkeit von uns nimmt. 125 Denn es gibt nichts Schreckliches im Leben für den, der im vollen Sinne erfaßt hat, daß nichts Schreckliches im Nicht-Leben liegt. Darum schwätzt der, der sagt, er fürchte den Tod nicht, weil er ihn bedrücken wird, wenn er da ist, sondern weil er ihn jetzt bedrückt, wenn er noch aussteht. Denn was uns, wenn es da ist, nicht bedrängt, kann uns, wenn es erwartet wird, nur sinnlos bedrücken. Das Schauererregendste aller Übel, der Tod, betrifft uns überhaupt nicht; wenn »wir« sind, ist der Tod nicht da; wenn der Tod da ist, sind »wir« nicht. Er betrifft also weder die Lebenden noch die Gestorbenen, da er ja für die einen nicht da ist, die andern aber nicht mehr für ihn da sind. Doch die Masse flieht bisweilen den Tod als das größte aller Übel, bisweilen (ersehnt sie) ihn als Erholung von allen (Übeln) im Leben. (Der Weise indes weist weder das Leben zurück), 126 noch fürchtet er das Nicht-Leben; denn weder ist ihm das Leben zuwider, noch vermutet er, das Nicht-Leben sei ein Übel. Wie er als Speise nicht in jedem Fall die größere, sondern die am meisten lustspendende vorzieht, so schöpft er auch nicht eine möglichst lange, sondern eine möglichst lustspendende Zeit aus. Wer nun mahnt, der Jüngling solle vollendet leben, der Greis vollendet scheiden, der ist naiv, nicht nur wegen der Annehmlichkeit des Lebens, sondern auch, weil das Einüben des vollkommenen Lebens und des vollkommenen Sterbens ein und dasselbe ist. Noch weit minderwertiger ist der, der sagt, es sei gut, nicht geboren zu sein, »einmal geboren, dann schleunigst des Hades Tor zu durchmessen«.

127 Denn wenn er darauf vertraut und es deshalb behauptet: warum scheidet er dann nicht aus dem Leben? Das steht ihm ja frei, wenn es doch von ihm unumstößlich geplant war. Wenn er aber bloß spottet, so ist er ein Schwätzer unter jenen, die dies nicht zugeben.

Wir müssen uns ferner daran erinnern, daß das Künftige weder ganz und gar in unserer Macht liegt noch ganz und gar nicht in unserer Macht: wir wollen weder erwarten, daß das Künftige ganz und gar so kommen wird, noch davor verzweifeln, daß es ganz und gar nicht so kommen wird.

Wir müssen ferner berücksichtigen, daß die Begierden zum einen anlagebedingt, zum andern ziellos sind. Und zwar sind von den anlagebedingten die einen notwendig, die andern nur anlagebedingt; von den notwendigen wiederum sind die einen zum Glück notwendig, die andern zur Störungsfreiheit des Körpers, die dritten zum bloßen Leben. 128 Denn eine unbeirrte Beobachtung dieser Zusammenhänge weiß ein jedes Wählen und Meiden zurückzuführen auf die Gesundheit des Körpers und die Unerschütterlichkeit der Seele: denn dies ist das Ziel des glückseligen Lebens. Um dessentwillen tun wir ja alles, damit wir weder

Schmerz noch Unruhe empfinden. Sooft dies einmal an uns geschieht, legt sich der ganze Sturm der Seele, weil das Lebewesen
nicht imstande ist, weiterzugehen wie auf der Suche nach etwas,
was ihm mangelt, und etwas anderes zu erstreben, wodurch sich
das Wohlbefinden der Seele und des Körpers erfüllen würde.
Denn nur dann haben wir ein Bedürfnis nach Lust, wenn wir
deswegen, weil uns die Lust fehlt, Schmerz empfinden; (wenn
wir aber keinen Schmerz empfinden), bedürfen wir auch der
Lust nicht mehr.

Gerade deshalb ist die Lust, wie wir sagen, Ursprung und Ziel
des glückseligen Lebens. 129 Denn sie haben wir als erstes und
angeborenes Gut erkannt, und von ihr aus beginnen wir mit jedem Wählen und Meiden, und auf sie gehen wir zurück, indem
wir wie mit einem Richtscheit mit der Empfindung ein jedes Gut
beurteilen. Und gerade weil dies das erste und in uns angelegte
Gut ist, deswegen wählen wir auch nicht jede Lust, sondern bisweilen übergehen wir zahlreiche Lustempfindungen, sooft uns
ein übermäßiges Unbehagen daraus erwächst. Sogar zahlreiche
Schmerzen halten wir für wichtiger als Lustempfindungen,
wenn uns eine größere Lust darauf folgt, daß wir lange Zeit die
Schmerzen ertragen haben. Jede Lust also ist, weil sie eine verwandte Anlage hat, ein Gut, jedoch nicht jede ist wählenswert;
wie ja auch jeder Schmerz ein Übel ist, aber nicht jeder ist in sich
so angelegt, daß er immer vermeidenswert wäre. 130 Doch
durch vergleichendes Messen und den Blick auf Zuträgliches
und Unzuträgliches ist dies alles zu beurteilen. Denn wir verfahren mit dem Gut zu bestimmten Zeiten wie mit einem Übel, mit
dem Übel ein andermal wie mit einem Gut.

Auch die Selbstgenügsamkeit halten wir für ein großes Gut,
nicht damit wir es ganz und gar mit dem wenigen genug sein lassen, sondern um uns dann, wenn wir das meiste nicht haben, mit
dem wenigen zu begnügen, da wir im vollen Sinne überzeugt
sind, daß jene am lustvollsten den Aufwand genießen, die seiner
am wenigsten bedürfen, und daß alles Anlagebedingte leicht, das
Ziellose aber schwer zu beschaffen ist. Denn bescheidene Sup-

pen verschaffen eine ebenso starke Lust wie ein aufwendiges Mahl, sooft das schmerzhafte Gefühl des Mangels aufgehoben wird; 131 auch Brot und Wasser spenden höchste Lust, wenn einer sie aus Mangel zu sich nimmt. Sich also zu gewöhnen an einfache und nicht aufwendige Mahlzeiten befähigt zu voller Gesundheit, macht den Menschen unbeschwert gegenüber den notwendigen Anforderungen des Lebens, stärkt unsere Verfassung, wenn wir uns in Abständen zu aufwendigen Mahlzeiten aufmachen, und entläßt uns angstfrei gegenüber dem Zufall.

Wenn wir also sagen, die Lust sei das Ziel, meinen wir damit nicht die Lüste der Hemmungslosen und jene, die im Genuß bestehen, wie einige, die dies nicht kennen und nicht eingestehen oder böswillig auffassen, annehmen, sondern: weder Schmerz im Körper noch Erschütterung in der Seele zu empfinden. 132 Denn nicht Trinkgelage und aneinandergereihte Umzüge, auch nicht das Genießen von Knaben und Frauen, von Fischen und allem übrigen, was eine aufwendige Tafel bietet, erzeugen das lustvolle Leben, sondern ein nüchterner Verstand, der die Gründe für jedes Wählen und Meiden aufspürt und die bloßen Vermutungen vertreibt, von denen aus die häufigste Erschütterung auf die Seelen übergreift.

Für all dies ist die Einsicht Ursprung und höchstes Gut. Daher ist die Einsicht sogar wertvoller als die Philosophie: ihr entstammen alle übrigen Tugenden, weil sie lehrt, daß es nicht möglich ist, lustvoll zu leben, ohne einsichtsvoll, vollkommen und gerecht zu leben, (ebensowenig, einsichtsvoll, vollkommen und gerecht zu leben,) ohne lustvoll zu leben. Denn die Tugenden sind ursprünglich verwachsen mit dem lustvollen Leben, und das lustvolle Leben ist von ihnen untrennbar.

133 Denn wer, glaubst du, ist stärker als jener, der über die Götter ehrfürchtige Vermutungen hegt, der gegenüber dem Tod ganz und gar angstfrei ist, der das Ziel unserer Veranlagung durchdacht hat und klar erfaßt, daß das Höchstmaß der Güter leicht zu erfüllen und leicht zu beschaffen ist, das Höchstmaß der Übel aber flüchtige Phasen oder Qualen aufweist? Das von man-

chen als Herrin über alles eingeführte (Schicksal) verspottet er. (Denn er bestimmt sich selbst als Verantwortlichen für seine Handlungen, indem er festsetzt, daß manches mit Notwendigkeit eintritt,) manches infolge des Zufalls, manches in unserer Hand liegt, herrenlos ist: ihm folgt ja auch zwingend der Tadel und sein Gegenteil. 134 Denn es wäre besser, dem Mythos über die Götter zu folgen, als dem »Schicksal« der Naturphilosophen sklavisch ergeben zu sein. Denn der Mythos entwirft eine Aussicht auf Erhörung von seiten der Götter auf dem Wege ihrer Verehrung, das Schicksal aber weist eine unerbittliche Notwendigkeit auf. Den Zufall faßt er weder als einen Gott auf, wie die Masse meint – denn nichts wird von der Gottheit ungeordnet vollbracht – noch als eine unausgewiesene Ursache: er glaubt nämlich nicht, von ihm werde Gutes oder Übles den Menschen zum glückseligen Leben gegeben, vielmehr würden nur die Anfänge großer Güter oder Übel von ihm gelenkt. 135 Für besser hält er es, trotz richtiger Überlegung einen Mißerfolg als trotz verkehrter Überlegung einen Zufallserfolg zu haben; denn es ist eher angemessen, wenn (sich) beim Handeln ein gutes Urteil (nicht bestätigt, als wenn sich ein schlechtes Urteil) nur durch den Zufall bestätigt.

Dies also und was dazugehört bedenke Tag und Nacht bei dir selbst (und) zusammen mit dem, der dir gleicht. Dann wirst du dich niemals, weder wachend noch schlafend, erschüttern lassen, und du wirst leben wie ein Gott unter den Menschen. Denn es gleicht keinem sterblichen Wesen der Mensch, der inmitten unsterblicher Güter lebt.

PS.-LONGINOS
VOM ERHABENEN

1. Jahrhundert n. Chr.

KAPITEL 2,1-3; 14,1-3; 33,1-5; 36,1-2

Diese Schrift, deren Verfasser unbekannt ist, behandelt das Erhabene als Ausdruck künstlerisch geformter Sprache mit zahlreichen Interpretationen und interessanten Wertungen der klassischen griechischen Literatur. In der Vereinigung von poetischen und rhetorischen Aspekten gehört sie zu den wichtigsten literaturtheoretischen Schriften der Antike.

Wir müssen zu Beginn untersuchen, ob es so etwas gibt wie eine Kunstlehre des Erhabenen oder (gar) des Pathos, da gewisse Leute es für einen völligen Irrweg halten, derartiges unter Regel und Vorschrift zu bringen. Denn die große Naturanlage entspringt, so heißt es, der Natur und läßt sich durch Lernen nicht erwerben; dafür gibt es nur eine Vorschrift: mit ihr geboren zu sein. Und die Schöpfungen der Natur, glauben sie, würden nur schlechter und in allem armseliger, wenn man sie nach Regeln der Kunst zum Skelett abmagert. Ich hingegen behaupte, es werde sich herausstellen, daß es sich anders verhält; man muß nur in Betracht ziehen, daß die Natur im Leidenschaftlichen und Gehobenen meist nach eigenem Gesetz, aber trotzdem nicht ziellos und ganz ohne Regeln zu verfahren pflegt; und daß sie als der Ursprung, als Prinzip und Element des Werdens allem zugrunde liegt, daß aber die Methode vermag, das rechte Maß und den jeweils günstigen Augenblick festzulegen und überdies eine ganz sichere Schulung und Anwendung der Stilmittel zu schaffen; und daß große Naturen mehr gefährdet sind, wenn man sie ohne Wissen schwankend und schwerelos sich selber und ihrem blind verwegenen Drang überläßt, denn häufig bedürfen sie zwar des Sporns, aber genauso auch des Zügels. Was nämlich Demosthenes vom allgemeinen Leben der Menschen äußert – das größte Gut sei, Glück zu haben, das zweite, nicht geringere, sei verständige Einsicht, und wem die fehle, den verlasse auch das Glück gänzlich –: das ließe sich auch von der Literatur sagen, wobei die Natur die Stelle des Glücks, die Kunst die der Einsicht einnimmt. Aber das Entscheidende ist: die Tatsache, daß gewisse Dinge in der Rede nur auf einer natürlichen Anlage beruhen, läßt sich durch nichts anderes erlernen als durch eine Kunstlehre. Zöge, wer die Lernbegierigen tadelt, dies, wie gesagt, für sich in Erwägung, so hielte er, scheint mir, die Betrachtung unseres Gegenstandes nicht mehr für überflüssig und unnütz.

Auch wenn wir selbst eine Schrift ausarbeiten, die erhabene Sprache und große Gesinnung erfordert, ist es gut, uns in Gedanken auszumalen: wie hätte wohl Homer dasselbe formuliert, und in welche hohen Worte hätten Platon oder Demosthenes oder, in der Geschichtsschreibung, Thukydides es gekleidet? Denn treten uns beim Nacheifern jene Gestalten vor Augen und weisen wie Fackeln den Weg, so tragen sie uns gleichsam empor zu den gestaltgewordenen Maßstäben. Und besser noch, wenn wir unserer Vorstellung auch dies einprägen: wie hätte Homer, wäre er zugegen, dies von mir Gesagte angehört? wie Demosthenes? oder: welchen Eindruck hätte dies bei ihnen hinterlassen? Kommt es nicht zu einem gewaltigen Wettstreit, wenn wir ein solches Gericht, solch ein Publikum für unsere eigenen Reden voraussetzen und vor derartigen Heroen als Schiedsrichter und Zeugen die Bewertung dessen, was wir schreiben, erfahren? Und du wirst noch stärker angespornt, wenn du hinzufügst: wie wird wohl die gesamte Nachwelt das, was ich geschrieben habe, aufnehmen? Wenn sich aber jemand gleich darum ängstigt, daß sein Geschriebenes nicht termingerecht noch zu Lebzeiten laut wird, muß auch, was dessen Geist umfaßt, notwendig unausge-

VOM ERHABENEN

reift bleiben; er bringt blinde Frühgeburten hervor, die für die Zeit des Nachruhms durchaus nichts einbringen.

Wohlan also – laß uns einen tatsächlich reinen, untadeligen Schriftsteller hernehmen. Ist es nicht der Mühe wert, sich hierbei allgemein zu fragen: was übt in Dichtung und Prosa eine stärkere Wirkung aus, das Große mit einigen Mängeln oder etwas, das an seinen gelungenen Stellen mäßig, im Ganzen aber gesund und fehlerfrei geschrieben ist? Und dann, beim Zeus, soll bei der Rede, wenn's gerecht zugeht, die Quantität der Vorzüge oder ihre Qualität den Preis davontragen? Denn dies sind Probleme, die zur Behandlung des Erhabenen gehören, und sie verlangen auf jeden Fall eine Nachprüfung.

Für mich steht fest, daß die überragenden Naturen keineswegs frei von Fehlern sind. Korrektheit in allem läuft Gefahr, pedantisch zu sein; bei der Größe aber muß es, wie bei gewaltigen Reichtümern, auch etwas geben, was vernachlässigt wird. Vielleicht ist es sogar notwendig, daß niedrige und mittelmäßige Naturen, weil sie sich nie in Gefahr begeben und nicht nach dem Höchsten trachten, gewöhnlich fehlerfrei bleiben und weniger gefährdet sind; das Große schwebt eben durch seine Größe in Gefahr. Auf der anderen Seite verkenne ich durchaus nicht, daß wir durch eine natürliche Anlage alles Menschenwerk eher jeweils von seiner schwächeren Seite betrachten und daß die Fehler unauslöschbar in unserem Gedächtnis haften, die Erinnerung aber an das Schöne schnell zerrinnt. Ich selbst habe auf nicht wenige Fehler des Homer und anderer Großer hingewiesen; ich finde an ihren Vergehen durchaus kein Gefallen, aber ich spreche dann nicht von absichtlichen Fehlern, sondern eher von zufälligen, sorglos begangenen Versehen, die aus Größe irgendwie in einem Moment der Unaufmerksamkeit unterlaufen. Trotz dieser Fehler muß man, glaube ich, den größeren Vorzügen, auch wenn sie nicht überall gleichmäßig durchgeführt sind, immer den ersten Preis zuerkennen, allein – und sei es nur aus diesem Grunde – wegen ihrer Geistesgröße. Gewiß zeigt sich Apollonios als makelloser Dichter in den ›Argonauten‹, und Theokrit ist in den ›Bukolika‹ alles sehr schön gelungen, wenn man von einigen äußerlichen Versehen absieht. Aber wolltest du nicht trotzdem lieber Homer als Apollonios sein? Wie? – ist Eratosthenes mit seiner ›Erigone‹ (einem in allem tadellosen kleinen Gedicht) etwa ein größerer Dichter als Archilochos, der häufig stürmisch und planlos etwas daherbringt in Ausbrüchen der göttlichen Eingebung, die nur schwer unter Gesetze gebracht werden könnten? Und in der Lyrik – würdest du lieber Bakchylides sein als Pindar? in der tragischen Dichtung lieber Ion von Chios oder nicht doch Sophokles? Sicher, die einen schreiben fehlerfrei und geschliffen im eleganten Stil, Pindar aber und Sophokles reißen häufig alles mit in Feuer und Sturm, häufig jedoch erlischt unerwartet ihre Glut und sie kommen höchst unglücklich zu Fall. Und doch würde kein vernünftiger Mensch die gesammelten Werke Ions für soviel wert halten wie das eine Drama, den ›Oidipus‹.

Bei dem Natürlich-Großen in der Literatur – hier fällt die Größe nicht mehr aus dem Rahmen von Notwendigkeit und Nutzen – müssen wir entsprechend folgern, daß derartige Menschen, auch wenn sie nicht fehlerfrei sind, sich weit über alles nur Sterbliche erheben. Alle anderen Eigenschaften erweisen sie als Menschen, das Erhabene hebt sie nahe an die Seelengröße des Gottes. Was fehlerlos ist, wird nicht getadelt, das Große aber zudem bewundert. Wozu soll ich außerdem noch betonen, daß jeder von ihnen so häufig mit einer einzigen meisterhaften hohen Wendung all die Fehler tilgt! Und das Wichtigste: suchte man die Verstöße des Homer, Demosthenes, des Platon und der anderen, soweit sie zu den Größten rechnen, heraus und häufte sie zusammen, so würde verschwindend wenig, nein, es würde nicht ein Deut sich finden, gemessen an dem Großen, das jene Heroen überall geleistet haben. Deswegen hat zu jeder Zeit eine Menschheit, die keine Mißgunst für schwachsinnig erklären kann, ihnen den Siegespreis überreicht, ihn bis jetzt unangetastet überlassen, und sie wird ihn gewiß bewahren,

…solang das Wasser fließt und hohe Bäume grünen.

DION VON PRUSA

ca. 40-112 n. Chr.

KNECHTSCHAFT UND FREIHEIT

Dion stammte aus Prusa in der damaligen römischen Provinz Bithynien im Nordwesten Kleinasiens, kam nach Rom, wurde relegiert (später restituiert) und hat als Wanderphilosoph zahlreiche zumeist politische Reden gehalten.

(1) Lieber als alles andere wollen die Menschen frei sein, und in der Freiheit sehen sie das höchste Gut, in der Knechtschaft aber das schimpflichste und unglücklichste Los. Was Freisein und Knechtsein aber eigentlich ist, das wissen sie nicht. Und so tun sie auch so gut wie nichts, um dem Schimpflichen und Beschwerlichen, der Knechtschaft, zu entgehen und, was ihnen so wertvoll scheint, die Freiheit, zu erringen, vielmehr machen sie genau das, was alle, die sich darauf einlassen, notwendig in ewige Knechtschaft führt und niemals die Freiheit erlangen läßt. (2) Indes darf man sich vielleicht nicht einmal darüber wundern, daß diese Leute weder erreichen noch vermeiden können, was sie nicht kennen. Wenn sie zum Beispiel nicht wüßten, was Schaf und Wolf sind, trotzdem aber glaubten, das eine sei nützlich und seine Anschaffung gut, das andere schädlich und abträglich, so wäre es doch keineswegs verwunderlich, wenn sie das Schaf fürchteten und gegebenenfalls vor ihm flöhen, als wäre es ein Wolf, den Wolf aber im Glauben, er sei ein Schaf, an sich herankommen ließen und nicht fortliefen. Denn so macht es die Unwissenheit mit den Unwissenden: Sie zwingt sie, jeweils das Gegenteil von dem, was sie beabsichtigen und was ihnen nützlich

ist, zu fliehen oder zu verfolgen. (3) Wir wollen nun sehen, ob die große Menge eine genaue Kenntnis von Freiheit und Knechtschaft hat. Denn vielleicht sind unsere Vorwürfe unberechtigt und versteht sie recht viel davon.

Wenn jemand sie fragte, was Freisein eigentlich ist, würde sie vielleicht antworten: von niemand abhängig sein, sondern einfach tun, was einem gefällt. (4) Wenn man auf diese Antwort hin weiterfragte, ob es wohl schön sei und einem freien Mann anstehe, als Sänger in einem Chor nicht auf den Dirigenten zu achten und sich ihm unterzuordnen, sondern richtig oder falsch zu singen, wie es einem gerade in den Sinn komme; ob das Gegenteil aber, auf den Chorleiter zu achten und ihm zu folgen und dann mit dem Singen anzufangen und aufzuhören, wenn er das Zeichen gibt, schimpflich und sklavenhaft sei, so wäre der Betreffende damit wohl kaum einverstanden. (5) Und auch nicht, wenn man ihn fragte, ob es seiner Meinung nach den freien Mann verrate, sich auf See nicht um den Steuermann zu kümmern und nicht zu tun, was er sagt, daß man also zum Beispiel auf seinen Befehl, sich zu setzen, im Boot steht, wenn es einem nicht paßt, oder auf den Befehl, Wasser zu schöpfen oder beim Hissen der Segel behilflich zu sein, kein Wasser schöpft und kein Tau anrührt; auch diesen Mann wird er nicht für frei und nachahmenswert halten, da er tut, was ihm gerade einfällt. (6) Gewiß wird er auch die Soldaten nicht deswegen Sklaven heißen, weil sie ihrem Führer gehorsam sind und dann aufstehen, wenn er es befiehlt, Proviant fassen, die Waffen aufnehmen, sich in Reih und Glied stellen, angreifen und zurückgehen genau nach dem Befehl ihres Führers. Auch wird man die Kranken nicht Sklaven nennen, weil sie den Anweisungen der Ärzte folgen. (7) Und doch sind es keine kleinen und leichten Dinge, in denen sie sich nach ihnen richten, vielmehr müssen sie manchmal Hunger und Durst ertragen. Befindet es der Arzt einmal für gut, den Kranken zu binden, zu schneiden oder zu brennen, so wird er auf der Stelle gebunden, gebrannt und geschnitten, solange es jener für gut hält. Und wenn sich der Kranke sträubt, springen alle im Haus

KNECHTSCHAFT UND FREIHEIT

dem Arzt bei, und nicht nur die Freien, auch die Diener des Kranken binden oftmals ihren Herrn, bringen Feuer, damit er gebrannt werden kann, und leisten sonstige Dienste. (8) Du wirst nun doch nicht behaupten wollen, dieser Mann sei nicht frei, weil er auf Geheiß eines anderen viele Unannehmlichkeiten über sich ergehen läßt? Den Perserkönig Dareios zum Beispiel würdest du wohl kaum unfrei nennen, weil er, als er sich auf der Jagd bei einem Sturz vom Pferd den Knöchel verrenkt hatte, sich den Ärzten fügte, die seinen Fuß zerrten und renkten, um das Gelenk wieder einzurichten, und obendrein noch Ägypter waren. Oder den Xerxes, der auf dem Rückzug von Griechenland in einen Sturm geraten war und an Bord des Schiffes allen Anweisungen des Steuermanns folgte und sich nicht einmal erlaubte, gegen dessen Meinung sich zu bücken oder sich von der Stelle zu bewegen. – Man wird also nicht mehr sagen können, Freiheit bestehe darin, von keinem Menschen abhängig zu sein und zu tun, was man wolle.

(9) Aber vielleicht wird man einwenden, daß diese Leute sich zu ihrem eigenen Vorteil unterordnen, wie die Passagiere dem Steuermann, die Soldaten dem Führer, die Kranken dem Arzt gerade aus diesem Grund gehorchen, denn sie würden doch nichts anderes anordnen, als was den von ihnen Abhängigen nütze; die Herren aber trügen ihren Dienern nicht auf, was jenen nütze, sondern was sie für sich selbst für vorteilhaft hielten. (10) Wie steht es damit? Ist es für den Herrn ein Vorteil, wenn sein Diener stirbt oder krank oder ein Nichtsnutz ist? Das wird niemand behaupten wollen, vielmehr, glaube ich, das Gegenteil: wenn er am Leben bleibt und gesund und tüchtig ist. Und genau das stellt sich auch für den Diener als vorteilhaft heraus. Daher trägt der Herr, wenn er vernünftig ist, seinem Diener nur auf, was diesem genauso zuträglich ist, denn das erweist sich auch für ihn selbst als Vorteil.

(11) »Aber für wen Geld bezahlt worden ist, der ist doch unbedingt ein Sklave.«

Nun, haben nicht schon viele Menschen für viele Freie Geld

aufgebracht und Feinden oder Räubern Lösegeld gezahlt? Haben nicht andere ihren Herren den für sie gezahlten Kaufpreis erstattet? Deswegen sind sie doch wohl nicht ihre eigenen Sklaven geworden!

(12) »Wen aber ein anderer peitschen, binden, töten und behandeln kann, wie er will, der ist doch gewiß des andern Sklave.«
Wie steht es damit? Können das nicht auch Räuber mit ihren Gefangenen tun? Deswegen sind diese doch noch nicht Sklaven. Und ferner: Können nicht Richter viele der Angeklagten zu Gefängnis, zum Tode oder zu allem anderen, was sie wollen, verurteilen? Und doch ist der Angeklagte kein Sklave. Wenn er es aber für den einen Tag, an dem er vor Gericht steht, sein sollte, so hat das nichts zu sagen. Denn hat man schon einmal gehört, daß jemand für einen einzigen Tag Sklave gewesen ist?

(13) »Aber will man es in einem Satz zusammenfassen, muß man eben doch sagen: Wer tun kann, was er will, ist frei; wer das nicht kann, ist ein Sklave.«
Von den Passagieren, den Kranken, den Soldaten und denen, die lesen und schreiben, Zither spielen, ringen oder eine andere Fertigkeit lernen, wirst du das gewiß nicht behaupten wollen; denn sie können nicht machen, was ihnen gefällt, sondern müssen tun, was ihnen der Steuermann, der Arzt und der Lehrer vorschreibt. Und so können auch alle anderen nicht einfach tun, was sie wollen, vielmehr wird jeder, der gegen die bestehenden Gesetze verstößt, bestraft.

(14) »Nun gut, wer in allem was von den Gesetzen weder verboten noch geboten ist, handeln kann, wie er will, der ist frei, und wer dazu nicht in der Lage ist, ein Sklave.«
Wie, glaubst du alles tun zu dürfen, was von den Gesetzen nicht ausdrücklich verboten ist, im übrigen aber den Menschen als häßlich und verkehrt gilt? Ich meine etwa, Zoll einzunehmen, ein Bordell zu halten oder sonst etwas dergleichen zu tun.
»Nein, keineswegs möchte ich behaupten, die Freien dürfen so etwas tun. Denn auch das wird bestraft, mit dem Haß und dem Unwillen der Leute.«

KNECHTSCHAFT UND FREIHEIT

(15) Also gut, was unbeherrschte Menschen in ihrer Unbe-
herrschtheit, unverständige in ihrem Unverstand tun – ob sie
nun ihr Vermögen oder ihren Leib vernachlässigen oder sich ungerecht und rücksichtslos gegeneinander betragen –, das alles ist
doch schon eine Strafe für die, die es tun, denn sie leiden Schaden
an ihrem Leib, ihrem Vermögen oder, was das Wichtigste ist, an
ihrer Seele.

»Da hast du recht.«

Also auch diese Dinge darf man nicht tun.

»Nein.«

(16) Kurz, was schlecht, verkehrt und schädlich ist, darf man
nicht tun, vom Rechten, Nützlichen und Guten aber muß man
sagen, daß es sich empfiehlt und erlaubt ist?

»Ich glaube, ja.«

Niemand tut also ungestraft etwas Schlechtes oder Schädli-
ches, weder ein Grieche noch ein Ausländer noch jemand, für
den man Geld bezahlt hat.

»Nein.«

Die entgegengesetzten Dinge aber sind alle gleich gestattet,
und wer das Erlaubte tut, bleibt von Strafe verschont, wer aber
das Verbotene tut, wird bestraft. (17) Glaubst du nun, daß jemand anders das Erlaubte tut als der, der es kennt, und jemand
anders das Verbotene tut als der, der es nicht kennt?

»Auf keinen Fall.«

Also dürfen auch die vernünftigen Leute alles tun, was sie
wollen, die unvernünftigen aber nicht. Daher sind die Vernünftigen notwendig auch frei und dürfen handeln, wie sie wollen,
die Unvernünftigen aber Sklaven, die tun, was sie nicht dürfen.

»Vielleicht.«

(18) Demnach müssen wir die Freiheit als Kenntnis von dem,
was erlaubt und verboten ist, bestimmen, die Unfreiheit als Unkenntnis von beidem. Nach dieser Definition würde den Großkönig nichts hindern, auch wenn er eine noch so große Tiara auf
dem Kopf trüge, ein Sklave zu sein und lauter Dinge zu tun, die
er nicht tun dürfte; denn mit allem, was er tut, wird er sich selbst

strafen und schädigen. Jemand anders aber, der aussieht wie ein
Sklave und auch so genannt wird, der nicht nur einmal, sondern,
wenn es sich trifft, vielmals verkauft worden ist, ja sogar, wenn
es der Zufall will, ganz dicke Fesseln trägt, ist vielleicht eher frei
als der Großkönig.

(19) »Mir kommt es höchst merkwürdig vor, daß einer, der in
Fesseln geht, dem ein Zeichen eingebrannt ist oder der in einer
Mühle arbeiten muß, eher frei sein soll als der Großkönig.«

Nun, warst du schon einmal in Thrakien?

»Ja.«

Hast du da nicht gesehen, daß die freigeborenen Frauen dort
voller Tätowierungen sind, daß diese Tätowierungen um so
zahlreicher und bunter sind, je größeres Ansehen die Trägerin-
nen und ihre Familien genießen?

»Was willst du damit sagen?«

(20) Daß eine Königin, wie es scheint, nichts daran hindert, tätowiert zu sein. Glaubst du, bei einem König sei das anders? Du
hast wohl nie von jenem Volk gehört, bei dem der König auf einem sehr hohen Turm bewacht wird und nicht vom Turm her-
absteigen darf? Hättest du davon gehört, so wüßtest du, daß ein
König sehr wohl eingeschlossen sein kann. Und vielleicht hättest du, wenn du ihnen vom Großkönig erzählt hättest, die Ver-
wunderung dieser Leute bemerken können und ihr Mißtrauen,
daß es da einen König gibt, der auf einem Wagen durch die Gegend fährt und geht, wohin er will.

»Aber ein Beispiel für einen König in Fesseln wirst du nicht
nennen können.«

(21) Vielleicht nicht gerade bei den Menschen. Aber wenn wir
Hesiod, Homer und anderen weisen Männern, die diese Geschichte von Kronos erzählen, glauben dürfen, ist der erste und
älteste König der Götter gefesselt worden, und das ist ihm, beim
Himmel, nicht von einem Feind und zu Unrecht widerfahren,
sondern von dem gerechtesten und ihm liebsten Gott, der offensichtlich glaubte, königlich und ihm zum Nutzen zu handeln.
(22) Die Leute wissen das aber nicht, und sie würden niemals

KNECHTSCHAFT UND FREIHEIT 631

glauben, daß ein Bettler, ein Gefangener oder namenloser Mann
König sein konnte, und doch hören sie, daß Odysseus, obwohl
er ein Bettler war und bei den Freiern betteln ging, trotzdem König und Herr des Hauses war. Antinoos und Eurymachos aber,
die Homer Könige nennt, waren armselige und unglückliche
Menschen. Aber wie gesagt, das wissen die Leute nicht, und damit man sie ja als Könige erkennt, legen sie sich als Zeichen ihrer
Würde Tiara, Zepter und Diadem zu wie Eigentümer ihr Vieh
mit Zeichen versehen, um es leichter erkennen zu können. (23)
So war auch der Perserkönig darauf bedacht, daß er allein eine
aufrecht stehende Tiara habe. Wagte das jemand anders, mußte
er sofort sterben, da es nicht richtig und ratsam schien, daß unter
solch zahllosen Menschen zwei eine aufrechte Tiara trügen. Daß
er aber eine aufrechte Gesinnung und niemand klügere Gedanken habe als er, darauf achtete er überhaupt nicht. (24) Daher
fürchte ich, daß wir, wie es damals für die Königswürde Zeichen
gab, jetzt solche Zeichen für die Freiheit brauchen und mit einem
Filzhut auf dem Kopf einhergehen müssen; sonst werden wir
den Freien vom Sklaven nicht unterscheiden können.

PLUTARCH
AUS DEM LEBEN ALEXANDERS UND CAESARS

ca. 45-125 n. Chr.

ALEXANDER, KAP. 1, 4, 6, 14, 23, 75, 76
CAESAR, KAP. 4, 5, 16, 17, 57, 60, 63, 66

Der aus Böotien stammende Plutarch hat neben umfangreichen philoso-
phischen Schriften 24 Biographienpaare über je einen Griechen und Rö-
mer verfaßt, in denen entsprechend der Tradition der antiken Biogra-
phie der Charakter des Handelnden im Mittelpunkt steht.

ALEXANDROS

I. Wenn ich in diesem Buche das Leben des Königs Alexander
und das des Caesar, von dem Pompejus bezwungen wurde, darzustellen unternehme, so will ich wegen der Fülle des vorliegenden Tatsachenmaterials vorweg nichts anderes bemerken als die
Leser bitten, wenn ich nicht alles und nicht jede der vielgerühm-
ten Taten in aller Ausführlichkeit erzähle, sondern das meiste
kurz zusammenfasse, mit deswegen keinen Vorwurf zu machen.
Denn ich schreibe nicht Geschichte, sondern zeichne Lebensbil-
der, und hervorragende Tüchtigkeit oder Verworfenheit offenbart sich nicht durchaus in den aufsehenerregendsten Taten, sondern oft wirft ein geringfügiger Vorgang, ein Wort oder ein
Scherz ein bezeichnenderes Licht auf einen Charakter als
Schlachten mit Tausenden von Toten und die größten Heeres-
aufgebote und Belagerungen von Städten. Wie nun die Maler die
Ähnlichkeiten dem Gesicht und den Zügen um die Augen ent-

nehmen, in denen der Charakter zum Ausdruck kommt, und sich um die übrigen Körperteile sehr wenig kümmern, so muß man es mir gestatten, mich mehr auf die Merkmale des Seelischen einzulassen und nach ihnen das Lebensbild eines jeden zu entwerfen, die großen Dinge und die Kämpfe aber anderen zu überlassen.

4. Die körperliche Erscheinung Alexanders geben am besten die Statuen des Lysippos wieder, der von ihm allein gewürdigt wurde, Bildnisse von ihm zu fertigen. Denn die Eigentümlichkeit, welche später viele Nachfolger und Freunde von ihm besonders nachzumachen suchten, die leichte Biegung und Neigung des Halses nach links und das Schwimmende im Blick, das hat der Künstler genau festgehalten. Apelles dagegen, als er ihn mit dem Donnerkeil in der Hand malte, hat seine Hautfarbe nicht nach der Natur wiedergegeben, sondern ihn dunkler und bräunlicher dargestellt. Er war aber den Berichten nach weiß, und das Weiße ging an der Brust und besonders im Gesicht ins Rötliche über. Daß die Ausdünstung seiner Haut höchst angenehm war und sein Mund und sein ganzer Körper einen Duft ausströmte, der sich auch seinen Kleidern mitteilte, haben wir in den Aufzeichnungen des Aristoxenos gelesen. Der Grund dafür war vielleicht die Mischung der Säfte in seinem Körper, die sehr warm und feurig war. Denn Wohlgeruch entsteht, wenn das Feuchte durch Wärme verzehrt wird, wie Theophrast meint. Daher bringen die trockenen und heißen Gegenden der Erde die meisten und edelsten Gewürze hervor, denn die Sonne zieht die Feuchtigkeit heraus, welche als Nährboden der Fäulnis über die Körper verbreitet ist. Den Alexander hat seine Körperwärme, wie es scheint, auch trinkfreudig und hitzig von Temperament gemacht.

Als er noch ein Knabe war, äußerte sich seine Selbstbeherrschung darin, daß er, der im übrigen leidenschaftlich und rasch zufahrend war, von den leiblichen Genüssen sich nicht leicht beherrschen ließ, sondern sich ihnen nur mit großer Zurückhaltung hingab, und seine Ehrbegier war über sein Alter hinaus von einer festgegründeten und großherzigen Gesinnung getragen. Denn er begehrte nach Ruhm nicht in allen Dingen und um jeden Preis – wie Philipp, der sich wie ein Sophist auf seine Redegabe etwas zugute tat und seine Wagensiege in Olympia auf seine Münzen prägen ließ –, sondern zu den Leuten seiner Umgebung, die die Frage an ihn richteten, ob er wohl Lust habe, sich am Wettlauf in Olympia zu beteiligen (denn er war schnellfüßig), sagte er: »Ja, wenn ich Könige zu Rivalen hätte.« Offenbar hat er überhaupt für das Volk der Athleten nicht viel übriggehabt; jedenfalls hat er zwar sehr viele Festspiele nicht nur für die Aufführung von Tragödien, für Flöten- und Kitharaspieler, sondern auch für epische Rezitationen, für jede Art von Jagd und für Stockfechter veranstaltet, aber keinen Eifer gezeigt, Preise für Faustkampf oder Pankration auszusetzen.

6. Als der Thessaler Philonikos den Bukephalas brachte und ihn Philipp für dreizehn Talente anbot, ging man in die Ebene hinunter, um das Pferd zu prüfen. Da es aber wild und völlig ungebärdig war, keinen aus der Umgebung Philipps aufsitzen ließ noch einen Zuspruch von ihnen ertrug, sondern alle abwarf, und Philipp darauf unwillig wurde und den Befehl gab, das Pferd als völlig wild und unbezähmbar wegzuführen, da sagte Alexander, der dabeistand: »Was für ein Pferd ruinieren sie da, weil sie aus Unverstand und Schlappheit nicht mit ihm umzugehen wissen!« Zuerst schwieg Philipp dazu; als aber Alexander weiter auf ihn einredete und ganz aufgeregt wurde, sagte er zu ihm: »Willst du älteren Leuten Vorwürfe machen, als ob du es besser verstündest und richtiger mit einem Pferde umgehen könntest?« »Mit diesem wenigstens«, erwiderte er, »würde ich besser umgehen als ein anderer.« »Wenn es dir aber nicht gelingt, welche Buße willst du dann für deine Anmaßung leisten?« »Dann will ich wahrhaftig den Preis für das Pferd bezahlen.« Als es darauf ein Gelächter gab, dann Wetten um das Geld abgeschlossen wurden, lief er rasch auf das Pferd zu, nahm den Zügel und wendete es gegen die

Sonne, weil er offenbar bemerkt hatte, daß es scheute, wenn es seinen Schatten vor sich fallen und sich bewegen sah. Nachdem er es so ein wenig beruhigt und getätschelt hatte und nun merkte, wie es sich neu mit Zorn und Mut erfüllte, warf er leise den Mantel weg, sprang auf und faßte festen Sitz. Dann zog er ein wenig den Zaum mit den Zügeln an und ließ es ohne Schlag und Sporn ansteigen, und als er fühlte, daß das Pferd den Widerstand aufgegeben hatte, aber nun losrennen wollte, ließ er die Zügel nach und galoppierte los, indem er nun auch lauteren Zuruf brauchte und ihm die Hacken in die Weichen schlug. In der Umgebung Philipps herrschte zuerst angstvolles Schweigen. Als er aber wendete und schulgerecht stolz und froh zurückgeritten kam, da jauchzten alle anderen ihm zu, der Vater aber soll vor Freude ein wenig geweint und den Sohn, als er abstieg, auf den Kopf geküßt und gesagt haben: »Such dir ein Reich, mein Sohn, das deiner würdig ist, denn Makedonien ist für dich nicht groß genug.«

14. Als die Griechen sich auf dem Isthmos versammelt und beschlossen hatten, den Feldzug gegen die Perser mit Alexander zu unternehmen, wurde er zum Führer gewählt. Als nun viele, Staatsmänner sowohl wie Philosophen, zu ihm kamen und ihn beglückwünschten, erwartete er, daß auch Diogenes von Sinope dasselbe tun würde, der in Korinth lebte, und da dieser, ohne sich im mindesten um Alexander zu kümmern, in aller Ruhe im Kraneion blieb, ging er selbst zu ihm. Er lag gerade in der Sonne und setzte sich nur eben ein bißchen auf, als so viele Leute herankamen, und blickte auf Alexander. Als dieser ihn mit seinem Namen begrüßte und ihn fragte, ob er irgendeine Bitte habe, antwortete er: »Nur eine kleine: geh mir aus der Sonne!« Das soll auf Alexander einen solchen Eindruck gemacht und er soll über den Hochmut und die Größe des Mannes, der ihm solche Nichtachtung bewies, so gestaunt haben, daß er, während die Leute seiner Umgebung lachten und spotteten, sagte: »Nein, wahrhaftig, wäre ich nicht Alexander, so wäre ich Diogenes.«

In der Absicht, von dem Gott ein Orakel über den Feldzug zu

erhalten, ging er nach Delphi, und da gerade Sperrtage waren, an denen nach dem Brauch kein Orakel erteilt wird, schickte er zuerst, um die Prophetin herbeizurufen. Als sie ablehnte und sich auf das Gesetz berief, ging er selbst hinauf und zog sie mit Gewalt zum Tempel. Da sagte sie wie überwältigt von seinem Eifer: »Du bist unwiderstehlich, Knabe!« Als Alexander das hörte, sagte er, nun brauche er weiter kein Orakel, denn er habe schon den Wahrspruch von ihr, den er sich wünschte.

Als er zu dem Feldzug aufbrach, ereigneten sich mancherlei Zeichen, die die Gottheit gab, und das Schnitzbild des Orpheus bei Leibethra (es war von Zypressenholz) vergoß an diesen Tagen viel Schweiß. Während alle anderen durch dieses Zeichen in Furcht gerieten, sagte Aristandros zu Alexander, er solle vielmehr guten Mutes sein: er werde preisenswerte und rühmliche Taten vollbringen, welche Dichter und Musiker, die ihn besängen, viel Schweiß und Mühe kosten würden.

23. Auch dem Wein war er nicht so sehr zugetan, wie man glaubte. Man glaubte das aber wegen der langen Zeit, die er nicht sowohl mit Trinken als mit Plaudern hinbrachte, indem er bei jedem Becher immer eine lange Unterhaltung begann, jedoch nur dann, wenn er viel freie Zeit hatte. Denn wenn es zu handeln galt, hielt ihn kein Wein, kein Schlaf, kein Scherz und Spiel, kein Hochzeitsfest, keine Schau – wie manche andere Feldherren – ab; das beweist sein Leben, das er, so gar kurz es war, mit so vielen großen Taten erfüllte. In den Zeiten der Muße pflegte er, sobald er aufgestanden war und den Göttern geopfert hatte, sogleich im Sitzen das Frühstück einzunehmen. Dann verbrachte er den Tag damit, zu jagen oder militärische Anordnungen zu treffen oder Gericht zu halten oder zu lesen. Wenn er einen nicht sehr eiligen Weg zurückzulegen hatte, so übte er sich unterwegs, mit dem Bogen zu schießen oder auf einen fahrenden Wagen aufzuspringen und wieder abzuspringen. Oft jagte er zur Unterhaltung auch Füchse und Vögel, wie aus den Tagebüchern zu entnehmen ist. Heimgekehrt begab er sich ins Bad und zum Salben, und

dann fragte er die Vorsteher der Köche und Bäcker aus, ob alles zum Mahl gut vorbereitet sei. Die Mahlzeit begann er erst spät, wenn es schon dunkel war, im Liegen, und erstaunlich war dabei seine Genauigkeit und die Aufmerksamkeit, die er bei der Tafel darauf richtete, daß nichts ungleich oder nachlässig verteilt würde. Das Trinkgelage dehnte er, wie schon gesagt, infolge seiner Neigung zu vielem Reden lange aus, und während er sonst unter allen Königen der liebenswürdigste Gesellschafter war und es an keiner Gefälligkeit fehlen ließ, machte er sich dann durch Ruhmredigkeit lästig und benahm sich allzusehr wie ein Soldat, indem er nicht nur selbst in Großsprecherei verfiel, sondern sich auch den Schmeichlern rückhaltlos preisgab, durch welche nun die Besonnensten der Anwesenden in Verlegenheit gebracht wurden, da sie weder mit den Schmeichlern wetteifern noch hinter ihren Lobpreisungen zurückbleiben wollten; denn das eine schien ihnen schimpflich, das andere brachte Gefahr. Nach dem Trinken badete er und schlief dann oft bis zum Mittag; zuweilen blieb er auch den ganzen Tag im Bett. In bezug auf Leckerbissen war er persönlich enthaltsam, so daß er die seltensten Früchte und Fische, die ihm vom Meere her zugeführt wurden, unter all seine Freunde verteilen ließ und oftmals für sich allein nichts übrigbehielt. Doch war das Mahl immer prächtig, und da der Aufwand zugleich mit den großen Erfolgen zunahm, so kam er schließlich bei zehntausend Drachmen an. Hier aber machte er halt, und es wurde auch festgesetzt, daß diejenigen, die Alexander empfingen, nur soviel ausgeben durften.

75. Nachdem Alexander nun einmal den göttlichen Dingen gegenüber schwach, schreckhaft und ängstlich geworden war, war keine ungewohnte und seltsame Erscheinung so geringfügig, daß er sie nicht als Anzeichen und Vorbedeutung nahm, sondern das Königsschloß war voll von Leuten, die opferten, Reinigungszeremonien vollzogen, weissagten und Alexander mit albernen Ängsten erfüllten. So ist es eben; etwas Schlimmes ist Ungläubigkeit und Mißachtung der Götter; schlimm ist aber

auch der Aberglaube, der wie Wasser immer in das tiefer Liegende hinabzieht...

Als jedoch die Orakel über Hephaistion von dem Gott eingegangen waren, legte er die Trauer ab und überließ sich wieder
Festlichkeiten und Trinkgelagen. Nachdem er für Nearchos eine
glänzende Bewirtung gegeben und danach, wie er es gewohnt
war, ein Bad genommen hatte, war er im Begriff, sich zu Bett zu
legen, ließ sich aber von Medios erbitten, noch zu einem Gelage
zu ihm zu kommen. Dort trank er die ganze Nacht und den folgenden Tag und fiel darauf in ein Fieber – ohne den Becher des
Herakles ausgetrunken oder plötzlich einen heftigen Schmerz im
Rücken wie von einem Lanzenstich empfunden zu haben; sondern solche Dinge glaubten einige Leute schreiben zu müssen,
um für ein großes Drama noch einen tragischen, hochpatheti-
schen Ausgang zu erfinden. Aristobulos hingegen sagt, er habe,
als er schon hohes Fieber hatte und heftigen Durst fühlte, Wein
getrunken; darauf sei er in Fieberwahn verfallen und am Drei-
ßigsten des Monats Daisios gestorben.

76. In den königlichen Tagebüchern steht jedoch folgender
Krankheitsbericht. Am Achtzehnten des Monats Daisios schlief
er im Badezimmer wegen des Fiebers. Am folgenden Tage zog
er nach dem Bade ins Schlafzimmer und verbrachte ihn beim
Würfelspiel mit Medios. Dann nahm er abends noch ein Bad,
brachte den Göttern die Opfer, aß etwas und bekam nachts wieder Fieber. Am Zwanzigsten nahm er ein Bad, brachte wieder
das gewohnte Opfer, lag im Bade und verbrachte die Zeit mit
Nearchos, indem er sich von seiner Fahrt und dem großen Meere
erzählen ließ. Am Einundzwanzigsten tat er dasselbe, wurde
noch heißer, hatte eine schlechte Nacht und fieberte den folgenden Tag über stark. Er ließ sich wegbringen und lag an dem großen Schwimmteich. Jetzt sprach er mit den Generalen über die
offenen Offiziersstellen, daß sie sie mit bewährten Leuten beset-
zen sollten. Am Vierundzwanzigsten hatte er hohes Fieber, ließ
sich aber wegbringen, um die Opfer zu vollziehen, und befahl,
daß die höchsten Offiziere sich am Hofe aufhalten und die unte-

ren Chargen draußen übernachten sollten. Er ließ sich in das jenseitige Schloß bringen und schlief am Fünfundzwanzigsten ein wenig, aber das Fieber ging nicht zurück. Als die Generale kamen, konnte er nicht sprechen, ebenso am Sechsundzwanzigsten. Daher glaubten die Makedonen, er sei schon tot, kamen mit Geschrei an die Türen und stießen Drohungen gegen die Gardeoffiziere aus, bis sie ihren Willen durchsetzten. Die Türen wurden ihnen geöffnet, und sie zogen einer hinter dem andern im bloßen Unterkleid an dem Krankenbett vorbei. Am selben Tage wurden Python und Seleukos in den Serapistempel geschickt, um zu fragen, ob sie Alexander dorthin bringen sollten. Aber der Gott gab den Bescheid, sie sollten ihn an Ort und Stelle lassen. Am Achtundzwanzigsten gegen Abend starb er. (77.) So steht es größtenteils wörtlich in den Tagebüchern geschrieben.

CAESAR

In Rom flogen Caesar wegen seiner Reden als Verteidiger die Sympathien zu, und die einfachen Leute brachten ihm ihre Liebe entgegen, weil er ihnen freundlich die Hand schüttelte und mit ihnen plauderte; solche Umgänglichkeit hätte man von seinem jugendlichen Alter nicht erwartet. Seine Gastereien, seine Tafel, der Glanz seiner Lebensführung überhaupt ließen allmählich auch seinen politischen Einfluß erstarken. Seine Neider waren allerdings überzeugt, daß es mit ihm alsbald bergab gehen werde, wenn seine Mittel erschöpft seien, und sahen im Anfang ruhig zu, wie seine Beliebtheit im Volke aufblühte. Erst als seine Machtstellung unerschütterlich geworden war und er geradewegs auf den Umsturz hinarbeitete, erkannten sie – zu spät! –, daß man in keiner Sache den Anfang gering achten darf. Denn was man dauern läßt, ist bald groß geworden, gerade weil man es verachtet und deshalb nicht verhindert. Cicero war der erste, wie es scheint, welcher Caesars Politik, gleich wie einen ruhig lächelnden Meeresspiegel, mit Mißtrauen und Besorgnis beobachtete und die unter der freundlich heiteren Miene verborgene Kraft seiner Persönlichkeit erkannte. Er behauptete, hinter all seinen Plänen und politischen Schachzügen die Absichten eines Tyrannen zu erkennen. »Freilich«, fügte er bei, »wenn ich sehe, mit welch übertriebener Sorgfalt er sein Haar pflegt und wie er sich nur mit einem Finger kratzt, dann scheint es mir doch wieder unmöglich zu sein, daß dieser Mensch in seinen Gedanken einem solchen Verbrechen wie der Zerstörung der römischen Staatsform Raum geben könnte.« Doch gehört das erst in eine spätere Zeit.

5. Einen ersten Beweis seiner Liebe gab ihm das Volk, als er sich neben Gaius Pompilius um ein Kriegstribunat bewarb und mit höherer Stimmenzahl als jener gewählt wurde. Noch deutlicher zeigte sich die Anhänglichkeit der Menge beim Tod von Marius' Gattin Julia. Caesar war ihr Neffe und hielt ihr auf dem

Forum eine glänzende Leichenrede. Er wagte es auch, bei der Bestattung öffentlich Bilder von Marius zu zeigen, die seit der Herrschaft Sullas nicht mehr gesehen worden waren, da man Marius und seine Freunde zu Staatsfeinden erklärt hatte. Als darob gegen Caesar empörte Stimmen laut wurden, schrie das Volk zurück und bereitete ihm händeklatschend einen jubelnden Empfang, voll Bewunderung, daß er Marius' Ehre nach so langer Zeit gleichsam aus dem Hades in die Stadt zurückgeholt habe.

Seit alters pflegte man in Rom ältere Frauen durch eine öffentliche Leichenrede zu ehren, bei jüngeren jedoch war dies nicht Sitte. Gleichwohl sprach Caesar, was noch niemand getan, zum Lobe seiner jungverstorbenen Gattin und mehrte auch damit seine Beliebtheit im Volk. Durch seinen leidenschaftlichen Schmerz gewann er sich die Herzen der Menge, welche jetzt den zartfühlenden, tiefempfindenden Mann in ihm liebte. Nachdem er die Gattin zu Grabe getragen hatte, ging er nach Spanien als Quaestor des Praetors Vetus, eines Mannes, dem er zeit seines Lebens hohe Achtung entgegenbrachte, wie er auch dessen Sohn, als er selber Praetor geworden, zu seinem Quaestor ernannte. Als er aus der Provinz zurückkehrte, führte er seine dritte Gattin, Pompeja, heim. Von Cornelia hatte er eine Tochter, welche später die Frau des Pompejus Magnus wurde.

Ohne Bedenken gab Caesar gewaltige Summen aus, so daß es schien, er tausche sich um den Preis eines riesigen Aufwandes einen kurzlebigen Eintagsruhm ein, während er in Wahrheit mit geringen Kosten das Höchste erkaufte. Seine Schulden sollen sich, bevor er überhaupt ein Amt bekleidete, auf dreizehnhundert Talente belaufen haben. Als Aufseher der Via Appia schoß er große Beiträge aus der eigenen Tasche zu, als Aedil ließ er dreihundertzwanzig Fechterpaare auftreten und entfaltete bei den Aufführungen, Festzügen und öffentlichen Speisungen solchen Prunk, daß das Bemühen all seiner Vorgänger daneben verblaßte. Das Volk aber war begeistert, und jeder sann auf neue Ämter, neue Ehren, um ihm seine Freigebigkeit zu vergelten.

16. Die Soldaten hingen mit solch aufopfernder Liebe an Caesar, daß die gleichen Leute, welche sich unter andern Feldherren in keiner Weise hervortaten, mit unwiderstehlichem Kampfesmut in die größte Gefahr gingen, wenn sein Ruhm auf dem Spiele stand. So war Acilius in der Seeschlacht bei Massilia auf ein feindliches Schiff gesprungen; durch einen Schwerthieb wurde ihm die rechte Hand abgehauen, er aber stieß den Schild, den er nicht aus der Linken fahren ließ, den Feinden ins Gesicht, bis er sie alle vertrieben und das Schiff in seine Gewalt gebracht hatte.

In der Schlacht um Dyrrhachium hatte Cassius Scaeva durch einen Pfeilschuß ein Auge verloren, ein Wurfspieß hatte seine Schulter, ein anderer den Schenkel durchbohrt, und mit dem Schild hatte er hundertunddreißig Geschosse aufgefangen. In diesem Zustand rief er die Feinde herbei, als ob er sich ergeben wollte, und als zwei herzuliefen, hieb er dem einen mit dem Schwert die Schulter ab, den andern jagte er durch einen Streich ins Gesicht in die Flucht. Endlich wurde er von den Kameraden geholt und glücklich gerettet.

In Britannien waren einst die vordersten Hauptleute in eine sumpfige, unter Wasser stehende Niederung geraten und von den Feinden überfallen worden. Da stürzte sich ein einfacher Soldat vor den Augen Caesars zwischen die Angreifer hinein und stritt mit solchem Heldenmut, daß die Barbaren schließlich die Flucht ergriffen und die Hauptleute gerettet waren. Darnach warf er sich als letzter in den Morast und kam, halb schwimmend, halb watend, glücklich zurück; nur den Schild hatte er verloren. Voller Bewunderung ging ihm Caesar entgegen und begrüßte ihn mit freudigem Zuruf, der Legionär jedoch warf sich seinem Feldherrn ganz niedergeschlagen zu Füßen und bat mit Tränen in den Augen um Verzeihung, daß er den Schild nicht zurückgebracht habe.

In Afrika hatte Scipio eines von Caesars Schiffen erbeutet, auf dem sich auch der zum Quaestor ernannte Granius Petro befand. Als nun Scipio erklärte, er betrachte die gesamte Schiffsmannschaft als gute Prise, dem Quaestor hingegen wolle er Pardon gewähren, da rief ihm dieser zu, die Soldaten Caesars seien gewohnt, Pardon zu geben, nicht zu nehmen, und stieß sich das Schwert in die Brust.

17. Solchen Mut und Ehrgeiz weckte und nährte Caesar selber durch seine Freigebigkeit in Belohnungen und Beförderungen. Er bewies damit, daß er die Reichtümer, welche der Krieg ihm zuwarf, nicht an sich raffte, um selber in Üppigkeit und Luxus zu schwelgen, sondern daß er sie in treue Obhut nahm als allen gehörigen Lohn für tapfere Taten und für sich nur das Recht beanspruchte, sie an verdiente Soldaten verteilen zu dürfen. Er spornte aber seine Leute auch dadurch an, daß er vor keiner Gefahr zurückscheute und keiner Anstrengung aus dem Wege ging. Ob seiner Verwegenheit wunderte sich freilich niemand, der seinen Ehrgeiz kannte. Seine Ausdauer hingegen setzte alle in Erstaunen, schien er doch Strapazen auszuhalten, die über seine Kräfte gingen. Er war von hagerer Gestalt und hatte eine zarte weiße Haut, auch litt er unter Kopfschmerzen und wurde von epileptischen Anfällen heimgesucht. Dieses Leiden soll ihn in Corduba zum erstenmal befallen haben. Hätte er ein ruhiges Leben führen wollen, so wäre seine schwache Konstitution hiefür Grund genug gewesen, doch trachtete er im Gegenteil darnach, seine Kränklichkeit im Felde zu überwinden. Durch lange Märsche und karge Kost, durch ständigen Aufenthalt unter freiem Himmel und harte Anforderungen an seinen Körper kämpfte er gegen das Übel an und erhielt sich widerstandsfähig. Er schlief meistens im Wagen oder in der Sänfte, um auch während der Ruhezeit tätig zu sein, und wenn er unter Tags durch das Land fuhr zu Festungen, Städten oder Lagern, dann saß ein Sklave neben ihm, der gewohnt war, während der Reise nach seinem Diktat zu schreiben; hinter ihm aber stand ein einziger Soldat, mit dem Schwerte bewaffnet. Er reiste so schnell, daß er das erstemal den Weg von Rom an die Rhone in nur acht Tagen zurücklegte. Schon als Knabe war Caesar ein guter Reiter gewesen. Er hatte sich daran gewöhnt, die Hände auf dem Rücken zu verschränken

und das Pferd dabei in raschem Trabe laufen zu lassen. Auf jenem Feldzug brachte er es durch dauernde Übung so weit, daß er im Reiten Briefe diktieren und zwei, nach Oppius' Zeugnis gar noch mehr Schreiber gleichzeitig beschäftigen konnte. Caesar soll auch als erster auf den Gedanken gekommen sein, mit seinen Freunden brieflich zu verkehren, wenn die Ereignisse sich drängten und die Fülle der Geschäfte sowie die Größe der Stadt ihm keine Zeit zu einer persönlichen Begegnung ließen. Von seiner Anspruchslosigkeit im Essen zeugt auch folgende Begebenheit. In Mailand hatte ihn sein Gastfreund Valerius Leo zu Tisch geladen und ihm Spargel vorgesetzt, welche nicht mit reinem Olivenöl, sondern mit Salböl übergossen waren. Caesar aß davon, ohne Umstände zu machen, und als seine Freunde sich über die Ungehörigkeit aufhielten, wies er sie zurecht: »Ihr hättet euch begnügen können, stehen zu lassen, was euch nicht schmeckte. Wer solche Plumpheit tadelt, ist selber plump.« Einmal, da er unterwegs war, trieb ihn ein Unwetter in die Hütte eines armen Bauern, wo er nichts fand als eine einzige Kammer, kaum groß genug, einen Menschen zu beherbergen. Da sagte er zu seinen Freunden: »Die Ehrenplätze muß man den Vornehmsten abtreten, die notwendige Ruhestätte aber gebührt dem Schwächsten.« So mußte sich Oppius auf seinen Befehl drinnen niederlegen, während er selber mit den andern unter dem Wetterdach vor der Türe schlief.

57. Vor Caesars Glück indes beugten die Römer trotz alledem das Haupt und fügten sich willig ins Joch. Und da sie unter der Monarchie Erholung zu finden hofften von den Leiden der Bürgerkriege, ernannten sie ihn zum Diktator auf Lebenszeit. Dies bedeutete die unverhüllte Tyrannis, denn zur unbeschränkten Macht der Monarchie gesellte dieser Beschluß deren unbeschränkte Dauer. Cicero war der erste, der im Senat besondere Ehrungen beantragte. Doch wahrte er, so weit er ging, immerhin das menschlich gebotene Maß, während andere hierin alle Schranken durchbrachen und sich gegenseitig übertrumpften,

mit dem einzigen Erfolg, daß sie durch ihre überspannten, unsinnigen Vorschläge Caesars Ansehen auch bei den gutmütigsten Leuten untergruben und den Haß gegen ihn wachriefen. Es wird vermutet, daß Caesars Gegner nicht minder als seine Schmeichler zu solchen Übertreibungen die Hand boten, waren sie doch darauf aus, möglichst viele Vorwände gegen ihn zusammenzubringen, um einen Angriff dereinst mit schwerwiegenden Anklagen rechtfertigen zu können. Dies war ja auch die einzige Stelle, wo Caesar, seitdem die Bürgerkriege ein Ende gefunden, den Tadlern eine Blöße bot, und wenn die Römer der Clementia einen Tempel geweiht haben, um ihrer Dankbarkeit für seine Milde Ausdruck zu geben, so war dieser Beschluß, wie es scheint, recht wohl begründet. Denn vielen, die gegen ihn zu den Waffen gegriffen, hatte er Verzeihung geschenkt, einige sogar zu Ämtern und Ehrenstellen erhoben wie Brutus und Cassius, welchen die Praetur übertragen wurde. Er ging auch an den umgestürzten Standbildern des Pompejus nicht hochmütig vorbei, sondern ließ sie wieder aufrichten. Dies gab Cicero Anlaß zu dem Wort, Caesar habe, indem er Pompejus Bildsäulen aufgestellt, seine eigenen befestigt. Als die Freunde ihn baten, sich mit einer Leibwache zu umgeben, und viele sich selber zu diesem Dienst anerboten, wehrte er ab mit der Bemerkung, es sei besser, einmal zu sterben als ständig den Tod zu erwarten. Die Liebe der Bürger schien ihm der schönste und sicherste Schutz, und so versuchte er aufs neue, das Volk durch Speisungen und Getreidespenden, das Heer durch die Anlage von Siedlungen zu gewinnen. Die bedeutendsten waren Karthago und Korinth. Diese beiden Städte waren einst im gleichen Jahr zerstört worden, und nun fügte es das Schicksal, daß sie zur selben Zeit und miteinander wieder aufgebaut wurden.

60. Wenn aber der Haß gegen Caesar immer sichtbarer hervorbrach und ihn schließlich in den Tod hineinriß, so trug daran sein Streben nach der Königswürde die Schuld. Für das Volk war dies der erste Anlaß, sich von ihm abzuwenden, für seine Geg-

ner, die ihren Groll schon lange im geheimen nährten, ein besonders günstiger Vorwand. Der Eifer der Freunde, welche Caesar
das königliche Diadem verschaffen wollten, ging aber auch weit
genug. So sprengten sie das Gerücht im Volke aus, es sei aus den
sibyllinischen Büchern ersichtlich, daß die Römer das Parther-
reich nur dann erobern könnten, wenn ein König sie führe, an-
dernfalls sei ein Sieg unmöglich. Und als Caesar eines Tages von
Alba nach Rom zurückkehrte, wagten sie es, ihn laut als König
zu begrüßen. Da aber das Volk nur Bestürzung zeigte, herrschte
er sie unwillig an, er heiße Caesar, nicht König. Tiefe Stille folgte
diesem Wort, er aber ging finster und ungnädig vorüber.

Ein andermal, da Caesar auf der Rednerbühne saß, nahten sich
ihm die Konsuln und Praetoren, gefolgt vom ganzen Senat, der
eben wieder überschwengliche Ehrungen für ihn beschlossen
hatte. Caesar erhob sich nicht vor ihnen, sondern fertigte sie, als
hätte er ganz gewöhnliche Bürger vor sich, mit der Antwort ab,
sie täten besser, die Ehrungen einzuschränken, statt sie ständig
zu vermehren. Die Senatoren fühlten sich durch diese Behandlung gekränkt und mit ihnen das Volk, denn im Senat schien die
ganze Stadt beschimpft zu sein. In tiefer Niedergeschlagenheit
wandten sich alle, welche keine Verpflichtung zurückhielt, sogleich hinweg. Als Caesar der Wirkung seines Verhaltens inne-
wurde, machte auch er sich auf den Weg nach Hause, riß sich das
Gewand vom Hals und schrie seinen Freunden zu, er sei bereit,
die Kehle hinzuhalten; wer Lust habe, solle zustoßen. Später allerdings schützte er zur Entschuldigung seine Krankheit vor.
Wer von ihr befallen sei, könne sich auf seine Nerven und Sinne
nicht verlassen, wenn er vor einer Volksmenge stehend sprechen
müsse, er verliere in kurzer Zeit die Herrschaft über sie, werde
vom Schwindel ergriffen und sei schließlich dem Anfall wehrlos
ausgeliefert. Diese Darstellung entsprach aber nicht der Wahrheit, im Gegenteil. Caesar habe sich, so wird erzählt, vor dem Senat ganz selbstverständlich erheben wollen, sei aber von einem
seiner Freunde oder besser gesagt Schmeichler, von Cornelius
Balbus, festgehalten worden mit den Worten: »Vergiß nicht,

daß du Caesar bist und verlangen darfst, daß man dich als höheres Wesen verehrt.«

63. Das Schicksal, so scheint es, überfällt den Menschen nicht ohne Warnung – entgehen kann er ihm trotzdem nicht. Auch zu jener Zeit sollen seltsame Zeichen und Erscheinungen beobachtet worden sein. Vielleicht sollte man angesichts des gewaltigen Geschehens gar nicht reden von den Feuern am Himmel, vom Donner, der weithin durch die Nächte dröhnte, von den Vögeln, welche aus der Einöde auf die Marktplätze herabkamen. Der Philosoph Strabon hingegen erzählt, man habe feurige Menschen in großer Zahl aufeinander losgehen sehen, und der Bursche eines Soldaten habe eine mächtige Flamme von der Hand geschüttelt. Wer ihn gesehen, sei überzeugt gewesen, er müsse verbrennen. Als aber das Feuer erlosch, sei der Mann ohne Spur einer Verletzung gewesen. Caesar selber sei es beim Opfern widerfahren, daß im Opfertier kein Herz gefunden wurde, ein schreckliches Zeichen: denn auf natürliche Weise hätte ein Tier ohne Herz ja gar nicht bestehen können. Viele wissen auch zu berichten, daß ihm ein Seher bedeutet habe, er möge sich im Monat März am Tage, welchen die Römer die Iden nennen, vor einer großen Gefahr in acht nehmen. Der Tag kam heran, und Caesar grüßte auf dem Weg zum Senat den Seher mit den spöttischen Worten: »Die Iden des März sind da.« Jener erwiderte leise: »Ja, sie sind da, aber noch nicht vorüber.«

Den Tag zuvor speiste Caesar bei Marcus Lepidus und unterschrieb bei Tisch wie gewöhnlich einige Briefe. Als sich aber das Gespräch der Frage zuwandte, welcher Tod der beste sei, rief er, ehe überhaupt jemand zum Antworten kam, mit lauter Stimme aus: »Der unerwartete!« Darnach legte er sich wie sonst an der Seite seiner Gattin zur Ruhe. Miteins sprangen alle Türen und Fenster des Schlafgemachs auf, und als er emporfuhr, erschrocken ob dem Geräusch und dem hell ins Zimmer fallenden Mondschein, nahm er wahr, wie Calpurnia in tiefem Schlaf unverständliche Worte und abgerissene Seufzer ausstieß. Ihr träumte, sie weine über ihren Gemahl, den sie ermordet in den Armen halte. Man erzählt diesen Traum auch in anderer Form. An Caesars Haus war, wie Livius berichtet, auf Senatsbeschluß ein Firstschmuck angebracht worden als Zierde und zum Zeichen der Würde. Ihn sah Calpurnia im Traum herabgerissen und brach darüber in Klagen und Tränen aus. Als es Tag geworden, flehte sie Caesar an, zu Hause zu bleiben, wenn es irgend angehe, und die Senatssitzung zu verschieben. Und wenn er ihren Träumen keine Bedeutung zumesse, so solle er doch durch ein anderes Zeichen und durch Opfer sich Rat holen über die Zukunft. Da beschlichen, wie es scheint, auch ihn Argwohn und Sorge. Denn noch nie hatte er bis jetzt an Calpurnia jene abergläubische Angst bemerkt, wie sie den Frauen sonst eigen ist, und jetzt sah er sie ganz außer sich vor Erregung. Als ihm dann auch die Seher nach vielen Opfern verkündeten, daß sie nur Zeichen von unglücklicher Vorbedeutung beobachtet hätten, entschloß er sich, die Sitzung durch Antonius absagen zu lassen.

66. Doch mochte hier der Zufall die Hand im Spiele haben. Daß aber eine göttliche Macht Caesar führte und an die Stelle rief, wo die Tat geschehen sollte, daran vermag kein Zweifler zu rütteln: Der Senat war nämlich in einem jener Prachtgebäude versammelt, welche Pompejus neben seinem Theater errichtet hatte, und ein Pompejusstandbild erhob sich an der Stätte, wo das blutige Schauspiel vor sich ging. Auch soll Cassius, ehe er den Streich führte, mit einem Blick auf die Statue im stillen den Pompejus um Beistand angerufen haben, obwohl er sonst der Lehre Epikurs anhing. Aber im Augenblick, da die Schreckenstat vollbracht werden sollte, ergriff ihn eine begeisterte Erregung und ließ ihn seine früheren Grundsätze vergessen. Vor dem Sitzungsraum verwickelte Brutus Albinus den Antonius absichtlich in ein langes Gespräch, um ihn festzuhalten; denn Antonius stand treu zu Caesar und war ein ungewöhnlich kräftiger Mann. Als Caesar den Saal betrat, erhoben sich die Senatoren

ehrerbietig von ihren Sitzen. Einige von Brutus' Freunden stellten sich hinter Caesars Stuhl, die andern gingen ihm entgegen, als wollten sie das Gesuch des Tullius Cimber unterstützen, welcher für seinen verbannten Bruder um Gnade bat, und immerfort mit Bitten ihn bestürmend folgten sie ihm bis zu seinem Sessel. Caesar nahm Platz, dann schlug er das Gesuch rundweg ab, und als sie heftiger in ihn drangen, wies er jeden, der das Wort an ihn richtete, barsch zurück. Da faßte Tullius mit beiden Händen seine Toga und riß sie ihm vom Hals herunter. Dies war das verabredete Zeichen zum Angriff. Zuerst traf ihn Casca mit dem Dolch in den Nacken, doch ging der Stich nicht tief und war nicht tödlich, da Casca – man begreift es wohl – im ersten Augenblick der kühnen Tat vor Aufregung zitterte. Caesar vermochte sich umzudrehen, den Dolch zu packen und festzuhalten. Und miteinander riefen beide, der Verwundete auf lateinisch: »Verruchter Casca, was tust du?«, Casca auf griechisch, zu seinem Bruder gewendet: »Bruder, hilf!« Schauerndes Entsetzen faßte die Nichteingeweihten nach diesem ersten Stoß, sie wagten nicht zu fliehen noch Caesar beizuspringen, kein Laut kam über ihre Lippen. Die Verschworenen aber entblößten alle die Schwerter und umringten den Überfallenen. Wohin sich Caesar wendete, überall zuckten Hiebe, fuhren ihm Klingen vor Gesicht und Augen hin und her, er wurde durchbohrt wie ein wildes Tier, sich windend unter den Händen seiner Mörder. Denn es war ausgemacht, daß jeder das Opfer treffen und von seinem Blute kosten müsse. So führte auch Brutus einen Streich und verwundete ihn am Unterleib. Einige Berichte fügen bei, Caesar habe sich eine Zeitlang gegen die Angreifer gewehrt und sich schreiend hin- und hergeworfen, um den Stößen zu entgehen. Aber als er Brutus mit gezogenem Schwert unter den Gegnern erblickte, zog er die Toga übers Haupt und leistete keinen Widerstand mehr. Er brach am Sockel, auf welchem die Pompejusstatue stand, zusammen – aus Zufall oder weil die Mörder ihn dorthin gedrängt hatten. Sein Blut spritzte über das Standbild, es sah aus, als leite Pompejus selber die Rache an seinem Feinde welcher, zu seinen Füßen hingesunken, aus vielen Wunden blutend, mit dem Tode rang. Dreiundzwanzigmal soll er getroffen worden sein. Auch die Mörder hatten sich gegenseitig verwundet, da so viele Schwerter nach dem einen Körper zielten.

LUKIAN
WAHRE GESCHICHTEN

ca. 120-180 n. Chr.

I 1-21

In ca. 80 Schriften hat dieser Spötter und wendige ›Journalist‹ mit skeptischem Sinn Zeiterscheinungen persifliert; in den Wahren Geschichten *kar-ikiert er die phantastischen Erfindungen der Abenteuerromane.*

I. Wie die Ringkämpfer von Beruf und die, die sich mit der Fürsorge um ihren Leib beschäftigen, nicht bloß um dessen guten Zustand und um ihre Leibesübungen sich kümmern, sondern auch um gelegentliche Ausspannung – nach ihrer Meinung spielt sie eine sehr große Rolle im Training –, so ziemt sich m. E. auch denen, die sich mit Geisteswerken befassen, nach ausgiebiger Lektüre ernster Werke eine geistige Ausspannung, um den Geist für die künftige Mühe frisch zu erhalten. Eine passende Erholung würde aber für sie sein, wenn sie sich mit der Lektüre solcher Werke abgäben, welche nicht bloß eine auf geistreicher und angenehmer Darstellung beruhende Unterhaltung ihnen gewähren, sondern sie auch auf eine in gewissem Sinne ebenfalls zur Bildung gehörige Betrachtung hinweisen würden, wie sie so m. E. auch von diesen vorliegenden Büchern denken werden. Denn nicht bloß die Seltsamkeit des Gegenstandes oder die geistreiche Absicht soll sie anlocken oder der Umstand, daß ich viele Lügen mit überzeugender Wahrscheinlichkeit vorgebracht habe, nein, vor allem der Umstand, daß auch die Einzelheiten der Erzählung nicht ohne Spott Anspielungen enthalten auf gewisse alte Dichter, Schriftsteller und Philosophen, die viel Wunderliches und Fabelhaftes geschrieben haben (welche Autoren ich auch namentlich anführen würde, müßten sich nicht dir selber bei der Lektüre deren Namen klar ergeben). Ktesias, Sohn des Ktesiochos, von Knidos schrieb über Indien und die dortigen Verhältnisse Dinge, die er weder selbst gesehen noch von anderen wahrheitsgetreu vernommen hatte. Es schrieb auch Iambulos über die Verhältnisse im großen Meer (Ozean) viel seltsame Dinge, Erdichtungen, über deren Lügenhaftigkeit sich zwar alle Welt im klaren war, deren Komposition aber doch des Reizes nicht entbehrte. Auch viele andere haben in derselben Absicht weite Reisen beschrieben, die sie angeblich unternommen hatten, wobei sie von ungeheuren Tieren sowie von rohen Menschen und seltsamen Lebensweisen erzählten. Urheber und Lehrmeister solcher Aufschneiderei ist für sie der homerische Odysseus, der dem Alkinoos und seinen Leuten von der Knechtschaft der Winde erzählte, sowie von einäugigen, kannibalischen und wilden Menschen, ferner von vielköpfigen Wesen und von der Verwandlung seiner Gefährten durch Zaubermittel, lauter Faseleien, die jener vor den naiven Phaeaken vorbrachte. Bei der Lektüre all dieser Schriftsteller tadelte ich sie nicht so sehr wegen ihrer Lügen, da ich sah, daß das auch schon bei Philosophen von Beruf gewöhnlich ist. Darüber aber wunderte ich mich bei ihnen, daß sie meinten, man würde ihre Unwahrheiten nicht merken. Darum kam auch ich aus eitler Ruhmsucht auf den Gedanken, etwas der Nachwelt zu hinterlassen, um nicht allein der Freiheit im Fabulieren unteilhaft zu sein, da ich aber nichts Wahres zu erzählen hatte – ich hatte ja nichts Erwähnenswertes erlebt –, verlegte ich mich auf die Lüge, was in meinem Fall viel verzeihlicher ist als bei den anderen; ich werde nämlich in dem einen Punkt die Wahrheit sprechen, wenn ich sage, daß ich lüge. So glaube ich, einer Anklage von seiten der anderen entgehen zu können, wenn ich in keinem Punkt die Wahrheit zu sagen eingestehe. Ich schreibe also über Dinge, die ich weder selbst sah noch erlebte noch von anderen erfuhr, ja, die weder sind noch überhaupt vorkommen könnten. Deshalb sollen meine Leser ihnen unter keinen Umständen Glauben schenken.

Ich stach also einmal von den Säulen des Herakles aus in See nach dem westlichen Ozean und fuhr weiter bei günstigem Wind. Die Veranlassung zu meiner Reise und ihr Gegenstand war mein Vorwitz und das Verlangen, Neues zu sehen, sowie die Absicht zu erfahren, wo der Ozean endet und wie es mit den jenseits wohnenden Menschen steht. Zu diesem Zweck hatte ich viel Proviant an Bord genommen, auch eine genügende Menge Wasser und hatte fünfzig meiner Kameraden, die ebenso dachten wie ich, veranlaßt, sich mitanzuschließen, hatte mir ferner auch einen großen Vorrat an Waffen verschafft, den besten Steuermann um hohen Lohn gedungen und mein Schiff – es war aber eine Jacht – im Hinblick auf eine voraussichtlich lange Fahrt bei heftigem Wellengang sehr verstärkt. Einen Tag also und eine Nacht fuhren wir, während das Land noch in der Ferne sichtbar blieb, bei günstigem Wind und nicht sehr heftigem Wellengang weiter hinaus auf die hohe See, am folgenden Tag jedoch nahmen gleich bei Sonnenaufgang Wind und Wogen zu, es trat Dunkelheit ein und es war nicht einmal möglich, das Segel einzuziehen. Wir überließen uns also dem Wind und trieben im Sturm neunundsiebzig Tage herum, am achtzigsten Tage aber bricht plötzlich die Sonne durch und wir sehen nicht ferne von uns eine hohe, bewaldete Insel, von nicht heftiger Brandung umtost; denn im allgemeinen ließ das Unwetter allmählich nach. Wir legten also an, gingen ans Land und lagen dann lange Zeit auf der Erde, begreiflich nach so langem Ungemach. Dann standen wir aber doch auf und beorderten dreißig von uns, als Wächter beim Schiff zu bleiben, zwanzig hingegen sollten mit mir eine Anhöhe besteigen, um die Verhältnisse auf der Insel auszukundschaften. Nachdem wir etwa drei Stadien vom Meer durch einen Wald marschiert waren, sehen wir eine aus Erz verfertigte Säule mit einer Inschrift in griechischen, allerdings undeutlichen und verwischten Buchstaben, die besagte: »Bis hieher gelangten Herakles und Dionysos.« Es waren aber auch zwei Fußspuren in

der Nähe auf einem Fels, die eine ein Plethron lang, die andere
kleiner, m. E. die eine von Dionysos, die kleinere, die andere
hingegen von Herakles. Wir bezeigten ihnen unsere Verehrung
und gingen weiter. Wir waren aber noch nicht weit gegangen, da
gelangten wir zu einem Fluß mit Wein statt Wasser, am meisten
vergleichbar der Sorte des Chierweines. Die Strömung war ausgiebig und reichlich, so daß an manchen Stellen sogar Schiffbar-
keit möglich war. Es kam uns also nun um so eher in den Sinn,
der Inschrift auf der Säule Glauben zu schenken, da wir die
Wahrzeichen der Reise des Dionysos sahen. Da ich aber beschloß, auch den Ursprung des Flusses kennenzulernen, ging ich
längs der Strömung und fand keine Quelle, wohl aber viele
große Weinstöcke voller Trauben, bei jeder Wurzel aber floß ein
Tropfen klaren Weines heraus, aus welchen Tropfen der Fluß
allmählich sich bildete. Es gab aber auch viele Fische in ihm zu
sehen, die an Farbe und Geschmack meist dem Wein glichen.
Wir fingen einige von ihnen, verspeisten sie, wurden aber davon
trunken; wir schnitten sie auch auf und fanden sie voller Tre-
stern. Später aber kamen wir auf den Einfall, die anderen Fische,
nämlich die Seewasserfische, mit ihnen zu mischen, so daß dadurch der heftige Weingeschmack gemildert wurde.

Als wir dann den Fluß an einer Furt überschritten hatten, fanden wir eine wunderbare Rebensorte. Der Teil nämlich vom Boden an war echter, gutgewachsener, dicker Weinstock, oben
aber waren es Frauen, bei denen etwa von den Weichen an alles
vollkommen entwickelt war; so malt man bei uns die Daphne,
wie sie, soeben von Apollo gefaßt, allmählich zu einem Baum
wird. Aus den Fingerspitzen wuchsen ihnen Triebe, die voller
Trauben waren. Ja auch ihre Köpfe waren mit Ranken und Blättern belaubt, an denen Trauben hingen. Als wir näher gekommen waren, begrüßten und bewillkommneten sie uns, die eine in
lydischer, andere in indischer, die meisten aber in griechischer
Sprache, und sie küßten uns auch mit ihrem Mund; wer aber geküßt wurde, der ward sofort trunken und von Sinnen. Von den
Früchten aber ließen sie nicht pflücken, sondern fühlten Schmer-

WAHRE GESCHICHTEN

zen und schrien, wenn man sie abriß. Einige aber verlangten
auch, mit uns zu verkehren. Und zwei von meinen Gefährten nä-
herten sich ihnen, kamen aber nicht mehr los, sondern blieben an
den Schamteilen gefesselt. Sie wuchsen nämlich mit ihnen zusammen, verwurzelten sich und im Nu waren ihnen die Finger
zu Schößlingen geworden, während sie von Ranken umsponnen
wurden und zu erwarten stand, daß sie bald ebenfalls Früchte
tragen würden. Wir ließen sie also stehen, eilten zum Schiff und
erzählten den Zurückgebliebenen außer den anderen Ereignissen
auch vom Verkehr dieser Gefährten mit den Rebweibern. Wir
nahmen nun große Krüge, versahen uns mit Wasser zugleich
und mit Wein aus dem Fluß, lagerten uns in seiner Nähe am
Strand und stachen am frühen Morgen bei nicht heftigem Wind
in See.

Um Mittag, als die Insel nicht mehr sichtbar war, überfiel uns
plötzlich ein Wirbelwind, wirbelte das Schiff herum, hob es etwa
dreihundert Stadien in die Höhe und ließ es nicht mehr aufs Meer
nieder, sondern hielt es oben schwebend in der Luft, indem der
Wind sich in die Segel legte und das Segeltuch bauschte. Sieben
Tage und die gleiche Zahl von Nächten fuhren wir durch die
Luft, am achten sehen wir ein großes Land in der Luft wie eine
Insel, glänzend, kugelrund und von starkem Licht beschienen.
Wir legten an, gingen vor Anker und stiegen ans Land. Bei der
Betrachtung des Landes fanden wir, daß es bewohnt und ange-
baut war. Bei Tag nun bemerkten wir nichts weiter, als es jedoch
Nacht geworden war, zeigten sich uns noch viele andere Inseln
in der Nähe, die einen größer, die andern kleiner, an Farbe dem
Feuer vergleichbar, und ein anderes Land unten mit Städten,
Flüssen, Meeren, Wäldern und Bergen. Wir vermuteten, daß das
unsere Erde sei. Als wir nun beschlossen hatten, noch weiter
vorzudringen, begegneten wir den sogenannten Roßgeiern –
wie sie bei ihnen heißen –, die uns verhafteten. Diese Roßgeier
sind Männer, die auf großen Geiern reiten und die Vögel wie
Rosse benützen. Die Geier sind nämlich groß und meist dreiköp-
fig; man könnte ihre Größe aus folgendem erkennen: jeder ihrer

Flügel ist länger und dicker als der Mast eines großen Lastschiffes. Diese Roßgeier haben also den Auftrag, um ihr Land zu fliegen, und wenn sich ein Fremdling fände, ihn zum König zu bringen. So bringen sie auch uns nach unserer Verhaftung zu ihm. Er sah uns an, schloß aus unserer Tracht auf unsere Herkunft und sprach: »Griechen seid ihr also, ihr Fremdlinge?« Auf unsere bejahende Antwort erwiderte er: »Wie seid ihr also hieher gekommen und habt eine so große Strecke durch die Luft zurücklegen können?« Da erzählten wir ihm alles und er hub an und erzählte uns seine Geschichte, wie er ebenfalls ein Mensch gewesen sei, namens Endymion, einmal im Schlaf von unserer Erde emporgerafft, hieher gekommen und König dieses Landes geworden sei; es sei aber, sagte er, das Land, das uns dort unten erscheine, der Mond. Er forderte uns auf, guten Mutes zu sein und keine Gefahr zu argwöhnen; alles, was wir brauchen, werde uns nämlich zur Verfügung stehen. »Falls ich auch«, sprach er, »in dem Krieg, den ich jetzt gegen die Bewohner der Sonne führe, Glück habe, werdet ihr das allerglücklichste Leben bei mir führen.« Und wir erkundigten uns, wer die Feinde seien und um den Anlaß des Zwistes. »Phaëthon«, erwiderte er, »der König der Bewohner der Sonne – denn auch sie ist bewohnt wie der Mond – führt schon lange gegen uns Krieg. Er begann aus folgendem Anlaß: Ich sammelte einmal die mittellosesten der Bewohner meines Reiches und wollte sie als Kolonisten auf den Morgenstern entsenden, der öde ist und von niemand bewohnt wird. Phaëthon aber verhinderte aus Neid die Gründung der Kolonie, indem er mitten im Weg auf den Roßameisen mir entgegentrat. Damals wurden wir also besiegt – wir waren ihnen nämlich an Rüstung nicht gewachsen – und mußten uns zurückziehen. Jetzt aber will ich den Krieg wieder aufnehmen und die Kolonie anlegen. Falls ihr also wollt, beteiligt euch an meinem Zug, ich werde jedem von euch Geier von der Gattung der Königsgeier und die übrige Ausrüstung zur Verfügung stellen, morgen werden wir ausmarschieren.« »So soll es geschehen«, sprach ich, »nachdem du dafür bist.«

WAHRE GESCHICHTEN 659

Da blieben wir also bei ihm und ließen uns bewirten, in der Früh aber stellten wir uns nach dem Aufstehen in Schlachtordnung auf; denn die Späher zeigten die Nähe der Feinde an. Die Masse des Heeres belief sich auf 100000 Mann ohne den Troß, die Verfertiger der Kriegsmaschinen, das Fußvolk und die fremden Bundesgenossen. Davon waren 80000 Roßgeier und 20000 Kohlflügler; das ist aber ein sehr großer Vogel, der statt der Federn am ganzen Körper struppig ist vor lauter Kohlblättern, die Flügel, die er hat, gleichen am meisten Lattichblättern. Diesen waren die Hirsenschützen beigeordnet und die Knoblauchkämpfer. Es kamen ihm auch vom Sternbild des Bären Bundesgenossen zu Hilfe, 30000 Flohschützen und 50000 Windläufer; von diesen reiten die Flohschützen auf großen Flöhen (wovon sie auch den Beinamen haben; die Größe der Flöhe ist ungefähr die von zwölf Elefanten); die Windläufer sind zu Fuß und bewegen sich in der Luft ohne Flügel; die Art ihrer Bewegung ist so: sie haben lange Hemden, die sie schürzen; bauscht sie dann der Wind wie Segel auf, so bewegen sie sich wie die Schiffe. Meist dienen solche Truppen in ihren Schlachten als Leichtbewaffnete. Es hieß, daß auch von den Sternen über Kappadokien 70000 Sperlingsbolzen und 5000 Roßkraniche kommen würden. Diese bekam ich nicht zu Gesicht; sie kamen nämlich nicht an. Deshalb erkühnte ich mich auch nicht, ihr Wesen zu beschreiben; Wunderbares und Unglaubwürdiges wurde ja von ihnen erzählt.

Das war die Streitmacht des Endymion. Die Ausrüstung aller war die gleiche: Helme aus Bohnen – die Bohnen sind nämlich bei ihnen groß und stark –; ihre Panzer sind lauter Schuppenpanzer aus Saubohnen – sie nähen nämlich die Schalen der Saubohnen zusammen und machen daraus die Panzer; es erweist sich aber dort die Schale der Saubohnen als unzerbrechlich wie Horn –; ihre Schilde und Schwerter sind wie die griechischen. Als es aber an der Zeit war, stellten sie sich in folgender Schlachtordnung auf: den rechten Flügel hatten die Roßgeier und der König mit den Besten seiner Umgebung – auch wir befanden uns unter diesen –; den linken die Kohlflügler; das Zentrum die Bundesge-

nossen, wie es den einzelnen Abteilungen gut dünkte. Das Fußvolk belief sich auf etwa 60000000. Sie wurden so aufgestellt:
Spinnen kommen bei ihnen große und in großer Anzahl vor,
jede viel größer als die Kykladen; diesen trug er auf, ein Spinnge-
webe in dem Luftraum zwischen dem Mond und dem Morgenstern herzustellen. Sobald sie damit fertig waren und so eine
ebene Fläche hergestellt hatten, stellte er auf dieser das Fußvolk
auf; sie führte Nachtherr, Sohn des Schönwetterfürsten selbdritt
(mit zwei anderen). Auf Seite der Feinde hatten den linken Flügel
die Roßameisen und unter ihnen Phaëthon. Es sind aber sehr
große Tiere, geflügelt, die den Ameisen bei uns gleichen mit
Ausnahme der Größe; denn die größte von ihnen war zwei
Plethren lang. Es kämpfte aber nicht bloß die auf ihnen reitende
Mannschaft, sondern auch sie selber, besonders mit den Hörnern; es hieß, ihre Zahl betrug gegen 50000. Auf ihrem rechten
Flügel wurden die Luftgelsen aufgestellt, deren Zahl gleichfalls
gegen 50000 betrug, lauter auf großen Gelsen reitende Bogenschützen. Hinter diesen standen die Lufttänzer, leichtbewaff-
netes Fußvolk, jedoch ebenfalls kampftüchtig; sie schossen
nämlich aus der Ferne mit überaus großen Rettichen und der Ge-
troffene konnte nur mehr kurze Zeit sich halten und siechte
langsam dahin, wobei auch ein übler Geruch in seiner Wunde
sich bemerkbar machte; es hieß aber, daß sie ihre Geschosse mit
Malvengift bestreichen. Anschließend an sie wurden die Stengelpilze aufgestellt, schwerbewaffnete Nahkämpfer, an Menge
10000; sie hießen Stengelpilze, weil sie Schilde aus Pilzen gebrauchten und Speere aus Spargelstengeln. In ihrer Nähe stellten
sich die Hundsbolzen auf, welche ihm die Bewohner des Sirius
(des Hundssternes) geschickt hatten, 5000, und zwar sind das
Männer mit einem Hundsgesicht, die auf geflügelten Bolzen
kämpfen. Es hieß aber, daß auch bei ihm einige seiner Bundesgenossen in Verspätung waren, nämlich die Schleuderer, die er von
der Milchstraße bestellt hatte, und die Wolkenkentauren. Aber
diese kamen erst nach der Entscheidung der Schlacht – was nie
der Fall hätte sein sollen! –; die Schleuderer aber fanden sich

WAHRE GESCHICHTEN

überhaupt nicht ein, weshalb, wie es heißt, Phaëthon später aus
Zorn ihr Land mit Feuer verwüstete.

Mit einer solchen Heeresrüstung rückte Phaëthon heran. Der
Zusammenstoß erfolgte, nachdem man die Feldzeichen aufge-
steckt und die Esel auf beiden Seiten ihr Geschrei erhoben hatten
(dieser bedienen sie sich nämlich statt der Trompeter). Und nun
nahm der Kampf seinen Verlauf. Der linke Flügel der Sonnenbe-
wohner floh sofort, ohne sich mit den Roßgeiern auch nur in ein
Handgemenge einzulassen, und wir setzten ihnen nach mit
Mord und Totschlag. Ihr rechter Flügel hingegen behielt die
Oberhand gegen unseren linken Flügel und es rückten die Luftgelsen heran, die ihre Verfolgung bis zum Fußvolk ausdehnten.
Da aber dieses zur Gegenwehr schritt, machten sie eine Schwen-
kung und flohen, am meisten, nachdem sie die Niederlage ihrer
Leute vom linken Flügel gemerkt hatten. Infolge des glänzenden
Sieges wurden viele lebend gefangen, viele auch umgebracht
und floß das Blut reichlich aus den Wolken (so daß sie sich färb-
ten und rot erschienen, wie das bei uns bei Sonnenuntergang der
Fall ist), träufelte auch reichlich zur Erde nieder, so daß ich ver-
mutete, ob nicht etwa so etwas sich voralters oben im Himmel
abspielte, was den Homer veranlaßte anzunehmen, Zeus habe
wegen des Todes des Sarpedon Blut regnen lassen. Nachdem
wir von der Verfolgung zurückgekehrt waren, stellten wir zwei
Trophäen auf, eine auf der Spinnwebe wegen der Infanterie-
schlacht, die andere wegen der Luftschlacht auf den Wolken.
Eben war man damit beschäftigt, da wurde von den Spähern das
Heranrücken der Wolkenkentauren gemeldet, welche bereits
vor der Schlacht zu Phaëthon hätten kommen sollen. Und sie
zeigten sich schon im Anmarsch, ein sehr seltsamer Anblick, aus
Flügelrossen und Menschen zusammengesetzte Wesen. Die
Größe der Menschen war ungefähr die des rhodischen Kolosses,
zur Hälfte nach oben, die der Rosse etwa die eines großen Lastschiffes. Ihre Menge schrieb ich nicht auf, damit sie nicht jemand
unglaublich vorkomme – so groß war sie. Ihr Anführer war der
Schütze aus dem Tierkreis. Als sie aber die Niederlage ihrer

Freunde merkten, sandten sie zu Phaëthon eine Botschaft, wieder heranzurücken, sie selbst jedoch überfallen in Schlachtordnung die Mondbewohner, bei denen Verwirrung herrschte, weil sie sich ungeordnet zur Verfolgung und um Beute zu machen zerstreut hatten. Und sie schlagen alle in die Flucht, den König selbst verfolgen sie bis zur Stadt und töten die meisten seiner Vögel, sie rissen aber auch die Trophäen aus und sprengten über die ganze von den Spinnen gewebte Ebene, mich aber und zwei meiner Gefährten fingen sie. Bereits war auch Phaëthon da und es wurden wieder andere Trophäen von jenen aufgestellt.

Wir wurden, die Hände auf dem Rücken mit einem Stück Spinnwebe gebunden, noch an demselben Tag auf die Sonne gebracht. Sie beschlossen nicht, die Stadt zu belagern, sondern machten kehrt und schlossen den Zwischenraum der Luft mit einer Mauer ab, so daß die Sonnenstrahlen nicht mehr zum Mond gelangten. Die Mauer war doppelt, aus Wolken, so daß eine ausgesprochene Finsternis und ununterbrochene Nacht auf dem Mond herrschte. Da diese Verhältnisse auf Endymion schwer lasteten, bat er durch Boten, den Bau niederzureißen und sie nicht rücksichtslos im Dunkeln leben zu lassen, versprach aber auch Abgaben zu zahlen, Bundesgenosse zu sein und nicht mehr Krieg zu führen, wollte auch Geisel auf diese Bedingungen hin stellen. Phaëthon aber und seine Leute ließen, nachdem zweimal eine Versammlung stattgefunden hatte, am ersten Tag ihren Grimm nicht locker; am nächsten jedoch änderte sich ihre Stimmung und es kam unter folgenden Bedingungen der Friede zustande:

Auf folgende Bedingungen hin schlossen die Sonnenbewohner und ihre Bundesgenossen einen Vertrag mit den Mondbewohnern und deren Bundesgenossen: Es sollen die Sonnenbewohner die Zwischenmauer niederreißen und nicht mehr den Mond bekriegen, die Gefangenen aber auch zurückgeben, einen jeden um ein vereinbartes Lösegeld, anderseits sollen die Mondbewohner den übrigen Sternen ihre Selbständigkeit lassen und die Sonnenbewohner nicht bekriegen, vielmehr beide Parteien sich gegenseitig Hilfe leisten, falls jemand gegen sie zu Felde zieht. Als Abgabe soll in jedem Jahr der König der Mondbewohner dem König der Sonnenbewohner 10 000 große Krüge Tau darbringen und als Geisel 10 000 seiner Leute stellen, die Kolonie auf dem Morgenstern sollen sie gemeinsam anlegen, an der sich auch von den anderen, wer will, beteiligen darf. Den Vertrag soll man auf einer Säule aus mit Silber gemischtem Gold in der Mitte des Luftraumes im Grenzgebiet aufstellen. Es beschworen den Vertrag von den Sonnenbewohnern Feuermann, Sommerer und Flammerich, von den Mondbewohnern Nachtvogel, Mondlicht und Sternlicht.

So kam der Friede zustande. Sofort wurde die Mauer niedergerissen und stellten sie uns Gefangene zurück. Als wir aber auf den Mond gekommen waren, kamen uns entgegen und begrüßten uns unter Tränen unsere Gefährten und Endymion persönlich. Und er verlangte, ich solle bei ihm bleiben und mich an der Kolonie beteiligen, indem er mir versprach, mir seinen Sohn zur Ehe zu geben. Frauen gibt es nämlich nicht bei ihnen. Ich jedoch ließ mich unter keinen Umständen überreden, sondern verlangte, hinunter auf das Meer entlassen zu werden. Als er die Unmöglichkeit, mich umzustimmen, erkannte, entläßt er uns nach siebentägiger Bewirtung.

NACHWORT

Mit der griechischen Literatur hat es eine besondere Bewandtnis. Wenn wir bei der Beschäftigung mit Literatur auf die drei großen, von Goethe so genannten »Naturformen der Dichtung«: Epos, Lyrik, Drama stoßen, wenn wir die kleinen und großen Gattungen wie Elegie, Lied, Tragödie, Komödie unterscheiden, wenn uns die Abgrenzung der literarisch geformten Prosa in ihren Erscheinungsformen (Dialog, Brief, Rede, Roman) gegen die Dichtung geläufig ist, so gebrauchen wir Begriffe und Kategorien, die die Griechen geschaffen haben und die uns ohne die Griechen nicht verfügbar wären. Es geht aber nicht nur um das begriffliche Instrumentarium, sondern um die Sache selbst. Ohne die Griechen – und die Umformung griechischen Geistes durch die Römer – wäre in Europa keine Tragödie, keine Komödie entstanden; die europäische Literatur sähe ohne diese prägende Kraft anders aus.

Aber die Griechen hatten keine Griechen vor sich. Zwar weiß man heute besser als noch vor einem halben Jahrhundert, daß es auch in den Hochkulturen des Alten Orients Literatur gegeben hat: Heldenlieder, Göttermythen, eine Art höfisches Epos, Gedichte, die wir der Gattung Lyrik zuordnen würden, und eine chronikartige Geschichtsschreibung. Von diesen Erscheinungen ist die frühe griechische Literatur nicht unberührt gewesen. Aber es handelt sich um sakral oder höfisch gebundene Schöpfungen; erst durch die Griechen ist Literatur etwas für den Menschen Verfügbares geworden. Zugleich haben erst die Griechen die Gattungen der Literatur aus bestimmten volkstümlichen Vorformen in Kult und Brauchtum kunstmäßig und reflektiert entwickelt, und zwar in der vom 8. bis zum 5. Jahrhundert reichenden Abfolge zunächst das Epos, dann die verschiedenen Erscheinungsformen der (erst später so genannten) Lyrik und schließlich das Drama in einer inneren Gesetzmäßigkeit, die man »Entdeckung des Geistes« genannt hat.

Schon das erste Stück überlieferter griechischer Literatur, die wohl in der zweiten Hälfte des 8. Jahrhunderts entstandene *Ilias* Homers, ist ein höchst komplexes Epos, das alle Vorformen nur mündlich konzipierter Heldenlieder weit hinter sich läßt. Vor allem aber ist das traditionelle Konzept des Rühmens von Heldentaten bereits überwunden, indem mit dem Zorn des Achilleus ein – wie wir sagen würden – seelisches Motiv zum Kerngeschehen gemacht ist. Das ausgewählte Beispiel des 24. Gesanges zeigt altes und neues Denken handgreiflich nebeneinander. Während in archaischer Grausamkeit Achilleus die Leiche Hektors mit seinem Gespann schleift, tritt Apollon auf und mahnt Götter und Menschen zur Mäßigung, zum Erbarmen mit dem Gegner. Die Versöhnung mit dem greisen Priamos und die Herausgabe des Leichnams, verstanden als ein Akt der Menschlichkeit, machen diesen Gesang zu einem ersten Zeugnis einer Ethik des Maßes, wie wir sie später vom delphischen Apollon kennen.

Die wohl eine Generation jüngere *Odyssee* ist in ihrer Komposition verschlungener, mit vielen Vor- und Rückblicken in der Erzählung. So berichtet Odysseus in den hier ausgewählten Gesängen vor den Phäaken von seinen Abenteuern und innerhalb seines Berichtes wieder von vorausdeutenden Wegweisungen, die er in der Unterwelt von dem Seher Teiresias empfängt. In Odysseus tritt uns ein neues Menschenbild entgegen, besonders deutlich in dem Bericht von dem berühmten Kyklopenabenteuer. Nicht mehr die direkte heldische Kraft eines Aias oder Achilleus ist das Ideal, sondern eine mehrere Züge vorausberechnende Klugheit, die über bloße Kraft und Gewalt die Oberhand gewinnt. In der sog. Nekyia, der Unterweltsszene, macht der Dichter zugleich in einem weiten Rahmen das ganze mythische Geschehen um Troja mit dem Schicksal der anderen Helden (Agamemnon, Achilleus, Aias) transparent und gibt durch diese erste Mythologie seinem Epos geschichtliche Tiefe.

Der nur wenig jüngere Hesiod zeigt in seinen in der Sprachgestalt vom Epos tief beeinflußten Lehrgedichten eine andere Welt. In der *Theogonie* sind es philosophische Kosmogonien, präludierende Schöpfungsmythen und dann die Kämpfe der früheren Göttergeschlechter bis zur Herrschaft des Zeus; in den *Werken und Tagen* geben die Mahnungen an den unsoliden Bruder Perses Einblicke in eine ganz unheldische, bäurische Welt der Mühe und Arbeit. Die in dieser Sphäre auftauchenden Fragen nach Recht und Gerechtigkeit werden dann viel später in der sokratisch-platonischen Philosophie aufgegriffen.

Während Hesiod der erste Dichter ist, der sich in der Dichtung mit seinem Namen vorstellt, tritt in den bald darauf einsetzenden kleineren, im Hellenismus zur Gattung »Lyrik« zusammengefaßten Formen des Liedes, der Elegie und des Jambos das Ich des Dichters noch viel stärker in den Vordergrund. In den Gedichten der Sappho sind es die ganz eigenen Gefühle der Dichterin selbst, die sich im Kreise mit ihren Gefährtinnen aus bestimmten, wohl stereotypen Anlässen ergeben. So ist das *Gebet an Aphrodite* die vorgeprägte äußere Form für eine verhüllte Liebeswerbung, in der Herbeirufung der Göttin Aphrodite und der Erinnerung an deren frühere Epiphanie wunderbar gespiegelt und am Schluß gesteigert zur Unmittelbarkeit des Verlangens.

Ganz anders die *Siegeslieder* Pindars, deren äußere Veranlassung die Siege bei den großen olympischen, delphischen, nemeischen und isthmischen Spielen waren. Obgleich Chorlyrik, kommt auch hier das Persönliche des Dichters zur Geltung, der mit heiligem Ernst, noch ganz unberührt von attischer Demokratie und ionischer Naturwissenschaft, seine Mahnungen und Warnungen auch den mächtigen sizilischen Tyrannen, nicht immer zu deren Gefallen, zuteil werden läßt, im aufrechten Festhalten an einer archaischen Wertewelt, deren Untergang sich bereits ankündigte.

Das Spätwerk Pindars fällt schon in die erste große Blütezeit der Tragödie, die in ihrer produktiven Phase an die attische Demokratie des 5. Jahrhunderts gebunden ist. Der mit Pindar nahezu gleich alte Aischylos hat in der ersten uns erhaltenen Tragödie, in den *Persern* (472 v. Chr.), einen Stoff aus der selbsterlebten Gegenwart, die Überwindung der Persergefahr und damit das Ereignis gestaltet, welches wie kein anderes für das Selbstbewußtsein der Griechen bestimmend war, dann aber im Aufgreifen der vor allem durch das Epos dargestellten Heldensage die alte mythische Welt in die neuen Formen der Polis integriert. Dies zeigt besonders deutlich die *Orestie*, die einzig erhaltene Trilogie, in deren Schlußstück, in den *Eumeniden*, die alte Problematik des aus Rache für den Vater Agamemnon von Orest begangenen Muttermordes eine neue, durch Einsetzung einer politischen Institution in einer demokratischen Abstimmung erzielte Lösung findet, freilich nicht durch menschliche Kraft allein, sondern unter Mitwirkung der Göttin Athena als Garantin der politischen Rechtssicherheit.

Der dramatisch besonders wirksame *Agamemnon* ist hier in der heute nicht mehr zugänglichen Übersetzung von Karl Gustav Vollmoeller ausgewählt, in der der berühmte Max Reinhardt zuerst 1911/12 in München und Berlin und dann 1919 zur Einweihung des aus dem Umbau des Zirkus Schumann hervorgegangenen, 3500 Plätze fassenden Großen Schauspielhauses in Berlin die *Orestie* in riesigen Dimensionen mit über 1000 Statisten inszeniert hat. Vollmoeller war nicht nur ein dem Georgekreis nahestehender Dichter (und in der Emigration in den USA später auch Filmemacher), sondern hatte Archäologie und Klassische Philologie studiert und konnte daher die Übersetzung philologisch einwandfrei aus dem griechischen Text gestalten.

Die durch die Wirren des Peloponnesischen Krieges hervorgerufenen Erschütterungen der Polis spiegeln sich auch in der Tragödie wieder. Die Tragödie gewinnt nunmehr eine warnende Funktion, nicht freilich in dem banalen Sinne der einfachen Analogie zwischen Dramenfiguren (Kreon, Oedipus) und historischen Gestalten (z. B. Perikles). Aber es kann kein Zweifel sein, daß die spezifisch sophokleische Gestaltung des Schicksals jenes trotz aller Klugheit scheiternden Oedipus auch eine

Warnung vor Planbarkeit und Machbarkeit der Dinge darstellt. Die Klugheit und Folgerichtigkeit der Handlung mit ihrem Zusammenfall von Erkenntnis und Schicksalsumschwung (Peripetie) hat dem *König Oedipus* von Aristoteles an bis ins 18. Jahrhundert den Rang einer Mustertragödie gesichert; die Unerbittlichkeit des fragenden Oedipus hat in neuerer Zeit Anlaß zu mancherlei gewiß nicht ganz widerspruchsfreien Deutungen gegeben, wonach in Oedipus sich symbolisch die Existenz des fragenden und im Scheitern sich selbst findenden Menschen zeige.

Als dann durch das aggressive Abenteuer der Sizilischen Expedition, die schließlich die Niederlage Athens herbeiführte, die politische Stimmung sich verdüsterte, wird die warnende Funktion der Tragödie deutlicher. Ein besonders eindringliches Beispiel stellen die gerade heute auf unseren Bühnen wieder aktuellen *Troerinnen* des Euripides dar, die das grauenhafte Elend der Frauen in der eroberten Stadt schildern. Euripides hat die Greuel des Krieges, der Sieger und Besiegte zugrunde richtet, im Frühjahr 415 v. Chr. auf die Bühne gebracht, also noch vor der allerdings schon geplanten Sizilischen Expedition, die er mit den Mitteln der Dichtung ebensowenig verhindern konnte wie Franz Werfel den Ersten Weltkrieg, an dessen Vorabend er seine Bearbeitung des euripideischen Stückes fertiggestellt hatte. Aber als ein erschütterndes Fanal gegen den Krieg bleibt die Tragödie des Euripides heute besonders lebendig.

Wie sich die gleiche politische Konstellation in der Komödie spiegelt, zeigen die ein Jahr später aufgeführten *Vögel* des Aristophanes mit ihrer heute wieder höchst aktuellen Aussteigerproblematik. Zwei Athener halten es in Athen nicht mehr aus, flüchten in die Vogelwelt und errichten einen Vogelstaat, der paradoxerweise wie ein zweites Athen mit all seinen Fehlern installiert wird. Menschen dringen in die Natur ein und zwingen sie unter ihr Gesetz –, das ist ein damals wie heute viel diskutiertes Thema. Dabei dürfen wir nicht vergessen, daß es sich bei Aristophanes um eine Komödie handelt, hinter der wohl eine ernste

Sache steht, über deren Witz, hier in der Märchenhaftigkeit des komischen Höhenfluges, man aber auch lachen soll.

Griechische Dichtung aller Gattungen ist stets an konkrete, eine Gemeinschaft von Bürgern betreffende institutionelle Gegebenheiten (Feste, Symposion usw.) gebunden gewesen und auch in einer sich entwickelnden Schriftkultur bis in das letzte Viertel des 5. Jahrhunderts hinein zunächst mündlich rezipiert und im Hinblick auf eine mündliche Rezeption produziert worden. So war z. B. die Tragödie Bestandteil des großen Dionysosfestes und zunächst für in der Regel nur eine Aufführung gedichtet. Wiederaufführungen von Dramen waren im 5. Jahrhundert Ausnahmen und fanden eher außerhalb Athens auf den kleineren attischen Dementheatern statt; sie wurden erst 386 v. Chr. durch einen förmlichen Beschluß regelmäßig auf den Dionysien zugelassen. Auch sind alle Dramen unvorstellbar schnell gedichtet worden. Im 5. Jahrhundert sind über 1000 Tragödien in Athen aufgeführt worden, von Sophokles allein ca. 130; im statistischen Durchschnitt hat Sophokles Tragödien wie *Antigone* und *König Oedipus* in ca. 6 Monaten gedichtet; er war zudem sein eigener Komponist (für die Chorlieder) und Regisseur; er war ferner in sakralen und politischen Ämtern tätig. An eine Rezeption oder gar Deutung seiner Dramen in einer ferneren Zukunft konnte er gar nicht denken.

Die gegenüber der Dichtung erst sekundär an die Öffentlichkeit gelangte Prosa war dagegen von vornherein auf dauerhaftere Wirkung angelegt. Sie entwickelte sich im ionischen Bereich auf den Gebieten von Philosophie und Wissenschaft. Früheste Zeugnisse sind nur fragmentarisch erhalten; im Zusammenhang sind die Schriften des Hippokrates und seiner Schule eindrucksvolle Beispiele dafür, wie sich eine Wissenschaft in der Differenzierung in Disziplinen und in der Erarbeitung von Fachtermini bis hin zu einer kompletten Nomenklatur aller Knochenbrüche etabliert und darüber hinaus zu öffentlicher Wirksamkeit im Hinblick auf ein Lesepublikum zu gelangen sucht. Während der berühmte *Eid* (über dessen Au-

NACHWORT 671

torschaft und Datierung die Forschung sich nicht einig ist) eher
innerhalb der Zunft der Ärzte über die Generationen tradiert
wurde, ist die aus der großen Menge der über 50 Schriften des
Corpus Hippocraticum hier ausgewählte, wohl von Hippokrates selbst stammende Schrift *Über die Umwelt*, die etwa zur gleichen Zeit wie der *König Oedipus* des Sophokles entstanden ist,
von vornherein auf ein größeres, auch künftiges Lesepublikum
berechnet. Die Schrift ist frei von Bindungen an Ort und Zeit; sie
will den Arzt der Gegenwart und Zukunft über die klimatischen
Naturgegebenheiten in ihrer Wirkung auf die Konstitution und
Lebensweise der Menschen informieren. In ihrem zweiten Teil
ist sie ein frühes Zeugnis für eine biologisch-medizinisch orien-
tierte Völkerkunde.

Die ethnographische Komponente ist kennzeichnend auch für
das Geschichtswerk Herodots, das in der Darstellung der Perser-
kriege gipfelt, diese Auseinandersetzung auf ihre historischen
Wurzeln zurückverfolgt und dabei in längeren Exkursen die jeweils relevanten Völker vorstellt. Der umfangreichste dieser Ex-
kurse handelt über Geographie, Geschichte, Religion und Kultur
Ägyptens und war bis gegen Ende des 18. Jahrhunderts, also in
der Zeit vor der Entzifferung der Hieroglyphen, die wichtigste
literarische Quelle über das alte Ägypten.

Eine Generation später gelangt mit Thukydides ein Historiker
an die Öffentlichkeit, der mit einem modern anmutenden Me-
thodenbewußtsein die geschichtlichen Vorgänge analysiert und
auf ihre im Machtstreben der Menschen wurzelnden Ursachen
zurückführt. Daß er dabei auch für künftige Zeiten verbindliche
Einsichten zu vermitteln beansprucht, sagt er selbst ganz ausdrücklich.

In einer nun voll etablierten Schriftkultur einschließlich eines
öffentlichen Buchhandels gelangt im 4. Jahrhundert v. Chr. die
Prosa ganz in den Vordergrund. Der Tod des Sokrates (399
v. Chr.) markiert einen Epocheneinschnitt. Während der bie-
dere Xenophon zeigen kann, wie der Durchschnittsbürger auf
die Verurteilung des Sokrates reagiert hat, sehen wir in den

scheinbar so eingängigen, in Wirklichkeit aber höchst kompli-
zierten Dialogen Platons die Gestalt des Sokrates und dessen
konkrete Umwelt auf eine Ebene gehoben, auf der sie in zumeist
verhüllter, indirekter Weise zum Ausdruck der Philosophie Platons werden kann. Ein berühmtes Beispiel dafür ist das *Gastmahl*. Eine traditionelle Form – ein Symposion als Feier eines
Tragödiensieges, hier des Agathon, mit den herkömmlichen
Zeremonien (Reden über ein verabredetes Thema) – ist der Rahmen, der durch das für die Griechen so zentrale Thema des Eros
ausgefüllt wird, das von Rede zu Rede stärker sublimiert und
schließlich in der Rede des Sokrates so gesteigert erscheint, daß
Eros zur Metapher für Philosophie wird. Die Philosophie des
Aristoteles könnte so nicht ausgedrückt werden. Sie ist in relativ
autonome Teilbereiche gegliedert und entsprechend in Lehr-
schriften dargestellt. Zwei Beispiele sind hier ausgewählt: die
Abhandlung über die Freundschaft innerhalb der Ethik mit ihrem Reichtum an Lebenserfahrung und das erste Buch der von
Aristoteles überhaupt erst geschaffenen Teildisziplin Meteorologie, in der sich eine Fülle stupender Beobachtungen mit überkommenen Theorien innerhalb des grundsätzlich unzutreffen-
den geozentrischen Weltbildes verbindet.

Der Aristotelesschüler Theophrast ist als Begründer einer
wissenschaftlichen Botanik berühmt geworden. Er hat aber
auch zahlreiche andere, zum größten Teil verlorene Schriften
verfaßt. Aus seinen *Charakteren*, einer Sammlung von 30 negati-
ven Charakterbildern, sind vier einprägsame Beispiele ausgewählt. Diese Charaktere haben wohl auch die sog. Neue Komödie vor allem des Menander beeinflußt, aber auch in der Neuzeit
als Literaturgattung produktiv gewirkt.

Aus der riesigen Literatur des Hellenismus kann hier kaum etwas aufgenommen werden. Die Dichtung ist mit Ausnahme der
an unmittelbarem poetischen Schwung hinter Aristophanes
doch zurückstehenden Komödie des Menander kompliziert und
voraussetzungsreich.

Aus der weitverzweigten und uns großenteils nur in Trüm-

NACHWORT 673

mern greifbaren hellenistischen Philosophie ragen durch ihr persönliches Ethos drei erhaltene Briefe Epikurs heraus. Der *Brief an Menoikeus* zeigt, wie das folgenreiche Prinzip der Lust in einer Zeit zu verstehen ist, in der die Fragen der Lebensführung im Sinne einer philosophischen Ethik nicht mehr an die Gemeinschaft der Polis gebunden sind.

Die griechische Literatur der Kaiserzeit hat vor allem im Bereich der Prosa, vielfach in Rückbesinnung auf die Klassik, noch einmal eine gewisse Blütezeit erlebt. Ein bedeutendes Zeugnis für einen derartigen Klassizismus ist die anonyme, fälschlich einem Longinos zugeschriebene Schrift *Vom Erhabenen*, deren literaturtheoretisches Niveau eine beträchtliche Wirkung auf die europäische Literatur des 17. und 18. Jahrhunderts zur Folge hatte.

In Dion von Prusa (seit dem 3. Jahrhundert Chrysosthomos genannt) tritt uns ein mit geradezu romantischer Verklärung an der klassischen Vergangenheit hängender, durch Kynismus und stoische Philosophie geprägter Rhetor entgegen, der nach der Verbannung durch Domitian im Jahre 82 n. Chr. ein unstetes Wanderleben außerhalb seiner bithynischen Heimat und Italiens führen mußte. Von seinen ca. 80 Reden sind einige bemerkenswert; diejenige über Knechtschaft und Freiheit verbindet eigene Erfahrungen mit stoischem Gedankengut.

Bedeutender ist der in die gleiche Zeit gehörende Plutarch, dessen philosophische Schriften naturwissenschaftlichen und ethischen Inhaltes (mit einer besonderen Nähe zur delphischen Religion) nicht so sehr berühmt geworden sind wie die bis ins 19. Jahrhundert viel gelesenen Parallelbiographien, in denen je ein großer Grieche mit einem Römer zu einem Paar vereinigt und so griechische Tradition mit römischer Macht in Verbindung gebracht ist.

Mit Lukian steht am Schluß unseres Lesebuches eine schillernde Persönlichkeit, ein der sog. Zweiten Sophistik zuzurechnender Kritiker der überkommenen Religion und Philosophie, der *Wahre Geschichten* in kühner Phantasie erfindet. Und so mag seine abenteuerliche Weltraumfahrt gemäß seinen eigenen Worten »nach ausgiebiger Lektüre ernster Werke eine geistige Ausspannung sein, um den Geist für die künftige Mühe frisch zu erhalten«.

QUELLENNACHWEIS

Aischylos, Agamemnon, S. 99
Aus: Agamemnon. Übersetzt von Karl Gustav Vollmoeller. Verlag des
Deutschen Theaters, Berlin 1920, S. 9-74.

Aristophanes, Vögel, S. 259
Aus: Vögel. Übersetzt von Ludwig Seeger. Artemis-Verlag, Zürich
1953, zitiert nach dtv, München 1976, S. 293-359.

Aristoteles, Buch VIII, S. 543; *Buch I,* S. 573
Aus: Nikomachische Ethik, Buch VIII. Übersetzt von Franz Dirlmeier.
Aus: Meteorologie, Buch I. Übersetzt von Hans Strohon. Akademie-
Verlag, Berlin 1956 (zitiert unter 6. Aufl. 1974), S. 170-193.

Dion Chrysosthomos, Knechtschaft und Freiheit, S. 625
Aus: Rede Nr. 14: Knechtschaft und Freiheit. Übersetzt von Winfried
Elliger. Artemis-Verlag, Zürich 1967, S. 262-268.

Epikur, Brief an Menoikeus, S. 615
Aus: Brief an Menoikeus. Übersetzt von Hans Wolfgang Krautz. Verlag
Philipp Reclam, Stuttgart 1980, S. 41-51.

Euripides, Troerinnen, S. 209
Aus: Tragödien, V. Übersetzt von Dietrich Ebener. Akademie-Verlag,
Berlin 1979, S. 19-87.

Herodot, Buch II, S. 389
Aus: Historien, Buch II, Kap. 35-99; 124-142. Übersetzt von Walter
Marg. Artemis-Verlag, Zürich/München 1973, S. 139-171; 188-199.

Hesiod, Vers 212-381, S. 83
Aus: Werke und Tage. Übersetzt von Albert von Schirnding. Hanser-
Verlag, München 1966 (zitiert nach Sonderausg. b. Langewiesche-
Brandt), S. 21-33.

Hippokrates, Der Eid, S. 355
Die Umwelt, S. 358
Aus: Hippokrates. Übersetzt von Hans Diller. Rowohlt Verlag, Reinbek
b. Hamburg 1962, S. 8-9; 104-129.

Homer, 24. Gesang, S. 9
Aus: Ilias. Übersetzt von Wolfgang Schadewaldt. Insel Verlag, Frank-
furt am Main 1975, S. 403-423.
9. Gesang, S. 45; *11. Gesang,* S. 63
Aus: Odyssee. Übersetzt von Wolfgang Schadewaldt. Rowohlt Verlag,
Reinbek b. Hamburg 1958, S. 109-123; 139-154.

Ps.-Longinos, Vom Erhabenen, S. 621
Aus: Vom Erhabenen, Kap. 2,1-3; 14,1-3; 33,1-5; 36,1-2; 31. Übersetzt
von Reinhard Brandt. Wissenschaftliche Buchgesellschaft, Darmstadt
1966.

Lukian, Wahre Geschichten, S. 653
Aus: Wahre Geschichten I, 1-21. Übersetzt von Karl Mras. Heimeran
Verlag, München 1954, S. 329-351.

Pindar, 1. Pythische Ode, S. 93
Aus: Die Oden. Übersetzt von Franz Dornseiff. Insel-Verlag, Leipzig, 2.
verbesserte Auflage 1965, S. 70-74.

Platon, Das Gastmahl, S. 473
Aus: Das Trinkgelage oder Über den Eros. Übertragen von Ute
Schmidt-Berger. Insel Verlag, Frankfurt am Main 1985, S. 11-104.

Plutarch, Alex. Kap. 1, 4, 6, 14, 23, 75, 76;
Cae. Kap. 4, 5, 16, 17, 57, 60, 63, 66; S. 7, 10, 11, 12, 13, 21, 22, 34, 35, 97,
100 (Alex.)
S. 103-106, 117-120, 161, 162, 165, 166, 169, 170, 172, 173 (Cae).
Aus: Aus dem Leben Alexanders und Caesars. Übersetzt von Konrad
Ziegler. Artemis Verlag, Zürich 1960, S. 103-106, 117-120, 161, 162, 165,
166, 170, 172, 173.

QUELLENNACHWEIS 677

Sappho, Gebet an Aphrodite, S. 91
Aus: Gebet an Aphrodite (Nr. 1). Übersetzt von Wolfgang Schadewaldt.
Stichnote, Potsdam 1950, S. 85.

Sophokles, König Ödipus, S. 145
Aus: König Ödipus. Übersetzt von Wolfgang Schadewaldt. Insel Verlag, Frankfurt am Main 1973, S. 11-70.

Theophrast, Nr. 3: Der Redselige, S. 611; *Nr. 8: Der Gerüchtemacher,* S. 612;
Nr. 11: Der Flegel, S. 613; *Nr. 14: Der Widerliche* S. 614
Aus: Charaktere. Übersetzt von Wilhelm Plankl. Verlag Ringbuchhandlung A. Sexl, Wien 1947, S. 7, 11-13, 33-35, 35-37.

Thukydides, S. 429 bis 465
Aus: Der Peloponnesische Krieg. Übersetzt von Georg Peter Landmann. Artemis-Verlag, Zürich 1960, zitiert nach dtv, München 1973.
Das Methodenkapitel I 22 Band I S. 35-36
Die Reden des Perikles I 140-144; II 34-46; II 60-64;
II 65-114; 138-147; 156-163.
Die Pestschilderung II 47-52; 154
Die Pathographie III 82-85; 250-253
Der Melierdialog V 85-111; II 431-440.

Xenophon, Memorabilien, S. 467
Aus: Memorabilien I 1. Übersetzt von Peter Jaerisch. Heimeran Verlag,
München o. J. (ca. 1963), S. 9-17.

Jubiläumsprogramm
tausend schöne insel taschenbücher

KLASSISCHE LESEBÜCHER

Das Märchenbuch
Eine Sammlung
Herausgegeben
von Claudia Schmölders
Originalausgabe. it 998

Das Lesebuch
für Kinder
Ausgewählt
von Elisabeth Borchers
it 999

Jubiläumsprogramm
tausend schöne insel taschenbücher

Lesebuch
der Jahrhundertwende
Prosa aus den
Jahren 1889 bis 1908
Ausgewählt
von Klaus Schöffling
Originalausgabe. it 997

Griechisches Lesebuch
Herausgegeben
von Hellmut Flashar
Originalausgabe. it 995

Römisches Lesebuch
Herausgegeben
von Manfred Fuhrmann
Originalausgabe. it 996

Beide Bände in Kassette als
Lesebuch der Alten Welt
it 995/996

Romane, Erzählungen, Prosa

Hans Christian Andersen. Glückspeter
Mit Scherenschnitten von Alfred Thon. it 643

Bettina von Arnim. Bettina von Arnims Armenbuch
Herausgegeben von Werner Vordtriede. it 541
– Dies Buch gehört dem König
Herausgegeben von Ilse Staff. it 666
– Die Günderode
Mit einem Essay von Christa Wolf. it 702

Apuleius. Der goldene Esel
Mit Illustrationen von Max Klinger zu »Amor und Psyche«. Aus dem
Lateinischen von August Rode. Mit einem Nachwort von Wilhelm
Haupt. it 146

Jane Austen. Emma
Aus dem Englischen von Charlotte Gräfin von Klinckowstroem. it 511

Honoré de Balzac. Die Frau von dreißig Jahren
Deutsch von W. Blochwitz. it 460
– Das Mädchen mit den Goldaugen
Aus dem Französischen von Ernst Hardt. Vorwort Hugo von Hof-
mannsthal. Illustrationen Marcus Behmer. it 60

Joseph Bédier. Tristan und Isolde
Roman. Deutsch von Rudolf G. Binding. Mit Holzschnitten von 1484.
it 387

Harriet Beecher-Stowe. Onkel Toms Hütte
In der Bearbeitung einer alten Übersetzung herausgegeben und mit
einem Nachwort versehen von Wieland Herzfelde. Mit 27 Holzschnitten von George Cruikshank aus der englischen Ausgabe von 1852.
it 272

Ambrose Bierce. Aus dem Wörterbuch des Teufels
Auswahl, Übersetzung und Nachwort von Dieter E. Zimmer. it 440
– Mein Lieblingsmord
Erzählungen. Aus dem Amerikanischen von G. Günther. it 39

Die Blümlein des heiligen Franziskus von Assisi
Aus dem Italienischen nach der Ausgabe der Tipografia Metastasio,
Assisi 1901, von Rudolf G. Binding. Mit Initialen von Carl Weidemeyer.
it 48

Romane, Erzählungen, Prosa

Blumenschatten hinter dem Vorhang. Von Ting Yao Kang. Aus dem Chinesischen übertragen und mit einem Nachwort versehen von Franz Kuhn. Mit 18 Holzschnitten. it 744

Giovanni di Boccaccio. Das Dekameron
Hundert Novellen. Ungekürzte Ausgabe. Aus dem Italienischen von Albert Wesselski und mit einer Einleitung versehen von André Jolles. Mit venezianischen Holzschnitten. Zwei Bände. it 7/8

Hermann Bote. Ein kurzweiliges Buch von Till Eulenspiegel aus dem Lande Braunschwèig. Wie er sein Leben vollbracht hat. Sechsundneunzig seiner Geschichten.
Herausgegeben, in die Sprache unserer Zeit übertragen und mit Anmerkungen versehen von Siegfried H. Sichtermann. Mit zeitgenössischen Illustrationen. it 336

Clemens Brentano. Gedichte, Erzählungen, Briefe
Herausgegeben von Hans Magnus Enzensberger. it 557

Emily Brontë. Die Sturmhöhe
Aus dem Englischen von Grete Rambach. it 141

Giordano Bruno. Das Aschermittwochsmahl
Übersetzt von Ferdinand Fellmann. Mit einer Einleitung von Hans Blumenberg. it 548

Gottfried August Bürger. Wunderbare Reisen zu Wasser und zu Lande. Feldzüge und lustige Abenteuer des Freiherrn von Münchhausen
Mit Holzschnitten von Gustave Doré. it 207

Hans Carossa. Eine Kindheit. it 295
— Verwandlungen einer Jugend. it 296

Lewis Carroll. Geschichten mit Knoten
Herausgegeben und übersetzt von W. E. Richartz. Mit Illustrationen von Arthur B. Frost. it 302
— Alice im Wunderland
Mit 42 Illustrationen von John Tenniel. Übersetzt und mit einem Nachwort versehen von Christian Enzensberger. it 42
— Alice hinter den Spiegeln
Mit Illustrationen von John Tenniel. Übersetzt von Christian Enzensberger. it 97

Romane, Erzählungen, Prosa

Lewis Carroll. Briefe an kleine Mädchen
Aus dem Englischen übersetzt und herausgegeben von Klaus Reichert. Mit Fotografien des Autors. it 172

Miguel de Cervantes Saavedra. Der scharfsinnige Ritter Don Quixote von der Mancha
Mit einem Essay von Iwan Turgenjew und einem Nachwort von André Jolles. Mit Illustrationen von Gustave Doré. 3 Bände. it 109

Adelbert von Chamisso. Peter Schlemihls wundersame Geschichte
Nachwort von Thomas Mann. Illustriert von Emil Preetorius. it 27

Matthias Claudius. Der Wandsbecker Bote
Mit einem Vorwort von Peter Suhrkamp und einem Nachwort von Hermann Hesse. it 130

James Fenimore Cooper. Die Lederstrumpferzählungen
In der Bearbeitung der Übersetzung von E. Kolb durch Rudolf Drescher. Mit Illustrationen von O. C. Darley. Vollständige Ausgabe.
5 Bände in Kassette.
Der Wildtöter · Der letzte Mohikaner · Der Pfadfinder
Die Ansiedler · Die Prärie. – it 760

Alphonse Daudet. Montagsgeschichten
Aus dem Französischen von Eva Meyer. it 649
– Briefe aus meiner Mühle
Aus dem Französischen von Alice Seiffert. Mit Illustrationen. it 446
– Tartarin von Tarascon. Die wunderbaren Abenteuer des Tartarin von Tarascon. Mit Zeichnungen von Emil Preetorius. it 84

Daniel Defoe. Moll Flanders. Herausgegeben und mit einem Essay versehen von Norbert Kohl. it 707
– Robinson Crusoe. Mit Illustrationen von Ludwig Richter. it 41

Deutsche Künstlernovellen des 19. Jahrhunderts
Herausgegeben von Jochen Schmidt. it 656

Charles Dickens. David Copperfield. Mit Illustrationen von Phiz. it 468
– Große Erwartungen. Aus dem Englischen von Margit Meyer. Mit Illustrationen von F. W. Pailthorpe. it 667
– Der Raritätenladen. Aus dem Englischen von Leo Feld. Mit Illustrationen von Cruikshank u. a. it 716

Romane, Erzählungen, Prosa

Charles Dickens. Oliver Twist
Aus dem Englischen von Reinhard Kilbel. Mit einem Nachwort von
Rudolf Marx und 24 Illustrationen von George Cruikshank. Vollständige
Ausgabe. it 242
– Weihnachtserzählungen
Mit Illustrationen von Cruikshank u. a. it 358

Denis Diderot. Die Nonne
Mit einem Nachwort von Robert Mauzi. Der Text dieser Ausgabe
beruht auf der ersten deutschen Übersetzung von 1797. it 31
– Erzählungen und Gespräche
Aus dem Französischen von Katharina Scheinfuß. it 554

Die drei Reiche. Roman. Aus dem Chinesischen von Franz Kuhn. Mit
24 Holzschnitten. it 585

Fjodor M. Dostojewski. Der Idiot. Aus dem Russischen von Hermann
Röhl. Mit einem Nachwort von Hermann Hesse. it 740
– Schuld und Sühne. Roman in sechs Teilen. Aus dem Russischen
von Hermann Röhl. Illustrationen von Theodor Eberle. it 673
– Der Spieler. Aus den Erinnerungen eines jungen Mannes. Aus dem
Russischen von Hermann Röhl. it 515

Annette von Droste-Hülshoff. Bei uns zulande auf dem Lande. Prosa-
skizzen. Herausgegeben von Otto A. Böhmer. it 697
– Die Judenbuche. Ein Sittengemälde aus dem gebirgichten West-
falen. Mit Illustrationen von Max Unold. it 399

Alexandre Dumas. Der Graf von Monte Christo. Bearbeitung einer
alten Übersetzung von Meinhard Hasenbein. Mit Illustrationen von
Pavel Brom und Dagmar Bromova. Zwei Bände. it 266
– Die Kameliendame. Aus dem Französischen von Walter Hoyer. Mit
Illustrationen von Paul Garvani. it 546

Joseph Freiherr von Eichendorff. Aus dem Leben eines Taugenichts
Mit Illustrationen von Adolf Schrödter und einem Nachwort von Ansgar
Hillach. it 202
– Novellen und Gedichte. Herausgegeben von Hermann Hesse.
it 360

Romane, Erzählungen, Prosa

Eisherz und Edeljaspis
Aus dem Chinesischen von Franz Kuhn. Mit Holzschnitten einer alten chinesischen Ausgabe. Mit einem Nachwort und Anmerkungen von Franz Kuhn. it 123

Paul Ernst. Der Mann mit dem tötenden Blick und andere frühe Erzählungen. Herausgegeben von Wolfgang Promies. it 434

André Ficus/Martin Walser. Heimatlob
Ein Bodenseebuch. it 645

Harry Fielding. Die Geschichte des Tom Jones, eines Findlings
Mit Stichen von William Hogarth. it 504

Gustave Flaubert. Bouvard und Pécuchet
Mit einem Vorwort von Victor Brombert und einem Nachwort von Uwe Japp. Mit Illustrationen von András Karakas. it 373
– Die Versuchung des heiligen Antonius
Aus dem Französischen übersetzt von Barbara und Robert Picht. Mit einem Nachwort von Michel Foucault. it 432
– Lehrjahre des Gefühls
Geschichte eines jungen Mannes, übertragen von Paul Wiegler. Mit einem Essay »zum Verständnis des Werkes« und einer Bibliographie von Erich Köhler. it 276
– Madame Bovary
– Revidierte Übersetzung aus dem Französischen von Arthur Schurig. it 167
– Salammbô
Herausgegeben und mit einem Nachwort versehen von Monika Bosse und André Stoll. Mit Abbildungen. it 342
– Ein schlichtes Herz. it 110
– Drei Erzählungen/Trois Contes
Zweisprachige Ausgabe. Neu übersetzt von Cora von Kleffens und André Stoll. it 571
– November. Aus dem Französischen von Ernst Sander. it 411

Theodor Fontane. Allerlei Glück
Plaudereien, Skizzen, Unvollendetes. Ausgewählt und herausgegeben von Otto Drude. it 641
– Cécile. Roman. Mit einem Nachwort von Walter Müller-Seidel. it 689

Romane, Erzählungen, Prosa

Theodor Fontane. Effi Briest
Mit Lithographien von Max Liebermann. it 138
– Frau Jenny Treibel. Roman. Mit einem Nachwort von Richard
Brinkmann. it 746
– Meine Kinderjahre. Autobiographischer Roman. Mit zahlreichen
Abbildungen und einem Nachwort von Otto Drude. it 705
– Der Stechlin
Mit einem Nachwort von Walter Müller-Seidel. it 152
– Unwiederbringlich
Roman. it 286
– Vor dem Sturm. Roman aus dem Winter 1812 auf 13
Mit einem Nachwort von Hugo Aust. it 583

Georg Forster. Reise um die Welt
Mit einem Nachwort von Gerhard Steiner. it 757

Anatole France. Blaubarts sieben Frauen und andere Erzählungen
Aus dem Französischen von Irmgard Nickel. Mit Illustrationen von Lutz
Siebert. it 510

Johann Wolfgang Goethe. Erfahrung der Geschichte
Historisches Denken und Geschichtsschreibung in einer Auswahl
herausgegeben von Horst Günther. Mit Zeichnungen des Autors.
it 650
– Dichtung und Wahrheit
Mit zeitgenössischen Illustrationen, ausgewählt von Jörn Göres. Drei
Bände in Kassette. it 149/150/151
– Italienische Reise
Mit vierzig Zeichnungen des Autors. Herausgegeben und mit einem
Nachwort von Christoph Michel. Zwei Bände. it 175
– Maximen und Reflexionen
Text der Ausgabe von 1907 mit den Erläuterungen und der Einleitung
Max Heckers. Nachwort von Isabella Kuhn. it 200
– Reise-, Zerstreuungs- und Trostbüchlein
Herausgegeben von Christoph Michel. it 400
– Über die Deutschen
Erweiterte Ausgabe mit Illustrationen, einem Nachwort, Nachweisen
und Register. Herausgegeben von Hans J. Weitz. it 325
– Goethes Letzte Schweizer Reise
Dargestellt von B. Schnyder-Seidel. Mit zeitgenössischen Abbildungen. it 375

Romane, Erzählungen, Prosa

Johann Wolfgang Goethe. Anschauendes Denken
Goethes Schriften zur Naturwissenschaft. In einer Auswahl herausge-
geben von Horst Günther. Mit Zeichnungen des Autors. it 550
– Wilhelm Meisters Lehrjahre
Herausgegeben von Erich Schmidt. Mit sechs Kupferstichen von F. L.
Catel. Sieben Musikbeispiele und Anmerkungen. it 475
– Wilhelm Meisters theatralische Sendung. Mit einem Nachwort von
Wilhelm Voßkamp. it 725
– Wilhelm Meisters Wanderjahre oder Die Entsagenden. Mit einem
Nachwort von Adolf Muschg. it 575
– Novellen
Herausgegeben und mit einem Nachwort versehen von Katharina
Mommsen. Mit Federzeichnugen von Max Liebermann. it 425
– Reineke Fuchs. Mit Stahlstichen von Wilhelm von Kaulbach. it 125
– Das römische Carneval. Mit farbigen Figurinen. Herausgegeben von
Isabella Kuhn. it 750
– Die Wahlverwandtschaften
Mit einem Essay von Walter Benjamin. it 1
– Die Leiden des jungen Werther
Mit einem Essay von Georg Lukács »Die Leiden des jungen Werther«.
Nachwort von Jörn Göres »Zweihundert Jahre Werther«. Mit Illustra-
tionen von David Chodowiecki und anderen. it 25

Goethe – warum? Ein Almanach. Herausgegeben von Katharina
Mommsen. it 759

Gogol. Der Mantel und andere Erzählungen
Aus dem Russischen übersetzt von Ruth Fritze-Hanschmann. Mit
einem Nachwort von Eugen und Frank Häusler. Mit Illustrationen von
András Karakas. it 241
– Die Nacht vor Weihnachten. Mit farbigen Bildern von Monika Wurm-
dobler. it 584

Iwan Gontscharow. Oblomow
Mit Illustrationen von Theodor Eberle. it 472

Franz Grillparzer. Der arme Spielmann. Mit einem Nachwort von
Richard Brinkmann. it 690

Maxim Gorki. Der Landstreicher und andere Erzählungen. Mit einer
Einleitung von Stefan Zweig und Illustrationen von András Karakas.
it 749

Romane, Erzählungen, Prosa

Grimmelshausen. Der abenteuerliche Simplizissimus. Mit Illustrationen von Fritz Kredel. it 739
– Trutz-Simplex oder Ausführliche und wunderseltzame Lebensbeschreibung der Erzbetrügerin und Landstörtzerin Courasche
Mit einem Nachwort von Wolfgang Koeppen. Mit Abbildungen aus dem 17. Jahrhundert. it 211

Manfred Hausmann. Der Hüttenfuchs. Erzählung. Mit farbigen Illustrationen von Rolf Köhler. it 730

Nathaniel Hawthorne. Der scharlachrote Buchstabe
Mit Illustrationen von Renate Sendler-Peters. it 436

Johann Peter Hebel. Kalendergeschichten
Ausgewählt und mit einem Nachwort von Ernst Bloch. Mit neunzehn Holzschnitten von Ludwig Richter. it 17
– Das Schatzkästlein des rheinischen Hausfreundes. Herausgegeben und mit einem Nachwort versehen von Jan Knopf. it 719

Heinrich Heine. Aus den Memoiren des Herren von Schnabelewopski
Mit Illustrationen von Julius Pascin. it 189
– Shakespeares Mädchen und Frauen
Mit Illustrationen der Ausgabe von 1838. Herausgegeben von Volkmar Hansen. it 331

Hermann Hesse. Bäume. Betrachtungen und Gedichte. Mit Fotographien von Imme Techentin. it 455
– Dank an Goethe
Betrachtungen, Rezensionen, Briefe. Mit einem Essay von Reso Karalaschwili. it 129
– Schmetterlinge
Betrachtungen, Erzählungen, Gedichte. Zusammengestellt und mit einem Nachwort versehen von Volker Michels. it 385
– Hermann Lauscher
Mit frühen, teils unveröffentlichten Zeichnungen und einem Nachwort von Gunter Böhmer. it 206
–/Walter Schmögner. Die Stadt
Ein Märchen von Hermann Hesse, ins Bild gebracht von Walter Schmögner. it 236
– Knulp
Mit dem unveröffentlichten Fragment »Knulps Ende« und Steinzeichnungen von Karl Walser. it 394